上海物流年鉴 2023

Shanghai Logistics Yearbook 2023

上海现代服务业联合会
上 海 市 物 流 协 会 编著
上 海 市 物 流 学 会

上海社会科学院出版社
SHANGHAI ACADEMY OF SOCIAL SCIENCES PRESS

图书在版编目（CIP）数据

上海物流年鉴．2023 / 上海现代服务业联合会，上海市物流协会，上海市物流学会编著．—上海 ：上海社会科学院出版社，2023

ISBN 978-7-5520-4120-0

Ⅰ．①上…Ⅱ．①上… ②上… ③上…Ⅲ．①物流—上海—2023—年鉴 Ⅳ．①F259.275.1-54

中国国家版本馆CIP数据核字（2023）第077441号

上海物流年鉴2023

编　　著——上海现代服务业联合会
　　　　　　上海市物流协会
　　　　　　上海市物流学会
责任编辑——董汉玲
封面设计——白焕耀
出版发行——上海社会科学院出版社
　　　　　　上海顺昌路622号　邮编　200025
　　　　　　电话总机　021-63315947　销售热线　021-53063725
　　　　　　http://www.sassp.cn　E-mail: sassp@sassp.cn
印　　刷——上海普顺印刷包装有限公司
开　　本——890毫米×1240毫米　1/16
印　　张——34.5
字　　数——990千
版　　次——2023年5月第1版
　　　　　　2023年5月第1次印刷
书　　号——978-7-5520-4120-0/F·728
定　　价——399.00元

《上海物流年鉴》编辑委员会

地址：北海路8号福申大厦1001室（上海现代服务业促进中心办公区内）　　邮编：200001

电话：23292214，23292224　　传真：23292238

前　言

2022 年是我国“十四五”规划的承上启下之年，是二十大隆重召开的喜庆之年，也是全面推进乡村振兴的关键之年。这一年，在习近平新时代特色社会主义思想的指引下，我国物流业继续保持稳定发展势头，成为畅通经济增长“主动脉”和“微循环”的重要力量，也是促进国内国际双循环的重要推动力。党中央国务院高度重视物流的作用。二十大报告强调，加快发展物联网，建设高效顺畅的流通体系，降低物流成本。2022 年政府工作报告也指出，发展农村电商和快递物流配送，加快国际物流体系建设。新冠疫情发生以来，物流行业在抗疫保供、保通保畅、复工复产等方面作用凸显，有效保障了产业链供应链稳定，为经济发展和人民生活提供了重要保障。

上海市建设国际经济中心、国际金融中心、国际贸易中心和国际航运中心和全球科创中心的城市定位对于现代物流业发展提出了新的要求，也为发展物流业提供了难得机遇。随着基础设施的不断完善，上海物流业已经形成了多级联动机制。上海将以高端物流服务为核心，加快物流业向高效率、高增值、低消耗转变，使上海成为全国现代物流业发展的引领示范高地，形成与国际经济、金融、贸易、航运中心核心功能相匹配的，初步具有全球物流资源配置功能的国际物流枢纽城市和全球供应链管理中心之一。

今年的年鉴编辑工作在全体编辑人员的共同努力下，按时完成了《上海物流年鉴 2023》的编辑工作，并在“上海国际物流节”之际公开发布，我谨代表上海现代服务业联合会，向多年来支持和参与年鉴编辑工作的人员和单位表示衷心感谢。

《上海物流年鉴》是上海现代服务业联合会、上海市物流协会和上海市物流学会合编的物流工具书。自 2011 年创办至今，已经风雨兼程地走过了第十二年头了。今年出版的《上海物流年鉴 2023》，是本年鉴创办以来的第十二本。经过这十二年的不懈努力和探索创新，《年鉴》的编纂质量不断提升，对了解目前上海物流行业发展动态，把握企业定位和发展方向，具有一定的参考和借鉴意义，也是一本难得的物流业界的参考图书。

衷心期待上海物流行业同仁，不断推动上海现代物流服务行业可持续高质量发展。

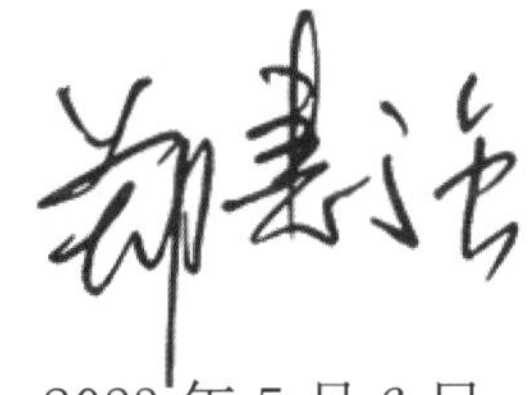

2023 年 5 月 6 日

目 录

第一篇 综合报告和政策文件

第二篇 2022年中国物流业发展景气指数

第三篇 物流基础领域

第四篇　口岸、自贸区和进口博览会、航运中心建设

第五篇　长三角物流区域联动合作

第六篇　产业供应链物流

第七篇　逆向物流

第八篇　冷链物流

第九篇　城市配送与快递物流

第十篇　物流装备、标准、技术和信息化

第十一篇　物流金融与保险

附　录

第一篇 综合报告和政策文件

一、物流业综合报告和2021年统计数据

（一）2022年全国物流业综合报告

《中华人民共和国2022年国民经济和社会发展统计公报》

交通运输、仓储和邮政快递业部分（节录）

2022年是党和国家历史上极为重要的一年。党的二十大胜利召开，擘画了全面建设社会主义现代化国家、以中国式现代化全面推进中华民族伟大复兴的宏伟蓝图。面对风高浪急的国际环境和艰巨繁重的国内改革发展稳定任务，在以习近平同志为核心的党中央坚强领导下，各地区各部门坚持以习近平新时代中国特色社会主义思想为指导，按照党中央、国务院决策部署，统筹国内国际两个大局，统筹疫情防控和经济社会发展，统筹发展和安全，坚持稳中求进工作总基调，完整、准确、全面贯彻新发展理念，加快构建新发展格局，着力推动高质量发展，加大宏观调控力度，应对超预期因素冲击，经济保持增长，发展质量稳步提升，创新驱动深入推进，改革开放蹄疾步稳，就业物价总体平稳，粮食安全、能源安全和人民生活得到有效保障，经济社会大局保持稳定，全面建设社会主义现代化国家新征程迈出坚实步伐。

一、综合

初步核算，全年国内生产总值1 210 207亿元，比上年增长3.0%。其中，第一产业增加值88 345亿元，比上年增长4.1%；第二产业增加值483 164亿元，增长3.8%；第三产业增加值638 698亿元，增长2.3%。第一产业增加值占国内生产总值比重为7.3%，第二产业增加值比重为39.9%，第三产业增加值比重为52.8%。全年最终消费支出拉动国内生产总值增长1.0个百分点，资本形成总额拉动国内生产总值增长1.5个百分点，货物和服务净出口拉动国内生产总值增长0.5个百分点。全年人均国内生产总值85 698元，比上年增长3.0%。国民总收入1 197 215亿元，比上年增长2.8%。全员劳动生产率为152 977元/人，比上年提高4.2%。

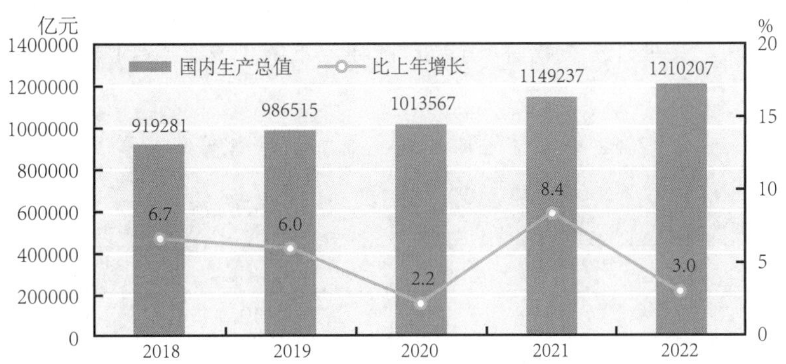

图1-1： 2018—2022年国内生产总值及其增长速度

新产业新业态新模式较快成长。全年规模以上工业中，高技术制造业增加值比上年增长 7.4%，占规模以上工业增加值的比重为 15.5%；装备制造业增加值增长 5.6%，占规模以上工业增加值的比重为 31.8%。全年规模以上服务业中，战略性新兴服务业企业营业收入比上年增长 4.8%。全年高技术产业投资比上年增长 18.9%。全年新能源汽车产量 700.3 万辆，比上年增长 90.5%；太阳能电池（光伏电池）产量 3.4 亿千瓦，增长 46.8%。全年电子商务交易额 438 299 亿元，按可比口径计算，比上年增长 3.5%。全年网上零售额 137 853 亿元，按可比口径计算，比上年增长 4.0%。全年新登记市场主体 2 908 万户，日均新登记企业 2.4 万户，年末市场主体总数近 1.7 亿户。

绿色转型发展迈出新步伐。全年全国万元国内生产总值能耗比上年下降 0.1%。全年水电、核电、风电、太阳能发电等清洁能源发电量 29 599 亿千瓦时，比上年增长 8.5%。在监测的 339 个地级及以上城市中，全年空气质量达标的城市占 62.8%，未达标的城市占 37.2%；细颗粒物（PM2.5）年平均浓度 29 微克 / 立方米，比上年下降 3.3%。3641 个国家地表水考核断面中，全年水质优良（Ⅰ～Ⅲ类）断面比例为 87.9%，Ⅳ类断面比例为 9.7%，Ⅴ类断面比例为 1.7%，劣Ⅴ类断面比例为 0.7%。

四、服务业

全年批发和零售业增加值 114 518 亿元，比上年增长 0.9%；交通运输、仓储和邮政业增加值 49 674 亿元，下降 0.8%；住宿和餐饮业增加值 17 855 亿元，下降 2.3%；金融业增加值 96 811 亿元，增长 5.6%；房地产业增加值 73 821 亿元，下降 5.1%；信息传输、软件和信息技术服务业增加值 47 934 亿元，增长 9.1%；租赁和商务服务业增加值 39 153 亿元，增长 3.4%。全年规模以上服务业企业营业收入比上年增长 2.7%，利润总额增长 8.5%。

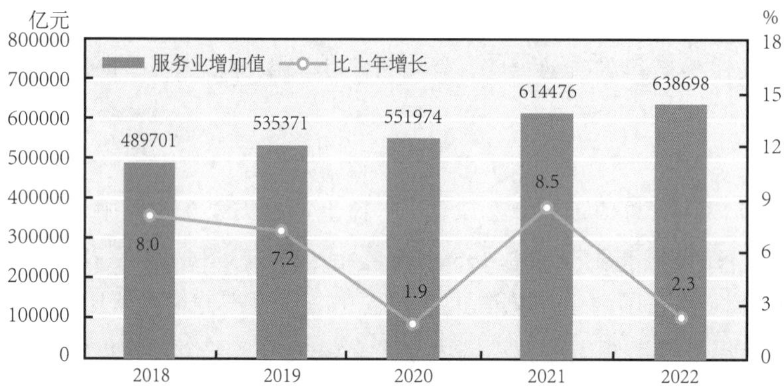

图 1-2：2018—2022 年服务业增加值及其增长速度

全年货物运输总量 506 亿吨，货物运输周转量 226 122 亿吨千米。全年港口完成货物吞吐量 157 亿吨，比上年增长 0.9%，其中外贸货物吞吐量 46 亿吨，下降 1.9%。港口集装箱吞吐量 29 587 万标准箱，增长 4.7%。

表 1-1：2022 年各种运输方式完成货物运输量及其增长速度

指标	单位	绝对数	比上年增长（%）
货物运输总量	亿吨	506.1	-3.0
铁路	亿吨	49.3	4.5
公路	亿吨	371.2	-5.5
水路	亿吨	85.5	3.8

续表

指标	单位	绝对数	比上年增长（%）
民航	万吨	607.6	-17.0
管道	亿吨	8.6	3.1
货物运输周转量	亿吨千米	226121.8	3.4
铁路	亿吨千米	35906.5	8.2
公路	亿吨千米	68958.0	-1.2
水路	亿吨千米	121003.1	4.7
民航	亿吨千米	254.1	-8.7
管道	亿吨千米	5621.8	3.7

年末全国民用汽车保有量 31 903 万辆（包括三轮汽车和低速货车 719 万辆），比上年末增加 1 752 万辆，其中私人汽车保有量 27 873 万辆，增加 1 627 万辆。民用轿车保有量 17 740 万辆，增加 1 003 万辆，其中私人轿车保有量 16 685 万辆，增加 954 万辆。

全年完成邮政行业业务总量 14 317 亿元，比上年增长 4.5%。邮政业全年完成邮政函件业务 9.4 亿件，包裹业务 0.2 亿件，快递业务量 1105.8 亿件，快递业务收入 10 567 亿元。全年完成电信业务总量 17 498 亿元，比上年增长 21.3%。年末移动电话基站数 1083 万个，其中 4G 基站 603 万个，5G 基站 231 万个。全国电话用户总数 186 286 万户，其中移动电话用户 168 344 万户。移动电话普及率为 119.2 部 / 百人。固定互联网宽带接入用户 58 965 万户，比上年末增加 5 386 万户，其中 100M 速率及以上的宽带接入用户 55 380 万户，增加 5 513 万户。蜂窝物联网终端用户 18.45 亿户，增加 4.47 亿户。互联网上网人数 10.67 亿人，其中手机上网人数 10.65 亿人。互联网普及率为 75.6%，其中农村地区互联网普及率为 61.9%。全年移动互联网用户接入流量 2 618 亿 GB，比上年增长 18.1%。全年软件和信息技术服务业完成软件业务收入 108 126 亿元，按可比口径计算，比上年增长 11.2%。

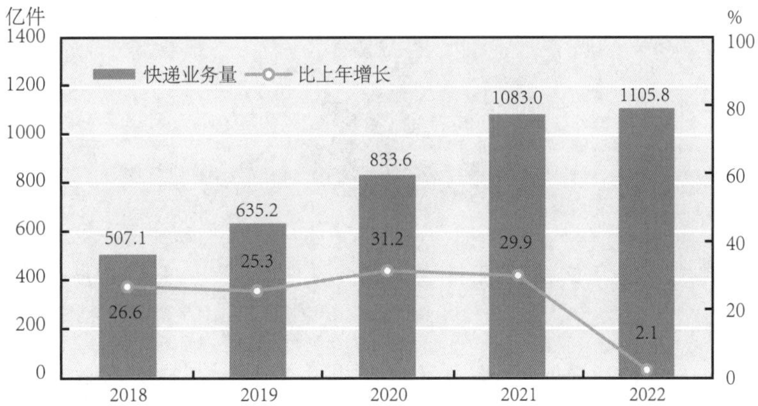

图 1-3： 2018—2022 年快递业务量及其增长速度

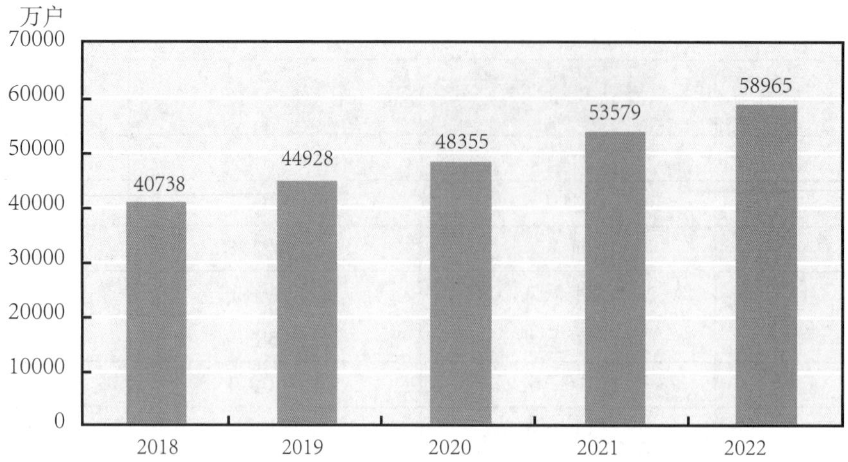

图 1-4： 2018—2022 年年末固定互联网宽带接入用户数

六、固定资产投资

全年全社会固定资产投资 579 556 亿元，比上年增长 4.9%。固定资产投资（不含农户）572 138 亿元，增长 5.1%。在固定资产投资（不含农户）中，分区域看，东部地区投资增长 3.6%，中部地区投资增长 8.9%，西部地区投资增长 4.7%，东北地区投资增长 1.2%。

在固定资产投资（不含农户）中，第一产业投资 14 293 亿元，比上年增长 0.2%；第二产业投资 184 004 亿元，增长 10.3%；第三产业投资 373 842 亿元，增长 3.0%。民间固定资产投资 310 145 亿元，增长 0.9%。基础设施投资增长 9.4%。社会领域投资增长 10.9%。

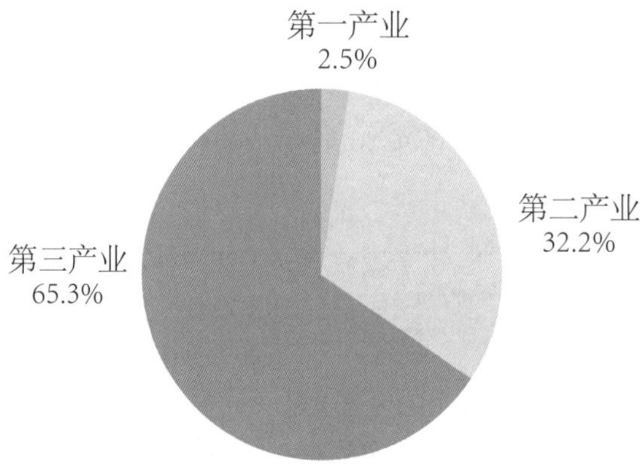

图 1-5： 2022 年三次产业投资占固定资产投资（不含农户）比重

表 1-2： 2022 年分行业固定资产投资（不含农户）增长速度

行业	比上年增长（%）	行业	比上年增长（%）
总计	5.1	金融业	10.5
农、林、牧、渔业	4.2	房地产业	-8.4
采矿业	4.5	租赁和商务服务业	14.5
制造业	9.1	科学研究和技术服务业	21.0
电力、热力、燃气及水生产和供应业	19.3	水利、环境和公共设施管理业	10.3

续表

行业	比上年增长（%）	行业	比上年增长（%）
建筑业	2.0	居民服务、修理和其他服务业	21.8
批发和零售业	5.3	教育	5.4
交通运输、仓储和邮政业	9.1	卫生和社会工作	26.1
住宿和餐饮业	7.5	文化、体育和娱乐业	3.5
信息传输、软件和信息技术服务业	21.8	公共管理、社会保障和社会组织	42.1

表 1-3：2022 年固定资产投资新增主要生产与运营能力

指标	单位	绝对数
新增 220 千伏及以上变电设备	万千伏安	25839
新建铁路投产里程	千米	4100
其中：高速铁路	千米	2082
增、新建铁路复线投产里程	千米	2658
电气化铁路投产里程	千米	3452
新改建高速公路里程	千米	8771
港口万吨级及以上码头泊位新增通过能力	万吨 / 年	25561
新增民用运输机场	个	6
新增光缆线路长度	万千米	477
信息传输、软件和信息技术服务业	21.8	公共管理、社会保障和社会组织

七、对外经济

全年货物进出口总额 420 678 亿元，比上年增长 7.7%。其中，出口 239 654 亿元，增长 10.5%；进口 181 024 亿元，增长 4.3%。货物进出口顺差 58 630 亿元，比上年增加 15 330 亿元。对“一带一路”沿线国家进出口总额 138 339 亿元，比上年增长 19.4%。其中，出口 78 877 亿元，增长 20.0%；进口 59 461 亿元，增长 18.7%。对《区域全面经济伙伴关系协定》（RCEP）其他成员国进出口额 129 499 亿元，比上年增长 7.5%。

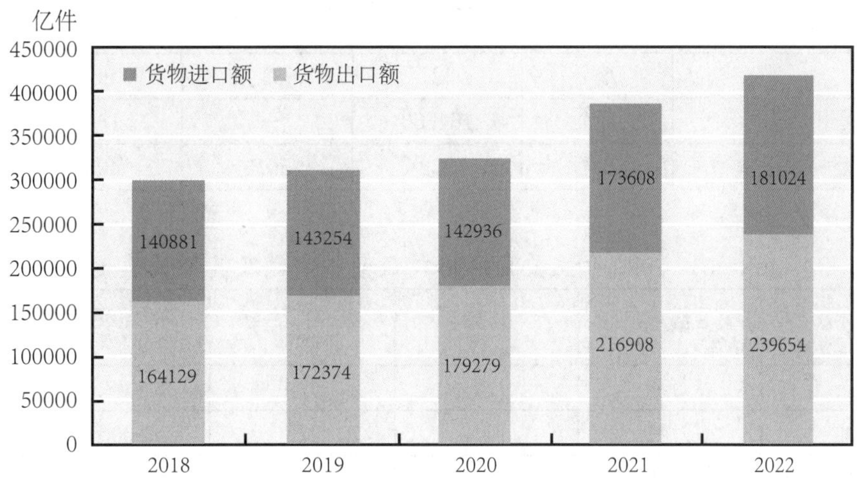

图 1-6 ：2018—2022 年货物进出口总额

表 1-4：2022 年货物进出口总额及其增长速度

指标	金额（亿元）	比上年增长（%）
货物进出口总额	420678	7.7
货物出口额	239654	10.5
其中：一般贸易	152468	15.4
加工贸易	53952	1.1
其中：机电产品	136973	7.0
高新技术产品	63391	0.3
货物进口额	181024	4.3
其中：一般贸易	115624	6.7
加工贸易	30574	-3.2
其中：机电产品	69661	-5.4
高新技术产品	50864	-6.0
货物进出口顺差	58630	35.4

表 1-5：2022 年主要商品出口数量、金额及其增长速度

商品名称	单位	数量	比上年增长(%)	金额（亿元）	比上年增长（%）
钢材	万吨	6732	0.9	6427	22.3
纺织纱线、织物及制品	—	—	—	9836	4.9
服装及衣着附件	—	—	—	11713	6.7
鞋靴	万双	929318	6.6	3844	24.4
家具及其零件	—	—	—	4639	-2.5
箱包及类似容器	万吨	297	22.2	2378	32.6
玩具	—	—	—	3229	9.1
塑料制品	—	—	—	7188	12.7
集成电路	亿个	2734	-12.0	10254	3.5
自动数据处理设备及其零部件	—	—	—	15701	-4.7
手机	万台	82224	-13.8	9527	0.9
集装箱	万个	321	-33.7	967	-36.1
液晶平板显示模组	万个	164560	—	1807	—
汽车（包括底盘）	万辆	332	56.8	4054	82.2

表 1-6：2022 年主要商品进口数量、金额及其增长速度

商品名称	单位	数量	比上年增长（%）	金额（亿元）	比上年增长（%）
大豆	万吨	9108	-5.6	4085	18.1
食用植物油	万吨	648	-37.6	606	-14.1
铁矿砂及其精矿	万吨	110686	-1.5	8498	-27.9

续表

商品名称	单位	数量	比上年增长（%）	金额（亿元）	比上年增长（%）
煤及褐煤	万吨	29320	-9.2	2855	22.2
原油	万吨	50828	-0.9	24350	45.9
成品油	万吨	2645	-2.5	1309	21.2
天然气	万吨	10925	-9.9	4683	30.3
初级形状的塑料	万吨	3058	-10.0	3734	-5.5
纸浆	万吨	2916	-1.8	1492	15.1
钢材	万吨	1057	-25.9	1136	-6.1
未锻轧铜及铜材	万吨	587	6.2	3610	6.5
集成电路	亿个	5384	-15.3	27663	-0.9
汽车（包括底盘）	万辆	88	-6.5	3529	1.2

表 1-7：2022 年对主要国家和地区货物进出口金额、增长速度及其比重

国家和地区	出口额（亿元）	比上年增长（%）	占全部出口比重（%）	进口额（亿元）	比上年增长（%）	占全部进口比重（%）
东盟	37907	21.7	15.8	27247	6.8	15.1
欧盟	37434	11.9	15.6	19034	-4.9	10.5
美国	38706	4.2	16.2	11834	1.9	6.5
韩国	10843	13.0	4.5	13278	-3.7	7.3
日本	11537	7.7	4.8	12295	-7.5	6.8
中国台湾地区	5423	7.2	2.3	15840	-1.8	8.8
中国香港地区	19883	-12.0	8.3	527	-16.0	0.3
俄罗斯	5123	17.5	2.1	7638	48.6	4.2
巴西	4128	19.3	1.7	7294	2.6	4.0
印度	7896	25.5	3.3	1160	-36.2	0.6
南非	1615	18.6	0.7	2173	2.0	1.2

全年服务进出口总额 59 802 亿元，比上年增长 12.9%。其中，服务出口 28 522 亿元，增长 12.1%；服务进口 31 279 亿元，增长 13.5%。服务进出口逆差 2 757 亿元。

全年外商直接投资新设立企业 38497 家，比上年下降 19.2%。实际使用外商直接投资金额 12 327 亿元，增长 6.3%，折 1891 亿美元，增长 8.0%。其中“一带一路”沿线国家对华直接投资（含通过部分自由港对华投资）新设立企业 4519 家，下降 15.3%；对华直接投资金额 891 亿元，增长 17.2%，折 137 亿美元，增长 18.6%。全年高技术产业实际使用外资 4449 亿元，增长 28.3%，折 683 亿美元，增长 30.9%。

表 1-8：2022 年外商直接投资及其增长速度

行　业	企业数（家）	比上年增长（%）	实际使用金额（亿元）	比上年增长（%）
总计	38497	-19.2	12327	6.3
其中：农、林、牧、渔业	420	-14.5	80	44.6
制造业	3570	-19.9	3237	46.1
电力、热力、燃气及水生产和供应业	523	12.5	276	10.8
交通运输、仓储和邮政业	602	-13.1	347	-1.1
信息传输、软件和信息技术服务业	3059	-24.5	1548	15.1
批发和零售业	10894	-18.6	961	-12.5
房地产业	581	-48.4	914	-41.8
租赁和商务服务业	7473	-19.6	2148	-2.1
居民服务、修理和其他服务业	411	-21.3	19	-38.6

全年对外非金融类直接投资额 7 859 亿元，比上年增长 7.2%，折 1 169 亿美元，增长 2.8%。其中，对“一带一路”沿线国家非金融类直接投资额 1 410 亿元，增长 7.7%，折 210 亿美元，增长 3.3%。

表 1-9：2022 年对外非金融类直接投资额及其增长速度

行业	金额（亿美元）	比上年增长（%）
总计	1168.5	2.8
其中：农、林、牧、渔业	8.3	-26.5
采矿业	50.1	0.6
制造业	216.0	17.4
电力、热力、燃气及水生产和供应业	35.2	-28.0
建筑业	64.0	14.9
批发和零售业	211.0	19.5
交通运输、仓储和邮政业	45.6	-10.6
信息传输、软件和信息技术服务业	54.9	-27.1
房地产业	24.2	-2.8
租赁和商务服务业	387.6	5.8

全年对外承包工程完成营业额 10 425 亿元，比上年增长 4.3%，折 1 550 亿美元，与上年基本持平。其中，对“一带一路”沿线国家完成营业额 849 亿美元，下降 5.3%，占对外承包工程完成营业额比重为 54.8%。对外劳务合作派出各类劳务人员 26 万人。

来源：国家统计局《2022 年国民经济和社会发展统计公报》。

2022 年全国物流运行情况通报

国家发展改革委 中国物流与采购联合会

2022 年，物流运行保持恢复态势，社会物流总额实现稳定增长，社会物流总费用与 GDP 的比率小幅提高。

一、社会物流总额实现稳定增长

2022 年全国社会物流总额 347.6 万亿元，按可比价格计算，同比增长 3.4%，物流需求规模再上新台阶，实现稳定增长。

从构成看，工业品物流总额 309.2 万亿元，按可比价格计算，同比增长 3.6%；农产品物流总额 5.3 万亿元，增长 4.1%；再生资源物流总额 3.1 万亿元，增长 18.5%；单位与居民物品物流总额 12.0 万亿元，增长 3.4%；进口货物物流总额 18.1 万亿元，下降 4.6%。

二、社会物流总费用与 GDP 的比率有所提高

2022 年社会物流总费用 17.8 万亿元，同比增长 4.4%。社会物流总费用与 GDP 的比率为 14.7%，比上年提高 0.1 个百分点。

从结构看，运输费用 9.55 万亿元，增长 4.0%；保管费用 5.95 万亿元，增长 5.3%；管理费用 2.26 万亿元，增长 3.7%。

三、物流业总收入保持恢复性增长

2022 年物流业总收入 12.7 万亿元，同比增长 4.7%。

来源：中国物流信息中心。

疫情下物流韧性恢复，高质量发展势头显现
——2022 年物流运行情况分析

中国物流与采购联合会 中国物流信息中心

2022 年，国际环境复杂严峻、国内疫情散发多发，不确定性不稳定性因素增加，对物流发展带来明显冲击，行业运行波动性加大。面对复杂环境，国家政策支持引导力度持续强化，物流发展支撑体系不断健全、制度环境进一步改善，多措并举促使物流业保持韧性恢复，实现高质量发展，有力地支撑了产业链供应链循环畅通，有效保障了民生顺畅有序。

2023 年，扩大内需、加快建设现代化产业体系成为重点任务，提升产业链供应链韧性和安全成为关键，物流作为确保国民经济循环畅通的重要产业发展机遇明显增多。

一、物流供需动态平衡，助力供应链循环畅通

（一）物流与经济协同恢复发展，需求规模再上新台阶

2022 年，全国社会物流总额为 347.6 万亿元，按可比价格计算，同比增长 3.4%。从年内走势看，一季度物流运行实现平稳开局，二季度受超预期因素冲击回落明显，三季度企稳回暖，四季度稳中趋缓。尽管受到国际国内等多重超预期因素的反复冲击，但物流支撑实体经济畅通运行的局面基本稳定，物流需求规模进一步提升、结构调整基础进一步稳固、需求动力进一步丰富。综合来看，社会物流总额增速基本延续恢复态势，全年顶住压力实现恢复性增长。

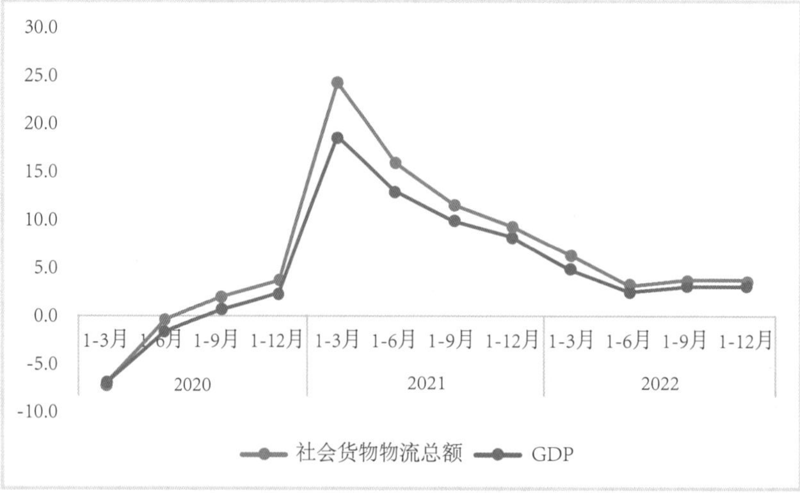

图 1-7：2020—2022 年社会物流总额与 GDP 的可比增长情况

从近三年数据来看，2020-2022 年社会物流总额增速波动性明显增大，年度增速在 3 ～ 9%。社会物流总额与 GDP 变化存在较高相关性，且增速持续领先于同期 GDP 水平，物流需求规模持续稳定增长，是促进国民经济产业链供需衔接和实体商品流通的重要基础。

（二）顺应构建新发展格局，物流需求结构加快优化调整

近年来，构建新发展格局扎实推进，取得一定成效。从社会物流总额结构看，各领域物流需求与产业升级同步调整。工业物流需求对社会物流总额增长贡献率超过 70%，发挥了“压舱石”作用。新型消费模式较快发展，居民消费相关的物流需求占比基本稳定。绿色发展理念助力循环经济发展，再生资源物流需求实现高速增长。具体来看：

一是工业领域物流总体稳定。2022 年工业品物流总额超过 300 万亿元，比上年增长 3.6%。从年内走势看，一季度平稳开局，二季度受超预期因素冲击增速明显回落，但三季度、四季度仍保持 4.8% 和 2.7% 增长，工业领域物流总体呈稳定恢复态势。

从工业领域物流需求结构看，能源行业、消费品生产需求保持稳定，装备制造、高技术制造业物流需求支撑依然强劲。全年高技术制造业物流总额同比增长 7.4%，增速快于工业品物流总额 3.8 个百分点；装备制造业物流总额同比增长 5.6%，增速快于工业品物流总额 2.0 个百分点。

二是进口领域物流缓中趋稳。2022 年，进口物流整体处于较低水平，按可比计算全年进口物流总额同比下降 4.6%。从环比看，四季度在部分工业产业恢复加快、国际供应链修复等积极因素带动下，进口物流量整体较三季度略有改善，同比增速由负转正，小幅增长 0.3%。

三是民生领域物流需求稳定增长。2022 年，全年单位与居民物品物流总额同比增长 3.4%，保持平稳增长。其中电商物流需求韧性较强，实物商品网上物流额增速超过 6%，我国依然是全球第一大网络零售市场，超大规模市场优势成为支撑民生物流的重要动力。

四是再生领域物流需求快速增长。2022 年，全年再生资源物流总额同比增长超过 18%。“双碳”目标加快推进，再生资源物流成为实现战略的重要抓手，相关的废弃物循环利用体系加快形成，带动再生领域物流需求实现较高增长。

二、物流市场规模稳定增长，物流服务供给质量提升

近年来面对复杂的外部环境，物流业内驱动力增强，向质量求发展，向服务要效益，供应链一体化服务能力进一步优化，促进了物流市场规模稳定增长，物流服务供给的质量稳步提升。

2022年，全年物流业总收入为12.7万亿，同比增长4.7%。物流市场总体保持稳步扩张，增速高于同期社会物流总额。专业物流依然保持较强的供给能力，发展水平与占比稳步提升。物流作为兼具生产性服务业和生活性服务业的产业，服务不断向高质量迈进，在经济恢复期价值体现得以进一步凸显：

一是多式联运加快推进，物流组织模式提升。2022年，疫情下保通保畅任务艰巨，运输物流服务保持了较强供给能力，综合运输网络服务体系逐步完善，运输结构调整稳步推进，铁路、水运货运量占比提高1.9个百分点，多式联运大力推进，集装箱铁水联运量同比实现高速增长，各运输方式协同性提升，助力运输物流服务质量升级。

二是服务能力辐射范围扩大，国际物流发展加快。从服务范围看，近年来国际物流快速发展，立体化、全方位、多层次的物流网络体系加快建设：铁路运输中欧班列辐射欧洲约24个国家196个城市，道路运输拓展至19个国家，远洋运输航线覆盖100多个国家和地区，航空运输网络覆盖约60个国家和地区，有力服务了国内国际双循环，保障国际物流供应链安全。

三是低碳绿色发展理念增强，技术驱动供给质量提升。随着制造业绿色化的持续推进，物流与制造融合发展进一步延伸，物流领域的智能化、自动化等关键技术创新和应用不断推进，数字化转型成效明显。公路、航运、快递等领域，通过自动化智能化设备应用提高货物周转效率，提升全链路时效。

三、政策助力，有力推动物流业高质量发展

2022年，国家政策支持引导力度持续强化，物流发展支撑体系不断健全、制度环境进一步改善。物流在深化供给侧结构性改革，突破堵点、卡点、脆弱点，增强产业链供应链的竞争力和安全性等方面均发挥了重要作用，产业地位和作用日益凸显。

（一）物流政策密集出台，现代物流发展得到空前重视

2022年，国家层面高度重视现代物流发展，习近平总书记多次对物流工作作出重要指示批示，各地区、各部门密集出台物流业支持政策，为统一思想、有序有力推进现代物流工作指明了前进方向：

一是顶层设计层面宏观规划引导持续加强，物流产业地位稳步提升。年内《“十四五”现代物流发展规划》印发出台，精准聚焦构建供需适配、内外联通、安全高效、智慧绿色的现代物流体系，是我国现代物流领域第一份国家级五年发展规划，具有重要的里程碑意义。

二是实施层面各地各部门多措并举，全力保障物流微循环畅通。在国务院物流保通保畅工作领导小组统筹部署下，各部门相继出台“即采即走即追”+闭环管理、重点物资通行证、货车司机和重点企业“白名单”等政策举措，全力保障交通物流畅通有序运行；在重点城市周边启动应急物资中转站，保障各类物资有序中转调运；加强对物流不通不畅问题跟踪调度和督办转办，坚决遏制层层加码、“一刀切”等。高速公路货车通行量日均值逐步回升，12月已回升至675万辆以上，物流运输网络总体畅通、主要运行指标稳中向好、保通保畅成果持续巩固。

（二）物流领域投资稳步扩大，基础设施环境进一步改善

各部门积极贯彻落实国务院关于推进有效投资工作部署，支持投资规模大、建设周期长、回报水平低的基础性、公共性和准公益性物流基础设施建设，带动社会资本加大投入力度，促进精准扩大现代物流领域有效投资。全年交通运输、仓储和邮政业等物流相关投资增长超过9%，自7月以来连续加快，推动全国“通道+枢纽+网络”的物流运行体系不断完善。国家物流枢纽核心进一步稳固，已确认布局建设95个国家物流枢纽；多种运输方式通道持续畅通，铁路投产新线4100千米，首个专业货运枢纽机场建成投运；骨干冷链物流基地、示范物流园区、城市配送中心等领域短板加速补齐，全国规模以上物流园区增至2500家，国家骨干冷链物流基地41个，建设县级电商公共服务中心和物流配送中心超过2600个，村级电商物流服务站点15.3万个。

（三）减税降费助企纾困，助力物流企业发展

2022年，相关部门出台强化交通物流保通保畅的一系列支持政策。着眼于行业层面，出台1000亿元交通物流专项再贷款、贷款延期还本付息、社保缓缴、收费公路货车通行费减免等多项涉物流业的助企纾困政策。着眼于企业层面，金融机构发挥融资担保等作用，主动为申贷物流企业提供金融服务保障，对货运司机等群体相关贷款应延尽延，大幅提升物流行业融资效率，一定程度上缓解了物流行业的资金压力。

四、环境复杂多变，行业运行波动加大

（一）受相关因素影响，物流运行成本有所上升

2022年，受国际供应链不畅、国内疫情扰动等因素影响，社会物流总费用比上年增长4.4%。从年内走势看，一、三季度基本平稳，二、四季度物流运行成本相对较高。全年社会物流总费用与GDP的比率为14.7%，同比提高0.1个百分点，反映社会物流运行效率总体有所回落。

在社会物流总费用各环节里，保管环节占比提高0.3个百分点；运输费用、管理费用占比下降0.2、0.1个百分点。从各环节变化来看，静态保管物流领域占比明显提高。一方面，2022年企业开始采用多层级布局、增加供应商选择、提高安全库存等举措以保障产业链正常运行，受此影响年内社会库存位于较高水平，上游存货与营业收入的比率总体高于同期水平；另一方面，上下游产销衔接水平受到一定影响，物流仓储周转水平整体效率依然低于同期，截至12月，规模以上工业企业产成品存货周转天数同比增加0.9天。

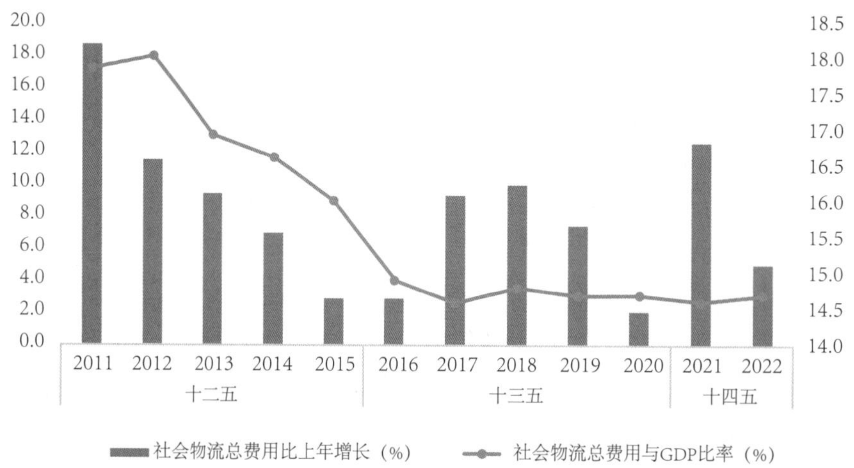

图1-8：22011—2022年社会物流总费用与GDP比率变化情况

（二）物流业景气水平整体趋缓

从物流行业景气水平来看，2022年物流行业景气水平整体处于历史低位。年内全国多地、多频次受到疫情因素影响，物流劳动力供给阶段性趋紧，重点城市、物流节点畅通性波动频繁，对整体物流景气运行造成一定影响。从年内走势看，景气指数除4月外，总体尚可保持在48～50%，三季度总体呈波动恢复态势，四季度受疫情和季节性因素影响有所回调，特别是进入12月，政府疫情防控策略优化调整，初期全国各地区陆续爆发病毒感染，工业和商贸企业人员到岗率下降、开工率不足、产能利用降低，产业链供应链稳定性出现一定波动，回落相对明显。

（三）物流供需恢复不稳，服务价格走势分化

全年供需两端均有明显波动，恢复势头不稳，特别是三季度以来供需两端持续转弱，尤以需求

端收缩最为突出，带来物流服务价格下降。海运方面，沿海散货、集装箱市场供大于求局面依旧，加之疫情期间受港口拥堵等因素影响，延误程度增加，运力周转效率趋缓，三季度以来服务价格走势分化。中国沿海散货运价指数年平均 1124.52 点，比上年回落超过 10%；集装箱市场 8 月以来持续回落，12 月中国出口集装箱综合运价指数降至 1358.63 点，明显低于全年平均水平。公路方面，年内受到疫情影响较大，二季度随着保通保畅持续推进，公路运输基本平稳，通行水平基本恢复至正常水平，部分区域出现结构性运力短缺，价格指数基本平稳。快递方面，快递服务整体价格水平趋向正常，全年平均单价略高于上年水平。

（四）经营指标下滑，物流企业效益承压

从物流企业经营情况来看，在业务量波动增大、经营成本增加、服务价格趋缓等多重因素影响下，2022 年物流企业盈利压力依然较大，初步调查显示全年重点物流企业物流业务收入同比增长 5.1%，物流业务成本增长 5.7%，利润总额同比降幅超过 10%。从年内走势看，物流业务主要指标增速均有所趋缓，收入与成本剪刀差总体有所扩大，每 100 元物流业务收入的成本超过 93 元，持续位于较高水平。年内收入利润率在 3 ～ 4% 波动，利润降幅及盈利水平均处于 2019 年以来的较低水平。

五、2023 年行业发展风险犹存机遇增多

当前物流运行总体平稳，基本延续恢复态势。但也要看到需求收缩、供给冲击、预期转弱三重压力依然较大，加之外部环境动荡和疫情等不确定因素对物流稳定运行影响依然明显，物流发展存在一些风险：

一是国际环境依然复杂，世界经济增长动能有所趋缓。2023 年地缘政治风险持续，全球政治经济格局加速演变，全球贸易保护主义加剧，国际需求依然趋于偏弱，多因素或将给物流供需两端带来较大的不确定性，物流平稳运行难度增加。

二是疫情的中长期影响尚待关注，微观稳定性有待巩固。随着疫情防控转入新阶段，各项政策不断落实落细，物流运行也将同步恢复，但局部区域阶段性疫情反复的风险依然存在，或短期对 2023 年初物流恢复存在一定冲击，特别要关注抗风险和承压能力相对较弱的中小企业。

三是物流供求进入调整期，物流行业服务价格或将进入分层分化阶段。沿海散货、集装箱运输、公路运输、快递等领域同质化竞争压力依然较大，2023 年 1 月中国沿海（散货）运价指数、中国出口集装箱运价指数环比回落幅度均在 10% 左右，随着物流供需调整，部分领域、线路供大于求局面或将加剧，物流服务价格水平可能进一步回落。

展望 2023 年，作为“十四五”规划承上启下的关键一年，随着疫情防控转入新阶段，国民经济有望整体好转，物流发展迎来良好发展机遇。

从需求端来看，我国物流需求基础雄厚，超大规模依然优势明显。齐全的工业门类、合理的产业配套、较强的产业组织能力和产业链韧性依然是推动物流需求复苏好转的物质基础；同时随着实施创新驱动发展战略不断深入，新产业、新动能的快速成长也将成为物流需求恢复的重要引擎。

从供给端来看，在多重超预期因素反复冲击下，物流产业展现出较强的承压能力和发展韧性。2023 年 1 月 PMI 供应商配送时间指数较上年已经有所回升，显示物流配送时效正逐步改善，物流周转同步提速。由此看出 2023 年随着物流需求逐步恢复，物流服务也将快速回暖，社会库存压力有望缓解，物流运行成本或将稳中有降。

从微观主体来看，物流企业竞争力整体将稳步提升，与制造企业融合加深协同发展，重点领域、龙头企业物流将发挥带动和促进作用。如汽车、医药、高技术等领域物流企业业务均已呈现较好增长的态势，供应链等综合物流服务企业盈利水平相对也相对提高。

数据显示，2023 年 1 月中国物流业景气指数中的业务活动预期指数回升 0.7 个百分点，显示物

流市场信心有所提振，企业预期向好，全年物流运行将实现加速恢复的发展态势，社会物流总额有望实现 5.5 ～ 6.5% 的增长。

来源：中国物流与采购联合会。

扎实推进中国式现代物流体系建设——2022 年我国现代物流发展回顾与展望

中国物流与采购联合会党委书记、会长 何黎明

2022 年，党的二十大确定了全面建成社会主义现代化国家、以中国式现代化推进中华民族伟大复兴的战略目标。国务院《“十四五”现代物流发展规划》描绘出中国式现代物流体系建设的宏伟蓝图。我国现代物流业立足新发展阶段，贯彻新发展理念，构建新发展格局，全力推进高质量发展，保持了平稳复苏势头，为统筹疫情防控和经济社会发展做出了重要贡献。

2023 年，是全面贯彻落实党的二十大精神的开局之年，是“十四五”规划承上启下的关键一年，也是优化调整疫情防控政策后第一年。我国现代物流韧性强、潜力大、活力足，中国式现代物流体系建设必将抓住新的机遇，迈开新步伐，展现新作为。

一、2022 年我国现代物流发展回顾

2022 年，我国物流业经受疫情冲击、需求不足和成本上升多重压力，总体实现了平稳运行，主要体现在以下 8 个方面。

（一）主要经济指标平稳增长

2022 年，在总体需求不振的情况下，全年社会物流总额预计超过 340 万亿元，同比增长 3.6% 左右，增速略高于 2020 年同期水平；物流业总收入将达 12 万亿元，同比增长 5% 左右。铁路、冷链、快递等专业物流领域保持了较高增速。国家铁路全年完成货物发送量 39 亿吨，同比增长 4.7%，增速为近 3 年来最高；冷链物流市场规模全年预计超过 4900 亿元，同比增长 7.2% 左右；快递业务量累计完成 1105.8 亿件，比上年净增 22.8 亿件。2023 年 1 月，中国制造业采购经理指数（PMI）重回荣枯线以上，为 50.1%，比上月回升 3.1 个百分点，表明经济回暖势头开始走高。

（二）保通保畅发挥重要作用

2022 年，新冠疫情对物流业的冲击远超前两年，物流保通保畅任务艰巨。国务院建立物流保通保畅工作领导机制，不断调整优化防疫通行管控措施，统筹指导地方保通保畅工作。广大物流企业创新服务模式，通过运输中转接力、人员跨区调动、设施共享共用、无接触配送等多种方式，排除万难解决居民生活、企业生产物资应急保障难题，倾尽全力维护疫情防控和复工复产“生命线”。卡车司机、快递小哥、外卖骑手、仓库管理员等从业人员，迎难而上，冲锋在前，奋战在物流一线，物流保通保畅“主力军”作用得到社会广泛认可。

（三）市场主体集中度稳步提升

2022 年，规模企业逆势增长，市场份额稳步扩大。到年底，全国 A 级物流企业超过 8600 家。供应链服务、冷链物流、网络货运、质押监管等专业领域 A 级物流企业加快成长，在细分市场发挥示范带动作用。中国物流 50 强企业收入合计近 2 万亿元，入围门槛较上年提高 20 亿元。其中，多家企业收入规模超 1000 亿元。一批头部企业对标对表具有国际竞争力的现代物流企业，奋力追赶超越。大型物流企业加大战略调整、上市融资和兼并重组，向规模化、网络化、集约化发展。不少中小物流企业依托大型企业集团，参与分工协作；有的聚焦“专、精、特、新”方向，寻找特色市场；也有的转行或歇业。

（四）供应链创新应用进入新阶段

2022年，产业链供应链安全稳定面临严峻挑战。特别是对于产业链条长的汽车、家电、电子、装备制造等产业影响程度加深。现代物流适应制造业智能化、服务化趋势，与相关产业深度融合，逐步渗透到供应链全链条和各环节，有效增强产业链供应链韧性和安全。中物联协助国家发展改革委组织物流业与制造业深度融合创新发展典型案例宣传推广工程。越来越多的制造企业主动深化与物流企业的战略合作、设施改造、流程优化、信息对接和标准规范，推动生产制造全链条降低物流成本。商务部、中物联等八单位公布2022年全国供应链创新与应用示范城市和示范企业名单，15个示范城市和106家示范企业入选。“全国供应链创新与应用优秀成果展”影响力显著提升，行业示范和推广效果明显。

（五）物流网络建设持续推进

2022年，国家发展改革委将25个国家物流枢纽纳入年度建设名单，该名单已扩围至95个；年内公布了第二批24个国家骨干冷链物流基地，该名单已达41个。中物联发布第六次全国物流园区调查报告，全国规模以上物流园区达2553家，其中3/4的园区已进入运营状态。国家发展改革委、交通运输部公布第四批46个多式联运示范工程创建项目；交通运输部、财政部公布了2022年国家综合货运枢纽补链强链首批15个城市名单。亚洲首个专业货运枢纽机场—鄂州花湖机场建成投运，跨境电商海外仓建设获政策支持，城市大仓物流设施获得重视，农村县域物流网点下沉结网，物流网络建设正在成为区域经济发展的新支点。

（六）智慧物流彰显新的活力

2022年，无人配送车、智能物流柜在抗疫保供中发挥重要作用，助力解决“最后一公里”难题。一批智能卡车企业与物流企业开展战略合作，商业化应用又进一步。物流园区、配送中心、物流仓库加大智能化改造力度，智慧物流园区和智能仓储设施升级换代。截至2022年三季度，全国网络货运平台总数已达2382家；全国即时物流平台全年订单数预计超过400亿单。物流企业集成系统更新升级，提供一体化、线上化、智能化的供应链集成服务。31个城市入选第三批绿色货运配送示范工程创建城市，新能源货运车辆成为车市亮点，轻型电动配送车辆加快推广，换电重卡、氢能示范获得政策支持。数字化转型、智能化改造、绿色化升级提速，智慧物流为传统物流运行模式注入新的活力。

（七）国际物流不断开拓新赛道

2022年，乌克兰危机叠加严峻国际形势，中欧班列开行受到阶段性影响。物流企业积极调整应对，全年中欧班列开行1.6万列、发送160 万标箱，同比分别增长9%和10%；西部陆海新通道货运保持强劲增长势头，全年发送75.6万标箱，同比增长18.5%；中老铁路开通一年累计运送货物1120万吨，开行跨境货物列车3000列。跨境电商保税模式、仓储设施、服务平台助力中小企业进出口便利化，成为国际贸易增长热点。现代物流为我国跨境电商进出口2.11万亿元，提供了有力支撑。国内快递企业纷纷发力海外市场，深度布局东南亚、拉美和中东等地区，结合当地市场复制“中国快递模式”，寻找物流“新蓝海”。

（八）助企纾困政策密集出台

2022年，是国家出台物流业支持政策数量最多、力度最大的一年。国务院发布《扎实稳住经济的一揽子政策措施》，提出统筹加大对物流枢纽和物流企业的支持力度。1000亿元交通物流专项再贷款、货车司机贷款延期还本付息等多项政策惠及物流行业。国家发展改革委、工业和信息化部、财政部、交通运输部、商务部等部门按照职责分工，分别针对公路货运、冷链物流、民航物流、医药物流等领域出台指导意见。各省市地方政府在贯彻国务院及有关部门政策的基础上，结合本地实际，创造性地推出一系列地方政策，促进现代物流发展的政策环境持续改善。

在回顾 2022 年我国现代物流取得新进展的同时，对于出现的困难和问题，我们也要有清醒认识。一是物流供需的不匹配。一方面，低水平重复竞争、恶意压价，车多货少的矛盾愈演愈烈；另一方面，个性化、高水平的物流供给依然不足，全程一体化供应链服务还难以满足需求。二是供给结构的不平衡。包括运输结构公路运力相对过剩、铁路运力相对不足；城乡结构总体上还是“城强乡弱”，特别是县域物流亟待加强；内外结构“内强外弱”，国际物流布局存在“短板”等。三是资源利用的不充分。比如，在一些城市群、都市圈“一库难求”，甚至不分青红皂白“疏解”物流功能，而在有的三四线城市不问需求，盲目“摊大饼”，新建物流设施得不到充分利用。四是政策制度的不协调。一些好政策出现“中梗阻”，亟待深化落实；物流管理政出多门，地方保护和地区封锁难题待解，全国统一大市场建设任重道远。总之，从目前的状况看，我国距离构建供需适配、内外联通、安全高效、智慧绿色的现代物流体系还有相当差距，建设“物流强国”还有很长的路要走。

二、2023 年我国现代物流发展展望

展望 2023 年，中国式现代物流体系融合创新、高质量发展的基本面没有改变，但也面临新的机遇和挑战。以下十大趋势，我们应该认真研究，积极应对。

一是需求规模扩张的趋势。随着疫情防控政策优化调整，经济运行总体回升，预计产业物流、居民消费和进出口物流需求将出现较快复苏势头。

二是供给结构调整的趋势。随着产业升级、消费升级，全社会对物流供给质量也会提出新的更高要求。物流企业必须进一步提质增效降本，努力实现质的有效提升和量的合理增长。

三是基础设施效能提升的趋势。产业集聚、乡村振兴、区域协调发展，要求物流基础设施围绕需求，调整布局；升级改造，完善功能；互联成网，提高综合利用水平。

四是供应链提档升级的趋势。随着现代化经济体系深入发展，现代物流需要深度融入先进制造业、商贸流通业以及金融服务业，提升产业链供应链韧性与安全水平。

五是物流数字化转型的趋势。产业数字化、数字产业化，数字经济、物流平台、智慧物流，成为物流企业转型升级的核心竞争力，数据成为物流企业的核心资源。

六是国际物流补短板的趋势。“国际国内双循环”新格局，“一带一路”倡议，“物流强国”建设都离不开国际物流相适应，必须尽快补上国际物流短板。

七是物流成本上升的趋势。物流运行所必须的土地、燃油、人工等各项成本大概率总体上还会高位运行，物流企业将面对高成本、低收费、优服务、强竞争的市场环境。

八是物流运作绿色低碳的趋势。美丽中国建设要求发展绿色低碳物流，包括“公转铁、公转水”、多式联运、绿色运输、绿色仓储、绿色包装、绿色配送等等成为发展方向。

九是人力人才短缺的趋势。随着我国老龄化、少子化加剧，物流运行依托的人口红利逐步减弱。特别是专业性、创新性、复合型人才和卡车司机、快递小哥、仓库管理员等操作性人才“招工难”问题将会越来越突出。

十是政策环境持续优化的趋势。党中央、国务院前期推出的一系列援企纾困政策将会逐步落地见效，并将有接续政策陆续出台。从最近各地“两会”传来的消息，地方政府对现代物流的重视程度提到新的高度，干货满满的政策措施陆续出台。预计现代物流将迎来新一轮恢复性增长的新时期，我们对行业整体好转、平稳运行充满信心。

在新的一年里，我们要以习近平新时代中国特色社会主义思想为指导，全面贯彻落实党的二十大精神，按照《“十四五”现代物流发展规划》部署，认清形势，抓住机遇，守正创新，埋头苦干，坚持走高质量发展道路，扎实推进中国式现代物流体系建设，为中国式现代化提供有力支撑。以下 6 个方面，应该高度关注。

第一，着力提升高质量供给，把恢复和扩大消费摆在优先位置。要重点关注市场恢复、扩大消费、消费升级的趋势，抓住食品冷链、即时零售、社区电商、医疗保健等消费热点，特别是传统消费线上化的市场机会。深化物流与生产、流通和消费联动融合，依托数字经济，变革即时物流模式，促进消费线上线下结合。加大“最后一公里”物流保障力度，关注城市物流改造升级，完善城乡物流网络，健全分级配送网络体系。尤其要抓住乡村振兴、新型城镇化建设的机遇，推动县域和城乡双向物流畅通。也要密切关注房地产、新基建、新能源等领域政策风向，抢抓社会投资入市所带来的新需求。

第二，着力统筹现代物流与相关产业融合发展，深度融入现代化产业体系。要重点关注汽车、家电、电子、医药、服装等产业链条长、配套环节多的产业，以及粮食、矿产、能源和关键零部件等对国计民生和经济安全影响大的产业，加大双向投资、流程嵌套和信息对接，建立互信互利、包容共生、长期主义的战略合作伙伴关系。从为制造企业提供产前产后的采购和销售物流，逐步向生产过程中的生产物流渗透，提供全程一体化、集约化的供应链物流服务。努力向供应链各环节延伸，打造供应链集成服务体系，支持敏捷制造、精益生产、战略性新兴产业等高端制造，确保产业链供应链循环畅通，推动传统产业向全球价值链中高端迈进。

第三，着力练好企业内功，深化“提质、增效、降本”。逐步从简单“降本增效”转向以提高质量效率为重点的“质量、效率型降本”。由传统单一环节的运输仓储提供商向仓干配一体化的物流服务商转变，由低附加值的物流服务向专业化、全程一体化的供应链服务商转变。要善于突破行业边界，逐步从“企业自身降本”转向全链条“结构性降本”，实现更大范围市场资源有效配置的“系统型降本”。由自成体系、各自为政的传统业务模式向企业协同、设施联动、共同配送、共享平台、生态融合转变。通过与客户共同成长、与产业深度融合、与生态协同发展，更深层次、更宽领域推动降低全社会物流成本。

第四，着力推进基础设施提档升级、互联互通，发挥整体效能。依托国家物流枢纽联盟，引导物流枢纽资源整合、业务协同、联网运行。支持国家骨干冷链物流基地、示范物流园区、多式联运场站、城市配送中心、物流末端网点智慧化、网络化发展。结合区域协调发展战略，围绕城市群和都市圈，加大物流存量资源整合利用，根据区域产业特点和需求，合理调整优化物流布局。以高质量、高效率、低成本的物流投资环境吸引产业集群和商圈集聚，努力打造具有区域辐射带动能力的流通支点和枢纽经济示范区。

第五，着力实施创新驱动，加快动能转换，打造“新技术、新模式、新生态”。支持物流企业经营管理、物流操作、客户服务等业务数字化转型，创新数字化应用场景，培育数字化服务能力。有序推动智能驾驶、无人配送、无人货机、无人码头、物流机器人等“无人化”技术装备应用。分类推动传统基础设施改造升级，支持智慧园区、配送中心、智能仓储基地等建设和改造。持续开展全国供应链创新与应用示范创建，通过示范引领带动，促进物流企业向供应链服务商转型。支持网络货运、即时物流等平台经济健康发展，带动线上线下加快融合。促进物流信息互联互通、推动物流资源共享利用、培育物流新业态，打造“数字驱动、协同共享”的智慧物流新生态。

第六，着力推进更高水平对外开放，提升产业链供应链韧性与安全水平。引导和培育一批具有国际竞争力的现代物流和供应链服务企业，跟随“中国制造”和“中国基建”“走出去”。加快境外物流网点铺设，深化与国外物流企业合作，更加紧密地融入国际物流网络。发展全货机、跨境直达运输、“门到门”物流，增强国际物流服务能力。强化 “一带一路”沿线物流服务，逐步实现设施连通，物流畅通。抓住区域全面经济伙伴关系协定（RCEP）等区域协定带来的机会，加快东盟、中俄、中亚等国际物流大通道和网络建设。围绕跨境电商、内外贸一体化等现实需求，铺设国际快递物流服务网络。构建关键原材料、重要商品和零部件等的全球供应链履约服务体系，全力保障产业链供应链韧性和安全水平。

中国物流与采购联合会作为行业社团组织，我们始终与业内企业和从业人员站在一起，着力保障企业和从业人员合法权益，用心用情关心关爱行业企业和从业人员。我们将秉持“为政府服务、为行业服务、为企业服务”的办会宗旨，更好发挥政府和企业间桥梁纽带作用。继续深入调查研究，反映企业诉求，协助政府决策，深度参与行业治理，进一步提高服务能力和水平。与大家勠力同心、勇毅前行，为推进现代物流高质量发展，完善中国式现代物流体系，建设“物流强国”，为全面建成社会主义现代化国家做出新的贡献。

来源：2023 年 2 月 6 日《现代物流报》。

2022 年中国物流行业十件大事

1. 党的二十大报告要求，建设高效顺畅的流通体系，降低物流成本。同时强调，着力提升产业链供应链韧性和安全水平。

2. 国务院印发《“十四五”现代物流发展规划》（国办发〔2022〕17 号）。

3. 国务院出台《扎实稳住经济的一揽子政策措施》（国发〔2022〕12 号），提出 1000 亿元交通物流专项再贷款、货车司机贷款延期还本付息等多项针对物流业助企纾困政策措施。

4. 面对疫情多点频发，货运受阻、物流不畅问题，国务院建立物流保通保畅工作领导机制。

5. 国家发展改革委发布本年度国家物流枢纽和国家骨干冷链物流基地建设名单。到目前，累计 4 批共 95 个国家物流枢纽和 2 批共 41 个国家骨干冷链物流基地入列。

6. 商务部、工信部、中物联等 8 单位公布《2022 年全国供应链创新与应用示范城市和示范企业名单》，15 个示范城市和 106 家示范企业上榜。

7. 《第六次全国物流园区（基地）调查报告（2022）》显示，全国规模以上物流园区总数达 2553 家。

8. 亚洲首个专业货运枢纽机场—鄂州花湖机场建成投运。

9. 广大物流（快递）企业迎难而上，积极应对新冠疫情严峻挑战，全力维护抗疫保供“生命线”。

10. 全球集装箱海运价格大幅回落。

2022 年中国冷链十件大事

1. 国务院及交通运输部、政部、商务部等多部门政策资金双轮驱动，助力冷链发展。

2. 第二批共计 24 个国家骨干冷链物流基地名单由国家发改委正式公布，在未来 3～5 年时间，国家还将依托 106 个承载城市，布局 100 个左右国家骨干冷链物流基地。

3. 围绕国家“十四五”冷链物流产业规划，多省市因地制宜出台冷链规划和实施方案，相关企业得到扶持和鼓励，带动了当地冷链产业链条的快速发展。

4. 政企联动高效务实，践行冷链双碳战略。应急管理部表示，尊重企业自主经营和选择的权利，不得强制要求“氨改氟”，推动冷链行业安全使用液氨，防范遏制重特大事故发生。

5. 《冷链物流分类与基本要求》和《食品冷链物流交接规范》两项国家标准正式实施。

6. 2022 年多地疫情散发，以上海、北京、深圳等为代表的大半个中国冷链物流企业不同程度参与到了抗疫保供和城市应急当中，最大程度满足了广大消费者的果蔬肉蛋禽等生鲜物资供给。

7. 以每日优鲜、美团优选、兴盛优选等为代表的生鲜社区团购平台大多数（或部分）偃旗息鼓甚至破产清算，冷链企业在不确定性时代的风险博弈中艰难前行。

8. 冷链行业逐步改变传统的发展模式，推行智能分拣、智能温控等冷链技术装备升级，以及数字化、物联网、区块链等技术在冷链物流领域的广泛应用。

9. 供销社网络重启和冷链体系全盘构建，据不完全统计，供销社体系的冷链仓储总量已超过150万吨。

10. 链库、鲜生活、中通冷链、瑞云冷链等完成融资并购

2022年中国仓储配送行业十件大事

1. 首份国家级物流五年规划《“十四五”现代物流发展规划》发布，对包括仓储配送在内的物流现代化发展提出要求、作出战略部署。

2. 中国仓协发布仓储业首个现代化发展工作指南《中国仓储现代化建设工作指南》，提出仓储现代化建设的依据、逻辑、路径与指标。

3. 流地产、托盘租赁、货运 SaaS 服务领域出现头部企业合并收购事件，行业“洗牌”加速。

4. 线上线下融合协同加速，仓店一体和即时配送成新增长点。

5. 国家多部门资金支持冷链设施和县域物流设施建设，10余个省出台冷链物流规划或实施方案，行业组织以标准为工作抓手，推进冷链和县域物流高质量发展。

6. 普洛斯、万纬物流发布“零碳园区白皮书”，绿色仓储设施再升级；首个绿色仓配运营国家标准发布，多企业承诺碳减排目标或发布碳中和计划，仓配绿色化发展进入可量化评估阶段。

7. 物流科技公司加速发布升级基于仓储应用场景的数智化产品或解决方案，具有“数智基因”的物流企业仍受资本认可。

8. 以疫情期间上海物资保供、北京包裹积压为代表，引发应急物流体系建设的思考，“平急结合”是应急物流体系建设的发展方向。

9. 全国人大代表和政协委员首次向两会提出制定《仓单法》的提案，金融监管部门明确支持银行机构开展标准化、格式化电子仓单融资。

10. 国际物流需求疲软，部分国别海外仓空置率上升，推动海外仓企业逐步向供应链一体化服务转型。

2022年公路货运物流行业十件大事

1. 国务院建立物流保通保畅工作领导机制印发《关于全力做好货运物流保通保畅工作的通知》，业内称为物流保通保畅国七条。广大公路货运企业迎难而上，全力维护抗疫保供运输“生命线”。

2. 国务院出台《扎实稳住经济的一揽子政策措施》（国发〔2022〕12号），提出1000亿元交通物流专项再贷款、货车司机贷款延期还本付息等多项针对物流业助企纾困政策措施。

3. 《2021年公路货运行业重点企业经营情况调查报告》发布，公布2021年公路货运行业30家重点企业名单。

4. 公安部下发《关于进一步便利货车在城市道路通行的通知》（公交管〔2022〕299号），对货车进城政策进一步优化调整。目前，已有多地试点中型货车赋予与轻型货车同等通行权。

5. 根据《市场监管总局等八部门关于实施企业标准“领跑者”制度的意见》的部署安排，中国物流与采购联合会批准发布8项质量分级及“领跑者”评价要求团体标准，首批“领跑者”评估工作

启动。

6. 《同城网约货运平台运营安全管理规范》 标准实施。

7. 京东物流斥资近90亿元收购国内快递快运物流龙头企业德邦控股，并完成组织结构调整，改变物流快运市场格局。

8. 新能源重卡逆势增长，前11月新能源重卡销售19312辆，同比大增157.91%，助力公路货运领域“碳达峰、碳中和”。

9. 中国海员建设工会全国委员会协同中国物流与采购联合会、中国职工发展基金会等单位联合发起了“暖途·货车司机职业发展与保障行动”，公路货运分会组织推选15个关爱项目纳入行动计划。

10. 油价大幅上涨抬高运输成本。

2022年中国快递十大事件

1. 中国共产党第二十次全国代表大会开幕，宋学文等快递业代表参会。

2. 2022年2月底以来，我国疫情呈现点多、面广、频发的特点，快递业全力开展保通保畅工作。

3. 快递业完成重大活动保障工作，2022年，冬奥会、全国两会、服贸会、党的二十大、进博会等重大活动相继胜利召开，全系统全行业保障了快递业平稳运行和寄递渠道安全畅通。

4. 行业高质量发展迈上新台阶，加速由“互联网+”向“智能+”蜕变跃升。

5. “末端服务升级”成为2022年快递企业竞争的焦点，顺丰、菜鸟、中通、圆、韵达推出相关制度措施。

6. 快递员群体合法权益保护不断升级，全国多地依托工会组织、快递协会建立行业集体权益“集体协商”机制。

7. 中国民营快递首进世界500强，2022年8月3日，《财富》杂志发布2022年世界500强排行榜，中国民营快递企业顺丰以321亿美元的营收位列第441名。

8. 快递业航空货运迈上新台阶，圆通、顺丰、京东加快全货机引进节奏。

9. 京东物流消息披露，京东物流将以89.76亿元收购德邦66.49%股份。

10. 快递企业签约足坛巨星提升全球影响力，2022年11月26日，极兔速递宣布，足球巨星梅西正式成为其全球品牌代言人。

2022年数字物流十大事件

1. 国家发展改革委印发《“十四五”现代流通体系建设规划》，指出要推广集约智慧绿色物流发展新模式。

2. 政协网络议政远程协商会围绕“加快智慧物流发展”协商议政。

3. 交通运输部、科学技术部印发《“十四五”交通领域科技创新规划》，指出要推动物流智能化发展，突破智能仓储和输送、智能分拣和装卸、智能安检、智能载运单元、农村交邮智能融合等关键技术，推广应用自动化立体仓库、引导运输车等装备设施。

4. 6月27日，随着来自印尼雅加达的“海丰虎山”轮第一根缆绳系在广西北部湾港钦州自动化集装箱码头缆桩上，标志着中国首个海铁联运自动化集装箱码头首次靠泊成功。

5. 由“中物联全国数字化仓库推广领导小组”组织的“中物联全国数字化仓库企业试点（第五批）”评审会在京召开。经审定67家单位作为“中物联全国数字化仓库企业试点（第五批）”。

6. 国家发展改革委印发《关于做好2022年国家骨干冷链物流基地建设工作的通知》，发布2022年国家骨干冷链物流基地建设名单。

7. 国家市场监督管理总局、国家标准化管理委员会发布公告（2022 年第 13 号），其中批准发布了由全国物流标准化技术委员会提出并归口的《智慧物流服务指南》国家标准。

8. 交通运输部、国家标准化管理委员会印发《交通运输智慧物流标准体系建设指南》。

9. 《2022 中国数字物流发展报告》发布。

10. 国务院办公厅印发《“十四五”现代物流发展规划》。

2022 年中国智慧供应链与物流十件大事

1. 首部国家数字经济规划提智慧物流，国务院颁布《“十四五”数字经济发展规划的通知》，全文 12 提物流 10 提供应链。推出 11 大重点工程，其中“重点行业数字化转型提升工程”包括“智慧物流”。

2. 我国首艘无人驾驶、远程操控的，智能航行 300TEU 集装箱商船“智飞”号，在青岛港上线运营。

3. 国产首款正向设计货运的 TP500 无人运输机首飞成功。

4. 中国自研首列商用无人驾驶磁浮列车出炉。

5. 菜鸟研发出自主知识产权的软 PLC 通过国际主流认证（欧盟 CE 认证等），实现了软 PLC 的国产化替代，菜鸟自研的 RFID 标签准确率已到达 99.97%，大大提高了盘点效率和准确性。

6. 京东 618 期间，软件、硬件、系统集成“三位一体”的供应链技术全面升级，全链路预测准确率均值超过 95%。

7. 菜鸟正式发布了多款科技产品，其中包括一款自研的自动化产品——托盘四向穿梭车，可在仓库内实现纵横四向行走，自动将货物移动到货架任意位置。

8. 首颗对地遥感成像卫星“平安 3 号卫星（泰景一号 01 星）”发射升空，将与此前成功发射的“平安 1 号”“平安 2 号”物联网卫星，共同支持平安银行的供应链金融服务。

9. 小马智行与战略合作伙伴中国外运股份有限公司、三一集团进一步深化合作，成立三方战略联盟，联手打造智慧物流″技术 + 车辆 + 场景″黄金三角。

10. 世界首条自动驾驶干线物流专线道路—“酒泉至明水绿色数字专用公路”进入实验阶段，并即将开展自动驾驶干线物流的长距离场景路测和筹备运营。

（二）2022 年上海市物流业综合报告

2022 年上海市国民经济运行情况

上海市统计局、国家统计局上海调查总队

2023 年 1 月 20 日

2022 年，面对国内外复杂严峻经济环境和疫情冲击等超预期因素的多重挑战，上海坚持以习近平新时代中国特色社会主义思想为指导，全面贯彻习近平总书记考察上海重要讲话精神和对上海工作重要指示要求，统筹疫情防控和经济社会发展，加力落实稳经济各项政策举措，全市经济运行呈现“平稳开局、深度回落、快速反弹、持续恢复”的态势，城市核心功能稳定运行，经济新动能持续发力，生产需求回稳向好，就业物价总体稳定。

根据地区生产总值统一核算结果，2022 年上海市实现地区生产总值 44 652.80 亿元，按可比价格计算，同比下降 0.2%，降幅比前三季度收窄 1.2 个百分点。其中，第一产业增加值 96.95 亿元，同比下降 3.5%；第二产业增加值 11 458.43 亿元，下降 1.6%，降幅比前三季度收窄 2.4 个百分点；第三产业增加值 33 097.42 亿元，增长 0.3%，而前三季度为下降 0.5%。

一、工业生产稳步恢复，工业战新产业较快增长

全年全市规模以上工业增加值同比下降 0.6%，降幅比前三季度收窄 1.6 个百分点；规模以上工业总产值 40 473.68 亿元，同比下降 1.1%，降幅比前三季度收窄 0.4 个百分点。其中，汽车、电子等重点行业较快增长。汽车制造业总产值同比增长 9.3%，计算机、通信和其他电子设备制造业总产值同比增长 1.7%。

全年全市工业战略性新兴产业总产值 17 406.86 亿元，同比增长 5.8%；占规模以上工业总产值的 43.0%，比重比上年提高 2.4 个百分点，比前三季度提高 0.5 个百分点。其中，新能源汽车产值增长 56.9%，生物产值增长 5.9%，新一代信息技术产值增长 4.7%。光伏电池、新能源汽车、工业机器人、集成电路圆片产量分别增长 1.2 倍、56.5%、7.1%、5.5%。

二、服务业行业发展有所分化，金融、信息和科技服务业增势较好

全年全市金融业增加值 8626.31 亿元，同比增长 5.2%；信息传输、软件和信息技术服务业增加值 3 788.56 亿元，增长 6.2%；房地产业增加值 3 619.21 亿元，增长 0.9%；租赁和商务服务业增加值 2894.12 亿元，增长 0.2%；交通运输、仓储和邮政业增加值 1 914.53 亿元，下降 8.1%；批发和零售业增加值 5 068.50 亿元，下降 9.7%。1—11 月，全市规模以上服务业企业营业收入 42 353.58 亿元，同比增长 1.5%。其中，信息传输、软件和信息技术服务业，科学研究和技术服务业，卫生和社会工作企业营业收入分别增长 8.1%、4.2%、11.0%。

三、固定资产投资加速恢复，新建商品房销售降幅收窄

全年全市固定资产投资同比下降 1.0%，降幅比前三季度收窄 7.6 个百分点。其中，工业投资增长 0.6%，而前三季度为下降 5.9%；房地产开发投资下降 1.1%，降幅比前三季度收窄 7.4 个百分点。

全年全市新建商品房销售面积 1852.88 万平方米，同比下降 1.5%，降幅比前三季度收窄 5.5 个百分点。其中，新建商品住宅销售面积 1561.51 万平方米，同比增长 4.8%，而前三季度为下降 3.6%。

四、市场消费有所回暖，网上商店零售占比提高

全年全市社会消费品零售总额 16 442.14 亿元，同比下降 9.1%，降幅比前三季度收窄 1.6 个百分点。分行业看，批发和零售业零售额 15 312.59 亿元，同比下降 7.9%，降幅比前三季度收窄 1.5 个百分点；住宿和餐饮业零售额 1 129.55 亿元，下降 22.4%，降幅比前三季度收窄 2.4 个百分点。

全年全市网上商店零售额3 461.40亿元，同比下降3.9%；占社会消费品零售总额的比重为21.1%，比上年提高 2.5 个百分点。

五、金融市场运行良好，地方财政收入有所好转

全年全市金融市场成交额2 932.98 万亿元，同比增长 16.8%。其中，上海证券交易所有价证券成交额增长 7.6%，银行间市场成交额增长 23.8%。12 月末，全市中外资金融机构本外币存款余额 19.23 万亿元，同比增长 9.4%；贷款余额 10.31 万亿元，增长 7.4%。

全年全市地方一般公共预算收入 7 608.19 亿元，同比下降 2.1%，降幅比前三季度收窄 9.8 个百分点；扣除留抵退税因素，同比增长 3.9%，而前三季度为下降 4.4%。地方一般公共预算支出 9 393.16 亿元，同比增长 11.4%。

六、居民消费价格温和上涨，工业生产者价格涨幅回落

全年全市居民消费价格同比上涨 2.5%，涨幅比前三季度回落 0.3 个百分点。从两大分类看，消费品价格上涨 3.2%，服务价格上涨 1.8%。八大类价格“七升一降”，食品烟酒类价格上涨 4.5%，交通通信类价格上涨 4.4%，教育文化娱乐类价格上涨 3.5%，医疗保健类价格上涨 2.1%，生活用品及服务类价格上涨 2.0%，居住类价格上涨 1.0%，其他用品及服务类价格上涨 0.6%，衣着类价格下降 1.0%。

全年全市工业生产者出厂价格同比上涨 2.6%，涨幅比前三季度回落 0.3 个百分点；工业生产者购进价格上涨 4.9%，涨幅比前三季度回落 1.3 个百分点。

七、居民收入保持增长，就业形势总体稳定

全年全市居民人均可支配收入 79 610 元，同比增长 2.0%，增速比前三季度提高 1.0 个百分点。其中，城镇常住居民人均可支配收入 8 4034 元，增长 1.9%；农村常住居民人均可支配收入 39 729 元，增长 3.1%。全年全市新增就业岗位 56.35 万个。12 月份，城镇调查失业率为 4.3%，与上月持平。

总的来看，2022 年上海经济克服内外部多重压力挑战，呈现回稳向好态势。同时也要看到，外部经济环境依然复杂严峻，全市经济恢复基础仍不牢固。下阶段，要坚持以习近平新时代中国特色社会主义思想为指导，全面贯彻落实党的二十大精神和中央经济工作会议部署，坚持稳中求进工作总基调，突出做好稳增长、稳就业、稳物价工作，大力提振市场信心，充分释放内需潜力，推动经济运行整体好转，实现质的有效提升和量的合理增长，在新征程上继续当好改革开放排头兵、创新发展先行者。

进工作总基调，突出做好稳增长、稳就业、稳物价工作，全力推进浦东引领区建设，持续推动“五个中心”功能升级，聚力建设双向开放“三大平台”，推进经济运行整体好转，实现质的有效提升和量的合理增长，在新征程上继续当好改革开放排头兵、创新发展先行者。

2022 年上海市物流行业综合发展情况

2022 年是特殊的一年，上海全力统筹疫情防控和经济社会发展，有力有效推进了经济社会发展各项目标任务的实现。全市统筹疫情防控和经济社会发展，积极应对国内外复杂严峻经济环境和疫情冲击等超预期因素影响，全市经济运行呈现“平稳开局、深度回落、快速反弹、持续恢复”V 型反转态势，具有核心功能强、经济韧性足、发展潜力大、市场活力好的特点，总体延续了回稳向好的积极趋势，保持了高质量发展的基本态势。

一、经济稳步回升，凸显发展韧性

经济运行稳步回升。2022 年上海经济总量继续保持全国经济中心城市首位。就业、物价总体稳定，工业生产稳步恢复，消费市场逐步复苏，外贸、外资再创历史新高，上海仍是外资最青睐的投资目的地之一。

城市核心功能持续巩固。上海全市金融市场交易总额近 3000 万亿元，上海港集装箱吞吐量突破 4730 万标准箱，口岸进出口总额 10.4 万亿元，服务进出口规模继续位居全国各省市首位。

二、三大产业协调发展，成效显著

根据地区生产总值统一核算结果，2022 年上海市实现地区生产总值 44 652.80 亿元，按可比价格计算，同比下降 0.2%，降幅比前三季度收窄 1.2 个百分点。其中，第一产业增加值 96.95 亿元，同比下降 3.5%；第二产业增加值 11 458.43 亿元，下降 1.6%，降幅比前三季度收窄 2.4 个百分点；第三产业增加值 33 097.42 亿元，增长 0.3%，而前三季度为下降 0.5%。

三、服务业行业发展有所分化

全年全市金融业增加值 8 626.31 亿元，同比增长 5.2%；信息传输、软件和信息技术服务业增加值 3 788.56 亿元，增长 6.2%；房地产业增加值 3619.21 亿元，增长 0.9%；租赁和商务服务业增加值

2 894.12 亿元，增长 0.2%；交通运输、仓储和邮政业增加值 1 914.53 亿元，下降 8.1%；批发和零售业增加值 5 068.50 亿元，下降 9.7%。1-11 月，全市规模以上服务业企业营业收入 42353.58 亿元，同比增长 1.5%。其中，信息传输、软件和信息技术服务业，科学研究和技术服务业，卫生和社会工作企业营业收入分别增长 8.1%、4.2%、11.0%。

四、消费回暖网店零售占比提高

全年全市社会消费品零售总额 16 442.14 亿元，同比下降 9.1%，降幅比前三季度收窄 1.6 个百分点。分行业看，批发和零售业零售额 15 312.59 亿元，同比下降 7.9%，降幅比前三季度收窄 1.5 个百分点；住宿和餐饮业零售额 1 129.55 亿元，下降 22.4%，降幅比前三季度收窄 2.4 个百分点。

全年全市网上商店零售额 3 461.40 亿元，同比下降 3.9%，占社会消费品零售总额的比重为 21.1%，比上年提高 2.5 个百分点。

五、国际航运中心枢纽地位巩固

全市贸易中心集聚辐射能级提升。2022 年上海口岸进出口总额达到 10.4 万亿元，占全球比重提高到 3.6% 左右，保持世界城市首位。新型国际贸易加快发展，离岸经贸业务企业名单扩展至 577 家，支持布局海外仓数量达 110 个。

航运中心枢纽地位巩固。2022 年上海港集装箱吞吐量达到 4730.30 万国际标准箱，连续 13 年位列全球第一。集装箱水水中转量突破 2500 万标准箱，同比增长 9.3%。

六、新型国际贸易孕育新优势

全市，离岸经贸业务企业名单扩展至 577 家，国际分拨中心示范企业扩展至 100 家，支持企业布局海外仓数量达到 110 个。航运要素集聚提升新能级，制定出台进一步推动海铁联运发展实施意见，成功举办第二届北外滩国际航运论坛，新一轮上海市交通发展白皮书发布，轨道交通第三期建设调整规划获批，小洋山北作业区项目开工，完成全国首单国际航行船舶保税 LNG 加注业务，上海港集装箱吞吐量连续 13 年位居世界第一，在新华－波罗的海航运中心指数中连续三年位居全球第三。

七、长三角地域优势进一步彰显

成功举办 2022 年长三角地区主要领导座谈会，沪苏浙联合印发上海大都市圈空间协同规划，长三角科技创新共同体联合攻关计划启动实施，长三角国家算力枢纽节点启动建设，超过 1700 个文旅场馆实现一卡通游，异地就医门诊费用直接结算累计结算超过 1300 万人次。长三角生态绿色一体化发展示范区三周年成果丰硕，2022 年形成 39 项新的制度创新成果，水乡客厅进入实质性建设阶段，沪苏嘉城际铁路在沪苏浙三地同步开工建设。

八、物流保持高水平运行状态

据统计，2022 年 1—12 月，本市交通货物运输总量为 141 373.64 万吨，比去年同下降 8.9%。其中，铁路 496.65 万吨，增长 0.1%；水运 95 700.53 万吨，下降 5.6%；公路 44 846.30 万吨，下降 15.2%；机场 330.17 万吨，下降 24.4%。全市完成货物周转量 32 435.46 亿吨千米，比去年同月下降 5.0%。

上海国际航运中心建设正从“基本建成”向“全面建成”迈进

上海国际航运中心建设是党中央、国务院高瞻远瞩作出的重大决策，经历了框架构建、硬件基础设施建设为主、硬件基础设施和软环境建设并举的特色发展之路。2022 年，面对百年变局和世纪疫情，上海国际航运中心建设迎难而上、积极作为、开拓创新，取得了显著成效，“十四五”时期，立足国家战略布局和中央对上海的战略定位，结合航运中心发展面临的新形势、新要求，上海国际航运中心建设的总体目标是：全力支撑上海打造国内大循环的中心节点、国内国际双循环的战略链接，形成枢纽门户服务升级、引领辐射能力增强、科技创新驱动有力、资源配置能级提升的上海国际航运中心发展新格局，2025 年基本建成便捷高效、功能完备、开放融合、绿色智慧、保障有力的世界一流国际航运中心。围绕总目标，在枢纽服务领域，2025 年集装箱年吞吐量达到 4700 万标准箱以上，航空旅客年吞吐量达到 1.3 亿人次以上，货邮年吞吐量达到 410 万吨以上。在物流集疏运领域，着力提升多式联运服务水平，2025 年集装箱水水中转比例不低于 52%，集装箱海铁联运业务量不低于 65 万标准箱，实现浦东机场到市中心 40 分钟快速抵达。在航运服务领域，以航运相关融资保险、法律仲裁、科技研发、教育培训、信息咨询、文化会展等业态为重点，实现航运服务要素加速集聚，服务价值链向高端延伸，服务辐射能级显著增强。在邮轮经济领域，亚太邮轮企业总部基地初具规模，初步形成邮轮经济产业链。在航运绿色创新领域，打造低碳环保、智慧高效的航运产业新生态，实现土地岸线资源集约利用、污染物受控、能耗节约和能源清洁。在环境优化和合作交流领域，口岸综合效率和市场营商环境达到国际先进水平，航运文化辨识度和认同度显著增强。

2022 年，按照党中央、国务院、市委和市政府部署，持续拉长板、补短板、锻新板、固底板，着力打造上海国际航运中心升级版，为提升城市能级和核心竞争力作出更大贡献。

一是拉长板，巩固提升海空枢纽地位。海港方面，加快优化设施布局，进一步释放洋山四期码头产能，加快推动小洋山北侧综合开发、罗泾港区转型、外高桥港区智能化升级，推动集装箱吞吐能力提升。同时，加快推动内河集装箱码头和大芦线东延伸等河海直达通道建设，努力打造“北吴淞口、中大治河、南金汇港”的河海直达扇形通道。空港方面，加快浦东机场四期、浦东综合交通枢纽、机场联络线等项目建设。同时，更好发挥上海龙头带动作用，推动区域共建分工合理、协作高效、竞争有力的世界级港口群、机场群。

二是补短板，着力提高航运服务和治理能力。服务方面，按照中央部署，努力将上海航运交易所打造成为市场化、国际化、现代化的交易机构，培育“五大功能”，构建“四大平台”。同时，以更好的创意、更实的内容、更强的专家阵容和更大的参与规模，全力办好第二届北外滩国际航运论坛。治理方面，以与国际海事组织签订合作备忘录为契机，进一步发挥亚洲海事技术合作中心作用，推动上海国际航运中心在航运绿色发展规划、政策、法规、标准、技术等方面的国际国内合作，更加深入地服务国际航运规则制定。

三是锻新板，把握低碳智能变革机遇。低碳方面，以建设上海港—洛杉矶港“绿色航运走廊”为契机，积极主动参与国际航运低碳科技创新和治理。探索优化航运碳排放交易运行机制。组织编制上海国际航运中心助力我国“双碳”目标实现的研究报告，提出促进“双碳”目标实现的路径。促进已建岸电设施常态化使用，力争实现应用尽用。建立码头污染防治等重点难点问题长效治理机制，确保内河码头合规经营和环保达标率实现 100%。智能方面，加强与交通运输部等部委的联系与合作，推进航运数字化转型。推进洋山港智能重卡示范运营，组织开展“四固定”模式条件下的“减人化”测试。推动业内持续研发区块链正本电子提单，真正实现全程运输无纸化。

四是固底板，全力做好疫情防控和保通保畅。积极应对本轮疫情带来的不利影响，全面贯彻国务院联防联控机制相关要求，充分发挥空港办和港口防疫专班作用，全力做好海空港疫情防控和保通保畅工作，持续保障上海国际航运中心核心功能稳定运转。海港方面，指导港口企业完善应急预案，发现异常情况迅速配合疾控部门落实转运、隔离等工作；推动港口企业复工复产，落实新返岗人员返岗途中闭环转运和返岗后集中封闭管理措施；积极沟通协调，确保持有《上港集团防疫通行证》的集卡长三角无阻通行；大力拓展“公转水”和“公改铁”，充分发挥水路和铁路运输受疫情影响小的优势；不断完善港航服务功能，促进航运服务业提质增效，优化具有国际竞争力的港航营商环境。空港方面，紧盯薄弱环节和重点领域，落实机场地区所有从业人员每日一次抗原及核酸检测，对接触面广、关联人员多的重点岗位加强管理手势，坚决防止规模性疫情；继续强化清关疏港协调机制，积极为企业复工复产急需的物资开通绿色通道，协助航空公司恢复运力投放，落实疫情防控下闭环生产工作，持续推动保通保畅。

2022 年，市重大交通工程确定正式项目 51 项，预备项目 19 项；按照市重大工程年初计划，安排投资 796.33 亿元，占市重大工程投资（2000.38 亿元）的 39.8%，较 2021 年年初计划数增长 30.8%。对外交通方面，计划开工建设沪渝蓉沿江铁路上海段、浦东机场四期、浦东综合交通枢纽（G1503 公路和周邓快速路浦东枢纽段）、油墩港航道整治、G318 沪青平公路拓宽改建等项目。加快建设沪苏湖铁路、沪通铁路二期、沪杭客专上海南联络线、G320 公路（上海浙江省界 - 北松公路）等项目。完成大芦线航道二期、平申线航道整治。轨道交通方面，全力推进市域铁路上海示范区线、轨道交通 20 号线一期启动建设，加快推进机场联络线、嘉闵线、南汇支线、崇明线、21 号线一期、13 号线西延伸等轨道交通项目建设。市域交通方面，推进外环西段交通功能提升工程、南北通道等项目方案稳定。推进北横通道东段、沿江通道等项目建设。武宁路快速化、安远路跨苏州河桥、东西通道等项目基本建成，具备通车条件。打通 6 条区区对接道路。

11 月 22—24 日在上海举行的 2022 北外滩国际航运论坛，以“共促绿色、智慧、韧性的全球航运业新发展”为主题，围绕行业前沿洞察、完善服务功能、枢纽能级提升和拓展国际合作等领域发布了 11 项最新重大成果，来自全球的航运航空头部企业、国际组织、知名专家代表齐聚一堂，为国际航运业可持续发展和上海国际航运中心建设，贡献真知灼见。

2022 年上海港集装箱吞吐量达到 4730.30 万国际标准箱，连续 13 年位列全球第一。集装箱水水中转量突破 2500 万标准箱，同比增长 9.3%。

目前，中国已全面掌握自动化集装箱码头全链条关键技术，已建成全自动化集装箱码头 14 座，在建 10 余座，引领全球智慧港口发展，并走出国门。以科技为引领，上海以交通行业数字化转型为抓手，也在不断推进“智慧港口”探索实践，在洋山港打造了全球最大规模的全自动码头，无人驾驶智能重卡也顺利启动了运营测试。

数智赋能还让上海国际航运中心的辐射范围进一步扩大。“上海港东北亚空箱调运中心——太仓港分中心”空箱调运模式已率先启用，上海港将太仓港视为本港空箱服务延伸区，提供两港空箱一体化服务，全力纾解企业用箱压力。

上海港集装箱水水中转比例已达到 50% 以上；船到船同步 LNG 加注服务实现常态化运营；约 97.95% 的营运船舶岸电受电设施改造，岸电泊位占比达到 79%；上海港全港污染物接收、转运、处置能力全面提升……上海港正在成为越来越清洁、节能、高效的现代化枢纽港。

在航运企业绿色转型的同时，造船企业也抓住航运市场绿色发展的这个重大机遇，在航运物流、装备制造等领域不断创新成果，推动航运业的绿色转型。

上海国际航运中心，作为链接国内国际的重要枢纽，承载着联通两个市场、配置两种资源的重要功能。过去一年，上海不断完善物流体系，逆势提升应变能力，持续展现引领全球航运业发展的影响力。

2022 上海国际航运中心建设十大事件

1. 2022 北外滩国际航运论坛在沪举办 聚焦航运业绿色、智慧和韧性发展

2022 年 11 月 22 日，“2022 北外滩国际航运论坛”在北外滩世界会客厅开幕，主题为“共促绿色、智慧、韧性的全球航运业新发展”。论坛上，发布了多项航运业重要成果，包括“上海国际集装箱舱位交易平台”上线试运行、上海船员评估示范中心揭牌等。

北外滩国际航运论坛力争打造国际航运领域重要的观点交流平台、政策发布平台和规则孕育平台。通过论坛举办，将加强国际航运业交流合作，跟踪行业发展趋势，分享行业发展经验，促进国际航运和经济贸易的繁荣发展，为世界航运业发展贡献中国智慧、上海方案。

2. 首架国产大飞机 C919 交付 迈出市场运营第一步

2022 年 12 月 9 日，国产大飞机 C919 全球首家用户东方航空，正式接收首架 c919 飞机，标志着国产大飞机迈出市场运营的第一步，也标志着中国民航运输市场首次拥有中国自主研发的喷气式干线飞机。

C919 大型客机是我国按照国际通行适航标准研制、具有完全自主知识产权的全球新一代单通道干线客机，2017 年首飞，2022 年 9 月 29 日取得中国民航局型号合格证（tc 证），2022 年 11 月 29 日取得中国民航局生产许可证（pc 证）。该款机型采用先进气动设计、先进推进系统和先进材料，碳排放更低、燃油效率更高。

3.《2022 新华•波罗的海国际航运中心发展指数报告》发布

上海保持全球第三

2022 年 7 月 11 日，《新华•波罗的海国际航运中心发展指数报告（2022）》在沪发布。上海以 82.79 的总得分排名第三，进一步缩小与新加坡、伦敦的差距。“软硬”实力互动并进 上海综合竞争力与日俱增。自 2020 年首次跻身前三名以来，上海国际航运中心的国际地位日趋稳固，航运资源高度集聚、航运服务功能健全、航运市场环境优良、现代物流服务高效，全球航运资源配置能力不断增强。

4. 上海港集装箱吞吐量连续 13 年全球第一 洋山深水港区小洋山北作业区集装箱码头及配套工程获批

2022 年，上海港集装箱吞吐量突破 4730 万 teu（标准箱）大关，连续第 13 年蝉联全球第一。

洋山深水港区小洋山北作业区集装箱码头及配套工程获批，更好服务构建新发展格局、推动长三角更高质量一体化发展。

此外，顺应绿色、低碳、智能航运发展新趋势，上海港全面发力港口数字化转型。依托区块链技术，上海港实现进口放货全流程无纸化，进口换单放货流程缩短至 4 小时以内。线上线下相融合的港口服务平台、全新的散 / 件杂货码头生产运营软件、以“gis 数据跟踪”“船舶信息大数据展示”“智慧港口三维数据融合”为主体的生产管理“智慧眼”……一系列自主创新持续提升国际集装箱枢纽港辐射能级。

5. 浦东国际机场四期扩建工程开工 为上海建设国际航空枢纽提供新动能

2022 年 1 月 4 日，浦东国际机场四期扩建工程正式开工，主要包括航站区、飞行区、旅客捷运等六大项目，建成后预计可满足 2030 年浦东机场年旅客吞吐量 1.3 亿人次的需求；11 月 21 日，浦东机场四期扩建工程智能货站项目也正式启动，预计 2024 年 10 月底竣工，将为上海口岸提供每年超过 100 万吨的出入境货物保障能力。

在浦东机场四期扩建工程中，上海机场集团正在构建一套超大工程全流程、工序级、分层式的数字建设体系，对超大、超难工程的高质量建设具有重要引领和借鉴意义。

6. 上海市政府与国际海事组织 中远海运集团签署战略合作备忘录

2022 年 1 月 20 日，上海市人民政府与国际海事组织签署合作备忘录，将进一步促进上海国际航运服务要素的集聚，提升上海国际航运中心的服务能级以及服务全球航运事务治理的能力。

2022 年 12 月 29 日，上海市人民政府与中国远洋海运集团有限公司在沪签署战略合作协议。双方将在港航业务、全球数字化供应链建设、绿色低碳航运等领多个领域域开展合作，构建具有国际竞争力的物流供应链综合服务生态，共同打造上海国际航运中心升级版。

7. 全球最大超大型集装箱船 全国首艘江海联运型 lng 船等高端航运装备在上海交付

2022 年 5 月 26 日，中国船舶集团旗下沪东中华造船（集团）有限公司联合中国船舶工业贸易有限公司建造的 8 万立方米液化天然气（lng）运输船“传奇太阳号”，在长兴造船基地命名交付。“传奇太阳号”是全球最大浅水航道第四代船型，也是我国首艘江海联运型 lng 船。

2022 年 6 月 22 日，中国首艘、全球最大 24000teu 超大型集装箱船在沪东中华造船（集团）有限公司签字交付。这是沪东中华自 2020 年 9 月完工交付中国首创全球首艘 23000teu 双燃料动力超大型集装箱船后，在顶级超大型集装箱船建造领域取得的又一重大突破。

一系列高端航运装备的交付，折射出上海国际航运中心的“硬科技”实力不断提升。

8. 中国首单保税 lng 加注业务落地上海洋山港 全球最大双燃料集装箱船在洋山港完成 lng 燃料加注

2022 年 3 月 14 日，马耳他籍“达飞希米号”集装箱轮驶入洋山港二期码头，完成液化天然气（lng）燃料加注。这是国际航行船舶保税 lng 加注业务的“中国首单”，也意味着上海港成为全球少数拥有“船到船同步加注保税 lng”服务能力的港口。

2022 年 8 月 24 日，洋山深水港首次为全球最大型 2.3 万标箱双燃料集装箱船加注液化天然气（lng）燃料，标志着上海港 lng 燃料加注服务能级跃升。

9. 国际集装箱班轮公司沿海捎带业务正式“启航”

2022 年 5 月 31 日，国内首单外资班轮公司“沿海捎带”业务，在上海洋山深水港落地。沿海捎带业务试点，是中国国际航运领域开放的一次重要突破。

外资班轮船公司沿海捎带，是指外国国籍船舶在中国沿海港口之间从事外贸集装箱重箱的国内段运输。根据 2021 年 11 月 18 日《国务院关于同意在中国（上海）自由贸易试验区临港新片区暂时调整实施有关行政法规的批复》，允许外资班轮船公司开展大连港、天津港、青岛港与上海洋山港之间，以洋山港为国际中转的外贸集装箱沿海捎带业务。

10. 友好港深化合作，倡议共建“绿色航运走廊”

2022 年 1 月，上海港和洛杉矶港共同倡议建立“绿色航运走廊”，以实现上海港和洛杉矶港之间以最清洁、低碳的方式实现港到港货物运输。

2022 年 11 月，上海港与鹿特丹港、安特卫普 – 布鲁日港深化友好港合作，践行“一带一路”倡议，推动各方在更高水平、更广领域协同发展。

二、2022年物流业政策文件

（一）国务院暨各部委局物流业部分政策文件

国务院办公厅关于印发“十四五”现代物流发展规划的通知

国办发〔2022〕17号

各省、自治区、直辖市人民政府，国务院各部委、各直属机构：

《“十四五”现代物流发展规划》已经国务院同意，现印发给你们，请认真贯彻执行。

国务院办公厅

2022年5月17日

（本文有删减）

“十四五”现代物流发展规划

现代物流一头连着生产，一头连着消费，高度集成并融合运输、仓储、分拨、配送、信息等服务功能，是延伸产业链、提升价值链、打造供应链的重要支撑，在构建现代流通体系、促进形成强大国内市场、推动高质量发展、建设现代化经济体系中发挥着先导性、基础性、战略性作用。“十三五”以来，我国现代物流发展取得积极成效，服务质量效益明显提升，政策环境持续改善，对国民经济发展的支撑保障作用显著增强。为贯彻落实党中央、国务院关于构建现代物流体系的决策部署，根据《中华人民共和国国民经济和社会发展第十四个五年规划和2035年远景目标纲要》，经国务院同意，制定本规划。

一、现状形势

（一）发展基础

物流规模效益持续提高。“十三五”期间，社会物流总额保持稳定增长，2020年超过300万亿元，年均增速达5.6%。公路、铁路、内河、民航、管道运营里程以及货运量、货物周转量、快递业务量均居世界前列，规模以上物流园区达到2000个左右。社会物流成本水平稳步下降，2020年社会物流总费用与国内生产总值的比率降至14.7%，较2015年下降1.3个百分点。

物流资源整合提质增速。国家物流枢纽、国家骨干冷链物流基地、示范物流园区等重大物流基础设施建设稳步推进。物流要素与服务资源整合步伐加快，市场集中度提升，中国物流企业50强2020年业务收入较2015年增长超过30%。航运企业加快重组，船队规模位居世界前列。民航货运领域混合所有制改革深入推进，资源配置进一步优化。

物流结构调整加快推进。物流区域发展不平衡状况有所改善，中西部地区物流规模增速超过全国平均水平。运输结构加快调整，铁路货运量占比稳步提升，多式联运货运量年均增速超过20%。仓储结构逐步优化，高端标准仓库、智能立体仓库快速发展。快递物流、冷链物流、农村物流、即时配送等发展步伐加快，有力支撑和引领消费结构升级。

科技赋能促进创新发展。移动互联网、大数据、云计算、物联网等新技术在物流领域广泛应用，网络货运、数字仓库、无接触配送等“互联网+”高效物流新模式新业态不断涌现。自动分拣系统、无人仓、无人码头、无人配送车、物流机器人、智能快件箱等技术装备加快应用，高铁快运动车组、大型货运无人机、无人驾驶卡车等起步发展，快递电子运单、铁路货运票据电子化得到普及。

国际物流网络不断延展。我国国际航运、航空物流基本通达全球主要贸易合作伙伴。截至2020年底，中欧班列通达欧洲20多个国家的90多个城市，累计开行超过3万列，在深化我国与共建“一带一路”国家经贸合作、应对新冠肺炎疫情和推进复工复产中发挥了国际物流大动脉作用。企业海外仓、落地配加快布局，境外物流网络服务能力稳步提升。

营商环境持续改善。推动现代物流发展的一系列规划和政策措施出台实施，特别是物流降本增效政策持续发力，“放管服”改革与减税降费等取得实效。物流市场监测、监管水平明显提升，政务服务质量和效率大幅改善。物流标准、统计、教育、培训等支撑保障体系进一步完善，物流诚信体系建设加快推进，行业治理能力稳步提升。

（二）突出问题

物流降本增效仍需深化。全国统一大市场尚不健全，物流资源要素配置不合理、利用不充分。多式联运体系不完善，跨运输方式、跨作业环节衔接转换效率较低，载运单元标准化程度不高，全链条运行效率低、成本高。

结构性失衡问题亟待破局。存量物流基础设施网络“东强西弱”、“城强乡弱”、“内强外弱”，对新发展格局下产业布局、内需消费的支撑引领能力不够。物流服务供给对需求的适配性不强，低端服务供给过剩、中高端服务供给不足。货物运输结构还需优化，大宗货物公路中长距离运输比重仍然较高。

大而不强问题有待解决。物流产业规模大但规模经济效益释放不足，特别是公路货运市场同质化竞争、不正当竞争现象较为普遍，集约化程度有待提升。现代物流体系组织化、集约化、网络化、社会化程度不高，国家层面的骨干物流基础设施网络不健全，缺乏具有全球竞争力的现代物流企业，与世界物流强国相比仍存在差距。

部分领域短板较为突出。大宗商品储备设施以及农村物流、冷链物流、应急物流、航空物流等专业物流和民生保障领域物流存在短板。现代物流嵌入产业链深度广度不足，供应链服务保障能力不够，对畅通国民经济循环的支撑能力有待增强。行业协同治理水平仍需提升。

（三）面临形势

统筹国内国际两个大局要求强化现代物流战略支撑引领能力。中华民族伟大复兴战略全局与世界百年未有之大变局历史性交汇，新冠肺炎疫情、俄乌冲突影响广泛深远，全球产业链供应链加速重构，要求现代物流对内主动适应社会主要矛盾变化，更好发挥连接生产消费、畅通国内大循环的支撑作用；对外妥善应对错综复杂国际环境带来的新挑战，为推动国际经贸合作、培育国际竞争新优势提供有力保障。

建设现代产业体系要求提高现代物流价值创造能力。发展壮大战略性新兴产业，促进服务业繁荣发展，要求现代物流适应现代产业体系对多元化专业化服务的需求，深度嵌入产业链供应链，促进实体经济降本增效，提升价值创造能力，推进产业基础高级化、产业链现代化。

实施扩大内需战略要求发挥现代物流畅通经济循环作用。坚持扩大内需战略基点，加快培育完整内需体系，要求加快构建适应城乡居民消费升级需要的现代物流体系，提升供给体系对内需的适配性，以高质量供给引领、创造和扩大新需求。

新一轮科技革命要求加快现代物流技术创新与业态升级。现代信息技术、新型智慧装备广泛应用，现代产业体系质量、效率、动力变革深入推进，既为物流创新发展注入新活力，也要求加快现代物流数字化、网络化、智慧化赋能，打造科技含量高、创新能力强的智慧物流新模式。

二、总体要求

（一）指导思想

以习近平新时代中国特色社会主义思想为指导，坚持稳中求进工作总基调，完整、准确、全面贯彻新发展理念，加快构建新发展格局，全面深化改革开放，坚持创新驱动发展，推动高质量发展，坚持以供给侧结构性改革为主线，统筹疫情防控和经济社会发展，统筹发展和安全，提升产业链供应链韧性和安全水平，推动构建现代物流体系，推进现代物流提质、增效、降本，为建设现代产业体系、形成强大国内市场、推动高水平对外开放提供有力支撑。

（二）基本原则

—市场主导、政府引导。充分发挥市场在资源配置中的决定性作用，激发市场主体创新发展活力，提高物流要素配置效率和效益。更好发挥政府作用，加强战略规划和政策引导，推动形成规范高效、公平竞争、统一开放的物流市场，强化社会民生物流保障。

—系统观念、统筹推进。统筹谋划物流设施建设、服务体系构建、技术装备升级、业态模式创新，促进现代物流与区域、产业、消费、城乡协同布局，构建支撑国内国际双循环的物流服务体系，实现物流网络高效联通。

—创新驱动、联动融合。以数字化、网络化、智慧化为牵引，深化现代物流与制造、贸易、信息等融合创新发展，推动形成需求牵引供给、供给创造需求的良性互动和更高水平动态平衡。

—绿色低碳、安全韧性。将绿色环保理念贯穿现代物流发展全链条，提升物流可持续发展能力。坚持总体国家安全观，提高物流安全治理水平，完善应急物流体系，提高重大疫情等公共卫生事件、突发事件应对处置能力，促进产业链供应链稳定。

（三）主要目标

到 2025 年，基本建成供需适配、内外联通、安全高效、智慧绿色的现代物流体系。

—物流创新发展能力和企业竞争力显著增强。物流数字化转型取得显著成效，智慧物流应用场景更加丰富。物流科技创新能力不断增强，产学研结合机制进一步完善，建设一批现代物流科创中心和国家工程研究中心。铁路、民航等领域体制改革取得显著成效，市场活力明显增强，形成一批具有较强国际竞争力的骨干物流企业和知名服务品牌。

—物流服务质量效率明显提升。跨物流环节衔接转换、跨运输方式联运效率大幅提高，社会物流总费用与国内生产总值的比率较 2020 年下降 2 个百分点左右。多式联运、铁路（高铁）快运、内河水运、大宗商品储备设施、农村物流、冷链物流、应急物流、航空物流、国际寄递物流等重点领域补短板取得明显成效。通关便利化水平进一步提升，城乡物流服务均等化程度明显提高。

—“通道 + 枢纽 + 网络”运行体系基本形成。衔接国家综合立体交通网主骨架，完成 120 个左右国家物流枢纽、100 个左右国家骨干冷链物流基地布局建设，基本形成以国家物流枢纽为核心的骨干物流基础设施网络。物流干支仓配一体化运行更加顺畅，串接不同运输方式的多元化国际物流通道逐步完善，畅联国内国际的物流服务网络更加健全。枢纽经济发展取得成效，建设 20 个左右国家物流枢纽经济示范区。

—安全绿色发展水平大幅提高。提高重大疫情、自然灾害等紧急情况下物流对经济社会运行的保障能力。冷链物流全流程监测能力大幅增强，生鲜产品冷链流通率显著提升。货物运输结构进一步优化，铁路货运量占比较 2020 年提高 0.5 个百分点，集装箱铁水联运量年均增长 15% 以上，铁路、内河集装箱运输比重和集装箱铁水联运比重大幅上升。面向重点品类的逆向物流体系初步建立，资源集约利用水平明显提升。清洁货运车辆广泛应用，绿色包装应用取得明显成效，物流领域节能减排水平显著提高。

—现代物流发展制度环境更加完善。物流标准规范体系进一步健全，标准化、集装化、单元化物流装载器具和包装基础模数广泛应用。社会物流统计体系、信用体系更加健全，营商环境持续优化，行业协同治理体系不断完善、治理能力显著提升。

展望2035年，现代物流体系更加完善，具有国际竞争力的一流物流企业成长壮大，通达全球的物流服务网络更加健全，对区域协调发展和实体经济高质量发展的支撑引领更加有力，为基本实现社会主义现代化提供坚实保障。

三、精准聚焦现代物流发展重点方向

（一）加快物流枢纽资源整合建设

深入推进国家物流枢纽建设，补齐内陆地区枢纽设施结构和功能短板，加强业务协同、政策协调、运行协作，加快推动枢纽互联成网。加强国家物流枢纽铁路专用线、联运转运设施建设，有效衔接多种运输方式，强化多式联运组织能力，实现枢纽间干线运输密切对接。依托国家物流枢纽整合区域物流设施资源，引导应急储备、分拨配送等功能设施集中集约布局，支持各类物流中心、配送设施、专业市场等与国家物流枢纽功能对接、联动发展，促进物流要素规模集聚和集成运作。

专栏1　国家物流枢纽建设工程
优化国家物流枢纽布局，实现东中西部物流枢纽基本均衡分布。发挥国家物流枢纽联盟组织协调作用，建立物流标准衔接、行业动态监测等机制，探索优势互补、资源共享、业务协同合作模式，形成稳定完善的国家物流枢纽合作机制。积极推进国家级示范物流园区数字化、智慧化、绿色化改造。

（二）构建国际国内物流大通道

依托国家综合立体交通网和主要城市群、沿海沿边口岸城市等，促进国家物流枢纽协同建设和高效联动，构建国内国际紧密衔接、物流要素高效集聚、运作服务规模化的“四横五纵、两沿十廊”物流大通道。“四横五纵”国内物流大通道建设，要畅通串接东中西部的沿黄、陆桥、长江、广昆等物流通道和联接南北方的京沪、京哈—京港澳（台）、二连浩特至北部湾、西部陆海新通道、进出藏等物流通道，提升相关城市群、陆上口岸城市物流综合服务能力和规模化运行效率。加快“两沿十廊”国际物流大通道建设，对接区域全面经济伙伴关系协定（RCEP）等，强化服务共建“一带一路”的多元化国际物流通道辐射能力。

（三）完善现代物流服务体系

围绕做优服务链条、做强服务功能、做好供应链协同，完善集约高效的现代物流服务体系，支撑现代产业体系升级，推动产业迈向全球价值链中高端。加快运输、仓储、配送、流通加工、包装、装卸等领域数字化改造、智慧化升级和服务创新，补齐农村物流、冷链物流、应急物流、航空物流等专业物流短板，增强专业物流服务能力，推动现代物流向供应链上下游延伸。

（四）延伸物流服务价值链条

把握物流需求多元化趋势，加强现代物流科技赋能和创新驱动，推进现代物流服务领域拓展和业态模式创新。发挥现代物流串接生产消费作用，与先进制造、现代商贸、现代农业融合共创产业链增值新空间。提高物流网络对经济要素高效流动的支持能力，引导产业集群发展和经济合理布局，推动跨区域资源整合、产业链联动和价值协同创造，发展枢纽经济、通道经济新形态，培育区域经济新增长点。

（五）强化现代物流对社会民生的服务保障

围绕更好满足城乡居民生活需要，适应扩大内需、消费升级趋势，优化完善商贸、快递物流网络。完善城市特别是超大特大城市物流设施网络，健全分级配送体系，实现干线、支线物流和末端配送有机衔接、一体化运作，加强重点生活物资保障能力。补齐农村物流设施和服务短板，推动快递服务基本实现直投到建制村，支撑扩大优质消费品供给。加快建立覆盖冷链物流全链条的动态监测和追溯体系，保障食品药品消费安全。鼓励发展物流新业态新模式，创造更多就业岗位，保障就业人员权益，促进灵活就业健康发展。

（六）提升现代物流安全应急能力

统筹发展和安全，强化重大物流基础设施安全和信息安全保护，提升战略物资、应急物流、国际供应链等保障水平，增强经济社会发展韧性。健全大宗商品物流体系。加快构建全球供应链物流服务网络，保持产业链供应链稳定。充分发挥社会物流作用，推动建立以企业为主体的应急物流队伍。

四、加快培育现代物流转型升级新动能

（一）推动物流提质增效降本

促进全链条降成本。推动解决跨运输方式、跨作业环节瓶颈问题，打破物流“中梗阻”。依托国家物流枢纽、国家骨干冷链物流基地等重大物流基础设施，提高干线运输规模化水平和支线运输网络化覆盖面，完善末端配送网点布局，扩大低成本、高效率干支仓配一体化物流服务供给。鼓励物流资源共享，整合分散的运输、仓储、配送能力，发展共建船队车队、共享仓储、共同配送、统仓统配等组织模式，提高资源利用效率。推动干支仓配一体化深度融入生产和流通，带动生产布局和流通体系调整优化，减少迂回、空驶等低效无效运输，加快库存周转，减少社会物流保管和管理费用。

推进结构性降成本。加快推进铁路专用线进港区、连园区、接厂区，合理有序推进大宗商品等中长距离运输“公转铁”“公转水”。完善集装箱公铁联运衔接设施，鼓励发展集拼集运、模块化运输、“散改集”等组织模式，发挥铁路干线运输成本低和公路网络灵活优势，培育有竞争力的“门到门”公铁联运服务模式，降低公铁联运全程物流成本。统筹沿海港口综合利用，提升大型港口基础设施服务能力，提高码头现代化专业化规模化水平，加快推进铁水联运衔接场站改造，提高港口铁路专用线集疏网络效能，优化作业流程。完善内河水运网络，统筹江海直达、江海联运发展，发挥近海航线、长江水道、珠江水道等水运效能，稳步推进货物运输“公转水”。推进铁水联运业务单证电子化，促进铁路、港口信息互联，实现铁路现车、装卸车、货物在途、到达预确报以及港口装卸、货物堆存、船舶进出港、船期舱位预定等铁水联运信息交换共享。支持港口、铁路场站加快完善集疏运油气管网，有效对接石化等产业布局，提高管道运输比例。

专栏 2　铁路物流升级改造工程
大力组织班列化货物列车开行，扩大铁路“点对点”直达货运服务规模，在运量较大的物流枢纽、口岸、港口间组织开行技术直达列车，形成“核心节点 + 通道 + 班列”的高效物流组织体系，增强铁路服务稳定性和时效性。有序推动城市中心城区既有铁路货场布局调整，或升级改造转型为物流配送中心。到 2025 年，沿海主要港口、大宗货物年运量 150 万吨以上的大型工矿企业、新建物流园区等的铁路专用线接入比例力争达到 85% 左右，长江干线主要港口全面实现铁路进港。

（二）促进物流业与制造业深度融合

促进企业协同发展。支持物流企业与制造企业创新供应链协同运营模式，将物流服务深度嵌入制造供应链体系，提供供应链一体化物流解决方案，增强制造企业柔性制造、敏捷制造能力。引导制造企业与物流企业建立互利共赢的长期战略合作关系，共同投资专用物流设施建设和物流器具研发，提高中长期物流合同比例，制定制造业物流服务标准，提升供应链协同效率。鼓励具备条件的制造企业整合对接分散的物流服务能力和资源，实现规模化组织、专业化服务、社会化协同。

推动设施联动发展。加强工业园区、产业集群与国家物流枢纽、物流园区、物流中心等设施布局衔接、联动发展。支持工业园区等新建或改造物流基础设施，吸引第三方物流企业进驻并提供专业化、社会化物流服务。发展生产服务型国家物流枢纽，完善第三方仓储、铁路专用线等物流设施，面向周边制造企业提供集成化供应链物流服务，促进物流供需规模化对接，减少物流设施重复建设和闲置。

支持生态融合发展。统筹推进工业互联网和智慧物流体系同步设计、一体建设、协同运作，加大智能技术装备在制造业物流领域应用，推进关键物流环节和流程智慧化升级。打造制造业物流服务平台，促进制造业供应链上下游企业加强采购、生产、流通等环节信息实时采集、互联共享，实现物流资源共享和过程协同，提高生产制造和物流服务一体化运行水平，形成技术驱动、平台赋能的物流业制造业融合发展新生态。

专栏 3　物流业制造业融合创新工程
在重点领域梳理一批物流业制造业深度融合创新发展典型案例，培育一批物流业制造业融合创新模式、代表性企业和知名品牌。鼓励供应链核心企业发起成立物流业制造业深度融合创新发展联盟，开展流程优化、信息共享、技术共创和业务协同等创新。研究制定物流业制造业融合发展行业标准，开展制造企业物流成本核算对标。

（三）强化物流数字化科技赋能

加快物流数字化转型。利用现代信息技术推动物流要素在线化数据化，开发多样化应用场景，实现物流资源线上线下联动。结合实施“东数西算”工程，引导企业信息系统向云端跃迁，推动“一站式”物流数据中台应用，鼓励平台企业和数字化服务商开发面向中小微企业的云平台、云服务，加强物流大数据采集、分析和应用，提升物流数据价值。培育物流数据要素市场，统筹数据交互和安全需要，完善市场交易规则，促进物流数据安全高效流通。积极参与全球物流领域数字治理，支撑全球贸易和跨境电商发展。研究电子签名和电子合同应用，促进国际物流企业间互认互验，试点铁路国际联运无纸化。

推进物流智慧化改造。深度应用第五代移动通信（5G）、北斗、移动互联网、大数据、人工智能等技术，分类推动物流基础设施改造升级，加快物联网相关设施建设，发展智慧物流枢纽、智慧物流园区、智慧仓储物流基地、智慧港口、数字仓库等新型物流基础设施。鼓励智慧物流技术与模式创新，促进创新成果转化，拓展智慧物流商业化应用场景，促进自动化、无人化、智慧化物流技术装备以及自动感知、自动控制、智慧决策等智慧管理技术应用。加快高端标准仓库、智慧立体仓储设施建设，研发推广面向中小微企业的低成本、模块化、易使用、易维护智慧装备。

促进物流网络化升级。依托重大物流基础设施打造物流信息组织中枢，推动物流设施设备全面联网，实现作业流程透明化、智慧设备全连接，促进物流信息交互联通。推动大型物流企业面向中小微企业提供多样化、数字化服务，稳步发展网络货运、共享物流、无人配送、智慧航运等新业态。鼓励在有条件的城市搭建智慧物流“大脑”，全面链接并促进城市物流资源共享，优化城市物流运行，建设智慧物流网络。推动物流领域基础公共信息数据有序开放，加强物流公共信息服务平台建设，推动企业数据对接，面向物流企业特别是中小微物流企业提供普惠性服务。

专栏 4　数字物流创新提质工程
加强物流公共信息服务平台建设，在确保信息安全的前提下，推动交通运输、公安交管、市场监管等政府部门和铁路、港口、航空等企事业单位向社会开放与物流相关的公共数据，推进公共数据共享。利用现代信息技术搭建数字化、网络化、协同化物流第三方服务平台，推出一批便捷高效、成本经济的云服务平台和数字化解决方案，推广一批先进数字技术装备。推动物流企业“上云用数赋智”，树立一批数字化转型标杆企业。

（四）推动绿色物流发展

深入推进物流领域节能减排。加强货运车辆适用的充电桩、加氢站及内河船舶适用的岸电设施、液化天然气（LNG）加注站等配套布局建设，加快新能源、符合国六排放标准等货运车辆在现代物流特别是城市配送领域应用，促进新能源叉车在仓储领域应用。继续加大柴油货车污染治理力度，持续推进运输结构调整，提高铁路、水路运输比重。推动物流企业强化绿色节能和低碳管理，推广合同能源管理模式，积极开展节能诊断。加强绿色物流新技术和设备研发应用，推广使用循环包装，减少过度包装和二次包装，促进包装减量化、再利用。加快标准化物流周转箱推广应用，推动托盘循环共用系统建设。

加快健全逆向物流服务体系。探索符合我国国情的逆向物流发展模式，鼓励相关装备设施建设和技术应用，推进标准制定、检测认证等基础工作，培育专业化逆向物流服务企业。支持国家物流枢纽率先开展逆向物流体系建设，针对产品包装、物流器具、汽车以及电商退换货等，建立线上线下融合的逆向物流服务平台和网络，创新服务模式和场景，促进产品回收和资源循环利用。

专栏 5　绿色低碳物流创新工程
依托行业协会等第三方机构，开展绿色物流企业对标贯标达标活动，推广一批节能低碳技术装备，创建一批绿色物流枢纽、绿色物流园区。在运输、仓储、配送等环节积极扩大电力、氢能、天然气、先进生物液体燃料等新能源、清洁能源应用。加快建立天然气、氢能等清洁能源供应和加注体系。

（五）做好供应链战略设计

提升现代供应链运行效率。推进重点产业供应链体系建设，发挥供应链核心企业组织协同管理优势，搭建供应链协同服务平台，提供集贸易、物流、信息等多样化服务于一体的供应链创新解决方案，打造上下游有效串接、分工协作的联动网络。加强数字化供应链前沿技术、基础软件、先进模式等研究与推广，探索扩大区块链技术应用，提高供应链数字化效率和安全可信水平。规范发展供应链金融，鼓励银行等金融机构在依法合规、风险可控的前提下，加强与供应链核心企业或平台企业合作，丰富创新供应链金融产品供给。

强化现代供应链安全韧性。坚持自主可控、安全高效，加强供应链安全风险监测、预警、防控、应对等能力建设。发挥供应链协同服务平台作用，引导行业、企业间加强供应链安全信息共享和资源协同联动，分散化解潜在风险，增强供应链弹性，确保产业链安全。积极参与供应链安全国际合作，共同防范应对供应链中断风险。

专栏 6　现代供应链体系建设工程
现代供应链创新发展工程。总结供应链创新与应用试点工作经验，开展全国供应链创新与应用示范创建，培育一批示范城市和示范企业，梳理一批供应链创新发展典型案例，推动供应链技术、标准和服务模式创新。 制造业供应链提升工程。健全制造业供应链服务体系，促进生产制造、原材料供应、物流等企业在供应链层面强化战略合作。建立制造业供应链评价体系、重要资源和产品全球供应链风险预警系统。提升制造业供应链智慧化水平，建设以工业互联网为核心的数字化供应链服务体系，深化工业互联网标识解析体系应用。选择一批企业竞争力强、全球化程度高的行业，深入挖掘数字化应用场景，开展制造业供应链数字化创新应用示范工程。

（六）培育发展物流经济

壮大物流枢纽经济。发挥国家物流枢纽、国家骨干冷链物流基地辐射广、成本低、效率高等优势条件，推动现代物流和相关产业深度融合创新发展，促进区域产业空间布局优化，打造具有区域集聚辐射能力的产业集群，稳妥有序开展国家物流枢纽经济示范区建设。

发展物流通道经济。围绕共建“一带一路”、长江经济带发展等重大战略实施和西部陆海新通道建设，提升“四横五纵、两沿十廊”物流大通道沿线物流基础设施支撑和服务能力，密切通道经济联系，优化通道沿线产业布局与分工合作体系，提高产业组织和要素配置能力。

五、深度挖掘现代物流重点领域潜力

（一）加快国际物流网络化发展

推进国际通道网络建设。强化国家物流枢纽等的国际物流服务设施建设，完善通关等功能，加强国际、国内物流通道衔接，推动国际物流基础设施互联互通。推动商贸物流型境外经贸合作区建设，优化海外布局，扩大辐射范围。巩固提升中欧班列等国际铁路运输组织水平，推动跨境公路运输发展，加快构建高效畅通的多元化国际物流干线通道。积极推进海外仓建设，加快健全标准体系。鼓励大型物流企业开展境外港口、海外仓、分销网络建设合作和协同共享，完善全球物流服务网络。

补齐国际航空物流短板。依托空港型国家物流枢纽，集聚整合国际航空物流货源，完善配套服务体系，打造一体化运作的航空物流服务平台，提供高品质“一站式”国际航空物流服务。加快培育规模化、专业化、网络化的国际航空物流骨干企业，优化国际航空客运航线客机腹舱运力配置，增强全货机定班国际航线和包机组织能力，逐步形成优质高效的国际航空物流服务体系，扩大国际航空物流网络覆盖范围，建设覆盖重点产业布局的国际货运通道。

培育国际航运竞争优势。加密国际海运航线，打造国际航运枢纽港，提升国际航运服务能力，强化国际中转功能，拓展国际金融、国际贸易等综合服务。加快推进长三角世界级港口群一体化治理体系建设。加强港口与内陆物流枢纽等联动，发展海铁联运、江海联运，扩大港口腹地辐射范围。鼓励港航企业与货主企业、贸易企业加强战略合作，延伸境外末端服务网络。

提高国际物流综合服务能力。优化完善中欧班列开行方案统筹协调和动态调整机制，加快建设中欧班列集结中心，完善海外货物集散网络，推动中欧班列双向均衡运输，提高货源集结与班列运行效率。加快国际航运、航空与中欧班列、西部陆海新通道国际海铁联运班列等协同联动，提升国际旅客列车行包运输能力，开行客车化跨境班列，构建多样化国际物流服务体系。提高重点边境铁路口岸换装和通行能力，推动边境水运口岸综合开发和国际航道物流合作，提升边境公路口岸物流能力。推进跨境物流单证规则、检验检疫、认证认可、通关报关等标准衔接和国际互认合作。

专栏 7　国际物流网络畅通工程
国际物流设施提升工程。培育一批具备区域和国际中转能力的海港、陆港、空港。发挥国家物流枢纽资源整合优势，加快中欧班列集结中心建设，完善物流中转配套能力，加快形成“干支结合、枢纽集散”的高效集疏运体系；开展航空货运枢纽规划布局研究，提升综合性机场货运设施服务能力和服务质量，稳妥有序推进专业性航空货运枢纽机场建设。 西部陆海新通道增量提质工程。发挥西部陆海新通道班列运输协调委员会作用，提升通道物流服务水平。加强通道物流组织模式创新，推动通道沿线物流枢纽与北部湾港口协同联动，促进海铁联运班列提质增效。推动通道海铁联运、国际铁路联运等运输组织方式与中欧班列高效衔接。

（二）补齐农村物流发展短板

完善农村物流节点网络。围绕巩固拓展脱贫攻坚成果与乡村振兴有效衔接，重点补齐中西部地区、经济欠发达地区和偏远山区等农村物流基础设施短板，切实改善农村流通基础条件。统筹城乡物流发展，推动完善以县级物流节点为核心、乡镇服务网点为骨架、村级末端站点为延伸的县乡村三级物流服务设施体系。推动交通运输与邮政快递融合发展，加快农村物流服务品牌宣传推广，促进

交通、邮政、快递、商贸、供销、电商等农村物流资源融合和集约利用，打造一批公用型物流基础设施，建设村级寄递物流综合服务站，完善站点服务功能。推进公益性农产品市场和农产品流通骨干网络建设。

提升农村物流服务效能。围绕农村产业发展和居民消费升级，推进物流与农村一二三产业深度融合，深化电商、快递进村工作，发展共同配送，打造经营规范、集约高效的农村物流服务网络，加快工业品下乡、农产品出村双向物流服务通道升级扩容、提质增效。推动物流服务与规模化种养殖、商贸渠道拓展等互促提升，推动农产品品牌打造和标准化流通，创新物流支持农村特色产业品质化、品牌化发展模式，提升农业产业化水平。

（三）促进商贸物流提档升级

完善城乡商贸物流设施。优化以综合物流园区、专业配送中心、末端配送网点为支撑的商贸物流设施网络。完善综合物流园区干线接卸、前置仓储、流通加工等功能。结合老旧小区、老旧厂区、老旧街区和城中村改造以及新城新区建设，新建和改造升级一批集运输、仓储、加工、包装、分拨等功能于一体的公共配送中心，支持大型商超、批发市场、沿街商铺、社区商店等完善临时停靠装卸等配套物流设施，推进智能提货柜、智能快件箱、智能信包箱等设施建设。

提升商贸物流质量效率。鼓励物流企业与商贸企业深化合作，优化业务流程，发展共同配送、集中配送、分时配送、夜间配送等集约化配送模式，优化完善前置仓配送、即时配送、网订店取、自助提货等末端配送模式。深化电商与快递物流融合发展，提升线上线下一体服务能力。

（四）提升冷链物流服务水平

完善冷链物流设施网络。发挥国家物流枢纽、国家骨干冷链物流基地的资源集聚优势，引导商贸流通、农产品加工等企业向枢纽、基地集聚或强化协同衔接。加强产销冷链集配中心建设，提高产地农产品产后集散和商品化处理效率，完善销地城市冷链物流系统。改善机场、港口、铁路场站冷链物流配套条件，健全冷链集疏运网络。加快实施产地保鲜设施建设工程，推进田头小型冷藏保鲜设施等建设，加强产地预冷、仓储保鲜、移动冷库等产地冷链物流设施建设，引导商贸流通企业改善末端冷链设施装备条件，提高城乡冷链设施网络覆盖水平。

提高冷链物流质量效率。大力发展铁路冷链运输和集装箱公铁水联运，对接主要农产品产区和集散地，创新冷链物流干支衔接模式。发展“生鲜电商＋产地直发”等冷链物流新业态新模式。推广蓄冷箱、保温箱等单元化冷链载器具和标准化冷藏车，促进冷链物流信息互联互通，提高冷链物流规模化、标准化水平。依托国家骨干冷链物流基地、产销冷链集配中心等大型冷链物流设施，加强生鲜农产品检验检疫、农兽药残留及防腐剂、保鲜剂、添加剂合规使用等质量监管。研究推广应用冷链道路运输电子运单，加强产品溯源和全程温湿度监控，将源头至终端的冷链物流全链条纳入监管范围，提升冷链物流质量保障水平。健全进口冷链食品检验检疫制度，筑牢疫情外防输入防线。

专栏 8　冷链物流基础设施网络提升工程
国家骨干冷链物流基地建设工程。到 2025 年，面向农产品优势产区、重要集散地和主销区，依托存量冷链物流基础设施群布局建设 100 个左右国家骨干冷链物流基地，整合集聚冷链物流市场供需、存量设施以及农产品流通、生产加工等上下游产业资源，提高冷链物流规模化、集约化、组织化、网络化水平。探索建立以国家骨干冷链物流基地为核心的安全检测、全程冷链追溯系统。 产地保鲜设施建设工程。到 2025 年，在农产品主产区和特色农产品优势产区支持建设一批田头小型冷藏保鲜设施，推动建设一批产地冷链集配中心，培育形成一批一体化运作、品牌化经营、专业化服务的农产品仓储保鲜冷链物流运营主体，初步形成符合我国国情的农产品仓储保鲜冷链物流运行模式，构建稳定、高效、低成本运行的农产品出村进城冷链物流网络。

（五）推进铁路（高铁）快运稳步发展

完善铁路（高铁）快运网络。结合电商、邮政快递等货物的主要流向、流量，完善铁路（高铁）快运线路和网络。加快推进铁路场站快运服务设施布局和改造升级，强化快速接卸货、集散、分拣、存储、包装、转运和配送等物流功能，建设专业化铁路（高铁）快运物流基地。鼓励电商、邮政快递等企业参与铁路（高铁）快运设施建设和改造，就近或一体布局建设电商快递分拨中心，完善与铁路（高铁）快运高效衔接的快递物流服务网络。

创新高铁快运服务。适应多样化物流需求，发展多种形式的高铁快运。在具备条件的高铁场站间发展“点对点”高铁快运班列服务。依托现有铁路物流平台，构建业务受理、跟踪查询、结算办理等“一站式”高铁快运服务平台，推动高铁快运与电商、快递物流企业信息对接。

（六）提高专业物流质量效率

完善大宗商品物流体系。优化粮食、能源、矿产等大宗商品物流服务，提升沿海、内河水运通道大宗商品物流能力，扩大铁路货运班列、“点对点”货运列车、大宗货物直达列车开行范围，发展铁路散粮运输、棉花集装箱运输、能源和矿产重载运输。有序推进油气干线管道建设，持续完善支线管道，打通管网瓶颈和堵点，提高干支管网互联互通水平。依托具备条件的国家物流枢纽发展现代化大宗商品物流中心，增强储备、中转、通关等功能，推进大宗商品物流数字化转型，探索发展电子仓单、提单，构建衔接生产流通、串联物流贸易的大宗商品供应链服务平台。

安全有序发展特种物流。提升现代物流对大型装备制造、大型工程项目建设的配套服务能力，加强大件物流跨区域通道线路设计，推动形成多种运输方式协调发展的大件物流综合网络。发展危化品罐箱多式联运，提高安全服务水平，推动危化品物流向专业化定制、高品质服务和全程供应链服务转型升级。推动危化品物流全程监测、线上监管、实时查询，提高异常预警和应急响应处置能力。完善医药物流社会化服务体系，培育壮大第三方医药物流企业。鼓励覆盖生产、流通、消费的医药供应链平台建设，健全全流程监测追溯体系，确保医药产品物流安全。

（七）提升应急物流发展水平

完善应急物流设施布局。整合优化存量应急物资储备、转运设施，推动既有物流设施嵌入应急功能，在重大物流基础设施规划布局、设计建造阶段充分考虑平急两用需要，完善应急物流设施网络。统筹加强抗震、森林草原防灭火、防汛抗旱救灾、医疗救治等各类应急物资储备设施和应急物流设施在布局、功能、运行等方面相互匹配、有机衔接，提高紧急调运能力。

提升应急物流组织水平。统筹应急物流力量建设与管理，建立专业化应急物流企业库和人员队伍，健全平急转换和经济补偿机制。充分利用市场资源，完善应急物流干线运输和区域配送体系，提升跨区域大规模物资调运组织水平，形成应对各类突发事件的应急物流保障能力。

健全物流保通保畅机制。充分发挥区域统筹协调机制作用，鼓励地方建立跨区域、跨部门的应对疫情物流保通保畅工作机制，完善决策报批流程和信息发布机制，不得擅自阻断或关闭高速公路、普通公路、航道船闸等通道，不得擅自关停高速公路服务区、港口码头、铁路车站和航空机场，严禁采取全城 24 小时禁止货车通行的限制措施，不得层层加码实施“一刀切”管控措施；加快完善物流通道和物流枢纽、冷链基地、物流园区、边境口岸等环节的检验检疫、疫情阻断管理机制和分类分级应对操作规范，在发生重大公共卫生事件时有效阻断疫情扩散、确保物流通道畅通，保障防疫物资、生活物资以及工业原材料、农业生产资料等供应，维护正常生产生活秩序和产业链供应链安全。

专栏 9　应急物流保障工程
研究完善应急物流转运等设施和服务标准，对具备条件的铁路场站、公路港、机场和港口进行改造提升，建设平急两用的应急物资运输中转站。完善应急物流信息联通标准，强化各部门、各地区、各层级间信息共享，提高应对突发事件物流保障、组织指挥、辅助决策和社会动员能力。

六、强化现代物流发展支撑体系

（一）培育充满活力的物流市场主体

提升物流企业市场竞争力。鼓励物流企业通过兼并重组、联盟合作等方式进行资源优化整合，培育一批具有国际竞争力的现代物流企业，提升一体化供应链综合服务能力。引导中小微物流企业发掘细分市场需求，做精做专、创新服务，增强专业化市场竞争力，提高规范化运作水平。完善物流服务质量评价机制，支持企业塑造物流服务品牌。深化物流领域国有企业改革，盘活国有企业存量物流资产，支持国有资本参与物流大通道建设。鼓励民营物流企业做精做大做强，加快中小微企业资源整合，培育核心竞争力。

规范物流市场运行秩序。统筹推进物流领域市场监管、质量监管、安全监管和金融监管，实现事前事中事后全链条全领域监管，不断提高监管效能。加大物流领域反垄断和反不正当竞争执法力度，深入推进公平竞争政策实施。有序放宽市场准入，完善市场退出机制，有效引导过剩物流能力退出，扩大优质物流服务供给。引导公路运输企业集约化、规模化经营，提升公路货物运输组织效率。

专栏 10　现代物流企业竞争力培育工程
支持具备条件的物流企业加强软硬件建设，壮大发展成为具有较强国际竞争力的现代物流领军企业，参与和主导全球物流体系建设和供应链布局。支持和鼓励中小微物流企业专业化、精益化、品质化发展，形成一批“专、精、特、新”现代物流企业。

（二）强化基础标准和制度支撑

健全物流统计监测体系。研究建立物流统计分类标准，加强社会物流统计和重点物流企业统计监测，开展企业物流成本统计调查试点。研究制定反映现代物流重点领域、关键环节高质量发展的监测指标体系，科学系统反映现代物流发展质量效率，为政府宏观调控和企业经营决策提供参考依据。

健全现代物流标准体系。强化物流领域国家标准和行业标准规范指导作用，鼓励高起点制定团体标准和企业标准，推动国际国内物流标准接轨，加大已发布物流标准宣传贯彻力度。推动基础通用和产业共性的物流技术标准优化升级，以标准提升促进物流科技成果转化。建立政府推动、行业协会和企业等共同参与的物流标准实施推广机制。建立物流标准实施评价体系，培育物流领域企业标准“领跑者”，发挥示范带动作用。

加强现代物流信用体系建设。加强物流企业信用信息归集共享，通过“信用中国”网站和国家企业信用信息公示系统依法向社会公开。建立健全跨部门、跨区域信用信息共享机制，建立以信用为基础的企业分类监管制度，完善物流行业经营主体和从业人员守信联合激励和失信联合惩戒机制。依法依规建立物流企业诚信记录和严重失信主体名单制度，提高违法失信成本。

加强物流安全体系建设。完善物流安全管理制度，加强对物流企业的监督管理和日常安全抽查，推动企业严格落实安全生产主体责任。提高物流企业承运物品、客户身份等信息登记规范化水平，加强运输物品信息共享和安全查验部门联动，实现物流活动全程跟踪，确保货物来源可追溯、责任能倒查。提高运输车辆安全性能和从业人员安全素质，规范车辆运输装载，提升运输安全水平。落实网络安全等级保护制度，提升物流相关信息系统的安全防护能力。

专栏 11 物流标准化推进工程
研究制订现代物流标准化发展规划，完善现代物流标准体系。加强多式联运、应急物流、逆向物流、绿色物流等短板领域标准研究与制订。制修订一批行业急需的物流信息资源分类与编码、物流单证、智慧物流标签标准，以及企业间物流信息采集、信息交互标准和物流公共信息服务平台应用开发、通用接口、数据传输等标准。完善包装、托盘、周转箱等标准，加强以标准托盘为基础的单元化物流系统系列标准制修订，加快运输工具、载运装备、设施体系等标准对接和系统运作，提高全社会物流运行效率。推动完善货物运输、物流园区与冷链、大件、药品和医疗器械、危化品等物流标准规范。推进危险货物在铁路、公路、水路等运输环节标准衔接。加快制定智慧物流、供应链服务、电商快递、即时配送、城乡物流配送等新兴领域标准。推进面向数字化与智慧化需求的物流装备设施标准制修订。积极参与国际物流标准制修订。

（三）打造创新实用的科技与人才体系

强化物流科技创新支撑。依托国家企业技术中心、高等院校、科研院所等开展物流重大基础研究和示范应用，推动设立一批物流技术创新平台。建立以企业为主体的协同创新机制，鼓励企业与高等院校、科研院所联合设立产学研结合的物流科创中心，开展创新技术集中攻关、先进模式示范推广，建立成果转化工作机制。鼓励物流领域研究开发、创业孵化、技术转移、检验检测认证、科技咨询等创新服务机构发展，提升专业化服务能力。

建设物流专业人才队伍。发挥物流企业用人主体作用，加强人才梯队建设，完善人才培养、使用、评价和激励机制。加强高等院校物流学科专业建设，提高专业设置的针对性，培育复合型高端物流人才。加快物流现代职业教育体系建设，支持职业院校（含技工院校）开设物流相关专业。加强校企合作，创新产教融合人才培养模式，培育一批有影响力的产教融合型企业，支持企业按规定提取和使用职工教育经费，开展大规模多层次职业技能培训，促进现代物流专业技术人员能力提升。指导推动物流领域用人单位和社会培训评价组织开展职业技能等级认定，积极开展物流领域相关职业技能竞赛。实现学历教育与培训并举衔接，进一步推动物流领域 1+X 证书制度和学分银行建设。对接国际专业认证体系，提高国际化物流人才培养水平，加大海外高端人才引进力度。实施新一轮专业技术人才知识更新工程和职业技能提升行动，推进物流领域工程技术人才职称评审，逐步壮大高水平工程师和高技能人才队伍。

七、实施保障

（一）优化营商环境

深化“放管服”改革，按规定放宽物流领域相关市场准入，消除各类地方保护和隐性壁垒。依托全国一体化政务服务平台，推动物流领域资质证照电子化，支持地方开展“一照多址”改革，促进物流企业网络化布局，实现企业注册、审批、变更、注销等“一网通办”，允许物流领域（不含快递）企业分支机构证照异地备案和异地审验。推动物流领域（不含快递）资质许可向资质备案和告知承诺转变。完善物流发展相关立法，推动健全物流业法律法规体系和法治监督体系。开展现代物流促进法等综合性法律立法研究和准备工作。严格依法行政依法监管，统一物流监管执法标准和处罚清单。推动跨部门、跨区域、跨层级政务信息开放共享，避免多头管理和重复监管。大力推动货车非法改装治理，研究制定非标准货运车辆治理工作方案。依托国际贸易“单一窗口”创新“通关 + 物流”服务，提高口岸智慧管理和服务水平。推动部门间物流安检互认、数据互通共享，减少不必要的重复安检。支持航空公司壮大货运机队规模，进一步简化货机引进程序和管理办法，优化工作流程，鼓励航空物流企业“走出去”。

（二）创新体制机制

完善全国现代物流工作部际联席会议制度，强化跨部门、跨区域政策协同，着力推动降低物流成本等重点工作。深化铁路货运市场化改革，推进投融资、运输组织、科技创新等体制机制改革，吸引社会资本进入，推动铁路货运市场主体多元化和服务创新发展，促进运输市场公平有序竞争。鼓励铁路企业与港口、社会物流企业等交叉持股，拓展战略合作联盟。

（三）强化政策支持

保障重大项目用地用海。依据国土空间规划，落实《国土空间调查、规划、用途管制用地用海分类指南（试行）》要求，完善物流设施专项规划，重点保障国家物流枢纽等重大物流基础设施和港航设施等的合理用地用海需求，确保物流用地规模、土地性质和空间位置长期稳定。创新物流用地模式，推动物流枢纽用地统一规划和科学布局，提升土地空间集约节约利用水平，支持物流仓储用地以长期租赁或先租后让、租让结合的方式供应。鼓励地方政府盘活存量土地和闲置土地资源用于物流设施建设。支持物流企业利用自有土地进行物流基础设施升级改造。支持依法合规利用铁路划拨用地、集体建设用地建设物流基础设施。

巩固减税降费成果。落实深化税收征管制度改革有关部署，推进现代物流领域发票电子化。按规定落实物流企业大宗商品仓储设施用地城镇土地使用税减半征收、购置挂车车辆购置税减半征收等税收优惠政策。严格落实已出台的物流简政降费政策，严格执行收费目录清单和公示制度，严禁违规收费，坚决治理乱收费、乱罚款、乱摊派，依法治理“只收费、不服务”的行为。清理规范铁路、港口、机场等收费，对主要海运口岸、机场地面服务收费开展专项调查，增强铁路货运收费透明度。对货运车辆定位信息及相关服务商开展典型成本调查，及时调整过高收费标准。

加大金融支持力度。鼓励符合条件的社会资本按市场化方式发起成立物流产业相关投资基金。发挥各类金融机构作用，按照市场化、法治化原则，加大对骨干物流企业和中小物流企业的信贷支持力度，拓宽企业兼并重组融资渠道，引导资金流向创新型物流企业。在仓储物流行业稳妥推进基础设施领域不动产投资信托基金（REITs）试点。鼓励保险公司开发农产品仓储保鲜冷链物流保险，提升鲜活农产品经营和质量安全风险保障水平。

（四）深化国际合作

推动建立国际物流通道沿线国家协作机制，加强便利化运输、智慧海关、智能边境、智享联通等方面合作。持续推动中欧班列“关铁通”项目在有合作意愿国家落地实施。逐步建立适应国际铁路联运特点的陆路贸易规则体系，推动完善配套法律法规，加强与国内外银行、保险等金融机构合作，探索使用铁路运输单证开展贸易融资。

（五）加强组织实施

国家发展改革委要会同国务院有关部门加强行业综合协调和宏观调控，协调解决本规划实施中存在的问题，确保规划落地见效。建立现代物流发展专家咨询委员会，加强对重大问题的调查研究和政策咨询，指导规划任务科学推进。推动行业协会深度参与行业治理，发挥社会监督职能，加强行业自律和规范发展，助力规划落地实施。

来源：2022 年 12 月 15 日中央人民政府网站。

商务部等六单位关于印发
《海运 航空 铁路口岸外贸进口货物标准作业程序参考》的通知

各省、自治区、直辖市及计划单列市、新疆生产建设兵团商务、交通运输主管部门，海关总署广东分署、天津特派办、上海特派办及各直属海关，各地区铁路监管局，民航各地区管理局，哈尔滨、沈阳、呼和浩特、南宁、昆明及乌鲁木齐铁路局集团公司：

为深入贯彻落实党中央、国务院决策部署，促进有关口岸和地方互学互鉴，在做好疫情防控的同时，提升外贸进口货物流转效率，减轻企业负担，助力外贸保稳提质，商务部、交通运输部、海关总署、国家铁路局、中国民用航空局、中国国家铁路集团有限公司等6单位，共同编制了《海运 航空铁路口岸外贸进口货物标准作业程序参考》，内容涵盖了不同类型口岸进口货物的作业程序、工作用时及收费情况等。现印发给你们，请借鉴参考。

商务部 交通运输部 海关总署
国家铁路局 中国民用航空局
中国国家铁路集团有限公司
2022 年 9 月 26 日

海运 航空 铁路口岸外贸进口货物标准作业程序参考

（2022 年 9 月印发）

为深入贯彻党中央、国务院决策部署，认真落实全国促进外贸外资平稳发展电视电话会议和全国保障物流畅通促进产业链供应链稳定电视电话会议精神，在做好疫情防控的同时，提升外贸进口货物口岸等环节流转效率，减轻企业负担，助力外贸保稳提质，我们以部分口岸主要作业程序实践做法为样本，结合国内其他口岸作业程序用时、收费等情况，梳理形成本标准作业程序参考。

一、适用范围

本参考适用于外贸进口货物自海运、航空、铁路口岸入境至实际进入流通领域前的主要作业环节。文中列明部分口岸采取的有关措施及用时、收费情况，供参考。相关作业流程考虑了新冠病毒检疫内容，对需实施动植物检疫及其他海关作业的环节未进行时间与成本测算。有关用时、收费情况反映当前部分口岸做法，不代表最优水平，各口岸应提高作业效率，有关收费应以国务院有关部门相关收费规则为准。

二、总体原则

高效统筹疫情防控与经济社会发展，按照“疫情要防住、经济要稳住、发展要安全”的要求，根据国务院应对新型冠状病毒肺炎疫情联防联控机制工作部署和最新版新型冠状病毒肺炎防控方案（目前为第 9 版）要求，科学、精准做好疫情防控，避免防控工作简单化、一刀切、层层加码。在确保防疫安全的前提下，提高海运、航空、铁路口岸等环节进口货物流转效率，避免增加不必要的作业、费用和货物积压，减轻企业负担，保障产业链、供应链稳定。

三、海运口岸主要作业程序

（一）货运代理企业换单。货运代理企业或货主到船舶代理企业办理提货单，并缴纳相关费用。

作业用时：相关企业当日（工作日）可完成换单。

收费情况：货运代理企业或货主按市场价向船舶代理企业支付相关费用。

（二）报关。货运代理企业或货主通过国际贸易“单一窗口”“互联网 + 海关”或海关现场窗口办理进口货物申报。

作业用时：海关系统即时审核处理。现场窗口收到材料后即进行审核处理并通过系统反馈回执。

收费情况：海关不向企业收取报关费用。如委托货运代理企业报关，货主按市场价向货运代理企业支付相关费用。

（三）船舶登临检查。船舶进境后，口岸海关部门对于风险布控命中或者相关规定要求的船舶实施登临检疫，签发入境检疫证书后，开展后续作业；对于未实施登临检疫的其他国际航行船舶实施电讯检疫，签发入境检疫证书后，开展后续作业。（上海、广州等海运口岸对符合一定条件的国际航行船舶船员进行新冠病毒核酸检测。登船作业人员做好个人防护，不进入船员生活区域和船舶密闭空间，并在船员核酸检测出具结果前封闭管理，不离开港区。）

作业用时：广州海运口岸从船舶靠港到可以登船作业平均需 3 ～ 4 小时。（宁波海运口岸对国际船舶船员开展核酸采样时间约 0.5 小时，向口岸外检测机构送检时间约 0.5 小时。实验室在签收样品后 4 ～ 6 小时内出具核酸检测结果。）船舶从抵达港口待泊锚地到可以装卸作业平均需 0.67 天。

收费情况：天津、上海、宁波、广州、深圳蛇口海运口岸均未向企业收取相关费用。

（四）卸船。码头作业人员将货物从船上卸下，并运至口岸指定区域。

作业用时：2021 年主要集装箱港口平均在泊时间 1.07 天。

收费情况：港口经营人按照《港口收费计费办法》有关规定，以市场价收取港口作业包干费。

（五）海关货物检查。货物如被风险布控抽中，海关查验人员依据检查作业指令对货物实施检查。〔天津海关、宁波海关等在口岸环节按照布控指令，对进口货物实施新冠病毒抽样监测和指导相关进口企业、海关查验场地（所）经营单位对判定为高风险等级的进口非冷链货物实施预防性消毒。〕

作业用时：对企业已做好检查前准备工作，能够开始实施检查并当场确定检查结果的，深圳蛇口海运口岸、宁波海运口岸检查作业 0.5 ～ 2 小时完成。（宁波海运口岸核酸采样通常 0.5 ～ 2 小时内完成。广州海运口岸核酸采样通常 0.5 ～ 3 小时内完成。实验室在签收样品后 4 ～ 6 小时内出具核酸检测结果。）

收费情况：海关不向企业收取货物检查费用。必要时抽样送检，海关抽样及样品检测均不收取费用。

（六）海关放行。对无需检查和检查无异常的货物，征税后放行；对检查异常的货物，经异常处置合格后办结相关手续予以放行，无有效处置方法的作退回或者销毁处理。

作业用时：办结海关手续的货物，即可调离口岸监管区域。

收费情况：海关不向企业收取相关费用。

（七）货主提货。货物放行后，货运代理企业或货主办理提货。

作业用时：宁波海运口岸海关放行后，企业即可预约提货。90% 以上的提货车辆可在 1 小时内完成从进港至提货出港作业，平均单次提货 0.5 小时。天津海运口岸海关通知货物放行当日，企业可申请并完成提货。货运代理企业或货主在 3 天内提取货物。

收费情况：货主按港口等水运口岸收费目录清单缴纳相关费用。如委托货运代理企业提货，货主按市场价向货运代理企业支付相关费用。

四、航空口岸主要作业程序

（一）企业报关。货运代理企业或货主通过国际贸易“单一窗口”“互联网 + 海关”或海关现场窗口提前如实申报进口货物相关信息，为口岸有关单位研判疫情风险、加强分类管理提供依据。

作业用时：在各主要航空口岸，企业完成申报后，海关审核后即发出后续指令。

收费情况：海关不向企业收取报关费用。

（二）机坪卸机。地服人员按有关要求进行卸机，对鲜活货物予以优先保障。

作业用时：上海浦东机场 0.5 小时完成卸机。天津滨海机场、杭州萧山机场、深圳宝安机场 2 小时内完成卸机。

收费情况：各主要机场均不就卸货环节单独收取费用。

（三）入库理货。机场地服人员将货物转运货站。货站人员清点货物，确保与舱单信息一致。

作业用时：青岛胶东机场 4 ～ 5 小时完成理货。天津滨海机场 6 小时内完成理货。

收费情况：杭州萧山机场不收取入库理货费用。天津滨海机场国货航货站按照 0.5 元 / 千克收取货物操作费。

（四）海关货物检查。货物进口企业、海关查验场地（所）经营单位收到检查通知后，及时将待检查货物运至符合海关作业条件的场地（所），由海关查验人员依据检查作业指令对货物实施检查。

作业用时：对企业已做好检查前准备工作，能够开始实施检查并当场确定检查结果的，天津滨海机场、杭州萧山机场、深圳宝安机场检查时间约 1 ～ 3 小时。（天津滨海机场货物核酸采样 0.5 ～ 1 小时。）

收费情况：必要时抽样送检，海关抽样及样品检测均不收取费用。天津滨海机场、青岛胶东机场、杭州萧山机场未向企业收取相关费用。

（五）海关放行。对无需检查和检查无异常的货物，征税后放行；对检查异常的货物，经异常处置合格后办结相关手续予以放行，无有效处置方法的作退回或者销毁处理。

作业用时：办结海关手续的货物，即可调离口岸监管区域。

收费情况：海关不向企业收取相关费用。

（六）企业提货。货运代理企业或货主持海关放行单等提货。

作业用时：各主要机场海关对货物放行后，企业当日即可安排提货。

收费情况：青岛胶东机场、深圳宝安机场免堆期 2 天，超出后按每天 0.3 元 / 千克收费。

五、铁路口岸主要作业程序

（一）列车入境。外方司乘人员驾驶货运列车进入我国边境。（满洲里、绥芬河等铁路口岸边检人员接铁路部门信息预报后，以远程拍照方式采集外方司乘人员信息并验放，外方司乘人员全程不下车。）

作业用时：入境列车减速通过自动喷淋设备即完成消杀。

收费情况：各主要铁路口岸站均未向企业收取消毒费用。

（二）票据交接。口岸站将票据信息录入铁路数字口岸系统，向海关进行原始舱单电子申报并将信息共享给运单指定的口岸代理企业或收货人。

作业用时：从双方铁路办理完票据交接到完成向海关及企业发送信息，阿拉山口、霍尔果斯、满洲里、二连浩特铁路口岸作业用时为 0.5 ～ 2 小时。

收费情况：各主要铁路口岸站均未向企业收取相关费用。

（三）舱单确认。货物运抵海关监管区，海关进行舱单确认。

作业用时：各主要铁路口岸舱单信息网络自动确认，无需等待。

收费情况：海关不向企业收取相关费用。

（四）企业报关。企业收到到货通知后通过国际贸易“单一窗口”“互联网 + 海关”或海关现场窗口办理进口货物申报。

作业用时：报关系统或现场窗口即时审核处理。

收费情况：海关不向企业收取报关费用。

（五）货物装卸。对集装箱货物及棚车、敞车、罐车等不同车辆装载的不同包装或散堆装货物，采取龙门吊、正面吊、汽车吊、装载机、叉车、人力车等不同作业方式。

作业用时：根据不同货物品类及集装化程度，各铁路口岸采取整列多批并行作业方式压缩卸车及换装时间。

收费情况：各主要铁路口岸站严格按照国铁集团有关收费标准向企业收取相应费用。

（六）海关货物检查。货物进口企业、海关查验场地（所）经营单位收到检查通知后，及时将待检查货物运至符合海关作业条件的场地（所），由海关查验人员依据检查作业指令对货物实施检查。

作业用时：对企业已做好检查前准备工作，能够开始实施检查并当场确定检查结果的，绥芬河铁路口岸在 1 小时左右完成检查。（实验室在签收样品后 4 ～ 6 小时内出具核酸检测结果。）

收费情况：必要时抽样送检，海关抽样及样品检测均不收取费用。各主要铁路口岸均未向企业收取相关费用。

（七）海关放行。对无需检查和检查无异常的货物，征税后放行；对检查异常的货物，经异常处置合格后办结相关手续予以放行，无有效处置方法的作退回或者销毁处理。

作业用时：办结海关手续的货物，即可调离口岸监管区域。

收费情况：海关不向企业收取相关费用。

（八）企业提货。货运代理企业或货主持海关放行单等提货。

作业用时：海关对货物放行后，企业当日即可安排提货。

收费情况：各主要铁路口岸站根据实际发生按照国铁集团有关收费标准向企业收取相应费用。

来源：2022 年 9 月 27 日商务部网站。

财政部 交通运输部关于支持国家综合货运枢纽补链强链的通知

财建〔2022〕219 号

各省、自治区、直辖市、计划单列市财政厅（局）、交通运输厅（局、委），新疆生产建设兵团财政局、交通运输局：

为深入贯彻落实党中央、国务院决策部署，加快构建现代化高质量国家综合立体交通网，根据《车辆购置税收入补助地方资金管理暂行办法》（财建〔2021〕50 号）规定，财政部、交通运输部决定联合支持国家综合货运枢纽补链强链。现将有关事宜通知如下：

一、总体要求

（一）指导思想。坚持以习近平新时代中国特色社会主义思想为指导，深入贯彻党的十九大和十九届历次全会精神，落实中央财经委员会第十一次会议部署要求，以深化供给侧结构性改革为主线，立足新发展阶段，完整、准确、全面贯彻新发展理念，服务构建新发展格局，立足产业链供应链保通保畅，聚焦国家综合立体交通网主骨架上的综合货运枢纽，深刻认识和把握多种运输方式发展的规律特征，坚持问题和目标导向，支持引导多方力量加强资源统筹利用，优化货物运输结构，实现多种运输方式深度融合发展，联网补网强链，合力打造互联互通、便捷顺畅、经济高效、绿色集约、智能先进、保障有力的综合货运枢纽体系，不断增强互联互通和网络韧性，提高资源集约利用水平，提升货物综合运输效率与质量，降低综合运输成本，有力支撑产业链供应链稳定，服务产业链供应链延伸，践行绿色低碳发展，更好促进经济高质量发展。

（二）支持原则。

1. 共同事权，共同承担。全国性综合货运枢纽与集疏运体系属于中央与地方共同事权，中央与地方共同承担支出责任。地方应充分发挥本区域在货物集散运输、供应链服务等方面组织管理职能和优势，找准问题，主动作为，精准施策。中央加强工作指导，科学引领综合货运枢纽补链强链。

2. 目标导向，择优支持。地方从国家交通战略布局、区位发展定位、运输条件、综合货运发展潜力等方面选择申报开展综合货运枢纽补链强链的城市或城市群，明确综合货运枢纽功能定位，组织编制实施方案，制定实施目标，围绕既定目标采取有效措施，将目标细化成为可量化、可考核的具体指标。交通运输部、财政部通过竞争性评审方式择优支持。

3. 跟踪问效，奖补结合。加强预算绩效管理，对纳入支持的城市或城市群，做好绩效运行监控，跟踪工作进展情况和实施成效，适时开展绩效评价，将评价结果与中央财政年度预算安排挂钩，突出绩效导向。

4. 资源统筹，工作协同。中央层面，交通运输部、财政部会同有关单位和省份建立部省工作协调机制，加强工作指导和资源统筹，形成合力。地方层面，省级有关部门和申报城市建立工作领导机制，加强组织保障，充分调动各方资源、政策予以支持，确保工作取得实效。

（三）政策目标。自 2022 年起，用 3 年左右时间集中力量支持 30 个左右城市（含城市群中的城市）实施国家综合货运枢纽补链强链，促使综合货运枢纽在运能利用效率、运输服务质量、运营机制可持续等三方面明显提升，在提高循环效率、增强循环动能、降低循环成本中发挥积极作用，从而形成资金流、信息流、商贸流等多方面集聚效应，更好服务重点产业链供应链，辐射带动区域经济高质量发展，东部城市做优做强，中部城市巩固提高，西部城市打基础立长远。

（四）支持范围。本通知所指综合货运枢纽既包括枢纽港站等交通运输基础节点，也包括多节点串联与往返形成的重要网链。符合以下条件的枢纽可由相关城市或城市群申报。

1. 综合货运枢纽应纳入《现代综合交通枢纽体系“十四五”发展规划》（交规划发〔2021〕113 号）中“国家综合交通枢纽城市”的范围。

2. 根据中共中央、国务院印发的《国家综合立体交通网规划纲要》，以线定点，以点带面。一是优先选择 6 条主轴上覆盖京津冀、长三角、珠三角、成渝、长江经济带、粤港澳等国家重大战略区域的枢纽。二是优先选择位于大陆桥走廊、西部陆海走廊等涉及西部地区走廊、沿边通道上的枢纽。三是鼓励 2 个及以上城市联合申报综合货运枢纽。

3. 综合货运枢纽应聚焦国家重点产业集群（粮食煤炭、装备制造、电子信息、生物医药等）分布区域，且在进出口贸易、货物运输能力等方面已自发形成规模优势。

（五）支持类型。相关地方应结合不同货物在运输时间、附加值等方面的特点和运输需求，在两种或两种以上运输方式间进行组合，区分综合货运枢纽类型，包括：依托海运港口、内河港口形成与铁路专用线有效衔接的铁水联运型；依托机场货运作业区形成与铁路或高等级公路有效衔接的空铁（高铁）联运型、陆（公路）空联运型；依托铁路货运站形成与高等级公路有效衔接并实现大宗货物及集装箱大规模便捷转运的公铁联运型等。优先选择支持铁水联运型、空铁联运型综合货运枢纽，西部地区视本区域发展实际还可选择支持陆空联运型、公铁联运型综合货运枢纽。

二、实施内容

根据《国家综合立体交通网规划纲要》《“十四五”现代综合交通运输体系发展规划》（国发〔2021〕27 号），引导带动不同类型的综合货运枢纽在基础设施及装备硬联通、规则标准及服务软联通、运营机制一体化等方面开展工作。不同运输方式之间互联互通应切实可行，开展必要的可行性研究论证。

（一）基础设施及装备硬联通。结合各类货物运输需要，支持公共服务功能突出的综合货运枢纽及集疏运体系项目建设，以盘活存量为主，适度做优增量。一是围绕铁路、水路、航空等货运基础设施进场站、进港口码头、进园区，延伸拓展既有线路，实施专用线路新建或改扩建工程等。二是围绕有效满足多式联运节点集散分拨需要，对现有仓储、堆场实施扩能改造，适当新建仓储、堆场，增加设施容量。三是围绕货运装备标准化、智能化、绿色化发展，推广应用专业化多式联运设备和跨方式快速换装转运的装卸、分拣设施及标准化载运单元，鼓励配备符合低碳目标的作业设施、新能源货车和全货运机型等。

（二）规则标准及服务软联通。引导完善与多式联运适配的服务和规则标准。一是加快推动多种运输方式的信息平台互联互通，应用全程“一单制”联运服务，铁路运单、订舱托运单、场站收据、海运提单、邮政快递运单等实现单证信息交叉验证与互认；促进保单等金融服务产品与联运单全程化匹配。二是丰富联运服务产品，依托综合货运枢纽，提供优质的全程联运方案，实现货运全程跟踪定位查询功能，开展冷链等专业化多式联运业务。三是推动建立健全多式联运标准和规则。包括多式联运的货物品类划分标准、运载单元标准、产品和服务标准、安检标准及安全管理规则、信息互认规则等制度体系。

（三）建立健全一体化运营机制。鼓励铁路、水路、航空等不同运输企业加强合作，鼓励这些企业与第三方物流企业、邮政企业、快递企业、供应链平台企业、跨境电商等加强合作，鼓励政府与企业加强合作，发挥各方资源优势和专业化水平，促进有效市场和有为政府相结合，形成发展合力。鼓励各方在合作过程中创新投融资等模式，以项目合资、股权投资基金、PPP 等市场化方式吸引带动民间资本，共同参与综合货运体系建设运营，实现“利益共享、风险共担”的跨方式一体化运作。

三、组织实施

（一）方案编制。城市或城市群是开展综合货运枢纽补链强链的基层组织及实施主体，应按要求组织编制综合货运枢纽补链强链 3 年实施方案，根据城市实际情况可选择单个或多个综合货运枢纽类型编制。实施方案应明确城市或城市群现状及工作基础、工作目标、工作内容、组织保障等（具体实施方案提纲由交通运输部会同财政部在有关工作通知中明确）。联合申报的城市应明确牵头城市，共同协商编制实施方案，细化相关城市目标任务和共建共享机制等。

（二）组织申报。各省份于每年 2 月底前向交通运输部、财政部申报。该项政策实施第一年，各省份于 7 底前完成申报工作。其中涉及跨省域的以 1 个省份为主牵头申报（具体申报文件提纲在有关工作通知中规定）。

（三）专家评审。交通运输部会同有关部门建立专家库，涵盖多个行业领域专家。每年 3 月底前，交通运输部组织专家开展竞争性评审，重点评审地方工作基础、工作目标、工作内容、组织保障以及现场答辩情况等方面。根据专家评审结果，交通运输部提出建议纳入支持的城市或城市群名单，以及对地方实施方案研提修改完善建议。

四、资金分配

（一）分配方法。财政部根据交通运输部建议名单，结合财力情况，采取“奖补结合”方式，专门安排一定规模的车辆购置税收入补助地方资金（以下简称奖补资金）予以支持，并加强对车辆购置税收入补助地方的公路建设等其他相关项目资金、中央企业资金的统筹协调。奖补资金按照每个城市原则上不超过 15 亿元、每个城市群原则上不超过 30 亿元控制。具体按交通运输部核定投资额的一定比例奖补，东部、中部（含辽宁、吉林、黑龙江）、西部地区奖补比例分别为 40%、50%、60%，实施第一年按每个城市 5 亿元的统一标准予以补助（城市群补助总额按 10 亿元上限控制），用于启动相关工作。后续年度根据绩效评价结果予以奖励。

（二）资金使用。财政部按规定拨付奖补资金。相关省级财政部门结合各方面相关资金政策，会同同级交通运输主管部门统一制定资金管理细则，明确细化安排项目资金的程序、标准、投入方式等，规范资金用途与拨付流程等。有关城市或城市群按照有关规定和修改完善后的实施方案，将奖补资金用于支持基础设施及装备硬联通，引导规则标准及服务软联通，引导建立健全一体化运营机制等，不得用于征地拆迁、房地产开发、楼堂馆所建设以及除前述规定用途外的物流园区建设和运营。

鼓励城市或城市群加强各方面资金统筹，创新投入机制，灵活采取资本金注入、PPP、股权投资基金、绩效奖励、政府购买服务等方式，吸引撬动社会资本投入。

其他高等级公路、铁路主干线、航空机场等通道干线及基础设施建设，邮政快递基础设施建设，以及货物尾程配送、邮政快递末端配送等物流微循环建设相关项目资金可编制纳入实施方案，目前已有资金支持渠道的按既有渠道和方式安排（不作为交通运输部核定投资的内容），与奖补资金形成合力。

五、绩效管理

（一）绩效目标设置。地方应在实施方案编制环节设置绩效目标，包括但不限于运输能力、运输服务、运营机制、综合效率、经济效益等方面。除规定的必选指标外，地方可结合实际自主选择其他指标。同时，结合实际从高从严设置指标值。

（二）绩效跟踪监控。地方各级交通运输部门、财政部门会同有关单位利用车辆购置税资金现有考核数据支撑系统，对纳入支持的城市或城市群绩效目标实现情况进行线上动态跟踪、穿透监管，并对发现的问题及时督促整改。省级交通运输部门负责对相关行业数据信息进行审核，省级财政部门负责对相关资金数据信息进行审核，城市人民政府、项目单位对相关数据真实性负责。省级交通运输部门应会同财政部门等有关单位及时总结工作成效、查摆问题或困难、研究对策建议等，形成上报信息书面报送交通运输部、财政部。交通运输部会同财政部等有关单位对好的经验做法研究予以推广。

（三）实施绩效评价。省级交通运输部门会同财政部门于每年 3 月底前完成对上一年度工作的绩效评价，书面报送交通运输部、财政部。交通运输部、财政部视情况通过抽查等方式开展重点绩效评价，本通知实施期内对纳入支持范围的城市或城市群实现重点绩效评价全覆盖。

（四）评价结果反馈与应用。交通运输部根据绩效评价结果提出后续资金安排建议，财政部结合财力情况下达预算。年度安排奖励资金原则上不超过 3 年应安排资金的 1/3。绩效评价结果为 A 的，即评分 90 分（含）-100 分，按 3 年应安排车辆购置税资金的 1/3 奖励；绩效评价结果为 B 的，即评分 80 分（含）-90 分，相关城市减少奖励资金 2.5 亿元，相关城市群合计减少奖励资金 5 亿元；绩效评价结果为 C 或 D 的，即评分 80 分以下，不再安排奖励资金，视整改情况决定是否收回中央财政已安排的奖补资金。

六、工作机制

（一）部省工作协调机制。交通运输部、财政部会同有关单位与相关省份建立部省工作协调机制，在用地、线路、时刻表、运力调度、国际邮件通关权、资金等方面加强资源统筹利用，形成合力；在规划、方案、项目、绩效管理等方面加强工作指导，发挥各方专业优势；对跨省域实施的重点事项进行协调推动。

（二）地方工作领导机制。地方各级交通运输部门、财政部门和相关城市人民政府应充分认识开展国家综合货运枢纽补链强链的重要性，将该项工作纳入贯彻交通强国战略、国家综合立体交通网规划的重点工作，予以高度重视。省级有关部门和申报城市应建立工作领导机制，落实责任分工，安排专人负责推进相关工作，充分调动各方资源、政策予以支持，确保工作取得实效。

财政部　交通运输部

来源：2022 年 11 月 17 日财政部网站。

财政部 税务总局关于快递收派服务免征增值税政策的公告

财政部 税务总局公告 2022 年第 18 号

现将快递收派服务免征增值税政策公告如下：

自 2022 年 5 月 1 日至 2022 年 12 月 31 日，对纳税人为居民提供必需生活物资快递收派服务取得的收入，免征增值税。

快递收派服务的具体范围，按照《销售服务、无形资产、不动产注释》（财税〔2016〕36 号印发）执行。

特此公告。

来源：2022 年 4 月 29 日 国家税务总局网站。

国务院暨国家部委物流业部分政策文件辑要及目录

物流政策是指国家或政府为实现全社会物流的高效运行与健康发展而制定的公共政策，以及政府对全社会物流活动的干预行为，具体包括有关物流的法律、法规、规划、计划、措施（对策），以及政府对全社会物流活动的直接指导等，物流政策具有公共物品的属性，完善的物流政策体系一方面可减少或降低物流的外部不经济，如交通拥挤、交通事故、噪音、空气污染等；另一方面可起到扶持与促进物流事业的发展，加速物流基础设施建设和完善，从而提高微观物流效率。

中物联：每月《物流政策辑要》

中物联发布 2022 年 1 月政策辑要

重要政策：

国务院：《关于〈“十四五”现代流通体系建设规划〉的批复》

国务院：《关于印发〈“十四五”现代综合交通运输体系发展规划〉的通知》

政策摘要：

一、基础设施

交通运输部等五部门联合印发《现代综合交通枢纽体系“十四五”发展规划》

国务院办公厅：《关于印发〈“十四五”城乡社区服务体系建设规划〉的通知》

工信部等十部门：《关于促进制造业有序转移的指导意见》

工信部等六部委：《关于印发〈化工园区建设标准和认定管理办法（试行）〉的通知》

国家发展改革委：《关于做好近期促进消费工作的通知》

二、国际物流

国务院办公厅：《关于促进内外贸一体化发展的意见》

国务院办公厅：《关于做好跨周期调节进一步稳外贸的意见》

商务部等六部门：《关于高质量实施〈区域全面经济伙伴关系协定〉（RCEP）的指导意见》

三、智慧物流

国务院：《关于印发〈“十四五”数字经济发展规划〉的通知》

国家网信办、国家发展改革委等十三部门：《网络安全审查办法》

工信部等五部门：《关于印发〈智能光伏产业创新发展行动计划（2021-2025 年）〉的通知》

工业和信息化部办公厅：《关于印发〈制造业质量管理数字化实施指南（试行）〉的通知》

四、低碳物流

国务院：《关于印发“十四五”节能减排综合工作方案的通知》

交通运输部：《关于印发〈绿色交通“十四五”发展规划〉的通知》

交通运输部办公厅 公安部办公厅 商务部办公厅：《关于〈组织开展第三批城市绿色货运配送示范工程申报工作〉的通知》

财政部、交通运输部：《关于调整农村客运、出租车油价补贴政策的通知》

国家发展改革委等七部门：《关于印发〈促进绿色消费实施方案〉的通知》

地方政策：

河北省发展改革委：《关于印发支持中国（河北）自贸试验区创新发展若干措施的通知》

四川省人民政府办公厅 重庆市人民政府办公厅：《关于印发〈成渝地区双城经济圈优化营商环境方案〉的通知》

河南省人民政府：《关于印发〈河南省 “十四五”开放型经济新体制和开放强省建设规划〉的通知》

山东省交通运输厅：《山东省交通运输节能环保“十四五”发展规划》

河南省人民政府《关于印发＜河南省“十四五”现代综合交通运输体系和枢纽经济发展规划＞的通知》

专题聚焦：

“一带一路”物流与国际产业链供应链安全

中物联发布 2022 年 2 月政策辑要

重要政策：

李克强主持国常会：确定促进工业稳增长和服务业纾困措施，促进企业综合融资成本稳中有降

政策摘要：

一、发展规划

国务院：《关于印发〈“十四五”推进农业农村现代化规划〉的通知》

中共中央 国务院：《关于做好 2022 年全面推进乡村振兴重点工作的意见》

国务院：《关于印发〈“十四五”国家应急体系规划〉的通知》

民航局：《“十四五”航空物流发展专项规划》

二、纾困解难

国家发展改革委等 14 部门：《〈关于促进服务业领域困难行业恢复发展的若干政策〉的通知》

国家发展改革委等 12 部门：《关于印发〈促进工业经济平稳增长的若干政策〉的通知》

交通运输部：《关于做好交通运输业助企纾困扶持政策落实工作的通知》

商务部 中信保公司：《关于加大出口信用保险支持 做好跨周期调节进一步稳外贸的工作通知》

三、道路货运

交通运输部：发布 12 件 2022 年更贴近民生实事

交通运输部 公安部 应急管理部：《关于修改〈道路运输车辆动态监督管理办法〉的决定》

四、低碳物流

国家发展改革委 国家能源局：《关于完善能源绿色低碳转型体制机制和政策措施的意见》

地方政策：

中共北京市委办公厅 北京市人民政府办公厅：《〈关于推进北京城市副中心高质量发展的实施方案〉的通知》

北京市人民政府：批复《北京市 2022 年度建设用地供应计划》

浙江省人民政府办公厅：《关于支持冷链物流高质量发展的若干意见》

湖南省发展和改革委员会：《关于印发〈长株潭共建国家综　合物流枢纽实施方案〉的通知》

江苏省人民政府办公厅：《关于加快农村寄递物流体系建设的实施意见》

专题聚焦：

“一带一路”国际物流与供应链

中物联发布 2022 年 3 月政策辑要

重要政策：

国务院应对新型冠状病毒感染肺炎疫情联防联控机制：《关于切实做好货运物流保通保畅工作的通知》

政策摘要：

一、保通保畅

李克强总理考察农业农村部并主持召开座谈会：保障农资运输和末端配送

国务院联防联控机制综合组：《关于统筹做好道路货运疫情防控和重点物资运输保障工作的紧急通知》

交通运输部：关于印发《公路、水路进口冷链食品物流新冠病毒防控和消毒技术指南（第 4 版）》的通知

二、基础设施

国务院：《关于北部湾城市群建设“十四五”实施方案的批复》

国家发展改革委：《关于 2021 年国民经济和社会发展计划执行情况与 2022 年国民经济和社会发展计划草案的报告》

国家发展改革委：《关于推动长江三角洲区域公共资源交易一体化发展的意见》

国家发展改革委：《关于印发〈长江中游城市群发展“十四五”实施方案〉的通知》

国家发展改革委 自然资源部 住房城乡建设部：《关于印发成都建设践行新发展理念的公园城市示范区总体方案的通知》

交通运输部 国家发展改革委：《关于印发〈多式联运示范工程管理办法（暂行）〉的通知》

民航局：《关于加快成渝世界级机场群建设的指导意见》

三、农村物流

国家发展改革委：《关于印发〈2022 年新型城镇化和城乡融合发展重点任务〉的通知》

农业农村部：《“十四五”全国农产品产地市场体系发展规划》

农业农村部：《关于落实党中央国务院 2022 年全面推进乡村振兴重点工作部署的实施意见》

交通运输部：《关于印发〈城乡交通运输一体化示范县创建管理办法〉的通知》

四、港口物流

交通运输部 国家发展改革委：《关于减并港口收费等有关事项的通知》

交通运输部：《基于区块链的进口干散货进出港业务电子平台建设指南（征求意见稿）》

海关总署：《中华人民共和国海关综合保税区管理办法》

五、低碳物流

交通运输部 公安部 商务部：《关于印发〈城市绿色货运配送示范工程管理办法〉的通知》

国家发展改革委等部门：《关于推进共建“一带一路”绿色发展的意见》

六、物流科技

交通运输部 科学技术部：《关于印发〈交通领域科技创新中长期发展规划纲要（2021—2035年）〉的通知》

七、供应链金融

中办、国办：《关于推进社会信用体系建设高质量发展促进形成新发展格局的意见》

中国人民银行：《关于做好2022年金融支持全面推进乡村振兴重点工作的意见》

地方政策：

浙江省人民政府办公厅：《关于促进县域创新驱动发展的实施意见》

安徽省人民政府办公厅：《关于印发支持通用航空产业发展若干政策的通知》

四川省人民政府：《关于做好2022年“三农”重点工作全面推进乡村振兴的意见》

辽宁省持续降低外贸企业口岸收费 推动商贸物流提质降本增效

重庆市人民政府办公厅：《关于加快农村寄递物流体系建设的实施意见》

专题聚焦：

“一带一路”国际物流与供应链

中物联发布2022年4月政策辑要

重要政策：

中共中央 国务院：《关于加快建设全国统一大市场的意见》

政策摘要：

一、保通保畅

国务院联防联控机制：《关于切实做好货运物流保通保畅工作的通知》

国务院办公厅：《关于进一步释放消费潜力促进消费持续恢复的意见》

国务院联防联控机制综合组交通管控与运输保障专班：《关于全力做好货运物流保通保畅工作的通知》

交通运输部：《关于进一步统筹做好公路交通疫情防控和保通保畅工作的通知》

交通运输部：《关于切实加强水路运输保通保畅有关工作的通知》

交通运输部办公厅：《关于充分发挥12328热线作用更好服务物流保通保畅有关工作的通知》

交通运输部：《关于切实做好春季农业生产服务保障工作的通知》

交通运输部：《关于印发〈公路服务区和收费站新冠肺炎疫情防控工作指南〉（第5版）的通知》

国家邮政局发出通知，要求切实做好邮政快递业保通保畅工作

二、纾困解难

央行 外汇局：《关于做好疫情防控和经济社会发展金融服务的通知》

财政部 税务总局：《关于快递收派服务免征增值税政策的公告》

中国银保监会办公厅：《关于金融支持货运物流保通保畅工作的通知》

国家税务总局：《关于进一步便利出口退税办理 促进外贸 平稳发展有关事项的公告》

三、基础设施

国家发展改革委：《关于印发北部湾城市群建设“十四五”实施方案的通知》

农业农村部 财政部 国家发展改革委：《关于开展2022年农业现代化示范区创建工作的通知》

国家发展改革委：《关于印发〈支持宁夏建设黄河流域生态保护和高质量发展先行区实施方案〉的通知》

四、物流科技

交通运输部 科学技术部：《关于印发＜交通领域科技创新中长期发展规划纲要（2021—2035年）＞的通知》

交通运输部 科学技术部：《关于印发＜“十四五”交通领域科技创新规划＞的通知》

工业和信息化部办公厅：《关于组织开展2022年大数据产业发展试点示范项目申报工作的通知》

工业互联网专项工作组办公室：《关于印发〈工业互联网专项工作组2022年工作计划〉的通知》

五、冷链物流

交通运输部等五部门：《关于加快推进冷链物流运输高质量发展的实施意见》

六、物流安全

交通运输部办公厅：《关于强化道路货物运输重点领域安全管理工作的通知》

地方政策：

上海海关：抗疫情保民生助企业促发展若干措施

云南省人民政府办公厅：《关于印发〈云南省“十四五”综合防灾减灾救灾规划〉的通知》

江苏省政府办公厅：《关于有效应对疫情新变化新冲击进一步助企纾困政策措施的通知》

上海市商务委员会、上海市邮政管理局：《关于进一步加强疫情防控期间本市电商平台、邮政快递公司等配送寄递人员防疫管理的通知》

湖北采取“六条举措” 进一步优化做好货运物流保通保畅工作

四川省发展和改革委员会：《关于印发〈沱江绿色发展经济带建设总体方案〉的通知》

四川省现代农业“10+3”产业体系推进办公室：《2022年现代农业烘干冷链物流》

深圳市人民政府：《关于印发市建设营商环境创新试点城市实施方案的通知》

专题聚焦：

“一带一路”国际物流与供应链

中物联发布2022年5月政策辑要

重大政策：

李克强主持召开国务院常务会议：部署做好大宗商品保供稳价工作等

韩正在国家粮食和物资储备局主持召开座谈会：强调扎实做好粮食和物资储备改革发展工作

政策摘要：

一、农村物流

财政部 农业农村部 国家乡村振兴局：《关于运用政府采购政策支持乡村产业振兴的通知》

交通运输部 财政部 农业农村部 国家乡村振兴局：《关于深化“四好农村路”示范创建工作的意见》

财政部办公厅 商务部办公厅 国家乡村振兴局综合司：《关于开展2021年电子商务进农村综合示范工作的通知》

财政部办公厅 商务部办公厅：《关于进一步加强农产品供应链体系建设的通知》

农业农村部 财政部：《关于做好2021年农业生产发展等项目实施工作的通知》

交通运输部：《关于巩固拓展交通运输脱贫攻坚成果全面推进乡村振兴的实施意见》

农业农村部：《关于加快农业全产业链培育发展的指导意见》

国家发展改革委 粮食和储备局：《粮食等重要农产品仓储设施中央预算内投资专项管理办法》

二、城市配送

国务院办公厅转发国家发展改革委等部门《关于推动城市停车设施发展意见的通知》

三、商贸物流

商务部、中央农办、发展改革委等十七部门：《关于加强县域商业体系建设 促进农村消费的意见》

商务部、发展改革委等十二部门：《关于推进城市一刻钟便民生活圈建设的意见》

商务部、发展改革委 工业和信息化部 农业农村部等七部门：《商品市场优化升级专项行动计划（2021—2025）》

四、交通执法

交通运输部、公安部、生态环境部、住房城乡建设部：《关于深入开展坚决整治违规设置妨碍货车通行的道路限高限宽设施和检查卡点工作的通知》

交通运输部：《关于严格规范公正文明执法的意见》

五、应急物流

应急管理部：《关于推进应急管理信息化建设的意见》

国务院办公厅：《关于印发强化危险废物监管和利用处置能力改革实施方案的通知》

六、绿色物流

财政部 工业和信息化部 科技部 发展改革委：《关于进一步完善新能源汽车推广应用财政补贴政策的通知》

国家发展改革委：《关于 2021 年新能源上网电价政策有关事项的通知》

国家能源局：《关于 2021 年风电、光伏发电开发建设有关事项的通知》

七、区域物流

交通运输部：《关于贯彻实施〈中华人民共和国长江保护法〉的意见》

八、国际物流

商务部办公厅：《关于围绕构建新发展格局做好边境经济合作区、跨境经济合作区工作的通知》

地方政策：

广东省人民政府：《关于推进广东省邮政快递业高质量发展的实施方案》

江西省人民政府：《“智联江西”建设三年行动方案（2021—2023 年）》

绍兴市人民政府：《关于印发绍兴市服务业“十四五”发展规划的通知》

南京市邮政管理局等四部门：《南京市城乡物流服务一体化发展三年行动计划（2021—2023 年）任务分解表》

专题聚焦：

“一带一路”物流与国际产业链供应链安全

中物联发布 2022 年 6 月政策辑要

重大政策：

习近平主持召开中央全面深化改革委员会会议：统筹指导构建新发展格局

李克强在全国深化“放管服”改革着力培育和激发市场主体活力电视电话会议上的讲话

李克强主持召开国务院常务会议： 积极推动海外仓发展，加强跨国物流等领域国际合作

胡春华在全国农村商业建设工作现场会讲话： 积极建设农村商业体系 努力畅通国内大循环

政策摘要：

一、基础设施

国家发展改革委：《国家物流枢纽网络建设实施方案（2021—2025 年）》

国家发展改革委：《城乡冷链和国家物流枢纽建设中央预算内投资专项管理办法》

二、商贸物流

商务部、中央农办、发展改革委等十七部门：《关于加强县域商业体系建设 促进农村消费的意见》

交通运输部等七部门：《关于做好快递员群体合法权益保障工作的意见》

国家发展改革委：《重要商品和服务价格指数行为管理办法（试行）》

三、出行服务

交通运输部 国家发展改革委 财政部：《全面推广高速公路差异化收费实施方案》

交通运输部办公厅：《关于进一步规范医用核磁共振检测仪及限量瓶装氟利昂类制冷气体道路运输管理有关事项的通知》

交通运输部：《关于公布第 33 批道路运输车辆达标车型的公告》

四、供应链与生产物流

工业和信息化部等六部门：《关于加快培育发展制造业优质企业的指导意见》

商务部等八单位：《关于公布第一批全国供应链创新与应用示范城市和示范企业名单的通知》

五、冷链物流

农业农村部 财政部：《2021 年农产品产地冷藏保鲜整县推进试点名单公示公告》

六、绿色物流

财政部、国家粮食和物资储备局：《关于深入推进优质粮食工程的意见》

国家发展改革委：《“十四五”循环经济发展规划》

七、国际物流

全国人大常委会通过《中华人民共和国海南自由贸易港法》

国务院办公厅：《关于加快发展外贸新业态新模式的意见》国家移民管理局：《促进服务航运企业发展十六项新举措》海关总署：《关于在全国海关复制推广跨境电子商务企业对企业出口监管试点的公告》

八、物流科技

全国人大常委会通过《中华人民共和国数据安全法》

工业和信息化部 中央网信办：《关于加快推动区块链技术应用和产业发展的指导意见》

地方政策：黑龙江省生态环境厅 黑龙江省公安厅：《关于实施（GB17691-2018）有关事宜的通告》（以下简称《通知》）

青岛市发展和改革委员会等 9 部门：《关于推动青岛市先进制造业和现代服务业深度融合发展若干措施的通知》

专题聚焦：

“一带一路”物流与国际产业链供应链安全

中物联发布 2022 年 7 月政策辑要

政策摘要

一、基础设施

国家发展改革委 交通运输部：《关于印发〈国家公路网规划〉的通知》

财政部 交通运输部：《关于支持国家综合货运枢纽补链强链的通知》

农业农村部办公厅等三部门：《关于推进政策性开发性金融支持农业农村基础设施建设的通知》

二、数字经济

国务院办公厅：《关于同意建立数字经济发展部际联席会议制度的函》

工信部 商务部等五部门：《关于印发＜数字化助力消费品工业“三品”行动方案（2022 — 2025

年）〉的通知》

三、安全生产

国务院安委会办公室：《关于印发〈“十四五”全国道路交通安全规划〉的通知》

国家互联网信息办公室：《数据出境安全评估办法》

四、物流标准

市场监管总局 网信办等十六部门：《关于印发贯彻实施〈国家标准化发展纲要〉行动计划的通知》

五、营商环境

交通运输部、国家发展改革委：联合开展交通物流领域涉企违规收费自查自纠工作

地方政策

陕西省多措并举降低企业物流成本

人民银行南京分行等三部门：《关于用好交通物流专项再贷款 助力交通物流业纾困发展的通知》

宁夏回族自治区人民政府办公厅：《关于印发〈推进多式联运发展优化调整运输结构实施方案（2022—2025 年）〉的通知》

安徽省交通运输厅等两部门：启动交通物流领域涉企违规收费专项整治行动

专题聚焦

“一带一路”物流与国际产业链供应链安全

中物联发布 2022 年 8 月政策辑要

重大政策：

习近平在 2021 年中国国际服务贸易交易会全球服务贸易峰会上发表视频致辞

习近平向可持续发展大数据国际研究中心成立大会暨 2021 年可持续发展大数据国际论坛致贺信

李克强出席 2021 年太原能源低碳发展论坛开幕式并发表主旨演讲

政策摘要：

一、交通执法

交通运输部办公厅：《关于转发具备常压液体危险货物罐车罐体检验资质的检验机构名单的通知》

交通运输部：《关于印发深化交通运输“证照分离”改革进一步激发市场主体活力实施方案的通知》

二、农村物流

国务院办公厅：《关于加快农村寄递物流体系建设的意见》

交通运输部：《关于拟公布农村物流服务品牌（第二批）名单的公示的通知》

交通运输部 农业农村部：《关于全力做好农业生产物资运输服务保障工作的通知》

三、区域物流

国务院：《关于推进自由贸易试验区贸易投资便利化改革创新若干措施的通知》

国家发展改革委：《关于印发〈“十四五”推进西部陆海新通道高质量建设实施方案〉的通知》

商务部：《关于 2021 年增补国家电子商务示范基地的通知》

四、物流标准

商务部：《关于加强“十四五”时期商务领域标准化建设的指导意见》

商务部 市场监管总局：《关于公布国家级服务业标准化试点（商贸流通专项）名单的通知》

五、绿色物流

交通运输部、公安部、商务部：《关于命名天津市等16个城市“绿色货运配送示范城市”的通报》

交通运输部：《关于中国中车集团有限公司开展绿色智能交通装备研制及应用等交通强国建设试点工作的意见》

六、科技创新

国家发展改革委：《关于加强投资数据资源共享持续深化投资审批“一网通办”的指导意见》

交通运输部办公厅：《关于印发〈互联网道路运输便民政务服务系统业务办理工作指南〉〈互联网道路运输便民政务服务系统建设应用技术要求〉的通知》

交通运输部 科学技术部：《关于科技创新驱动加快建设交通强国的意见》

地方政策：

广西壮族自治区：《加快广西供应链金融发展若干措施》

湖南省：《支持先进制造业供应链配套发展的若干政策措施》

江苏省：《“十四五”交通运输信用体系发展规划》

专题聚焦：

“一带一路”物流与国际产业链供应链安全

中物联发布2022年9月政策辑要

政策摘要：

一、降本增效

交通运输部 财政部：《关于做好阶段性减免收费公路货车通行费有关工作的通知》

公安部：《关于进一步便利货车在城市道路通行的通知》

交通运输部：《关于修改〈道路货物运输及站场管理规定〉的决定》

公安部等四部门：《关于印发〈关于深化机动车检验制度改革优化车检服务工作的意见〉的通知》

二、基础设施

交通运输部办公厅：《关于印发＜交通强国建设试点工作管理办法（试行）》的通知＞》

交通运输部：第四批多式联运示范工程创建项目名单公示

三、现代供应链

商务部：《关于2022年全国供应链创新与应用示范城市和示范企业评审结果的公示》

工业和信息化部：《首批产业链供应链生态建设试点城市建议名单公示》

四、商贸物流

商务部：《关于印发支持外贸稳定发展若干政策措施的通知》

五、绿色物流

交通运输部：第三批绿色货运配送示范工程创建城市名单公示

工业和信息化部等五部委：《关于加快内河船舶绿色智能发展的实施意见》

六、农村物流

交通运输部办公厅 国家邮政局办公室：《关于公布第三批农村物流服务品牌并组织开展第四批农村物流服务品牌的通知》

七、物流金融

中国银保监会办公厅 商务部办公厅：《关于开展铁路运输单证金融服务试点更好支持跨境贸易发展的通知》

地方政策：

湖南省人民政府办公厅：《关于印发＜湖南省冷链物流体系建设行动方案（2022—2025 年）＞的通知》

海南省交通运输厅：《关于印发〈海南省交通运输系统助力复工复产 18 条措施〉的通知》

成都市交通运输局等 8 部门：《支持道路货运行业发展十条措施》

专题聚焦：“一带一路”物流与国际产业链供应链安全

中物联发布 2022 年 10 月政策辑要

一、保通保畅

国务院联防联控机制综合组：《关于进一步优化新冠肺炎疫情防控措施 科学精准做好防控工作的通知》

二、简政放权

国务院办公厅：《关于印发第十次全国深化“放管服”改革

电视电话会议重点任务分工方案的通知》

国务院办公厅：《关于印发全国一体化政务大数据体系建设指南的通知》

国务院办公厅：《关于复制推广营商环境创新试点改革举措的通知》

三、基础设施

交通运输部 国家铁路局 中国民用航空局 国家邮政局：《关于加快建设国家综合立体交通网主骨架的意见》

国家发展改革委等六部门：《关于以制造业为重点促进外资扩增量稳存量提质量的若干政策措施》

发展改革委、商务部令第 52 号：鼓励外商投资产业目录（2022 年版）

四、农村物流

交通运输部 :《关于命名江西省贵溪市等 8 个县（市、区）城乡交通运输一体化示范县的通知》

五、智慧物流

交通运输部国家标准化管理委员会：《关于印发＜交通运输智慧物流标准体系建设指南＞的通知》

工业和信息化部办公厅：《关于印发中小企业数字化转型指南的通知》

民用航空局：《关于印发民航大数据建设发展的指导意见的通知》

六、物流安全

交通运输部：《铁路危险货物运输安全监督管理规定》

地方政策： 辽宁省政府办公厅：《辽宁省推进多式联运高质量发展优化调整运输结构行动方案（2022—2025 年）》

沈阳市人民政府办公室：《关于印发沈阳市加快推进农村寄递物流体系建设实施方案的通知》

上海市人民政府办公厅：《关于印发＜上海市推进多式联运发展优化调整运输结构实施方案＞的通知》

专题聚焦：“一带一路”物流与国际产业链供应链安全

中物联发布 2022 年 11 月政策辑要

国家政策：

一、保通稳链

中共中央政治局会议：要加快建设现代化产业体系，提升产业链供应链韧性和安全水平

国常会：物流保通保畅工作机制要不间断协调，保障主干道和微循环畅通

国务院联防联控机制：《关于进一步优化落实新冠肺炎疫情防控措施的通知》
交通运输部：《关于进一步优化落实新冠肺炎疫情防控交通运输工作的通知》
交通运输部：细化优化交通运输领域 15 条防控措施，优化和修订 11 项防控指南
工信部办公厅等两部门：《关于做好锂离子电池产业链供应链协同稳定发展工作的通知》
工信部等三部门：《关于巩固回升向好趋势加力振作工业经济的通知》
二、基础设施
国务院：《关于同意在廊坊等 33 个城市和地区设立跨境电子商务综合试验区的批复》
国家发改委：《关于做好 2022 年国家物流枢纽建设工作的通知》
交通运输部等两部门：《关于印发＜长江干线港口布局及港口岸线保护利用规划＞的通知》
国家发展改革委：《关于进一步完善政策环境加大力度支持民间投资发展的意见》
三、简政放权
国务院办公厅：《关于市场监督管理综合行政执法有关事项的通知》
国家发展改革委：《关于印发长三角国际一流营商环境建设三年行动方案的通知》
交通运输部：《关于印发〈互联网道路运输便民政务服务质量评价办法〉的通知》
交通运输部：《关于印发〈道路运输电子证照运行服务规范（试行）〉的通知》
四、绿色物流
市场监管总局等九部门：《关于印发建立健全碳达峰碳中和标准计量体系实施方案的通知》
五、服务规范
国家邮政局：《关于切实加强邮件快件隐私面单推广应用工作的通知》
地方政策：福建省委 省政府：《福建省综合立体交通网规划纲要》
河南省三门峡市八部门：《关于落实快递员群体合法权益保障工作实施方案》
湖南省交通运输厅：《湖南省大件生产企业称重检测系统建设技术指南（试行）》
海南省发改委：《新海陆岛物流园区建设规划》
专题聚焦：“一带一路”物流与国际产业链供应链安全

中物联发布 2022 年 12 月政策辑要

政策解读：
国务院办公厅：《关于印发“十四五”现代物流发展规划的通知》
贺登才：现代物流高质量发展的“新蓝图”——《“十四五”现代物流发展规划》解读
国家政策：
一、现代流通
中共中央 国务院：《扩大内需战略规划纲要（2022 － 2035 年）》
商务部等十部门：《关于支持国家级经济技术开发区创新提升更好发挥示范作用若干措施的通知》
商务部：《关于印发国家服务业扩大开放综合试点示范建设最佳实践案例的函》
商务部等三部门：《关于进一步扩大开展二手车出口业务地区范围的通知》
二、保通保畅
国务院联防联控机制：《关于进一步优化落实新冠肺炎疫情防控措施的通知》
国务院：《关于进一步做好医疗物资运输保障工作的通知》
国务院：《关于进一步畅通邮政快递服务保障民生物资运输的通知》
国务院：《＜2023 年综合运输春运疫情防控和运输服务保障总体工作方案＞的通知》
交通运输部：《关于做好 2023 年道路水路春运疫情防控和运输服务保障工作的通知》

交通运输部：《关于进一步优化落实新冠肺炎疫情防控交通运输工作的通知》

交通运输部：《关于落实新型冠状病毒感染“乙类乙管”总体方案 做好交通运输疫情防控和服务保障工作的通知》

国家邮政局：《关于切实畅通邮政快递服务保障民生物资医疗物资寄递的通知》

三、绿色物流

工信部等四部门：《关于深入推进黄河流域工业绿色发展的指导意见》

四、乡村振兴

财政部办公厅等四部门：《关于进一步做好政府采购脱贫地区农副产品有关工作的通知》

地方政策：北京市人民政府办公厅：《北京市积极应对疫情影响助企纾困的若干措施》

山东省邮政管理局等两部门：《关于建立省交通运输与邮政融合发展工作机制的通知》

湖南省人民政府：《关于印发〈湖南省碳达峰实施方案〉的通知》

湖南省人民政府办公厅：《关于落实优先发展战略 进一步推动全省城市公共交通高质量发展的指导意见》

山东省人民政府：《印发 2023 年“稳中向好、进中提质”政策清单（第一批）的通知》

专题聚焦：

“一带一路”物流与国际产业链供应链安全

（二）上海市人民政府暨各部门物流业部分政策文件

上海市人民政府关于印发《上海市加快经济恢复和重振行动方案》的通知

沪府规〔2022〕5 号

各区人民政府，市政府各委、办、局：

现将《上海市加快经济恢复和重振行动方案》印发给你们，请认真按照执行。

上海市人民政府

2022 年 5 月 21 日

上海市加快经济恢复和重振行动方案

为贯彻落实国务院稳经济一揽子政策措施，高效统筹疫情防控和经济社会发展，有力有序推动经济加快恢复和重振，制订本行动方案。

一、千方百计为各类市场主体纾困解难

（一）阶段性缓缴“五险一金”和税款

1. 对餐饮、零售、旅游、民航、公路水路铁路运输等 5 个特困行业，从 4 月起阶段性缓缴社会保险费单位缴纳部分。其中，养老、医疗保险费缓缴期限至 2022 年底，失业、工伤保险费缓缴期限不超过 1 年，缓缴期间免收滞纳金。对符合条件的其他特困行业和受疫情影响严重生产经营困难的中小微企业、个体工商户，按照国家规定实施社会保险费缓缴政策。（办理方式：申请享受。责任单位：

市人力资源社会保障局、市医保局、市财政局、市税务局）

2. 受疫情影响的企业等用人单位，可按规定申请缓缴住房公积金，缓缴期限为 2022 年 4 月至 12 月，到期后进行补缴。缓缴期间，缴存职工正常提取和申请住房公积金贷款，不受缓缴影响。受疫情影响的缴存人，不能正常偿还住房公积金贷款的，不作逾期处理，不纳入征信记录。职工租住市场租赁住房申请提取住房公积金用于支付房租的，每户家庭（含单身家庭）最高月提取限额从 2500 元调整为 3000 元。（办理方式：申请享受。责任单位：市住房城乡建设管理委、人民银行上海总部）

3. 对按月、按季申报的纳税人，将 4、5、6 月的申报纳税期限延长至 6 月 30 日。对企业所得税纳税人，将 2021 年度企业所得税汇算清缴申报纳税期限延长至 6 月 30 日。纳税人受疫情影响，在规定的期限内办理申报纳税仍有困难的，可依法向税务机关申请办理延期申报，或申请办理延期缴纳税款，缓缴期限最长 3 个月。（办理方式：延期申报至 6 月 30 日为免申即享、其他为申请享受。责任单位：市税务局）

（二）扩大房屋租金减免范围

4. 对承租国有房屋从事生产经营活动的小微企业和个体工商户，免予提交受疫情影响证明材料，2022 年免除 6 个月房屋租金。对承租国有房屋、运营困难的民办非企业单位，参照小微企业和个体工商户 2022 年免除 6 个月房屋租金。推动在沪央企、其他省市在沪国有企业参照我市规定，为小微企业和个体工商户减免房屋租金。存在间接承租情形的，转租人不享受本次减免政策，相关国有企事业单位要确保免租措施惠及最终承租人。（办理方式：申请享受。责任单位：市国资委、市财政局、市民政局、市经济信息化委、市住房城乡建设管理委、市地方金融监管局、市政府合作交流办、各区政府）

5. 鼓励引导商业综合体、商务楼宇、专业市场、产业园区、创新基地等非国有房屋业主或经营管理主体，向最终承租经营的小微企业和个体工商户给予 6 个月房屋租金减免。对符合条件的非国有房屋业主或经营管理主体，按照减免租金总额的 30% 给予补贴，最高 300 万元，由各区政府负责实施，补贴资金实行财政预算总额控制，由市、区两级财政共同承担。受疫情影响严重且在沪注册的餐饮连锁企业，分公司或门店符合小微企业条件且承担房租费用的，可视作小微企业享受房屋租金减免。（办理方式：申请享受。责任单位：各区政府、市经济信息化委、市商务委、市科委、市发展改革委、市财政局）

6. 对减免房屋租金的国有、非国有市场主体，采用非接触式办理和简便操作流程，减免相应的房产税和城镇土地使用税。引导银行对减免房屋租金的出租人视需要给予优惠利率质押贷款等支持。（办理方式：申请享受。责任单位：市税务局、市地方金融监管局、人民银行上海总部、上海银保监局）

（三）多渠道为企业减费让利

7. 降低用水用电用气用网成本，对非居民用户给予 3 个月应缴水费（含污水处理费）、电费、天然气费（不包括燃气发电企业用气）10% 的财政补贴。对受疫情影响期间未能及时缴费的非居民用户，不停水、不停电、不停气，免除欠费违约金。对非居民用户免收 2022 年超定额累进加价水费。将中小微企业宽带和专线平均资费再降 10%。免收 3 个月单位生活垃圾处理费，环卫作业单位相关经费由区财政予以支持。2022 年 4 月至 12 月，特种设备检验检测行政事业性收费标准降至现行标准 50%。在招投标领域全面推行保函（保险）替代现金缴纳投标、履约、工程质量等保证金，鼓励招标人对中小微企业投标人免除投标担保。（办理方式：免申即享。责任单位：市发展改革委、市财政局、市水务局、市经济信息化委、市住房城乡建设管理委、市国资委、市通信管理局、市绿化市容局、市市场监管局、有关企业、各区政府）

（四）加大退税减税力度

8. 进一步加大增值税留抵退税政策力度。在已出台的制造业、科学研究和技术服务业、电力热力燃气及水生产和供应业、软件和信息技术服务业、生态保护和环境治理业、交通运输仓储和邮政业等6个行业企业的存量留抵税额全额退还、增量留抵税额按月全额退还基础上，按照国家政策要求，在更多行业实施增值税存量和增量全额留抵退税。提前退还中型企业、大型企业增值税存量留抵税额，在2022年6月30日前实现符合条件的各类型企业增值税存量留抵税额“愿退尽退”。（办理方式：申请享受。责任单位：市税务局、市财政局）

9. 因受疫情影响，缴纳房产税、城镇土地使用税确有困难的纳税人，可申请减免2022年第二、三季度自用房产、土地的房产税、城镇土地使用税，对从事国家限制或不鼓励发展的产业不予减免税。对房屋土地被政府应急征用的企业，可按规定减免相应的房产税和城镇土地使用税。（办理方式：申请享受。责任单位：市税务局）

（五）发放援企稳岗补贴

10. 对餐饮、零售、旅游、交通运输、文体娱乐、住宿、会展等受疫情影响严重的困难行业，不裁员少裁员的，按照企业申请时上月按规定缴纳城镇职工社会保险费人数计算，给予每人600元一次性稳岗补贴，每户企业补贴上限300万元，鼓励企业稳岗留岗。对招录登记失业三个月以上人员或我市2022届高校毕业生，签订一年以上劳动合同并按规定缴纳社会保险费的用人单位，按每人2000元给予一次性吸纳就业补贴。（办理方式：稳岗补贴为申请享受、吸纳就业补贴为免申即享。责任单位：市人力资源社会保障局、市财政局、各区政府）

二、全面有序推进复工复产复市

（一）加强对企业复工复产复市的支持和服务

11. 分类指导、动态修订各行业领域复工复产复市疫情防控指引，取消企业复工复产复市不合理限制。市区联动加强企业员工返岗、物流保障、上下游衔接等方面复工复产服务，督促指导企业做好防疫消杀、员工健康管理等工作，支持企业建立抗疫应急处置体系，确保复工复产复市后疫情防控和安全生产措施落实到位。扩大企业防疫和消杀补贴范围，在对零售、餐饮、机场港口、冷链等相关企业落实已有补贴政策的基础上，2022年对物业服务、邮政快递、住宿、文化旅游等行业防疫和消杀支出，给予分档定额补贴。鼓励各区对复工复产复市企业疫情防控支出，按照实际运营规模给予分档定额补贴。（责任单位：市商务委、市文化旅游局、市房屋管理局、市邮政管理局等各行业主管部门、市财政局、各区政府）

12. 支持汽车、集成电路、生物医药等制造业企业以点带链，实现产业链供应链上下游企业协同复工，稳步提高企业达产率。逐步推动批发零售、金融、交通物流、房地产、建筑等行业复工达产，抢抓农时推动各类农业生产单位复工，在具备条件后有序推动餐饮、居民服务、文旅会展等人员聚集型行业复工。建立长三角产业链供应链互保机制，共同保供强链。（责任单位：各行业主管部门）

（二）畅通国内国际物流运输通道

13. 加快推广使用全国统一互认的通行证，提升跨省运输中转站运行效率，推广无接触物流方式，提高货运通行效率。严格实施港口、机场防疫生产保障措施，优化提货方式和口岸检疫流程，保障产业链供应链和航运物流有序运转。加快落实国家出台的货运扶持政策，2022年5月1日至年底，对符合条件的快递收派服务收入免征增值税，用好再贷款资金支持交通运输、物流仓储业融资。（责任单位：市交通委、市经济信息化委、上海海关、市商务委、市邮政管理局、市税务局、市财政局、市地方金融监管局、人民银行上海总部、上海银保监局）

三、多措并举稳外资稳外贸

（一）支持外资企业恢复生产经营

14. 建立重点外资企业复工复产专员服务机制，实行专人跟踪服务，帮助重点外资企业解决复工复产、物流运输、防疫物资等突出问题，切实稳定外资企业的发展预期。（责任单位：市商务委）

15. 保障重大外资项目顺利推进，启用重大外资项目线上服务系统，市、区联动，线上线下协同，保障在谈、签约、在建项目尽快恢复运转，实施专人跟踪服务。积极争取一批重大项目尽快落地。支持跨国公司在沪设立地区总部和外资研发中心。（责任单位：市发展改革委、市商务委、市经济信息化委、各区政府）

（二）切实帮助外贸企业纾困

16. 加快落实国家出台的外贸支持政策，对加工贸易企业在国家实行出口产品征退税率一致政策后，允许对前期多转出的增值税进项税额转入抵扣。企业申报退税的出口业务，因无法收汇而取得出口信用保险赔款的，将出口信用保险赔款视为收汇，予以办理出口退税。鼓励港口企业减免特定时期内的货物堆存费，鼓励航运公司减免特定时期内的滞箱费，倡导港航相关企业减免外贸进出口相关物流操作费用。（责任单位：市税务局、市商务委、市国资委、市交通委、上海银保监局、中国出口信用保险公司上海分公司）

17. 强化外贸企业政策性金融支持。加大出口信用保险支持力度，扩大中小微企业覆盖面，优化承保理赔条件，在上海“单一窗口”开设在线报损索赔通道，建立保费缓缴机制和快赔先赔机制，应保尽保、能赔快赔。对于符合专精特新等条件的中小微企业，在原有出口信用保险费率基础上，实施不低于 10% 的阶段性降费，加大保单融资支持力度。支持中国进出口银行上海分行设立进出口业务专项信贷额度，建立快速评审通道，积极运用政策性优惠利率贷款或向总行争取其他利率优惠政策，降低企业融资成本。（责任单位：市商务委、市经济信息化委、市地方金融监管局、上海银保监局、中国出口信用保险公司上海分公司、中国进出口银行上海分行）

（三）着力稳定外资外贸企业预期和信心

18. 加强与外资企业高管面对面沟通，通过跨国公司高管视频会议、外资企业政企沟通线上圆桌会议等形式，主动介绍我市疫情防控形势和策略，充分听取外资企业意见和建议，建立咨询和解决问题的常态化机制，帮助外资企业解决实际问题，加大总部企业走访沟通力度，切实修复和提振外资企业信心。助力外贸企业履约订单，实施通关便利化措施，采取收发货人免于到场查验模式，支持企业在线办理通关业务，建立重点企业重点物资通关绿色通道，提升货物通关和提离效率。市贸促会免费为符合条件、有需要的受疫情影响企业，开具与新冠肺炎疫情相关的不可抗力事实性证明文件。上海国际仲裁中心等有关争议解决机构为外贸企业维权提供法律咨询和援助，对符合条件的仲裁费用予以减免、退还和缓交。为外资企业派驻上海的外籍员工及家属、开展重要商务活动的全球高管和专业技术人员，以及外贸企业重要海外客户办理来华邀请函和出入境手续提供便利。（责任单位：市商务委、上海海关、市贸促会、市政府外办、市公安局、各区政府）

（四）更好发挥外贸外资专项资金引导作用

19. 统筹用好国家外经贸发展和我市商务高质量发展等专项资金，调整资金使用方式，加大资金支持范围和力度，重点用于 2022 年度稳外贸稳外资，对产业链供应链重点外资项目给予资金支持。提前启动 2022 年上海市鼓励跨国公司地区总部发展专项资金申报工作，力争在 9 月底前完成拨付。（责任单位：市商务委、市财政局、各区政府）

四、大力促进消费加快恢复

（一）以大宗消费为抓手拉动消费

20. 大力促进汽车消费，年内新增非营业性客车牌照额度 4 万个，按照国家政策要求阶段性减征部分乘用车购置税。2022 年 12 月 31 日前，个人消费者报废或转出名下在上海市注册登记且符合相关标准的小客车，并购买纯电动汽车的，给予每辆车1万元的财政补贴。支持汽车租赁业态发展。完善二手车市场主体登记注册、备案和车辆交易登记管理规定。（责任单位：市发展改革委、市交通委、市公安局、市财政局、市税务局、市经济信息化委、市商务委）

21. 实施家电以旧换新计划，对绿色智能家电、绿色建材、节能产品等消费按规定予以适当补贴，支持大型商场、电商平台等企业以打折、补贴等方式开展家电以旧换新、绿色智能家电和电子消费产品促销等活动。（责任单位：市商务委、市财政局、市发展改革委、各区政府）

（二）完善消费供给保障体系

22. 抓紧规划建设一批集仓储、分拣、加工、包装等功能于一体的城郊大仓基地，推动应急物资储备基地建设，确保应急状况下及时就近调运生活物资。优化配置社区生活消费服务综合体，支持智能快件箱、智能取餐柜和快递服务站进社区、进园（厂）区、进楼宇，支持冷链物流网络及前置仓布点建设，加强末端环节及配套设施建设。（责任单位：各区政府、市商务委、市经济信息化委、市规划资源局、市粮食物资储备局、市房屋管理局）

（三）以节庆活动为契机促进消费

23. 优化“购物节”方案，适时推出主题购物节活动，鼓励发展夜间经济，提振消费信心。支持大型商贸企业、电商平台等企业以多种方式发放消费优惠券，支持文旅企业发放文旅消费券，鼓励文旅企业在“乐游上海”等平台进行免费推广，带动形成消费热点。对具有市场引领性的创新业态、模式以及创意活动，并对消费市场增长有突出贡献的企业适当予以资金支持。（责任单位：市商务委、市文化旅游局、各区政府）

（四）支持文创、旅游、体育产业发展

24. 用好电影事业发展、文化创意产业发展、旅游发展、体育发展等专项资金，采用无偿资助、贷款贴息等方式，加大对演出场所、电影院、实体书店、健身场馆等扶持，支持一批文创园区、文创企业和文体旅游项目，助力文创产业、旅游产业和体育产业尽快恢复发展。对符合条件的旅行社，旅游服务质量保证金暂退比例由80%提高至100%。（责任单位：市委宣传部、市文化旅游局、市体育局、市新闻出版局、市电影局、市文创办、市财政局）

25. 鼓励企业、社会团体委托旅行社开展党建、公务、工会、会展等活动，旅行社可按规定开具发票作为报销凭据。（责任单位：市文化旅游局、市总工会、市财政局、市税务局）

五、全力发挥投资关键性作用

（一）积极扩大有效投资

26. 全力推动在建项目复工复产，指导建筑工地落实防疫措施，具备条件的项目做到“应复尽复”，保障在建项目连续施工。加大新开工项目协调力度，优化政府投资项目审批程序，符合条件的政府投资项目合并编制审批项目建议书、可行性研究报告和初步设计，实行格式化审批、简化审批流程、分期审批及供地等措施，促进新项目开工建设。积极采取容缺后补等方式，加快推进重大产业项目开工建设。（责任单位：市住房城乡建设管理委、市重大办、市发展改革委、市交通委、市经济信息化委、市规划资源局、各区政府）

27. 加快项目前期工作，支持铁路大通道、轨道交通网络、航空枢纽、港口、能源、内河航道、水利、地下综合管廊等基础设施重点项目加快开工建设，推动集成电路、新能源汽车等一批重大产业项目加快落地，在项目审批、要素保障等方面加大支持力度。（责任单位：市发展改革委、市交通委、市经济信息化委、市住房城乡建设管理委、市水务局）

28. 加强城市更新规划编制、政策支持和要素保障。年内完成中心城区成片旧区改造，全面提速零星旧区改造，年内新启动8个以上城中村改造项目。中心城区旧区改造联动政策推广至五个新城，优化完善城中村改造政策。积极拓宽融资渠道，支持发行地方政府专项债券用于城市更新项目。健全住房租赁体系，推进保障性租赁住房建设筹措和供应。完善住房租赁法规政策，加强住房租赁管理和服务。（责任单位：市住房城乡建设管理委、市发展改革委、市规划资源局、市财政局、市房屋管理局、市民政局、市公安局、各区政府）

29. 促进房地产开发投资健康发展，建立房地产项目前期审批绿色通道，及时启动新一批次市场化新建商品住房项目上市供应，进一步缩短前期开发、拿地、开工、销售全流程时间。新开工建设的住宅项目城市基础设施配套费可顺延 3 个月缴纳。完善房地产政策，支持刚性和改善性住房需求。（责任单位：市房屋管理局、市规划资源局、市财政局）

（二）加强投资项目要素和政策支持

30. 加强资源性指标“六票”统筹，试行市重大项目推进实施所需的水面积、绿地、林地等相关指标跨年度统筹平衡。（责任单位：市住房城乡建设管理委、市重大办、市发展改革委、市交通委、市规划资源局、市水务局、市绿化市容局）

31. 聚焦自贸试验区临港新片区、虹桥国际开放枢纽、五个新城建设、南北转型等重大战略任务，支持各区申报地方政府专项债券。适当扩大地方政府专项债券支持领域，将新型基础设施等纳入支持范围。加快地方政府专项债券发行和使用进度，力争在 8 月底前基本使用完毕，尽早形成实物工作量。（责任单位：市财政局、市发展改革委、各区政府、临港新片区管委会、虹桥国际中央商务区管委会）

32. 进一步发挥基础设施不动产投资信托基金（REITs）作用，落实好“上海 REITs20 条”支持政策，推动更多符合条件的存量基础设施项目发行 REITs，遴选保障性租赁住房项目等开展 REITs 试点，支持盘活存量资金用于新建项目。（责任单位：市发展改革委、市地方金融监管局、上海证监局）

（三）充分引导和激发社会投资

33. 深入推进企业投资项目备案制改革，实行立项、用地、规划、施工、竣工验收等各审批阶段“一表申请、一口受理、一网通办、限时完成、一次发证”。在临港新片区深化实施企业投资项目承诺制改革试点，向其他有条件区域推广。提升环评与排污许可证管理服务，加大环评豁免和告知承诺力度，扩大环评与排污许可“两证合一”范围，优化排污许可证办理和变更手续。（责任单位：市发展改革委、市住房城乡建设管理委、市规划资源局、市生态环境局、临港新片区管委会、各区政府）

34. 进一步扩大民间投资领域，鼓励和吸引更多社会资本参与市域铁路、新型基础设施等一批重大项目，鼓励民间投资以城市基础设施等为重点，通过综合开发模式参与重点项目建设。实施社会投资项目“用地清单制”改革，支持扩大企业债券申报和发行规模。加强银政联动和银企对接，鼓励金融机构对接重点项目，加大对基础设施建设和重大项目的支持力度，提供优惠、便捷的融资支持。市区合力加大对“专精特新”企业的支持力度。（责任单位：市发展改革委、市住房城乡建设管理委、市规划资源局、市交通委、市地方金融监管局、人民银行上海总部、上海银保监局、各区政府）

六、强化各类资源和要素保障

（一）加大财政跨周期调节力度

35. 进一步加大财政支持稳增长力度，加快财政支出进度，统筹使用各类收入和专项资金，调整优化支出结构。加快各类涉企专项资金的拨付和执行进度，做到早分配、早使用、早见效。完善专项资金使用和评价方式，统筹用于对经营困难的企业给予房租、贷款利息、担保费、稳岗就业等补贴。（责任单位：市财政局、市有关专项资金使用单位、市国资委、市规划资源局、市人力资源社会保障局、市医保局）

（二）强化金融助企纾困功能

36. 鼓励金融机构对中小微企业和个体工商户贷款、货车司机贷款及受疫情影响、符合条件的个人住房与消费贷款等，实施延期还本付息，延期还本付息日期原则上不超过2022年底，不影响征信记录，并免收罚息。推动试点银行将无缝续贷服务对象从小微企业拓展至中型企业。积极开发线上无缝续贷产品，按照“零门槛申请、零费用办理、零周期续贷”导向，支持中小微企业融资周转无缝续贷，力争2022年无缝续贷增量达到1000亿元。按照国家政策要求，将商业汇票承兑期限由1年缩短至6个月，并加大再贴现支持力度。（责任单位：市地方金融监管局、市国资委、上海银保监局、人民银行上海总部）

37. 鼓励银行类金融机构设立企业纾困专项贷款，由在沪银行向防疫重点企业、受疫情影响较大的困难企业、中小微企业和个体工商户提供优惠利率的纾困贷款。积极用好国家各类再贷款支持政策和普惠小微贷款支持工具，对重点领域和困难企业加大信贷投放力度。继续推动实际贷款利率稳中有降。深入实施“浦江之光”行动，孵化培育更多优质科技型企业，升级企业库和政策库，为企业上市提供精准化服务。支持金融机构发行金融债券，为重点领域企业提供融资支持。按照国家政策要求，对民营企业债券融资交易费用能免尽免，进一步拓宽企业跨境融资渠道。（责任单位：市地方金融监管局、人民银行上海总部、上海银保监局、上海证监局、国家外汇管理局上海市分局）

38. 支持融资担保机构进一步扩大中小微企业融资担保业务规模，市中小微企业政策性融资担保基金按0.5%收取担保费，对政策性的创业担保项目免收担保费，对政策性的农业担保项目给予贴息贴费。区级政府性融资担保机构平均担保费率降至1%（含）以下。鼓励市有关部门和各区对中小微企业通过政府性融资担保机构担保获得的银行贷款，实行贴息贴费政策。（责任单位：市财政局、市经济信息化委、市地方金融监管局、各区政府）

39. 鼓励小额贷款公司、典当行等地方金融组织对困难行业、中小微企业和个体工商户适当降低贷款利率、担保费率、典当综合费率等融资成本，通过展期、无还本续贷等方式减轻客户还款压力，对2022年3月1日至9月30日到期的普惠型小额贷款还本付息日期可最长延至2022年12月31日并免收罚息。进一步发挥上市公司纾困基金作用，扩大纾困范围，优化纾困流程，提高纾困基金运作效率，积极帮助中小上市企业缓解资金流动性压力。（责任单位：市地方金融监管局、市国资委）

40. 支持更多符合条件的资产管理机构参与合格境外有限合伙人（QFLP）试点和合格境内有限合伙人（QDLP）试点，鼓励试点企业在沪设立全球或亚太投资管理中心，便利其开展跨境双向投资业务。（责任单位：市地方金融监管局、国家外汇管理局上海市分局）

（三）保障土地要素供给

41. 对公开招标拍卖挂牌方式出让的地块，加快建立线上交易机制。允许受让人申请延期缴付或分期缴付土地出让价款。优化土地出让条件，合理确定住宅用地起始价，降低商业办公用房自持比例。（责任单位：市规划资源局、市住房城乡建设管理委、市商务委、市房屋管理局、各区政府）

42. 适当增加2022年度建设用地计划，加大净增建设用地指标，支持保障各区重点产业项目用地需求。按照各区2022年低效建设用地减量化任务提前下达建设用地指标，加大周转指标暂借的支持力度。对于建设用地指标确有缺口的区，可由市级指标采取“直供”方式解决。（责任单位：市规划资源局、各区政府）

七、切实加强民生保障工作

（一）多渠道稳定和扩大就业

43. 多渠道挖掘就业潜力，鼓励有条件的国有企业新增就业岗位，支持有空余编制的事业单位适度增加人员招聘名额，积极通过政府购买方式开发社区公益性岗位。加大社区卫生和公共卫生岗位、社区工作者岗位招聘力度，鼓励各区招聘储备中小学优秀师资，吸纳更多高校毕业生就业。（责任单位：市人力资源社会保障局、市国资委、市教委、市卫生健康委、市民政局、各区政府）

44. 加大培训补贴力度，对受疫情影响的各类企业、社会组织等用人单位，对本单位实际用工的从业人员开展与本单位主营业务相关的各类线上职业培训，每人每次补贴600元，2022年年内不超过3次。获得技能人员职业资格证书、职业技能等级证书的劳动者可享受职业技能提升补贴。支持职业院校按规定备案成立职业技能等级评价机构为毕业学年学生提供服务，2022届院校毕业生年底前可回原校参加技能等级认定并享受职业技能提升补贴。（责任单位：市人力资源社会保障局、市教委）

45. 全面加强就业服务，对相关重点企业建立“一对一”工作机制，支持采用共享用工等方式解决短期用工矛盾，企业可与职工协商弹性工作制稳岗。加大高校毕业生就业创业工作力度，鼓励企业、基层、机关事业单位等吸纳高校毕业生，对招聘我市高校应届毕业生的企业，符合条件的，3年内按照实际招用人数给予每人每年7800元的税费减免优惠，落实高校毕业生自主创业税收、补贴等支持政策和见习补贴、一次性求职创业补贴政策。依托“一网通办”简化高校毕业生就业手续，提升就业服务效率。加强对灵活就业的监测与服务，开展新就业形态从业人员职业伤害保障试点。做好欠薪垫付工作，简化程序提高垫付效能。（责任单位：市人力资源社会保障局、市教委、市财政局、市税务局）

46. 全面落实各类人才计划和政策，优化人才直接落户、居转户、购房等条件，加大海外人才引进、服务和支持力度，加快实施人才安居工程，完善教育、医疗等服务，深入推进海聚英才创新创业系列活动，进一步吸引和留住各类人才。（责任单位：市委组织部、市人力资源社会保障局、市教委、市科委、市公安局、市发展改革委、市房屋管理局）

（二）保障群众基本生活

47. 进一步加强重要民生商品价格监测和市场监管，切实做好生活物资保供稳价工作。在继续实施社会救助和保障标准与物价上涨挂钩联动机制的基础上，通过发放一次性补贴、爱心礼包等形式，保障困难群众生活。（责任单位：市发展改革委、市市场监管局、市民政局、市财政局、市人力资源社会保障局、市退役军人局、各区政府）

八、保障城市安全有序运行和优化营商环境

（一）保障城市核心功能正常运转和城市安全

48. 完善重要功能性机构和企业服务保障专班协调机制，确保金融、贸易、航运、科创等城市核心功能持续稳定运转。保障能源安全供应，提高煤炭采购和储备水平，增强电力和天然气调度保供能力，增加市外来电供应，支持重点能源项目建设，保障经济恢复和迎峰度夏用电需求。加强粮食生产和储备，及时发放农资补贴，优化种粮补贴政策，适当提高粮食最低收购价水平。严格落实安全生产责任，深入开展安全大检查，全面排查整治安全隐患，保障城市运行安全。（责任单位：市发展改革委、市地方金融监管局、市商务委、市交通委、上海科创办、市经济信息化委、市农业农村委、市应急局、市粮食物资储备局、各区政府）

（二）强化为企服务

49. 持续开展各层各级领导干部“防疫情、稳经济、保安全”大走访、大排查，加大联系走访企业力度，主动关心和服务企业，送政策上门，积极进行政策辅导、解释政策流程、推动政策直达，帮助企业排忧解难。建立企业诉求快速回应和解决问题的服务机制，在“一网通办”、随申办、上海市企业服务云推出服务专栏和工作平台，及时解答和处理企业复工复产复市过程中的具体问题。完善市、区两级稳商招商服务协调机制，用好上海外商投资促进服务平台，建立“问题台账”“服务台账”，集中解决一批影响企业投资发展的瓶颈难题，激发企业投资活力。（责任单位：市经济信息化委、市

商务委、市发展改革委、市大数据中心、各区政府）

50. 实施市场主体纾困优化营商环境专项行动计划，建立营商环境监督员、“体验官”制度，切实提升企业感受度。提高“一网通办”全程网办率，通过线上审批、线上服务、线上帮办、电子证照应用、告知承诺办理、自动顺延许可证有效期限等方式，推进惠企利民政策“精准推送”“免申即享”，为疫情期间企业和个人办事提供便利。积极协助企业和个人开展信用修复工作，因疫情影响而导致的企业合同逾期、延迟交货、延期还贷等失信行为，不将其列入失信名单。加大政府采购支持中小企业力度，提高中小企业在政府采购中的份额。落实国家支持平台经济规范健康发展的具体措施，稳定平台企业及其共生中小微企业的发展预期，鼓励平台企业加快重点领域技术研发突破。支持投资类企业准入和注册，实施更加便捷的工作流程。加强法律服务保障，建立公共法律服务热线，对企业受疫情影响造成的合同违约、订单延迟、劳资关系等纠纷，及时提供法律咨询、法律援助、法律服务指引和调解等服务。（责任单位：市发展改革委、市政府办公厅、市财政局、市国资委、市地方金融监管局、市市场监管局、市司法局、市大数据中心、人民银行上海总部、各区政府）

本政策措施自 2022 年 6 月 1 日起施行，有效期至 2022 年 12 月 31 日（具体措施明确执行期限的，从其规定）。市政府 3 月 28 日发布的抗疫助企“21 条”政策继续有效。国家有相关规定的，从其规定。

来源：2022 年 5 月 29 日 上海市政府网站。

上海市发展和改革委员会
关于本市能源保供《重点物资运输车辆通行证》申请事项的通知

沪发改能源〔2022〕98 号

各相关单位：

为统筹做好全市能源领域货运物流疫情防控和保通保畅工作，切实保障全市能源供需安全有序、人民群众正常生产生活，贯彻落实《国务院联防联控机制综合组交通管控与运输保障专班关于全力做好货运物流保通保畅工作的通知》（交运明电〔2022〕81 号）《上海市新型冠状病毒肺炎疫情防控工作领导小组办公室关于本市启用全国统一式样〈重点物资运输车辆通行证〉相关工作的通知》（沪肺炎防控办〔2022〕404 号，以下简称《工作通知》），现就本市重点能源保供企业能源保供《重点物资运输车辆通行证》（以下简称《通行证》）申请事项通知如下：

一、申请办理范围

本市重点能源保供企业可以为自有车辆和驾驶员或者承运企业车辆和驾驶员申请《通行证》，企业名单见附件 1。名单中已列入本市《〈关于开展重点企业保运转的工作方案（试行）〉和重点企业“白名单”》（沪肺炎防控办〔2022〕335 号）的企业，继续向市经济信息化委申请，由市经济信息化委按“重要生产物资”类别予以办理，申领事项由市经济信息化委另行通知。名单中的城镇燃气企业及其他能源保供企业申领事项按本通知要求执行。名单根据能源保供需要动态调整。

二、申请办理条件

（一）建立本市能源保供车辆和人员的“白名单”信息库。纳入《通行证》申请办理范围的能源企业（以下简称“能源企业”）应根据制证要求梳理本企业及承运企业车辆和人员信息，按城镇燃气企业和其他能源保供企业分类，分别滚动报送至市住房城乡建设管理委和我委，经审核后汇总至我委形成能源企业“白名单”。“白名单”根据能源企业报送及审核情况动态调整。列入“白名单”的车辆和人员具备通行证申请办理条件。未列入“白名单”的，不得申请。

（二）能源企业申请办理《通行证》，必须同时提供对应车辆和人员的专项疫情防控、健康监测和核酸检测方案，并提交承诺书（详见附件 1）。能源企业应按照“非必要不申请”原则，从严从紧申请办理《通行证》。能够满足基本要求的，不得申请办理。

三、申请办理材料与程序

（一）能源企业以企业为单位，登录上海市发展和改革委员会门户网站（fgw.sh.gov.cn）自行下载《能源保供重点物资运输车辆通行证申请表》（详见附件 2）按要求填写，将申请表电子版和盖章扫描件附相关申请材料，通过电子邮件报送相关主管部门。申请材料包括：本企业营业执照、承诺书、车辆行驶证信息、专项疫情防控、健康监测和核酸检测方案，驾驶员身份信息，驾驶员 48 小时核酸证明、24 小时内抗原检测阴性证明。为承运企业申请办理的，还需提供相关承运合同以及承运企业营业执照、承诺书。

城镇燃气企业申请电子邮件地址（市住房城乡建设管理委）：

13472653758@139.com

城镇燃气企业咨询电话（市住房城乡建设管理委）：

13472653758

其他能源保供企业申请电子邮件地址（市发展改革委）：

guanxf@fgw.sh.gov.cn

其他能源保供企业咨询电话（市发展改革委）：

23119468 18117590149

各能源企业申请表经市住房城乡建设管理委和我委审核后，汇总至我委纳入《通行证》系统“白名单”信息库。

（二）该企业驾驶员按《工作通知》要求，通过随申办终端 APP 或微信和支付宝的随申办小程序针对每一次运输任务进行申请。进入申请页面前，驾驶员必须阅知并确认“通信行程卡绿色带＊号的货车司机，需在车辆到达目的地 24 小时以前，向目的地收发货单位主动报备车牌号、计划抵达时间以及司乘人员姓名、身份证号、手机号码等信息（对于持有《通行证》的货运车辆还需同时报备《通行证》）。

（三）该企业驾驶员进入申请页面填报基本信息后，根据物资类别，选择“能源保供”进行分类匹配，信息自动进入我委《通行证》系统后台。

（四）驾驶员申请信息录入《通行证》系统后，经“白名单”信息库比对符合条件的，生成本市电子《通行证》，同时生成全国统一式样《通行证》PDF 版本，供打印后使用，电子证和纸质证具有同等效力。

四、后续防疫管理要求

（一）获得《通行证》的能源企业要严格遵守国家和本市防疫要求，确保车辆和人员落实防疫管理措施，做好驾乘人员教育和防护；严格按照填报的始发地、目的地尽快执行点对点运输任务，完成任务后立即返回，车辆不用于其他用途；做到定人、定车、定检、人车闭环运行，运输前后要做好车辆消杀，运输中尽量做到人员不下车，司乘人员集中管理、集中居住，尽量减少与社会人员的接触。

（二）对司乘人员核酸检测信息与申请信息不符、违反当地防疫要求的，经查实后将该车辆和人员列入黑名单，黑名单库全市后台共享，被列入黑名单的车辆或人员不再予以生成《通行证》。

（三）对能源企业未落实专项疫情防控、健康监测和核酸检测方案或承诺事项的，经查实后将暂停该企业《通行证》申请办理，并依法予以相应处理。

五、其他事项

《通行证》后续管理与时效、与现有制度的衔接、车辆通行管理等事项按《工作通知》要求执行。

特此通知。

上海市发展和改革委员会

2022年4月23日

来源：2022年4月23日上海市发改委网站。

上海市人民政府办公厅关于印发《上海市推进多式联运发展优化调整运输结构实施方案》的通知

（2022年9月30日）

沪府办发〔2022〕19号

各区人民政府，市政府各委、办、局：

经市政府同意，现将《上海市推进多式联运发展优化调整运输结构实施方案》印发给你们，请认真按照执行。

上海市推进多式联运发展优化调整运输结构实施方案

为深入贯彻《国务院办公厅关于印发推进多式联运发展优化调整运输结构工作方案（2021-2025年）的通知》，服务上海国际航运中心建设，推进上海多式联运发展，优化调整运输结构，制定本实施方案。

一、明确总体要求

（一）指导思想

以习近平新时代中国特色社会主义思想为指导，深入贯彻党的十九大和十九届历次全会精神，以推动高质量发展为主题，以进一步提高多式联运发展水平为突破口，着力完善基础设施体系，优化运输组织模式，深化信息资源利用，加快技术装备升级，营造市场环境氛围，推动运输结构优化调整。

（二）工作目标

以提升面向全球的运输服务能力为重点，聚焦上海国际航运中心集疏运体系优化完善，推动货物运输结构进一步优化、运输组织效率进一步提高、运输方式绿色化智慧化水平进一步提升。到2025年，上海铁路货运量比2020年增长10%，上海港集装箱水水中转比例不低于52%，集装箱海铁联运量年均增长15%以上，浦东国际机场国际进出港卡车航班网络通达城市数增长8%以上，新增城市物流车100%使用新能源或清洁能源。

二、提高多式联运承载能力和衔接水平

（一）提升综合货运枢纽能级

深化研究综合货运枢纽功能布局，进一步提升以港口、机场为核心的综合货运枢纽能级。推动实施小洋山北侧综合开发，推进罗泾等港区转型发展。建设现代化、集约化内河港区，推进白鹤等示范港区建设。巩固国际一流的航空货运枢纽地位，加快推进建设浦东国际机场新型智能货站和进出口货物查验中心，提升国际邮件快件进出口货邮能力。加快铁路货运场站多式联运设施改造，优化大型物流场地及物资保障基地配套，推进芦潮港站等铁路货运站设施升级改造。构建层次清晰、高效有序的多级城市配送体系，完善大型转运中心和配送末端设施布局。推动传统货运场站完善现代物流功能，提升多式联运换装效率，推进临港多式联运中心建设。（责任单位：市交通委、市发展改革委、市商

务委、市规划资源局、相关区政府、中国铁路上海局集团、上港集团、机场集团、市邮政管理局、中铁集上海分公司）

（二）强化综合运输通道能力

加快既有水运通道改造提升，加强长江口航道综合治理，推进长江口辅助航道建设。优化内河运输体系，持续推进“一环十射”内河高等级航道建设，形成“连接苏浙、对接海港”格局。加快推进苏申内港线、油墩港航道整治工程，推进大芦线、大治河东延伸段等河海直达通道规划建设，疏解黄浦江核心段航运功能。加快沪通铁路二期建设，推进沪乍杭铁路前期工作落地，充分利用铁路既有线路货运能力，提升人流和物流的统筹能力。优化干线公路对外衔接，推进G15高速嘉浏段拓宽扩建、S16蕰川高速等对外公路建设。（责任单位：市交通委、市发展改革委、中国铁路上海局集团）

（三）打造高效畅达集疏运体系

优化码头泊位干支衔接，加强海港与内河航道直连，提升东海大桥通过能力，推动洋山深水港区与江河铁公等运输方式高效衔接。加快推进沪通铁路二期外高桥装卸线建设，深化罗泾港区铁路专用线、南港铁路专用线规划研究。积极改善港口道路集疏运条件，建设沿江通道浦西段和浦东段、G228高速等，研究港口规划建设专用疏港通道，探索设立集装箱专用通道。优化机场集散道路，推进浦东国际机场、虹桥国际机场周边快速路建设，提高地面集疏运能力。（责任单位：市交通委、市发展改革委、市规划资源局、相关区政府、中国铁路上海局集团、上港集团、机场集团）

三、优化多式联运组织模式

（一）着力推进江（河）海联运和江（河）海直达运输

进一步优化江海联运、江海直达、“五定”班轮等运输组织模式。推进长三角地区沿江、沿海多模式合作，加强长江沿线联运航线对接，开展江海联运、江海直达等领域合作。大力发展内河集装箱运输，推动开辟河海直达运输新航线，扩大河海联运、河海直达业务规模。鼓励港航企业加强合作，在重点货源生成地，进一步推进支线船舶共舱、联盟等模式，提高船舶运营效率。（责任单位：上港集团、市交通委、市发展改革委）

（二）大力发展集装箱海铁联运

提升芦潮港铁路中心站效能，探索港站一体化运营，提高海铁联运通关效率，创新港站短驳运输组织。完善长三角地区对接上海港的海铁联运通道，稳固长三角地区海铁联运班列业务，扩大既有线路运量，提升服务水平。加强与内陆无水港合作，开拓中远距离市场，扩大海铁联运覆盖区域。鼓励港口与铁路、航运等企业加强合作，统筹布局集装箱还箱点，促进海运箱和铁路箱的互使互换，减少空箱调运时间和费用。争取国家支持发展铁路双层集装箱运输。（责任单位：上海港海铁联运有限公司、上港集团、中国铁路上海局集团、中铁集上海分公司、中远海运集团、市交通委、市发展改革委、市商务委、上海海关）

（三）加快发展航空货运

加快构建国际航空货运网络，建立高效的现代航空货运体系。优化上海航空货运航线网络，创新航空口岸海关监管模式。发展航空货运中转集拼，形成吸引力强、规模大、衔接密的中转航班集聚效应，吸引更多中转货源。拓展长三角区域异地货站，提升辐射长三角能力。进一步推进卡车航班，建立上海机场与全国各主要城市机场之间的海关监管卡车航班常态化运行网络。探索“航空+”多式联运业务。（责任单位：机场集团、民航华东地区管理局、上海海关、市交通委、市发展改革委、市商务委、市邮政管理局、东方航空公司）

（四）积极促进“公转铁”“公转水”

合理布局内陆集装箱中心，延伸港口服务，提高港口物流效率。支持港口企业加强集装箱空箱调运能力建设。充分挖掘城市铁路站场和线路资源，丰富铁路运输产品，提升服务水平，切实提高铁路运输市场竞争力。创新城市生产生活物资公铁联运模式，积极探索电商货物“公转铁”，支持高铁快运等业务发展。支持铁路寄递骨干网络构建，积极推动公路寄递网络升级优化和水路运输资源利用。（责任单位：中国铁路上海局集团、上港集团、市交通委、市发展改革委、市商务委、市邮政管理局）

（五）培育一体化服务多式联运市场主体

充分激活市场主体动能，优化市场主体结构，培育多式联运龙头骨干示范企业。推动利用货运平台整合运力资源，促进货运行业规模化、集约化发展。鼓励港口航运、铁路货运、航空寄递、货代企业及平台型企业等加快转为全程负责、一体化服务的多式联运经营主体，并整合上下游资源，实现从承运人向综合物流集成商转型。（责任单位：市交通委、市发展改革委、市商务委、中国铁路上海局集团、上港集团、机场集团、中远海运集团）

（六）深化信息资源共享与应用

深化“互联网+”应用，加快铁路、港口、机场、海运、空运等部门企业信息系统对接和数据共享。加快推进北斗系统在营运车船上的应用，基本实现运输全程可监测、可追溯。深化集装箱江海联运公共信息平台建设，利用区块链技术，加强沿江港航物流信息对接和业务协同。完善海铁联运信息平台功能，推进海铁联运信息平台系统升级。鼓励发展甩挂车运输、滚装运输等新模式。（责任单位：市交通委、上海港海铁联运有限公司、上港集团、中国铁路上海局集团、中铁集上海分公司、机场集团、市大数据中心）

四、加快技术装备升级

（一）提升联运装备标准化水平

推动长三角区域跨运输方式标准化集装箱循环共用。开展江（河）海直达船型研发与应用，持续推进内河船型标准化，推动铁路箱型标准化，探索航空货物联运装备集装化，培育发展集装箱、半挂车等多式联运设备租赁市场。（责任单位：市交通委、民航华东地区管理局、机场集团、上港集团、中国铁路上海局集团、中铁集上海分公司、中国船级社、上海港海铁联运有限公司、各基地航空公司）

（二）提升联运装备设施智能化水平

加快智慧港航建设，推动自动驾驶船舶、自动化码头和堆场发展，探索内河高等级航道管理数字化转型。常态化推进洋山智能重卡示范运营项目，加强5G、物联网、高精度地图及定位技术在港口集疏运系统中的应用。探索无人驾驶、新能源装备在港区和堆场等场景率先应用。打造空运业务全流程智能化服务体系。在各级仓储单元，积极推广应用二维码、无线射频识别等技术，提高货物调度效率。（责任单位：上港集团、机场集团、市交通委、市经济信息化委）

（三）提升技术装备绿色化水平

推动内河混合动力船舶、纯电动船舶、LNG动力船舶建造和改造。协同推进船舶和港口岸电设施匹配改造，推动实现岸电使用常态化。推进船舶LNG动力能源加注设施设备建设。鼓励高速公路服务区和港站枢纽规划建设充换电、加气、加氢等配套设施，鼓励探索光伏设备在新建交通设施场景中的应用。积极探索氢燃料电池的多场景、多领域商业性示范应用，力争在重型载重货车、船舶能源清洁化领域取得突破。（责任单位：市交通委、市发展改革委、市生态环境局、市经济信息化委、上港集团、机场集团）

五、营造面向国际的市场环境

（一）深化重点领域改革

深化货运领域“放管服”改革，不断提升事中事后监管服务水平，加快构建以信用为基础的新型监管机制。优化许可办理手续及流程，推广电子运输证，实现长三角货运企业、人员资质资格互查互认。支持铁路货运市场化改革，鼓励铁路运输市场主体多元化发展。从基础设施、运行和管理等层面，加大对货运安全生产的保障力度。促进网络货运平台健康有序发展。（责任单位：市发展改革委、市交通委、中国铁路上海局集团、上港集团）

（二）强化市场引导作用

发挥市场机制引导作用，健全市场化价格形成机制，积极建立以市场化为导向的多式联运价格机制。完善铁路运价与市场供需相适应的灵活调整机制，完善相关收费规则，提高铁路货运市场竞争力。规范海运口岸港口装卸、港外堆场、检验检疫、船公司、船代等收费。（责任单位：市发展改革委、市交通委、中国铁路上海局集团、上港集团）

（三）加大货运市场治理力度

推进完善“全过程记录、全业务上线、全路网监控、全链条管理、全方位服务”的治超信息化平台建设。逐步形成跨层级、跨区域、跨部门、跨行业的常态化指挥调度机制，提升对严重违法超限运输、超标排放行为的主动发现、精确打击、联合惩治能力。联合各行业管理部门加强协调，完善事中事后监管流程，重点保障公路运输市场“一超四罚”、超标排放处罚等措施有效实施。（责任单位：市交通委、市发展改革委、市经济信息化委、市公安局、市生态环境局）

六、完善政策保障体系

（一）强化资金支持

加大财政资金对运输结构调整和多式联运发展的支持力度，落实各责任主体的资金投入保障。做好国际航运中心建设专项资金、节能减排专项资金等财政资金的使用评估和优化工作，提升资金扶持的精准度和有效性。（责任单位：市交通委、市发展改革委、市财政局）

（二）保障发展用地

加强综合货运枢纽等用地保障。同时，在项目建设过程中，严格落实集约节约用地的规划原则，盘活闲置交通用地资源。（责任单位：市发展改革委、市规划资源局、市交通委）

（三）加强组织实施

加强跨区域、多部门协同联动，共同推进运输结构调整。细化分解任务，落实相关部门及企业主体责任，有力有序推进各项工作。各责任单位建立工作小组，制定具体工作方案，落实有关任务。（责任单位：市交通委、各相关单位）

（四）强化跟踪评估

强化信息月度报送和跟踪分析机制，动态掌握年度计划和重点任务实施推进情况，加强对各项目承担单位履责情况的监督。建立联络员制度和定期评估机制，对指标完成情况、任务落实进展、政策实施效果等开展跟踪评估。（责任单位：市交通委、各相关单位）

上海市发展和改革委员会关于印发《关于上海市进一步推动海铁联运发展的实施意见》的通知

沪发改城〔2022〕6 号

各有关单位：

经市政府同意，现将《关于上海市进一步推动海铁联运发展的实施意见》印发给你们，请认真贯彻落实。

特此通知。

附件：关于上海市进一步推动海铁联运发展的实施意见

关于上海市进一步推动海铁联运发展的实施意见

为深入贯彻《国务院办公厅关于印发推进多式联运发展优化调整运输结构工作方案（2021-2025年）的通知》（国办发〔2021〕54号）、《国务院关于加快健全绿色低碳循环发展经济体系的指导意见》（国发〔2021〕4号）、《国务院办公厅转发国家发展改革委、交通运输部关于进一步降低物流成本实施意见的通知》（国办发〔2020〕10号）等要求，优化交通运输结构，进一步推动海铁联运发展，结合我市实际，提出如下实施意见。

一、指导思想

深入贯彻落实党中央、国务院决策部署，服务长三角一体化发展战略，结合我市“生态之城”建设目标，全力打好污染防治攻坚战，促进我市综合交通运输体系持续健康发展。坚持“需求导向、规划引领，因地制宜、分类施策，软硬结合、市场运作，创新发展、协同推进”，将发展海铁联运作为我市大力发展多式联运，促进运输结构调整优化的重要举措持续推进，推动构建结构更加合理、服务更加高效、运输更加低碳环保的现代化航运集疏运体系。

二、主要目标

上海海铁联运发展定位是上海国际航运中心港口集疏运体系的重要组成部分，是服务长三角、辐射中西部，进一步拓展内陆腹地的重要途径，是优化交通运输结构，实现绿色低碳发展的重要举措。

2025年海铁联运集疏运量较2021年翻一番以上，即海铁联运箱量达到90万标准箱及以上，年均增长15%以上；占集疏运量比重达到3%（通道及场站设施能力达到90万标准箱及以上）；

2030年海铁联运集疏运量较2025年再翻一番，即海铁联运箱量达到180万标准箱，占集疏运量比重达到5%（通道及场站设施能力达到180万标准箱及以上）；

2035年海铁联运集疏运量达到300万标准箱，力争完成340万标准箱，占集疏运量比重达到8-9%（通道及场站设施能力争取达到340万标准箱及以上）。

远期，随着港站一体化运输及集疏运组织更加优化，上海海铁联运对公路集疏运的替代作用更加明显，水路、铁路集疏运占比达到国际先进水平。

三、统筹规划布局

（一）加强顶层规划。加快上海港总体规划修编，开展海铁联运集疏运设施专项规划研究，明确港口港区集装箱铁路集疏运比例等发展目标，完善国铁货运干线、主要港区配建铁路专用线、集散中心等集疏运方案，做好项目通道和用地控制。面向长三角区域和内陆地区，研究加强上海与内陆无水港、无轨站、集散中心的网络联系。

（二）做好规划衔接。加强港口总体规划与上海铁路枢纽总图规划、国民经济和社会发展规划、国土空间规划的衔接，编制罗泾、南港等港区铁路专用线规划，完善海铁联运铁路网，条件成熟后将相关项目纳入近期实施。

四、加强能力建设

（三）加快通道建设。提升港口后方铁路通道运输能力，加快推动沿江、沿海通道建设，增加海铁联运对外运输通道。推进沪通铁路二期、沪乍杭铁路（含浦东铁路扩能改造工程）建设。争取国家支持，发展铁路双层集装箱运输。

（四）提升场站能力。结合在建铁路项目，加快外高桥场站设施建设，优化港铁一体化发展方案，提高节点作业能力，提升集装箱装卸、转运效率。推进芦潮港中心站场站设备更新改造。研究利用既有铁路场站办理海铁联运业务，充分挖掘既有货运铁路运输潜能。

（五）推进铁路进港。统筹港口铁路配套设施布局，实现港区与铁路设施的顺畅衔接。加快推进沪通铁路外高桥港区装卸线工程建设，推进罗泾港区铁路专用线、南港铁路专用线规划建设。

五、提高联运效率

（六）强化业务协同。通过铁路、港口、航运等企业股权划转和交叉持股方式，推进上海港站一体化建设，探索建立港口方运营、铁路方监督指导的海铁联运作业模式。争取国家试点探索内陆集装箱标准与国际海运集装箱标准衔接，推动物流装载单元标准化，减少集装箱拆装箱、铁路与海运换箱转运、空箱调运等环节，推动发展海运箱上铁路、铁路箱下水业务，实现“一箱到底、循环共享”。

（七）优化联运模式。优化海铁联运各环节办理时间，加快推广海铁联运“一单制”应用，加强跨境贸易铁路运输单证与国际通用海运单证的衔接。提升单证电子化水平，加快形成铁路、海运、口岸间统一货物品类、运输标准。持续完善海铁联运信息系统平台，完善信息交换接口标准体系，推动铁路、港口、航运、口岸之间信息互联互通和开放共享，围绕联运基础业务持续丰富信息平台功能。

（八）提高通关效率。加强国际贸易“单一窗口”合作共建，依托国际贸易“单一窗口”，实现海铁联运进出口货物“一次申报、一次查验、一次放行”，提高通关效率。拓展海铁联运“通关＋物流”功能，实现企业在国际贸易“单一窗口”一站式业务状态查询。

（九）加强通关联动。重视内陆集装箱场站建设，提高与内陆核心场站间班列开行密度和服务能级。加快推进通关一体化建设，加强港口与场站、本地与内陆港之间通关衔接，支撑海运提单以互换仓位协议模式向内陆延伸。

六、降低联运成本

（十）完善海铁联运收费。配合国家规范铁路、港口、船公司、船代、货代等环节收费行为。加强价格公示，形成透明、合理、可预期的收费清单。实行灵活的运价策略，研究海铁联运各环节运价联动机制，形成价格合力。

（十一）争取铁路方继续支持。加强路地沟通，争取中国铁路上海局集团更大运价自主权，调整清算、补贴方式。规范管内铁路、专用铁路、铁路专用线收费，完善线路使用、管理维护、运输服务等收费规则。

（十二）争取港航方继续支持。港口企业在原有优惠基础上进一步减免装卸、堆存等费用。鼓励海运公司提高对内陆腹地空箱资源支持，实施用箱费优惠和提高预提模式空箱比例等措施。

七、培育经营市场

（十三）夯实长三角公转铁基础。积极拓展海铁联运线路，对江苏、浙江、安徽省内有联运需求的上海港腹地城市，积极对接开展业务。推动开行长三角定点集装箱运输直达班列以及中长距离联运班列，对于已开展海铁联运业务的城市，通过联运服务水平和效率的提升不断扩大业务量。

（十四）拓展中长距离海铁通道。调整海铁联运运量结构，逐步开拓中长距离海铁联运市场，进一步扩大上海港海铁联运业务覆盖区域。重点开拓长江中上游货源集聚地区，同时开拓郑州、成都、西安等中西北部城市对接上海港集装箱业务。

（十五）优化海铁联运业务结构。提前布局培育外高桥海铁联运业务，研究闵行龙吴至外高桥港区海铁联运方案。积极支持开展“散改集”，拓展冷冻箱、滚装箱等特殊货种的海铁联运业务。

八、加强区域协同

（十六）优化多式运输网络。加强与长三角以及长江沿线主要铁水联运港口协同发展，继续扩大内陆集装箱码头辐射范围，构建更加广泛水－铁－水运输网络。

（十七）推动区域信息联通。加强与长三角及长江经济带区域间信息互通，通过平台共建、数据共享等方式深化区域内信息合作。

（十八）提升区域集货能力。统筹考虑货源分布和铁路运输条件，依托具备条件的物流枢纽布局建设内陆集散中心，升级箱管功能，共建装卸设施，提升智能化水平，实施一体化口岸监管，增强区域网络集货能力。

九、强化实施保障

（十九）组建工作专班。进一步强化由市有关部门和单位共同组成的协调推进机制和工作专班，负责统筹推进海铁联运发展工作，按照阶段目标与方案，积极做好工作谋划、专项研究和统筹安排，充分调动船公司、港口、铁路、集卡、货代等市场主体的积极性。推动路地紧密合作与协同发展，优化港口配建铁路集疏运设施建设模式，建立长效机制，加快项目建设，共同促进海铁联运高效有序运作。

（二十）加强平台建设。以上海港海铁联运有限公司为上海海铁联运业务平台主体，进一步完善芦潮港中心站股权结构与管理关系，制订芦潮港中心站与洋山深水港区一体化运营管理方案，实现港口服务与铁路运输优势叠加。以平台公司为主体协同港口、铁路、船公司共同推进海铁联运市场拓展、资源整合、模式创新等工作，实现海铁联运一次托运、一次计费、全程负责的服务体系。进一步研究开发沪通铁路进外高桥港区的港铁协同系统平台。

（二十一）强化政策支撑。继续实施扶持政策，加强政策引导，按照“铁路让一点、企业担一点、政府补一点”的原则，支持推进海铁联运发展和促进节能减排。优化海铁联运海关监管方式，升级芦潮港中心站海关监管作业场所设施设备，探索芦潮港中心站与港区无缝对接。加强要素支持，加大对海铁联运项目用地保障力度，符合条件的纳入市重大项目予以重点推进。

（二十二）加强协调督导。定期开展调研督导，及时研究解决项目推进过程中的重点难点问题，完善重点项目清单动态调整机制。完善海铁联运扶持政策评估体系，强化动态跟踪和分析评估，加强日常监督和考核。

附件：上海市进一步推动海铁联运发展重点任务表

上海市进一步推动海铁联运发展重点任务表

主要任务	序号	具体内容	牵头部门	配合部门、单位
一、统筹规划布局	1	加快上海港总体规划修编，开展海铁联运集疏运设施专项规划研究，明确港口港区集装箱铁路集疏运比例等发展目标，完善国铁货运干线、主要港区配建铁路专用线、集散中心等集疏运方案，做好项目通道和用地控制。面向长三角区域和内陆地区，研究加强上海与内陆无水港、无轨站、集散中心的网络联系	市交通委、市规划资源局	市发展改革委、中国铁路上海局集团、上港集团等
	2	加强港口总体规划与上海铁路枢纽总图规划、国民经济和社会发展规划、国土空间规划的衔接，编制罗泾、南港等港区铁路专用线规划，完善海铁联运铁路网，条件成熟后将相关项目纳入近期实施	市交通委、市规划资源局、市发展改革委	市商务委（口岸办）、中国铁路上海局集团、上港集团
二、加强能力建设	3	提升港口后方铁路通道运输能力，加快推动沿江、沿海通道建设，增加海铁联运对外运输通道。推进沪通铁路二期、沪乍杭铁路（含浦东铁路扩能改造工程）建设。争取国家支持，发展铁路双层集装箱运输	市交通委	市规划资源局、市发展改革委、中国铁路上海局集团、久事集团，各有关单位

续表

主要任务	序号	具体内容	牵头部门	配合部门、单位
二、加强能力建设	4	结合在建铁路项目，加快外高桥场站设施建设，优化港铁一体化发展方案，提高节点作业能力，提升集装箱装卸、转运效率。推进芦潮港中心站场站设备更新改造。研究利用既有铁路场站办理海铁联运业务，充分挖掘既有货运铁路运输潜能	市交通委	市规划资源局、市发展改革委、中国铁路上海局集团、上港集团久事集团，各有关单位
	5	统筹港口铁路配套设施布局，实现港区与铁路设施的顺畅衔接。加快推进沪通铁路外高桥港区装卸线工程建设，推进罗泾港区铁路专用线、南港铁路专用线规划建设	市交通委	市发展改革委、市规划资源局、上港集团、中国铁路上海局集团、久事集团，各有关单位
三、提高联运效率	6	通过铁路、港口、航运等企业股权划转和交叉持股方式，推进上海港站一体化建设，探索建立港口方运营、铁路方监督指导的海铁联运作业模式。争取国家试点，探索内陆集装箱标准与国际海运集装箱标准衔接，推动物流装载单元标准化，减少集装箱拆装箱、铁路与海运换箱转运、空箱调运等环节，推动发展海运箱上铁路、铁路箱下水业务，实现“一箱到底、循环共享”	市国资委、市交通委	上港集团、中国铁路上海局集团、中远海运集团、久事集团，各有关单位
	7	优化海铁联运各环节办理时间，加快推广海铁联运“一单制”应用，加强跨境贸易铁路运输单证与国际通用海运单证的衔接。提升单证电子化水平，加快形成铁路、海运、口岸间统一货物品类、运输标准。持续完善海铁联运信息系统平台，完善信息交换接口标准体系，推动铁路、港口、航运、口岸之间信息互联互通和开放共享，围绕联运基础业务持续丰富信息平台功能。	市交通委	市商务委（口岸办）、上海海关、中国铁路上海局集团、上港集团，各有关单位
	8	加强国际贸易“单一窗口”合作共建，依托国际贸易“单一窗口”，实现海铁联运进出口货物“一次申报、一次查验、一次放行”，提高通关效率。拓展海铁联运“通关＋物流”功能，实现企业在国际贸易“单一窗口”一站式业务状态查询。	市商务委（口岸办）	市交通委、上海海关、中国铁路上海局集团、上港集团，各有关单位
	9	重视内陆集装箱场站建设，提高与内陆核心场站间班列开行密度和服务能级。加快推进通关一体化建设，加强港口与场站、本地与内陆港之间通关衔接，支撑海运提单以互换仓位协议模式向内陆延伸。	市交通委	上港集团、上海海关、市商务委（口岸办）、上港集团、中远海运集团
四、降低联运成本	10	配合国家规范铁路、港口、船公司、船代、货代等环节收费行为。加强价格公示，形成透明、合理、可预期的收费清单。实行灵活的运价策略，研究海铁联运各环节运价联动机制，形成价格合力	市交通委	市发展改革委、市商务委（口岸办）、市市场监督管理局、中国铁路上海局集团、上港集团、中远海运集团，各有关单位
	11	加强路地沟通，争取中国铁路上海局集团更大运价自主权，调整清算、补贴方式。规范管内铁路、专用铁路、铁路专用线收费，完善线路使用、管理维护、运输服务等收费规则	市交通委	市发展改革委、中国铁路上海局集团
	12	港口企业在原有优惠基础上进一步减免装卸、堆存等费用。鼓励海运公司提高对内陆腹地空箱资源支持，实施用箱费优惠和提高预提模式空箱比例等措施	市交通委	中远海运集团、上港集团、中国铁路上海局集团，各有关单位
五、培育经营市场	13	积极拓展海铁联运线路，对江苏、浙江、安徽省内有联运需求的上海港腹地城市，积极对接开展业务。推动开行长三角定点集装箱运输直达班列以及中长距离联运班列，对于已开展海铁联运业务的城市，通过联运服务水平和效率的提升不断扩大业务量	市交通委	上港集团、中国铁路上海局集团，各有关单位

续表

主要任务	序号	具体内容	牵头部门	配合部门、单位
五、培育经营市场	14	调整海铁联运运量结构，逐步开拓中长距离海铁联运市场，进一步扩大上海港海铁联运业务覆盖区域。重点开拓长江中上游货源集聚地区，同时开拓郑州、成都、西安等中西北部城市对接上海港集装箱业务	市交通委	上港集团、中国铁路上海局集团，各有关单位
	15	提前布局培育外高桥海铁联运业务，研究闵行龙吴至外高桥港区海铁联运方案。积极支持开展“散改集”，拓展冷冻箱、滚装箱等特殊货种的海铁联运业务	市交通委	上港集团、中国铁路上海局集团，各有关单位
六、加强区域协同	16	加强与长三角以及长江沿线主要铁水联运港口协同发展，继续扩大内陆集装箱码头辐射范围，构建更加广泛水－铁－水运输网络	市交通委	市发展改革委、中国铁路上海局集团、上港集团、中远海运集团，各有关单位
	17	加强与长三角及长江经济带区域间信息互通，通过平台共建、数据共享等方式深化区域内信息合作	市交通委	市发展改革委、市商务委（口岸办）、中国铁路上海局集团、上港集团、中远海运集团，各有关单位
	18	统筹考虑货源分布和铁路运输条件，依托具备条件的物流枢纽布局建设内陆集散中心，通过升级箱管功能、共建装卸设施、提升智能化水平、一体化口岸监管等增强区域网络集货能力	市交通委	市发展改革委、中国铁路上海局集团、上港集团，各有关单位
七、强化实施保障	19	进一步强化由市有关部门和单位共同组成的协调推进机制和工作专班，负责统筹推进海铁联运发展工作，按照阶段目标与方案，积极做好工作谋划、专项研究和统筹安排，充分调动船公司、港口、铁路、集卡、货代等市场主体的积极性。推动路地紧密合作与协同发展，优化港口配建铁路集疏运设施建设模式，建立长效机制，加快项目建设，共同促进海铁联运高效有序运作	市发展改革委、市交通委	市规划资源局、市商务委（口岸办）、市财政局、上海海关、中国铁路上海局集团、上港集团、中远海运集团、久事集团，各有关单位
	20	以上海港海铁联运有限公司为上海海铁联运业务平台主体，进一步完善芦潮港中心站股权结构与管理关系，制定芦潮港中心站与洋山深水港区一体化运营管理方案，实现港口服务与铁路运输优势叠加。以平台公司为主体协同港口、铁路、船公司共同推进海铁联运市场拓展、资源整合、模式创新等工作，实现海铁联运一次托运、一次计费、全程负责的服务体系。进一步研究开发沪通铁路进外高桥港区的港铁协同系统平台	市交通委	市国资委、上海海关、中国铁路上海局集团、上港集团，各有关单位
	21	继续实施扶持政策，加强政策引导，按照“铁路让一点、企业担一点、政府补一点”的原则，支持推进海铁联运发展和促进节能减排。优化海铁联运海关监管方式，升级芦潮港中心站海关监管作业场所设施设备，探索芦潮港中心站与港区无缝对接。加强要素支持，加大对海铁联运项目用地保障力度，符合条件的纳入市重大项目予以重点推进	市交通委、市财政局、市发展改革委、上海海关、市规划资源局	市商务委（口岸办）、中国铁路上海局集团、上港集团、中远海运集团，各有关单位
	22	定期开展调研督导，及时研究解决项目推进过程中的重点难点问题，完善重点项目清单动态调整机制。完善海铁联运扶持政策评估体系，强化动态跟踪和分析评估，加强日常监督和考核	市发展改革委、市交通委	市财政局、市规划资源局、市商务委（口岸办）、上海海关、中国铁路上海局集团、上港集团、久事集团

来源：2022 年 10 月 24 日上海市人民政府网站。

市交通委、市发展改革委、市财政局关于印发《上海市推进海铁联运发展项目资金管理实施细则》的通知

沪交行规〔2022〕12 号

各相关单位：

为加快推进上海国际航运中心建设，优化航运集疏运体系，持续推进本市运输结构调整，根据《上海市推进国际航运中心建设条例》《上海市人民政府办公厅关于印发〈上海市推进海铁联运发展工作方案〉的通知》（沪府办规〔2019〕6 号）《上海市人民政府办公厅关于转发市交通委、市财政局制订的〈上海国际航运中心建设专项资金管理办法〉的通知》（沪府办规〔2021〕8 号）的要求，制定了《上海市推进海铁联运发展项目资金管理实施细则》，现印发你们，请认真遵照执行。

市交通委 \ 市发展改 \ 市财政局

2022 年 11 月 15 日

上海市推进海铁联运发展项目资金管理实施细则

第一条 （目的和依据）

为加快推进上海国际航运中心建设，优化现代航运集疏运体系，持续推进本市运输结构调整和海铁联运发展，依据《上海市推进国际航运中心建设条例》《上海市人民政府办公厅关于印发〈上海市推进海铁联运发展工作方案〉的通知》（沪府办规〔2019〕6 号）和《上海市人民政府办公厅关于转发市交通委、市财政局制定的〈上海国际航运中心建设专项资金管理办法〉的通知》（沪府办规〔2021〕8 号），制定本实施细则。

第二条（适用范围）

上海市推进海铁联运发展项目资金管理适用本实施细则。

第三条 （资金来源）

上海市推进海铁联运发展项目资金（以下简称项目资金）在上海国际航运中心建设专项资金中安排，由上海市交通委员会和上海市财政局、上海市发展改革委负责实施管理。

第四条 （扶持范围）

项目资金用于扶持在芦潮港铁路中心站开展的集装箱海铁联运业务。

第五条 （扶持对象）

（一）揽货补贴对象：通过海铁联运服务平台开展经芦潮港铁路中心站组织海铁联运揽货业务的公司（含自主开展揽货业务的海铁联运服务平台公司）。

（二）短驳补贴对象：与海铁联运服务平台签约的、提供芦潮港铁路中心站与上海港区及堆场之间“最后一公里”汽车短驳服务的运输公司。

第六条 （海铁联运服务平台）

按照《上海市人民政府办公厅关于印发〈上海市推进海铁联运发展工作方案〉的通知》组建的海铁联运公司（经营主体、服务平台），负责芦潮港铁路中心站海铁联运集装箱业务日常运营管理、市场拓展、资源整合、模式创新，组织提供全程运单服务和港站之间“最后一公里”短驳运输服务，协同各方共同推进海铁联运信息平台建设。

第七条 （扶持标准）

按照以下标准予以扶持：

（一）揽货补贴。为拓展业务，给予重箱揽货补贴。2022 年，长三角区域内及长三角外省市间有合作协议的区域的重箱每标准箱补贴 400 元，其他区域的重箱每标准箱补贴 300 元。2023—2024 年，对长三角区域内开行固定循环车底班列满两年线路或者前一年重箱箱量达到 2.5 万标准箱线路，揽货补贴以每年 15% 的幅度退坡，即重箱每标准箱 2023 年补贴 340 元、2024 年补贴 289 元。合作区域根据市政府相关协议及时公布。

（二）短驳补贴。为弥补芦潮港中心站与港口、堆场之间“最后一公里”运输短板，给予每标准箱（空重）180 元补贴。

第八条 （预算申请）

每年 9 月底前，市交通委根据预算管理相关规定编制下一年度项目资金预算，向市财政局申请。

第九条 （申报流程和资金拨付）

项目资金按照季度申请。每年 1 月、4 月、7 月、10 月，申请企业应当在规定的时间内在“上海一网通办”上提交申请材料，申请企业对申请材料的真实性负责。

市交通委对申请材料进行审核后，向市财政局提出扶持资金拨付申请。

市财政局审定后，按照国库集中支付管理要求，将资金直接拨付给申请企业。

第十条 （档案保存）

下列与揽货补贴项目资金申请相关的资料，应当以纸质或者电子形式保存：

1. 与海铁联运服务平台签订的《集装箱海铁联运货运服务协议》（海铁联运服务平台公司自主揽货的业务，应当保存与客户约定的协议）；

2. 与业务相关的铁路货票，或者铁路货票清单；

3. 进出口海运提单，或者进出口海运装卸船清单。

下列与短驳补贴项目资金申请相关的资料，应当以纸质或者电子形式保存：

1. 与海铁联运服务平台签订的《公路运输服务合同》；

2. 短驳运输计划及业务小结；

3. 相关业务清单数据及票据。

上述资料凭证保存期限不少于 10 年。

第十一条（信息公开）

项目资金使用情况纳入政府信息公开范围，市交通委负责公开资金使用项目的有关信息。

第十二条 （审计监督）

项目资金按照规定接受审计部门的专项审计。市财政局会同市交通委、市发展改革委等相关部门对项目资金使用情况进行监督检查，确保项目资金规范、安全、有效使用。

第十三条 （责任追究）

对申请材料弄虚作假以及截留、挪用资金等违法行为，按照国家和本市有关规定进行处理。

第十四条 （解释权）

本实施细则由市交通委、市财政局、市发展改革委负责解释。

第十五条 （施行日期）

本实施细则自 2022 年 11 月 18 日起施行，有效期至 2024 年 12 月 31 日止。2022 年 1 月 1 日起至本实施细则施行之日前发生的符合条件的项目，参照适用本实施细则。

来源：2022 年 11 月 18 日上海市人民政府网站。

关于印发《上海市交通节能减排专项扶持资金管理办法》的通知

沪交行规〔2022〕5 号

各有关单位：

为进一步推进本市交通节能减排工作，规范交通节能减排扶持资金使用管理，市交通委、市发展改革委、市财政局对《上海市交通节能减排专项扶持资金管理办法》作了修订，经市政府同意，现印发给你们，请遵照执行。

市交通委　市发展改革委　市财政局

2022 年 6 月 24 日

上海市交通节能减排专项扶持资金管理办法

第一条（目的和依据）

为加大对交通节能减排的支持力度，促进交通节能减排工作的有效开展，根据《中华人民共和国节约能源法》《上海市节约能源条例》《上海市环境保护条例》《上海市综合交通发展“十四五”规划》《上海市节能减排（应对气候变化）专项资金管理办法》等规定，结合本市实际，制定本办法。

第二条（适用范围）

本市交通节能减排专项扶持资金管理，适用本办法。

第三条（资金来源）

交通节能减排专项扶持资金（以下简称专项资金）在上海市节能减排专项资金中安排，用于支持本市交通领域节能减排项目的实施和推广。

第四条（使用原则）

坚持统筹安排、合理使用、支持重点原则，发挥市场对资源配置的基础性作用，专项资金主要用于初期投资经济效益不明显，但社会效益明显、公益性较强的项目或者国务院交通主管部门和市政府明确的交通节能减排项目，鼓励应用交通运输领域节能减排效果显著的新技术、新产品、新设备、技术改造、技术升级、新能源及清洁能源项目。

第五条（支持范围）

（一）通过鼓励应用节能减排新技术、新产品或者对既有运输工具、设施设备进行技术改造和技术升级，提高其节能减排性能，年新增节能量在 150 吨标准油及以上的项目。

（二）通过使用电力、液化天然气、氢燃料，对本市交通节能减排效果明显，年燃料替代量在 100 吨标准油及以上的项目。

（三）国务院交通主管部门要求重点支持或者市政府鼓励支持的其他交通节能减排项目。

对已从其他渠道获得市级财政资金支持的项目，不得重复申报。

第六条（支持方式和标准）

专项资金的使用原则上采取“以奖代补”资助方式，由上海市交通委员会、上海市发展和改革委员会、上海市财政局（以下分别简称市交通委、市发展改革委、市财政局）根据上海市节能减排专项资金年度计划安排、项目实际节能减排量（燃油替代量）等综合平衡确定资助额度。所涉及交通工具或者特种设备应当符合国家安全和技术标准。节能减排量（燃油替代量）应当经第三方机构进行审核。

（一）对于节能量可以量化的项目，按实际新增节能量每吨标准油 1500 元给予一次性资助，资助金额不超过总投资额的 30%。

（二）对于使用液化天然气替代燃油的船舶项目，按被替代燃料每吨标准油 2500 元给予一次性资助，单船补贴金额不超过 40 万元，资助金额不超过总投资额的 30%。

（三）场内特种设备电能及氢燃料替代燃油项目，按被替代燃料每吨标准油 5000 元给予一次性资助，单车补贴金额不超过 10 万元，资助金额不超过总投资额的 30%。

（四）对于电动船舶项目，按照船舶动力系统成本（包括电池及电力推进系统）的 30% 予以补贴，其中营运客船给予 40% 的补贴，单船最高补贴额度不超过 500 万元，电池及推进系统成本以建造船厂出具的证明材料为准。

同一项目只能选择上述支持方式和标准中的一类给予资助。市交通委、市发展改革委、市财政局可根据技术发展及市场应用推广情况，对补贴标准进行调整。

第七条（申报条件）

（一）申请专项资金的项目应当符合以下条件：

1. 具有完整的审批手续且已经完成；

2. 无知识产权纠纷。

（二）专项资金的申请单位或者个人应当满足以下条件：

1. 在本市依法登记注册，信用状况良好（无不执行生效判决信息，无执行期内刑事判决信息）且纳税状况良好的交通行业单位或者个人；

2. 管理规范，具有健全的财务管理制度、财务管理机构和合格的财务管理人员；

3. 能源管理机构健全，具备完善的能源计量、统计和管理体系。重点用能单位应当按照《上海市节约能源条例》等规定，设立能源管理岗位，明确能源管理机构，并履行备案手续；

4. 节能减排工作扎实，按时准确上报能耗数据，完成下达的用能指标，支持四新申报、年度考核、能源审计等节能减排工作。

第八条（申报流程）

（一）申请材料

1. 交通运输节能减排专项资金申请书；

2. 营业执照或者事业单位机构代码证（复印件加盖单位公章）；

3. 能源管理制度和财务管理制度；

4. 项目审批、完工和能耗计量等证明材料；

5. 能源替代类项目在本市使用证明或者能源补给材料。

（二）申报程序

1. 项目申请。市交通委定期发布专项扶持资金申报指南，明确相应的申报时间、申报要求和受理单位等。申请单位或者个人按照申报指南，向市交通委提交申请材料。

2. 项目评审。市交通委对申请单位或者个人的信用情况进行审查，并委托第三方审核机构对申报项目进行现场审核。第三方审核机构出具审核意见。市交通委根据审核意见组织专家对申报项目进行评审。

（三）公示及核拨程序

市交通委、市发展改革委、市财政局根据审核报告和评审意见对申报项目进行综合平衡，确定项目资助额度。

1. 公示。通过审核的项目，在“上海交通网”公示 5 个工作日。公示期满无异议的，由市交通委向上海市应对气候变化及节能减排工作领导小组办公室（市发展改革委）（以下简称市节能减排办）提交计划申请。公示期间有异议的，由市交通委组织复核后确定是否给予补贴。

2. 计划下达。市节能减排办根据市交通委提交的用款申请，按有关资金管理流程向市交通委下达资金使用计划。

3. 资金核拨。市交通委根据市节能减排办下达的资金使用计划，向市财政局提交请款报告。市财政局审核后将项目扶持资金拨付给项目申请单位或者个人，并告知市交通委。

（四）项目审核费用

市交通委负责对申报项目进行审核，审核费用纳入市交通委部门预算，单个项目审核费用不超过4万元。

第九条（监督管理）

（一）专项资金的使用应当加强监督管理。市交通委加强专项资金扶持项目的检查和动态管理；市节能减排办委托相关单位对专项资金支持项目的节能减排情况进行抽查和评估；市财政局和市审计局对专项资金的使用情况和项目执行情况进行绩效评价、稽查和审计，并将绩效评价结果作为专项资金安排的重要依据。

（二）第三方机构应当对出具的审核报告负责。对出具虚假审核报告的第三方机构，将取消其审核资格；涉嫌犯罪的，依法追究刑事责任。

（三）各申请单位和个人应当对申请材料的真实性负责，专项资金应当用于节能减排技术应用和节能减排工作中。对采取虚报、冒领等手段骗取补贴资金的单位或者个人，由市交通委牵头负责追回资金，同时取消该项目单位或者个人三年内申请补贴资格，并按照国家和本市有关规定处理。

第十条（解释权）

本办法由市交通委、市发展改革委、市财政局负责解释。

第十一条（施行日期）

本办法自2022年9月1日起施行，有效期至2026年5月31日止。2021年1月1日起至本办法正式实施之日前的项目，参照本办法执行。

来源：2022年7月7日　上海市人民政府网站。

三、2022 年物流业发展快报、论坛或行业会议讲话新闻稿

（一）国务院暨各部委局会议新闻稿

凝心聚力 同频共振 实化举措
为“民生托底、货运畅通、产业循环”提供坚实保障

国务院物流保通保畅工作领导小组总指挥（全体）第一次会议召开

4 月 19 日，国务院物流保通保畅工作领导小组召开总指挥（全体）第一次会议。国务院物流保通保畅工作领导小组总指挥、交通运输部部长李小鹏出席会议并强调，要更加紧密地团结在以习近平同志为核心的党中央周围，以时不我待的紧迫感和责无旁贷的使命感，认真贯彻落实全国保障物流畅通促进产业链供应链稳定电视电话会议精神，凝心聚力、同频共振、实化举措，全力做好物流保通保畅工作，切实维护产业链供应链稳定，以实际行动迎接党的二十大胜利召开。

会议学习传达了习近平总书记等中央领导同志重要指示批示精神和 4 月 18 日全国保障物流畅通促进产业链供应链稳定电视电话会议精神，审议了《国务院物流保通保畅工作领导小组工作规则》《物流供应链重点企业跟踪保障及“一事一协调”工作规范》和《关于保障物流畅通促进产业链供应链稳定的若干措施》。

会议指出，做好物流保通保畅工作是保障人民群众正常生活的迫切需要、是促进产业链供应链稳定的迫切需要、是稳住经济基本盘的迫切需要，要进一步提高政治站位，从全局和战略的高度，充分认识做好物流保通保畅工作的极端重要性。

会议强调，工作领导小组各成员单位要按照“人民至上、聚焦重点、分类施策、规范流程、公开透明、狠抓细节”的总要求，全力以赴，共同抓好当前物流保通保畅重点工作。一要共同抓好过度防控问题整改，全力确保交通网络畅通有序。对不符合要求的阻断或关闭高速公路、收费站、普通公路等，要建立台账、立即整改。强化跟踪调度，坚决防止收费站和服务区关停问题反弹。坚决取缔在高速公路主线和服务区设置的防疫检查点。二要共同抓好重点物资运输保障，全力支撑重点区域经济运行。加强稳链保供服务，主动对接、主动服务，绝不能因运输保障不到位影响供应链产业链稳定运行。三要共同抓好车辆通行精准管控，全力提升货运物流运转效率。加快推广核酸检测结果全国互认通用，对货车司机实行“即采即走即追”闭环管理。四要共同抓好城乡物流配送服务，全力保障群众基本生活需求。优先为邮政快递人员提供集中核酸检测。支持在疫情严重地区的基层社区设立无接触接驳设施，有序恢复末端投递服务。五要共同抓好重点企业供需对接，全力维护产业链供应链稳定。加强信息共享和政策协同，优先保障重点企业运输任务相关车辆的通行。六要共同抓好从业人员纾困解难，全力帮助物流企业渡过难关。不折不扣落实好已出台的各类纾困解难政策，鼓励各地为货车司机提供免费核酸和抗原检测服务。七要共同抓好物流领域疫情防控，全力防范疫情传播扩散风险。指导物流企业和从业人员严格执行疫情防控措施，确保新冠病毒疫情不通过货运物流渠道传播。

会议要求，要把做好物流保通保畅工作作为当前和今后一个时期的重要政治任务，强化使命担当、强化组织领导、强化协同配合、强化落地落实，确保各项工作落实落细，确保各项部署见到成效。

中央宣传部、中央网信办、中央财办、科技部、公安部、商务部、市场监管总局、证监会等 28

家工作领导小组成员单位代表视频出席会议。

来源：2022 年 4 月 20 日 交通运输部官微

国家发展改革委发布 2022 年国家骨干冷链物流基地建设名单

近日，国家发展改革委印发《关于做好 2022 年国家骨干冷链物流基地建设工作的通知》，发布 2022 年国家骨干冷链物流基地建设名单。本次明确的 24 个国家骨干冷链物流基地在健全冷链物流网络体系、保障区域生活物资供应、促进冷链物流与相关产业联动发展等方面具有重要作用。一是空间分布更加优化，有效拓展覆盖范围。24 个基地中，东部地区 8 个，中部地区 4 个，西部地区 9 个，东北地区 3 个，统筹兼顾区域发展，健全完善空间布局，将有力支撑“四横四纵”国家冷链物流骨干通道网络建设，带动冷链物流规模化、集约化、组织化、网络化发展。二是辐射能力更加强大，有效支撑市场供应。相关基地具备良好存量冷链设施条件和较大冷链物流规模，仓储、加工、配送等冷链物流综合服务水平较高，将有力保障京津冀、长三角、粤港澳等主要城市群以及有关地区大中城市冷链物流服务和生活物资需求。例如，保定国家骨干冷链物流基地冷库库容近 300 万立方米，生鲜农产品年周转量约 1100 万吨，西宁国家骨干冷链物流基地辐射范围涵盖西宁、德令哈、格尔木、拉萨、日喀则等城市，对加强区域生活物资供应保障具有重要意义。三是优势条件更加明显，有效带动产业发展。围绕农产品特色产区、进出口重要节点、食品加工产业聚集地冷链产业发展需要，明确一批基础较好、潜力较大的城市建设国家骨干冷链物流基地，有利于加强冷链物流与现代农业、冷链产品加工、商贸流通等产业融合发展，有效扩大中高端冷链物流服务供给，支撑带动相关产业做大做强做优。

该通知要求，相关省级发展改革部门要会同有关省级部门强化工作合力和政策协同，鼓励引导承载城市人民政府优化政策环境，加大对国家骨干冷链物流基地建设支持力度；相关国家骨干冷链物流基地要结合实际加强功能性补短板设施建设，完善集疏运体系，整合资源优化冷链运行网络，提高基地数字化绿色化发展水平，有效发挥在冷链物流体系运行、生鲜农产品生产流通中的基础支撑和组织核心作用。2021 年 11 月，国务院办公厅印发《“十四五”冷链物流发展规划》，提出了布局建设 100 个左右国家骨干冷链物流基地的部署。国家发展改革委印发《国家骨干冷链物流基地建设实施方案》，重点依托 106 个城市开展基地布局建设，重点面向农产品优势产区、主要集散地和主销区，打造国家层面的骨干冷链物流基础设施网络，整合集聚冷链物流资源，促进冷链物流与相关产业深度融合、集群发展，为构建新发展格局奠定坚实基础。首批 17 个国家骨干冷链物流基地建设名单已于此前发布，加上今年明确的 24 个国家骨干冷链物流基地，国家骨干冷链物流基地达 41 个，覆盖全国 27 个省（区、市）。

来源：2022 年 10 月 11 日 国家发展改革委官微。

国家发展改革委发布 2022 年国家物流枢纽建设名单

为认真贯彻落实党的二十大精神，按照“十四五”规划《纲要》关于“推进 120 个左右国家物流枢纽建设”的决策部署，近日国家发展改革委印发《关于做好 2022 年国家物流枢纽建设工作的通知》，将天津商贸服务型等 25 个国家物流枢纽纳入 2022 年度建设名单。其中，从地区分布看，东部地区 6 个、中部地区 7 个、西部地区 10 个、东北地区 2 个；从枢纽类型看，陆港型 5 个、空港型 3 个、港口型 2 个、生产服务型 7 个、商贸服务型 5 个、陆上边境口岸型 2 个、陆港型及陆上边境口岸型合并建设 1 个。

此次发布的 25 个国家物流枢纽具有三方面显著特征：一是枢纽协同能力增强。有关地方按照枢纽互联成网要求，积极推进城市群物流一体化协同发展，推动枢纽设施共建共享共用，完善物流通道网络和供应链分工体系，培育有机协同的物流产业集群。例如，广州空港型国家物流枢纽依托白云国际机场、综合保税区，建设亚太航空物流中心，加强与广州港口型、佛山生产服务型以及深圳空港型、港口型、商贸服务型国家物流枢纽的协同联动，积极打造服务粤港澳大湾区、辐射全球的航空物流门户网络。成都空港型国家物流枢纽立足打造全球供应链服务节点、区域有影响力的国际物流集散枢纽，强化与成都陆港型以及重庆港口型、陆港型、空港型国家物流枢纽协作，加大要素保障资源整合力度，着力构建双核引领、多点支撑、优势互补、产业联动的协同发展体系，助力成渝地区双城经济圈发展。二是多式联运功能突出。所有枢纽均具备较强的多式联运综合服务能力，除空港型枢纽外其他枢纽均具有铁路专用线或具备铁路运输能力。例如，怀化商贸服务型国家物流枢纽拥有铁路口岸及 10 余条铁路专用线，2021 年货运量 350 万吨，并开通至北部湾的铁海联运班列以及中老、中越等国际班列，提高物流通道网络运行效率。昆明—磨憨陆港型（陆上边境口岸型）国家物流枢纽发挥铁路联运班列作用，开通运行至北部湾的集装箱班列和中老国际班列，助力西部陆海新通道建设。三是产业联动更加紧密。生产服务型、商贸服务型枢纽共 12 个，占比接近一半。相关枢纽与周边生产制造、商贸等产业高效协调、联动发展，协同推进物流基础设施网络与产业组织体系建设。例如，西安生产服务型国家物流枢纽位于西安高新技术产业开发区和西安经济技术开发区内，毗邻电子信息、汽车、装备制造等生产制造基地，服务对象包括华为、比亚迪、陕汽、隆基、杨森等知名制造企业，有效发挥支撑引领实体经济发展效能。蚌埠生产服务型国家物流枢纽服务周边一批中小企业产业园、工业园区和电子商务产业园，涵盖装备制造、硅基生物基新材料等重点发展产业，助力优势产业集群加速形成。

为贯彻落实党中央、国务院关于加强物流基础设施网络建设的决策部署，2018 年 12 月，经国务院同意，国家发展改革委牵头印发《国家物流枢纽布局和建设规划》，在 127 个城市布局建设 212 个国家物流枢纽。2019 年以来，国家发展改革委已牵头发布四批年度建设名单，共包括 95 个国家物流枢纽，覆盖 30 个省（区、市）及新疆生产建设兵团。国家物流枢纽建设目的主要体现在 4 个方面，在“点”上，系统整合存量物流基础设施，减少低水平重复建设和同质竞争，引导物流资源集聚形成规模经济效应；在“线”上，依托枢纽打造跨区域的物流通道，完善区域内集疏运体系，提高干支物流和末端配送一体化运作水平；在“网”上，推动建设国家物流枢纽网络，构建“通道 + 枢纽 + 网络”的现代物流运行体系；在“面”上，发挥枢纽资源集聚和区域辐射作用，带动制造、商贸等产业集聚，与物流融合创新发展，培育经济发展新动能。

来源：2022 年 11 月 18 日 国家发展改革委官微。

（二）全国物流业发展快报、论坛或行业会议讲话新闻稿

21 个物流企业标准荣获物流领域首批企业标准“领跑者”

2022 年 12 月 28 日，21 个物流企业标准荣获 2022 年企业标准“领跑者”，经“企业标准领跑者管理信息平台”（https://www.qybzlp.com/）正式发布，并成为“物流服务”领域首批企业标准“领跑者”。

2022 年企业标准“领跑者”名单是依据 2018 年 7 月市场监管总局等八部门发布的《关于实施企业标准“领跑者”制度的意见》（国市监标准〔2018〕84 号）、2019 年 2 月中国标准化研究院发布

的《企业标准“领跑者”实施方案（试行）》，以及2022年6月市场监管总局发布的《2022年度实施企业标准“领跑者”重点领域》（2022年第14号），由中国物流与采购联合会作为“物流服务”领域的评估机构基于在“企业标准信息公共服务平台”（www.qybz.org.cn）上声明公开的企业标准数据，按程序要求依据评估方案开展企业标准水平评估，形成推荐入围“领跑者”名单，并经企业标准“领跑者”制度工作机构审核及公开公示无异议后最终获确认。

来源：2022年12月29日 中物联网站。

全球五十强货运企业排名发布

近日，全球物流业权威刊物 *The Transport Topics* 杂志公布了2022年全球货运企业50强榜单。中国有8家企业进入前50名，包括国家铁路集团有限公司、顺丰速运、中国远洋海运集团有限公司（COSCO）、中国外运（Sinotrans）、嘉里物流（Kerry Logistics）和中国台湾地区的长荣海运（Evergreen Marine Corp.）、阳明海运（Yang Ming Marine Transport）、万海航运（Wan Hai Lines）。该机构称，虽然新冠肺炎疫情给全球供应链带来的混乱出现了好转局面，港口拥堵已陆续消除，但面对日益攀升的通胀压力和对未来经济下行的预判负面情绪影响下，全球最大的货运运输服务商仍面临着高度不确定性。但无论未来会怎样，全球托运人仍需要继续依赖货运企业为其提供运输服务。由The Transport Topics和SJ Consulting Group联合发布的年度货运企业50强榜单，评选出了涵盖卡车和列车及海运和航运企业的佼佼者。前50强榜单根据2021年企业的货运业务全年营收进行排名，不包括客运服务和其他非货运业务产生的收入。与往年排名不同的是，2022年全球货运榜单中不仅包括了基于自有车辆、船只和设备运输货物的自有资产企业，也囊括了为托运人和承运人提供中介服务的第三方物流公司。因此，今年榜单上还首次出现了几家大型货运经纪公司和国际货运代理机构。排在首位的依然是联合包裹（UPS Inc.），2021年收入超972亿美元，上年也是第一名。紧排其后的是联邦快递（FedEx Corp.）。德国邮政敦豪公司（Deutsche Post DHL）排名第三，比上年前进3位。另一个突出的新成员是美国邮政，也首次出现在50强榜单中，排名第四。今年榜单的前4席被包裹派送公司所占据。中国的国家铁路集团有限公司排在第十一位，顺丰速运排在第十二名。第二梯队则是全球最大的海运企业。丹麦的马士基和法国的CMA CGM分别排在第五和第六位。中国远洋海运集团排名第七，2021年收入超517亿美元。总部位于瑞士的海运和空运货代公司Kuehne+Nagel International首次入榜，排名第八，也是榜单中最大的全球第三方物流公司。另一家物流企业丹麦的DSV排名第十三。北美最大的第三方物流货代公司C.H. Robinson排第十七位；总部位于西雅图的货代公司Expeditors International排在第二十二位。中国台湾的长荣海运排在第二十一位，阳明海运排在第三十九位，万海航运排在第四十一位。

今年新上榜的还有排在第十九位的中国物流公司中国外运，以及排在第二十五位的法国铁路公司。其他新入榜的还有中国的嘉里物流，排在第三十五位。北美几家最大的卡车公司成为榜单中货运规模最大的运输公司。如零担物流公司XPO Logistics，排名第二十六位。该公司通过剥离合同物流业务，已转型为纯粹的零担物流服务商。其他北美主要卡车公司还有多式联运运输服务提供商J.B. Hunt运输公司（第二十八位），以及加拿大的卡车和包裹递送服务商TFI International（第四十二位）。北美另一家新上榜的企业是运营独立货运代理机构的Landstar System（第四十五位）。2021年，该公司收入增长58%。卡车运输巨头Knight-Swift Transportation和Schneider分列第四十七位和第四十九位，零担运输公司Old Dominion Freight Line是排在该榜单最后一位的公司。

总体而言，榜单中的前50名囊括了所有主要货运模式的公司。其中2家商用航空公司，7家卡车运输公司，8家主要提供包裹递送服务，10家铁路货运服务提供商，10家第三方物流公司，以及

13 家远洋航运公司。日本有 6 家，法国和德国均有 4 家企业入围 50 强。

来源：2022 年 11 月 18 日 《中国邮政快递报》。

第三届国有企业数智化采购与智慧供应链高峰论坛在北京召开

7 月 29 日，以“数说国企 链享未来”为主题的第三届国有企业数智化采购与智慧供应链高峰论坛在北京成功召开。中国物流与采购联合会会长何黎明出席大会并致开幕辞。

本次会议由中国物流与采购联合会主办，中国物流与采购联合会公共采购分会、中国物流与采购联合会采购委承办。国资委研究中心研究中心副主任郑东华出席大会并致辞。大会开幕式由中国物流与采购联合会党委副书记余平主持，主论坛由中国物流与采购联合会会长助理胡大剑主持。

大会深度聚焦发挥国有企业在数字经济发展中的引领作用，提升国有企业供应链管理水平，推动国企采购与供应链的数字化转型等行业热点话题。会议吸引了来自 300 多家中央企业和国有企业采购、数字经济、供应链等领域的 500 多位代表嘉宾到场参会，包括央视新闻在内的多家知名媒体对本次会议进行了关注与报道。

何黎明在致辞中表示，数字经济发展速度之快、辐射范围之广、影响程度之深应该说前所未有，正推动生产方式、生活方式和治理方式深刻变革，成为重组全球要素资源、重塑全球经济结构、改变全球竞争格局的关键力量。据中央网信办发布的《数字中国发展报告（2021 年）》，从 2017 年到 2021 年，我国数字经济规模从 27.2 万亿增至 45.5 万亿，总量稳居世界第二，年均复合增长率达 13.6%，占国内生产总值比重从 32.9% 提升至 39.8%。

推进数字经济与实体经济深度融合，不仅是实现我国产业基础高级化与产业链现代化的重要途径，也是我国“十四五”及中长期经济实现高质量发展的必然选择。国有企业是中国经济发展的国家队，肩负着推动我国供给侧结构性改革和经济发展方式转型升级的重要责任，国有企业需要在新一轮科技革命和产业变革浪潮中发挥引领作用，成为推动数字化智能化升级的排头兵。2020 年 8 月，国务院国资委正式印发《关于加快推进国有企业数字化转型工作的通知》，就国有企业落实数字化转型工作进行了全面部署，分别从基础、方向、技术、重点和举措等 5 个方面提供了指引，开启了国有企业数字化转型的新篇章。

采购与供应链数字化转型是国企数字化转型的重中之重。数字化技术的快速扩散应用，为采购管理拓宽边界、提升效率、智能监管提供了有利条件。传统的采购管理只是企业一般管理职能，以降低成本为目标，重视采购流程管理，很难实现企业内部和企业间的协同整合。通过数字化赋能，采购管理边界将拓宽到供应商的供应商，以及客户的客户，推动了采购管理向供应链管理转变。采购管理也逐渐由企业一般管理职能向战略管理职能转变，采购管理目标不再只是降本增效，而是更加彰显了支持企业战略目标的战略价值。

何黎明表示，中物联作为我国面向物流、采购和供应链领域的综合性社团组织，始终关注推动采购与供应链数字化建设，致力于传播推广先进的采购与供应链管理理念，推动我国采购与供应链管理的现代化发展。这几年，中物联与央企和地方国企合作，陆续编制了《国有企业采购操作规范》《国有企业采购管理规范》《国有企业网上商城采购交易操作规范》《国有企业采购文件示范文本》《国有企业采购与供应链数字化成熟度评估模型》等行业规范，今年又开展“采购公益课堂”在线直播活动，这些工作得到了行业的高度肯定，社会影响不断扩大。中物联愿在国务院国资委的领导下，继续发挥行业影响力、专业优势和国际交流合作渠道，搭建一个交流合作和知识传播平台，帮助国有企业解决采购供应链管理提升过程中存在的一些共性的问题，为全面推动国有企业采购供应链管理提升，对标国际一流做出应有的贡献。

何黎明还参加了《中国供应链发展报告（2021）》和《2022 数字化采购发展报告》等两个重要报告以及《国有企业采购与供应链数字化成熟度评价模型》的发布仪式。

会议期间还举办了国有企业供应链创新论坛、数字化采购与大数据应用论坛和国有企业采购管理信用体系建设研讨会等三个专题论坛。

2022 物流装备领军企业供应链发展座谈会在海口召开

7 月 28 日，由中国物流与采购联合会物流装备专业委员会举办的“物流装备领军企业供应链发展座谈会”在海口召开，中国物流与采购联合会会长助理马增荣出席会议。会议由中国物流与采购联合会物流装备专业委员会秘书长左新宇主持。来自集保物流设备（中国）有限公司、东莞中集专用车有限公司、中世国际物流有限公司、西门子（中国）有限公司、南京音飞储存设备（集团）股份有限公司、希悦尔（中国）有限公司、地上铁租车（深圳）有限公司、施耐德电气（中国）有限公司上海分公司、北自所（北京）科技发展股份有限公司、浙江邦强物流装备科技有限公司、中国电子科技集团公司第十五研究所、康明斯（中国）投资有限公司等 60 余家企业的代表参加了会议。

马增荣表示，全球经济发展已进入一个新的转折时期，无论是新能源、新材料，还是互联网的深度应用，对生产消费、对全球经济结构的影响都是深度的。同时，物流装备企业，不仅自身要保持平稳增长，同时还要为经济领域各个方面，特别是物流行业的高质量发展提供有力的支撑。因此，物流装备领军企业应当肩负起引领责任，依靠自主创新推动行业向前发展。当然，作为行业协会也应当发挥好桥梁纽带作用，为大家营造更加宽松有序，平等积极的发展环境。

与会代表围绕行业热点和痛点、装备制造业与物流业融合发展、物流装备数智化发展趋势、物流装备企业间协作以及对协会工作的建议和要求等进行了深入探讨。

第二届全国美妆物流与供应链发展研讨会在广州召开

8 月 5 日，由中国物流与采购联合会主办、中物联服装物流分会承办的第二届全国美妆物流与供应链发展研讨会在广州召开，中国物流与采购联合会副会长蔡进出席会议并致辞。

蔡进在致辞中谈到，虽然受到疫情的冲击，但中国经济转型升级、创新发展的步伐没有停下，尤其是在疫情期间，很多新的物流方式创新发展起来。从目前来看，疫情在逐渐的控制，整个经济在回升向好，美妆行业要把握 5 个“新”，开拓新市场、创造新消费、推广新零售、发展新物流、打造新品牌。他强调，要把先进的技术和现代物流的组织方式相融合起来，推广数字化供应链，使得整个美妆行业在供应链的组织方式上更加柔性、个性、敏捷。做到这一点，美妆行业就在生产组织方式的过程中间，进入到了一个新的阶段。

本次会议得到了珀莱雅、丸美、卡姿兰、诺斯贝尔、太阳神、众上日化、悠可集团、半亩花田、锦波生物、瓷肌、冰泉化妆品、梅晔生物、佰里科技等国内外知名美妆个护品牌，及菜鸟国际、阿里数字供应链、韵达快递、众诚一家、伍强智能科技、慧仓科技、柯尼科、炜鸿塑料科技、合益工业自动化等物流及技术装备企业的大力支持。与会嘉宾及代表以“重塑美妆物流，链接时尚之道”为主题，围绕美妆物流与供应链发展面临的新问题、新思路进行深入探讨，为美妆物流行业相关企业和单位提供了交流学习的平台。

第二十一届全国高校物流专业教学研讨会暨物流与供应链产教融合创新发展高峰论坛在宁波举办

2022 年 8 月 13 日—14 日，由中国物流与采购联合会主办，教育部高等学校物流管理与工程类专业教学指导委员会指导，宁波工程学院承办的第二十一届全国高校物流专业教学研讨会暨物流与供应链产教融合创新发展高峰论坛在浙江宁波举办。中国物流与采购联合会副会长任豪祥出席并致辞。来自物流教指委的委员以及来自全国各地物流本科院校的领导、专业带头人、专业教师、物流行业协会、企业、教育培训机构等约 500 多人参加本次会议。

任豪祥在致辞中指出，在国际环境复杂严峻和国内疫情冲击的时代背景下，我国物流需求保持着较高水平，物流市场主体活力较高，物流基础性、战略性、先导性的产业地位进一步得到提升，他强调，数字经济时代，数字技术与物流业深度融合推动物流与供应链数字化转型升级，这对推动物流人才培养提出了新的挑战，数字化能力、商业创新能力、跨学科专业综合能力成为物流人才培养的新要求，希望广大院校以“新文科”建设和一流专业建设为抓手，深化专业教学改革，提升物流人才培养的针对性和适应性，为物流业高质量发展提供坚强人才支撑和智力支持。

本届研讨会以“全面推进新文科背景下物流专业建设”为主题，围绕物流与供应链专业建设、人才培养模式创新、课程体系构建、课程思政建设、教学研究与改革、实践教学、教师专业发展和科研能力提升等内容进行深入研讨，推动提升高校物流专业建设水平和人才培养质量。

本次会议的召开，对于下一年物流教指委工作的开展具有十分重要的意义。下一步，物流教指委将围绕落实立德树人根本任务，促进深化产教融合、提高物流高等教育人才培养质量，继续围绕现代物流体系建设和“新文科”建设，重点研究即将发布的《“十四五”现代物流业发展规划》，全面推进课程思政建设、一流专业建设、一流课程建设、一流基地建设的各项工作，牢记责任和使命，继续发挥专家组织对高等教育教学改革的研究、咨询、指导作导作用，为推动物流高等教育改革做出应有的贡献。

第四届中国物流服务平台发展年会暨网络货运高峰论坛在合肥召开

8 月 14 日，由中国物流与采购联合会主办，中国物流与采购联合会物流信息服务平台分会、安徽神通物联网科技集团有限公司承办，安徽省企业联合会、安徽省企业家联合会、安徽省物流与采购联合会、安徽省物流协会协办的第四届中国物流服务平台发展年会暨网络货运高峰论坛在安徽合肥召开。来自政府、行业协会、高校及全国物流与供应链相关机构、企业代表线上线下 1000 余人共同参与。

大会以“规范平台发展 引领数字生态”为主题，下设两大分论坛，围绕业界热点进行了 20 余场主题演讲。中国物流与采购联合会副会长兼秘书长崔忠付、安徽省发改委二级巡视员徐和生出席大会并致辞。中国物流与采购联合会专家委员会主任、中国物流与采购联合会物流信息服务平台分会首席顾问戴定一做专家解读，部分平台企业代表进行了分享与交流。大会由中国物流与采购联合会网络事业部主任、中国物流与采购联合会物流信息服务平台分会秘书长晏庆华主持。

徐和生代表安徽省发改委对来宾表示欢迎和感谢，对大会成功召开表示祝贺。他指出，安徽不仅是参与共建“一带一路”的重要省份，也是“长江经济带”国家战略和长三角一体化发展规划建设的重要节点。为积极推进平台经济和网络货运发展，安徽加大政策布局、强化制度创新，完善相关支持政策并加强投入，物流平台前景无限。

崔忠付致辞并做主旨报告《我国物流服务平台发展现状与未来趋势》。他指出在物流平台高速发展的同时面临着三方面挑战：平台企业数量大幅增长，实际运营情况差距显著，部分企业仅申请了网络货运经营资质并未真正开展业务，或在经营过程中遇到发展瓶颈；数据应用能力弱，增值服务有待拓展；税务问题依然制约企业高质量发展。他指出，物流平台的发展应在“规范”的前提下，注重构建企业核心竞争力，实现可持续发展。未来，物流平台将呈现五大发展趋势：一是数字化，实现“数据”向“数据资产”的转变；二是标准化，高标准引领行业高质量发展；三是绿色化，多式联运构建低碳高效物流体系；四是产业化，赋能中小企业转型升级；五是生态化，创造平台新价值。

戴定一从底层逻辑对平台经济发展进行了解读，指出促进诚信体系建设的方法论。他深剖了科技与分工的关系，指出分工是目标、科技是工具。他指出，平台的诚信服务也是市场竞争力，平台应把诚信纳入经营管理体系。平台诚信建设的主要矛盾在于个体信息的隐私与共享信息之间的平衡，需要对双方利益准确把握；同时，诚信体系建设要以具体需求为导向，在实际应用中调整各种问题。

在企业分享环节，安徽神通物联网科技集团有限公司董事长赵开涛，安徽科大国创慧联运科技有限公司董事、总经理储士升，物泊科技有限公司副总经理居懿熙，合肥维天运通信息科技股份有限公司董事长冯雷，中储南京智慧物流科技有限公司总裁助理、战略研究院院长刘云飞分别以“新起点 新模式 新规范”“物流平台转型与发展的思考”“网络货运如何赋能实体产业”“内卷时代，三方物流的生存之道”“智能供应链 运营新动能”为主题提出各自的见解。

8 月 14 日下午，以“多式联运与物流平台数字化体系建设”和“网络货运平台创新运营生态服务搭建与布局”为主题的两个分论坛同步举行。

业内人士认为，在当今我国平台经济发展的关键时期，大会提出规范发展的基调恰逢其时；同时，大会给出破解瓶颈的实际举措并指明发展方向，真正为物流平台的健康发展保驾护航，具有极为重要的现实意义。

2022 全国汽车整车物流发展大会在烟台召开

8 月 18 日，中国物流与采购联合会会长何黎明出席“2022 全国汽车整车物流发展大会”，并与山东省港口集团有限公司党委书记、董事长霍高原，共同为山东港口烟台港“商品车物流基地港”揭牌。

山东省委常委、烟台市委书记傅明先，中国物流与采购联合会副会长蔡进，中国物流与采购联合会汽车物流分会名誉会长、中国第一汽车集团原书记赵方宽，山东省交通运输事业服务中心党委书记、主任安圣兵，霍高原为大会致辞。中国物流与采购联合会汽车物流分会名誉会长、中国汽车流通协会会长沈进军，国家信息中心汽车市场处副处长包嘉成，中国物流与采购联合会汽车物流分会常务副会长、北京交通大学物流工程系主任张晓东教授等近 30 位嘉宾从我国汽车市场现状与发展情况、汽车整车物流发展趋势、物流服务经验分享与案例分析、物流技术创新与应用等方面与参会代表进行了精彩的宣讲与热烈的互动。来自全国的汽车生产企业、整车物流总包企业及承运商、铁路及水运相关企业、物流技术与装备等 200 多家企业的近 500 名代表参加了会议。大会开幕式由中国物流与采购联合会会长助理马增荣主持。

当下，我国市场正值恢复关键时期，汽车产业正在经历深度变革，会议的召开对我国汽车整车物流稳健快速发展起到了至关重要的作用。

第十五届全国现代物流科技创新大会在哈尔滨召开

2022 年 8 月 24 日，由中国物流与采购联合会与哈尔滨市人民政府共同主办，中国物流信息中心、中国物流与采购联合会智慧物流分会、哈尔滨市发展和改革委员会联合承办的第十五届全国现代物流科技创新大会于哈尔滨市召开。哈尔滨市委副书记、市长张起翔，中国物流与采购联合会副会长蔡进，哈尔滨市委常委、副市长蒋传海出席会议并致辞。会议由中国物流信息中心主任刘宇航主持。

本次大会以“科技引领、数智赋能、融合创兴”为主题，主要围绕政策文件精神解读、把脉行业发展方向、交流展示最新物流科技成果等话题展开深入学习讨论和交流，对应对新形势新挑战、把握数字化发展新机遇、拓展物流发展新空间、加快推动物流高质量发展具有重大深远意义。来自全国各地的企业代表、专家学者以及哈尔滨市相关政府部门代表共计500余人参会，会上发布了300余项物流行业科技创新及应用成果。

张起翔在致辞环节，首先对各位嘉宾的到来表示了热烈的欢迎。他表示，中国物流与采购联合会把这一重要活动放在哈尔滨举办，搭建交流合作平台、把脉行业发展方向、展示物流创新成果，充分体现了对哈尔滨的厚爱与青睐，必将为我市现代物流高质量发展、创新驱动产业升级注入强劲动力。他指出，当前我们正在加快建设“六大龙江”、打造“七大都市”，在加速产业振兴、刺激消费复苏、完善城市功能等方面必将为现代物流创新发展提供更加广阔的舞台。我们希望以此次签订战略合作协议为契机，诚邀物流界人士，抓住哈尔滨加快振兴发展、晋位赶超的机遇，加强交流合作，实现互利共赢。

蔡进在致辞环节首先对全体与会嘉宾的到来表示热烈欢迎，同时对哈尔滨市委市政府的精心安排和全力支持表示感谢。他表示，当前物流行业的发展正与哈尔滨的创新引领之路不谋而合。十年间，中国物流业在创新和科技的引领下飞速发展，物流行业经过高速发展的时期正迎来创新变革的新阶段。他表示，在创新引领推动物流发展的过程中，数字化、智能化、高端化、低碳化是助力物流行业结构优化和调整的重要因素，同时也期待嘉宾们通过本次大会增进交流互动，共同开启创新引领发展现代物流的新时代。

蒋传海作城市推介致辞。他表示，“七大都市”就是7个比较优势，为大家投资黑龙江、兴业哈尔滨，提供了更多创富机会，真诚希望各位企业家和朋友们，以此次大会为契机，成为哈尔滨城市发展的合伙人；诚挚邀请各位企业家和朋友们，选择哈尔滨、支持哈尔滨、助力哈尔滨；郑重承诺以最优环境、最好政策、最高礼遇，让每一位创业投资者体验全周期、全方位、全天候的高质量服务。

在签约仪式环节，哈尔滨市人民政府与中国物流与采购联合会、顺丰速运东北分拨区与黑龙江省机场管理集团签订了合作框架协议，港中旅华贸国际物流有限公司、中储南京智慧物流科技有限公司等企业与哈尔滨市有关区县和部门签订了18个物流合作项目协议。

中国外运股份有限公司副总经理高翔、哒哒智运（黑龙江）物联科技有限公司副总经理张文宇、赢彻科技CTO杨睿刚、北京交通大学物流工程系教授王喜富等26位嘉宾作论坛演讲。

会议同期举行了2022年度中国物流与采购联合会科学技术奖颁奖典礼，评出科技创新人物10位，322个物流科技创新项目脱颖而出，其中一等奖58项、二等奖122项、三等奖142项。会议还举办了中国物流企业50强论坛、智慧物流与产业经济论坛以及农业与冷链物流发展论坛。2022年中国物流企业50强、中国民营物流企业50强也在大会中重磅发布。

会议期间科学精准高效落实身份必问、体温必测、口罩必戴、消毒必做、突发必处疫情防控“五必”总要求，严格落实活动人员管理、核酸检测、酒店接待管理及交通工具管理等疫情防控方案及应急处置预案。

奋进新时代，启航新征程。2022年是中国物流与采购联合会科学技术奖走过的第20个年头，在此向所有现代物流科技创业创新者致以最崇高的敬意！是他们在现代物流领域积极探索、砥砺前行，给物流科技创新提供了强有力的支撑和动力。未来，中国物流与采购联合会将继续致力于物流科技成果推广和应用，促进我国现代物流业的高质量发展。

第五届全国服装物流与供应链行业年会在厦门召开

9月8日，由中国物流与采购联合会主办的“2022第五届全国服装物流与供应链行业年会”在厦门召开，国际采购与供应管理联盟亚太区主席、董事会成员，中国物流与采购联合会副会长蔡进出席会议并致辞。

蔡进在致辞中表示，虽然经济运行起伏变化，但我们要在变化过程保持战略定力，要在变化当中把握行业发展的基本方向。一方面，要在市场和经济变化中间，把握中国经济恢复增长的韧性仍然存在这个基本趋势；另一方面，要把握服装内部转型升级的基本方向。他强调，转型升级的根本是供应链的发展，服装供应链在过去一年，数字化在不断深入发展，敏捷化进展非常明显，供应链的全流程化发展以及供应链的生态化发展非常快。企业一定要在变化中把握基本方向，在变化中形成新的发展空间。

本次会议得到了安踏、 乔丹、李宁、华歌尔、波司登等物流及技术装备企业的大力支持。与会嘉宾及代表以“时尚链 新征程 再出发”为主题，围绕服装物流与供应链发展面临的新问题、新思路进行深入探讨，为服装物流行业相关企业和单位提供了交流学习的平台。

2022汽车物流全球会议在上海召开

9月20日，由中国物流与采购联合会主办、中物联汽车物流分会承办的“2022汽车物流全球会议”在上海召开，中国物流与采购联合会副会长、中国物流学会会长任豪祥出席会议并致辞。参加此次会议的领导和嘉宾有：中国物流与采购联合会副会长、长春市汽车零部件制造业商会党委书记王海英，中国汽车技术研究中心有限公司资深首席专家吴松泉，中国车辆进出口有限公司副总经理王存，白俄罗斯驻华大使馆参赞VAITSIAKHOUSKI SIARHEI与FEDASIUK SIARHEI，孟加拉驻华大使馆商务参赞孟苏尔，拉脱维亚驻华大使馆交通参赞思博，菲律宾驻上海总领事馆商务领事Mario C. Tani，印度尼西亚驻上海总领事馆副领事费德普，波兰投资贸易局驻华办事处首席代表尤德良博士，中国物流与采购联合会会长助理、分会执行副会长马增荣。国际采购与供应管理联盟主席Marina Lindič，CEO Markku Henttine，欧洲采购管理学院院长Bemard Gracia等国际嘉宾因疫情不能到会，特发来祝贺视频。

任豪祥在致辞中表示，两年来，我国汽车产业顶住了疫情对汽车供应链的冲击，为稳定我国经济增长提供了有力支撑，主要体现在3个方面：一是汽车市场稳步恢复，彰显中国汽车产业潜力和韧性；二是深度参与全球汽车市场，与世界共享“中国汽车”成果；三是大力发展新能源汽车，为全球汽车注入“中国新动能”。同时他表示作为汽车产业的配套服务行业，汽车物流可以从以下4个点提升国际服务能力；一是立足双循环，构建自主可控、稳定高效的产业链供应链。二是打通国际大通道，为全球汽车产业贡献“中国物流方案”；三是提升汽车物流数字化能力，推动汽国际供应链创新发展；四是推进低碳绿色汽车物流发展，构建碳中和汽车供应链。

汽车物流全球会议是中国汽车物流行业极具影响力的国际会议之一，同时也是中国与全球汽车供应链对话交流的专业平台。本次会议的主题为“新全球化汽车供应链”，共有来自全球的知名跨国汽车集团、国内优秀汽车自主品牌、零部件供应商、汽车物流等200多家企业的400余名代表参与，本次会议得到了中物联国际合作部与中物联航空物流分会的大力支持。

第四届中国公路运力发展大会在江苏盐城召开

9月22日—24日，由中国物流与采购联合会主办的第四届中国公路运力发展大会在江苏省盐城市召开。来自中国物流与采购联合会、中物联公路货运分会会员单位，各地货运与物流企业（平台）、货主企业、设施设备供应商，有关政府管理部门、行业协会、院校及科研机构等方面的代表300余人参加了本次大会。

中国物流与采购联合会副会长贺登才发表视频致辞。中国物流与采购联合会公路货运分会当值会长、中国南山开发（集团）股份有限公司副总经理陈波，深圳市凯卓立液压设备股份有限公司董事长王泽黎到会致辞。中国物流与采购联合会研究室主任、公路货运分会秘书长、中国物流学会副秘书长周志成主持了全体大会。大会以“突围．重塑发展新动能”为主题，分析了形势，解读了政策，分享了经验，提出了对策。

贺登才在视频致辞中列举了《“十四五”规划和2035年远景目标纲要》等与现代物流密切相关的十大规划，分析了新阶段现代物流发展的10大趋势变化，提出了对推动公路物流高质量发展的10点思考。陈波在致辞中回顾了中物联公路货运分会今年以来的工作成绩，对分会今后工作提出要求。他希望分会创新驱动，打造社会化服务平台；不忘初心，打造接地气的行业智库；关心关爱，培育高素质人才队伍。王泽黎在致辞中对与会的各界代表、专家表达了诚挚的欢迎。同时指出，今年下半年以来，国家加大基建投资力度，有效实施稳定经济一揽子政策措施，重点支持交通物流和装备制造行业，货运物流的行业地位提升到了新的高度。周志成介绍了《2021年公路货运行业重点企业经营情况调查报告》，提出了对公路货运行业重点企业经营情况的基本判断，发布了2021年公路货运行业30家重点企业名单。

上午的全体大会还邀请了中物联公路货运分会首任会长、江苏凯卓立液压设备有限公司总经理王坚就《兵欲善其事必先利其器》、益海嘉里集团物流总监、上海益嘉物流有限公司董事长盛岩就《打造食品供应链物流生态大平台 》、中外运物流华东有限公司总经理李犇《数字化助力品牌商全渠道物流履约》，中储智运创始人、首席战略官李敬泉就《物流的战略智能转变之路》分别作了主旨分享。

主题为“未来关键五年，公路货运企业如何突围？”的“大咖对话”环节，邀请了江苏省物流产业促进会副会长兼秘书长马健、江苏凯卓立液压设备有限公司总经理王坚、深圳市赤湾东方物流有限公司总经理王浩莹、深圳德坤物流有限公司副总裁刘华亮、建华物流有限公司副总裁马通瑞、浙江汤氏供应链管理有限公司董事长汤鲁飞等交流对话，中物联公路货运分会特约专家、罗戈研究院院长潘永刚主持了对话。

9月23日下午举办的“高效运输论坛”。第一阶段由中国物流与采购联合会公路货运分会专家委员会副主任尚尔斌主持，长安大学副教授付鑫就《大数据看疫情下公路货运运行态势与韧性表现》、圆通全球集运有限公司CEO洪一玮就《中国运力供应链的数字化和平台化探索》，宜家东亚区陆运及多式联运可持续发展经理刘歆娴就 《宜家陆运的可持续发展实践》分别作了主旨分享。

主题为“高油价下，公路货运如何降本增效”的“圆桌论坛”环节，郑州长通实业有限公司执行总经理魏长龙、振石集团浙江宇石国际物流有限公司董事长寿丹平、宝特物流集团董事长张合斌、上海申丝企业发展有限公司副总经理熊晔、上海则一供应链管理有限公司副总经理张海涛、江苏中交车旺科技有限公司副总裁郭大智等作了交流互动。

第二阶段由中国物流与采购联合会研究室副主任杨达卿主持，上海上嘉物流有限公司运输事业部总监鲁光周就《自营车队助力打造定制供应链服务领跑者》、美团零售供应链研究中心负责人顾玉雯就《发挥平台作用，助力智慧城市物流发展》作了主旨分享。

主题为“技术赋能，公路货运如何转型升级”的圆桌论坛，邀请了安徽国力物流有限公司总经理杨德力、中外运物流有限公司总经理助理李德亮、安吉智行网络运输部规划总监兼天地华宇运营规划高级总监沙杰、深圳市易流科技股份有限公司副总裁曹方、东方驿站物流科技（深圳）有限公司董事总经理苏猛、深圳市货车宝科技有限公司总经理蓝森锋等交流。

大会发布的重要文件有：《2022年中物联公路货运分会工作报告》；由北京物资学院、北京芙睿特无限科技发展有限公司、上海交运沪北供应链管理有限公司、上海交运猫智能物流科技有限公司等参与起草的国内同城网约货运平台服务领域首个安全标准《同城网约货运平台运营安全管理规范》；2021年度公路货运创新实践优秀案例，包括北京中交行路信息科技有限公司等15家企业的案例入选；第五批《道路货运车队评估指标》标准达标名单，包括百世物流科技（中国）有限公司、广东顺心快运有限公司等11家企业车队成为第五批达标星级车队；第三批中物联公路货运分会特约专家，长安大学副教授付鑫等52人获聘。

24日，与会代表参观了凯卓立装备制造业生产基地。会议同期还召开了“十四五”道路交通安全规划解读与稳经济政策落实情况座谈会。江苏凯卓立液压设备有限公司作为承办单位，对本次大会顺利举办付出辛苦能力，做出了巨大贡献。本次大会也得到了江苏省物流产业促进会以及江苏省、盐城市等有关方面大力支持。

参加本次大会的还有：中物联公路货运分会首任会长、江苏凯卓立液压设备有限公司总经理王坚，江苏省物流产业促进会副会长兼秘书长马健、中国物流学会副会长张合斌，江西省物流与采购联合会秘书长罗良军，苏州市城市配送行业协会会长刘德虎，到会的中物联公路货运分会副会长还有鞍钢汽车运输有限责任公司总经理朱元明，北京中交兴路信息科技有限公司副总裁李艺，安徽国力物流有限公司总经理杨德力，深圳市货车宝科技有限公司总经理蓝森锋等。

2022煤炭物流与采购年会在北京召开

2022年9月26日，2022煤炭物流与采购年会暨第二届中国物流与采购联合会煤炭物流与采购分会会员大会在北京召开。中国物流与采购联合会会长何黎明、副会长任豪祥、副会长蔡进，国家能源集团物资有限公司总经理仝金正、山东钢铁股份有限公司党委书记兼董事长王向东、中国能源建设集团葛洲坝贸易发展有限公司董事长姜德华、国务院发展研究中心研究员张立群等出席会议。

参加本次会议的还有国内大中型能源企业、能源供应链企业、高校院所，以及参加《企业采购物资手册》编写出版等业界的领导和专家学者等。本届年会由中国物流与采购联合会主办，中物联煤炭物流与采购分会、国家能源集团物资有限公司承办，山东钢铁股份有限公司、郑州煤矿机械集团股份有限公司和中煤张家口煤矿机械有限责任公司协办。年会以“聚焦数字物流与采购，引导煤炭供应链创新发展”为主题，围绕数字经济时代能源产业发展面临的新形势，探讨如何推进智慧绿色供应链的创新发展，构建稳定坚韧的能源供应链，引领行业健康快速发展。

大会举行了《企业采购物资手册》编写出版启动仪式，并以论坛的形式组织开展了编写工作的研讨，标志着手册进入编写出版的实质性阶段。《企业采购物资手册》由煤炭物流与采购分会，会同国家能源集团物资有限公司，联合国内10多家大中型能源企业，100多家能源供应链企业，共同编写，内容涵盖采购管理中的验收、仓储、运输、配送、装卸、搬运、保管保养等流程管理，具有很强的实用性。集专业性与常识性、规范化与操作性等特点于一体。全书包括设备篇、材料篇、管理篇三大部分，共12分册，近1000万字。

国务院发展研究中心研究员张立群，以“着力应对三重压力，全力推动经济回升向好”为主题，就2022年宏观经济形势与政策取向进行了分析和解读。国家能源集团物资有限公司首席采购工程师刘宁，系统介绍了国家能源集团智慧采购与智慧供应链系统，分析了智慧采购与智慧供应链系统的发展方向；中物联物联网技术与应用专业委员会执行副会长兼秘书长吕忠以“煤炭行业数字仓储创新管理”主题进行了主题演讲；英诺森供应链产品业务负责人陈哲，用友网络数字采购事业部售前总监贾杰周作为供应链创新设计企业代表，分别以“煤炭企业采购的数字化转型”和“数智化转型激活煤炭行业物资供应链新动能”为主题，介绍了数字化供应链发展方向。

会员代表大会上讨论通过了煤炭物流与采购分会的工作规则、未来三年发展规划，选举产生了副会长单位及分会领导班子成员。

第十三届中国电子商务物流大会暨 2022 中国同城即时物流行业峰会在宁波召开

2022 年 9 月 27 日，由中国物流与采购联合会主办，中物联电商物流与快递分会、中物联同城即时物流分会、中物联物流装备专业委员会、中物联航空物流分会、宁波市物流协会共同承办的“第十三届中国电子商务物流大会暨 2022 中国同城即时物流行业峰会”在宁波召开。中国物流与采购联合会副会长兼秘书长崔忠付出席并讲话。

崔忠付总结了 2022 年行业呈现出的一些新特点。一是受疫情冲击，传统消费受到严重影响，而以线上与线下、业态与场景融合发展为特征的新消费逆势增长。二是快速发展的即时物流已经成为城市经济运行中不可或缺的基础设施，开始反哺新的商业形态，赋能实体经济。三是国内主要品牌快递企业围绕现阶段电商发展的特点，在下沉市场、国际出海等方面展开差异化竞争。四是科技能力不断加强，加快推进物流服务创新。五是从绿色发展走向多维治理成为越来越多企业的共识。同时，崔会长也提到，即将进入关键的第四季度，产业发展既要抓住经济恢复的紧要关口，也要积极面对各方挑战。

大会上，中国物流与采购联合会发布了《中国即时物流行业发展报告》和《即时配送运力服务企业经营状况调查报告》。大会同期举办了“物流行业用工保险与保障专题沙龙”及“绿色供应链中国创新发展论坛”活动。

本次大会以 “新生态 • 数字化 • 再出发”“打破边界，无限可能”为主题，吸引了我国快递即配行业上下游数百家企业及相关机构参会。大会围绕电商物流行业变革中的机遇与科技硬实力发展趋势，共话行业高质量发展，并面对即时配送行业所处的宏观和政策环境，充分挖掘即时配送服务的新边界，旨在为行业提供业务优化与拓展方向。

第十七届中国托盘国际会议暨 2022 全球托盘企业家年会在广州召开

2022 年 10 月 26 日—28 日，由中国物流与采购联合会主办，中国物流与采购联合会托盘委承办的“第 17 届中国托盘国际会议暨 2022 全球托盘企业家年会”在广州召开。国际采购与供应管理联盟亚太区主席、“一带一路”托盘共享行动（BRAPS）轮值主席、中国物流与采购联合会副会长蔡进出席会议并围绕“一带一路”托盘共享行动（BRAPS）和未来托盘行业发展方向发表讲话。

蔡进在讲话中指出，一是要把握住托盘在全球化发展过程中，特别是在全球贸易、全球产业链、供应链发展过程中的基本定位。二是要明确全球市场发展给托盘行业带来的动力。三是在国际交流中，要明确我国托盘行业发展过程中存在的一些痛点。四是要明确未来托盘产业发展的基本方向。

蔡进强调，在未来托盘产业发展过程中，还要形成托盘文化，在“2022 年‘一带一路’托盘共享行动（BRAPS）会议”上，托盘文化中一些重要的元素—开放、共享、前瞻和创新的氛围，已得到了充分的体现，并且值得学习和借鉴。

本届托盘国际会议汇集了来自国内外的行业精英，是托盘行业专业人士交流的盛会，也是年度盘点、技术经验推广与交流、寻求合作伙伴的重要平台。会议现场汇聚了来自德国、韩国的常驻中国代表，并有来自拉脱维亚、白俄罗斯、芬兰、丹麦、马来西亚、西班牙、澳大利亚、乌克兰、英国、瑞典、美国、智利等国家以及中国台湾、香港地区的代表们通过线上连线方式参与会议，共有来自国内外托盘生产及运营企业、原材料供应商、托盘设备生产企业、装备企业、托盘用户企业、政府机关、行业协会、研究单位、大专院校等450余名代表参加，围绕“绿色、合作、共享、创新”的会议主题，共同分析托盘行业国内外的新形势与新变化，交流探讨托盘行业高质量发展的新趋势。会议期间参观了博创智能装备股份有限公司，并同期举办了“托盘新产品、新材料、新工艺”展览，在54家企业的61个展位上，为代表们展示了目前国内外领先的托盘产品、技术及服务。

2022年“一带一路”托盘共享行动（BRAPS）会议在广州召开

2022年10月26日，由中国物流与采购联合会和欧洲托盘协会共同主办、中国物流与采购联合会托盘委承办的“2022年‘一带一路’托盘共享行动（BRAPS）会议”在广州召开。中国物流与采购联合会副会长、“一带一路”托盘共享行动（BRAPS）轮值主席蔡进出席会议并围绕中国宏观经济和托盘行业宏观发展发表讲话。

蔡进表示，一是在当前面对很大冲击、很多不确定性因素和超预期的变化的环境下，中国经济仍表现出强大韧性，总体上保持增长态势，为托盘行业发展提供了良好市场条件。国家统计局发布数据显示，第三季度中国GDP同比增长3.9%，2022年前三季度中国GDP增长3.0%。从数据中可以看出，尽管有很多困难、超预期的变化和不确定性因素在影响着中国经济的发展，但总体来讲，我们坚信中国经济的发展是非常具有韧性的，托盘行业发展提供了非常好的市场。从进出口方面看，尽管国际地缘政治冲突不断加剧，但是2022年前三季度中国进出口总值同比增长9.9%，对欧贸易活动非常活跃。前三季度中欧班列开行1.2万列，同比增长7%。可以看出虽然欧洲面临冲突与危机，但中国没有中断与欧洲在贸易方面的联系，并且还在增长。从贸易情况来讲，中国在对外贸易和对外开放方面的推进，是非常具有韧性的。中国市场价格保持平稳趋势，在全球通货膨胀大背景下，中国国内CPI增长比较平稳，1月—9月中国的CPI增长2%，控制在合理的上涨区间。虽然通货膨胀形成了一定的压力，但中国并没有形成通货膨胀的格局，以上一切数据都表明了中国经济增长非常有韧性，为托盘行业提供了良好的发展环境。

二是中国经济进入转型升级，高质量发展的阶段，加快推动产业链和供应链创新发展，在数字化、绿色低碳可持续发展和韧性安全供应链推进方面取得良好成果。中国托盘行业加快推进供应链数字化发展，并取得了明显成就；中国托盘行业积极推动供应链绿色、低碳、可持续发展，不断提升托盘循环共用理念；更加强调产业链、供应链的韧性和安全性，只有安全、具有韧性的供应链才是推动经济发展真正的动力。

三是产业链、供应链不断发展，为托盘行业发展提供了有利条件和良好的发展空间。一方面，中国经济的韧性为托盘行业提供了有力的市场条件，随着供应链的发展，使得托盘成为整个经济运行，特别是供应链中不可或缺的一个元素。从托盘本身来看，目前在供应链推进过程中，托盘共享的意识或机制在快速形成并迅速提升。绿色供应链的推动，使得托盘循环共享也在进一步提升，从托盘行业本身来讲，具备了良好的市场和发展条件，同时也具备了进一步自身创新的增长条件。另一方面，托盘行业自身不断自我完善与自我提升，在托盘行业自我提升的过程中，托盘共享不仅要在中国进行，还要在国际之间进行共享，与EPAL及国外一些托盘行业领军平台、公司和企业进行合作，共同推进托盘共享行动；在托盘共享机制的基础上，要形成更好的标准化；供应链数字化对托盘行业发展提出了新的要求，托盘的智慧化在未来将给托盘行业带来更广阔的发展空间。因此，托盘行业的发展要不断适应当前中国经济以及全球经济发展中所提出的要求。

蔡进强调，在当前大变局环境下和经济高质量发展的推动下，希望能够通过本次会议的召开，在标准化、共享化、绿色化和智慧化方面，进一步提升托盘行业发展水平，不断提升托盘行业在整个经济发展中的重要作用与地位。

本次会议以“绿色、合作、共享、标准”为主题，会议现场迎来了 160 余位来自中国的托盘生产企业、运营企业、原材料供应商、设备生产企业、EPAL 执照商代表等，并有来自 EPAL 波罗的海、荷兰、波兰、瑞士、德国的国家委员会、EPAL 匈牙利和西班牙代表处、韩国、日本、马来西亚、泰国、印度等国的行业协会和企业负责人及部分中国企业代表通过线上方式参加会议，共同交流探讨新形势下的中欧托盘行业新变局以及全球托盘循环共用体系的构建。通过 BRAPS 的开展，不仅加强了中欧间托盘标准衔接，更对高质量共建“一带一路”、“一带一路”经贸合作和供应链全球化的高质量发展有着积极的推动作用。

首届“一带一路”供应链峰会在昆明举行

11 月 20 日，由中国物流与采购联合会联合中国国际电子商务中心、云南省商务厅共同主办，中国物流与采购联合会现代供应链研究院、中国物流与采购联合会服务贸易分会承办的首届“一带一路”供应链峰会在昆明举行。峰会以“畅通产业链供应链，‘链’通‘一带一路’为主题，共话全球产业链供应链畅通机制。国际采购与供应管理联盟亚太区主席、中国物流与采购联合会副会长蔡进，商务部流通业发展司二级巡视员张斌出席会议并致辞，乌拉圭驻重庆总领馆代总领事瓦伦丁•图里斯•坎巴塞雷斯线上参会并致辞，云南省商务厅党组成员、省自贸办主任助理张萍，昆明市市委常委、副市长杨东伟出席会议并做主题推介。中国物流与采购联合会会长助理胡大剑主持会议。

蔡进表示，“一带一路”本质是对全球产业链供应链的一种重构，推动形成更加包容开放、高效有序、安全韧性和互利共赢的全球供应链体系，促进更加均衡、公平的全球化发展。习近平总书记在党的二十大报告中指出，全球进入新一轮动荡变革期，世纪疫情影响深远，逆全球化思潮抬头，单边主义、保护主义明显上升，世界经济复苏乏力，局部冲突和动荡频发，全球性问题加剧，由此带来的产业链供应链的变化非常明显，“一带一路”的供应链建设也显得尤为重要。以资本为主导的传统供应链正在逐渐瓦解，以“一带一路”理念即共商共建共享理念来推进全球产业链供应链重构的新格局正在形成。在这一时代背景下，积极探索“一带一路”的供应链未来发展路径，意义重大。

蔡进指出，基于“一带一路”理念来推进供应链建设，需从四个方面去深刻领会把握。

一是“一带一路”的产业链供应链是开放共享的产业链供应链。全球产业链供应链的融合发展，是摒弃冷战思维与竞争思维，树立包容开放、共生共享的供应链思维。“一带一路”的供应链正是开放包容、互利共赢的，这一理念在推动“一带一路”建设、推进产业链供应链重构过程中需牢牢把握。

二是“一带一路”的供应链是以数字化为基础推进的供应链。数字化的本质并非竞争而是链接，是企业和企业之间、产业和产业之间、甚至国家和国家之间的一种无限链接，在链接过程中彼此形成了相互依赖的利益共同体，进而从竞争格局转变为包容开放、共同推进产业链供应链发展的新局面。在推进“一带一路”数字化供应链的建设过程中，要把握其技术属性，更要注重价值观转变。

三是“一带一路”供应链是绿色低碳、可持续发展的供应链。绿色低碳、可持续发展的供应链是推进人与自然和谐共生的重要途径。目前全球有一个很重要的评价体系叫 ESG，E 是环保，S 是社会责任，G 是治理。当前评价一个企业的好坏优劣，不仅看其规模和效益，更要看其所创造的社会价值，是否勇于承担社会责任，对环保的承诺能否兑现，能否把绿色低碳、可持续发展、社会治理等内化为企业使命。绿色低碳可持续和 ESG 理念，是在“一带一路”产业链供应链未来发展过程必须坚定秉持的宗旨。

四是“一带一路”的供应链是韧性安全的供应链。面对动荡的世界格局和未来的发展挑战，要推进韧性安全的供应链，就要转变理念并在效率与安全之间找到平衡点，还要基于数字化和现代先进技术提供支撑保障。与此同时，供应链组织机制也要从过去以链主为主导的组织机制转变为基于数字化、网络化的供应链组织机制。只有这样，供应链才会在更加均衡公平的基础上更具柔性、更显韧性。

蔡进强调，此次在云南昆明举办第一届“一带一路”供应链峰会，既有现实意义，也有战略意义。云南省在供应链建设尤其是“一带一路”的供应链推进过程中走在全国前列且成效显著。昆明市是全国现代供应链创新与应用示范城市，云天化、云南建投等云南本地企业则是全国供应链创新与应用示范企业。相信未来在推进“一带一路”供应链的建设浪潮中，云南一定能够走得更远、更稳、更好。

会议现场，商务部领导、中物联领导、云南省商务厅领导等共同见证了“建材与生鲜果蔬跨境产业链供应链”“肥料与现代农业跨境产业链供应链”“大宗商品及跨境物贸产业链供应链”等云南省跨境产业链供应链生态建设签约。

此次峰会，共有国内外近 200 家央国企、世界 500 强等知名企业代表及各行业专家等 400 余人线下参会，近万人线上同步参会。

2022 中国大宗商品现代供应链创新发展高峰论坛在溧阳召开

12 月 10 日，2022 中国大宗商品现代供应链创新发展高峰论坛在江苏溧阳召开。本次大会以“开放、包容、安全、稳定”为主题，是贯彻落实党的二十大精神，维护大宗商品产业链供应链稳定，助力全国统一大市场建设，促进形成大宗商品新发展格局的一次务实行动。

中国物流与采购联合会副会长蔡进、国务院发展研究中心研究员任兴洲、中国上市公司协会学术顾问委员会主任委员黄运成、中国农业大学教授常清、中国特钢企业协会不锈钢分会常务副会长柴志勇、北京工商大学证券期货研究所所长胡俞越，西安交通大学管理学院院长冯耕中，以及溧阳市委副书记、政法委书记、溧阳高新区党工委书记、管委会主任庄松年，溧阳市委常委、溧阳高新区党工委副书记、管委会副主任朱威，溧阳市人民政府副市长方学军等同志，来自全国大宗商品相关行业的业界学界代表，线上线下共 1400 余人次参加了本次活动。

在开幕式中，中国物流与采购联合会副会长蔡进、溧阳市人民政府副市长方学军为会议致辞，溧阳中联金电子商务有限公司董事长郁晓春代表企业家发言。蔡进在讲话中指出，从产业实践和发展趋势来看，数字化、绿色低碳和韧性安全，是实现产业链供应链创新发展和可持续发展，形成我国大宗商品核心竞争力的重要途经。以数字化平台链接上下游企业，提供全流程的解决方案与服务体系，形成平台化、网络化的治理机制，将更加高效，也更具韧性与安全。

方学军表示，现代供应链、数字经济对促进降本增效，产业转型升级意义重大，是溧阳新旧动能转换，形成经济新增长点的重要领域。期望与代表们共同紧跟时代步伐，在溧阳集聚一批新能源等大宗商品数字经济新业态、新模式、新产业，培育和壮大一批具有国际竞争力的现代流通企业，为我国现代流通体系建设和建设数字经济强国贡献智慧和力量。

郁晓春呼吁全国大宗商品行业企业共同携手，共同为增强我国新能源和不锈钢等大宗商品产业供应链韧性与安全贡献力量，共建新生态，应对新变化、迎接新挑战、创造新局面！中联金作为全国知名新能源大宗商品供应链服务企业，愿意成为行业转型升级的助推器和连接器。

为促进溧阳市数字经济发展，加速新能源、不锈钢等产业数字化转型进程，溧阳市宣布成立溧阳市新能源数字供应链专家委员会，方学军代表溧阳市人民政府向大宗商品行业的资深专家颁发了专家聘书。同时，为进一步发挥行业协会作用，更好助力溧阳新能源等大宗商品产业的转型升级与高质量发展，中物联大宗商品交易市场流通分会和江苏省溧阳高新区管委会签订了战略合作协议。

国务院发展研究中心研究员任兴洲在论坛主旨演讲中表示，大宗商品对增强国内大循环的内生动力和可靠性至关重要，现代化国家建设新时期，新发展格局和高质量发展对大宗商品产业链供应链稳定提出了新要求，要以新发展理念巩固增强我国发展的基础和韧性，把握发展主动权。

中国农业大学经济管理学院教授常清表示，贸易和定价是决定产业的发展质量，公平合理定价方式是产业发展的保障，透明的交易市场是企业家配置资源的依据。为使我国大宗商品的定价方式更好地服务实体经济，还需进一步在定价方式上学习与创新，形成具有国际影响力的权威期现货价格，更好服务产业经济稳健发展。

中国上市公司协会学术顾问委员会主任委员、同济大学教授黄运成表示，目前大宗商品市场还存在几个问题，如平台发展与实体经济结合的不够紧密，交易机构集中程度不够，商业模式尚不稳定等。他指出，大宗商品相关的交易机构应加快与实业的融合，同时找准定位与商业模式，并加强科研投入。

北京工商大学期货研究所所长胡俞越指出，近年来，大宗商品价格的巨幅波动不利我供应链和产业链的稳定安全。他建议，应构建大宗商品安全体系，健全国内大宗商品供给保障体系；构建海外储能供给体系；加强民营企业、中小企业帮扶力度；用好国内、国外两个大宗商品期现货市场；规范市场流通秩序，加大期现市场联动监管力度；完善大宗商品物流体系。

中国物流与采购联合会大宗商品交易市场流通分会副会长兼秘书长周旭表示，在新形势下，大宗商品传统产业应通过加快发展大宗商品现代供应链，构筑大宗商品数字经济生态，实现能力再造、服务再造和模式再造，向价值链中高端延伸，更好服务构建双循环新发展格局。

在高峰对话环节中，中国特钢企业协会柴志勇、北京工商大学胡俞越、溧阳中联金郁晓春、上期所鞠成鑫、广期所陈锐刚等，共同围绕“构建开放、包容、安全、稳定的大宗商品供应链生态”主题，进行了广泛的讨论和交流。专家们一致认为，尽管当前行业仍面临诸多挑战，但只要坚持走服务实体经济的道路、共同维护产业链供应链稳定、搞活市场，搞活经济，政府、协会、企业大家共同联合起来，就一定能够克服种种困难，并走向成功。

在新能源产业链供应链发展论坛和硫磺硫酸及下游行业年会中，来自国内大宗商品现货行业的溧阳中联金电子商务有限公司市场总监孙敏红、市场总监张金祥、热联集团股份有限公司高级副总裁劳洪波、Acuity Commodities Limited高级分析师Freda Gordon、隆众资讯芳烃产业链纯苯分析师宋洋、磷肥分析师李玲欣、硫磺分析师吕晓倩、磷酸铁锂分析师王娟、硫酸分析师罗璐瑶等，分别以电子商务助力纯苯产业企业优化升级、电子商务在硫磺业务中的应用、供应链管理服务创新助力产业企业生产经营、纯苯近期价格变化影响因素分析及后续展望、新扩能背景下国内外硫产业链市场分析及展望、国外内磷肥发展趋势及展望、中国硫磺现货市场情况及下游需求企业行情浅析、企业越式转型升级－中国磷化工及磷酸铁锂行业发展趋势、中国硫酸产品市场解析发表了主旨演讲。

来自国内商品期货行业的上海期货交易所商品一部副总监鞠成鑫、郑州商品交易所研究所公司研究二部部长韩学广、大连商品交易所商品三部执行经理唐世福、广州期货交易所商品事业部兼指数事业部总监陈锐刚等，分别从期货市场助力金属行业高质量发展、商品期货市场服务实体经济模式及效果的思考、硫磺期货相关情况介绍、服务新能源助力新经济—工业硅期货助力新能源产业发展等方面，对近年来我国期货市场在服务产业链供应链稳定中的成果经验与实践案例与代表们进行了分享。

本次活动由中国物流与采购联合会、溧阳市人民政府主办，中物联大宗商品交易市场流通分会、江苏省溧阳高新技术产业开发区承办，中国物流信息中心、溧阳中联金电子商务有限公司、山东隆众信息技术有限公司、上海钢联电子商务股份有限公司，以及上海期货交易所、郑州商品交易所，大连商品交易所、广州期货交易所等协办。

2022 第十六届中国冷链产业年会在厦门召开

2022 年 12 月 15 日—17 日，由中国物流与采购联合会主办，中国物流与采购联合会冷链物流专业委员会承办，厦门光莆电子股份有限公司联合承办，福建省物流协会、厦门市物流协会支持的“2022 第十六届中国冷链产业年会”在厦门召开。中国物流与采购联合会副会长兼秘书长崔忠付出席并发表讲话。

崔忠付表示，党的十八大以来，在习近平总书记关于现代物流与供应链一系列重要讲话的指示指引下，我国物流业发展进入快车道，社会物流总额由 2012 年的 177 万亿元，增长至 2021 年的 335 万亿元，成为全球最大物流市场。今年前 10 月份，全国社会物流总额为 275.4 万亿元，同比增长 3.6%。物流业总收入为 10.3 万亿，同比增长 5.8%。冷链物流作为保障民生食安的关键通路，冷链物流的提质增效是支撑国家经济建设的重要抓手。预计 2022 年我国冷链物流市场需求总量将突破 3.2 亿吨，同比增长 6.6%。冷链物流市场规模达到 4916 亿元，同比增长 7.2%。我国公共型冷库总容量将达 2.1 亿立方米，同比增长 7.7%。我国冷藏车市场保有量将突破到 38 万辆，同比增长 11.4%。

此次峰会上，崔忠付共同见证了中物联冷链委食品冷链消杀工作组成立、中物联冷链委 & 优合集团联合发布的《中国进口冷链食品二十年 - 水产篇》报告发布、中物联冷链委 IP 形象重磅发布、链库天使轮融资发布、2021-2022 冷链行业多项荣誉发布等重磅环节。

《“十四五”冷链物流发展规划》发布以来，我国冷链物流在国家顶层设计的强指引下，稳链补强，创变升维。多地政府依托当地资源优势，积极推进冷链物流发展布局，链接上下游产业，建设以畅联互通、高效协同为基础的现代冷链物流运营体系。

冷链物流高质量发展是促进消费升级、保障食品安全的重要手段。在双循环背景下，我国积极推动城乡冷链协同发展，加速双向通道建设，冷链物流布局呈现阶段性成效。

为凝聚行业发展新动能，深化企业协同发展新通道，2022 第十六届中国冷链产业年会以“洞见时代·探冬寻暖”为主题，聚焦年度行业热点，共话行业未来发展，从行业发展的难点痛点出发，对行业问题及发展趋势进行深入探讨，力求突破瓶颈消除壁垒。在双循环背景下，加速双向通道建设，推动冷链物流“十四五”时期高质量发展，共谋产业升级之路。本次会议共吸引了来自冷链物流上下游 500 余家优质企业，1000 余位嘉宾参会。

第五届物流包装技术发展大会在苏州召开

12 月 19 日，第五届物流包装技术发展大会在苏州召开，本届大会由中国物流与采购联合会主办，中国物流与采购联合会物流装备专业委员会承办。中国物流与采购联合会副会长蔡进线上出席会议并围绕刚刚闭幕的中央经济工作会议对明年经济工作的部署和《“十四五”现代物流发展规划》这两个热点发表讲话。

蔡进表示，对中央经济工作会议基本的理解，主要有以下几个方面：

一是要冷静客观的把握当前的经济形势。中央经济工作会议开得非常的有新意，内容非常广泛，从发展的角度来理解，中央经济工作会议精神非常冷静、客观地分析了当前的经济形势，当前我国经济恢复的基础尚不牢固。但要看到，我国经济韧性强、潜力大、活力足，长期向好的基本面没有变。各项政策效果持续显现，明年我国经济运行有望总体回升。企业在经营过程中要把当前的经济形势分析透，把握好这个方向。

二是要把握明年经济工作的重点。做好明年经济工作，重点要坚持稳字当头、稳中求进。坚持稳中求进工作总基调，完整、准确、全面贯彻新发展理念，加快构建新发展格局，着力推动高质量发展，更好统筹疫情防控和经济社会发展，更好统筹发展和安全，全面深化改革开放，大力提振市场信心，把实施扩大内需战略同深化供给侧结构性改革有机结合起来，突出做好稳增长、稳就业、稳物价工作，有效防范化解重大风险，推动经济运行整体好转，实现质的有效提升和量的合理增长，为全面建设社会主义现代化国家开好局起好步。

三是把握明年经济工作的着力点。中央经济工作会议明确提出，着力扩大国内需求，把恢复和扩大消费摆在优先位置。

四是要把握明年经济工作的基本动力。要从支持房地产、新能源汽车、养老、平台经济、民营经济、进一步深化对外开放这六方面提振消费，扩大国内需求。

蔡进还提到，通过五年的发展，我国物流服务体系已经基本形成。“十四五”期间的物流发展目标不仅仅是量的扩张，更重要的是物流服务能力的提升，就物流技术装备方面来看，“十四五”物流规划重点提到物流数字化、物流智能化以及物流高端化等 3 个方面。

会上，江苏省现代物流协会会长侯普，苏州市物流与采购联合会会长祁絮杨也对大会进行了致辞。来自华为、联想、中国邮政、京东、顺丰、申通、宝洁、可口可乐、美设领荟、天天供应链、富晟供应链、康明斯、福佑卡车、东本储运、南京长安民生、大陆投资、新松机器人、蚂蚁物流等各供应链企业、电商企业、快递企业、汽车物流、冷链物流等各领域关注物流包装的企业和行业协会的多位领导和专家参加了本届大会。

此次大会聚焦物流包装技术应用与创新，旨在推动物流包装产业结构不断升级完善，是推动物流包装标准化、智能化、绿色化、协同化、共享化发展的专业盛会。来自政府主管部门及行业协会有关领导，科研院校资深专家，国内物流包装研发设计、生产、服务、应用等 100 余家企业 200 余名代表到场参会，会议线上观看人数 2500 余人。

2022 第六届全国服装快递快运融合发展研讨会在上海召开

12 月 21 日，由中国物流与采购联合会主办的 2022 第六届全国服装快递快运融合发展研讨会在上海召开，中国物流与采购联合会副会长蔡进出席并致辞。蔡进围绕中央经济工作会议发表讲话，他强调企业要在中央经济工作会议精神中把握服装产业利好的因素，中央经济工作会议总基调是有利于服装行业发展的，主要体现在以下几方面：

第一个，中央经济工作会议提出“稳字当头，稳中有进”，稳增长、稳就业、稳物价。保障经济增长重新回到合理的增长区间。要统筹质的有效提升和量的合理增长，要通过量的不断积累实现质的有效提升，这就给服装产业带来了非常好的宏观环境。第二个，中央经济工作会议提出要把恢复和扩大消费放到优先位置，提升消费能力，创造消费场景，完善消费条件，这对我们的服装产业来讲也是几十年来的机遇，企业应该抓住扩大消费的机会。第三个，中央经济工作会议提出要从制度、法律、政策、舆论上，来保障民营经济和民营企业的权益，扶持民营经济和民营企业的健康发展。服装企业大多为民营企业，这对服装企业来讲是非常利好的因素。第四个，中央经济工作会议提出依托于平台经济去引领发展，增加就业，推动国际竞争能力的提升。平台经济对服装企业来讲应该是非常大的引擎，通过平台经济可以整合碎片化的市场，连接生产和消费，服装行业甚至更为依赖这样的平台企业和平台经济来整合市场，衔接供需，所以平台经济的大力发展非常有利于服装市场进一步活跃。第五个，中央经济工作会议上提出高水平对外开放，积极参与到全球的国际贸易、国际金融的治理体系当中，明年的对外开放应该会更加深入，更加具有质量，更加具有针对性。服装产业是出口的一个大的产业，对外贸易治理体系的提升，对外贸易运营能力的提升对服装出口是非常利好的因素。第六个，服装产业本身的能力不断提升，使得经济在将要好转的过程中间，能够具备条件，具备能力把握这样的机遇。

蔡进表示，整个服装产业都要走融合发展道路，通过数字化的供应链推进服装产业的融合，在融合过程当中实现服装产业供应链的韧性和安全，在融合中形成利益共同体。面对明年不断向好的宏观经济局面，我们要通过彼此之间的融合抓住机遇趁势而上，发展服装产业，并且能够创造好的成绩。

本次会议得到了上海丝绸品牌发展有限公司、乔丹体育、森马集团、爱慕股份、珂卡芙鞋业、佰里科技、璟丰时尚等知名鞋服品牌，菜鸟国际、宝湾物流、海柔创新、宇昊供应链、华企快运、小象回家、宇宏物流、远征物流、欧仓智能科技等物流及装备企业的大力支持。与会嘉宾及代表以“融合共生，韧性成长”为主题，共同探讨服装快递快运融合发展的思路与方向，盘点电商大促中服装物流运营情况并总结经验，交流推广行业创新发展、转型升级的先进技术和管理经验，为服装物流行业相关企业和单位提供了交流学习的平台。

2022 全国汽车物流行业年会在上海召开

12 月 27 日，由中国物流与采购联合会主办，中国物流与采购联合会汽车物流分会承办的 2022 全国汽车物流行业年会在上海召开。中国物流与采购联合会副会长蔡进出席会议，并围绕中央经济工作会议提出的“六个统筹”发表讲话。

一是更好统筹疫情防控和经济社会发展是推动经济社会恢复增长的基本前提。这次中央经济工作会议将“更好统筹疫情防控和经济社会发展”摆在了首位。从疫情本身来说，专家预测，明年 1—2 月流行才能结束。面对这种变化，汽车物流行业需要从发展的角度认真应对，确保有足够的资源储备，为行业产业发展提供有力支撑。

二是更好统筹经济质的有效提升和量的合理增长是提升我国经济韧性发展的关键所在。2023 年我国经济工作要继续坚持“稳字当头，稳中求进”。在经济发展中要把“质”放在“量”之前，突出经济发展“质”的重要性，高质量发展将是我国经济工作的主题。在推动经济高质量发展的同时，继续实现“量”的合理增长。今年的经济增长在 3% 左右，随着疫情的结束，明年会有比较合理的增长，普遍预测明年经济增长大概在 5% 左右。从这方面来看，对汽车物流行业的发展提供了良好的外部环境。

三是更好统筹供给侧结构性改革和扩大内需是实现经济运行整体回升的重要抓手。今年中央经济工作会议明确提出将恢复扩大消费需求摆在更加优先的位置。并明确提出了三大领域：房地产，汽车和养老产业。从这个角度来看，明年要通过汽车产业量的合理增长来促进经济增长，汽车产业是发展经济内需拉动的重点领域，会得到从宏观政策、产业政策等方面的大力度支持，尤其是新能源汽车发展。

四是更好统筹经济政策和其他政策是促进经济提质增速的有力保证。经济政策和其他政策的统筹是促进经济回稳向上的有利保障。经济会议部署了五大政策统筹推进，包括财政政策、货币政策、产业政策、科技政策、社会政策。这对汽车产业来讲也是一样，尤其在产业政策推进过程中提出了要打造现代化的产业主题，其中就包括新能源产业。

五是更好统筹国内循环和国际循环是重塑国际竞争新优势的基础支撑。这是形成新优势的基础支撑。从汽车产业来看，国际化能力在进一步扩大，1 月—11 月我国汽车出口突破 300 万辆，创历史新高，较去年增长 50%，在此过程中将逐渐形成我国汽车产业的国际优势。我国汽车产业应利用并抓住这一契机，占领更多的国际市场，形成更优的国际竞争力。

六是更好统筹当前和长远是推进经济发展长期向好的重要保证。其中，“当前”就是指扩大内需，扩大市场，但从汽车产业来看不仅仅是扩大内需，国际市场的需求也要逐渐去提高占有率。从长远角度来考虑如何提升我国汽车产业的国际竞争优势有 3 个重要方面。第一是数字化。第二是韧性和安全。第三是绿色低碳。所以说“当下”和“长远”要统筹起来，一方面，扩大市场；另一方面，提升我国汽车产业在国际竞争过程中的优势和能力。

会上，中国物流与采购联合会汽车物流分会轮值会长、北京长久物流股份有限公司董事长薄世久为大会致辞。来自全国的汽车生产企业、零部件制造商、汽车物流企业、物流装备企业、研究机构、高等院校的代表相聚上海，年会以“踔厉奋发 共创未来”为主题，围绕物流行业政策、汽车市场情况、物流经验以及物流装备技术创新应用等方面进行了精彩的演讲与热烈的交流。

本次会议得到了一汽物流、上汽安吉物流、长久物流、一汽富晟、中都物流、华通物流、中世国际、牛卡福、玲珑轮胎、中原物流、华清科盛、德真瑞供应链、通汇物流、招商滚装、普田物流、能运物流、科尼科、卖好车、京东产发、文诚恒远、上汽红岩、安博中国、百度地图、聘达人的大力支持。感谢以上单位对本次会议顺利召开做出的贡献！

2022 年第二届长三角冷链物流高峰论坛在上海召开

12 月 28 日，2022 年第二届长三角冷链物流高峰论坛在上海市召开。本届论坛主题为“拥抱内外双循环 端牢中国金饭碗”，由中国物流与采购联合会、上海市商业联合会作为指导单位，上海市物流协会、上海市物流协会冷链分会主办。中国物流与采购联合会副会长兼秘书长崔忠付出席并发表致辞。中国物流与采购联合会副秘书长兼评估办主任杨国栋参加并作主题演讲。

崔忠付对论坛的成功召开表示祝贺，并回顾了过去 10 年间冷链物流产业作为支撑国家经济建设、推动乡村振兴等国家战略实施的重要抓手，在政策环境、标准规范、市场规模、基础设施建设，以及冷链企业发展与行业集中度等方面所取得的一系列翻天覆地的变化。“长三角地区的经济基础决定了冷链物流的发展潜力，这里聚焦了国内最好的一批冷链物流企业，代表了我国冷链物流阶段性发展的最高水平。”崔忠付在致辞中点赞长三角地区冷链物流的发展，并对其今后进一步发展提出 4 点建议：一是进一步发挥长三角相关冷链组织协同力；二是继续完善冷链基础设施体系建设；三是加快区域标准的制定实施；四是注重绿色低碳和数字化。

上海市物流协会冷链分会会长、上海光明领鲜物流有限公司执行董事、总经理董国银为本次论坛致欢迎辞。“在 2022 年新冠疫情特殊时期，我们经历了‘封锁’和‘放开’，冷链作为一个最冷的产业，成了最热的话题，冷链的重要性在疫情中展露无遗。”他指出，在疫情环境下“危”中有“机”，因为基础民生必须保障，而食品市场的供需平衡离不开冷链物流的调和，所以冷链物流可以保持逆势上扬，越来越多的消费者认识到了冷链的重要性。董国银表示，上海市物流协会冷链分会在此期间做了大量工作，包括在疫情期间，积极配合上海市发改委粮食和物资储备局、上海市商务委通关处协调会员单位、江苏及浙江政府资源，三天解决了 1006 个标箱出港区，疏导 11000 多吨 -18℃的库存量，全力支持疏港行动；在上海全市调运车辆吃紧的情况下，积极配合上海市商务委市场体系建设处抢运口罩，配合口罩工厂调运包材；在冷链物流企业复工复产的时候配合市政府出具复工复产指导意见，帮助企业申请金融贷款，并组织有序的发放口罩等等。此外，他还介绍了上海市物流协会冷链分会接下来在四方面的主要工作计划，并表示希望冷链人共同努力，致力于推进行业发展，在“双循环”新发展格局下发挥长三角组合效应，进一步扩大长三角在国际物流供应链体系中的作用。

在 12 月 18 日上午论坛主题演讲环节，先后由四川省内江国际物流港服务中心主任范长广、中国物流与采购联合会副秘书长兼评估办主任杨国栋、福建雪人股份有限公司市场总监陈炜、上海闽泰环境卫生服务有限公司总经理顾祥、上海盛琍发制冷科技有限公司总经理黄礼明、中通冷链副总裁杨帆先后发表了主题演讲。

范长广在演讲中介绍了以制糖业高度发达而闻名的“中国甜食之都”内江市及一些重点产业发

展情况，以及地处成渝两个特大城市几何中心的交通区位优势。他介绍，内江拥有中西部最大的冷链产品消费市场，是成渝两个特大城市蔬菜和冷链食品保供基地。当前，内江正加速构建冷链物流产业链、生态圈，建有 20 万平方米的冻库、气调库，拥有 1600 余家冷链物流经营主体，是物流产业发展的沃土，目标是到 2028 年在川渝冷链市场供给占比达到 1/3。

杨国栋的演讲主题是《冷链物流与评估》。他介绍了当前我国冷链物流整体发展状况及存在的主要问题：截至 2021 年，我国冷链物流总额突破 8 万亿元，冷链物流市场规模达 4586 亿元；冷链物流市场主体超过 3 万家，星级冷链物流企业过 100 家；冷链物流总量达 3.02 亿吨，冷藏车保有量 34.14 万辆，冷库库容 1.96 亿立方米。目前，冷链物流发展主要存在八方面问题：一是规模小、抗风险能力弱；二是设备老旧、技改压力大；三是信息化、数字化水平弱仅维持基本要求；四是融资渠道不畅；五是管理水平缺乏系统性；六是专业化冷链管理人才匮乏；七是企业发展的持续性普遍脆弱；八是网络化布局弱。此外，他介绍了星级冷链物流企业的评估内容、目的和方法，以及在评估工作中看到的问题。

当天上午，论坛最后的对话环节由北京快行线冷链物流有限公司总经理刘培军主持，中通冷链副总裁杨帆、优合集团产业发展中心总经理王飞、上海众萃物流有限公司董事长黄宗荣、普冷国际物流（上海）有限公司董事长虞健民、启橙中国总经理潘炜等与会嘉宾围绕“现代农产品流通的挑战与机遇”的主题各抒己见，开展了热烈的交流与探讨。刘培军提出，当前面对冷链物流市场“僧多粥”少的局面，“卷”是必然的，但在卷的同时还要把服务做好。

虞健民指出，冷链物流面临的三大发展趋势不可避免。一是成本太高，目前的致冷模式、冷库设计等方面均需要改进，并且前提是确保质量不下降。为此，他呼吁冷链业全体同仁共同降本，长三角物流企业团结起来打造冷链新高地。二是过度包装等问题，导致冷链领域存在大量的浪费和污染。三是需要业界共同大规模推进自动化和数字化，包括实现 -18℃以下无人作业等目标，并且应该确立明确的推进时间表，这不仅关系到冷链产业的人文关怀，也因行业普遍面临劳动力短缺的问题。

12 月 28 日下午，分别围绕农产品及餐饮行业的两场主题论坛同期举行，多位农产品、餐饮行业及有关物流企业负责人在论坛上发表主题演讲，且论坛举办方在两场论坛的演讲环节之后均设置了对话环节。其中，主题为《区域一体化冷链保障》的对话由韵达集团上海韵鲜物流科技有限公司总经理牟屹东主持，主题为《“二十条防疫新规”出台后餐饮供应链的发展机遇》的对话由上海众萃物流有限公司董事长黄宗荣主持。

至此，为期一天的第二届长三角冷链物流高峰论坛圆满落下帷幕。在新发展格局下，后疫情时代的物流业必将焕发“第二春”吗？冷链物流业将迎来怎样的发展机遇？如何围绕新发展格局构建国内、国际冷链物流供应链体系？这些问题留待长三角冷链人、更是全国冷链人共同思考。

第二届中国数字化仓库创新（线上）论坛暨 2022 国际数字供应链发展（线上）论坛召开

12 月 28 日，由中国物流与采购联合会主办，中国物流与采购联合会物联网技术与应用专业委员会承办，中国物流与采购联合会物流企业评估办公室、中国物流与采购联合会国际合作部联合承办，葛洲坝集团供应链管理有限公司、六六云链科技（宁波）有限公司协办的第二届中国数字化仓库创新（线上）论坛暨 2022 国际数字供应链发展（线上）论坛召开。

中国物流与采购联合会副会长蔡进线上出席会议，并以《“十四五”现代物流发展规划》为指导，以《中共中央国务院关于构建数据基础制度更好发挥数据要素作用的意见》为纲领，围绕数字化仓库、电子仓单、数字供应链平台集群建设，推动我国数字供应链高质量发展发表主题讲话，并重点就构建数字供应链数据体系提出六项原则。

一是健全政策顶层设计。围绕“数据二十条”不断丰富完善数字供应链数据要素各方面制度体系和配套政策，在中国物流与采购联合会成立“数字仓储分会”，负责打造“1+N”数字供应链电子仓单数据基础制度体系。

二是推进实施试点示范。在有条件的区域和领域开展数字供应链电子仓单数据要素流通使用的试点示范，推动公共数据、企业数据、个人数据合规高效流通使用，赋能实体经济发展。

三是培育数据要素市场。构建多层次、多元化数字供应链电子仓单数据要素市场生态体系，统筹电子仓单数据服务市场体系建设，规范电子仓单数据服务管理，推进电子仓单数据服务平台和数据商功能分离。

四是夯实数据要素基础设施。探索建设全国一体化电子仓单数据要素登记存证平台，推进数字供应链数据要素领域创新平台布局。

五是强化数据要素高质量供给。健全完善公共数据授权运营机制，促进制定公共数据开发利用的政策法规，服务社会公共管理，赋能实体经济发展。学习政策工具箱，支持大型央企国企、大型互联网企业加大数据流通使用，赋能中小企业数字化转型。

六是加强工作整体统筹力度。发挥中国物流与采购联合会行业引领的作用，促进跨地区跨部门跨层级的数字供应链协同联动，定期对电子仓单数据基础制度建设情况进行评估，适时进行动态调整，推动数字供应链电子仓单数据基础制度体系不断丰富完善。构建数字供应链数据基础制度体系，是新时代我国现代供应链改革开放事业持续向纵深推进的标志性、全局性、战略性举措，有利于充分发挥数字供应链数据要素作用，赋能产业链实体经济，推动产业链供应链高质量、韧性发展；有利于做强做优做大数字供应链经济，应对科技革命和产业变革，构筑国际供应链竞争新优势；有利于统筹分配数字供应链效率与公平，推动全民共享数字经济发展红利，促进实现共同富裕；有利于提高数据要素治理效能，助力国家供应链体系和供应链能力的现代化建设。

会上，欧洲采购学院院长 Bernard Gracia、国家发展和改革委员会综合运输研究所所长汪鸣、中国人民大学商学院副院长宋华、深圳前海联合交易中心有限公司总经理董峰、葛洲坝集团供应链管理有限公司董事长姜德华、六六云链科技（宁波）有限公司副总经理张帆、华夏银行股份有限公司产业数字金融部一室主任刘凡分别做了主题分享。

会议期间，全国物流标准化技术委员会秘书长李红梅宣读了《数字化仓库基本要求》《数字化仓库评估规范》两项行业标准化的起草单位与起草人，中物联物联网专委会专家委员会主任、北京工商大学电商与物流学院教授何明珂宣读了中物联数字化仓库（第五批）（第六批）试点单位名单。

会议同期，来自生产、仓储、运输、贸易、电子商务、加工配送、银行、保险、投资、科技、国内陆港、海港、空港物流枢纽城市的开发区、自贸区、物流园区、保税区的管委会、招商局等各领域的政府部门、企业和行业协会的多位领导和专家共同参与，围绕以“数字化仓库、电子仓单、数字供应链平台集群”为主题开设了五场专项研讨会。

本次会议得到了葛洲坝集团供应链管理有限公司、六六云链科技（宁波）有限公司的大力支持，感谢湖南省物流与采购联合会、陕西省物流与采购联合会、江西省物流与采购联合会、安徽省物流与采购联合会、广西物流与采购联合会、四川省现代物流发展促进会、江苏省现代物流协会、河南省物流协会、广东省物流行业协会、新疆维吾尔自治区物流行业协会、重庆市物流与供应链协会、武汉物流协会、厦门市物流协会、沈阳物流协会、湘潭市物流与采购联合会、宝鸡市物流与采购联合会、重庆市商贸物流商会、陕西省物流学会等以上单位对本次会议召开做出的贡献！

国家发展改革委发布 2022 年国家骨干冷链物流基地建设名单

近日，国家发展改革委印发《关于做好 2022 年国家骨干冷链物流基地建设工作的通知》，发布 2022 年国家骨干冷链物流基地建设名单。本次明确的 24 个国家骨干冷链物流基地在健全冷链物流网络体系、保障区域生活物资供应、促进冷链物流与相关产业联动发展等方面具有重要作用。一是空间分布更加优化，有效拓展覆盖范围。24 个基地中，东部地区 8 个，中部地区 4 个，西部地区 9 个，东北地区 3 个，统筹兼顾区域发展，健全完善空间布局，将有力支撑"四横四纵"国家冷链物流骨干通道网络建设，带动冷链物流规模化、集约化、组织化、网络化发展。二是辐射能力更加强大，有效支撑市场供应。相关基地具备良好存量冷链设施条件和较大冷链物流规模，仓储、加工、配送等冷链物流综合服务水平较高，将有力保障京津冀、长三角、粤港澳等主要城市群以及有关地区大中城市冷链物流服务和生活物资需求。例如，保定国家骨干冷链物流基地冷库库容近 300 万立方米，生鲜农产品年周转量约 1100 万吨，西宁国家骨干冷链物流基地辐射范围涵盖西宁、德令哈、格尔木、拉萨、日喀则等城市，对加强区域生活物资供应保障具有重要意义。三是优势条件更加明显，有效带动产业发展。围绕农产品特色产区、进出口重要节点、食品加工产业聚集地冷链产业发展需要，明确一批基础较好、潜力较大的城市建设国家骨干冷链物流基地，有利于加强冷链物流与现代农业、冷链产品加工、商贸流通等产业融合发展，有效扩大中高端冷链物流服务供给，支撑带动相关产业做大做强做优。

《通知》要求，相关省级发展改革部门要会同有关省级部门强化工作合力和政策协同，鼓励引导承载城市人民政府优化政策环境，加大对国家骨干冷链物流基地建设支持力度；相关国家骨干冷链物流基地要结合实际加强功能性补短板设施建设，完善集疏运体系，整合资源优化冷链运行网络，提高基地数字化绿色化发展水平，有效发挥在冷链物流体系运行、生鲜农产品生产流通中的基础支撑和组织核心作用。

2021 年 11 月，国务院办公厅印发《"十四五"冷链物流发展规划》，提出了布局建设 100 个左右国家骨干冷链物流基地的部署。国家发展改革委印发《国家骨干冷链物流基地建设实施方案》，重点依托 106 个城市开展基地布局建设，重点面向农产品优势产区、主要集散地和主销区，打造国家层面的骨干冷链物流基础设施网络，整合集聚冷链物流资源，促进冷链物流与相关产业深度融合、集群发展，为构建新发展格局奠定坚实基础。首批 17 个国家骨干冷链物流基地建设名单已于此前发布，加上今年明确的 24 个国家骨干冷链物流基地，国家骨干冷链物流基地达 41 个，覆盖全国 27 个省（区、市）。

来源：国家发展改革委官微。

国家发展改革委发布 2022 年国家物流枢纽建设名单

为认真贯彻落实党的二十大精神，按照《"十四五"规划纲要》关于"推进 120 个左右国家物流枢纽建设"的决策部署，近日国家发展改革委印发《关于做好 2022 年国家物流枢纽建设工作的通知》，将天津商贸服务型等 25 个国家物流枢纽纳入 2022 年度建设名单。其中，从地区分布看，东部地区 6 个、中部地区 7 个、西部地区 10 个、东北地区 2 个；从枢纽类型看，陆港型 5 个、空港型 3 个、港口型 2 个、生产服务型 7 个、商贸服务型 5 个、陆上边境口岸型 2 个、陆港型及陆上边境口岸型合并建设 1 个。

此次发布的 25 个国家物流枢纽具有三方面显著特征：一是枢纽协同能力增强。有关地方按照枢纽互联成网要求，积极推进城市群物流一体化协同发展，推动枢纽设施共建共享共用，完善物流通道网络和供应链分工体系，培育有机协同的物流产业集群。例如，广州空港型国家物流枢纽依托白云国际机场、综合保税区，建设亚太航空物流中心，加强与广州港口型、佛山生产服务型以及深圳空港型、港口型、商贸服务型国家物流枢纽的协同联动，积极打造服务粤港澳大湾区、辐射全球的航空物流门户网络。成都空港型国家物流枢纽立足打造全球供应链服务节点、区域有影响力的国际物流集散枢纽，强化与成都陆港型以及重庆港口型、陆港型、空港型国家物流枢纽协作，加大要素保障资源整合力度，着力构建双核引领、多点支撑、优势互补、产业联动的协同发展体系，助力成渝地区双城经济圈发展。二是多式联运功能突出。所有枢纽均具备较强的多式联运综合服务能力，除空港型枢纽外其他枢纽均具有铁路专用线或具备铁路运输能力。例如，怀化商贸服务型国家物流枢纽拥有铁路口岸及 10 余条铁路专用线，2021 年货运量 350 万吨，并开通至北部湾的铁海联运班列以及中老、中越等国际班列，提高物流通道网络运行效率。昆明—磨憨陆港型（陆上边境口岸型）国家物流枢纽发挥铁路联运班列作用，开通运行至北部湾的集装箱班列和中老国际班列，助力西部陆海新通道建设。三是产业联动更加紧密。生产服务型、商贸服务型枢纽共 12 个，占比接近一半。相关枢纽与周边生产制造、商贸等产业高效协调、联动发展，协同推进物流基础设施网络与产业组织体系建设。例如，西安生产服务型国家物流枢纽位于西安高新技术产业开发区和西安经济技术开发区内，毗邻电子信息、汽车、装备制造等生产制造基地，服务对象包括华为、比亚迪、陕汽、隆基、杨森等知名制造企业，有效发挥支撑引领实体经济发展效能。蚌埠生产服务型国家物流枢纽服务周边一批中小企业产业园、工业园区和电子商务产业园，涵盖装备制造、硅基生物基新材料等重点发展产业，助力优势产业集群加速形成。

为贯彻落实党中央、国务院关于加强物流基础设施网络建设的决策部署，2018 年 12 月，经国务院同意，国家发展改革委牵头印发《国家物流枢纽布局和建设规划》，在 127 个城市布局建设 212 个国家物流枢纽。2019 年以来，国家发展改革委已牵头发布四批年度建设名单，共包括 95 个国家物流枢纽，覆盖 30 个省（区、市）及新疆生产建设兵团。国家物流枢纽建设目的主要体现在 4 个方面，在“点”上，系统整合存量物流基础设施，减少低水平重复建设和同质竞争，引导物流资源集聚形成规模经济效应；在“线”上，依托枢纽打造跨区域的物流通道，完善区域内集疏运体系，提高干支物流和末端配送一体化运作水平；在“网”上，推动建设国家物流枢纽网络，构建“通道 + 枢纽 + 网络”的现代物流运行体系；在“面”上，发挥枢纽资源集聚和区域辐射作用，带动制造、商贸等产业集聚，与物流融合创新发展，培育经济发展新动能。

来源：国家发展改革委官微。

全球 50 强货运企业排名发布

近日，全球物流业权威刊物 *The Transport Topics* 杂志公布了 2022 年全球货运企业 50 强榜单。中国有 8 家企业进入前 50 名，包括国家铁路集团有限公司、顺丰速运、中国远洋海运集团有限公司（COSCO）、中国外运（Sinotrans）、嘉里物流（Kerry Logistics）和中国台湾的长荣海运（Evergreen Marine Corp.）、阳明海运（Yang Ming Marine Transport）、万海航运（Wan Hai Lines）。

该机构称，虽然新冠肺炎疫情给全球供应链带来的混乱出现了好转局面，港口拥堵已陆续消除，但面对日益攀升的通胀压力和对未来经济下行的预判负面情绪影响下，全球最大的货运运输服务商仍面临着高度不确定性。但无论未来会怎样，全球托运人仍需要继续依赖货运企业为其提供运输服务。

由 *The Transport Topics* 和 *SJ Consulting Group* 联合发布的年度货运企业 50 强榜单，评选出了涵盖卡车和列车及海运和航运企业的佼佼者。前 50 强榜单根据 2021 年企业的货运业务全年营收进行排名，不包括客运服务和其他非货运业务产生的收入。

与往年排名不同的是，2022 年全球货运榜单中不仅包括了基于自有车辆、船只和设备运输货物的自有资产企业，也囊括了为托运人和承运人提供中介服务的第三方物流公司。因此，今年榜单上还首次出现了几家大型货运经纪公司和国际货运代理机构。

排在首位的依然是联合包裹（UPS Inc.），2021 年收入超 972 亿美元，上年也是第一名。紧排其后的是联邦快递（FedEx Corp.）。德国邮政敦豪公司（Deutsche Post DHL）排名第三，比上年前进 3 位。另一个突出的新成员是美国邮政，也首次出现在 50 强榜单中，排名第四。

今年榜单的前 4 席被包裹派送公司占据。中国的国家铁路集团有限公司排在第十一位，顺丰速运排在第十二名。

第二梯队则是全球最大的海运企业。丹麦的马士基和法国的 CMA CGM 分别排在第五位和第六位。中国远洋海运集团排名第七位，2021 年收入超 517 亿美元。

总部位于瑞士的海运和空运货代公司 Kuehne+Nagel International 首次入榜，排名第八，也是榜单中最大的全球第三方物流公司。另一家物流企业丹麦的 DSV 排名第十三位。北美最大的第三方物流货代公司 C.H. Robinson 排第十七位；总部位于西雅图的货代公司 Expeditors International 排在第二十二位。中国台湾的长荣海运排在第二十一位，阳明海运排在第三十九位，万海航运排在第四十一位。

今年新上榜的还有排在第十九位的中国物流公司中国外运，以及排在第二十五位的法国铁路公司。其他新入榜的还有中国的嘉里物流，排在第三十五位。

北美几家最大的卡车公司成为榜单中货运规模最大的运输公司。如零担物流公司 XPO Logistics，排名第二十六位。该公司通过剥离合同物流业务，已转型为纯粹的零担物流服务商。其他北美主要卡车公司还有多式联运运输服务提供商 J.B. Hunt 运输公司（第二十八位），以及加拿大的卡车和包裹递送服务商 TFI International（第四十二位）。北美另一家新上榜的企业是运营独立货运代理机构的 Landstar System（第四十五位）。2021 年，该公司收入增长 58%。

卡车运输巨头 Knight-Swift Transportation 和 Schneider 分列第四十七位和第四十九位，零担运输公司 Old Dominion Freight Line 是排在该榜单最后一位的公司。

总体而言，榜单中的前 50 名囊括了所有主要货运模式的公司。其中 2 家商用航空公司，7 家卡车运输公司，8 家主要提供包裹递送服务，10 家铁路货运服务提供商，10 家第三方物流公司，以及 13 家远洋航运公司。日本有 6 家，法国和德国均有 4 家企业入围 50 强。

来源：《中国邮政快递报》。

（三）上海物流业发展快报、论坛或行业会议讲话新闻稿

1月

浦东国际机场四期扩建工程开工为上海建设国际航空枢纽提供新动能

2022 年 1 月 4 日，浦东国际机场四期扩建工程正式开工，主要包括航站区、飞行区、旅客捷运等六大项目，建成后预计可满足 2030 年浦东机场年旅客吞吐量 1.3 亿人次的需求；11 月 21 日，浦东机场四期扩建工程智能货站项目也正式启动，预计 2024 年 10 月底竣工，将为上海口岸提供每年超过 100 万吨的出入境货物保障能力。

浦东机场四期扩建工程是贯彻落实上海国际航运中心建设“十四五”规划，积极响应国家长三角

一体化发展战略，加快长三角区域互通互联，服务公众高质量出行需求，满足基地航空公司中长期发展和枢纽运营需求的重大项目。

浦东机场四期扩建工程主要包括航站区、飞行区、旅客捷运、市政配套、新东货运区、附属配套等六大项目。其航站区采用航站楼与交通中心一体化设计，实现旅客零换乘的服务目标。

在浦东机场四期扩建工程中，上海机场集团正在构建一套超大工程全流程、工序级、分层式的数字建设体系，对超大、超难工程的高质量建设具有重要引领和借鉴意义。

道路货物《运输“十四五”专项规划》即将公布

1 月 18 日，《道路货物运输十四五专项规划》经市道路运输管理局长办公会讨论通过，不日即将公布。规划共分六章二十二节，对道路货运系统“十三五”发展进行了评估，对“十四五”发展趋势进行了研判，从规划、建设、运行、管理等方面提出了目标和重大发展任务。

“十四五”期间，货运行业将从以下几方面推动行业发展，一是服务国家物流枢纽建设，提升道路货物运输效率；二是激活行业主体发展动能，推进行业专业化建设；三是升级改造货运装备，推动货运车辆绿色化发展；四是提升从业人员素质，改善行业人员从业环境；五是强化行业安全管理，落实安全生产标准化；六是加强道路货运信息化建设，提升道路货运创新服务能力。

上海市物流协会获市政府主管部门嘉奖表彰

2022 年 1 月 28 日，上海市物流协会收到市商务委市场体系建设处专函，对协会在过去一年里为上海物流业和商贸流通业发展所做的工作和贡献予以嘉奖表彰。2021 年，上海市物流协会配合政府主管部门开展行业调研，积极建言献策，落实重点项目，完成指定任务，作出了应有努力。新的一年中，上海市物流协会将在政府主管部门的指导下，发挥桥梁作用和平台服务功能，作出新的成绩。

上海市物流协会发布《关于做好 2022 年春节期间物流企业安全生产和疫情防控工作的通知》

为深入贯彻落实中央、市委市政府有关安全生产和疫情防控工作部署，切实加强 2022 年春节期间新冠肺炎疫情防控，1 月 8 日，上海市物流协会现就物流行业常态化安全生产和疫情防控工作，提出有关要求并通知。

通知要求：

1. 提高政治站位，强化安全和防控意识。各会员企业要提高政治站位，在思想上、行动上始终绷紧安全生产和疫情防控这根弦。要充分认识物流行业的安全高效优质顺畅运行对经济发展和社会民生保障的重要性，进一步加强对企业安全生产和疫情防控工作的组织领导，增强全员安全意识、防控意识，切实做好物流行业和物流企业的安全生产、疫情防控，以一方平安确保全局稳定。

2. 层层落实责任，完善安全和防控措施。各会员企业要层层落实安全生产和疫情防控的企业主体责任，完善安全生产和防疫防控相关管理制度、工作措施，加强对作业现场和车辆设备等的巡检、督查，使企业安全生产和疫情防控得到可靠落实。

3. 抓好疫苗接种，夯实防控基础。各会员企业要积极响应政府关于强化疫情防控的号召，着力推进企业从业人员疫苗接种工作，对凡满足接种加强针条件的人员，要做好宣传动员工作，尽早主动完成接种，增强免疫效果，筑牢防疫屏障。

4. 排查风险隐患，堵绝事故发生。要结合物流行业特点，对重点区域、重点环节、重点部位有针对性地开展风险隐患排查工作。尤其是作业场所、车辆设备、标识标牌、电器和燃气器具、人员配置和持证上岗等相关方面情况是否符合安全生产相关法律法规及规范和标准要求，加强检查频次和力度，做好自查整改，及时消除风险隐患，杜绝事故发生。

5. 做好突发事件应急预案，加强演练和防范。各会员企业要加大安全和防疫的宣传教育力度，完善突发事件应急预案并加强演练，增强全体从业人员安全意识、疫情防控意识和自我保护意识，提高对突发性事件的应变能力和有效控制能力，提高企业风险管理和风险防控水平。

2月

上海邮政管理局与市经信委召开本市快递业与制造业深度融合发展工作推进会

为深入贯彻落实上海市邮政管理局与上海市经济和信息化委员会联合发布的《关于促进本市快递业与制造业深度融合发展的实施意见》，推动本市制造业提质增效和快递业转型升级，打造快递业与制造业融合发展的3.0版，新年伊始，上海市邮政管理局和市经信委联合召开快递业与制造业深度融合发展工作推进会，进行工作思路交流研讨，助力行业高质量发展。

会上，上海市邮政管理局和市经信委聚焦电子信息、生命健康、汽车、高端装备、先进材料、时尚消费品六大上海重点产业，在鼓励制造企业与快递企业开展合作，培育一体化供应链服务能力，打破行业壁垒，创新发展理念等方面进行了深入交流。双方共同表示将做好两业企业的需求对接和资源共享，扎实推进“快递进厂”工作。

上海物流行业协会组织合作联盟举行2022年第一次秘书长联席会议

2022年2月18日，上海物流行业协会组织合作联盟2022年第一次秘书长联席会议在中国银行上海分行会议室召开。参加会议的有联盟成员单位秘书长及所邀方面的代表共30余人，上海组合港管委会办公室航发处处长杨立新出席会议。会议由国际航运中心发展关联协会（学会）联席会议秘书长、上海国际航运中心发展促进会常务副理事长兼秘书长郑在主持。

会上，首先由中国银行上海分行营业部周玲玲总经理团队重点介绍了中央对普惠金融的政策与要求；中国银行上海分行针对交通运输、物流仓储、货运代理（网络货运）、港口航运等小微企业推荐普惠金融具体项目和中行保险的产品推介。

上海国际航运中心发展促进会金融与保险工作委员会副主任委员沈颐辰、邱忆洋分别讲解了普惠金融的政策红利和对内循环经济的利好，以及如何通过专业的科技平台对所惠及的小微企业进行事前、事中、事后的全流程管控，确保普惠金融落地前的可靠，落地后的安全。

会上，各参会的协会秘书长重点围绕“十四五”期间如何更好推进上海物流业健康平稳发展，进行了讨论，积极建言献策。上海市物流协会常务副秘书长陈震通报了参加市有关物流业发展的会议的情况，并就上海物流行业和企业的现状及困惑首先作了交流发言。供应链促进会、港口协会、口岸联合会、地市商会联合会、航空协会、交通运输协会、国际航运促进会、经贸大学、电商协会、道运协会、长三角港航联盟、服务业联合会专委、航保协会、仓配协会、国际货代协会等秘书长（会长）分别就营商环境、园区规划、创新发展、物流标准、物流智能化、中小微企业融资等，充分发表意见，提出了许多很好的建议。会上，参会秘书长还就协会工作进行了交流沟通。

杨立新处长对会议成功举行表示感谢和祝贺，对会议取得的成果表示赞赏，并就长三角交通运输物流和港航联动发展提出了建设性意见。

3月

长三角投资686亿元，铁路助力长三角经济发展

央视新闻3月5日消息，从上海铁路局获悉，今年，长三角铁路建设下达投资计划686亿元，将继续发挥有效投资关键作用，支撑国家重大战略实施，扩大国内有效需求，发挥铁路行业在“六稳”“六保”中的基础性作用。

去年中央经济工作会议指出，我国经济稳中向好，长期向好的基本面没有变，但也面临需求收缩、供给冲击、预期转弱三重压力，加上2022年全球疫情多次反弹，俄乌局势恶化，对全球经济产生不可估量的影响，因此，中央经济工作会议提出“稳中求进、稳字当头”是2022年我国的经济发展的首要目标。

铁路作为国民经济大动脉、国家重要基础设施、大众化交通工具和民生工程，在经济社会发展中的地位和作用至关重要，肩负着神圣使命。中国铁路立足经济社会发展大局，加快铁路建设发展步伐，发挥铁路的促进和带动作用，为经济社会持续健康发展提供可靠保障。

2022年，长三角铁路计划开通17个项目工程建设；确保沪渝蓉高铁上海至南京至合肥段、沪渝蓉高铁合肥至武汉段、通苏嘉甬、合肥至宿迁铁路、宁芜扩能改造等5个项目年内开工建设；扎实做好合肥至宿迁高铁宿迁至泗县段、浦东铁路扩能改造、北仑支线扩能3个项目的前期工作。

近年来，长三角铁路建设每年约在上海、江苏、浙江、安徽提供超过10万个就业岗位，同时还拉动了建筑材料、施工机械和基本能源等需求，提高了上下游产业的就业水平。

长三角经济圈是我国目前经济发展速度最快、经济总量规模最大、最具有发展潜力的经济板块，其经济总量相当于全国GDP的20%。稳定和促进长三角经济发展对我国经济社会发展有着重要的支撑和引领作用。中国铁路建设发挥自身优势，助力长三角经济发展，助推区域发展战略的全面实施，带动和促进相关产业发展，拉动沿线经济增长，保障国民经济平稳运行，更好地服务于经济社会发展。

（李俊）

上海市物流协会发布关于加强物流企业疫情防控工作的指导意见

3月22日，上海市物流协会发布《关于加强物流企业疫情防控工作的指导意见》，内容如下 ：

为贯彻市委市政府关于加强疫情防控工作的重要精神，落实主管部门有关疫情防控的要求，打赢疫情防控阻击战，就当前加强物流企业的疫情防控，提出以下指导意见。

1. 思想高度重视，行动坚决落实。要把疫情防控放在当前工作的首位，一切工作的重中之重。要克服松懈、麻痹、厌倦等思想情绪，做到思想上高度重视，行动上坚决落实，把市疾控办的要求贯彻到企业，落实到一线，守住企业防疫的安全底线，以企业平安确保地区平安，以一方平安确保社会平安。

2. 加强活动管理，做到安全可控。要坚决贯彻市疾控办关于集体类活动疫情防控管理的要求，做到“非必要不举办”。确需举办的也应做到能线上举办的就线上举办，规模能缩小的就尽量缩小，并对计划中的活动进行梳理，能缓办的尽量缓办。对确需举办的活动，规模要严格控制，同时做好防控预案和应急预案，严格落实工作人员疫苗接种全履盖、相关人员核酸检测全履盖、参加人员实名登记全履盖、现场环境和用品消杀全履盖。落实全程佩戴口罩、全员测量体温、全程绿码通行的防疫要求。

3. 推进疫苗接种，构筑防疫基础。疫苗接种是当前防控新冠肺炎疫情最直接、最有效的手段。各企业要加大宣传力度，对符合接种疫苗和加强针条件的员工，做好宣传动员，加强思想工作，积极

推进疫情接种，做到应接尽接，能接尽接，构筑起企业防疫的坚实基础。

4. 落实防疫责任，做好企业防控。要根据当前有关疫情防控新形势、新变化和新的要求，对企业的疫情防控制度进行再完善，疫情防控责任进行再落实。加强对人员、车辆、设备设施、作业场所、公共区域等的防疫措施。教育引导员工不聚集，少外出，做到“三件套”“五还要”，不信谣不传谣。

4月

上海海关出台抗疫情保民生助企业促发展10项措施

据上海海关官网消息，为坚决贯彻海关总署决策部署，全面落实上海市疫情防控工作要求，上海海关将依托跨境贸易大数据平台，继续坚持统筹疫情防控和经济社会发展，全力支持上海打赢疫情防控大仗硬仗，全力助企业促发展，提出以下具体措施：

一、全力保障上海口岸安全畅通

启动人力资源应急保障机制，各业务现场正常受理进出口货物报关、检查等业务，确保上海口岸进出口安全畅通。

二、确保企业问题第一时间响应解决

整合优化12360海关热线、“中国海关信用管理”微信平台、报关单疑难处置专窗、现场业务咨询专线和企业协调员等关企沟通渠道，及时发布各项政策措施，滚动搜集企业问题诉求，推动相关问题“动态清零”。

三、准许企业延期办理部分海关手续

因此次突发疫情原因，导致企业无法按期完成批次进出集中申报、外发加工、保税展示交易、检测维修、手（账）册核销等加工贸易及保税监管业务的，准予延期办理。纳税义务人已申请获批的税款担保临界到期的，可发起线上延期申请。

四、推行海关业务全程网办，最大限度方便企业办事

支持企业通过“单一窗口”或“互联网+海关”在线办理通关申报、报关单位备案等各类业务。确需提供纸质材料的，允许先传输电子版，事后补交纸质正本。推行无陪同查验，试点以远程视频方式实施核查作业。

五、畅通民生物资“绿色通道”，保障国内市场供应

对进口粮食、肉类、水产品、乳品、果蔬、油脂等民生物资实施优先审批、优先查验、优先检测、优先出证；24小时内办结跨境电商零售进口商品海关手续（海关总署另有规定的除外），保障国内市场充足供应。

六、确保防疫物资快速通关，助力防疫产品研发

专人专窗受理新冠肺炎疫苗、治疗药物及其他防疫物资进口通关业务，加快办理卫生检疫审批等手续，确保通关零延时。协同地方加快推进生物医药研发用物品进口“白名单”制度、进出境特殊物品联合监管两项试点，助力防疫产品自主创新研发。

七、支持产业链供应链稳链补链，保障生产资料正常进口

对进口成套设备实施项目制管理、集中受理监管模式，加快设备投产时效。对进口原油、铁矿等重要大宗物资实施先放后检、依申请检验。扩大优化真空包装等高新技术货物的布控查验协同试点。

八、加大出口企业扶持力度，帮助企业拓展国际市场

“一企一策”灵活定制属地查检方案，在企业生产过程中“嵌入式”同步实施现场检查及抽样送检。加大农产品生产加工优质企业的对外注册推荐力度。积极向企业宣传出口目的国（地区）法规政

策，提供技术性贸易措施咨询服务。

九、不断优化跨境贸易营商环境，持续释放改革红利

深化两步申报、两段准入、提前申报和预约申报改革，推广进口货物“船边直提”和出口货物“抵港直装”，持续提升上海口岸能级。做好“联动接卸”模式复制推广，进一步增加长三角区域“联动接卸”对接港口，推动长三角区域物流高效运转。

十、继续坚持“人物同防”，确保“外防输入”不松懈

加强联防联控，从严从紧做好口岸卫生检疫，强化终末消毒监督工作，加强进口冷链食品和高风险非冷链集装箱货物采样监测及预防性消毒监督工作，全力打造立体防控网。同步加强“多病共防”，严防埃博拉、鼠疫、黄热病、拉沙热等重大烈性传染病传入造成疫情叠加。

畅通物流，做好货源组织；集采集配，打通末端配送环节

4 月 6 日上午，上海举行第 145 场新冠肺炎疫情防控新闻发布会，市商务委副主任刘敏出席并回答记者提问。

上海电视台：上海目前仍在继续封控管理中，很多电商平台都抢不到菜了。请问如何保障市民最急需的物资供得上、送得到？

刘敏：当前，本市仍在开展核酸筛查和区域管控，买菜吃饭既是市民群众最关心的事情，也是我们必须要全力以赴保障好的最重要的事情。生活物资保供确实面临着一些困难，比如跨省物流受到疫情影响不够通畅，终端运力不足导致配送不及时。我们正在各方的支持下，努力打通堵点，解决难点，想方设法保障好疫情期间市民群众的基本生活需要。

一方面，畅通物流、做好货源组织。在国家部委的协调下，在兄弟省市的支持下，我们集中力量打通跨省物流堵点，保障生活保供物资能够顺利送达上海。目前，国家发展改革委、交通运输部等出台了保障上海生活物资保供车辆通行的具体措施，商务部也要求相关省区加强对上海生活必需品联保联供的支持，我们在市内外加快建立蔬菜应急保供中转站，开通超市卖场、电商平台沪昆物流专用通道，并与市外主副食品生产基地紧密对接，保障后续本市生活物资供应能够持续供得上。

另一方面，集采集配、打通末端配送环节。当前，生活物资保供面临的最大困难是如何送到每家每户。我们正会同各区，组织各街镇和超市卖场、电商平台等对接，不断完善保供套餐，增加日用生活用品、防疫用品和常用药品的供给。依托第三方城市配送物流企业，积极支持各区建立集采集配、街道领运分拨、居委社区直送到点的三级联动保供体系。同时，我们针对各街镇独居老人等特殊人群，以及封控区域较长的一些小区，充分发挥百联集团、光明集团等兜底保障的作用，全力以赴做好市民的生活物资供应保障，努力打通生活物资配送“最后 100 米”。

对外卖骑手等一线工作人员每天开展 1 次核酸检测和一次抗原检测，结果阴性才能上岗。

《劳动报》网传快递外卖都要停了，是真的吗？对快递外卖小哥是否有相关的防疫举措？

疫情期间，不少市民因封控或筛查居家。能否介绍一下，有哪些事项，市民和企业可以足不出户办理？大数据对疫情防控起到了哪些作用？

刘敏：快递、外卖要停的消息是不实的，外卖平台骑手是本次全市生活物资保供的重要力量，在保障市民生活需求方面发挥了重要作用。目前，本市主要外卖等电商平台每日骑手上岗人数约 1.1 万人。

我们按照市防控办的有关要求，指导督促外卖等电商平台落实企业主体责任，做好各项疫情防控工作。加强对骑手的规范管理，做好岗前防护准备，加强配送环节的个人防护，工作过程中戴好手套、面屏、口罩，做好骑手防护工作。

从今天开始对外卖骑手等一线工作人员每天开展1次核酸检测和一次抗原检测，结果阴性才能上岗。做好“人”“物”“场”同防控。要求外卖电商平台做好各类场所、工具的消杀，组织外卖站点通过随申办APP等申领“场所码”，做好人员健康管理等防控核查工作。同时，做好企业应急处置预案，一旦出现检测异常人员，及时组织相关人员转运和场所消杀，争取尽快恢复运营。

下一步，为进一步提升外卖电商平台运营能力，我们还将组织骑手定点居住、定点服务，释放外卖运力。

上海市关于启用全国统一式样《重点物资运输车辆通行证》

4月18日，由上海市新型冠状病毒肺炎疫情防控工作领导小组办公室颁发的（沪肺炎防控办［2022］404号）文件—“关于本市启用全国统一式样《重点物资运输车辆通行证》相关工作的通知”。此《通知》的颁布，终于拉开了上海企业有序复工复产的序幕。上海本地企业如何进行物资调配，跨省物流运输等，企业复工复产过程中所想了解的物流车辆通行权的问题，《通知》里有具体的描述和操作指引。

长三角省际“通行证”实现互认互通 保障跨省物资运输

为做好医疗物资、重点生产生活物资等重点物资运输保障工作，浙江与上海、江苏、安徽等地已实现省际间“通行证”互认互通。

道路运输是疫情防控中承担物资保障的主要运输方式。为确保往返中高风险地区的民生、医疗和生产等重点物资运输畅通，浙江省建立起通行保障制度。该省实行“通行证”制度，统一疫情防控重点物资运输车辆的通行证样式，由属地进行审核发放。截至4月5日，该省已发放通行证2374张。

浙江省交通运输厅副厅长胡嘉临介绍，与此同时，该省建立起协同联动工作机制：横向建立省级部门沟通协调机制，交通部门会同发改、经信、公安、商务等单位，协调解决不同行业、不同领域重点物资的运输问题；纵向建立省市县三级联动工作机制，强化政策落实和信息畅通，确保物资、车辆等各项保障任务高效落实。

对外方面，浙江建立起省际协调沟通机制，其中重点是长三角区域工作协同，浙江与上海、江苏、安徽建立会商机制，实现省际间“通行证”互认互通，并及时解决跨省货物运输中存在的问题和突发情况。

“为应对浙江疫情防控中局部管控造成的区域性企业运力紧张等问题，我们统筹全省运输车辆资源，储备了900余辆应急运力。一旦有突发情况或紧急运输任务，可进行全省调配。”胡嘉临说。

此外，近一个多月浙江省发生的本土聚集性疫情中，超过九成是由浙江省外输入引起，其中跨省流动的大货车司机等人员成为疫情传播的重要因素。

为落细落实运输闭环管控，该省对货车司机实行闭环管理和服务，从事运输业务需要满足“两码一证”（健康码、行程码和有效核酸检测阴性证明）要求。

浙江明确，原则上对来自中高风险地区的车辆落实“点对点”运输，途中减少停靠，尽量避免与外界接触。在高速公路出入口、普通国省道等主要物流通道进行查验，视情开展抗原或核酸采样，符合要求的快速放行，确保通行效率。

同时，浙江对该省110余个道路货运场站进行全面排摸，加强场内作业管理，在货物堆存、装卸等环节加强防护措施，严格做好场站环境消毒；对有进口货物的严格落实静置期和分区管理制度。

上海铁路局推出海铁联运班列

从中国铁路上海局集团公司获悉，4月1日—16日，铁路到达上海的防疫物资和生活保障物资已达 2054 车、64384 吨。其中生活保障物资 1951 车、63263 吨，防疫物资 103 车、1121 吨。

今年 3 月新冠疫情以来，中国铁路上海局集团公司主动对接地方主管部门和企业运输需求，对医疗、生活等防疫物资运输做到特事特办、急事急办，优化运力配置，开辟“绿色通道”，加强运输组织。

铁路部门推出特快班列、多式联运班列等多种货运产品，高铁快运、普通快运等快运服务产品，以及“点到点”直达列车等个性化运输产品，实行“优先受理、优先配空、优先装车、优先放行、优先卸车”的“五优先”服务措施，让相关抗疫物资尽快运达目的地。

铁海联运最大程度发挥了铁路和海运的运输优势，提高了运输效率，降低了运输成本，有力的保障了货物贸易通道的畅通，保证了民生物资以及抗疫物资的供给，对有效应对疫情、稳定进出口贸易、有序恢复社会生产生活秩序发挥了重要作用。中国企业“走出去”不仅仅只是愿望而是成为现实，在国家“一带一路”倡议下的“21 世纪海上丝绸之路”中，外向型出口加工经济作为主导，“海铁联运”运输方将会成为绿色交通体系的重要组成部分。

“长三角重要物资应急保供中转站”完成首次货运交接

从上海市经济和信息化委员会获悉，4 月 18 日，经浙江省、江苏省、上海市全力协同，长三角重要物资应急保供中转站（浙江—上海）正式投运。这批中转站将推动省际重要生产物资进站流通，打通长三角区域货运“血管”，实现产业链供应链物资跨区域互联。

18 日中午，首辆货运车从上海嘉定安亭中转站驶出，经高速道口核验身份信息、通行证与核酸情况，在交警引导下，下午两点顺利抵达杭州中转站，进入站内消杀、装货并进行抗原核酸双检，下午 5 点，货车返回安亭中转站进行无接触卸货，在满足疫情防控要求的前提下，顺利完成首次货运交接任务。

根据要求，长三角重要物资应急保供中转站全程落实闭环管理与“无接触”交货，每个站点占地约 5000 平方米，每天可以保障 30 台 20 吨以上车辆的中转需求，通过货物中转接驳的方式消除疫情传播风险，保障物资运输畅通，有效助力区域产业链供应链稳定运行。中转站按照疫情防控有关规定，坚决做到“四定五即”，采取“定人、定车、定路线、定企业”的运输管理方案与“即停、即卸、即检、即装、即走”的中转管理方案，确保“人、货、车、库”安全有序。

由上海市经信委牵头，上海市发改委等多个委办局与属地政府协同对接，上汽集团安吉物流有限公司承担建设与运营的中转站，首批共 6 个，目前已建成 4 个，其中上海 2 个，分别位于嘉定区、闵行区；浙江 2 个，分别位于杭州市、宁波市；江苏 2 个在建中。

上海市商务委发布关于办理上海市商贸物资和生活物资企业《重点物资运输车辆通行证》的通知

各有关单位：

为做好本市货运物流疫情防控和保通保畅，贯彻落实《国务院联防联控机制综合组交通管控与运输保障专班关于全力做好货运物流保通保畅工作的通知》（交运明电〔2022〕81 号）和《关于本市启用全国统一式样〈重点物资运输车辆通行证〉相关工作的通知》（沪肺炎防控办〔2022〕404 号），现将办理上海市商贸物资和生活物资企业《重点物资运输车辆通行证》（以下简称《通行证》）有关事项通知如下。

一、办理范围

商贸物资和生活物资企业可以为自有车辆和驾驶员或其承运商车辆和驾驶员申请《通行证》。

二、办理程序

（一）商贸物资和生活物资企业将申请材料、企业承诺书报送至市商务委或区商务主管部门，经审核后纳入白名单信息库，白名单动态调整。

（二）车辆和人员信息纳入白名单后，驾驶员申请人实名登陆并通过“随申办”APP或“随申办”微信和支付宝小程序针对每一次运输任务进行申请，打开“办事”频道，进入“上海市重点物资运输车辆通行证”服务入口。进入申请页面前，驾驶员必须阅读并确认“通信行程卡绿色带＊号的驾驶人员，需在车辆到达目的地24小时以前，向目的地收发货单位主动报备车牌号、计划抵达时间以及司乘人员姓名、身份证号、手机号码等信息（对于持有《通行证》的货运车辆还需同时报备《通行证》）。”

如遇外省市核酸检测信息延迟，驾驶员可自行上传由核酸检测机构出具的阴性检测报告和检测时间进行承诺，如后续检测信息与上传信息不符，人员列入黑名单。

（三）申请符合条件的，生成本市电子《通行证》，同时生成全国统一式样《通行证》PDF版本，企业可打印使用，电子证和纸质证具有同等效力。

三、申报材料

申请纳入白名单的商贸物资和生活物资企业须提交以下材料：

（一）重点物资运输车辆通行证企业承诺书（附件1）；

（二）重点物资运输车辆通行证信息表（附件2）；

（三）司乘人员48小时内核酸检测阴性证明；

（四）司乘人员健康绿码；

（五）司乘人员无异常通信行程卡。

申请材料通过电子邮件发送至各区商务主管部门、市商务委相关部门电子邮箱（附件3）。

四、证件管理和时效

（一）《通行证》可用于本市内和跨省通行。市内通行证制度维持现状，但不可用于跨省通行。外省市车辆持有全国统一式样的《通行证》也可在本市市内通行。《上港集团防疫通行证》制度根据《关于切实做好上海港集疏运保障工作的紧急通知》（联防联控机制综发〔2022〕41号）贯彻执行，维持不变。各政府部门发放的通行证在有效期内可继续使用。

（二）《通行证》必须人车证相符，一证只可用于一条运输线路，如从事线路不变的重复业务，证件可在有效期内反复使用，如线路发生变化，驾驶员必须注销当前电子证照后方可为新的运输任务申请新证。

（三）当司乘人员健康码码色异常或48小时内核酸检测结果超过48小时有效期时，《通行证》立即失效，需重新申请。

五、防疫管理要求

（一）货车行驶至目的地高速公路出入口等防疫检测点时，司乘人员要配合接受检查，体温检测正常且48小时内核酸检测阴性证明、健康码、通信行程卡符合要求的（对于持有《通行证》的货运车辆还需查验《通行证》），方可通行；还要接受当地防疫管理，如防疫检测点至目的地实行闭环管理、点对点运输，或由收发货单位或所在社区（乡镇）派人批量引导货车至目的地，装卸货后立即返回，并严格落实健康监测和核酸检测等疫情防控措施。如短时间内不离开的，应严格执行当地疫情防控要求。

（二）《通行证》以谁申请谁负责、谁发放谁管理为原则，对司乘人员违反当地防疫要求的，我委接本市卫生防疫部门通报后，将车辆和驾驶人员信息列入黑名单（黑名单库全市后台共享）不再予以生成《通行证》。

附件：1. 重点物资运输车辆通行证企业承诺书

2. 重点物资运输车辆通行证信息表

3. 市商务委联系人

4. 各区商务部门联系人

来源：2022 年 4 月 22 日 上海市商务委员会。

5月

上海市物流协会学会等联合举行线上复工复产及后疫情时代上海物流企业发展论坛

2022 年 5 月 23 日下午，上海市物流协会和上海市物流学会、宁波银行上海分行、中因律师事务所共同以线上形式举办“复工复产及后疫情时代上海物流企业发展论坛”，交流探讨在当前全力推进复工复产复市复商形势下的物流发展之策，努力为行业作示范引领，为企业献计献策，这是 4 家单位首次借助于互联网以线上形式与企业和智库就物流行业企业如何加快复工复产进行的专题研讨。参加线上论坛的有上海市物流协会常务副秘书长兼学会秘书长陈震、协会副秘书长张悦来、固晨曦，上海市物流学会副秘书长张三敏，宁波银行上海分行零售公司部总经理陈琼娟，中因律师事务所主任律师解冰。论坛吸引了来自本市物流企业、互联网企业、金融机构和高校教授专家共 300 多人参加。

论坛由中国物流学会副会长、上海市物流学会副会长、上海第二工业大学博导教授郝皓主持。

论坛上，东方国际物流集团执行董事陈云亮介绍了企业在疫情下坚守运营的经验；云峰国际物流（上海）公司市场部总经理邵炜峰报告了企业同心战“疫”一起守“沪”的事迹；中因律师事务所主任律师、协会法务部部长解冰就复工复产法律护航提出了建议；宁波银行上海分行零售公司部总经理陈琼娟以复工复产金融助力为题发布了金融服务和产品推介；上海百税税务师事务所总经理李英对复工复产形势下的税务政策和税收优惠进行了详尽解说；海康威视上海业务中心总监高可以“复工复产无人哨兵”为题作了演讲；中国联通上海市分公司交通物流事业部技术总监沈文涛就“助推物流行业复工复产常态化疫情防控”专题作了交流；论坛最后由复旦大学上海物流研究院博士后、副教授刘建林以“提高韧性应对不确定性，疫后物流企业发展思考与展望”为主题，从理论与实践的结合进行了深入浅出的阐述。

论坛 8 位嘉宾的精彩演讲主题鲜明，对接当前大力推进复工复产的形势任务；内容丰富，切合行业和企业复工复产疫情防控的实际需求；虚实结合，学习借鉴和可操作性较强。引起了线上线下热烈共鸣，互动不断，得到了参会代表积极评价和充分肯定。

上海重振行动“50 条”，助物流企业复工

“社保缓缴、减税降费、租金减免等措施是对物流中小微企业渡过难关直接的保障，可以减少货运企业和快递加盟网点的压力。而免征增值税则对上市物流公司的利润指标有利好影响。”有物流专家如此表示。

5 月 29 日，上海市政府公布《上海市加快经济恢复和重振行动方案》（以下简称称《行动方案》），《行动方案》共包括 8 个方面、50 条政策措施。

在物流方面的扶持上，《行动方案》指出，将加快落实国家出台的货运扶持政策，2022 年 5 月

1 日至年底，对符合条件的快递收派服务收入免征增值税，用好再贷款资金支持交通运输、物流仓储业融资。为各类市场主体纾困解难方面，《行动方案》指出，对民航、公路水路铁路运输等特困行业，从 4 月起阶段性缓缴社会保险费单位缴纳部分。在发放援企稳岗补贴方面，对交通运输等受疫情影响严重的困难行业，不裁员少裁员的，按照企业申请时上月按规定缴纳城镇职工社会保险费人数计算，给予每人 600 元一次性稳岗补贴，每户企业补贴上限 300 万元，鼓励企业稳岗留岗。此外，在全面有序推进复工复产复市，《行动方案》提到扩大企业防疫和消杀补贴范围，在对机场港口、冷链等相关企业落实已有补贴政策的基础上，2022 年对物业服务、邮政快递等行业防疫和消杀支出，给予分档定额补贴。鼓励各区对复工复产复市企业疫情防控支出，按照实际运营规模给予分档定额补贴。“上海市本次推出的一系列扶持政策，在快递企业防疫、消杀等方面明确将给予指导、补贴，无疑会有力促进快递企业特别是中小网点提升复工意愿、降本防疫成本、抬高合规水位，让快递烟火气更快回归。”申通快递相关负责人说，快递业公共性强、业务量大，快递小哥冒疫奔忙、走街串巷，每天为大量市民提供服务。随着 618 大促第一波快递高峰将于 5 月 31 日晚 8 点启动，加快织密快递人员防疫网具有重要的社会意义。更大程度减缓物流企业资金压力“一系列行动方案里，防疫消杀补贴这个是实实在在地给企业节省成本。尤其对于一些加盟商而言，防疫补贴范围的扩大也让能他们的复工意愿更强。”申通快递相关负责人表示，现在业务量整体还是比较低的，而防疫的要求比较严格，加盟商复工就是亏，所以没有特别大的意愿。而对于总部和转运中心而言，各项补贴能够实现降本，帮助后续的经营实现减负。“这些政策的出台主要还是从减缓企业资金压力层面，帮助企业度过资金困难。”安能物流相关负责人说，留抵退税和增值税免征，可以显著减缓和降低物流企业的资金压力。稳岗补贴则可以降低企业用人留人成本，创造和稳住就业。而防疫消杀补贴，能够帮助企业降低配合疫情防控产生的而外成本。在政策方面，专家表示，希望未来政策端在对末端网点和快递员的保障补贴上能有更大力度。圆通相关负责人表示，退税减税、防疫定档补贴等政策，将助力快递企业提升网络稳定性、推进复工复产。而对于网点和基层员工的保障，是加快物流企业全面恢复的重点。

加速打通产业链物流保供《行动方案》提到，将逐步推动交通物流行业复工达产，长三角产业链供应链互保机制，共同保供强链。在畅通国内国际物流运输通道方面，《行动方案》指出，加快推广使用全国统一互认的通行证，提升跨省运输中转站运行效率，推广无接触物流方式，提高货运通行效率。严格实施港口、机场防疫生产保障措施，优化提货方式和口岸检疫流程，保障产业链供应链和航运物流有序运转。

专家表示，在现有政策下，最关键的还是下一步物流能否完全正常通行，不设置障碍。通行完全运转起来，叠加政策利好以及 6·18 下消费的刺激，整体物流企业的经营业绩会有向好的恢复趋势。

在全力发挥投资关键性作用方面，《行动方案》提到积极扩大有效投资，加快项目前期工作，支持铁路大通道、轨道交通网络、航空枢纽、港口、能源、内河航道、水利、地下综合管廊等基础设施重点项目加快开工建设，在项目审批、要素保障等方面加大支持力度。

据了解，江南造船在 4 月 23 日开始进行复工复产压力测试，也取得了一些生产的进展，实现了几个节点。中国船舶集团旗下江南造船相关负责人介绍，“造船行业是劳动密集型行业，前期为了尽快在符合防疫政策要求下复工复产，我们挖掘厂内资源，成立了厂区临时住宿点管理和保障专班，确保返岗人员基本的生活条件，但是毕竟资源限制，能接回的员工是有限的。

江南造船相关负责人还表示，“造船业的另一个特点是全球供应和技术合作。疫情导致的供应链技术链的阻断，给我们的生产带来了很大困难，我们之前都是通过线上技术交流和远程调试或者开展自主调试，但只能解决有限的问题。

“这次上海市出台的各项举措，对我们来说是雪中送炭。”江南造船相关负责人表示，此次举措不仅可以助推企业加快全面复工复产，降低复工复产成本。可以帮助打通产业链和供应链堵点、痛点。此外，还能够帮助解决与改善员工后顾之忧和生活困难，提升员工复工复产的积极性和主动性。

6月

上海市物流协会上海市物流学会厦门银行上海分行等联合举行线上复工复产金融支持政策及产品解读讲座

2022 年 6 月 7 日下午，上海市物流协会和上海市物流学会、厦门国际银行上海分行共同以线上形式举办“复工复产物流先行、抗疫助企金融行动、助企复工金融支持政策及产品解读讲座”，交流探讨上海全力推进复工复产复市复商形势下的政策支持以及金融纾困政策与产品解读，努力为物流企业复工复产提供政策和金融产品支持。上海市物流协会常务副秘书长陈震、副秘书长张悦来、厦门国际银行上海分行交易银行部助理总经理赵聪、厦门国际银行上海静安支行总经理李博文、助理总经理孙义斌参加了本次线上讲座。论坛吸引了来自本市物流企业、信息技术企业、金融机构和律师事务所的领导、嘉宾共 100 多人参加。

讲座由厦门国际银行上海静安支行助理总经理孙义斌主持，上海东泽国际物流有限公司副总经理史庆新介绍了企业在疫情期间和复工复产期间遇到的困难以及在疫情期间坚守运营的努力；厦门国际银行上海分行交易银行部助理总经理赵聪以“上海复工复产支持政策及金融纾困产品解读”为主题对复工复产期间政府及金融监管部门对物流行业的支持政策进行了详细解读，并就厦门国际银行为协会成员单位定制的专属优惠产品进行了介绍。宣讲设置了与会嘉宾交流互动环节，参会嘉宾就金融纾困产品细节、复工复产支持政策落地方案、企业遇到的难点痛点及解决方案等内容进行了热烈讨论。

活动嘉宾的精彩演讲主题鲜明，对接当前大力推进复工复产的形势任务；内容丰富，切合行业和企业复工复产疫情防控的实际需求；脚踏实地，落实到政策和金融产品的落地细节。引起了线上线下热烈共鸣，互动不断，得到了参会代表积极评价和充分肯定。

全球最大超大型集装箱船 全国首艘江海联运型 LNG 船等高端航运装备在上海交付

2022 年 5 月 26 日，中国船舶集团旗下沪东中华造船（集团）有限公司联合中国船舶工业贸易有限公司建造的 8 万立方米液化天然气（LNG）运输船“传奇太阳”号，在长兴造船基地命名交付。“传奇太阳”号是全球最大浅水航道第四代船型，也是我国首艘江海联运型 LNG 船。

5 月 26 日，中国船舶集团旗下沪东中华造船（集团）有限公司联合中国船舶工业贸易有限公司建造的 8 万立方米液化天然气（LNG）运输船“传奇太阳号”，在长兴造船基地命名交付。“传奇太阳号”是全球最大浅水航道第四代船型，也是我国首艘江海联运型 LNG 船。

“传奇太阳号”长 239 米，宽 36.6 米，入级美国船级社（ABS）。该船是全球同级别舱容 LNG 船中设计吃水最浅的，可通江达海，适航性强，尤其在枯水季节也能进入我国长江、珠江流域，服务区域广。该船具有灵活的转运兼容性，可实现从 3 万立方米小型 LNG 船到 17.4 万立方米大型 LNG 船范围之间的液货转运。

2022 年 6 月 22 日，中国首艘、全球最大 24000TEU 超大型集装箱船在沪东中华造船（集团）有限公司签字交付。这是沪东中华自 2020 年 9 月完工交付中国首创全球首艘 23000TEU 双燃料动力超大型集装箱船后，在顶级超大型集装箱船建造领域取得的又一重大突破。

一系列高端航运装备的交付，折射出上海国际航运中心的“硬科技”实力不断提升。

中国首艘全球最大24000TEU集装箱船在中国船舶集团有限公司旗下沪东中华造船（集团）有限公司签字交付。这是沪东中华自2020年9月完工交付中国首创全球首艘23000TEU双燃料动力超大型集装箱船后，在顶级超大型集装箱船建造领域取得的又一重大突破，创造了中国船舶工业新的里程碑。

据悉，这艘船的甲板面积，就能够达到2.4万平方米，计算下来，可以安放2.4万个标准集装箱，堆起来可以有22层楼高。

一系列高端航运装备的交付，折射出上海国际航运中心的“硬科技”实力不断提升。

交通运输部：上海市物流运输加快复工复产

6月27日消息，今年3月以来，上海遭受了疫情冲击，物流运输也受到了严重影响。在6月27日上午的国新办发布会上，交通运输部运输服务司司长蔡团结介绍了目前上海市物流运输的恢复情况。

蔡团结表示，两个月来，在各部门、上海市及周边省份的共同努力下，上海市物流保通保畅工作取得了重要阶段性成效，物流运输加快复工复产：

从公路交通网络运行情况看，上海市对外公路动脉畅通、城市道路无阻隔。104个高速公路收费站、高速公路24个服务区全部对外开放。高速公路货车流量已恢复至疫情前正常水平。上海港、浦东机场集疏运畅通。

从水运港口运行情况看，上海港始终保持24小时正常作业。6月以来，集装箱日均吞吐量达到12.6万标准箱，恢复至去年同期的95%以上。其中，6月18日单日最高达14.25万标准箱，创下本轮疫情以来的新高。

从民航运输运行情况看，浦东机场近一周日均保障货班起降232架次，进出港货量9 267吨，基本恢复至正常水平。其中，6月18日货物吞吐量首次超过万吨，达到10 159吨。

从铁路运输运行情况看，6月1日起上海地区北郊、杨浦、闵行等15个铁路货场已恢复常态化运营。6月以来日均发到1 700车左右，较疫情期间增幅30%；6月份共安排4列中欧班列开行计划，恢复到疫情前每周一列的常态。

从邮政快递运行情况看，6月上半月，邮政快递日均揽收、投递共1 815万件，已恢复至疫情前的九成左右。

沪通铁路吴淞口长江隧道工程建设取得新进展!

近日，由隧道股份上海隧道承建的沪通铁路吴淞口长江隧道工程迎来重要节点。在长江畔的盾构始发井内两台直径10.69米国产大直径盾构机“沪驰号”“通骋号”胜利始发，并肩踏上驰骋之路。

据了解，沪通铁路项目是国家中长期铁路网规划中沿海铁路通道的重要组成部分。建成通车后将填补上海东部地区干线铁路的空白。其中，由隧道股份上海隧道承建的沪通铁路吴淞口长江隧道工程线路全长7.2千米，将创下国内三项“第一”，分别是国内第一条软土地区盾构法客货共线铁路隧道；国内第一条穿越长江和黄浦江的铁路隧道、国内第一条全封闭内衬的盾构法隧道。

在建设过程中，“驰骋兄弟”将并肩攻克四大难关。

7月

2022新华 · 波罗的海国际航运中心发展指数报告》发布 上海保持全球第三

2022年7月11日，《新华•波罗的海国际航运中心发展指数报告（2022）》在沪发布。上海以82.79的总得分排名第三，进一步缩小与新加坡、伦敦的差距。软硬实力互动并进 上海综合竞争力与日俱增。业内专家指出，疫情全球扩散叠加港航业数字化转型浪潮，国际航运市场的波动性进一步加剧，上海国际航运中心肩负着保障生产生活物资运送和产业链供应链畅通的重任。

自2020年首次跻身前三名以来，上海国际航运中心的国际地位日趋稳固，航运资源高度集聚、航运服务功能健全、航运市场环境优良、现代物流服务高效，全球航运资源配置能力不断增强。

2014年，中国经济信息社联合波罗的海交易所推出了“新华•波罗的海国际航运中心发展指数”，逐渐成长为全球港航业的风向标和晴雨表。在指数持续发布的第9个年头，项目组根据行业最新趋势适当调整指标体系，最新一期指数包含3个一级指标，16个二级指标，并首次发布全球二十大国际航运中心榜单，务求全面反映国际航运中心城市的综合发展水平。

最新结果显示，2022年国际航运中心城市排名前十依次是新加坡、伦敦、上海、香港、迪拜、鹿特丹、汉堡、纽约－新泽西、雅典－比雷埃夫斯、宁波舟山。与往期相比，整体排名的变化幅度较小。一方面，领先的国际航运中心城市的航运资源集聚与配置能力已逐步沉淀，进入相对稳定的阶段性格局；另一方面，受疫情影响，大批港口码头的建设项目进展较慢。

8月

上海市发改委和上海市物流协会举办 “十四五”现代物流相关规划政策及行业基本走向解读会

2022年8月23日下午，市发改委和上海市物流协会以线上视频方式举办“十四五”现代物流相关规划政策及行业基本走向解读会。

出席会议的有中国物流与采购联合会贺登才副会长，市政府主管部门的负责人，上海市物流协会浦静波会长、陈震常务副秘书长，上海现代服务业联合会物流与供应链专委会范鸿喜名誉主任、韩志雄常务副主任兼秘书长，上海航运中心发展促进会郑田卫秘书长助理等领导。参加会议的还有上海物流业各行业协会的代表、重点物流企业代表、高等院校物流研究机构专家教授等，线上参会人数达300余人。

会议主会场设在中因律师事务所多功能厅，市发改委产业发展处三级调研员朱思民主持了会议。会议特邀“十四五”国家发展规划专家委员会成员、中国物流与采购联合会副会长、中国物流学会秘书长贺登才作演讲嘉宾，为大家解读国家关于“十四五”期间推动现代物流业发展的各项规划和政策文件精神。贺登才副会长在北京以视频方式、从我国现代物流发展的新阶段、“十四五”现代物流相关规划概要、贯彻“十四五”规划的对策建议、新阶段物流业发展的基本走向等方面，作了长达一个半小时的精彩演讲和精准解读，使大家更加全面准确了解和掌握国家关于“十四五”期间现代物流业发展的方向、布局、路径和重点，自觉在国家产业规划和政策引导下，补短板，强弱项，推动本市物流业实现更高质量的发展，更好服务经济社会和城乡民生需求。会上进行了互动交流，参会企业和高校分别就物流标准化、物流数字化和物流无人设备的问题提出了咨询，贺登才副会长从宏观和微观的结合进行了解答。贺会长的演讲和解答受到了参会代表的热烈欢迎和高度评价，大家希望类似的政策解读能定期组织开展。

中物联发布
2022年度中国物流企业50强、民营物流企业50强的通告
上海数十家物流企业入选

2022年8月29日，中物联发布关于发布2022年度中国物流企业50强、民营物流企业50强的通告，上海数十家物流企业入选。

根据国家发展改革委、中国物流与采购联合会《国家发展改革委关于进一步加强社会物流统计工作的通知》的要求，中国物流与采购联合会组织实施了重点物流企业统计调查，根据调查结果提出了2022年度中国物流企业50强、民营物流企业50强排名。

50强物流企业2021年物流业务收入合计19444亿元，按可比口径计算，同比增长47%。50强物流企业门槛提高到61.6亿元，比上年增加21亿元。

民营50强物流企业物流业务收入合计7321亿元，同比增长33.7%。民营50强物流企业门槛15.2亿元，比上年增加4.5亿元。

上海二工大郝皓教授同时荣获中国物流与采购联合会
科技创新人物奖与科技进步奖

2022年8月24日，由中国物流与采购联合会与哈尔滨市人民政府共同主办的第十五届全国现代物流科技创新大会暨中国物流与采购联合会科学技术奖颁奖典礼于哈尔滨市举办。上海二工大郝皓教授荣获“中国物流与采购联合会科技创新人物奖”，同时他和林慧丹、许肇然老师带领王信洋、程艳瑾等研究生完成的科技项目“基于城市安全的新能源汽车废旧动力电池智能逆向物流平台”经层层评审，喜获“中国物流与采购联合会科技进步奖二等奖”。

“中国物流与采购联合会科学技术奖”（国科奖社证字第0059号）始于2002年，是依据国务院《国家科学技术奖励条例》，经国家科学技术奖励办公室批准设立的全国性科学技术奖，旨在奖励全国物流与采购以及生产资料流通领域中的技术发明与科学技术进步成果，由中华人民共和国科技部唯一认定授权并登记备案。

9月

上海临港自贸区推广燃料电池重卡和通勤客车

近日，上海市交通委员会等十部门联合发布《关于支持中国（上海）自由贸易试验区临港新片区氢能产业高质量发展的若干政策》（简称《政策》）。根据《政策》，上海将支持临港新片区加快打造氢能产业发展高地，加大燃料电池汽车示范项目政策对重卡、通勤客车的支持力度，支持临港新片区加快推广应用燃料电池重卡、通勤客车等。

上海将引导新增或更新的通勤客车选用燃料电池车辆，优先支持临港新片区扩大燃料电池通勤客车的应用；支持建设燃料电池汽车规模化运营平台，鼓励探索融资租赁等商业模式创新；支持洋山港区、东海大桥等区域开展氢能示范应用，加大氢能在港口固定式装卸机械设备、流动式装卸运载设备和水平运输车辆等多个场景的覆盖，推进港区加氢站规划建设，建设领先的绿色、智慧氢能综合性示范港口。

《政策》明确，上海将规划建设氢贸易基地，支持在洋山深水港区、南港、滩涂等未利用地、近海水域等研究建立氢能（富氢载体）船舶输运码头和储运氢基地，探索将临港新片区打造成为国内外重要的氢贸易基地；用好上海氢能产业发展综合协调机制，分别依托新能源汽车、能源、战略性新

兴产业等已有的工作机制，协调解决临港新片区氢能产业发展重大问题，积极争取国家支持，在政策突破、项目落地、招商引资、安全监管等方面率先开展先行先试，推动临港新片区氢能产业高质量发展。

上海出台《上海市智慧高速公路建设技术导则》

近日，市交通委、市道路运输局印发了《上海市智慧高速公路建设技术导则》（以下简称《导则》）。

作为本市首个智慧高速建设相关导则，积极响应了《交通强国建设纲要》《数字交通发展规划纲要》《长江三角洲区域一体化发展规划纲要》等国家战略布局，《导则》中明确了上海智慧高速总体发展目标和发展要求，创新提出了 L1 ～ L4 的智慧高速建设等级，规范了本市智慧高速建设的整体架构。横向比较了浙江、江苏、山东等多个省市智慧高速相关指南和团体标准，广泛征求交通部、市相关部门、行业单位、新兴企业等意见，并总结了本市智慧高速公路在建工程的试点情况、研究成果和实践经验，最终形成了一套适用于本市的智慧高速建设技术体系。

《导则》的发布，将指导和推动“十四五”期间本市智慧高速建设，完善本市智能交通标准体系，形成具有全国引领示范的“上海经验”。下一步，将组织开展行业宣贯，指导和推动“十四五”期间相关工程建设，同时启动编制《上海市智慧高速公路建设技术规范》（暂命名），并积极参与到部、市相关标准的编制工作中。

本市首份《市域铁路初期运营前安全评估标准》完成行业验收

市域铁路作为交通建设工程的新兴业态，全国范围内尚缺乏初期运营阶段的工程标准规范支撑，为填补该领域标准体系的空白，市交通工程建管中心于今年初启动上海市工程建设标准《市域铁路试运营基本条件标准》制定项目，在行业管理部门和参编单位共同努力下，目前该标准已完成行业验收。

自 2022 年一季度启动该标准编制项目以来，市交通工程建管中心全程强化落实，有序推动项目开题、中期评审、意见征询、质量考核等工作顺利开展，并于 8 月底组织召开《市域铁路试运营基本条件标准》（拟更名《市域铁路初期运营前安全评估技术标准》）征求意见汇总稿评审会。经来自市交通委、市住建委及市市场管理总站的有关专家评审，一致认为该标准内容完整、结构合理、具有适用性和可操作性，符合标准编写规范，予以通过行业验收。与会专家还以此次评审会为契机，开展现场办公，就该标准的流程设置以及和相关法律法规及标准规范之间的关系进行深入研讨交流，致力于市域铁路建设规范有序地发展。

下一步，市交通工程建管中心将在督促该项标准文本调整完善基础上，前瞻性地筹划市域铁路相关动态验收标准编制工作，为机场联络线在 2024 年建成通车提供专业技术上的服务保障。

圆通速递有限公司获评“全国和谐劳动关系创建示范企业”

近日，中华全国总工会等部门联合印发《关于命名全国和谐劳动关系创建示范企业与工业园区的决定》，圆通速递有限公司获评“全国和谐劳动关系创建示范企业”。

近年来，上海市贯彻落实习近平总书记关心关爱快递小哥重要指示批示精神，充分发挥党建引领作用，推动《关于做好本市快递员群体合法权益保障工作的实施意见》落地实施，鼓励快递企业建立工会组织，推进民主管理，构建和谐劳动关系，切实保障快递员群体合法权益，促进本市邮政快递业持续健康发展。

圆通表示要珍惜荣誉，再接再厉，立足新发展阶段、贯彻新发展理念、构建新发展格局，踔厉奋发、笃行不怠，着力丰富创建内容，创新工作思路和方法举措，积极总结推广成功经验和模式，团结动员职工同心同向同行，努力构建规范有序、公正合理、互利共赢、和谐稳定的劳动关系，充分发挥先进典型示范引领作用。

10月

第六届“云丰杯”全国绿色供应链与逆向物流设计大赛圆满落幕

2022 年 10 月 22 日，由上海市物流协会和上海市物流学会参与主办的第六届“云丰杯”全国绿色供应链与逆向物流设计大赛在上海第二工业大学举行决赛。市发改委朱思民调研员代表政府主管部门在会上致词，上海市物流协会常务副秘书长、上海市物流学会秘书长陈震、上海市物流协会副秘书长张悦来，中国物流学会副会长、上海市物流学会副会长、协会逆向物流分会常务副秘书长、二工大教授郝皓参加。上海市物流陈震常务副秘书长在会上宣布了本次大赛有关奖项的获奖名单。大赛吸引了来自全国各地的 311 所大学的1300余名学生参加。经参赛选手的预赛和决赛，并经评委专家老师的评选，评出了大赛一、二、三等奖，上海海事大学获特等奖。

上海市物流协会召开产教融合推进会

2022 年 10 月 28 日下午，京东物流华东区人力资源负责人董健总一行、上海商学院物流专业主任殷延海和张广存老师，上海市物流协会常务付秘书长陈震和张悦来等相聚上海市物流协会会议室，共商校企合作，产教融合。

京东物流的同志们分别介绍了京东物流教育暨一体化供应链人才培养工作与举措，他们不仅开展了内容丰富、形式多样的企业内员工培训，而且积极参予院校行业的物流教学教育，为院校学生授课、办讲座、参观介绍、岗位实习、组织技能竞赛等，还积极筹建产业学院，编写物流教材案例，编写物流项目，为院校教育、未来物流人才培养教育做了大量工作。

上海商学院介绍了近几年培养输送物流人才情况，尤其介绍了学院对创办产业学院的重视与设想，他们认为，校企合作、产教融合，有利院校教学，有利行业企业发展，对此，学院在场地安排、人员配备都已有考虑。

上海市物流协会近几年创建上海市物流产业高技能人才培养基地，创建物流技能鉴定所，组织物流培训，最近正在筹办上海市物流服务师认证考核等工作，将有力推进物流行业的校企合作，产教融合，上海市物流协会表示，将尽全力支持推进产教融合。

最后，与会人员一致表示，会后，抓紧做好前期准备工作，一旦建立产业学院，或者开展物流教育培训，就一步一个脚印，扎扎实实做好每一个设想和项目，做精，做出色，逐步推进，越做越好。

11月

2022 年上海市促进现代航运服务业创新项目评选结果公示!

2022 年上海市促进现代航运服务业创新项目评选结果

现代航运服务业创新示范项目：

1. 智慧航运数字化生态改造项目（申报单位：上海鸭嘴兽供应链管理有限公司）
2. 航运技术联合创新工作室（申报单位：中国船级社上海分社）
3. 基于多模高精度北斗定位的 DP 系统国产化研究与应用（申报单位：中交通信大数据（上海）

科技有限公司）

现代航运服务业创新鼓励项目

1. 港口卫士管理系统（申报单位：哪吒港航智慧科技（上海）有限公司）

2. 基于数字化智能择仓的跨境海外仓管理平台（申报单位：上海环世捷运物流有限公司）

3. MASCOT 智慧经营平台（申报单位：招商局能源运输股份有限公司）

现代航运服务业创新潜力项目

1. 苏州 ICT 服务创新项目（申报单位：上海同盛物流园区投资开发有限公司）

2. 上海出口集装箱结算运价指数的研发和运行（申报单位：上海航运交易所）

3. 国际集装箱班轮运输市场系列研究与发布（申报单位：上海航研运输咨询服务有限公司）

4. 东航物流无人仓配系统项目（申报单位：东方航空物流股份有限公司）

5. 数智化国际物流平台创新服务（申报单位：一飞软件科技（上海）有限公司）

6. 基于航运新基建的多方低碳、智能应用（申报单位：中远海运科技股份有限公司）

上海国际航运中心建设重大研究成果

1. 智慧航运卫星通信与综合服务平台（申报单位：上海船舶运输科学研究所有限公司）

2. 新冠肺炎疫情对上海港航业影响研究（申报单位：上海交通大学）

“双十一”长三角物流骤增 服装收货、数码品出货最热

“双十一”大促正在进行。经多方消息，今年“双十一”期间，长三角快递包裹主要在“包邮区”内部流动，同时往北方地区的发件量上升。苏浙沪成服装、饰品收货重地，同时是数码产品的出货大户。

据江苏省邮政管理局预估，11 月 1 日—16 日，该省快递行业处理的邮（快）件业务量将达 6.5 亿件，同比增长 2.9%；预计同期投递量将达 5.8 亿件，同比增长 4.5%；该省 30 多万名快递员将投入其中。

中国邮政集团有限公司江苏省分公司统计，11 月 1 日—6 日，该公司完成的快递包裹业务量居全国邮政系统第二，业务增速为全国邮政系统第三。

“江苏邮件出口方向以苏浙皖为主，占比达 30%，向黑龙江等北方地区发件量有所提升；受新冠肺炎疫情影响，向广东、河南等地区的发件量下降明显。”中国邮政集团有限公司江苏省分公司有关负责人表示。

“以南京为例，‘双十一’快件流入量比流出量高出一倍多，是个包裹‘净流入’城市，物流方向主要集中在长三角。”江苏顺丰速运有限公司有关负责人表示。

快递包裹的“内容”和动向，从一定程度上反映出各地经济特色和民众消费偏好。

智慧物流平台满帮集团统计，今年“双十一”预售期，全国各地服装、饰品流入长三角，长三角的数码电子产品流向全国。浙江、江苏、广东、山东、河南的快递类发货量在全国榜上有名。上海超越苏州，稳坐发货大城市头把“交椅”。

快递类货物的热门运输线路也发生了变化。满帮大数据显示，预售期间，快递类订单量最热线路不仅集中在长三角半径内，与华南、东北地区的物流联动也在加深。

从快递数量看，今年“双十一”，民众“买买买”的冲动有所克制，下手更为冷静，消费趋于理性。由于预售机制，“双十一”购物周期被拉长，消费者对快递效率的要求也水涨船高。对物流业的收派件、中转、仓储、运输等环节的弹性能力提出了考验。

全球50强货运企业排名发布

近日，全球物流业权威刊物*The Transport Topics*杂志公布了2022年全球货运企业50强榜单。中国有8家企业进入前50名，包括国家铁路集团有限公司、顺丰速运、中国远洋海运集团有限公司（COSCO）、中国外运（Sinotrans）、嘉里物流（Kerry Logistics）和中国台湾地区的长荣海运（Evergreen Marine Corp.）、阳明海运（Yang Ming Marine Transport）、万海航运（Wan Hai Lines）。

该机构称，虽然新冠肺炎疫情给全球供应链带来的混乱出现了好转局面，港口拥堵已陆续消除，但面对日益攀升的通胀压力和对未来经济下行的预判负面情绪影响下，全球最大的货运运输服务商仍面临着高度不确定性。但无论未来会怎样，全球托运人仍需要继续依赖货运企业为其提供运输服务。

由*The Transport Topics*和*SJ Consulting Group*联合发布的年度货运企业50强榜单，评选出了涵盖卡车和列车及海运和航运企业的佼佼者。前50强榜单根据2021年企业的货运业务全年营收进行排名，不包括客运服务和其他非货运业务产生的收入。

与往年排名不同的是，2022年全球货运榜单中不仅包括了基于自有车辆、船只和设备运输货物的自有资产企业，也囊括了为托运人和承运人提供中介服务的第三方物流公司。因此，今年榜单上还首次出现了几家大型货运经纪公司和国际货运代理机构。

排在首位的依然是联合包裹（UPS Inc.），2021年收入超972亿美元，上年也是第一名。紧排其后的是联邦快递（FedEx Corp.）。德国邮政敦豪公司（Deutsche Post DHL）排名第三，比上年前进3位。另一个突出的新成员是美国邮政，也首次出现在50强榜单中，排名第四。

今年榜单的前4席被包裹派送公司占据。中国的国家铁路集团有限公司排在第十一位，顺丰速运排在第十二名。

第二梯队则是全球最大的海运企业。丹麦的马士基和法国的CMA CGM分别排在第五和第六位。中国远洋海运集团排名第七位，2021年收入超517亿美元。

总部位于瑞士的海运和空运货代公司Kuehne+Nagel International首次入榜，排名第八位，也是榜单中最大的全球第三方物流公司。另一家物流企业丹麦的DSV排名第十三位。北美最大的第三方物流货代公司C.H. Robinson排第十七位；总部位于西雅图的货代公司Expeditors International排在第二十二位。中国台湾的长荣海运排在第二十一位，阳明海运排在第三十九位，万海航运排在第四十一位。

今年新上榜的还有排在第十九位的中国物流公司中国外运，以及排在第二十五位的法国铁路公司。其他新入榜的还有中国的嘉里物流，排在第三十五位。

北美几家最大的卡车公司成为榜单中货运规模最大的运输公司。如零担物流公司XPO Logistics，排名第二十六位。该公司通过剥离合同物流业务，已转型为纯粹的零担物流服务商。其他北美主要卡车公司还有多式联运运输服务提供商J.B. Hunt运输公司（第二十八位），以及加拿大的卡车和包裹递送服务商TFI International（第四十二位）。北美另一家新上榜的企业是运营独立货运代理机构的Landstar System（第四十五位）。2021年，该公司收入增长58%。

卡车运输巨头Knight-Swift Transportation和Schneider分列第四十七位和第四十九位，零担运输公司Old Dominion Freight Line是排在该榜单最后一位的公司。

总体而言，榜单中的前50名囊括了所有主要货运模式的公司。其中2家商用航空公司，7家卡车运输公司，8家主要提供包裹递送服务，10家铁路货运服务提供商，10家第三方物流公司，以及13家远洋航运公司。日本有6家，法国和德国均有4家企业入围50强。

“2022 北外滩国际海运论坛”召开

由上海市人民政府、交通运输部主办，中远海运集团、上港集团承办的“2022 北外滩国际海运论坛”于 11 月 22 日下午在北外滩世界会客厅星空厅举行。本届论坛以“绿色、智慧、韧性供应链中国际海运业发展新格局”为主题，采用线上、线下相结合的形式进行，来自国际航运产业链相关方的近 200 名代表出席现场活动。

上海市委常委、副市长张为，交通运输部总工程师兼水运局局长李天碧，中国远洋海运集团董事长、党组书记万敏，上海国际港务（集团）股份有限公司党委书记、董事长顾金山出席本届论坛并发表致辞。全国人大外事委员会委员、中远海运集团原董事长、党组书记许立荣应邀出席了论坛。

上海市委常委、副市长张为在致辞中指出，当前，上海国际航运中心建设正处在从“基本建成”向“全面建成”迈进的关键节点，未来将从以下几个方面持续发力：一是进一步提升航运服务能力，着力打造与航运相关的金融、法律、科技等服务产业集群，力争将上海建设成为连接航运上下游产业链的一站式服务平台；二是推动长三角航运一体化发展，着力完善水运网络和码头布局，加速发展水水中转、海铁联运，推动长三角港航领域从要素合作转向更深层次的制度合作；三是积极推进新一代信息技术和绿色减排技术在港航物流领域的应用，打造绿色智慧的升级版航运中心。

交通运输部总工程师兼水运局局长李天碧在致辞中表示，中国海运业将以《交通强国建设纲要》《国家综合立体交通网规划纲要》为统领，聚焦“绿色、智慧、韧性”，推动海运高质量发展和世界一流港口建设。一是提升港口基础设施安全韧性，增强国内国际双循环主枢纽地位。二是提升海运服务保障能力，进一步发挥外贸运输主力军作用。三是推进海运业绿色智慧转型，进一步发挥先行引领作用。

上海国际港务（集团）股份有限公司党委书记、董事长顾金山指出，打造绿色、智慧、韧性供应链，需要港航企业从以下方面强化合作：一是产业上强化合作，打造安全的港航绿色能源链；二是数据上全程融合，打造畅通的港航数据链；三是业务上多措并举，打造韧性的港航物流链。中远海运集团董事长、党组书记万敏在题为《创新合作范式，应对变革挑战》的致辞中提出，加强供应链韧性、推进智能、绿色转型，仍将是 2023 年航运业的主旋律。航运业需要围绕客户价值与服务能力，创新产业链合作范式，着眼以下三个方面：一是产业链共同提升合作能级，增强供应链韧性；二是产业链共同开展数字化转型，提升一体化服务能力；三是产业链共同筹划低碳减排，促进绿色发展可持续。

中国矿产资源集团副总经理高晓宇，中国工程院院士、中国工程院管理学部副主任黄维和，交通银行副行长郝成，克拉克森研究公司董事总经理史蒂夫·戈登（Stephen Gordon），隆基股份创始人、总裁李振国，上海市交通委员会党组书记、主任于福林等，分别就“合作创新，构建矿产资源供应链新格局”“保障能源安全，推进碳中和实施路径探讨”“ 提升金融服务能力，助力航运业高质量可持续发展”“市场现状与重要趋势分析”“绿色能源助力智慧、韧性的全球航运新发展”“打造上海国际航运中心升级版，共促全球航运新发展”等主题发表演讲。

在高端访谈环节，中国远洋海运集团有限公司副总经理黄小文，美的集团董事、副总裁、智能家居事业群总裁王建国，达飞轮船（中国）有限公司首席执行官何律铎（Ludovic Renou），华为技术有限公司公路水运口岸智慧化军团首席技术官岳坤，波士顿咨询（BCG）董事总经理、全球合伙人魏金程，上海市虹口区人民政府副区长陈帅等重量级嘉宾，围绕“共同应对航运变革需要产业合力”主题，从各自的行业和角度，对当下航运供应链的热点、难点、焦点问题各抒己见、畅所欲言，碰撞出智慧的火花，给与会代表带来启发和思考。

在全体嘉宾的见证下，中国远洋海运集团有限公司副总经理陈扬帆代表中远海运集团发布了“智能冷箱一站式前台为行业提供数字化解决方案”。新上线的“MY REEFER”智能冷箱一站式前台，利用搭载第三代 IoT 技术的专属设备，通过实时感知、实时控制散布在全球 4 万多个智能冷箱的状态，结合 AI 算法，为客户提供全程可视可控、冷链自主管理的数字化解决方案，助力更多行业、更多客户打造新一代更可靠、更智能、更透明的全球冷链供应链。

中国港口协会会长顾金山代表行业协会发布了《一流港口建设报告》和“中国智慧港口发展成果”，系统展示了中国港口近年来在综合服务能力，智慧、绿色港口建设，以及开放融合发展等方面取得的成绩，这些中国一流港口建设和智慧港口建设的经验和智慧，将对中国加快实现“安全便捷、智慧绿色、经济高效、支撑有力、世界先进的一流港口”建设目标发挥积极的助推作用。

精准对接 浦东匹配航运产业链拓展需求

深化国际航运中心核心区建设，是浦东打造国内大循环中心节点和国内国际双循环战略链接的重要举措。近两年全球航运市场行情持续向好，班轮公司业绩大幅增长，马士基、达飞、中远海集运等船公司都在积极谋划新业务版块，投资意向瞄准航空货运、向上下游延伸端到端的供应链、数字化转型、绿色低碳等新业务、新模式，业务拓展亟需资源支持。为进一步提升高端航运服务能级，精准服务航运企业需求，11 月 23 日，浦东航运办牵头召开航运企业产业对接会，20 多家船公司与浦东片区管理局、镇分组进行资源供应与市场化需求的洽谈对接，力争促进一批航运新业务版块、新项目落地浦东发展，营造健康安全、可持续发展的航运产业生态环境。

浦东优势突出有条件承接航运主体需求

浦东口岸贸易物流发达，海陆空铁水集疏运体系通达，专业服务资源要素集聚，是船公司布局新业务板块的首选承载地。

外高桥港和洋山港与全球 500 多个港口建立了 280 多条国际航线，浦东国际机场航线网络直达 47 个国家和地区 297 个通航点。上海铁路东站枢纽、沪通铁路浦东段正加速推进。

市场基础

浦东已成为上海经济快速发展的重要增长极，货物贸易进出口额占全市近 60%，集装箱吞吐量占全市 90% 以上，货邮吞吐量连续 14 年全球第三。

产业集聚

拥有全产业链 1 万余家航运企业，包括中远海运集团等总部企业、BIMCO 等国际航运经济组织、全球排名前十国际船舶管理企业等。

创新优势

依托引领区和自贸区制度型开放优势，推动国际船管外汇便利化等一批首创改革试点，制定全国首个船舶供应物料地方标准及团体标准。

政策体系

出台新区“十四五”航运扶持政策、引领区产业发展基金等系列政策对重点航运企业、创新项目和人才给予支持。

沿江通道浦西段主线高速公路今日通车

上海交通网 2022 年 11 月 25 日发布消息，沿江通道越江隧道（江杨北路—牡丹江路）新建工程主线高速公路（以下简称沿江 A 段）及沿江通道西延伸（江杨北路—富长路）改建工程主线高速公路（以下简称沿江 B 段）今日通车。沿江 B 段部分路段及部分收费站仍在紧张施工过程中，为尽快还路于民，本次通车为临时开放交通。

沿江 A、B 两段均位于宝山区，为“双向六车道 + 硬路肩” 的高架高速公路。其中沿江 A 段东起牡丹江路，西至江杨北路，全长约 3.89 千米。

沿江 B 段东起江杨北路，西至富长路，全长约 3.86km。沿江 A、B 两段临时通车后可与郊环隧道贯通（越江暂不计入收费里程），提升郊环越江隧道功能。

目前沿江 A、B 两段已完成牡丹江路至蕰川路主线高速公路，及蕰川路至富长路主线高速公路的南半幅已完成施工，均作为本次通车路段。

12 月

上海市物流协会换届选举工作领导小组举行会议

2022 年 12 月 1 日，在上海市物流协会会议室，上海市物流协会换届选举工作领导小组举行会议，出席会议的有领导小组全体成员，会议由协会会长、领导小组组长浦静波主持。会上，协会常务副秘书长、换届选举工作小组组长陈震就协会换届的筹备情况、工作进展和有关问题的说明作了详尽报告。会议对上海市物流协会换届的有关事项进行了充分讨论和认真研究，一致认为经过积极筹备和有关主管部门的同意，协会换届的时机和条件已经成熟，同意适时召开上海市物流协会第三届第六次会员代表大会暨理事会议，并在 2022 年完成协会的换届选举。协会秘书处将根据本次会议的决定，推进筹备工作，完成换届选举。

上海快递发展指数发布会
暨“快递业绿色发展”高峰论坛在沪成功举办

11 月 30 日，“上海快递发展指数发布会暨‘快递业绿色发展’高峰论坛”在沪成功举办。上海市邮政管理局副局长余洪伟出席发布会并致辞。

发布会上，余洪伟副局长、青浦区商务委张隽主任共同启动指数发布，市快递行业协会会长周德刚发布 2021 年度和 2022 年第三季度上海快递发展指数，指数编制单位国家邮政局发展研究中心对编制思路进行了解读。数据显示，2021 年上海快递发展指数为 161.3，同比提高 8%，2022 年第三季度上海快递发展指数为 215，同比增长 3.3%，较二季度提升 20%。从指数来看，全行业经受住疫情考验，上海快递发展指数呈现整体上扬态势，充分展现了上海邮政快递业的韧性、稳定性与可持续性。

余洪伟指出，发布上海快递发展指数是贯彻落实习近平总书记考察上海重要讲话精神、习近平总书记关于邮政快递业的重要指示批示精神和部市合作协议工作要求的一项重要举措。上海快递发展指数是全国第一个地方性快递发展指数，依托上海得天独厚的开放性区域优势、集聚的总部经济优势、核心功能优势、创新先发优势进行编制，以 2016 年为基期从纵向时间维度展示上海邮政快递业发展现状及未来趋势，是上海邮政快递业高质量发展的评价标准体系与行业发展监测体系之一，致力于打造客观评价上海邮政快递业高质量发展的晴雨表和风向标。

余洪伟强调，上海快递发展指数通过综合评价、预测预警、分析研判的新视角，引入了规模实力、服务质效、价值贡献、开放创新等指标，丰富了上海邮政快递业评价指标体系，为进一步加强邮政快递业运行对本市经济的贡献度研究提供了新维度；通过“季度 + 年度”双周期发布，整合行业大量数据资源，对行业进行多方位科学监测，为行业发展查找短板、优化资源配置提供有力抓手，为政府宏观决策、为市场有序发展、为企业合法经营提供了新指引；通过全方位拓展“数字 +”在邮政快递业创新应用，加快行业转型升级、提质增效，持续打造行业发展的新模式、新业态、新优势，为全国邮政快递业高质量发展提供了上海新探索。

本次发布会由上海市邮政管理局和上海市青浦区人民政府指导，上海市快递行业协会主办，青浦区华新镇人民政府协办，本市相关委办局、协会、高校和企业的多位代表出席参会。

上海落实第四季度收费公路货车通行费减免 10% 等政策

据上海市人民政府网站 7 日消息，上海市人民政府办公厅印发《关于进一步降低制度性交易成本更大激发市场主体活力的若干措施》，明确落实 2022 年第四季度收费公路货车通行费减免 10%、政府定价港口货物港务费收费标准降低 20% 等政策。

此外，文件明确研究完善载货汽车交通管理措施，优化城市物流配送车辆通行管理模式，探索扩大新能源货车通行权限，进一步便利货车在城市道路通行。

首架国产大飞机 C919 交付 迈出市场运营第一步

2022 年 12 月 9 日，国产大飞机 C919 全球首家用户东方航空，正式接收首架 C919 飞机，标志着国产大飞机迈出市场运营的第一步，也标志着中国民航运输市场首次拥有中国自主研发的喷气式干线飞机。

C919 大型客机是我国按照国际通行适航标准研制、具有完全自主知识产权的全球新一代单通道干线客机，2017 年首飞，2022 年 9 月 29 日取得中国民航局型号合格证（TC 证），2022 年 11 月 29 日，取得中国民航局生产许可证（PC 证）。该款机型采用先进气动设计、先进推进系统和先进材料，碳排放更低、燃油效率更高。

这架飞机是交付中国东方航空公司的首架 C919 飞机。东航也是 C919 飞机的全球首家用户。

据悉，东航首架 C919 有望最早于 2023 年春满足民航局规章要求，投入商业载客运营，这也意味着，最快明年春，旅客就能坐上由国产 C919 大飞机执飞的航班。

上海市物流协会召开换届选举准备工作会议

2022 年 12 月 21 日，上海市物流协会秘书处以线上形式举行了秘书处办公会议，秘书处领导，各部门负责人和工作人员参加了会议。

会议由上海市物流协会秘书处副秘书长张悦来主持。会上，大家围绕如何组织落实协会的换届选举工作进行了讨论，考虑到当前新的疫情形势和会员单位实际情况，会议经讨论决定，原定于 2022 年底前举行的协会换届，适当延长，于 2023 年 1 月 10 日举行上海市物流协会第四届第一次会员大会暨理事会会议，换届选举会议形式为线上 + 线下举行。根据这一目标，协会秘书处还制定了工作进度表，各部门和各分支机构将按要求组织实施，确保协会换届选举的完成。

2022 第六届全国服装快递快运融合发展研讨会在上海召开

12 月 21 日，由中国物流与采购联合会主办的 2022 第六届全国服装快递快运融合发展研讨会在上海召开，中国物流与采购联合会副会长蔡进出席并致辞。

本次会议得到了上海丝绸品牌发展有限公司、乔丹体育、森马集团、爱慕股份、珂卡芙鞋业、佰里科技、璟丰时尚等知名鞋服品牌，菜鸟国际、宝湾物流、海柔创新、宇昊供应链、华企快运、小象回家、宇宏物流、远征物流、欧仓智能科技等物流及装备企业的大力支持。与会嘉宾及代表以“融合共生，韧性成长”为主题，共同探讨服装快递快运融合发展的思路与方向，盘点电商大促中服装物流运营情况并总结经验，交流推广行业创新发展、转型升级的先进技术和管理经验，为服装物流行业相关企业和单位提供了交流学习的平台。

2022 全国汽车物流行业年会在上海召开

12 月 27 日，由中国物流与采购联合会主办，中国物流与采购联合会汽车物流分会承办的 2022 全国汽车物流行业年会在上海召开。中国物流与采购联合会副会长蔡进出席会议，并围绕中央经济工作会议提出的六个统筹发表讲话。

会上，中国物流与采购联合会汽车物流分会轮值会长、北京长久物流股份有限公司董事长薄世久为大会致辞。来自全国的汽车生产企业、零部件制造商、汽车物流企业、物流装备企业、研究机构、高等院校的代表相聚上海，年会以“踔厉奋发 共创未来”为主题，围绕物流行业政策、汽车市场情况、物流经验以及物流装备技术创新应用等方面进行了精彩的演讲与热烈的交流。

本次会议得到了一汽物流、上汽安吉物流、长久物流、一汽富晟、中都物流、华通物流、中世国际、牛卡福、玲珑轮胎、中原物流、华清科盛、德真瑞供应链、通汇物流、招商滚装、普田物流、能运物流、科尼科、卖好车、京东产发、文诚恒远、上汽红岩、安博中国、百度地图、聘达人的大力支持。感谢以上单位对本次会议顺利召开做出的贡献！

2022 年第二届长三角冷链物流高峰论坛在上海召开

12 月 28 日，2022 年第二届长三角冷链物流高峰论坛在上海市召开。本届论坛主题为“拥抱内外双循环 端牢中国金饭碗”，由中国物流与采购联合会、上海市商业联合会作为指导单位，上海市物流协会、上海市物流协会冷链分会主办。中国物流与采购联合会副会长兼秘书长崔忠付出席并发表致辞。中国物流与采购联合会副秘书长兼评估办主任杨国栋参加并作主题演讲。

在 12 月 18 日上午论坛主题演讲环节，先后由四川省内江国际物流港服务中心主任范长广、中国物流与采购联合会副秘书长兼评估办主任杨国栋、福建雪人股份有限公司市场总监陈炜、上海闽泰环境卫生服务有限公司总经理顾祥、上海盛琍发制冷科技有限公司总经理黄礼明、中通冷链副总裁杨帆先后发表了主题演讲。

当天上午，论坛最后的对话环节由北京快行线冷链物流有限公司总经理刘培军主持，中通冷链副总裁杨帆、优合集团产业发展中心总经理王飞、上海众萃物流有限公司董事长黄宗荣、普冷国际物流（上海）有限公司董事长虞健民、启橙中国总经理潘炜等与会嘉宾围绕“现代农产品流通的挑战与机遇”的主题各抒己见，开展了热烈的交流与探讨。

中国物流与采购联合会副会长崔忠付在上海考察调研

2022 年 12 月 30 日，中国物流与采购联合会副会长兼秘书长崔忠付到上海调研。在上海期间，崔忠付走访了韵达货运有限公司、上海韵达运乾物流科技有限公司，同时还参加了同期开展的 A 级物流企业评估工作，崔忠付在交流中希望各企业要发挥 A 级企业的示范与引领作用，不断加强网络建设提升运营质量，同时要做好品牌宣传，不断丰富产品线，实现高质量发展。中国物流与采购联合会副秘书长兼评估办主任杨国栋陪同调研。

上海港集装箱吞吐量连续 13 年排名全球第一

从上港集团了解到，上海港 2022 年集装箱吞吐量突破 4730 万 TEU（标准箱）大关，连续第十三年蝉联全球第一。

据介绍，上港集团 2022 年一季度生产实现开门红；7 月份集装箱吞吐量 V 型反弹，以 430.3 万 TEU 创同期新高；9 月 8 日和 11 日昼夜集装箱吞吐量连续突破 16 万和 17 万 TEU 大关，创下 170173TEU

的昼夜集装箱吞吐量新纪录，并接连刷新单工班集装箱吞吐量、单船集装箱作业量、单码头昼夜集装箱吞吐量等多项纪录。

在集装箱箱量屡攀新高的同时，2022 年上海港也在新科技突破、新区域开拓、新业态发展不断发力，打出了升级陆改水、优化海铁联运、水水中转、ICT 前置等稳链助企、保供保畅业务组合拳，开辟重要生产生活物资港口绿色通道。

资料：延续报道。

（四）2022 年上海物流业行业亮点

行业发展齐头并进 多点开花 星光璀璨 亮点纷呈
《2022 新华·波罗的海国际航运中心发展指数报告》发布
上海保持全球第三

2022 年 7 月 11 日，《新华·波罗的海国际航运中心发展指数报告（2022）》在沪发布。上海以 82.79 的总得分排名第三，进一步缩小与新加坡、伦敦的差距。软硬实力互动并进 上海综合竞争力与日俱增。自 2020 年首次跻身前三名以来，上海国际航运中心的国际地位日趋稳固，航运资源高度集聚、航运服务功能健全、航运市场环境优良、现代物流服务高效，全球航运资源配置能力不断增强。

上海港集装箱吞吐量连续 13 年全球第一

2022 年，上海港集装箱吞吐量突破 4730 万 TEU（标准箱）大关，连续第 13 年蝉联全球第一。洋山深水港区小洋山北作业区集装箱码头及配套工程获批，更好服务构建新发展格局、推动长三角更高质量一体化发展。此外，顺应绿色、低碳、智能航运发展新趋势，上海港全面发力港口数字化转型。依托区块链技术，上海港实现进口放货全流程无纸化，进口换单放货流程缩短至 4 小时以内。线上线下相融合的港口服务平台、全新的散 / 件杂货码头生产运营软件、以“gis 数据跟踪”“船舶信息大数据展示”“智慧港口三维数据融合”为主体的生产管理“智慧眼”……一系列自主创新持续提升国际集装箱枢纽港辐射能级。

浦东国际机场四期扩建工程开工为上海建设国际航空枢纽提供新动能

2022 年 1 月 4 日，浦东国际机场四期扩建工程正式开工，主要包括航站区、飞行区、旅客捷运等六大项目，建成后预计可满足 2030 年浦东机场年旅客吞吐量 1.3 亿人次的需求；11 月 21 日，浦东机场四期扩建工程智能货站项目也正式启动，预计 2024 年 10 月底竣工，将为上海口岸提供每年超过 100 万吨的出入境货物保障能力。

在浦东机场四期扩建工程中，上海机场集团正在构建一套超大工程全流程、工序级、分层式的数字建设体系，对超大、超难工程的高质量建设具有重要引领和借鉴意义。

国际集装箱班轮公司沿海捎带业务正式启航

2022 年 5 月 31 日，国内首单外资班轮公司“沿海捎带”业务，在上海洋山深水港落地。沿海捎带业务试点，是中国国际航运领域开放的一次重要突破。

外资班轮船公司沿海捎带，是指外国国籍船舶在中国沿海港口之间从事外贸集装箱重箱的国内段运输。根据 2021 年 11 月 18 日《国务院关于同意在中国（上海）自由贸易试验区临港新片区暂时调整实施有关行政法规的批复》，允许外资班轮船公司开展大连港、天津港、青岛港与上海洋山港之间，以洋山港为国际中转的外贸集装箱沿海捎带业务。

《上海机场“绿色双碳”社区联建实践成果》发布亮相

11 月 22 日上午，2022 北外滩国际航运论坛在上海北外滩“世界会客厅”开幕。上海机场“绿色双碳”社区联建实践成果在开幕式正式发布。上海机场积极响应国家双碳战略，在国内民航率先完成双碳系统研究，携手空港社区单位力争“十六五”期间达到减碳 100 万吨的目标，2035 年实现碳达峰。当天下午举行的第二届“2022 北外滩国际航空论坛”上，“中国东航超级承运人 + 智慧航空成果”“上海机场工程数字建设成果”等重磅成果也正式发布。据悉，上海机场集团正在携手虹桥、浦东两大国际机场的空港社区成员，联手推进“绿色双碳”联建，预计到 2030 年，上海两机场的特种车辆有望全面使用新能源。

上海重大交通工程全年完成投资 807.08 亿元

2022 年上海市有正式项目 60 项，预备项目 19 项。按照年初计划，安排投资 796.33 亿元，占全市重大工程投资的 39.8%。全年完成投资 807.08 亿元，较 2021 年增长 23%。

道路项目方面，北横通道新建工程西段工程主线已建成，地面道路将结合各区架空线入地及合杆工程，于 2023 年 6 月底建成通车，东段工程盾构施工已完成 40%，计划于 2023 年 12 月隧道主线基本建成；隆昌路越江隧道新建工程已开工建设；龙水南路越江隧道浦东段南线盾构调试完成，开始推进。

市域铁路方面，嘉闵线项目迎宾三路站、莘建路站等土建进入实施阶段；南汇支线项目一阶段管线搬迁及市政配套完成 75%，土建结构完成 5%；示范区线工程青浦新城站完成腾地和一阶段管线搬迁，启动地墙施工，西岑站、朱家角站完成试桩。作为国家发改委首批确定的全国 11 条市域铁路示范线路之一，机场联络线的建设进度，一直备受瞩目。它全长 68.6 千米，建成后浦东机场与虹桥机场互达将从 2 个小时缩短至 40 分钟。

国铁方面，沪通铁路（太仓—四团）上海段工程路基填筑累计完成 8%，桥梁桩基工程累计完成 24%，隧道工程（共 1 座）累计完成 10.08%；沪苏湖铁路上海段工程“三电”及管线迁改累计完成 55%，路基土石方累计完成 89%，桥梁工程累计完成 80%。

浦东大道地道工程建成通车

2022 年 12 月 23 日，浦东大道地道工程全线建成通车。工程西起延安东路隧道浦东出入口，沿陆家嘴东路和浦东大道走向，全长 6.1 千米，设置双向 4 车道，采用多点进出模式，服务中心城区过境及到发交通，全线共设置 9 个出入口。浦东大道地道作为延安高架路在浦东的延伸，是上海“井字形通道”南面东西向的重要干道。工程建成通车后，上海东西向快速交通路网功能将得到进一步发挥，给浦东陆家嘴金融区扩容增效和金色中环区域发展带来明显交通便利，为浦东新区加快打造社会主义现代化引领区建设进一步提供交通保障。

中远海运用数字智慧来赋能向绿色低碳转型

在 2022 北外滩航运高峰论坛上，中远海运用视频介绍了智利车厘子在集装箱货轮上漂洋过海不寻常的历程：即使相隔 10134 海里，货主也能实时了解集装箱船上智利车厘子的状态。在班轮乘风破浪的 23 天航程里，货主还可远程实时调节冷箱，对车厘子进行催熟等系列操作……将新鲜车厘子从智利圣安东尼奥港一路护送到上海洋山港，是通过应用中远海运集运 IoT（物联网）冷箱数字化专业平台“My Reefer”实现的。利用搭载第三代 IoT 技术的专属设备，可实时感知、实时控制散布在全球 4 万多个智能冷箱的状态，结合人工智能算法，为客户提供全程可视可控、冷链自主管理的数字化解决方案，助力打造更可靠、更智能、更透明的新一代全球冷链供应链。

上海首批自动驾驶高速公路正式开放

2022 年 11 月，由市交通委主办的第二届智能交通上海论坛在国家会展中心举办，本次论坛以

"数智·出行"为主题，以智能交通建设、自动驾驶应用、协同融合发展为主线徐徐展开，旨在集中展示上海智能交通、智能网联汽车的建设成果及未来发展规划。在论坛开幕环节，由市交通委、市经信委、市公安局、嘉定区和相关企业代表共同按下象征着上海市首批自动驾驶高速公路正式开放的按钮，标志着嘉定区域内 G1503 绕城高速 21.5 千米、G2 京沪高速 19.5 千米和嘉定区内 303 条、459.6 千米地面道路正式开放。

中国远洋海运集团有限公司位列"2022 中国物流企业 50 强"第一

8 月 24 日，中国物流与采购联合会正式对外公布了《2022 中国物流企业 50 强》和《2022 年中国民营物流企业 50 强》榜单，最终中国远洋海运集团以 4806.22 亿元营收蝉联榜单榜首。多年来，海运物流充分发挥网络及资源优势，与上港集团、上海泛亚航运及浦海航运密切协作，利用长江黄金水道推进"水水中转""陆改水""集并中转""内河支线"等多个服务产品，全力保障疫情期间客户供应链产业链稳定，畅通"绿色水运通道"。中远海运物流所属各口岸单位着力在危机中育先机，通过与上港长江多式联运公司的深入合作，于变局中开新局，抓住机遇，应对挑战，整合拖车、船公司、各兄弟单位优势资源，缓解疫情期间公路运输的压力，全力打通上海与全国各地的水上物流通道，为长江沿线地区客户提供陆改水解决方案。

光明乳业荣获"2022 年全国供应链创新与应用示范企业"称号

"链"向光明，创新未来。2022 年 2 月 3 日，光明乳业凭借全程领"鲜"，持续打造数字化供应链，赋能引领行业高质量发展的各项举措荣获"2022 年全国供应链创新与应用示范企业"称号"。借助数字化的力量，光明乳业旗下领鲜物流加速光明"领鲜"战略布局。作为"国内首批获得五星级冷链资质的企业"，光明领鲜物流实施全程质量管理模式，通过大数据、RFID 自动识别技术，建设自动分拣系统等技术，建立了精准的仓库控温系统和运输途中的数字监控系统，并在 2021 年导入卓越绩效管理体系，成为首家且唯一通过 BRC-S&D 全球食品安全标准最高级别认证的冷链物流企业。

上汽安吉物流安亭整车自动化立体库项目奠基

2022 年 8 月 27 日上午，国内领先的大型自动化整车立体库项目—上汽安吉物流安亭整车自动化立体库项目举行奠基仪式。该项目是上汽安吉物流"智慧无人整车立体仓库"在整车物流领域的全新尝试，建成后将实现安亭地区公铁联运无缝衔接。基地占地面积约 233 亩，总建筑面积约 115 781 平方米，总库容 9 375 辆。将建设自动化立体库两座，采用平面移动方式，以自动化搬运机器人为取车载体，配有出入口装置、自动转盘、提升机、横移小车等，全自动操作，进出车效率达到 400 辆 / 小时，全年每天 24 小时运转。该立体库以智能化、数字化、网联化为核心，积极应用智能装备技术和整车仓储运营管理解决方案，在整车立体库自动化程度、总库容、单体库容、运作效率等方面，处于国内领先水平。

国药物流全力保障全国首批抗新冠病毒药物（Paxlovid）顺利进口

2022 年 3 月 12 日，周末，国药物流供应链公司接到辉瑞中国的通知，国家将紧急从德国辉瑞工厂采购一批抗新冠病毒药 Paxlovid，数量为 2.12 万盒，并于 3 月 16 日深夜由比利时空运抵达上海浦东机场。短短 4 天，从接到首批进口指令到货物抵达上海，这是前所未有的任务。国药物流马上联系辉瑞与进口商，协调进口申报单证。同时联系药监、药检、、机场海关、保税区海关，协调货物申报各环节，做到各部门无缝衔接。3 月 16 日晚上 10 点 20 分，14 托 Paxlovid 抵达浦东机场口岸，3 月 17 日下午 1 点货物就进入外高桥保税仓，3 月 17 日晚上 10 点半药品出保税区卡口，最急需的抗新冠药以最快速度奔赴全国抗疫一线。

开尔唯荣膺"医疗器械运输二十家重点企业"

2022 年 8 月 25 日，在由中国物流与采购联合会医疗器械分会主办等的 "2022 全球医疗器械供应链峰会”上，开尔唯荣膺“医疗器械运输二十家重点企业”。 开尔唯一直以服务、担当、专业、创新的优良品质在医疗器械行业内享有良好的口碑。会上开尔唯着重介绍了如“磁体搬入装置”“磁体充电宝－零液氦挥发装置”“开尔唯医疗方舱”和从集成电路设备板块引入的新模式“海运一贯式”服务。展示了开尔唯在医疗产品供应链创新中的成就。同时，也倡议行业加快上下游产业协同发展，提高供应链效率，降低风险与成本，共建行业生态圈，重塑全球及本土双循环下的供应链体系，让供应链、产业链、价值链更具韧性。

上海鲜生活双手供应链管理有限公司荣获物流领域首批企业标准领跑者

2022 年 12 月 28 日，21 个物流企业标准荣获 2022 年企业标准“领跑者”，经“企业标准领跑者管理信息平台”（https://www.qybzlp.com/）正式发布，并成为“物流服务”领域首批企业标准领跑者，其中 7 家食品冷链物流企业标准荣获 2022 年企业标准“领跑者”，上海鲜生活双手供应链管理有限公司榜上有名。《质量分级及“领跑者”评价要求 食品冷链物流服务》团标旨在贯彻落实《市场监管总局等八部门关于实施企业标准“领跑者”制度的意见》，进一步深化标准化工作改革，以服务标准自我声明公开为基础，以创新为动力，以市场为主导，鼓励食品冷链物流企业发挥企业标准引领行业发展、提升服务质量的作用。

发网入选 2022 年“上海快递物流业与制造业融合发展”案例

发网以 IT 系统为核心，秉承“软件即服务”理念，把 PC 互联网技术、移动互联网技术、物联网 IoT 技术相结合，为客户 构建连接商流、物流、渠道以及消费者的智慧供应链服务体系；深度整合多种类型的配送资源，为企业提供 B2C、同城零售、 B2B 和跨境电商等仓配一体化物流服务及供应链增值服务。公司多年来从未放弃对物流科技的重投入，专业的仓配物流 SaaS 系统、智能分拣线、无人搬运车等智能化软硬件的提前部署，让公司安然度过供应链生死大考。其中，仅仓库智能标签分拣线效率就提升 3 倍，极大保证了 2022 年上海封控期间发网仓库在人力极其有限情况下的稳定运营。

韵达荣登第六届“公益之申”年度榜单

2023 年 1 月 20 日，第六届“公益之申”年度榜单揭晓，上海韵达货运有限公司（简称韵达）荣登 “年度十佳公益企业”榜单。据悉，2022 年度“公益之申”评选共推出“年度十佳公益机构”“年度十佳公益项目”“年度十佳公益企业（突出在抗疫中的贡献）”“年度十佳公益先锋（突出在抗疫中的贡献）”4 个榜单。在 20 余年的发展历程中，韵达以温情回馈社会，致力于以韵达力量增进民生福祉，助推社会进步。在 2022 年上海疫情期间，韵达及时启动疫情防控应急预案，主动强化责任担当，统筹各板块和全网力量，积极投入上海疫情期间防疫物资运输、生活物资保障、居民物资配送等多项工作中，全力以赴保供保畅，发挥快递特有的优势，为上海抗击疫情做出了积极努力。

泓明入选 2022 年度“上海快递物流业与制造业融合发展”典型案例

2022 年 9 月 28 日下午，由市经信委、市邮政管理局指导主办的“第三届中国（上海）工业品在线交易节闭幕式”在普陀区中以（上海）创新园举办，会上发布了 2022 年度“上海快递物流业与制造业融合发展”选树成果，“泓明供应链一体化产业供应链服务平台”入选典型案例。多年来，泓明深耕上海三大先导产业中的大半导体产业和生物医药产业，发展成为中国领先的技术先进型产业供应链综合服务企业。在数字化转型方面，上海工业品在线交易节作为深入推进产业数字化转型的重要行动，在加快产业经济数字化转型，打造产业数字化新优势上，取得了重要成效。

准时达荣膺“2022 上海市供应链创新与应用优秀案例”

2022 年 10 月 26 日，准时达在“2022 第九届上海供应链发展大会暨长三角供应链创新高峰论坛”上荣膺“2022 上海市供应链创新与应用优秀案例”。2022 年 5 月，商务部等八单位印发《全国供应链创新与应用示范创建工作规范》，明确了每年持续认定示范城市和示范企业以及相关评选指标体系，标志着供应链创新与应用从试点推进—示范创建—进入常态化示范推广阶段。目前企业面临品牌出海痛点，准时达通过 C2M2C 业务模式、JusLink 科技平台为电商物流企业做可视化管理，为中国品牌出海提供全方位的供应链管理服务及技术赋能，为行业提供可借鉴、突破性的案例范本和行业标杆。

上海荣庆物流获第五届进博会餐饮食品供应保障组团体表彰

随着第五届进博会圆满落幕，2022 年 11 月 12 日，荣庆物流因在本届进博会餐饮食品供应工作中保障有力、成绩突出，被进博会餐饮食品供应保障组给予团体表彰并授牌。此次服务进博会，荣庆物流根据对接客户的具体需求，选用 20 辆专业冷链车辆，抽调业务操作熟练、运输经验丰富、驾驶技术优良的员工组成保障小组，10 月 21 日起组织人员进行多场现场配送模拟演练，并依托先进技术采取 GPS 全程运输监控，实时掌握驾驶员及车辆的位置信息和运输情况，同时根据冷链产品运输要求对车厢进行温度分区，严格保障食品安全质量，确保万无一失。

圆通速递有限公司获评“全国和谐劳动关系创建示范企业”

2022 年 9 月 22 日上午，全国和谐劳动关系创建示范经验交流电视电话会议召开，会上宣读了《关于命名全国和谐劳动关系创建示范企业与工业园区的决定》，该决定由人力资源和社会保障部、中华全国总工会、中国企业联合会 / 中国企业家协会、中华全国工商业联合会下发，圆通速递有限公司获评“全国和谐劳动关系创建示范企业”。近年来，圆通速递贯彻落实习近平总书记关心关爱快递小哥重要指示批示精神，充分发挥党建引领作用，推动《关于做好本市快递员群体合法权益保障工作的实施意见》落地实施，鼓励快递企业建立工会组织，推进民主管理，构建和谐劳动关系，切实保障快递员群体合法权益，促进本市快递业持续健康发展。圆通速递表示要珍惜荣誉，积极总结推广成功经验和模式，团结动员职工同心同向同行，努力构建规范有序、公正合理、互利共赢、和谐稳定的劳动关系。

四、2022 年上海物流业主要统计指标

2022 年 1 月—12 月份，本市交通货物运输总量为 141 373.64 万吨，比去年同下降 8.9%。其中，铁路 496.65 万吨，增长 0.1%；水运 95 700.53 万吨，下降 5.6%；公路 44 846.30 万吨，下降 15.2%；机场 330.17 万吨，下降 24.4%。全市完成货物周转量 32435.46 亿吨千米，比去年同月下降 5.0%。

2022 年 1 月—12 月份，本市港口货物吞吐量 73 227.16 万吨，比去年同下降 5.7。其中，进港 41 869.50 万吨，下降 8.5%；出港 31 357.66 万吨，下降 1.6%。港口集装箱吞吐量 4 730.30 万 TEU，比去年同月增长 0.6%。其中，进港 2 358.28 万 TEU，增长 1.4%；出港 2 372.02 万 TEU，下降 0.3%。

2022 年交通运输情况

指标名称	1 月—12 月	比去年同期增长（%）
货物运输总量（万吨）	141373.64	-8.9
铁路	496.65	0.1
水运	95700.53	-5.6
公路	44846.30	-15.2
机场（吞吐量）	330.17	-24.4
货物周转量（万吨千米）	324354630.39	-5.0
铁路	205299.40	9.5
水运	315045783.38	-4.6
公路	8444223.88	-18.6
民航	659323.73	-7.5
港口货物吞吐量（万吨）	73227.16	-5.7
进港量	41869.50	-8.5
出港量	31357.66	-1.6
港口集装箱吞吐量（万 TEU）	4730.30	0.6
进港量	2358.28	1.4
出港量	2372.02	-0.3

2022 年 1 月—12 月，邮政行业寄递业务量累计完成 38.2 亿件，同比下降 20.8%。其中，快递业务量累计完成 28.6 亿件，同比下降 23.6%；邮政寄递服务业务量累计完成 9.6 亿件，同比下降 10.9%。

2022 年 1 月—12 月，同城快递业务量累计完成 6.0 亿件，同比下降 27.5%；异地业务量累计完成 20.9 亿件，同比下降 24.2%；国际 / 港澳台业务量累计完成 1.7 亿件，同比增长 8.5%。

2022 年 1 月—12 月，同城、异地、国际 / 港澳台快递业务量分别占全部快递业务量的 21.0%、73.3% 和 5.8%；业务收入分别占全部快递业务收入的 2.2%、8.5% 和 7.3%。与去年同期相比，同城快递业务量的比重下降 1.1 个百分点，异地快递业务量的比重下降 0.6 个百分点，国际 / 港澳台业务量的比重上升 1.7 个百分点。

2022 年 1 月 -12 月上海市快递服务企业业务量和业务收入情况表

时间	快递业务量（万件）	同比增长（%）	快递业务收入（万元）	同比增长（%）
1 月—12 月	285770.4	-23.6	18454342.2	7.6

第二篇 2022 年中国物流业发展景气指数

一、2022 年中国物流业景气指数

2022 年 1 月中国物流业景气指数为 51.1%

中国物流与采购联合会发布的 2022 年 1 月中国物流业景气指数为 51.1%，较上月回落 1.5 个百分点；中国仓储指数为 48.3%，较上月下降 3.3 个百分点。

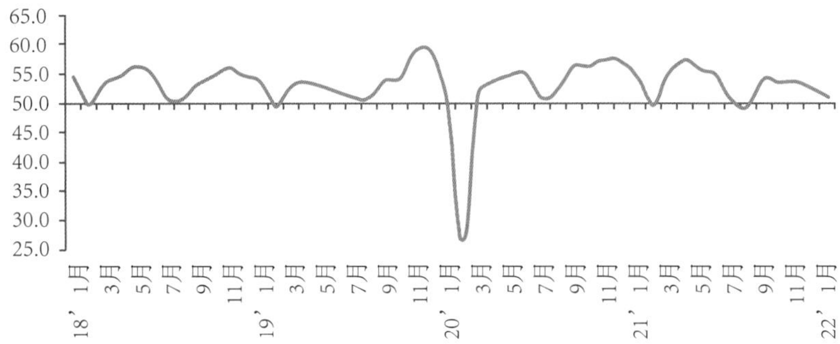

图 2-1：LPI 走势图（%）

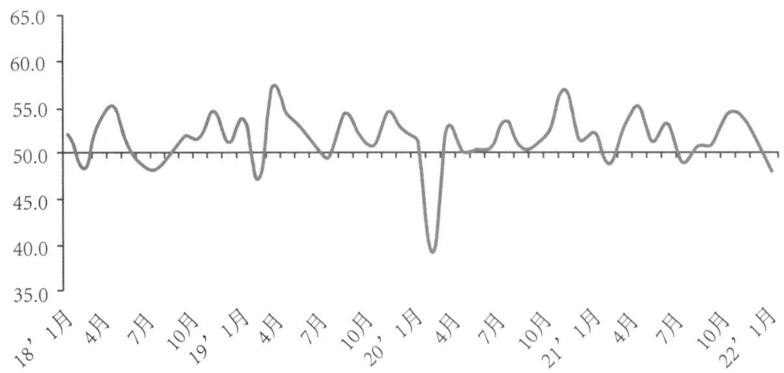

图 2-2：中国仓储指数走势图（%）

中国物流与采购联合会会长助理何辉认为：1 月，受节日因素影响，物流业景气指数呈周期性波动，较上月有所回落，但指数水平仍继续保持在景气区间，实现平稳开局。从分项指数看，业务量指数、新订单指数、资金周转率指数、设备利用率指数、物流服务价格指数、主营业务成本指数和业务活动预期指数位于景气区间。从行业看，铁路运输业和邮政快递业业务量和新订单指数有明

显增加。从区域看，东部地区物流活动更加活跃。从企业看，大型企业景气指数超过 55%，连续多月保持在 55% 以上相对高位。

业务总量指数回落。1 月，业务总量指数较上月回落 1.5 个百分点，至 51.1%，但整体运行水平较为平稳。

从业人员指数回落。1 月，受春节期间从业人员返乡等因素影响，从业人员指数较上月回落 1.2 个百分点，至 48.7%。

库存指数有所回落。1 月，平均库存量指数回落 2.4 个百分点，至 49.1%；库存周转次数指数回落 1.6 个百分点，至 49.2%。两项库存指数双双呈现出周期性回落特征，后期有望出现恢复性增长。

从后期走势看，新订单指数和业务活动预期指数分别为 50.5% 和 57.5%，均保持在景气水平，预示物流活动仍将保持平稳运行的态势。

2022 年 2 月中国物流业景气指数为 51.2%

中国物流与采购联合会发布的 2022 年 2 月中国物流业景气指数为 51.2%，较上月回升 0.1 个百分点；中国仓储指数为 51.3%，较上月回升 3 个百分点。

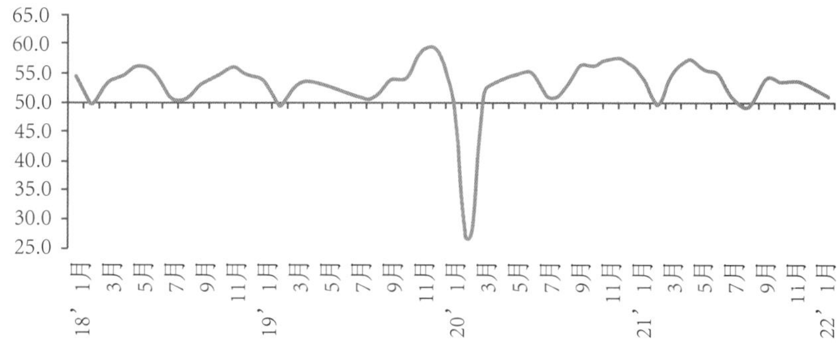

图 2-3 ： LPI 走势图（%）

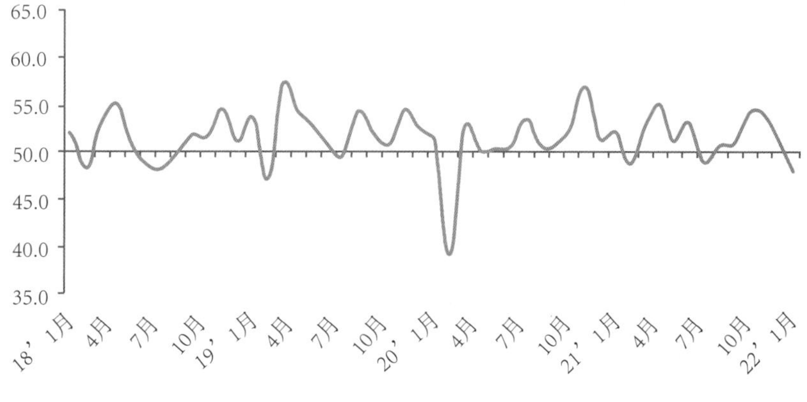

图 2-4 ： 中国仓储指数走势图（%）

中国物流与采购联合会会长助理何辉认为：2 月，受财政货币政策逐步落实和节日消费带动，物流业景气指数较上月略有回升。从行业看，铁路运输业、仓储业和邮政业业务量需求保持增长。从区域看，东部地区和中部地区物流活动保持活跃。从分项指数看，业务总量指数、新订单指数、资金周转率指数、设备利用率指数和业务活动预期指数位于景气区间。物流从业人员受节日因素影响虽略有减少，但回落幅度明显低于往年同期水平，为节日期间物流行业的运转正常提供基础保障。在政策促进效果仍将继续释放和消费需求不断增长的影响下，物流企业对未来业务活动预期继续向好，物流运行将企稳趋升。

业务总量指数回升。受政策促进和需求拉动，2 月业务总量指数变化不降反升，淡季不淡，指数较上月回升 0.1 个百分点，至 51.2%。

从业人员指数回落。2 月份，受春节因素影响，从业人员指数较上月回落 1.2 个百分点，但回落幅度相比往年有明显收窄，为物流行业提供必要的保障。

设备利用率指数回升。2 月，设备利用率指数回升 0.1 个百分点，至 50.5%，反映业务需求增长带动设备使用效率有所提升。

从后期走势看，新订单指数和业务活动预期指数分别为 50.2% 和 59.7%，均保持在景气水平，预示物流活动将企稳向好。

2022 年 3 月中国物流业景气指数为 48.7%

中国物流与采购联合会发布的 2022 年 3 月中国物流业景气指数为 48.7%，较上月回落 2.5 个百分点；中国仓储指数为 46.9%，较上月回落 4.4 个百分点。

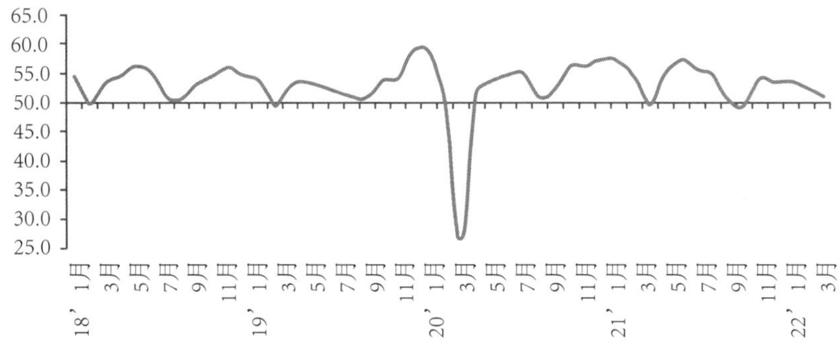

图 2-5：LPI 走势图（%）

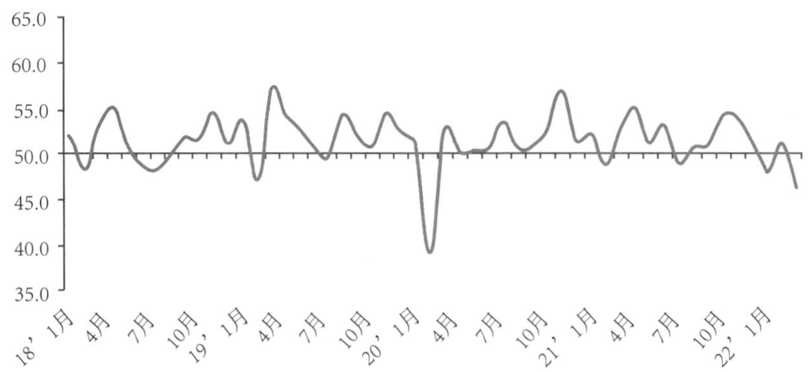

图 2-6：中国仓储指数走势图（%）

中国物流与采购联合会会长助理何辉认为：3 月，受多地疫情和地缘政治影响，物流业景气指数较上月有明显回落。疫情影响主要在三个方面，一是供需两端都受影响，从行业看，道路运输业、仓储业和快递快运业受影响较大，业务量回落幅度明显。从需求区域看，东中西部景气指数均位于收缩区间，其中东部和中部回落幅度较大。二是成本上升比较明显，主营业务成本指数达到 60% 以上高位，人员和燃料成本均在上升。三是疫情阶段性影响有限，国内生产和消费总量大、韧性足，正在积蓄能量，待疫情得到有效控制后，需求将会逐步回暖。

新订单指数回落。3 月，因疫情因素影响，消费需求受到抑制。新订单指数为 49.4%，较上月回落 0.8 个百分点。

从业人员指数回落。3 月，受多地疫情防控需要影响，物流从业人员指数为 48.5%，位于收缩区间，未实现春节后物流从业人员迅速回补，物流行业仍存在就业缺口。

主营业务成本指数回升。3 月，主营业务成本指数为 60.4%，较上月回升 4.6 个百分点。物流企业经营成本压力加大。

2022 年 4 月中国物流业景气指数为 43.8%

中国物流与采购联合会发布的 2022 年 4 月中国物流业景气指数为 43.8%，较上月回落 4.9 个百分点；中国仓储指数为 46.5%，较上月回落 0.4 个百分点。

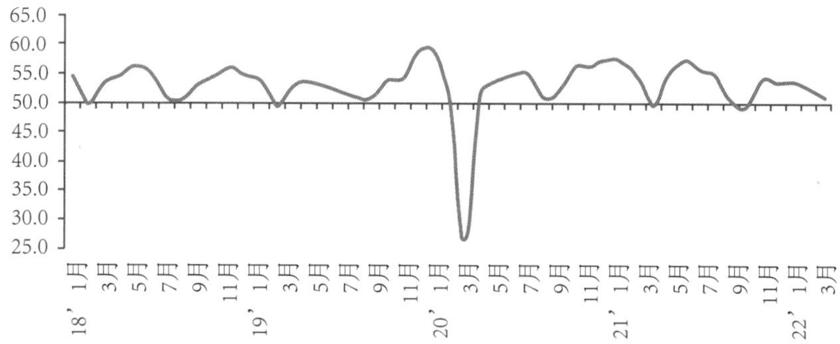

图 2-7： LPI 走势图（%）

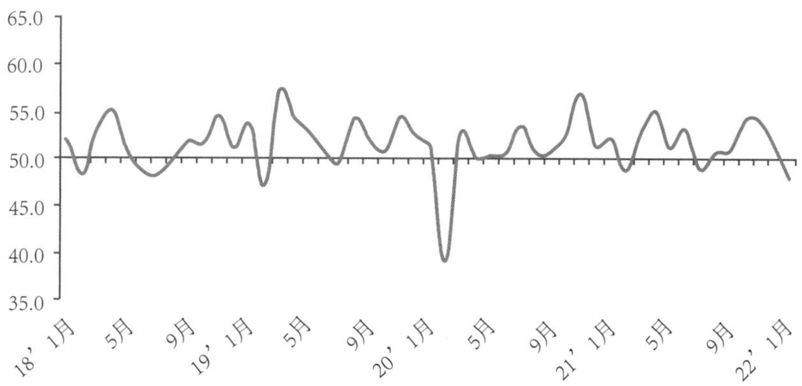

图 2-8： 中国仓储指数走势图（%）

中国物流与采购联合会会长助理何辉认为：受本轮疫情点多、面广、频发的影响，物流业景气指数连续两个月低于 50%，4 月指数收缩幅度进一步加大。从分项指数上看，业务总量指数、新订单指数、平均库存量指数、库存周转次数指数、资金周转率指数、从业人员指数等指标均有不同程度的下降；从企业规模看，小微型物流企业继续走弱，疫情对大中型物流企业的冲击也有所显现。目前疫情防控形势仍然较为复杂，物流企业预期需求下降、资金偏紧和人员压力有增大趋势，要进一步加强关注。随着疫情防控措施持续推进和货运物流保通保畅政策落实，短期影响将逐步减弱，我国产业链供应链韧性足、市场广阔，后期具备较强的回稳动力。

新订单指数回落。4 月，因疫情因素和国际地缘性冲突影响，国内外消费需求受到抑制。新订单指数为 44.4%，较上月回落 5 个百分点。

从业人员指数回落。4 月，受多地疫情防控政策影响，从业人员指数为 45.5%，较上月回落 3 个百分点，位于收缩区间，反映出物流企业用工存在缺口，仍需保持高度关注。

平均库存量指数和库存周转次数指数双降。4 月，受生产端和消费端需求放缓，各地疫情政策不协调导致物流不畅，平均库存量指数和库存周转次数指数在 45% 徘徊，较上月分别回落 3 ～ 6 个百分点。

2022 年 5 月中国物流业景气指数为 49.3%

中国物流与采购联合会发布的 2022 年 5 月中国物流业景气指数为 49.3%，较上月回升 5.5 个百分点；中国仓储指数为 50.2%，较上月回升 3.7 个百分点。

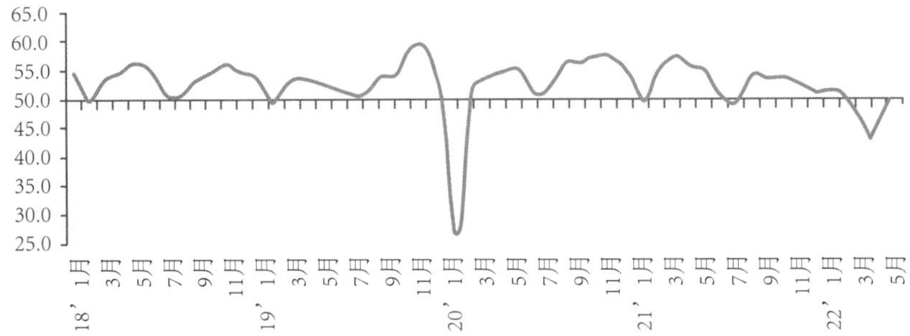

图 2-9： LPI 走势图（%）

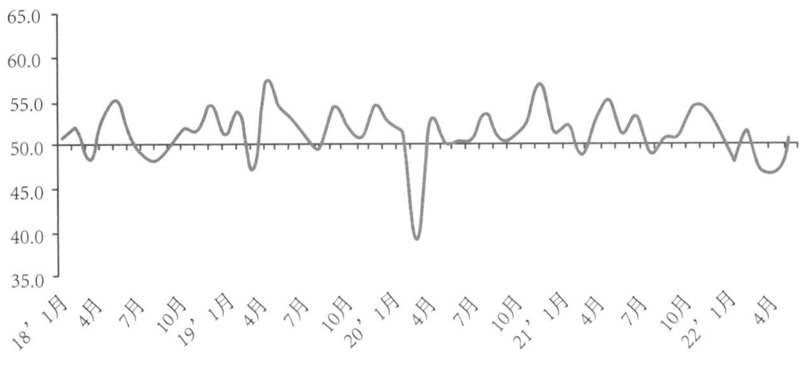

图 2-10 ： 中国仓储指数走势图（%）

中国物流与采购联合会会长助理何辉认为：5 月，物流保通保畅政策措施和纾困助企措施同步发力，疏通物流堵点、畅通供应链产业链，加大受困企业支持力度，物流供需均有所恢复，5 月物流业景气指数为 49.3%，较上月明显回升。从分项指数上看，需求回升、订单增多，库存周转加快，服务价格和从业人员企稳、总体预期向好。从企业规模看，大中型物流企业恢复较快，小微型物流企业恢复相对滞后。后期随着疫情防控形势进一步好转、助企纾困政策发挥效果和更多稳增长政策的落地实施，物流行业整体景气水平有望进一步回升。

新订单指数回升。5 月，新订单指数为 48.8%，较上月回升 4.4 个百分点。显示出企业物流业务逐步恢复，生产和消费物流订单有所增加，其中快递快运业新订单指数回升明显。

从业人员指数企稳。5 月，物流从业人员指数为 47.4%，较上月回升 1.9 个百分点。显示物流企业用工紧张状况较上月有所好转，待国内疫情进一步得到有效控制后，物流行业从业人员将逐步恢复至正常水平。

业务活动预期指数回升。5 月，业务活动预期指数为 53.7%，较上月回升 1.8 个百分点。显示出物流企业对后市形成较好预期；纾困助企政策逐步落实细化，对物流企业提振信心发挥积极作用。

2022 年 6 月中国物流业景气指数为 52.1%

中国物流与采购联合会发布的 2022 年 6 月中国物流业景气指数为 52.1%，较上月回升 2.8 个百分点；中国仓储指数为 53.9%，较上月回升 3.7 个百分点。

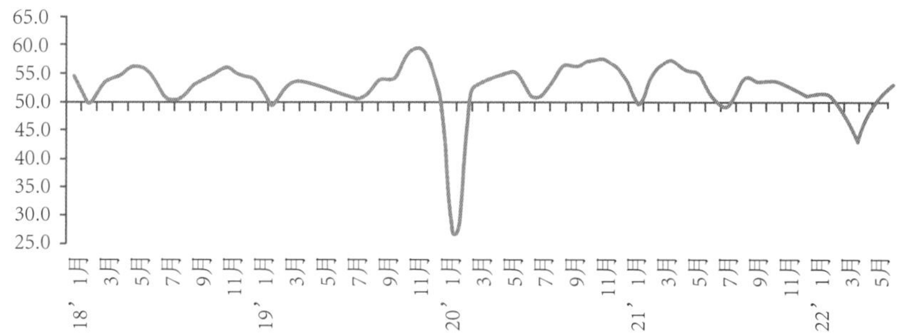

图 2-11： LPI 走势图（%）

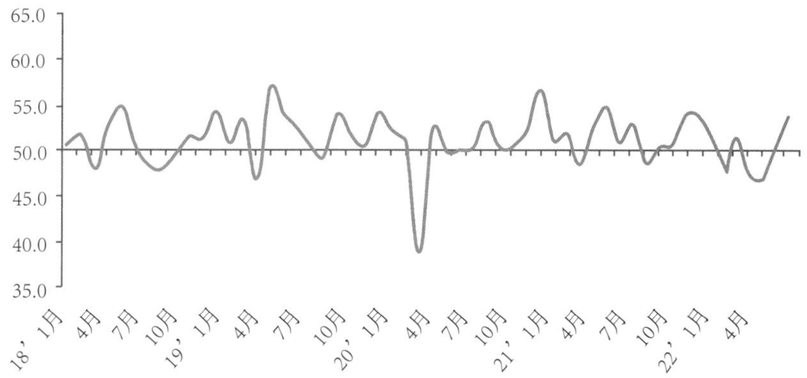

图 2-12：中国仓储指数走势图（%）

中国物流与采购联合会会长助理何辉认为：6 月，物流业景气指数为 52.1%，显示出随着稳经济政策持续发力和国内疫情防控形势好转，市场供需两端业务活动趋于活跃。从分项指数上看，12 个分项指数均有不同程度回升，其中业务总量指数、新订单指数、库存周转次数指数、设备利用率指数和从业人员指数回升幅度明显。从区域看，东中西部地区较上月均有回升。从企业规模看，大中型物流企业稳定在景气区间，小微型物流企业回升动力不足。后期随着需求释放，生产加快，物流行业整体水平将恢复至较活跃水平。

新订单指数回升。6 月，新订单指数为 53.3%，较上月回升 4.5 个百分点，连续两个月回升。显示出物流需求逐步回升，物流订单增加，其中快递快运业新订单指数回升幅度明显。

业务总量指数和设备利用率指数回升。6 月，业务总量指数为 52.1%，环比回升 2.8 个百分点；设备利用率指数 50.4%，环比回升 2.1 个百分点。显示出随着复工复产加快，物流需求增多，物流设备利用率有所提升。

业务活动预期指数回升。6 月，业务活动预期指数为 54.9%，环比回升 1.2 个百分点。显示随着国内疫情控制和纾困助企政策逐步落实，企业对后市保持乐观预期。

2022 年 7 月中国物流业景气指数为 48.6%

中国物流与采购联合会发布的 2022 年 7 月中国物流业景气指数为 48.6%，较上月回落 3.5 个百分点；中国仓储指数为 53.1%，较上月回落 0.8 个百分点。

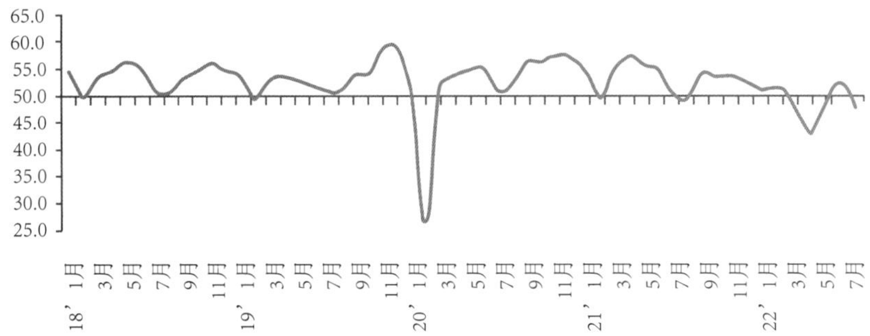

图 2-13： LPI 走势图（%）

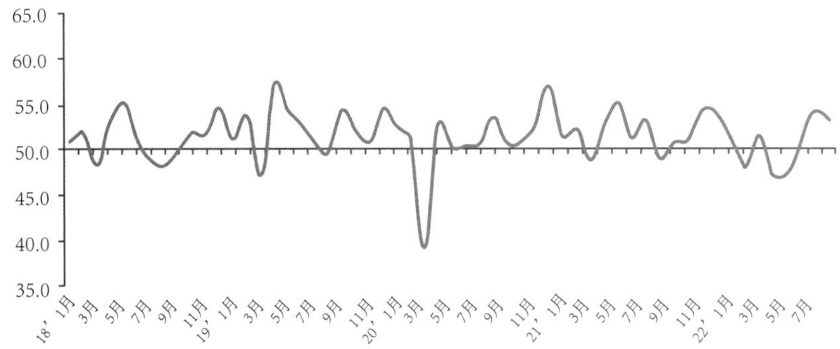

图 2-14：中国仓储指数走势图（%）

中国物流与采购联合会会长助理何辉认为：7 月，受高温雨季等季节性因素和部分地区散发疫情的双重影响，指数有所回调。从分项指数上看，固定资产投资完成额指数连续 3 个月上升；业务活动预期指数保持较高水平。从区域看，东中西部地区较上月均有所回落，但东部地区稳定在扩张区间，中西部地区回落至收缩区间，西部地区受疫情影响降幅更大。从企业规模看，大中型物流企业承压能力较强，保持在扩张区间，小微型物流企业受影响较大，且恢复速度较慢，已连续 5 个月指数水平较低。后期随着有效统筹疫情防控和经济社会发展，社会物流总需求稳步改善，供应链上下游业务波动回升，物流业将恢复至较好水平。

业务量和新订单指数回落。7 月，业务总量指数为 48.6%，较上月回落 3.5 个百分点；新订单指数为 49.9%，较上月回落 3.4 个百分点，反映出市场需求尚未完全恢复，仍有较大的回升空间。

固定资产投资完成额指数连续回升。固定资产投资完成额指数连续 3 个月回升，7 月份达到 51% 以上，环比回升 1.1 个百分点，铁路、道路、港口和邮政快递领域投资增速较快，反映出物流相关固定资产投资保持稳定。

企业盈利能力下降。7 月，主营业务利润指数在短暂回升后再次下降，较上月回落 1.8 个百分点。数据显示近两个月来，需求放缓和成本上升的双重压力增大，需进一步加大中小微企业纾困政策力度，改善经营环境，提高抗风险能力。

2022 年 8 月中国物流业景气指数为 46.3%

中国物流与采购联合会发布的 2022 年 8 月中国物流业景气指数为 46.3%，较上月回落 2.3 个百分点；中国仓储指数为 51.2%，较上月回落 1.9 个百分点。

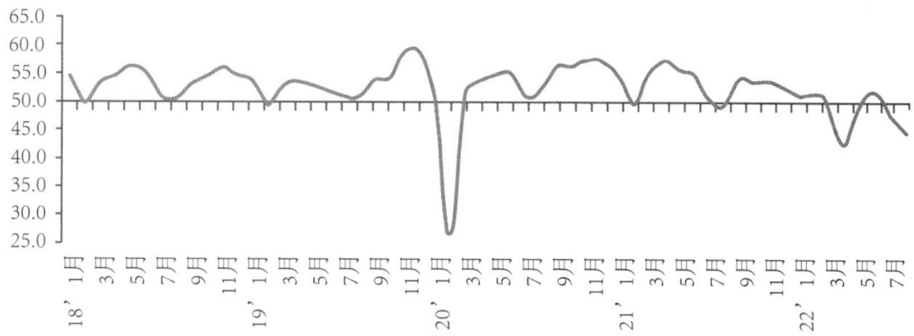

图 2-15： LPI 走势图（%）

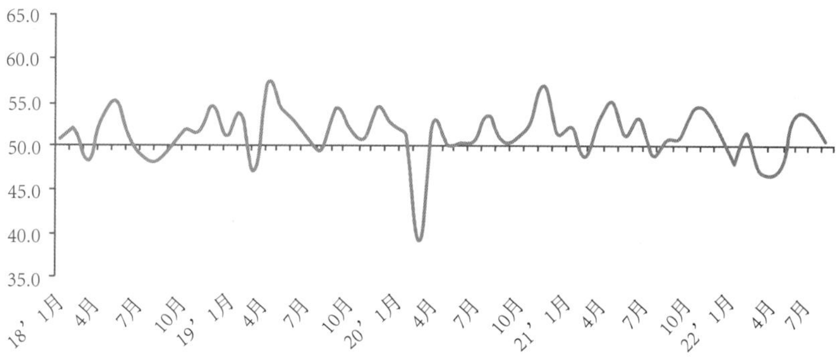

图 2-16： 中国仓储指数走势图（%）

中国物流与采购联合会会长助理何辉认为：8 月，物流业景气指数较上月有所回落，主要因本月高温多雨，物流行业处于生产建设淡季，同时部分地区疫情出现反复，在气候和疫情双重因素的影响下，线下活动相对放缓。从分项指数上看，固定资产投资完成额指数、物流服务价格指数和业务活动预期指数位于扩张区间。从区域看，东中部地区较上月有所回落，西部地区较上月略有回升。从企业规模看，大中型物流企业运营情况好于小微型物流企业。后期，随着一揽子稳经济政策和新出台接续政策等组合利好影响下，物流业将有望逐步趋于活跃。但疫情反复和多点散发，将可能会使供需两端恢复平衡过程出现波动。

业务总量指数和新订单指数回落。8 月，业务总量指数为 46.3%，较上月回落 2.3 个百分点；新订单指数为 46.9%，较上月回落 3 个百分点，显示出生产和消费需求恢复动力仍有不足。

两项库存指标均有回落。8 月，平均库存量指数和库存周转次数指数分别较上月回落 2.2 个百分点和 3.2 个百分点，显示出生产尚未恢复，需求仍有待提高。

业务活动预期指数保持稳定。8 月，业务活动预期指数为 54.2%，继续保持高位运行，显示出物流企业对后市生产经营预期平稳，对物流行业稳定发展保持积极态度。

2022 年 9 月中国物流业景气指数为 50.6%

中国物流与采购联合会发布的 2022 年 9 月中国物流业景气指数为 50.6%，较上月回升 4.3 个百分点；中国仓储指数为 52%，较上月回升 0.8 个百分点。

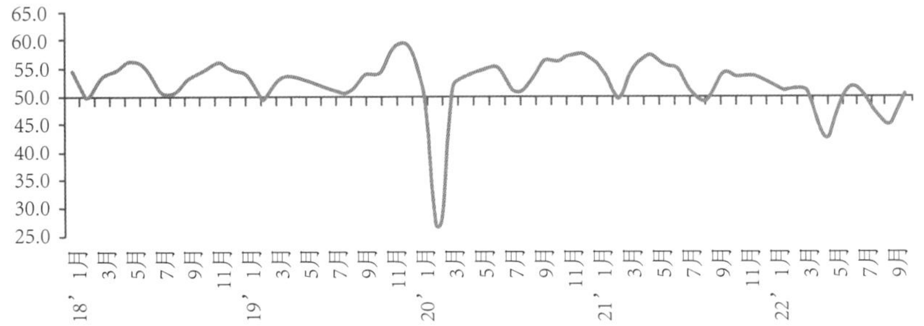

图 2-17：LPI 走势图（%）

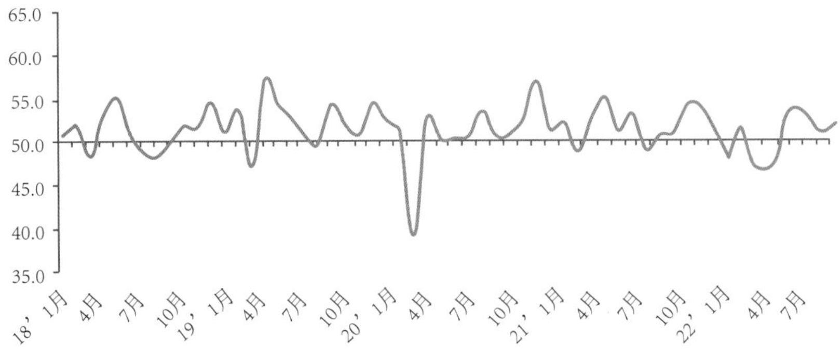

图 2-18：中国仓储指数走势图（%）

中国物流与采购联合会会长助理何辉认为：9 月，物流业景气指数较上月回升 4.3 个百分点，扭转连续两个月回落的走势。从指数上看，除服务价格和投资指数较上月回落外，其他各分项指数均有回升。从区域看，东中部地区较上月回升，西部地区较上月回落。从企业规模看，大中小微型物流企业业务量均较上月有不同程度恢复。后期，要关注疫情多地散发风险，确保交通物流畅通，进一步巩固物流行业恢复基础。

新订单指数回升，市场需求保持增长。9 月，新订单指数为 50.1%，比上月回升 3.2 个百分点，显示出物流市场订单增加，业务需求有所恢复。

从业人员指数回升，物流就业形势平稳。9 月，从业人员指数回升 1.4 个百分点，接近 50%，就业形势基本稳定。

主营业务成本指数回升，企业成本压力犹存。9 月，主营业务成本指数为 54%，较上月回升 2.2 个百分点。显示在业务量增长的背景下，物流企业成本压力有所增加。

从后期走势看，新订单指数和业务活动预期指数分别为 50.1% 和 55.7%，预示随着物流运行的需求基础进一步巩固，物流业务活动仍将延续平稳走势。

2022 年 10 月中国物流业景气指数为 48.8%

中国物流与采购联合会发布的 2022 年 10 月中国物流业景气指数为 48.8%，较上月回落 1.8 个百分点；中国仓储指数为 46.7%，较上月回落 5.3 个百分点。

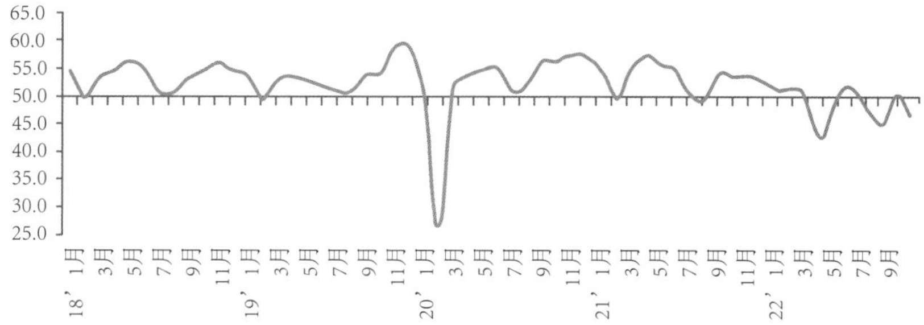

图 2-19：LPI 走势图（%）

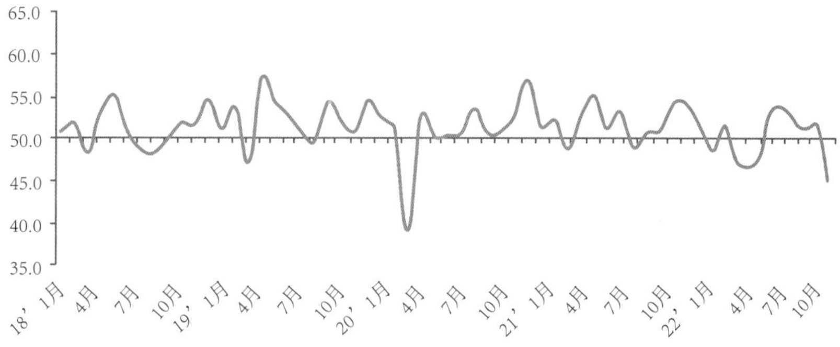

图 2-20：中国仓储指数走势图（%）

中国物流与采购联合会会长助理何辉认为：10 月，受疫情波动因素影响，物流业景气指数较上月回落，显示出物流行业整体运行平稳。从指数上看，固定资产投资完成额指数较上月回升，其他分项指数较上月均有回落。从区域看，东中西部地区较上月回落。从企业规模看，小型物流企业业务量较上月回升，大中微型物流企业业务量较上月有所回落。后期，在国内防疫效率不断提升，防疫形势整体向好，纾困帮扶、保供稳价、稳增长政策红利持续释放的影响下，物流经济有较大回升空间

新订单指数回落，市场需求待释放。10 月，新订单指数为 48.5%，比上月回落 1.6 个百分点，显示出物流市场需求仍待释放。

库存周转效率回调。10 月，库存周转次数指数为 49.4%，较上月回落 2 个百分点左右，分地区来看均有所回调，显示出受疫情影响社会商品库存增加、周转放缓。

设备利用率指数回落。10 月，设备利用率指数较上月回落 1.7 个百分点。显示出随着业务量下

降，物流相关设备利用率也有所降低。

从后期走势看，新订单指数和业务活动预期指数分别为 48.5% 和 53.8%，预示在疫情波动得到有效控制的前提下，物流行业景气度有望反弹。

2022 年 11 月中国物流业景气指数为 46.4%

中国物流与采购联合会发布的 2022 年 11 月中国物流业景气指数为 46.4%，较上月回落 2.4 个百分点；中国仓储指数为 44.1%，较上月下降 2.6 个百分点。

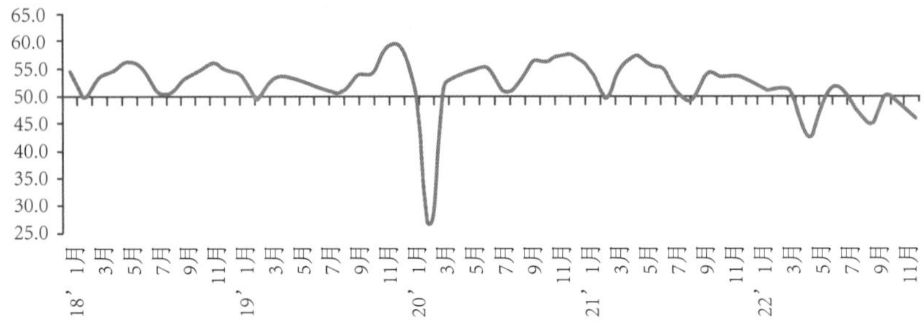

图 2-21：LPI 走势图（%）

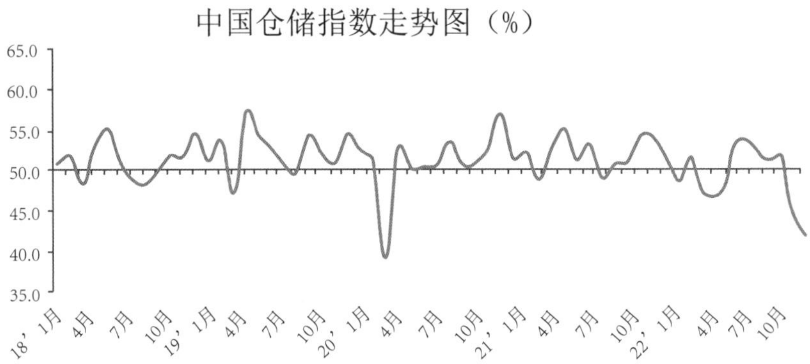

图 2-22：中国仓储指数走势图（%）

中国物流与采购联合会会长助理何辉认为：11 月，受疫情多发散发等因素影响，物流运行态势放缓。分项看，固定资产投资完成额指数和主营业务成本指数较上月回升，平均库存量指数与上月持平，其他分项指数较上月有不同程度回落。从区域看，东中西部地区均处于收缩区间。后期需进一步统筹疫情防控和经济发展，促进国民经济和物流运行稳定复苏。

新订单指数回落。11 月，新订单指数为 45.9%，较上月回落 2.6 个百分点。显示需求增长继续放缓。

库存指数低位运行。11 月，平均库存量环比持平，库存周转次数指数环比回落 2.1 个百分点，主要是受疫情影响部分地区开工率下降，库存和周转速率放缓。

从业人员指数回落。11 月，从业人员指数较上月回落 0.9 个百分点，显示从业人员供需紧张状况加剧。

从后期走势看，业务活动预期指数为 48.5%，预示企业对期后期发展趋于谨慎。

2022 年 12 月中国物流业景气指数为 46%

中国物流与采购联合会发布的 2022 年 12 月中国物流业景气指数为 46%，较上月回落 0.4 个百分点；中国仓储指数为 48.7%，较上月回升 4.6 个百分点。

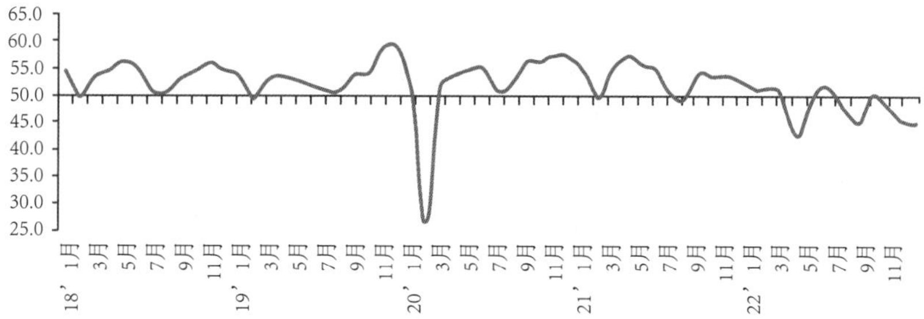

图 2–23：LPI 走势图（%）

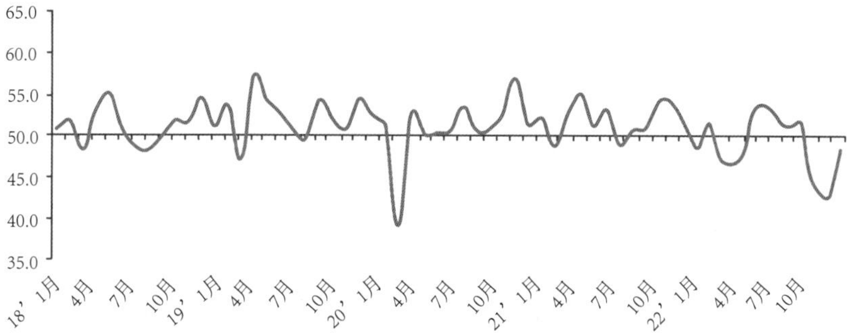

图 2–24：中国仓储指数走势图（%）

中国物流与采购联合会会长助理何辉认为：12 月，物流业景气指数较上月继续回落。从指数上看，业务量和新订单数量降低、库存增多、库存周转减慢、从业人员数量减少，同时受供需关系影响，物流服务价格上涨。从区域看，东中西部地区均位于收缩区间。从企业规模看，除大型物流企业业务需求位于扩张区间，中小微型物流企业仍位于收缩区间。本月由于新冠病毒感染疫情冲击，业务量需求不足，企业到岗率下降，随着各地平稳渡过疫情高峰期后，经济秩序将有序回归正轨，物流行业将恢复至正常水平。

业务总量和新订单指数回落。12 月，业务总量指数和新订单指数分别为 46% 和 45.2%，较上月分别回落 0.4 和 0.7 个百分点。

从业人员指数回落。12 月，从业人员指数为 44.2%，较上月回落 3.2 个百分点，显示出物流行业劳动力有所不足。

物流服务价格指数回升。12 月，物流服务价格 50.4%，较上月回升 2 个百分点，显示出受供需关系影响，物流服务价格短时上涨。

二、2022 年中国电商物流指数

中国电商物流指数说明

电商物流指数：反映电商物流运行的整体情况，通过各分项指数加权计算得出。

总业务量指数：反映电商物流业务量规模，通过物流单量变化来体现。

农村业务量指数：反映电商物流农村地区业务量规模，主要通过发送到农村地区的物流单量变化来体现。

物流时效指数：反映电商物流消费者从提交订单到收到商品之间的物流时效，体现物流配送的效率水平。

库存周转指数：反映电商物流商品库存周转情况。

实载率指数：反映电商物流运输过程中货运车辆体积实载情况。

履约率指数：反映电商物流配送履约水平情况，主要通过按照承诺时间，准时送达消费者的订单量与全部订单量的比率变化来体现。

满意度指数：反映电商物流消费者对电商物流服务的满意度水平。

人员指数：反映电商物流从业人员规模。

成本指数：反映电商物流行业成本情况。

涵盖范围：中国电商物流指数调查的地区覆盖全国（除港澳台外）各省、自治区和直辖市。调查方法以平台数据和企业调查相结合，平台数据来自京东集团电商物流信息平台，调查单位主要是服务于电商物流的快递企业。

中国电商物流指数分为同比指数、环比指数和定基指数，其中定基指数以 2015 年 1 月为基期，基点 100。

2022 年 1 月电商物流指数为 108.6 点

中国物流与采购联合会和京东集团联合调查的 2022 年 1 月中国电商物流运行指数为 108.6 点，比上月回落 0.2 个点。从 9 个分项指数看，总业务量指数、农村业务量指数、实载率指数有所上升。物流时效指数、库存周转指数、人员指数、成本指数、履约率指数和满意率指数有所回落。

1 月随着春节临近，各大电商平台纷纷推出年货节活动，在传统电商平台和新锐直播电商平台的激烈竞争下，线上消费火热，电商物流需求迎来快速上涨，总业务量指数录得近 9 个月新高，农村业务量指数也实现止跌回升，并超过去年同期水平。但与此同时，因担心疫情阻断春节返乡进程，部分电商物流从业人员提前返乡，使得本月电商物流供给端表现不佳并导致总指数下降。分项来看，除实载率指数外，所有分项指数均有所下降。

电商物流总业务量指数为 127.6 点，相比上月回升 2.9 个点。分地区来看，所有地区环比上月均有所上升，东北部、中部地区上升明显，分别回升 5.2 和 3.3 个点，均不低于全国平均水平。

农村电商物流业务量指数为 125.5 点，比上月回升 1.6 个点。分地区来看，所有地区环比上月均有所上升，东北部、中部地区上升明显，分别回升 5.5 和 1.9 个点，且高于全国平均水平。

物流时效指数为 95.2 点，比上月回落 3.5 个点。连续 3 个月低于 100 点，且该值是继 2020 年 3 月之后的新低。

人员指数为 102.7 点，比上月回落 1.5 个点，连续 3 个月回落，该值同样录得 2020 年 3 月之后的新低。

后期来看，2 月随着春节假期结束，供给端状况将有所改善，但电商物流需求按照往年惯例，将有所回调，总指数变化值得进一步关注。

2022 年 2 月电商物流指数为 108.9 点

中国物流与采购联合会和京东集团联合调查的 2022 年 2 月中国电商物流运行指数为 108.9 点，比上月回升 0.3 个点。从 9 个分项指数看，总业务量指数、履约率指数、物流时效指数、满意率指数、实载率指数有所上升，农村业务量指数、库存周转率指数、人员指数、成本指数有所回落。电商物流指数总体保持稳定。

与往年不同，今年 2 月我国电商物流指数需求端表现好于往年，总业务量指数并未因春节假期而有所下降。由于北京冬奥会的成功举办，冰雪运动受到了民众的广泛关注，在各大电商平台，与冰雪运动相关的商品及奥运会衍生商品如滑雪装备、防寒服、速干衣、冰刀鞋、奥运吉祥物“冰墩墩”等的销量快速增长，有效刺激了电商物流总需求的增长，电商物流总业务量指数上升 0.3 个点，超过去年同期 3 个点，带动总指数止跌回升。但 2 月份受春节假期影响，电商物流部分供给端分项指数表现不佳，人员指数、成本指数和库存周转指数有所下降，但物流时效指数回升明显。后期来看，3 月电商物流需求有望继续保持上涨态势，供给端表现也将随着物流从业人员全面复工实现止跌回升，总指数将得到进一步提升。

电商物流总业务量指数为 127.9 点，相比上月提高 0.3 个点，连续两个月回升。分地区来看，东部、中部和西部地区环比上月均有所上升，西部地区上升 6.8 个点，东北部地区有所回落，西部和中部地区高于全国平均水平。

农村电商物流业务量指数为 124.3 点，比上月回落 1.2 个点。分地区来看，东部、中部和西部地区环比上月小幅上升，分别上升 0.5、0.9 和 0.4 个点，东北部地区有所回落，中部地区高于全国平均水平。

物流时效指数、履约率指数和满意率指数均实现止跌回升，但仍未超过 100 点，其中物流时效指数大幅回升 3.7 个点。

成本指数为 110.4 点，比上月回落 2 个点。回落幅度较大，已低于去年最低值 110.5 点。

库存指数和人员指数分别为 106.2 点和 101.5 点，均比上月回落 1.2 个点，连续 4 个月回落，但仍保持在 100 以上。

2022 年 3 月电商物流指数为 104 点

中国物流与采购联合会和京东集团联合调查的 2022 年 3 月中国电商物流指数为 104 点，比上月回落 4.9 个点。从 9 个分项指数看，除成本指数有所上升外，总业务量指数、履约率指数、物流时效指数、满意率指数、实载率指数、农村业务量指数、库存周转率指数、人员指数均有所回落。

本月，中国电商物流指数出现较大波动，比上月大幅回落 4.9 个点，创两年新低。疫情对电商物流供给端产生下拉影响。首先是道路运输，尤其是跨省运输受各地防控政策的限制较多，使得物流时效指数、履约率指数均大幅下降。其次是部分地区限制外部快递进入，电商物流供给能力难以发挥。需求端也表现不佳。3 月，电商物流总业务量及农村业务量均大幅回落，且包含上海等地的东部地区回落幅度最大。疫情防控对我国居民线上消费的影响值得重视。

电商物流总业务量指数为 118.2 点，比上月大幅回落 9.7 个点，创出两年以来的新低。分地区来看，东部地区回落幅度最大，达到 10.6 个点，同样创出两年以来的新低，西部地区回落幅度最小，除东部地区外，其他地区均高于全国平均水平。

农村电商物流业务量指数为115.9点，比上月回落8.4个点。分地区来看，东部地区回落9.7个点，幅度最大，中部、西部和东北部地区分别回落6.5、6.6和4.6个点，且均高于全国平均水平。

库存周转率指数、物流时效指数和履约率指数分别回落5、6.6和3个点，均创出自2020年3月以来的新低。满意率指数大幅回落5.6个点，录得92.8点，该值为指数发布以来的最低值。

人员指数和实载率指数分别回落2.7、6.3个点，其中人员指数继2020年3月以来，再次回落到100点以下。成本指数大幅上升5.5个点，创出2017年以来的新高。

2022年4月电商物流指数为102.2点

中国物流与采购联合会和京东集团联合调查的2022年4月中国电商物流指数为102.2点，比上月回落1.8个点。从9个分项指数看，成本指数、实载率指数、库存周转指数有所上升，总业务量指数、履约率指数、物流时效指数、满意率指数、农村业务量指数、人员指数有所回落。

本月，中国电商物流指数继续回落1.8个点，降幅有所收窄。随着我国各项物流保通保畅政策的出台，疫情对电商物流供给端的冲击有所缓解，各分项指数降幅大幅收窄，库存周转率指数及实载率指数开始回升，但快递延迟现象仍然较为普遍，满意率指数继续下降。

本月电商物流指数下降主要受到需求端的影响，总业务量及农村业务量指数继续大幅回落，其中农村业务量指数降幅相比上月有所扩大。部分地区疫情防控要求关闭中转场和配送网点，快递中断和延迟导致电商物流业务量快速回落。后期随着本轮疫情防控取得初步成效，电商物流指数有望实现止跌回升。

电商物流总业务量指数降幅收窄。该指数为112.4点，比上月回落5.8个点，降幅相比上月有所收窄。分地区来看，疫情较为严重的东北部和东部地区回落幅度最大，分别回落8.4个点和6.5个点，且均低于全国平均水平，西部地区回落幅度最小。

农村电商物流业务量指数降幅有所扩大。该指数为106.8点，比上月回落9.1个点。分地区来看，中部地区回落10.8个点，幅度最大，东部、西部和东北部地区分别回落7.8、5.7和7.6个点，其中东部地区低于全国平均水平。

库存周转率指数与实载率指数实现止跌回升。两指数分别较上月回升2.3、0.3个点，且均维持在100点以上。

效率指数和满意率指数降幅大幅收窄。物流时效指数环比小幅下降0.1个点，已基本趋于稳定。满意率指数下降1.2个点，再创指数发布以来的新低。

成本指数继续上升创新高。成本指数为116.7，继续上升0.8个点，逼近2016年该分项指数的最高值。

2022年5月电商物流指数为104.3点

中国物流与采购联合会和京东集团联合调查的2022年5月中国电商物流指数为104.3点，比上月回升2.1个点。从9个分项指数看，除成本指数有所回落外，实载率指数、库存周转指数、总业务量指数、履约率指数、物流时效指数、满意率指数、农村业务量指数、人员指数均有所回升。

5月国内疫情明显好转，中国电商物流指数实现止跌回升，相比上月提高2.1个点。需求端表现突出，随着各地区快递陆续开始恢复发货，全国所有地区的总业务量指数和农村业务量指数均有所回升。全国物流保通保畅工作取得阶段性进展，交通部数据显示，5月全国受疫情影响关闭的收费站与服务站相比上月大幅缩减。供给端情况继续改善，继上月各分项指数降幅大幅收窄后，本月各指数实现止跌回升。

但值得注意的是，供求两端数据表现与2月高点仍有较大差距，显示我国电商物流活动仍在恢复过程中。后期来看，6.18电商购物节在6月1号正式开始，主要城市在6月逐步解封，国务院于5月末召开全国稳住经济大盘会议，各项经济刺激措施正在加速出台。多重因素加持下，乐观估计6月电商物流指数回升幅度将进一步加大。

电商物流总业务量指数实现止跌回升。该指数为117.8点，比上月提高5.4个点。分地区来看，全国所有地区总业务量指数均有所回升，前期受疫情影响较重的东北部和东部地区回升幅度最大，分别回升6.3个点和4.7个点，西部和中部地区高于全国平均水平。

农村电商物流业务量指数结束连续3个月的回落。该指数为110.3点，比上月提高3.5个点。分地区来看，全国所有地区农村业务量指数均有所回升，东北部地区提高4.4个点，回升幅度最大。中部、西部和东北部地区高于全国平均水平。

物流时效指数、履约率指数、满意率指数和人员指数均实现止跌回升，分别较上月回升2.6、1.9、1.7和0.6个点，但仍均位于100点以下。库存周转率指数与实载率指数连续两月回升，其中库存周转率指数达到今年以来的次高水平，实载率指数与2月份高点仍有差距。成本指数回落2.1个点，结束连续两个月的上升。

2022年6月电商物流指数为107.1点

中国物流与采购联合会和京东集团联合调查的2022年6月中国电商物流指数为107.1点，比上月回升2.8个点。从9个分项指数看，成本指数、实载率指数、库存周转指数、总业务量指数、履约率指数、物流时效指数、满意率指数、农村业务量指数、人员指数均有所回升。

随着疫情的持续好转和各项经济刺激政策的落实，6月中国电商物流指数在上月止跌回升的基础上，再次回升2.8个点，增幅较5月份扩大0.7个点。需求端表现依然强劲，总业务量指数突破120点，农村业务量指数回升9.1个点，增幅较上月扩大5.6个点。经济加速修复，物流通达能力显著提升，供需双向发力是促进电商物流需求改善的主要原因，6.18数据显示，各主要电商平台成交额同比去年均实现正增长，手机、家电、美妆等产品销量同比去年大幅提升。供给端表现良好，各分项指数均已基本恢复到本轮疫情前水平，部分指数创出今年新高。后期来看，经济加速恢复，疫情形势好转均是积极因素，但随着6月电商购物需求的集中释放，7月电商物流指数变化有待进一步观察。

电商物流总业务量保持较快增长。6月，电商物流总业务量指数为122.1点，比上月提高4.3个点。分地区来看，东部地区总业务量指数继上月回升4.7个点后，本月再次提升5.4个点，回升幅度最大。中部地区总业务量指数小幅回落，西部和中部地区高于全国平均水平。

农村电商物流业务量增速加快。6月，农村电商物流业务量指数为119.4点，比上月提高9.1个点。分地区来看，全国所有地区农村业务量指数均有所回升，东北部地区提高9.6个点，回升幅度最大。中部地区高于全国平均水平。

6月，物流时效指数、满意率指数、人员指数、实载率指数增速均有所加快，分别较上月提高3.9、2.2、2.5和1.9个点。其中，人员指数近4个月来首次回升到100点以上。库存周转率指数与履约率指数分别回升1.9和1.8个点，增速虽有所放缓，但均创出年内新高，履约水平持续向好。受燃油价格上涨等因素影响，成本指数止跌回升，提升0.6个点。

2022年7月电商物流指数为106.4点

中国物流与采购联合会和京东集团联合调查的2022年7月中国电商物流指数为106.4点，比上月回落0.7个点。从9个分项指数看，成本指数、实载率指数、满意率指数、人员指数均有所回升。库存周转指数、总业务量指数、履约率指数、物流时效指数、农村业务量指数有所回落。

进入7月以来，受我国多地疫情散发及高温多雨等因素影响，7月中国电商物流指数小幅回落0.7个点，终止此前连续3个月的回升走势。与往年类似，在电商购物节的刺激下，电商物流需求在6月得到集中释放后，本月有所回落，但回落幅度较往年明显加大，尤其是以电商物流总业务量及农村业务量指数回落最为突出，分别回落3.9和8.5个点，反映出在疫情影响下，电商物流市场恢复基础还不稳固。PMI也显示经济恢复基础不稳，电商物流环境偏紧。7月PMI指数为49%，比上月下降1.2个百分点，。供给端表现不一，在高温疫情等因素影响下，物流时效、履约率等指数相比上月小幅回落。但人员、满意度、实载率指数继续保持上涨。

电商物流总业务量有所回落。7月，电商物流总业务量指数为118.2点，比上月回落3.9个点。分地区来看，各地区均出现一定程度的回落，西部地区、东北部地区回落幅度较为明显，东部地区回落幅度最小，中部地区高于全国平均水平。

农村电商物流业务量明显回落。7月，农村电商物流业务量指数为110.9点，比上月回落8.5个点。分地区来看，各地区均有明显回落，东部和西部地区回落幅度最大，中部和东北部地区高于全国平均水平。

7月，满意率指数、人员指数和实载率指数继续回升，但回升幅度有所收窄，分别较上月提高0.8，0.5和1.2个点，其中实载率指数实现连续4个月上涨。库存周转指数、物流时效指数和履约率指数在连续3个月上涨后有所回落，但仍高于5月水平。受燃油价格上涨、高温多雨等因素影响，成本指数继续上升1.5个点，已达全年最高。

后期来看，8月电商物流仍面临不确定因素，疫情反复、经济变化等外部环境将对电商物流运行产生明显影响，因此对8月电商物流指数走势保持谨慎乐观。

2022年8月电商物流指数为104.2点

中国物流与采购联合会和京东集团联合调查的2022年8月中国电商物流指数为104.2点，比上月回落2.2个点。从9个分项指数看，人员指数保持不变、实载率指数有所上升，总业务量指数、农村业务量指数、成本指数、满意率指数、库存周转指数、履约率指数、物流时效指数有所回落。

相关数据显示，我国8月新冠感染者相较7月明显增加，随着疫情防控措施的进一步加强，8月电商物流指数表现不及预期，较7月回落2.2个点，供求两端均有所下降。需求端下降最为明显，电商物流总业务量指数大幅回落5.9个点，降幅较上月扩大2个点，并创今年以来的新低，农村业务量指数回落2.8个点，回落幅度较上月有所收窄。供给端有所承压，电商物流供给效率受疫情防控影响有所下降，物流时效、库存周转、履约率等指标降幅均有所扩大。后期来看，9月开学季的到来将为电商物流市场提供有利因素。在疫情保持稳定的前提下，对9月电商物流指数持总体乐观态度。

电商物流总业务量大幅回落。8月，电商物流总业务量指数为112.3点，比上月回落5.9个点。分地区来看，各地区回落幅度表现不一，中部地区回落幅度最大，西部地区回落幅度最小，两地均高于全国平均水平。

农村电商物流业务量继续回落。8月，农村电商物流业务量指数为108.1点，比上月回落2.8个点。分地区来看，各地区均有明显回落，东部和东北部地区回落幅度最大，中部地区高于全国平均水平。

8月，实载率指数实现连续5个月上涨，但涨幅明显缩窄，较上月提高0.2个点。库存周转指数、物流时效指数和履约率指数继续回落，且降幅较上月有所扩大。满意率指数由升转降，较上月下降0.2个点。受燃油价格回落影响，成本指数结束连续2个月上涨，回落2.5个点。

2022年9月电商物流指数为108.1点

中国物流与采购联合会和京东集团联合调查的2022年9月中国电商物流指数为108.1点，比上月提高 3.9 个点。从 9 个分项指数看，成本指数、实载率指数、满意率指数、人员指数、库存周转指数、总业务量指数、履约率指数、物流时效指数、农村业务量指数均有所提高。

在 9 月传统消费旺季加持下，电商物流市场回升明显，总指数接近今年 2 月 108.9 点的高位。需求端看，全国所有地区业务量均有所增长，电商物流总业务量提高 8.6 个点，增速重回 20% 以上，农村业务量实现两位数增长，相比 8 月提高 11.2 个点。从供给端看，物流时效、库存周转、履约率、满意率指数均实现止跌回升，人员指数和实载率指数保持连续上涨，供给效率进一步提升。后期来看，参照往年情况，消费旺季在 10 月仍有可能持续，但疫情反复也为电商物流市场恢复带来较大不确定性。因此对 10 月电商物流指数持谨慎乐观态度。

电商物流总业务量大幅回升。9 月，电商物流总业务量指数为 120.9 点，比上月提高 8.6 个点。分地区来看，所有地区电商业务量均有所提高，东部地区回升幅度最大，中部地区高于全国平均水平。

农村电商物流业务量明显回升。9 月，农村电商物流业务量指数为 119.3 点，比上月提高 11.2 个点。分地区来看，各地区均回升明显，东部地区提高 12.8 个点，实现两位数回升，中部地区高于全国平均水平。

9 月，实载率指数实现 6 个月连续上涨，人员指数相比上月提高 5.6 个点，创全年新高，市场对电商物流从业人员需求强劲。库存周转指数、物流时效指数、履约率指数和满意率指数均实现止跌回升。成本指数相比上月提高 2.1 个点。

2022 年 10 月电商物流指数为 106.9 点

中国物流与采购联合会和京东集团联合调查的 2022 年 10 月中国电商物流指数为 106.9 点，比上月回落 1.2 个点。从 9 个分项指数看，履约率指数、实载率指数、成本指数、满意率指数有所上升，人员指数、库存周转指数、总业务量指数、物流时效指数、农村业务量指数有所回落。

10 月电商物流总指数相较 9 月小幅回落，但相较 8 月低值仍有明显提高。指数回落主要来自于需求端，总业务量和农村业务量分别回落 4.3 个点和 2.5 个点，且全国所有地区均有所下降，农村业务量回落主要集中于受疫情影响较重的西部地区和东北部地区。此外，10 月部分电商消费因 11 月电商购物节来临之际而被抑制也是造成本月需求回落的一项因素。从供给端看，各项指数表现不一，但总体运行平稳，并未因 10 月疫情反复而受到明显影响。后期来看，在“双 11”电商购物节的刺激下，11 月电商物流需求将有明显回升，并带动总指数上涨。

电商物流总业务量有所回落。10 月，电商物流总业务量指数为 116.6 点，比上月回落 4.3 个点。分地区来看，东部地区回落幅度最小，其他地区均低于全国平均水平。

农村电商物流业务量小幅下降。10 月，农村电商物流业务量指数为 116.8 点，比上月下降 2.5 个点。分地区来看，西部地区回落超过两位数，幅度最大，东部地区回落幅度最小。中部地区高于全国平均水平。

10 月，实载率指数实现 7 个月连续上涨，创出 112.3 点的今年新高，满意率和履约率指数实现连续两个月上涨。库存周转指数、物流时效指数、人员指数均有小幅回落，但相较 8 月仍有明显提升。成本指数相比上月提高 0.6 个点。

2022 年 11 月电商物流指数为 106.6 点

中国物流与采购联合会和京东集团联合调查的 2022 年 11 月中国电商物流指数为 106.6 点，比上月回落 0.3 个点。从 9 个分项指数看，总业务量指数、农村业务量指数、满意率指数和成本指数有所上升，履约率指数、人员指数、库存周转指数、物流时效指数有所回落，实载率指数与上月持平。

受疫情等因素影响，11 月电商物流总指数继续回落，但回落幅度明显收窄。与 10 月指数下降主要来自于需求端不同，11 月受传统电商购物节刺激，电商物流总业务量和农村业务量均有所上涨，但上涨幅度未能弥补指数在 10 月的降幅，说明我国电商物流市场恢复进程仍存不确定性。11 月总指数回落主要来自供给端，受疫情影响，快递流通受阻，大部分供给端分项指数均未能实现上涨，其中物流时效和履约率指数降幅较大。后期来看，疫情防控政策调整是电商物流市场恢复的积极因素，但线上消费需求在 11 月集中释放后，12 月电商物流指数仍有较大不确定性。

电商物流总业务量小幅回升。11 月，电商物流总业务量指数为 116.9 点，比上月提高 0.3 个点。分地区来看，除东部地区外，其他地区均有所回升，东北和西部地区低于全国平均水平，但回升幅度较大。

农村电商物流业务量明显回升。11 月，农村电商物流业务量指数为 118.2 点，比上月提高 1.4 个点。分地区来看，全国所有地区农村业务量指数均有所回升，东部和中部地区高于全国平均水平。

11 月，满意率指数实现 3 个月连续上涨，达到 98.2 点，接近 2 月 98.4 的年内高点。实载率指数保持不变，继续维持年内新高。履约率指数由升转降，库存周转指数、物流时效指数、人员指数连续两个月回落。成本指数相比上月提高 0.4 个点。

2022 年 12 月电商物流指数为 102.8 点

中国物流与采购联合会和京东集团联合调查的 2022 年 12 月中国电商物流指数为 102.8 点，比上月回落 3.8 个点。从 9 个分项指数看，成本指数有所上升，总业务量指数、农村业务量指数、满意率指数、履约率指数、人员指数、库存周转指数、物流时效指数、实载率指数有所回落。

12 月电商物流指数回落幅度有所扩大，总指数接近 4 月 102.2 点的全年最低点。需求端下滑明显，电商物流总业务量创出全年新低，电商物流需求在 11 月的集中释放，叠加 12 月新冠疫情感染导致业务量下降是造成 12 月需求下降的主要原因。供给端受疫情冲击明显加剧。除成本指数外，其他各项指数回落幅度较上月均有所扩大，受员工到岗率不足等因素影响，物流时效指数、履约率指数均创出全年新低。但人员指数虽较上月大幅回落，但仍明显高于今年 4 月最低值，说明人员到岗情况在本月后期已有所改善。后期来看，随着各地平稳度过疫情高峰，经济秩序将有序回归正轨，电商物流供给能力恢复速度将有所加快。同时，随着春节临近，电商物流需求也有望实现止跌回升，因此对 2023 年 1 月电商物流指数总体乐观。

电商物流总业务量有所回落。12 月，电商物流总业务量指数为 110.2 点，比上月回落 6.7 个点。分地区来看，东北部地区回落幅度最小，东部地区回落幅度最大，中部和东北部地区低于全国平均水平。

农村电商物流业务量明显下降。12 月，农村电商物流业务量指数为 109.9 点，比上月回落 8.3 个点。分地区来看，全国所有地区农村业务量指数均有所下降，西部地区回落幅度最小，中部地区高于全国平均水平。

12 月，满意率指数回落 0.8 个点，结束 3 个月连续上涨，实载率指数也出现半年以来的首次回落，较 11 月回落 1.6 个点。库存周转指数、物流时效指数、人员指数连续 3 个月回落，物流时效指数回落幅度最大，较上月回落 7 个点。成本指数相比上月提高 1.9 个点。

三、2022 年中国仓储物流指数

中国仓储指数调查说明

1. 主要指标解释

中国仓储指数体系是一套立足仓储企业，通过快捷的调查方式，以翔实、动态的数据信息，反映仓储行业经营和国内市场主要商品供求状况与变化趋势的指标体系。

中国仓储指数由期末库存、新订单、平均库存周期次数和从业人员 4 个权重指数合成。

2. 调查涵盖的范围

中国仓储指数体系调查包含了生产资料和消费品两大类。调查的地区将覆盖全国（除港澳台和新疆、西藏等）的主要省市和地区。调查的企业主要是为社会提供第三方仓储及配套服务的物流企业。主要是指综合性仓库和专业性仓库。不包括生产企业的自营仓库和用户的自用仓库。

3. 计算方法

中国仓储指数由 1 个综合指数构成和 11 个单项指数。单个指数采用扩散指数方法。综合指数采用加权综合指数方法。

单项指数的计算公式：

即正向回答的百分数加上回答不变的百分数的一半。

DI=“增加”选项的百分比 ×1+“持平”选项的百分比 ×0.5

综合指数的计算公式：

中国仓储指数 = 期末库存 ×30%+ 新订单 ×25%+ 从业人员 ×25%+ 平均库存周转次数 ×20%

2022 年 1 月中国仓储指数为 48.3%

中国物流与采购联合会与中储发展股份有限公司联合调查的中国仓储指数 2022 年 1 月为 48.3%，较上月下降 3.3 个百分点，落入荣枯线以下。各分项指数中，新订单指数、收费价格指数、业务利润指数、业务活动预期指数指数较上月有所回升，其余指数均有不同程度的回落。

由 21 类商品组成的 2022 年 1 月期末库存指数为 45.4%，较上月回落 8.8 个百分点，反映出仓储行业受春节临近以及严寒天气影响库存水平下降。分品种来看，生产资料类商品中，钢材、建材、矿产品类商品库存较上月明显回落；生活资料类商品中，食品、服装、纺织品、家电类商品库存较上月回落幅度较大。

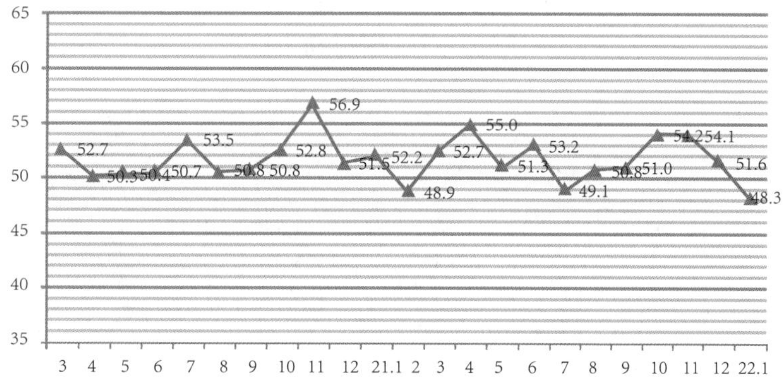

图 2-25：中国仓储指数走势图（%）

中储发展股份有限公司总裁助理王勇认为：本月指数回落 3.3 个百分点，至 48.3%，时隔 5 个月后再次落入 50% 荣枯线以下，反映出仓储行业受春节临近以及严寒天气影响，运行压力有所加大，库存水平及周转效率双双下滑。品种表现有所分化，消费品受节日因素提振，业务需求仍然表现良好；大宗商品受季节因素影响，需求强度进一步下降。仓储市场租金继续上涨，收费价格指数本月达到两年来新高。后期来看，2 月受工作日减少、节日因素消退、大宗商品淡季持续及部分地区疫情等因素影响，仓储业务需求难有好转，预计后期行业运行仍有压力。

业务量指数小幅回落。1 月份，业务量指数为 51.0%，较上月回落了 0.7 个百分点，继续位于荣枯线以上，反映出仓储行业需求增速放缓，总体仍保持较为稳定的态势。分品种来看，钢材、有色金属、化工、矿产品等生产资料类商品业务量有所回落；服装、纺织品、医药类生活资料类商品业务量大幅回升。

库存周转效率下降。1 月，平均库存周转次数指数为 49.0%，较上月回落 2.8 个百分点，落入容枯线以下，反映出在仓储业务受季节和节日影响，库存周转效率有所下降。分品种来看，钢材、有色金属、化工等生产资料类商品和家电类生活资料类商品周转效率较上月均有所下降。

收费价格继续上升。1 月，收费价格指数为 53.4%，较上月回升 0.5 个百分点，指数连续十七个月未落入荣枯线以下，表明仓储业务收费价格保持上升势头。

业务利润指数回升。1 月，业务利润指数为 49.0%，较上月回升 1.9 个百分点，但仍位于荣枯线以下，表明在仓储行业经济效益较上月有所下滑，但下滑幅度收窄；主营业务成本指数为 50.5%，较上月回落 5.2 个百分点，反映出仓储行业成本较上月仍小幅上升。

从后期走势来看，1 月，新订单指数为 51.0%，较上月回升 1.0 个百分点；业务活动预期指数为 53.4%，较上月回升 2.8 个百分点。后期来看，2 月受工作日减少、节日因素消退、大宗商品淡季持续及部分地区疫情等因素影响，仓储业务需求难有好转，尽管仓储企业对后期持乐观态度，但预计后期行业运行仍有压力。

2022 年 2 月中国仓储指数为 51.3%

中国物流与采购联合会与中储发展股份有限公司联合调查的 2022 年 2 月为 51.3%，较上月回升 3 个百分点，重回 50% 以上的扩张区间。各分项指数中，新订单指数、业务量指数、收费价格指数及平均库存周转次数指数较上月有所回落，其余指数均有不同程度的回升。

由 21 类商品组成的 2022 年 2 月期末库存指数为 56.4%，较上月回升 11.0 个百分点重回扩张区间，反映出仓储企业进库大于出库，库存水平显著上升。分品种来看，生产资料类商品中，钢材、有色金属、化工、建材、机械设备、木材类商品库存较上月均大幅回升；生活资料类商品中，服装、纺织品类商品库存较上月有所回升。

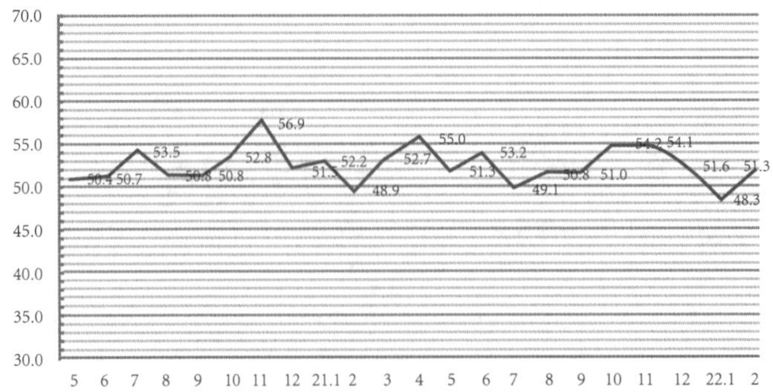

图 2-26： 中国仓储指数走势图（%）

中储发展股份有限公司总裁助理王勇认为：本月在工作日减少、节日因素消退、部分地区疫情等不利因素的影响下，指数不降反升 3 个百分点，至 51.3% 的景气区间，明显好于历史同期水平，反映出仓储行业运行压力有所缓解，市场需求保持相对较好。特别是大宗商品备货需求增加，生产环节基本正常进行生产，新资源陆续进入市场，库存水平显著回升。后期来看，企业预期较为乐观，业务活动预期指数达到四年新高，预示随着节后生产经营活动的逐步恢复，仓储行业运行将会保持向好发展格局。

业务量略有回落。2 月，业业务量指数为 49.0%，较上月回落 2.0 个百分点来到荣枯线以下，但高于历史同期均值 9.2 个百分点，表明仓储业务需求仍有一定支撑。分品种来看，钢材、有色金属、矿产品等生产资料类商品业务量回落幅度较大；食品、服装、纺织品、日用品、家电等生活资料类商品业务量均有所回落。

库存周转效率下降。2 月，平均库存周转次数指数为 48.0%，较上月下降 1 个百分点，反映出在仓储业务受节日等因素影响周转效率有所下降。分品种来看，钢材、有色金属、化工、矿产品和食品、日用品、家电、服装、纺织品等商品周转效率较上月有所下降。

收费价格指数回落。2 月，收费价格指数为 51.9%，较上月回落 1.5 个百分点，连续 18 个月未落入荣枯线以下，反映出仓储收费价格继续保持上升势头。

企业经营效益仍未好转。2 月，业务利润指数为为 49.5%，较上月上升 0.5 个百分点；主营业务成本指数为 53.4%，较上月上升 2.9 个百分点，反映出在业务总量下降且成本上升的背景下，企业更需落实降本增效，提高盈利能力。

从后期走势来看，2 月，新订单指数为 49.0%，较上月回落 2.0 个百分点；业务活动预期指数为 63.1%，较上月上升 9.7 个百分点，达到四年来新高，表明企业预期较为乐观。得益于稳增长相关政策的加快落实，经济全面恢复态势进一步明确。后期随着生产经营活动的逐步恢复，3、4 月份的阶段性需求也会逐渐增加，仓储业务将有明显增长，未来短期内行业仍将保持平稳向好格局。

2022 年 3 月中国仓储指数为 46.9%

中国物流与采购联合会与中储发展股份有限公司联合调查的中国仓储指数 2022 年 3 月为 46.9%，较上月回落 4.4 个百分点。各分项指数中，业务量指数、收费价格指数、主营业务成本指数及平均库存周转次数指数较上月有所回升，其余指数均有不同程度的回落。

由 21 类商品组成的 2022 年 3 月期末库存指数为 44.2%，较上月回落 12.2 个百分点，反映出国内外复杂形势等多重因素影响下，仓储库存水平大幅降低。分品种来看，生产资料类商品中，矿产品类商品库存较上月有所回升；生活资料类商品中，日用品类商品库存较上月回落幅度较大。

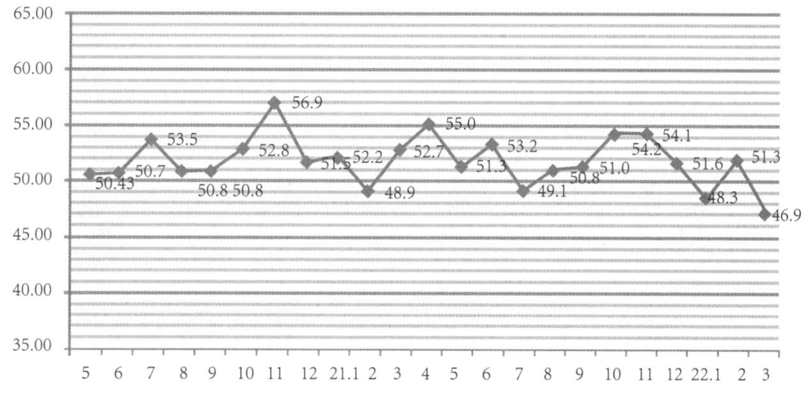

图 2-27：中国仓储指数走势图（%）

中储发展股份有限公司总裁助理王勇认为：3月仓储指数明显下降，落入荣枯线以下，与历史同期数据相比，回落幅度较为显著。究其原因，一是国内多地疫情散发，市场需求不足，企业生产经营受阻；二是国外地缘政治冲突，进口原材料有所减少；三是大宗商品价格上涨较快，仓储需求收缩；四是物流运输承压，出入库速度减慢。受多重不利因素影响，仓储业务新订单有所减少，货品周转效率明显下降，期末库存水平大幅降低。此外，仓储企业成本支出继续增加，业务利润大幅下降，创2020年初以来新低。后期来看，虽然短期不利因素仍在持续，但国内经济运行仍有稳定基础，多个行业逐步进入产销旺季，市场供需有回升空间，仓储行业或将恢复平稳运行。

业务量指数回升。3月，业务量指数为50.6%，较上月上升1.6个百分点至容枯线以上，反映出仓储业务需求仍有一定支撑。分品种来看，钢材、有色金属、化工、建材等生产资料类商品业务量均有所回升；服装、纺织品、医药等生活资料类商品业务量有所回升。

库存周转效率继续下降。3月，平均库存周转次数指数为48.8%，较上月回升0.8个百分点，反映出货物周转效率连续3个月位于容枯线下，货品周转效率明显下降。分品种来看，机械设备、矿产品、食品等商品周转效率较上月回落幅度较大。

收费价格指数回升。3月，收费价格指数为52.2%，较上月回升0.3个百分点，已连续19个月未落入容枯线以下，反映出仓储行业收费价格继续保持上升。

企业利润未见好转。3月，业务利润指数为42.2%，较上月回落7.3个百分点；主营业务成本指数为58.3%，较上月回升4.9个百分点，反映出仓储企业成本支出继续增加，业务利润大幅下降，创2020年初以来新低。

从后期走势来看，3月，新订单指数为48.3%，较上月回落0.7个百分点；业务活动预期指数为54.4%，较上月回落8.7个百分点。后期来看，虽然短期不利因素仍在持续，但国内经济运行仍有稳定基础，多个行业逐步进入产销旺季，市场供需有回升空间，仓储行业或将恢复平稳运行。

2022年4月中国仓储指数为46.5%

中国物流与采购联合会与中储发展股份有限公司联合调查的2022年4月中国仓储指数为46.5%，较上月回落0.4个百分点。各分项指数中，业务利润指数、期末库存指数、企业员工指数及业务活动预期指数较上月有所回升，其余指数均有不同程度的回落。

由21类商品组成的2022年4月期末库存指数为47.3%，较上月回升3.1个百分点，反映出企业库存降幅较前期趋缓。分品种来看，生产资料类商品中，木材、机械设备、矿产品类商品库存较上月有所回升；生活资料类商品中，服装、纺织品、医药、日用品类商品库存较上月有所回升。

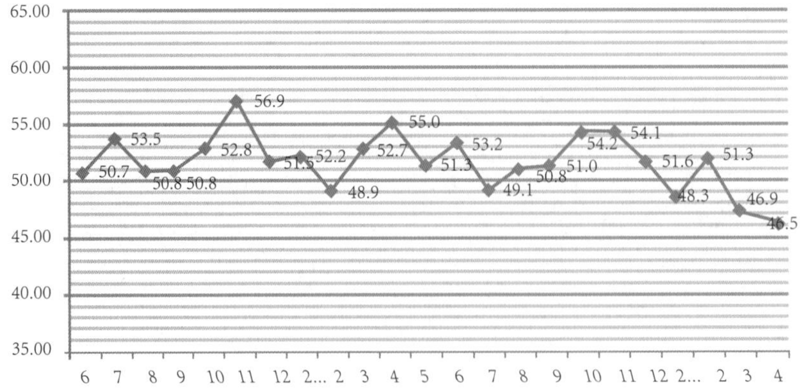

图2-28：中国仓储指数走势图（%）

中储发展股份有限公司总裁助理王勇认为：4 月仓储指数延续下降趋势，回落 0.4 个百分点，在荣枯线以下保持低位运行。在疫情多地蔓延的情况下，大宗商品市场旺季不旺，消费品市场需求低迷，仓储业务活动明显下降。疫情对道路运输冲击较大，物流仓储面临“出不去、进不来”的问题，周转效率大幅降低，库存水平明显下降。运力紧张、运价上涨，人员上岗困难，导致仓储企业成本高企，业务利润下滑。针对货运受阻、物流不畅等情况，有关部门密集出台了一系列保通保畅措施，政策落地后，通行效率大大提升，后期来看，仓储行业有望恢复平稳运行。

业务量大幅下滑。4 月，业务量指数为 42.6%，较上月回落 8.0 个百分点至荣枯线以下，反映出受疫情管控等短期不利因素影响，仓储企业业务需求回落显著。分品种来看，钢材、机械设备、化工、建材等生产资料类商品业务量回落幅度较大；服装、纺织品、棉麻、医药等生活资料类商品业务量回落幅度较大。

周转效率减慢。4 月，平均库存周转次数指数为 48.8%，较上月下降 4.7 个百分点，表明货物周转效率大幅减慢。分品种来看，化工、建材等商品周转效率较上月下降明显。

收费价格指数回落。4 月，收费价格指数为 49.5%，较上月回落 2.7 个百分点，近两年来首次落入荣枯线以下，反映出仓储行业收费价格受多重因素影响有所回落。

业务利润继续下滑。4 月，业务利润指数为 42.6%，较上月回升 0.4 个百分点，仍位于收缩区间较低水平。主营业务成本指数为 54.2%，较上月下降 4.1 个百分点，仍位于扩张区间，反映出在需求低迷的背景下，企业面临运力紧张、运价上涨、人员上岗困难等情况，成本支出继续升高，资金压力加大，利润仍在下滑，经营状况较为严峻。

从后期走势来看，4 月，业务活动预期指数为 56.3%，较上月回升 1.9 个百分点，在扩张区间保持上升态势。随着我国持续压实疫情防控措施，进一步落实货运物流保通保畅部署，短期因素的影响将逐渐弱化，经济有较快恢复基础。后期来看，基础建设投资释放力度依然较强，延迟的消费需求有望集中释放，仓储行业有望恢复平稳运行。

2022 年 5 月中国仓储指数为 50.2%

中国物流与采购联合会与中储发展股份有限公司联合调查的中国仓储指数，2022 年 5 月为 50.2%，较上月上升 3.7 个百分点。各分项指数中，主营业务成本指数、业务活动预期指数较上月有所回落，其余指数均有不同程度的回升。

由 21 类商品组成的 2022 年 5 月期末库存指数为 52.1%，较上月回升 4.8 个百分点，反映出企业整体库存水平有所上升。分品种来看，生产资料类商品中，钢材、化工 、机械设备、建材类商品库存较上月上升；生活资料类商品中，服装、食品、棉麻类商品库存较上月上升。

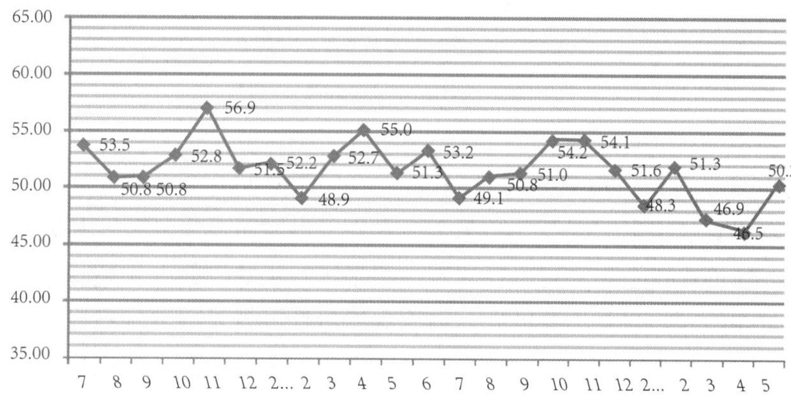

图 2-29： 中国仓储指数走势图（%）

中储发展股份有限公司总裁助理王勇认为：5 月，随着各地保畅通、保生产、保民生各项政策加快落实，供应链上下游企业受疫情影响逐渐减弱，仓储行业呈现较快恢复态势，指数回升至荣枯线以上。新订单、业务量、期末库存等主要分项指数均有明显上升。前期受疫情影响的部分地区陆续复工复产，生产活动较快回补，需求端虽然也有一定恢复，但相比供给端仍有差距，导致部分产品转入库存环节，整体库存水平有所上升。后期来看，得益于疫情有效控制，利好政策密集出台，预计仓储行业仍将保持向好势头。

业务量大幅回升。5 月，业务量指数为 53.0%，较上月回升 10.4 个百分点至荣枯线以上，反映出随着疫情影响的逐步减弱，行业需求有所恢复，业务活动与前期相比更加活跃。分品种来看，钢材、机械设备、化工、有色金属、矿产品等生产资料类商品业务量回升幅度较大；食品、家电等生活资料类商品业务量回升幅度较大。

收费价格指数回升。5 月，收费价格指数为 51.5%，较上月回升 2.0 个百分点，重回荣枯线以上，仓储行业收费价格的上涨也反映出仓储行业需求有一定支撑。

从后期走势来看，5 月，新订单指数为 50.5%，业务活动预期指数为 55.6%，两项指数均保持在扩张区间。随着疫情防控形势好转，复工复产全面推进，物流保通保畅进一步落实，供需两端将继续受到提振，预计仓储行业仍将保持向好势头。

2022 年 6 月中国仓储指数为 53.9%

中国物流与采购联合会与中储发展股份有限公司联合调查的中国仓储指数，2022 年 6 月为 53.9%，较上月上升 3.7 个百分点，继续保持在荣枯线以上。各分项指数中，收费价格指数、期末库存指数及业务活动预期指数较上月有所回落，其余指数均有不同程度的回升。

由 21 类商品组成的 2022 年 6 月期末库存指数为 50.0%，较上月回落 2.1 个百分点。分品种来看，生产资料类商品中，化工产品类库存较上月降幅较大；生活资料类商品中，食品类库存较上月降幅较大。

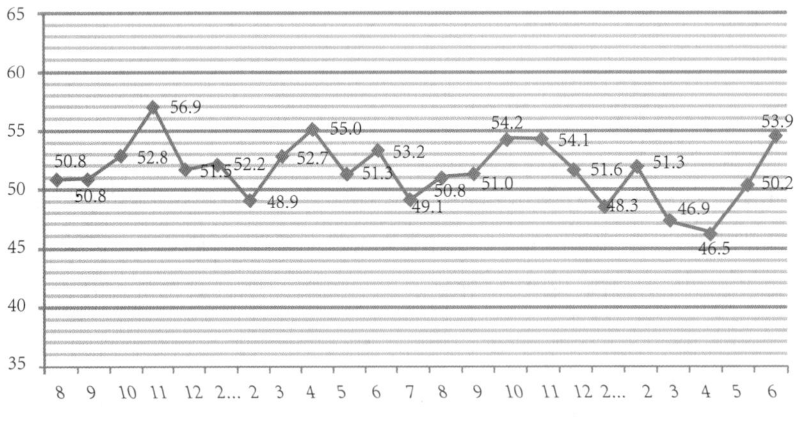

图 2-30：中国仓储指数走势图（%）

中储发展股份有限公司副总裁王勇认为：6 月，仓储指数回升 3.7 个百分点，各分项指数均保持在荣枯线以上，表明受疫情影响减弱、经济全面企稳、供需明显恢复等有利因素影响，仓储行业呈现向好运行态势。新订单指数和平均库存周转次数指数较上月升幅分别超过 6 个和 8 个百分点，表明仓储业务活动更加活跃，恢复力度增强，物流保通保畅成效显现，货物周转效率显著提高。企业员工指数明显回升，时隔 7 个月重回荣枯线以上，表明随着业务活动加快恢复，企业吸纳就业能力有所回升。后期来看，得益于疫情持续有效控制，市场供需两端继续恢复，稳经济政策不断落地，预计仓储行业仍将保持向好势头。

新订单大幅增长。6 月，新订单指数为 56.5%，较上月上升 6.0 个百分点，在荣枯线以上高位运行，本月达到一年来新高，反映出随着疫情防控形势不断好转，经济企稳回升，市场供需均有明显恢复，仓储业务活动与前期相比更加活跃，新增订单量呈现大幅增长态势。分品种来看，钢材、有色金属、化工、建材、矿产品等生产资料类商品新订单有明显回升；食品、服装、纺织品、棉麻、医药等生活资料类商品新订单有明显回升。

周转效率明显提高。6 月，平均库存周转次数指数为 55.8%，较上月回升 8.4 个百分点至荣枯线以上，结束之前半年的下行态势，重回扩张区间。反映出前期受疫情影响出现的交通受阻问题基本解决，物流保通保畅成效显现，加之市场供需明显恢复，仓储货物周转效率明显提高。分品种来看，钢材、有色金属、化工、建材、木材、食品、服装、纺织品、棉麻等商品周转效率较上月回升幅度较大。

企业员工人数增加。6 月，企业员工指数为 54.5%，较上月上升 4.5 个百分点，时隔 7 个月重回扩张区间，表明随着业务活动加快恢复，企业吸纳就业能力有所回升。

后市预期保持向好。6 月，业务活动预期指数为 55.0%，虽然较上月下降 0.6 个百分点，但仍保持在荣枯线以上较高水平。后期来看，随着国内疫情防控形势总体改善和稳增长政策持续实施，物流运行积极变化进一步增加，供需两端将继续受到提振，预计仓储行业仍将保持向好势头。

2022 年 7 月中国仓储指数为 53.1%

中国物流与采购联合会与中储发展股份有限公司联合调查的中国仓储指数，2021 年 7 月为 53.1%，虽然较上月回落 0.8 个百分点，但仍保持在较高水平。各分项指数中，收费价格指数、业务利润指数、主营业务成本指数、期末库存指数及业务活动预期指数较上月有所回升，其余指数均有不同程度的回落。

由 21 类商品组成的 2022 年 7 月期末库存指数为 52.1%，较上月回升 2.1 个百分点，反映出整体库存有所升高。分品种来看，生产资料类商品中，建材、机械设备类商品库存较上月回升明显；生活资料类商品中，食品、服装类商品库存较上月回升明显。

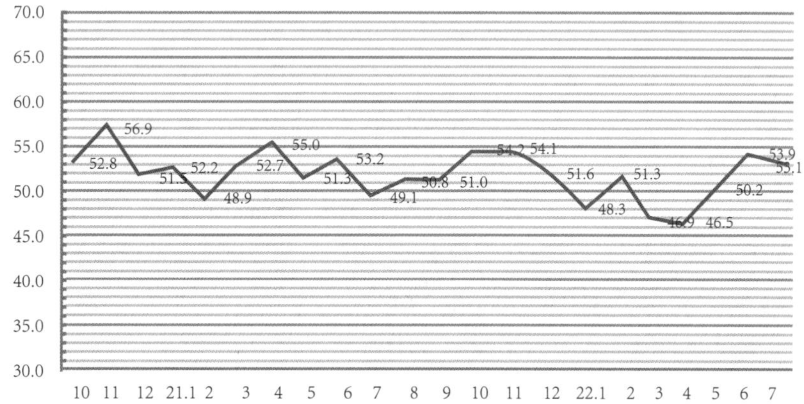

图 2-31： 中国仓储指数走势图（%）

中储发展股份有限公司副总裁王勇认为：7 月，仓储指数虽较上月有所回落，但仍达到 53.1% 的较高水平，为年内次高点，各分项指数均保持在荣枯线以上，表明得益于各项稳增长、物流保通保畅政策的持续落实，仓储行业运行仍保持较好恢复态势。企业经营效益有所好转，收费价格连续 3 个月保持小幅上涨，业务利润指数达到一年来新高，吸纳就业人数继续增加。后期来看，随着政府扶持政策的持续释放和疫情影响的减弱，经济恢复动力增强，市场需求逐步改善，商品流通趋于顺畅，预计仓储行业仍将保持向好势头。

业务量小幅增长。7 月，业务量指数为 51.9%，较上月下降 4.6 个百分点，但仍运行在荣枯线以上，表明业务量仍有小幅增长。分品种来看，生活资料类商品表现较好，特别是服装、家电类产品业务量回升明显。

收费价格上涨。7 月，收费价格指数为 51.0%，较上月回升 0.5 个百分点，反映出仓库租金小幅上涨。

经营效益有所改善。7 月，业务利润指数为 54.9%，较上月上升 4.4 个百分点，达到一年来新高，企业经营效益有所改善。

从后期走势来看，7 月，业务活动预期指数高位运行，达到 57.9%，较上月上升 2.9 个百分点，为年内次高点。7 月 28 日中央政治局会议明确了下半年稳中求进的主基调，提出要积极作为扩大需求，深化改革开放增强经济发展动力，随着政策在下半年逐步落实，经济将较好保持在合理运行区间。加上物流保通保畅措施的进一步深化和短期不利因素的消退，商品流通趋于顺畅，预计仓储行业仍将保持向好势头。

2022 年 8 月中国仓储指数为 51.2%

中国物流与采购联合会与中储发展股份有限公司联合调查的中国仓储指数，2022 年 8 月为 51.2%，较上月下降 1.9 个百分点。各分项指数中，新订单、业务量、设施利用率指数较上月有所回升，收费价格指数与上月持平，其余指数均有不同程度的回落。

中储发展股份有限公司副总裁王勇认为：8 月，仓储指数较上月小幅回落，但仍保持在荣枯线以上，且高于去年同期水平，新订单、业务量、设施利用率等分项指数均有小幅上涨，表明仓储业务需求增势较好，行业整体保持平稳向好运行态势。指数小幅回落，反映出行业扩张力度有所减弱，主要由于疫情和多地极端高温天气对企业生产经营活动带来不利影响。后期来看，随着各地气温逐步下降、政府继续落实稳经济政策、基建项目加快落地、大宗商品市场旺季到来，仓储市场需求将进一步改善，商品流通趋于顺畅，预计仓储行业向好发展仍有空间。

新订单指数为 53.0%，较上月上升 0.1 个百分点。分品种来看，钢材、建材、木材、食品、医药等品种新订单指数高于 50%，有色金属、化工、机械设备、家电、日用品等品种新订单指数低于 50%。

业务量指数为 52.5%，较上月上升 0.6 个百分点。分品种来看，建材、木材、食品、医药等品种业务量指数高于 50%，有色、化工、机械设备、家电、日用品等品种业务量指数低于 50%。

设施利用率指数为 52.5%，较上月上升 0.5 个百分点。分品种来看，钢材、矿产品、食品、服装、医药等品种设施利用率指数高于 50%，有色金属、化工、家电等品种设施利用率指数低于 50%。

业务利润指数为 49.5%，较上月下降 5.4 个百分点。

主营业务成本指数为 53.0%，较上月下降 5.3 个百分点。

业务活动预期指数为 54.5%，较上月下降 3.4 个百分点。

2022 年 9 月中国仓储指数为 52.0%

中国物流与采购联合会与中储发展股份有限公司联合调查的中国仓储指数，2022 年 9 月为 52.0%，较上月上升 0.8 个百分点。各分项指数中，业务量、延伸业务量、收费价格、业务利润、期末库存、企业员工、业务活动预期指数较上月均有不同程度回升。

中储发展股份有限公司副总裁王勇认为：9 月，仓储指数较上月小幅回升，连续 5 个月保持在荣枯线以上，业务量、业务利润、期末库存、企业员工等分项指数均有小幅上升，表明仓储业务需求增势较好，行业整体继续保持平稳向好运行态势。本月库存情况有所分化：受国庆假期临近影响，居民购物意愿有所增强，消费品补库积极性较高，库存上升显著；而大宗商品库存出现明显回落，主要受国内外宏观环境影响，市场避险情绪增加，加之假期临近，节前补库需求较弱。后期来看，随着我国稳经济扩内需政策的持续推进，市场供需两端回升，商品流通更加顺畅，仓储市场需求将进一步改善，预计仓储行业仍将保持向好发展态势。

业务量指数为 55.9%，较上月上升 3.4 个百分点。分品种来看，有色金属、化工、机械设备、矿产品、服装、纺织品、家电等品种业务量指数高于 50%，钢材、食品、日用品等品种业务量指数低于 50%。

延伸业务量指数为 51.7%，较上月上升 5.1 个百分点。分品种来看，钢材、化工等品种延伸业务量指数高于 50%，有色金属延伸业务量指数低于 50%。

收费价格指数为 51.5%，较上月上升 0.5 个百分点。

业务利润指数为 51.0%，较上月上升 1.5 个百分点。

期末库存指数为 50.5%，较上月上升 1.5 个百分点。分品种来看，食品、棉麻等品种期末库存指数高于 50%，钢材、有色金属、化工、建材、矿产品等品种期末库存指数低于 50%。

企业员工指数为 52.5%，较上月上升 2.0 个百分点。

业务活动预期指数为 55.0%，较上月上升 0.5 个百分点。

2022 年 10 月中国仓储指数为 46.7%

中国物流与采购联合会与中储发展股份有限公司联合调查的中国仓储指数，2022 年 10 月为 46.7%，较上月下降 5.3 个百分点。各分项指数中，业务量、设施利用率、期末库存、平均库存周转次数等分项指数较上月有不同程度下降，降幅在 5.1 ～ 8.9 个百分点之间；业务活动预期指数较上月有所回升，升幅为 0.9 个百分点。

中储发展股份有限公司副总裁王勇认为：10 月，仓储指数回落至荣枯线以下，与历史同期数据相比，回落幅度较为显著。究其原因，主要是受国内疫情点多面广频发影响，企业生产经营活动受到扰动，市场供需两端均有收缩，仓储业务量下降；物流运输承压，商品出入库速度减慢，货品周转效率降低；市场需求不足，企业补货意愿下降，库存水平降低。此外，受“十一”长假影响，工作日减少，也在一定程度上影响指数表现。后期来看，企业预期相对乐观，投资和消费发力基础仍在，仓储行业有望恢复平稳运行。

业务量指数为 47.0%，较上月下降 8.9 个百分点。分品种来看，家电、农副产品、棉麻等品种业务量指数高于 50%，机械设备、矿产品、食品等品种业务量指数低于 50%。

设施利用率指数为 45.0%，较上月下降 7.0 个百分点。分品种来看，有色金属、农副产品、棉麻等品种设施利用率指数高于 50%，钢材、建材、机械设备、食品等品种设施利用率指数低于 50%。

期末库存指数为 42.8%，较上月下降 7.7 个百分点。分品种来看，有色金属、日用品、农副产品等品种期末库存指数高于 50%，钢材、化工、建材、食品、家电等品种期末库存指数低于 50%。

平均库存周转次数指数为 48.5%，较上月下降 5.1 个百分点。分品种来看，建材、棉麻等品种平均库存周转次数指数高于 50%，钢材、化工、机械设备、食品、家电、日用品、农副产品等品种平均库存周转次数指数低于 50%。

业务活动预期指数为 55.9%，较上月上升 0.9 个百分点。

2022 年 11 月中国仓储指数为 44.1%

中国物流与采购联合会与中储发展股份有限公司联合调查的中国仓储指数，2022 年 11 月为 44.1%，较上月下降 2.6 个百分点。各分项指数中，新订单、业务量、业务利润、平均库存周转次数、企业员工、业务活动预期等分项指数较上月有不同程度下降，降幅在 2.1 ～ 6.7 个百分点之间；主营业务成本指数较上月有所回升，升幅为 1.7 个百分点。

中储发展股份有限公司副总裁王勇认为：11 月，仓储指数在荣枯线以下继续回落，回落幅度较为明显，新订单、业务量、业务利润、平均库存周转次数、企业员工、业务活动预期等主要分项指数均有不同程度下降，表明受疫情点多面广频发影响，仓储行业发展态势进一步放缓。从市场情况来看，疫情导致终端需求下降，人员上岗受阻，物流运输承压，企业生产活动相应放缓，市场供需均呈收缩态势，仓储业务活动低迷，货品周转效率降低，库存水平继续下降。此外，业务活动预期指数回落较快，表明企业对后市信心转弱，需尽快减小疫情对行业运行的冲击。

新订单指数为 40.8%，较上月下降 6.7 个百分点。分品种来看，化工、煤炭、矿产品、服装、纺织品、棉麻等品种新订单指数高于 50%，钢材、有色金属、家电等品种新订单指数低于 50%。

业务量指数为 42.5%，较上月下降 4.5 个百分点。分品种来看，化工、矿产品、食品、服装、纺织品、日用品、棉麻等品种业务量指数高于 50%，钢材、有色金属、家电等品种业务量指数低于 50%。

业务利润指数为 41.0%，较上月下降 2.1 个百分点。

主营业务成本指数为 51.7%，较上月上升 1.7 个百分点。

平均库存周转次数指数为 45.8%，较上月下降 2.7 个百分点。分品种来看，化工、建材、矿产品、食品、服装、纺织品、日用品、棉麻等品种平均库存周转次数指数高于 50%，机械设备平均库存周转次数指数低于 50%。

企业员工指数为 46.2%，较上月下降 2.8 个百分点。

业务活动预期指数为 50.9%，较上月下降 5.0 个百分点。

2022 年 12 月中国仓储指数为 48.7%

中国物流与采购联合会与中储发展股份有限公司联合调查的中国仓储指数，2022 年 12 月份为 48.7%，较上月上升 4.6 个百分点。各分项指数中，新订单、业务量、设施利用率、收费价格、业务利润、平均库存周转次数、期末库存、业务活动预期等分项指数较上月有不同程度上升，升幅在 0.8 至 11.0 个百分点之间。

中储发展股份有限公司副总裁王勇认为：12 月，仓储指数较上月回升 4.6 个百分点，表明随着疫情防控政策调整，仓储行业运行有所恢复。新订单、业务量、设施利用率、收费价格、业务利润等主要分项指数均有较大幅度回升，特别是业务利润指数，回升幅度超过 10 个百分点。但也要注意到，物流运输仍有压力，货品周转效率依然较低，人员到岗率下降，上游生产活动放缓，库存水平继续下降，疫情影响仍不容小觑。后期来看，业务活动预期指数小幅上升，表明企业对未来信心有所恢复，疫情的不利影响会很快得到修复，经济回稳向上的迹象将会在 2023 年一季度逐步体现，但 1 月份由于春节因素影响，预计指数仍将保持弱势运行。

新订单指数为 50.9%，较上月上升 10.1 个百分点。分品种来看，煤炭、食品、农副产品、医药等品种新订单指数高于 50%，钢材、化工、纺织品、日用品等品种新订单指数低于 50%。

业务量指数为 50.6%，较上月上升 8.1 个百分点。分品种来看，建材、煤炭、机械设备、农副产品、医药等品种业务量指数高于 50%，钢材、化工、矿产品、服装、日用品等品种业务量指数低于 50%。

设施利用率指数为 50.0%，较上月上升 6.6 个百分点。分品种来看，有色金属、建材、煤炭、机械设备、家电、农副产品、棉麻、医药等品种设施利用率指数高于 50%，钢材、化工、矿产品、日用品、棉麻等品种设施利用率指数低于 50%。

收费价格指数为 51.4%，较上月上升 5.2 个百分点。

业务利润指数为 52.0%，较上月上升 11.0 个百分点。

平均库存周转次数指数为 48.5%，较上月上升 2.7 个百分点。分品种来看，煤炭、家电、农副产品、医药等品种平均库存周转次数指数高于 50%，钢材、化工、矿产品、服装、纺织品、日用品、棉麻等品种平均库存周转次数指数低于 50%。

期末库存指数为 47.9%，较上月上升 4.0 个百分点。分品种来看，建材、煤炭、农副产品、医药等品种期末库存指数高于 50%，钢材、有色金属、化工、机械设备、矿产品、食品、服装、纺织品、家电、日用品、棉麻等品种期末库存指数低于 50%。

业务活动预期指数为 51.7%，较上月上升 0.8 个百分点。

四、2022 年中国快递物流指数

中国快递物流指数说明

1. 指标解释

中国快递物流指数是一套立足商务快件业务变化，通过监测行业、地区、市场主体使用商务快件情况，反映产业活动态势和快递物流行业发展的综合指标体系。

商务快件指数：反映商务领域快递业务量增长变化情况，可分为企业性质、行业、地区、经济区域等分类指数。

农村快件指数：反映农村地区快递需求增长和经济活动变化情况。

跨境快件指数：反映跨境业务活动变化情况。

时效指数：反映快递物流服务完成时间的变化情况，是评价快递服务效率的指标。

质量指数：反映快递物流服务质量变化情况，是评价快递服务水平的指标。

人员指数：反映快递物流从业人员规模变化情况。

成本指数：快件成本主要指包括一线人员工资、一线管理费用、包装费用、场地租赁等在内的直接费用，通过比较快件单位成本变化情况，反映快递物流经营效益水平。

便利度指数：评价快递物流企业外部营商环境，包括通行便利、政务服务便利、公共设施便利和投送便利等 4 个方面。

2. 涵盖范围

中国快递物流指数调查的地区覆盖全国（除港澳台外）各省、自治区和直辖市。调查单位主要是规模较大、并且商务快件业务占有一定比例的快递物流企业。

3. 计算方法

中国快递物流指数由 1 个综合指数和若干个分项指数构成。综合指数由商务快件指数、农村快件指数、跨境快件指数、时效指数、人员指数和成本指数等分项指数加权构成。

2022 年 1 月中国快递物流指数为 99.9%，

2022 年 1 月，中国物流与采购联合会发布的中国快递物流指数为 99.9%，比上月回落 1 个百分点。从分项指数看，国内市场需求偏紧和季节性短期因素影响，商务快件指数小幅回落至 99.5%，比上月回落 0.8 个百分点；节前线上消费旺盛，带动下沉市场进一步扩大，农村快件指数达 104.3%，比上月回升 4.2 个百分点。综合来看，开年初国内经济基本保持了恢复态势，但市场需求偏紧和疫情多点散发等因素制约了相关产业活跃度和指数回升，近期快递物流指数持续运行在较低水平。

制造业商务快件指数小幅回落。1 月，制造业商务快件指数为 101.1%，比上月回落 1.3 个百分点，制造业 21 大类中有 11 个高于 100%。分行业看，大宗原材料市场保持平稳运行，相关景气度有所回暖，黑色金属加工业和有色金属加工业商务快件指数为 99.7% 和 97.8%，比上月回升 3.3 和 1.5 个百分点，化学原料制品业和化学塑料制品业商务快件指数小幅回升至 99.2% 和 96.3%。装备制造业行业活跃度整体放缓。电气机械制造业、通信电子设备制造业、汽车制造业、运输设备制造业和通用设备制造业商务快件指数回落 1.7 ～ 4.5 个百分点，相关指数虽有所回落但仍保持 100% 以上。居民消费相关制造业走势分化。疫情频发影响下，食品、酒饮类相关行业需求短期放缓，农副食品加工业和食品酒饮制造业商务快件指数分别回落 4.1 和 1.3 个百分点。纺织业和烟草制品业节假日因素带动下小幅回升至 99.2 和 102.8%。

服务业商务活跃度持续低位。1 月，服务业商务快件指数为 98.6%，比上月回落 0.2 个百分点，服务业 14 大类中有 6 个高于 100%。分行业看，房地产业、建筑业保持较好活跃态势，指数均为 102.2%，比上月回升 2.2 和 1.6 个百分点。基础和生产服务业指数涨跌互现。其中，信息技术服务业和批发零售业商务活跃度有所提升，相关商务快件指数比上月小幅回升 1.2 和 0.8 个百分点。交通运输、金融业、教育业和科研技术类商务快件指数则有不同程度回落，回落幅度在 0.1 ～ 3.5。消费相关服务业相关商务活动继续低位运行。受疫情多点散发影响，住宿餐饮和租赁服务类商务快件指数分别为 86.3% 和 93.3%，继续在低位运行且较上月有所回落，文体娱乐在节假日因素带动下，本月小幅回升 3.7 个百分点。

从业人员指数连续回升。1 月，从业人员指数为 99.9%，比上月回升 3.7 个百分点。分地区看，节前线上线下消费短期刺激扩大用人需求，东部、西部地区人员指数有不同程度回升，分别达 103.3% 和 98%。东北、中部地区在天气和疫情影响下，人员指数为 98.6% 和 97.6%，分别回落 2.7 和 5 个百分点。

企业经营便利度小幅好转。1 月，便利度指数为 57.1%，比上月回升 1.7 个百分点。从分项看，疫情防控有所成效，通行便利度和公共设施便利度指数较上月总体平稳，分别为 54.5% 和 53.5%，比上月略微回升 0.3 和 0.4 个百分点；投送便利度指数为 58%，小幅回升 1 个百分点。仅政务服务便利度本月小幅下降 3 个百分点，为 62.4%。

2022 年 2 月中国快递物流指数为 100.4%

2022 年 2 月，中国物流与采购联合会发布的中国快递物流指数为 100.4%，比上月回升 0.5 个百分点。从分项指数看，国内市场需求稳步回升，带动相关订单指数同步回升，木月商务快件指数为 101%，比上月回升 1.5 个百分点。进出口需求有所改善，跨境快件指数比上月回升 1.7 个百分点，达 96.8%。农村市场节假日消费热潮相较前期有所缓和，但整体仍处于较高水平，农村快件指数为 101%，小幅回落 3.3 个百分点。综合来看，国内经济运行保持恢复态势，市场需求和企业生产逐步回暖，需求端拉动快递指数止跌回升，重回 100% 以上。但去年底以来从业人员指数持续低位运行，暴露的供给端关键技术人才及有效劳动力等人员供给不足的问题依旧存在。

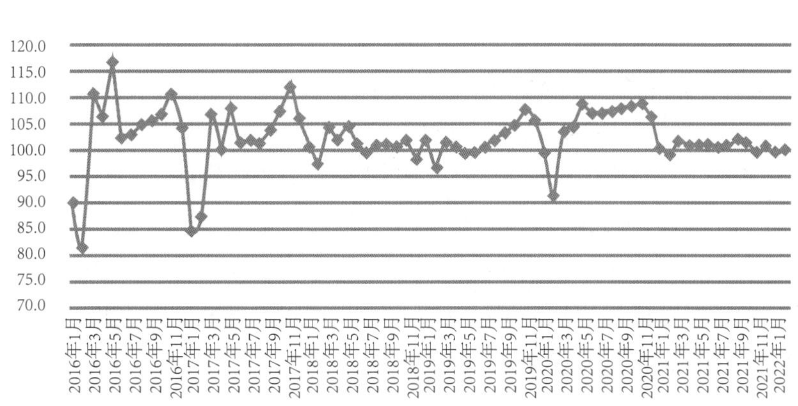

图 2 –32：中国快递物流指数走势

制造业商务活跃度整体回升。2 月，制造业商务快件指数为 101.9%，比上月回升 0.8 个百分点，制造业 21 大类中有 14 个高于 100%。分行业看，大宗原材料商务活动持续回暖。黑色金属加工业商务快件指数为 100.6%，比上月回升 0.9 个百分点，是自去年 3 月以来首次回升至 100% 以上；化学原料制品业和化学塑料制品业商务快件指数为 101.3% 和 97.8%，比上月回升 2.1 和 1.5 个百分点。装备制造业较为活跃。电气机械制造业和通信电子设备制造业比上月小幅回升 4 和 2.6 个百分点，达 105% 以上。金属制品业、汽车制造业、运输设备制造业、通用设备制造业和专用设备制造业商务快件指数环比涨跌互现，但整体均在 100% 以上。消费品制造业活跃度小幅回升。纺织业、家具制造业商务快件指数回升较快，本月为 103.5% 和 103.8%，比上月回升 4.3 和 3.9 个百分点。医药制造业和烟草制品业商务快件指数保持在 100% 以上，小幅回升 0.6 和 0.7 个百分点；农副食品加工业、纺织服饰业商务快件指数比上月回升 1.1 和 1.2 个百分点，但仍位于 100% 以下。

服务业商务快件指数较快回升。2 月，服务业商务快件指数为 100.9%，比上月回升 2.2 个百分点，服务业 14 大类中有 6 个高于 100%。分行业看，本月有 13 个大类指数实现环比回升，其中，宽松货币政策和财政政策推动下，房地产业、建筑业商务活动进一步回暖，房地产业、建筑业商务快件指数为 103.8% 和 102.9%，比上月回升 1.6 和 0.7 个百分点，连续两个月回升。基础服务业商务活跃度继续保持景气水平。信息技术服务业和科研技术服务业商务快件指数为 103.8% 和 103.5%，比上月回升 0.4 和 2 个百分点。生产市场服务业商务活动企稳回升。金融、运输仓储邮政业和批发零售业商务快件指数均在 100% 以下小幅回升，回升幅度在 1.1 ～ 2.5。受月初春节假日等因素带动，个人消费类商务活动趋升。住宿餐饮、租赁服务商务快件指数低位回升，分别回升 1.6 和 2 个百分点，疫情防控下卫生和生活服务业商务快件指数高位趋升，分别为 103.9% 和 102.6%，比上月回升 1.5 和 3.2 个百分点。

从业人员指数有所回落。2 月，从业人员指数为 99.7%，比上月回落 0.2 个百分点。分地区看，东部地区从业人员指数回落较快，东部地区从业人员指数为 97.2%，比上月回落 6.1 个百分点。东北、中部、西部地区人员指数有不同程度回升，分别回升 0.9、2.4 和 1.2 个百分点。

企业外部经营便利度改善。2 月，便利度指数为 58.3%，比上月回升 1.2 个百分点。从分项看，通行便利度指数为 55.2%，比上月回升 0.7 个百分点；政务服务便利度指数为 62.5%，比上月回升 0.1 个百分点；公共设施便利度指数为 55.6%，比上月回升 2.1 个百分点；投送便利度指数为 57.9%，比上月回升 1 个百分点。

2022 年 3 月中国快递物流指数为 98.3%

2022 年 3 月，中国物流与采购联合会发布的中国快递物流指数为 98.3%，比上月回落 2.1 个百分点。从分项指数看，商务快件指数为 99.7%，比上月回落 1.3 个百分点；农村快件指数为 100.2%，比上月回落 0.8 个百分点；跨境快件指数为 95.6%，比上月回落 1.2 个百分点。综合来看，在国际地缘政治冲突、国内疫情多点散发、原材料价格高涨等多重因素叠加下，本月经济运行趋势有所放缓，国内外市场需求收窄，企业经营成本增加，带动相关行业生产扩张回落，加之疫情导致通行和就业水平明显下降，快递指数整体回落至近两年最低水平。

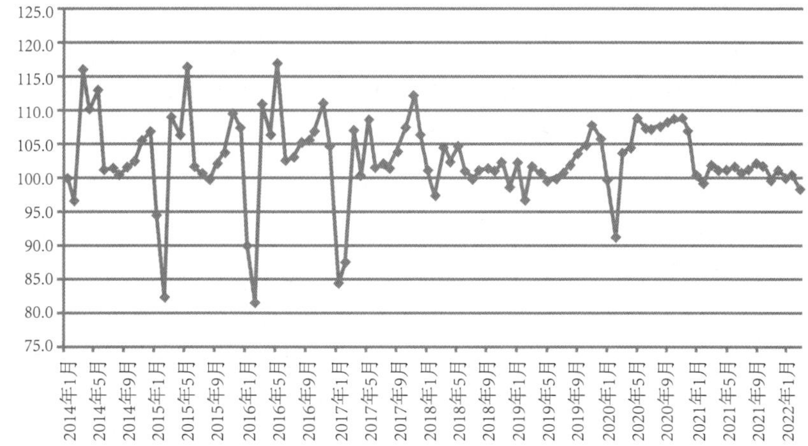

图 2－33：中国快递物流指数走势

制造业商务活动明显收窄。3 月，制造业商务快件指数为 96.5%，比上月回落 5.4 个百分点，制造业 21 大类中有 7 个高于 100%。分行业看，大宗原材料成本持续上涨，市场活跃度收缩。黑色金属加工业和有色金属加工业商务快件指数为 96.7% 和 95.9%，比上月回落 3.9 和 1.9 个百分点，继续低位回落。化学原料制品业和化学塑料制品业商务快件指数为 99.4% 和 95.7%，比上月回落 1.9 和 2.1 个百分点。装备制造业商务活动整体回落。通信电子设备制造业和运输设备制造业商务快件指数为 100.2% 和 95.4%，比上月回落超 5 个百分点。电气机械制造业、通用设备制造业和和专用设备制造业商务快件指数分别回落 3.1、2、2.1 个百分点，但仍保持在 100% 以上。消费品制造业商务活跃度明显放缓。疫情影响下，纺织服饰业、农副食品加工业、家具制造业和食品酒饮制造业商务快件指数较快回落，回落幅度在 5.3 ～ 7.2 个百分点，烟草制品业和医药制造业商务快件指数为 101.6% 和 103.7%，小幅回落 1.9 和 2.1 个百分点。

服务业商务快件指数全面回落。3 月，服务业商务快件指数为 95.8%，比上月回落 5.1 个百分点，服务业 14 大类中有 5 个高于 100%。分行业看，疫情多点散发影响下，服务业各市场有不同程度回落。与消费相关的娱乐、餐饮、出行等商务活动大幅趋缓。住宿餐饮、租赁服务和文体娱乐业商务快件指数分别比上月回落 6.6、4.5 和 5.9 个百分点，生活服务业商务快件指数为 95.6%，比上月回落超 7 个百分点。投资和政策激励下，建筑业商务活动具有一定韧性。本月房地产业、建筑业商务快件指数为 102.4% 和 101.9%，比上月回落 1.4 和 1 个百分点，整体仍保持在 100% 以上。基础和生产市场服务业商务活跃度有所趋缓。信息技术服务业和科研技术服务业商务快件指数为 101.7% 和 100.6%，比上月回落 2.1 和 2.9 个百分点。运输仓储邮政业、批发零售业商务快件指数较快回落，比上月回落 6.4 和 6.2 个百分点。

从业人员指数较快回落。3 月，受疫情影响，从业人员指数为 96%，比上月回落 3.7 个百分点。分地区看，东北地区和东部地区从业人员指数回落较快，指数分别为 94.7% 和 93%，比上月回落 4.9 和 4.1 个百分点。西部地区和中部地区则比上月小幅回落 1.8 和 1.3 个百分点。

企业经营便利度较快回落。3 月，便利度指数为 50.5%，比上月回落 7.8 个百分点。从分项看，受局部地区疫情影响，通行、配送受阻，通行便利度指数和公共设施便利度指数为 50.6% 和 49.7%，分别回落 4.6 和 5.9 个百分点，投送便利度指数为 40.9%，回落幅度超 10 个百分点。各地应对疫情加强线上无接触政务服务手段，政务服务便利度指数为 60.8%，仅比上月小幅回落 1.7 个百分点。

2022 年 4 月中国快递物流指数为 92.9%

2022 年 4 月，中国物流与采购联合会发布的中国快递物流指数为 92.9%，比上月回落 5.4 个百分点。从分项指数看，商务快件指数为 92.4%，比上月回落 7.3 个百分点；农村快件指数为 84.6%，比上月回落 15 个百分点；跨境快件指数为 94.5%，比上月回落 1.1 个百分点。4 月，疫情影响下企业供应链上下游需求、物流中转受阻，制造业和服务业商务快件需求下降较多，其中服务业指数大幅回落。

制造业商务活跃度持续走低。4 月，制造业商务快件指数为 93.6%，比上月回落 2.8 个百分点，制造业 21 大类中仅有 5 个高于 100%。分行业看，本月因原材料价格、疫情等因素叠加，相关行业商务活动走势分化。一是大宗、能源等原材料价格高涨，需求收缩带动行业商务活动回落。其中黑色金属冶炼加工业、有色金属冶炼加工业分别为 94.3% 和 95.3%，比上月回落 2.4 和 0.6 个百分点，化学原料制造业和化学纤维塑料制品商务快件指数分别为 97.3% 和 83.6%，比上月回落 2.1 和 12.1 个百分点。二是高技术制造业整体较为稳定。本月制造业商务快件指数中仅计算机通信电子设备制造业、航空航天运输设备制造业、医药制造业等高技术设备制造业商务快件指数位于 100% 以上，发挥较好的稳定拉动作用，其中计算机通信电子设备制造业和航空航天运输设备制造业商务快件指数小幅回升 3.3 和 5.2 个百分点。装备制造业中电气机械制造业、专用设备制造业和汽车制造业则有不同程度回落，回落幅度为 3.7、0.3 和 21.6 个百分点。三是民生物资保障下，消费品制造业低位回升。农副食品加工业和食品酒饮制造业商务快件指数分别为 96.8% 和 98.8%，比上月回升 4.3 和 5.9 个百分点。烟草制品业商务快件指数小幅回落 3.3 个百分点，回落至 100% 以下。

服务业商务快件指数断崖式下降。4 月，服务业商务快件指数为 86.6%，比上月回落 9.1 个百分点，服务业 14 大类中有 6 个高于 100%。分行业看，本轮疫情散发影响下，服务业遭受较大冲击，商务活跃度持续下降。其中房地产业、建筑业总体保持稳定态势、影响程度可控，相关商务快件指数分别为 103.1 和 102.7%，比上月回升 0.7 和 0.8 个百分点。基础和生产服务业行业商务活动走势分化。科研技术服务和信息传输技术服务业需求较好。指数小幅回升 0.9 和 2.1 个百分点，达 101.5% 和 103.8%。金融业、批发零售业低位回升 4.2 和 2.9 个百分点，但整体仍位于 95% 较低水平。交通运输业、教育业遭受较大冲击，商务快件指数为 83.2% 和 80.8%，比上月回落 9.1 和 5.1 个百分点，为近五年来最低。消费相关的生活服务业受疫情影响较为严重，需求继续低迷。住宿餐饮、租赁服务和文体娱乐服务业商务快件指数分别回落 10、6.1 和 9.1 个百分点，回落至 85% 以下。

从业人员指数有所回调。4 月，从业人员指数为 97.9%，比上月回升 1.9 个百分点。分地区看，东北地区从业人员指数有所回落，比上月回落 3.1 个百分点，东部、中部、西部地区从业人员指数比上月回升 3.8、4.4、5.8 个百分点。

企业经营便利度大幅回落。4 月，疫情防控持续影响下，便利度指数为 41.8%，比上月回落 8.7 个百分点，为历史最低水平。从分项看，通行便利度指数为 40.6%，比上月回落 10 个百分点；政务服务便利度指数为 45.9%，比上月回落 14.9 个百分点；公共设施便利度指数为 40.7%，比上月回落 9 个百分点；投送便利度指数为 40.1%，比上月回落 0.8 个百分点。

2022 年 5 月中国快递物流指数为 99.3%

2022 年 5 月，中国物流与采购联合会发布的中国快递物流指数为 99.3%，比上月回升 6.4 个百分点。从分项指数看，商务快件指数为 97.6%，比上月回升 5.2 个百分点；农村快件指数为 99.4%，比上月回升 14.8 个百分点；跨境快件指数为 101%，比上月回升 6.5 个百分点。综合来看，5 月全国保通保畅持续取得成效，产业链供应链持续疏通，在诸多积极因素带动下，快递物流指数各业务量指数均有所回升，但整体指数仍位于 100% 以下，从商务快递反映当前经济运行态势有所回补，但经济基础和市场需求还需进一步巩固提升。

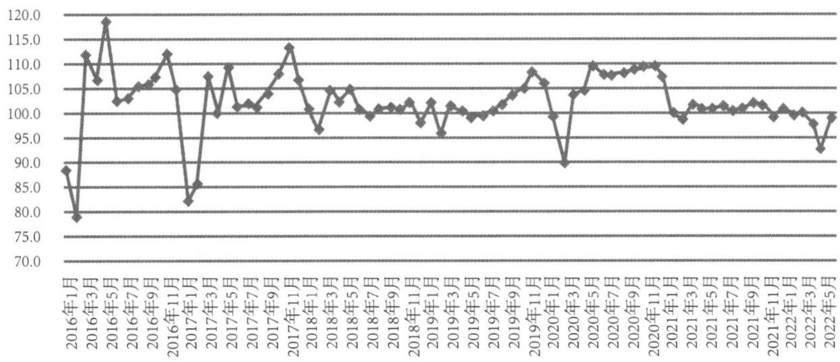

图 2-34：中国快递物流指数走势

制造业商务活动小幅改善。5 月，制造业商务快件指数为 98.5%，比上月回升 4.9 个百分点，制造业 21 大类中有 5 个高于 100%。分行业看，本月制造业商务活动明显改善，制造业 21 大类指数中有 17 项指数有所回升。其中，一是得益于原材料价格增速放缓，相关企业经营恢复，大宗、能源等原材料指数全面回升。黑色金属冶炼加工业、有色金属冶炼加工业、化学纤维塑料制品商务快件指数分别回升 1.5、0.6、1.5 个百分点，结束了连续两个月的回落。二是装备制造业继续保持较高活跃态势。计算机通信电子设备制造业、铁路航空航天运输设备制造业、专用设备制造业、通用设备制造业商务快件指数为 103.8%、103%、102%、105.1%，比上月回升 0.1 ～ 1.6 个百分点。三是物流保畅通保民生落实，线上线下消费增势助力，消费品制造业整体回升。农副食品加工业、纺织业、家具制造业、烟草制品业、医药制造业商务快件指数本月均有不同程度回升，回升幅度在 0.4 ～ 4.4，其中医药制造业回升至 105% 以上较好水平。

服务业商务快件指数较快回升。5 月，服务业商务快件指数为 93.1%，比上月回升 6.5 个百分点，服务业 14 大类中有 5 个高于 100%。分行业看，房地产业商务快件指数为 104.2%，依然保持较好活跃态势。金融、教育、交通运输业商务活跃度有所好转，商务快件指数有不同程度回升，分别回升 1.3 ～ 4.4 个百分点，但还未恢复至 100% 以上。科研技术服务和信息传输技术服务业商务快件指数需求旺盛，相关指数为 102.7% 和 104.8%，比上月回升 1.2 和 1 个百分点，连续两个月回升。住宿餐饮、租赁服务行业受前期疫情等诸多因素限制影响，整体活跃度依旧较低，本月虽小幅回升 5 和 1.6 个百分点，但回升动力有限，仍位于 90% 以下较低水平。

就业形势有所好转。5 月，从业人员指数为 99.4%，比上月回升 1.5 个百分点。分地区看，东北地区、东部地区从业人员供给小幅增长，指数比上月小幅回升 7.3 和 0.8 个百分点，中部、西部地区从业人员指数则比上月均回落 2.9 个百分点。

企业经营便利度回升。5 月份，全国大部地区疫情防控成效逐步显现，便利度指数为 49.6%，比上月回升 7.8 个百分点。从分项看，通行便利度指数为 52.4%，比上月回升 11.8 个百分点；政务服务便利度指数为 50.2%，比上月回升 4.3 个百分点；公共设施便利度指数为 50.6%，比上月回升 9.9 个百分点；投送便利度指数为 45.3%，比上月回升 5.2 个百分点。

2022 年 6 月中国快递物流指数为 101.9%

2022 年 6 月，中国物流与采购联合会发布的中国快递物流指数为 101.9%，比上月回升 2.6 个百分点。从分项指数看，商务快件指数、农村快件指数、跨境快件指数分别为 100.9%、104.3%、101.4%，比上月回升 3.3、4.9、0.4 个百分点。综合来看，6 月以来，经济三重压力有所缓解，经济恢复动力进一步增强，随着疫情影响逐步减轻，市场供需端不断改善，企业生产经营加快恢复，经济稳增长态势下带动快递物流指数连续回升，其中，业务量指数全面回升，均回升至 100% 以上水平；在“6·18”等电商促销带动下，下沉市场潜力释放，农村商务快件达 2021 年以来最高水平；从业人员指数和通行便利度指数也有不同程度回升，值得注意的是虽然本月服务业商务活动恢复态势较好，但整体依然处于较低水平，仍需进一步加强恢复动力。

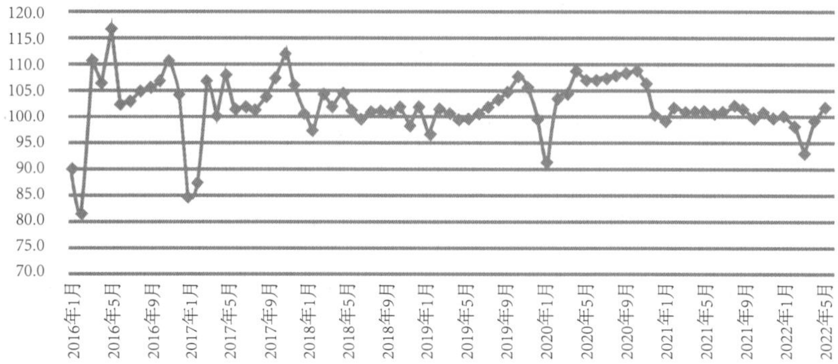

图 2-35：中国快递物流指数走势

制造业商务活跃度较快回升。6 月，制造业商务快件指数为 102.2%，比上月回升 3.7 个百分点，制造业 21 大类中有 10 个高于 100%。分行业看，大宗原材料商品价格持续趋缓，商务活动趋于活跃。黑色金属冶炼加工业、有色金属冶炼加工业、化学纤维塑料制品、化学原料制品业商务快件指数分别回升 1.1 ～ 7.5 个百分点，连续两个月回升。装备制造业商务活动增势明显。电气机械制造业、计算机通信电子设备制造业、专用设备制造业商务快件指数为 101.9%，104.2%，102.5%，连续 2 个月回升。铁路航空航天运输设备制造业、通用设备制造业回升 2.7 和 0.2 个百分点，达到 105% 以上较高水平。汽车制造业和其他制造业商务快件指数在低位基础上较快回升，比上月回升 6.6 和 5.1 个百分点。消费品制造业保持较快回升态势。随着前期消费潜力本月有所释放，农副食品加工业、家具制造业、酒饮茶制造业和烟草制造业商务快件指数均重回 100% 以上，纺织服饰业、文体娱乐用品制造业商务快件指数也有不同程度回升，消费品制造业整体回升幅度在 2.6 ～ 6.2。

服务业商务快件指数全面回升，但整体仍处于低位。6 月，服务业商务快件指数为 98.4%，比上月回升 5.3 个百分点，服务业 14 大类中有 6 个高于 100%。分行业看，疫情影响减轻下，房地产业商务活动较为景气。相关商务快件指数为 104.5%，比上月小幅回升 0.3 个百分点。基础性服务业发挥较好支撑作用。科研技术、信息传输技术服务业商务快件指数比上月回升 3.2 和 1.3 个百分点，达 105% 以上较高水平。生产服务业商务活动持续回暖。金融、交通运输、批发零售业商务快件指数有不同程度回升，回升幅度在 2.6 ～ 5.1 个百分点。消费相关服务业低位回升。文体娱乐、租赁服务商务快件指数为 89.6% 和 90.3%，比上月小幅回升 6.4 和 4 个百分点，住宿餐饮、教育商务快件指数较快回升，比上月回升超 10 个百分点，本月服务业商务快件指数较快回升，但服务业尚未完全恢复，仍需进一步完善相关稳经济、促消费政策措施，增强恢复动力。

从业人员指数全面回升。6 月，从业人员指数为 101.9%，比上月回升 2.5 个百分点。分地区看，东部地区从业人员指数回升较快，较上月回升 5.6 个百分点，达 103.2%。东北、中部、西部地区从业人员指数分别为 101.5%、101.7%、100.4%，比上月回升 2.7、1.5、0.1 个百分点。

企业经营便利度持续改善。6 月，便利度指数为 53%，比上月回升 3.4 个百分点。从分项看，通行便利度指数为 53.6%，比上月回升 1.2 个百分点；政务服务便利度指数为 51.9%，比上月回升 1.7 个百分点；公共设施便利度指数为 55.7%，比上月回升 5.1 个百分点；投送便利度指数为 50.9%，比上月回升 5.6 个百分点。

2022 年 7 月中国快递物流指数为 100.5%

2022 年 7 月，中国物流与采购联合会发布的中国快递物流指数为 100.5%，比上月回落 1.4 个百分点。从分项指数看，需求端业务量指数均有所下降，其中商务快件指数和农村快件指数比上月回落 1.3 和 4.6 个百分点，回落至 100% 以下；跨境快件指数为 100.5%，比上月回落 0.9 个百分点；从业人员指数和便利度指数总体保持平稳。综合来看，本月在传统生产淡季、高温雨季天气等季节性因素影响下，加之疫情散发等短期因素叠加，经济运行增长态势有所回调，企业生产经营放缓，产业活跃度明显回落。但总的来看，短期影响因素总体可控，下半年国家层面应对“三重压力”的政策举措持续发力，装备制造业和高技术制造业拉动作用较好，服务业稳步恢复，下半年经济运行仍具备企稳回升基础，快递指数有望同步回升。

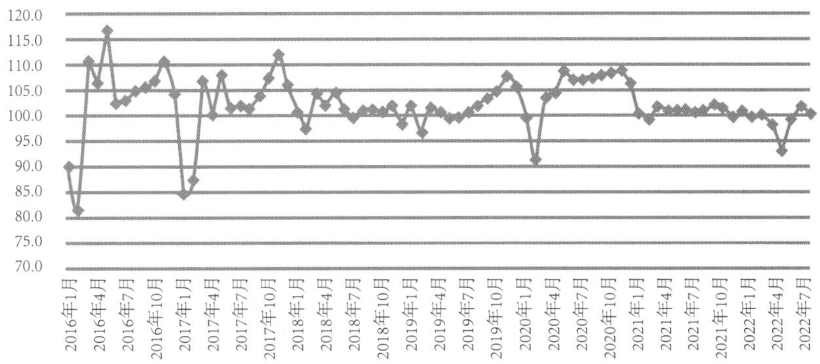

图 2-36： 中国快递物流指数走势

制造业商务活动趋缓，仍在景气区间。7 月，制造业商务快件指数为 100.2%，比上月回落 2 个百分点，制造业 21 大类中有 11 个高于 100%。分行业看，随着制造业企业生产经营收缩，大宗原材料商品产业活跃度回落。黑色金属冶炼加工业和有色金属冶炼加工业商务快件指数为 96.2% 和 96.5%，比上月回落 0.7 和 1.7 个百分点。装备制造业总体保持较好运行态势。电气机械制造业、汽车制造业、专用设备制造业商务快件指数比上月小幅回升 0.5、7.3 和 0.2 个百分点，计算机通信电子设备制造业、铁路航空航天运输设备制造业、通用设备制造业虽小幅回落 0.2-0.4 个百分点，但整体均保持在 104% 以上水平。消费品制造业商务活动持续活跃。农副食品加工业、家具制造业、酒饮茶制造业商务快件指数小幅回升 0.4 ～ 1.6 个百分点，烟草制造业和医药制造业虽有小幅回落，但整体仍在 102%-104% 区间。

服务业商务快件指数回落，其中餐饮住宿租赁业连续回升。7 月，服务业商务快件指数为 97.5%，比上月回落 0.8 个百分点，服务业 14 大类中有 6 个高于 100%。分行业看，房地产业、建筑服务业延续上半年景气活跃度，相关商务快件指数分别回升 1.4 和 0.2 个百分点，达 105.9% 和 103.6%。基础性服务业活跃态势良好。科研技术、信息传输技术服务业商务快件指数为 107.3% 和 105.3%，连续两个月保持在 105% 以上水平。生产服务业商务活动趋缓。金融业、批发零售业商务快件指数比上月均回落 1.6 个百分点，从走势来看金融业整体维持在 100% 以上平稳水平，批发零售业则保持低位震荡。消费相关服务业商务活动继续回暖。本月住宿餐饮、文体娱乐、租赁服务商务快件指数保持小幅回暖态势，分别回升 4.4、0.7 和 2.1 个百分点，随着疫情影响有所减弱旅游娱乐类商务活动呈现稳步回升态势。

从业人员指数略有回升。7 月，从业人员指数为 102.4%，比上月回升 0.5 个百分点。分地区看，东部、西部地区从业人员指数延续回升态势，分别回升 0.9 和 1.2 个百分点。东北、中部地区从业人员指数小幅回落，回落幅度为 0.6 和 0.5 个百分点。

企业经营便利度进一步回升。7 月，便利度指数为 54.6%，比上月回升 1.6 个百分点。从分项看，通行便利度指数为 56.2%，比上月回升 2.6 个百分点；政务服务便利度指数为 52.4%，比上月回升 0.5 个百分点；公共设施便利度指数为 55.9%，比上月回升 0.2 个百分点；投送便利度指数为 54%，比上月回升 3.1 个百分点。

2022 年 8 月中国快递物流指数为 99.1%

2022 年 8 月，中国物流与采购联合会发布的中国快递物流指数为 99.1%，比上月回落 1.4 个百分点。从分项指数看，业务量指数环比涨跌互现，其中商务快件指数和农村快件指数比上月回落 2.2 和 2.7 个百分点；跨境快件指数比上月回升 2.1 个百分点。从业人员指数小幅回落，便利度指数连续两个月回升。综合来看，疫情反复和市场季节性特征等短期因素持续影响下，本月经济运行呈现趋稳趋缓态势。三季度以来国内一系列宏观调控手段推动产业链供应链恢复，保通保畅、便民防疫等措施落实创新，国内生产总体稳定，经营环境有所改善，快递指数比二季度平均水平回升 1.1 个百分点。但纵观历史数据，本月指数仍低于去年同期 2 个百分点，反映此次短期冲击下企业经营承压相对较大，服务业回暖受限，市场需求整体不足趋势下，产业活跃度仍处于低位。

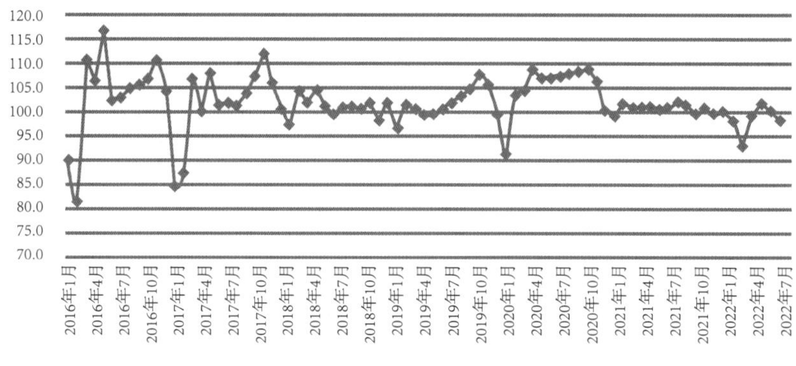

图 2-37： 中国快递物流指数走势

制造业商务活动小幅趋缓。8 月份，制造业商务快件指数为 99.2%，比上月回落 1 个百分点，制造业 21 个行业指数中有 10 个高于 100%。分行业看，本月制造业生产经营小幅收窄，其中原材料价格持续下降，商务活动趋于稳定。化学纤维塑料制品和化学原料制品业商务快件指数为 93.7% 和 97.9%，比上月回升 2 和 0.1 个百分点，黑色金属冶炼加工业和有色金属冶炼加工业商务快件指数为 95.4% 和 95.1%，小幅回落 0.8 和 1.4 个百分点。装备制造业新动能趋缓。电气机械制造业、汽车制造业、铁路航空航天运输设备制造业、专用设备制造业商务快件指数比上月回落 0.2 ～ 1.4 个百分点。计算机通信电子设备制造业商务快件指数比上月回升 1.3 个百分点，达到 105% 以上水平。消费品总体活跃态势良好。纺织业、纺织服饰业商务快件指数止跌回升，比上月较快回升 4.5 和 3.2 个百分点；农副食品加工业、家具制造业、食品酒饮料精制茶制造业、医药制造业商务快件指数比上月虽有小幅回落，但整体均连续 3 个月保持在 100% 以上。

服务业商务快件指数较快回落。8 月，服务业商务快件指数为 94.2%，比上月回落 3.3 个百分点，服务业 14 个行业指数中有 7 个高于 100%。分行业看，房地产业商务活动放缓，相关商务快件指数比上月回落 2.3 个百分点。基础性服务业保持较高景气。科研技术、信息传输技术服务业商务快件指数分别为 108.2% 和 104.2%。生产服务业商务活动走势分化。金融业商务快件指数比上月回落 2.3 个百分点，交通运输、批发零售业商务快件指数比上月回升 3 和 2.4 个百分点，但仍位于 100% 以下。疫情反复下，消费、接触型相关服务业继续低位运行。住宿餐饮、租赁服务、文体娱乐商务快件指数分别为 95.2%、94.7%、92.9%。

从业人员指数小幅回落。8 月，从业人员指数为 100.6%，比上月回落 1.8 个百分点。分地区看，东北地区从业人员指数小幅回升，比上月回升 2 个百分点；东、中、西部地区从业人员指数均有不同程度回落，回落幅度在 0.9 ～ 8.7 个百分点。

企业经营便利度趋于改善。8 月，便利度指数为 55.1%，比上月回升 0.5 个百分点，为今年 3 月以来较高水平。从分项看，通行便利度指数为 56.7%，比上月回升 0.5 个百分点；政务服务便利度指数为 52.7%，比上月回升 0.3 个百分点；公共设施便利度指数为 56.1%，比上月回升 0.2 个百分点；投送便利度指数为 55%，比上月回升 1 个百分点。

2022 年 9 月中国快递物流指数为 102.9%

2022 年 9 月，中国物流与采购联合会发布的中国快递物流指数为 102.9%，比上月回升 3.8 个百分点。从分项指数看，在国内经济稳定恢复趋势下，市场供需进一步改善，制造业市场生产经营条件有所夯实，服务业疫情防控下承压但走势分化，本月业务量指数均有所回升且回升至 100% 以上，商务快件指数、农村快件指数和跨境快件指数分别回升 5.2、3.4 和 3 个百分点。稳定产业链供应链，保通保畅、保民生等宏观手段效果显现，从业人员指数较快回升，吸纳就业能力增强，企业经营便利度持续改善，综合来看，稳经济扩内需措施扎实推进，短期影响因素效果减弱，快递物流指数有所回升，达到去年同期水平。

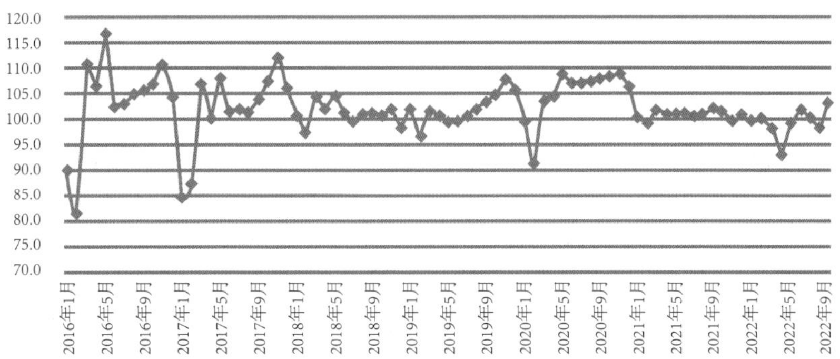

图 2-38： 中国快递物流指数走势

制造业商务活跃度提升。9 月，制造业商务快件指数为 103.8%，比上月回升 4.6 个百分点，制造业 21 个行业指数中有 10 个高于 100%。分行业看，基础原材料和化工行业需求有所改善。黑色金属冶炼加工业商务快件指数为 97.3%，比上月回升 1.9 个百分点；化学原料制品业商务快件指数为 97.9%，为二季度以来次高水平。装备制造业恢复较高活跃态势。电气机械制造业、计算机通信电子设备制造业、汽车制造业、铁路航空航天运输设备制造业、专用设备制造业商务快件指数分别比上月回升 0.6 ～ 4.1 个百分点。随着装备制造业生产需求同步扩张，计算机通信电子设备制造业、汽车制造业、铁路航空航天运输设备制造业商务快件指数均达到105%以上较景气区间。消费品制造业商务活动稳步回升。纺织业、纺织服饰业商务快件指数比上月回升1.1和1.3个百分点，连续两个月回升。消费势头持续活跃叠加国庆假期临近因素，食品酒饮、家具类商务快件指数较为活跃，农副食品加工业、家具制造业、食品酒饮料精制茶制造业为103.9%、106.6%、103.6%，比上月回升0.7～2.3个百分点。

服务业商务快件指数回升。9月，服务业商务快件指数为101.6%，比上月回升7.3个百分点，服务业14个行业指数中有8个高于100%。分行业看，房地产业延续较好活跃态势。房地产业商务快件指数为105.2%，比上月回升1.6个百分点。基础性服务业中线上服务、高技术服务业景气度较高。疫情影响下，线上服务、高技术服务更趋于活跃，相关科研技术、信息传输技术服务业商务快件指数达到105%以上水平。生产服务业商务活动活跃态势转好。金融、批发零售业商务快件指数比上月回升0.6和1.4个百分点，交通运输仓储邮政业商务快件指数小幅回升2.3个百分点，达102.1%。消费娱乐相关服务业商务活动持续低位。与线上服务增势相反，疫情防控影响下，接触类服务业受限走低，其中住宿餐饮、租赁服务、文体娱乐商务快件指数分别为95.7%、95.9%、93.7%，持续低位运行。

就业水平有所改善。9月，从业人员指数为103.6%，比上月回升3个百分点。分地区看，中部、西部地区吸纳就业情况较好，是拉动本月从业人员指数回升动力。其中中部、东部地区从业人员指数为104.8%和104.2%，比上月回升4.5和3个百分点；疫情影响下，东北地区从业人员指数为100.6%，比上月回落2.3个百分点。

企业经营便利度稳中向好。9月，便利度指数为55.4%，比上月回升0.3个百分点，呈现高位回升态势。从分项看，通行便利度指数为56.9%，比上月回升0.2个百分点；政务服务便利度指数为53.3%，比上月回升0.6个百分点；公共设施便利度指数为56.5%，比上月回升0.4个百分点；投送便利度指数为55%，与上月持平。

2022年10月中国快递物流指数为99.9%

2022年10月，中国物流与采购联合会发布的中国快递物流指数为99.9%，比上月回落3个百分点。从分项指数看，商务快件指数和农村快件指数分别回落4.1和3.1个百分点，回落至100%以下；跨境小幅回落2.2个百分点，但在100%以上；从业人员指数和便利度指数也有不同程度回落。综合来看，本月国内经济运行有所趋缓，疫情多发散发对企业生产经营造成一定影响，短期因素影响下市场供需两端有所收窄，同时消费和就业市场在上月好转的情况下再次受限，快递指数重新回落至100%以下。

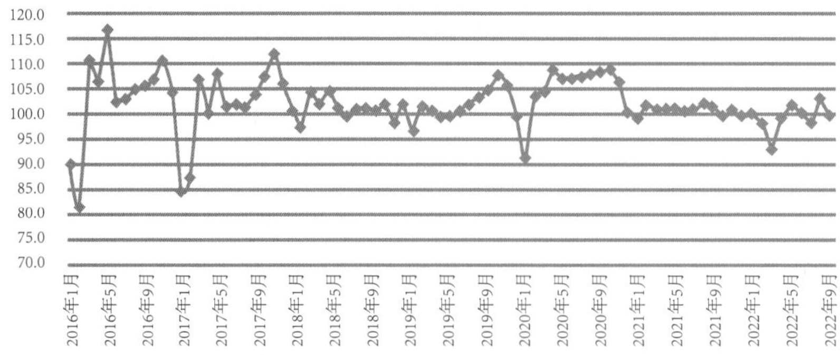

图2-39：中国快递物流指数走势

制造业商务快件指数小幅回落。10 月，制造业商务快件指数为 98.8%，比上月回落 5.1 个百分点，制造业 21 个行业指数中有 10 个高于 100%。分行业看，基础原材料和化工行业走势低位震荡。黑色金属冶炼加工业、有色金属冶炼加工业和化学原料制品业商务快件指数为 94.8%、95.8% 和 94.2%，比上周回落 2.5 ～ 3.7 个百分点。装备制造业整体呈现较为活跃态势。装备制造业和交通运输设备制造业小幅回落 2.2 和 4.3 个百分点，但整体仍在 102% 左右水平。专用设备制造业和其他制造业小幅回升 1.6 和 1.1 个百分点，通信设备制造业和汽车制造业商务快件指数均达到 105% 以上水平。消费品制造业商务活动趋升。在国庆假期带动下，部分消费品制造业商务快件指数持续回升，其中，纺织业、纺织服饰业、食品酒饮和医药制造业商务快件指数比上月 0.6-0.9 个百分点，木材家具制造业回升 1.5 个百分点达 105% 以上水平。

服务业商务活动趋缓。10 月，服务业商务快件指数为 98.2%，比上月回落 3.3 个百分点，服务业 14 个行业指数中有 6 个高于 100%。分行业看，在疫情持续影响下，本月多数分项指数均有所回落。其中房地产业商务快件指数为 102.9%，比上月回落 2.3 个百分点。基础性服务业景气度较好。科研技术和信息技术服务商务快件指数保持在 105% 以上，比上月分别回落 1.7 和回升 2.8 个百分点。生产服务业商务活动全面走低，均位于 100% 以下。金融、批发零售业和物流服务业商务快件指数比上月回落 1.5、1.3 和 3.8 个百分点。消费娱乐相关服务业商务活动延续较弱活跃态势。住宿餐饮、租赁服务、文体娱乐商务快件指数为 90.5%、96.3%、90.1%，低位回落 3.6 ～ 5.2 个百分点。

就业岗位有所收窄。10 月，从业人员指数为 102.5%，比上月回落 1.1 个百分点。分地区看，东部、中部、西部地区从业人员指数均有不同程度回落，回落幅度在 0.7 ～ 3.8 个百分点。东北地区从业人员指数较上月有小幅回升，达到 102.1%。

企业经营便利度较快回落。10 月，疫情多发散发影响下，便利度指数比上月回落 3.2 个百分点，降至 52.2%。从分项看，通行便利度指数为 55.5%，比上月回落 1.5 个百分点；政务服务便利度指数为 50.7%，比上月回落 2.6 个百分点；公共设施便利度指数为 52.7%，比上月回落 3.8 个百分点；投送便利度指数为 50.1%，比上月回落 5 个百分点。

2022 年 11 月中国快递物流指数为 46.4%

中国物流与采购联合会发布的 2022 年 11 月中国物流业景气指数为 46.4%，较上月回落 2.4 个百分点；中国仓储指数为 44.1%，较上月下降 2.6 个百分点。

中国物流与采购联合会会长助理何辉认为：11 月，受疫情多发散发等因素影响，物流运行态势放缓。分项看，固定资产投资完成额指数和主营业务成本指数较上月回升，平均库存量指数与上月持平，其他分项指数较上月有不同程度回落。从区域看，东中西部地区均处于收缩区间。后期需进一步统筹疫情防控和经济发展，促进国民经济和物流运行稳定复苏。

新订单指数回落。11 月，新订单指数为 45.9%，较上月回落 2.6 个百分点。显示需求增长继续放缓。

库存指数低位运行。11 月，平均库存量环比持平，库存周转次数指数环比回落 2.1 个百分点，主要是受疫情影响部分地区开工率下降，库存和周转速率放缓。

从业人员指数回落。11 月，从业人员指数较上月回落 0.9 个百分点，显示从业人员供需紧张状况加剧。

从后期走势看，业务活动预期指数为 48.5%，预示企业对期后期发展趋于谨慎。

2022 年 12 月中国快递物流指数为 46%

中国物流与采购联合会发布的 2022 年 12 月中国物流业景气指数为 46%，较上月回落 0.4 个百分点；中国仓储指数为 48.7%，较上月回升 4.6 个百分点。

中国物流与采购联合会会长助理何辉认为：12 月份，物流业景气指数较上月继续回落。从指数上看，业务量和新订单数量降低、库存增多、库存周转减慢、从业人员数量减少，同时受供需关系影响，物流服务价格上涨。从区域看，东中西部地区均位于收缩区间。从企业规模看，除大型物流企业业务需求位于扩张区间，中小微型物流企业仍位于收缩区间。本月由于新冠病毒感染疫情冲击，业务量需求不足，企业到岗率下降，随着各地平稳度过疫情高峰期后，经济秩序将有序回归正轨，物流行业将恢复至正常水平。

业务总量和新订单指数回落。12 月，业务总量指数和新订单指数分别为 46% 和 45.2%，较上月分别回落 0.4 和 0.7 个百分点。

从业人员指数回落。12 月，从业人员指数为 44.2%，较上月回落 3.2 个百分点，显示出物流行业劳动力有所不足。

物流服务价格指数回升。12 月，物流服务价格 50.4%，较上月回升 2 个百分点，显示出受供需关系影响，物流服务价格短时上涨。

五、2022 年中国公路物流运价指数

中国公路物流运价指数说明

1. 中国公路物流运价指数是反映一定时期内，我国经济领土范围内公路物流运输价格变动程度和变动趋势的相对数。

2. 中国公路物流运价指数基于以林安物流网为代表的公路物流平台的动态交易信息。目前，采集的价格数据涵盖了全国 9 大物流区域、38 个重点城市、74 个物流节点平台、1406 条公路运输线路，200 万辆货运车辆。

3. 中国公路物流运价指数以 2012 年 12 月最后一周的平均价格为基期，周指数的基点为 1000，月指数的基点为 100。

2022 年 1 月中国公路物流运价指数为 100.5 点

2022 年 1 月，由中国物流与采购联合会和林安物流集团联合调查的中国公路物流运价指数为 100.5 点，比上月回落 1.89%，比去年同期增长 0.4%。从各周指数看，第一、二、四周运价指数环比回升，第三周运价指数环比回落。

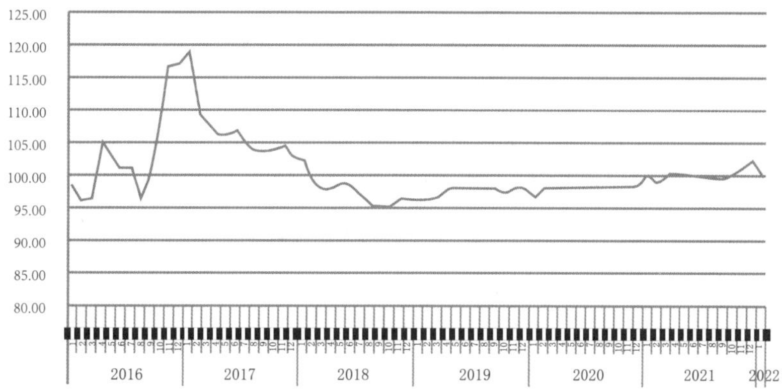

图 2-40： 2016 年以来各月中国公路物流运价指数

表 2-1： 2022 年 1 月中国公路物流运价指数表

	2021 年	2022 年 1 月	与上月比（%）
中国公路物流运价指数	100.3	100.5	-1.89
整车指数	100.8	101.1	-1.86
零担轻货指数	98.3	98.3	-2.01
零担重货指数	100.7	100.9	-1.89

分车型指数看，各车型指数环比小幅回落，同比保持小幅增长但幅度有所收窄。以大宗商品及区

域运输为主的整车指数为 101.1 点，比上月回落 1.86%，比上年同期增长 0.5%。零担指数中，零担轻货指数为 98.3 点，比上月回落 2.01%，比上年同期增长 0.1%；零担重货指数为 100.9 点，比上月回落 1.89%，比上年同期增长 0.5%。

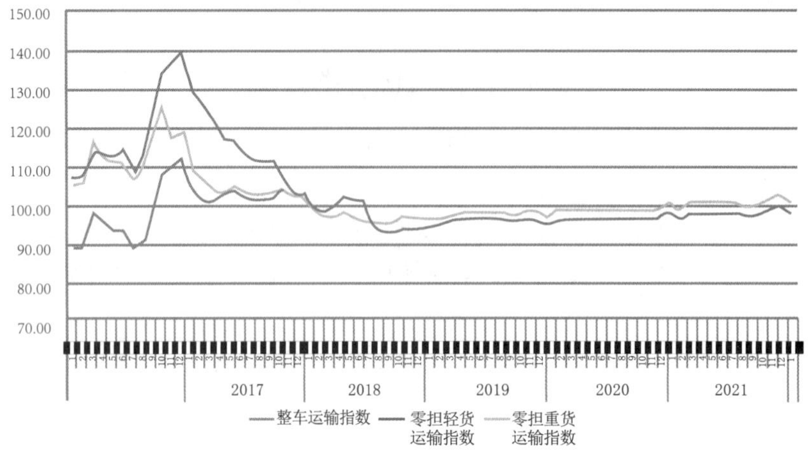

图 2-41：2016 年以来各月中国公路物流运价分车型指数

从需求看，本月经济保持平稳运行态势，受传统节假日因素以及疫情多点散发影响，国内市场需求进一步放缓，公路物流需求稳中趋缓。PMI 数据显示，1 月制造业 PMI 指数为 50.1%，连续 3 个月运行在 50% 以上，新订单指数则持续位于 50% 以下。从供给看，春节返乡和部分地区疫情管控调节下，节前运力供给呈现小幅波动、震荡回落。综合来看，历史数据显示，春节假期公路运输迎来传统淡季，国内需求持续收窄，运价指数季节性回调，加之疫情因素影响，部分地区、线路运价短期波动幅度较大，本月运价指数呈现较快回落。

从后期走势看，年初经济实现平稳开局，纵观历史数据，节后公路运输市场处于调整恢复期，预计短期内运价指数可能震荡回升。但与往年相比市场需求不足、企业经营承压以及疫情防控问题仍较为突出，对公路运输供需和价格的短期影响较为明显，回升趋势或将有所趋缓。

2022 年 2 月中国公路物流运价指数为 98.3 点

2022 年 2 月，由中国物流与采购联合会和林安物流集团联合调查的中国公路物流运价指数为 98.3 点，比上月回落 2.19%，比去年同期下降 0.9%。从各周指数看，第一、四周运价指数环比回落，第二、三周运价指数环比回升。

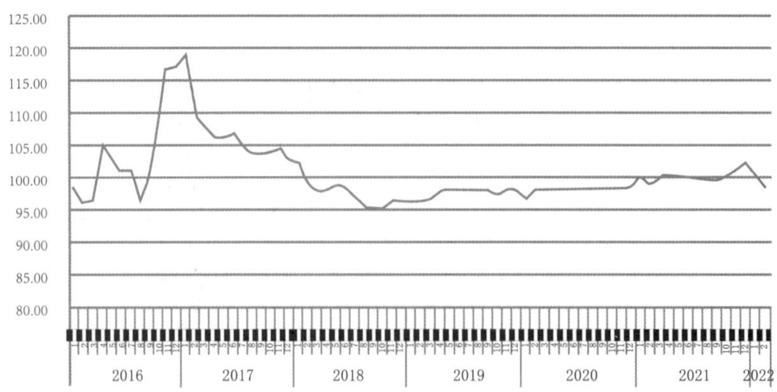

图 2-42： 图 1 2016 年以来各月中国公路物流运价指数

表 2-2： 2022 年 2 月中国公路物流运价指数表

	2021 年	2022 年 2 月	与上月比（%）
中国公路物流运价指数	100.3	98.3	-2.19
整车指数	100.8	98.9	-2.21
零担轻货指数	98.3	96.2	-2.13
零担重货指数	100.7	98.7	-2.17

分车型指数看，各车型指数环比较快回落，同比有所下降。以大宗商品及区域运输为主的整车指数为 98.9 点，比上月回落 2.21%，比上年同期下降 0.8%。零担指数中，零担轻货指数为 96.2 点，比上月回落 2.13%，比上年同期下降 1%；零担重货指数为 98.7 点，比上月回落 2.17%，比上年同期下降 0.9%。

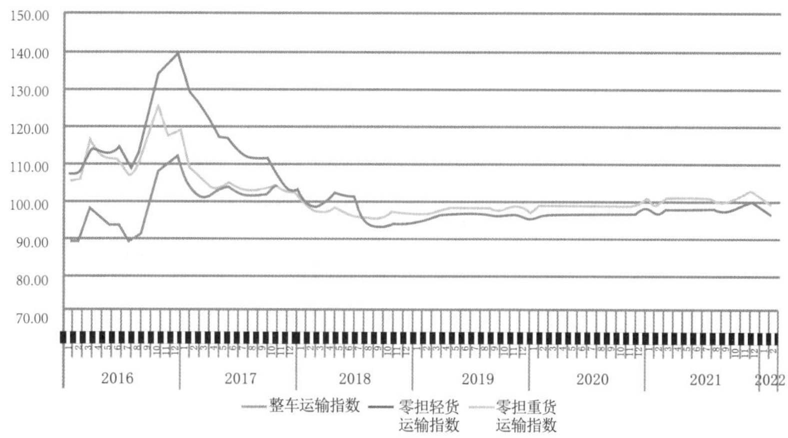

图 2-43： 2016 年以来各月中国公路物流运价分车型指数

从需求看，节后市场需求进一步回升，本月经济运行恢复态势增强，公路物流需求稳中向好。PMI 数据显示，2 月制造业 PMI 指数为 50.2%，连续 4 个月运行在 50% 以上且本月略有回升。从供给看，运力供给相较前期虽有所回升，但整体水平仍低于上月。综合来看，本月运价指数回落主要受春节当周指数较快回落，从月内看，随着市场需求逐步回暖，公路运输价格企稳回升，第二、三周运价指数回升至近两年来来较高水平，表明在国家层面宏观调控和市场调整下，公路运输供需关系较前期有所改善。分区域看，长三角、珠三角区域运价指数略有回升，东北、西北、西南、华中区域运价指数小幅回落。

从后期走势看，随着经济平稳运行的趋势逐步稳固，市场需求持续回升，带动公路运输市场整体稳中向好，2 月底运价指数呈现高位维稳，预计在市场预期较好的基础上，公路运输供需总体协调，运价指数有望进一步回升，或将呈现震荡回升走势。

2022 年 3 月中国公路物流运价指数为 100.3 点

2022 年 3 月，由中国物流与采购联合会和林安物流集团联合调查的中国公路物流运价指数为 100.3 点，比上月回升 2.03%，与去年同期基本持平。从周指数看，各周运价指数环比总体平稳，仅第三周运价指数环比略微回落。

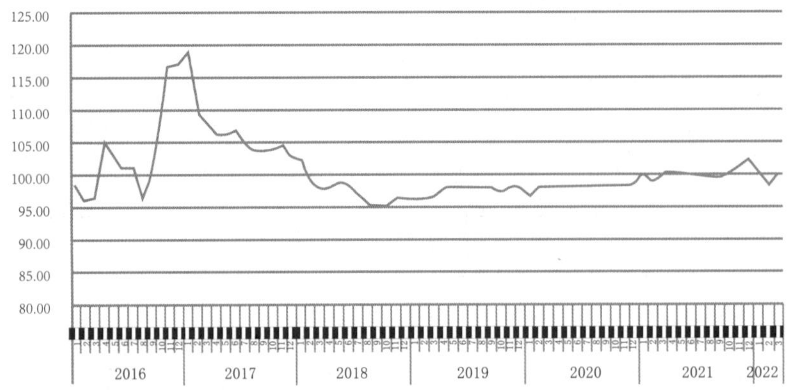

图 2-44： 2016 年以来各月中国公路物流运价指数

表 2-3： 2022 年 3 月中国公路物流运价指数表

	2021 年	2022 年 3 月	与上月比（%）
中国公路物流运价指数	100.3	100.3	2.03
整车指数	100.8	100.8	1.98
零担轻货指数	98.3	98.4	2.3
零担重货指数	100.7	100.6	1.93

分车型指数看，各车型指数环比上月小幅回升，与去年同期基本持平。以大宗商品及区域运输为主的整车指数为 100.8 点，比上月回升 1.98%，比上年同期增长 0.03%。零担指数中，零担轻货指数为98.4点，比上月回升2.30%，比上年同期增长0.22%；零担重货指数为100.6点，比上月回升1.93%，与上年同期持平。

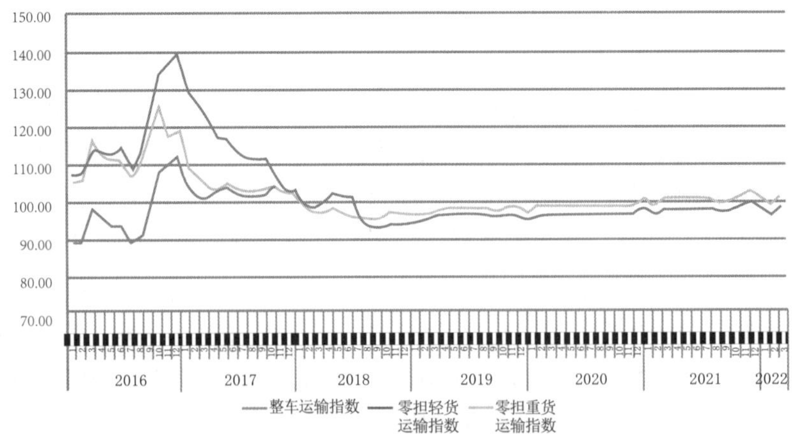

图 2-45： 2016 年以来各月中国公路物流运价分车型指数

从需求看，在疫情多点散发、地缘政治冲突和原材料价格上涨的多重因素制约下，经济恢复动力减弱，企业经营压力加大，市场需求有所回落，PMI 数据显示，3 月制造业 PMI 指数为 49.5%，比上月回落0.7个百分点。从供给看，近期局部地区疫情防控和通行政策影响有所差异，运力供给总体稳中趋缓。综合来看，本月运价指数回升一是受2月春节假日传统淡季，运价水平较快回落，3月回归常态整体回升。二是近期油价不断上涨因素带动公路运输市场化调节，对运价的影响逐步体现。但就月内来看，各周指数总体呈现维稳态势，波动幅度较小，显示在公路运输整体供大于求形势下，个体和小微企业利润被上游企业进一步压低，运输市场价格未能明显好转，分区域看，各区域指数总体平稳，有不同程度回升。

从后期走势看，疫情反复、原材料价格高涨对国内市场需求回落，加之国际形势复杂进一步制约市场主体扩张，预计后期油价上涨将对运力供给造成一定影响，公路运输供需调整期，运价指数可能小幅震荡，或将有所回升。

2022年4月中国公路物流运价指数为101点

2022年4月，由中国物流与采购联合会和林安物流集团联合调查的中国公路物流运价指数为101点，比上月回升0.71%，比去年同期增长0.84%。从周指数看，第二、五周运价指数回落，第一、三、四周运价指数环比回升。

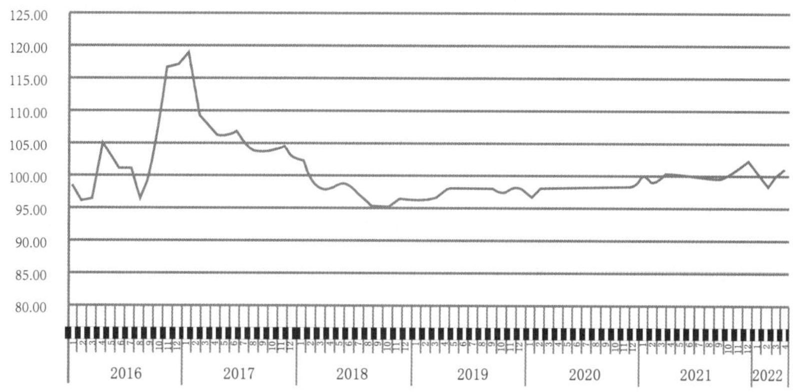

图2-46：2016年以来各月中国公路物流运价指数

表2-4：2022年4月中国公路物流运价指数表

	2021年	2022年4月	与上月比（%）
中国公路物流运价指数	100.3	101.0	0.71
整车指数	100.8	101.4	0.59
零担轻货指数	98.3	99.5	1.11
零担重货指数	100.7	101.3	0.71

分车型指数看，各车型指数环比小幅回升，与去年同期相比有所增长。以大宗商品及区域运输为主的整车指数为101.4点，比上月回升0.59%，比上年同期增长0.69%。零担指数中，零担轻货指数为99.5点，比上月回升1.11%，比上年同期增长1.45%；零担重货指数为101.3点，比上月回升0.71%，比上年同期增长0.74%。

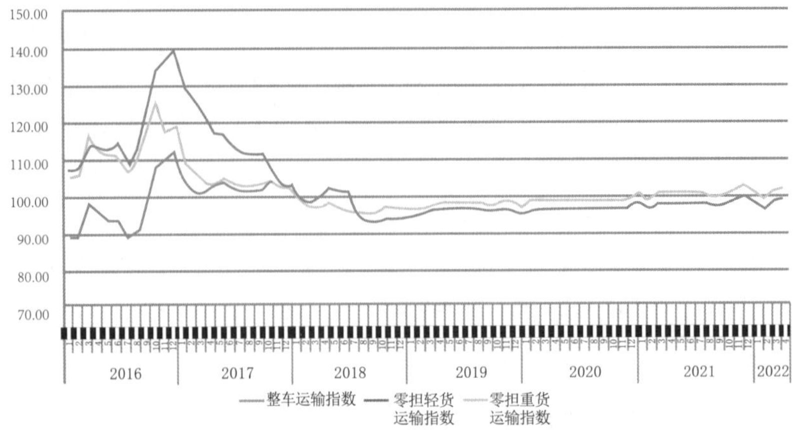

图 2-47：2016 年以来各月中国公路物流运价分车型指数

从需求看，一季度以来疫情形势愈发严峻，加之地缘政治冲突和原材料价格等因素冲击下，市场需求进一步收缩。PMI 数据显示，4 月制造业 PMI 指数为 47.4%，为近两年来最低水平。从供给看，近期部分地区保通保畅措施有序推进、逐步落实，相较前期有所改观，但整体物流通行仍然较不通畅。综合来看，疫情多点散发的影响逐步扩大，国内市场需求增速回落，运输、人力等经营成本不断上涨，导致企业经营受阻，本月公路运输价格水平继续回升，但在一系列宏观调控政策引导和市场调节下，回升幅度相较上月有所收窄。分区域看，各区域指数有不同程度回升，长三角、东南沿海、山东半岛等区域运价指数回升较快。

从后期走势看，尽管疫情等多方面因素导致行业产业链放缓，但随着保物流畅通和产业供应链维稳举措逐步落实，制造业市场仍具备回稳回升基础，同时与居民消费相关线上消费市场增势较好，公路运输需求可能进一步放开，预计运价指数可能高位维稳，或将震荡回落。

2022 年 5 月中国公路物流运价指数为 102.6 点

2022 年 5 月，由中国物流与采购联合会和林安物流集团联合调查的中国公路物流运价指数为 102.6 点，比上月回升 1.57%，比去年同期增长 2.43%。从周指数看，第一、二、四周运价指数有所回升，第三周运价指数有所回落。

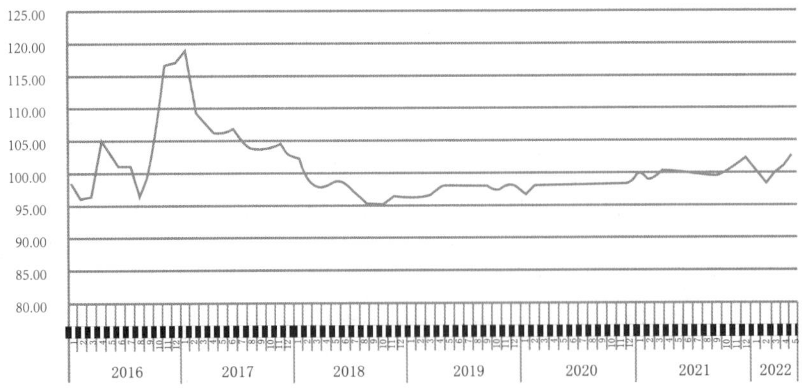

图 2-48：2016 年以来各月中国公路物流运价指数

表 2-5：2022 年 5 月中国公路物流运价指数表

	2021 年	2022 年 5 月	与上月比（%）
中国公路物流运价指数	100.3	102.6	1.57
整车指数	100.8	101.4	0
零担轻货指数	98.3	104.0	4.6
零担重货指数	100.7	104.8	3.39

分车型指数看，整车指数总体平稳，零担指数环比有所回升，与去年同期相比小幅增长。以大宗商品及区域运输为主的整车指数为 101.4 点，与上月基本持平，比上年同期增长 0.72%。零担指数中，零担轻货指数为 104 点，比上月回升 4.6%，比上年同期增长 6%；零担重货指数为 104.8 点，比上月回升 3.39%，比上年同期增长 4.17%。

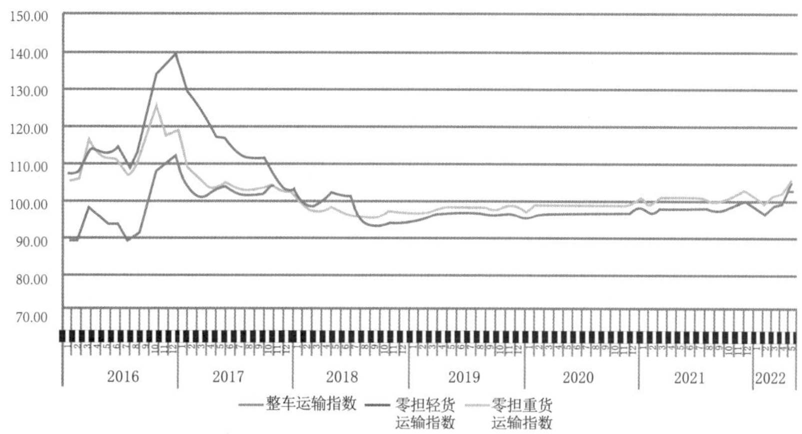

图 2-49：2016 年以来各月中国公路物流运价分车型指数

从需求看，本月经济恢复势头稳中向好，疫情防控、原材料价格等短期影响因素有所改善，拉动市场需求有所回升，PMI 数据显示，5 月制造业 PMI 指数为 49.6%，比上月回升 2.2 个百分点。从供给看，随着部分地区疫情防控取得成效、下调疫情响应等级，运力供给随之小幅回升。综合来看，当前疫情影响相较前期有所好转，长三角等重点区域复工复产，区域市场活力恢复，促进物流供应链畅通、运输市场供需优化，带动公路运价指数连续回升。纵观历史数据，近年来运价指数水平不断增长，已至近两年较高位，但企业和司机反映市场需求不足、经营成本上涨的矛盾依旧普遍，需进一步精准施策持续改善物流运输市场供需环境，保障产业链供应链稳定畅通。

从后期走势看，当前市场需求基础尚不充足，疫情反复和防疫需求仍制约企业生产经营和预期信心，进入 6 月份多为夏季淡季，预计在各地保畅通、保生产、保民生政策举措有序推进下，物流需求市场有望维稳，同时线上消费市场仍具备较好需求潜力，运价指数可能延续平稳运行态势。

2022 年 6 月份中国公路物流运价指数为 102.7 点

2022 年 6 月，由中国物流与采购联合会和林安物流集团联合调查的中国公路物流运价指数为 102.7 点，比上月回升 0.1%，比去年同期增长 2.6%。从周指数看，第二周运价指数环比回升，第一、三、四周运价指数环比回落。、

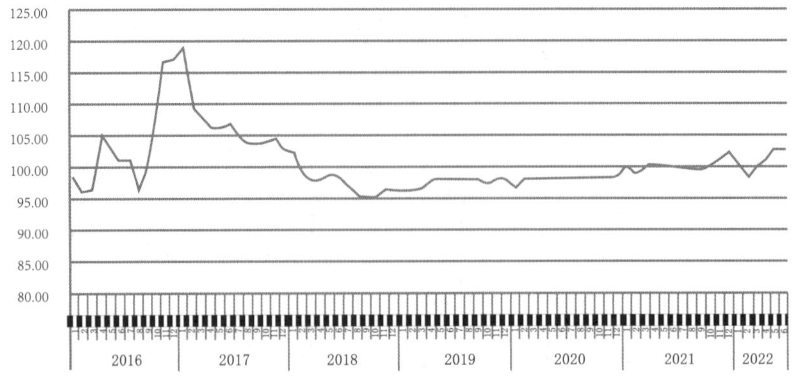

图 2-50：2016 年以来各月中国公路物流运价指数

表 2-6：2022 年 6 月中国公路物流运价指数表

	2021 年	2022 年 6 月	与上月比（%）
中国公路物流运价指数	100.3	102.7	0.10
整车指数	100.8	102.8	1.4
零担轻货指数	98.3	102.3	-1.68
零担重货指数	100.7	102.8	-1.88

分车型指数看，各车型指数涨跌互现，相较去年同期均呈现增长态势。以大宗商品及区域运输为主的整车指数为 102.8 点，比上月回升 1.4%，比上年同期增长 2.22%。零担指数中，零担轻货指数为 102.3 点，比上月回落 1.68%，比上年同期增长 4.23%；零担重货指数为 102.8 点，比上月回落 1.88%，比上年同期增长 2.25%。

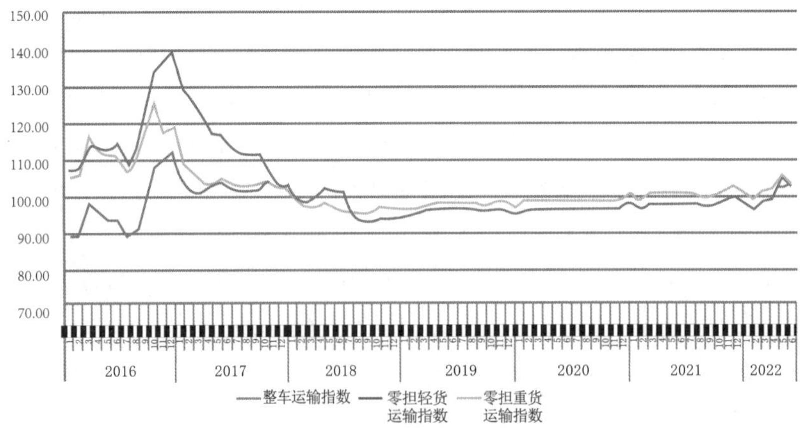

图 2-51：2016 年以来各月中国公路物流运价分车型指数

从需求看，本月经济恢复态势进一步增强，市场需求较快复苏，企业生产经营有所改善，从 PMI 数据看，6 月制造业 PMI 指数为 50.2%，比上月回升 0.6 个百分点，重回 50% 以上区间；新订单指数为 50.4%，比上月回升 2.2 个百分点。从供给看，6 月疫情防控形势继续好转，物流保通保畅持续落实，运力供给小幅增长。综合来看，近期经济三重压力有所缓解，促消费、稳增长政策措施相继落实，货物物流运输持续通畅，市场供需两端进一步改善，带动运价指数保持回升态势。但分项指数中零担类指数小幅回落，反映当前公路运输市场仍然供大于求，需求端偏弱，物流企业中小微企业仍占多数，总体恢复动力不足，资金短缺、利润较低等问题较为突出，需加快落实援企纾困政策。

从后期走势看，国内经济恢复态势基本稳定，供需两端不断改善，同时由于疫情防控影响好转以及油价不断上涨，一定程度上拉动运价指数增长，随着后期进入传统淡季，物流需求增速可能有所趋缓，运价指数或将呈现震荡回落走势。

2022年7月中国公路物流运价指数为103.2点

2022年7月，由中国物流与采购联合会和林安物流集团联合调查的中国公路物流运价指数为103.2点，比上月回升0.47%，比去年同期增长3.2%。从周指数看，第三周运价指数环比回落，第一、二、四、五周运价指数环比回升。

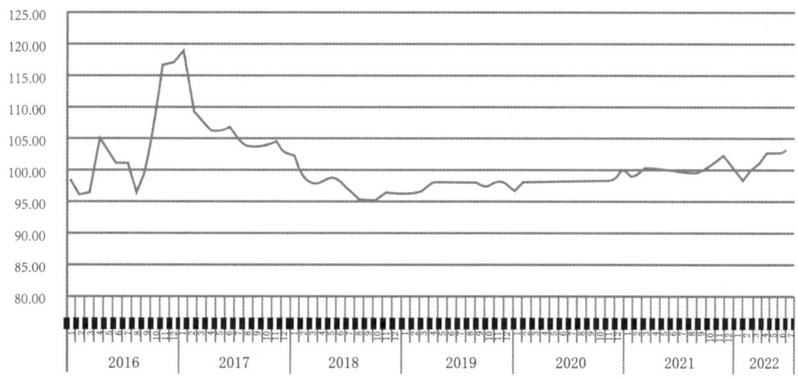

图2-52：2016年以来各月中国公路物流运价指数

表2-7：2022年7月中国公路物流运价指数表

	2021年	2022年7月	与上月比（%）
中国公路物流运价指数	100.3	103.2	0.47
整车指数	100.8	103.3	0.49
零担轻货指数	98.3	102.6	0.33
零担重货指数	100.7	103.3	0.51

分车型指数看，各车型指数环比有所回升，同比去年均延续增长态势。以大宗商品及区域运输为主的整车指数为103.3点，比上月回升0.49%，比上年同期增长2.9%。零担指数中，零担轻货指数为102.6点，比上月回升0.33%，比上年同期增长4.6%；零担重货指数为103.3点，比上月回升0.51%，比上年同期增长2.9%。

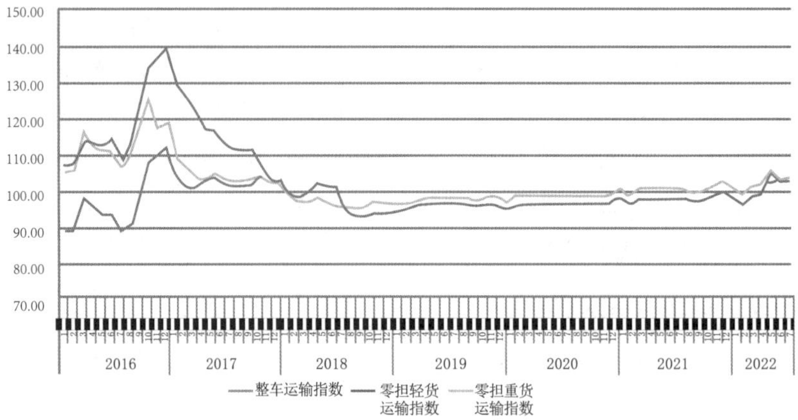

图 2-53：2016 年以来各月中国公路物流运价分车型指数

从需求看，本月受季节性波动影响，经济恢复态势减弱，企业生产经营有所放缓，从 PMI 数据看，7 月制造业 PMI 指数为 49%，回落至 50% 以下。从供给看，运力供给市场总体保持平稳态势，但高温雨季天气影响下，部分区域、线路供需两侧均有所受限。综合来看，7 月受传统淡季和季节性因素影响，公路运输市场供需两端有所放缓，传统公路运输需求依旧偏弱，但近期疫情反复和油价持续高位短期因素叠加效应逐步显现，运输成本持续推高，带动运价指数持续回升，7 月当月已回升至年内最高水平，物流企业经营压力整体依旧较大。分区域看，长三角、珠三角、西北、西南、东南沿海等 5 个区域运价指数回升幅度较为明显。

从后期走势看，上半年经济总体保持恢复势头，进入 7 月，短期因素影响的供需不足有所加剧，但随着下半年应对“三重压力”宏观政策力度有所加强，短期因素影响逐步减弱，经济回升动力仍有上升空间，公路运输市场供需可能有所改善，运价指数或将小幅震荡回升。

2022 年 8 月中国公路物流运价指数为 103 点

2022 年 8 月，由中国物流与采购联合会和林安物流集团联合调查的中国公路物流运价指数为 103 点，比上月回落 0.16%，比上年同期增长 3%。从周指数看，第一、三周运价指数环比回升，第二、四周运价指数环比回升。

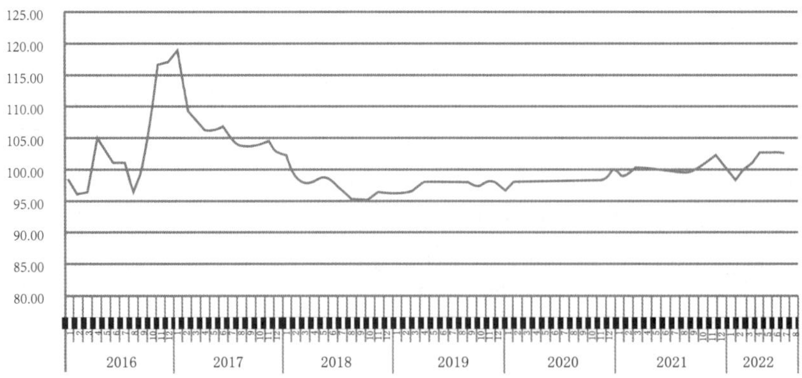

图 2-54：2016 年以来各月中国公路物流运价指数

表 2-8：2022 年 8 月中国公路物流运价指数表

	2021 年	2022 年 8 月	与上月比（%）
中国公路物流运价指数	100.3	103	-0.16
整车指数	100.8	103.1	-0.19
零担轻货指数	98.3	102.6	0.02
零担重货指数	100.7	103.1	-0.21

分车型指数看，各车型指数环比涨跌互现，同比去年小幅增长。以大宗商品及区域运输为主的整车指数为 103.1 点，比上月回落 0.19%，比上年同期增长 2.6%。零担指数中，零担轻货指数为 102.6 点，比上月回升 0.02%，比上年同期增长 4.6%；零担重货指数为 103.1 点，比上月回落 0.21%，比上年同期增长 2.6%。

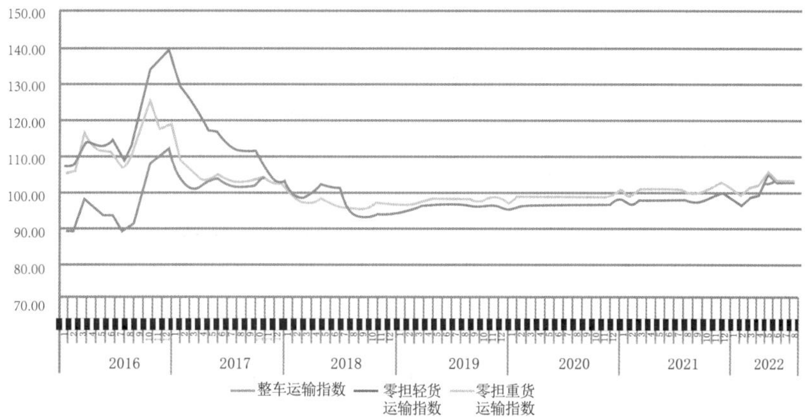

图 2-55：2016 年以来各月中国公路物流运价分车型指数

从需求看，本月经济延续平缓恢复态势，市场需求有所回暖但整体需求依旧不足，从 PMI 数据看，8 月份制造业 PMI 指数为 49.4%，比上月回升 0.4 个百分点，仍位于 50% 以下。从供给看，高温天气和疫情防控管制下运力供给环比前期整体趋缓。综合来看，市场需求偏弱的问题短期内难见明显好转，国内疫情多点散发因素叠加，企业生产经营受阻，公路运输市场需求进一步收窄，运价水平小幅回落。分区域看，九大区域运价指数中仅华中区域运价指数环比小幅回升，其余区域运价指数环比均有所回落。

从后期走势看，三季度以来，宏观调控政策稳增长、扩内需、助企纾困持续发力，市场环境有所改善，需求回升动力有限但企业后期信心转好，随着短期因素影响减弱，市场需求仍具备企稳回升基础，预计在此形势下，运价指数有望呈现维稳态势，或将有所回升。

2022 年 9 月中国公路物流运价指数为 103.4 点

2022 年 9 月，由中国物流与采购联合会和林安物流集团联合调查的中国公路物流运价指数为 103.4 点，比上月回升 0.4%，比去年同期增长 3.9%。从周指数看，第四周运价指数环比较快回升，第一、二、三、五周运价指数环比小幅震荡。

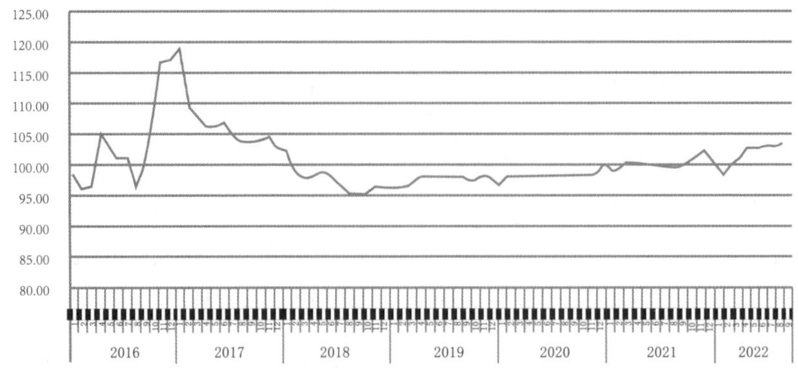

图 2-56：2016 年以来各月中国公路物流运价指数

表 2-9：2022 年 9 月中国公路物流运价指数表

	2021 年	2022 年 9 月	与上月比（%）
中国公路物流运价指数	100.3	103.4	0.40
整车指数	100.8	103.1	-0.06
零担轻货指数	98.3	105.1	2.36
零担重货指数	100.7	103	-0.07

分车型指数看，各车型指数环比走势分化，同比去年较快增长。以大宗商品及区域运输为主的整车指数为 103.1 点，比上月回落 0.06%，比上年同期增长 3%。零担指数中，零担轻货指数为 105.1 点，比上月回升 2.36%，比上年同期增长 7.7%；零担重货指数为 103 点，比上月回落 0.07%，比上年同期增长 3%。

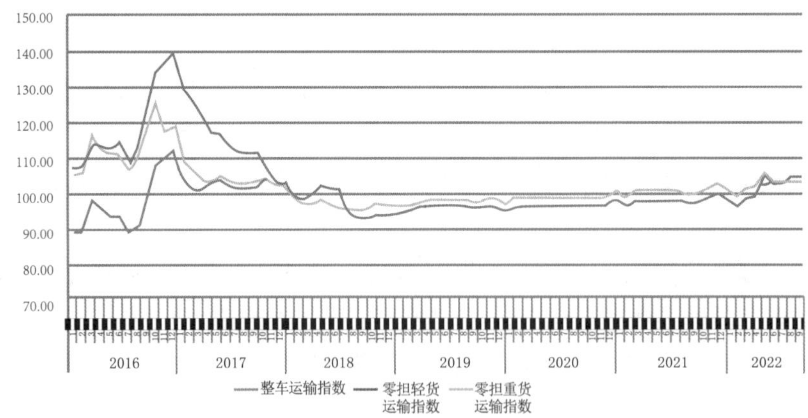

图 2-57：2016 年以来各月中国公路物流运价分车型指数

从需求看，本月国内经济运行保持稳中向好恢复态势，企业生产经营有所扩张，市场供需两端进一步改善，从 PMI 数据看，9 月制造业 PMI 指数为 50.1%，比上月回升 0.7 个百分点，重回 50% 以上，新订单指数连续两个月回升。从供给看，运力供给总体较为充足，但国内多地疫情多发散发，较为频繁，部分地区运输线路和时效受到一定限制和延后。综合来看，随着我国经济恢复态势不断增强，市场总体需求有回暖走势，运价水平受供需改善带动下小幅回升，并呈现两点变化。一是随着今年以来油价持续震荡上行以及疫情防控影响下，运输价格持续处于历史高位水平，8 月～ 9 月运价指数已达近两年以来最高水平。二是在疫情多发散发常态下，企业经营成本攀升，运输线路和时效受阻，企业运输方式有所转变、趋于灵活。零担运输中，零担轻货指数本月环比较快回升，是自 2017 年以来，指数第二次回升至较高水平，成为拉动运价指数总体水平回升的主要因素。分区域看，九大区域运价指数中山东半岛、西北、西南区域运价指数环比小幅回落，其余区域运价指数环比均有所回升。

从后期走势看，三季度国内经济恢复势头稳步增强，四季度仍具备较好运行基础，四季度是传统生产运输旺季，随着党中央、国务院稳经济大盘政策措施的逐步落实，运价指数仍有望高位维稳，或将小幅震荡回升。

2022 年 10 月中国公路物流运价指数为 103. 3 点

2022 年 10 月，由中国物流与采购联合会和林安物流集团联合调查的中国公路物流运价指数为 103. 3 点，比上月回落 0. 15%，比去年同期增长 3%。从周指数看，第一、三周运价指数环比回落，第二、四周运价指数环比回升。

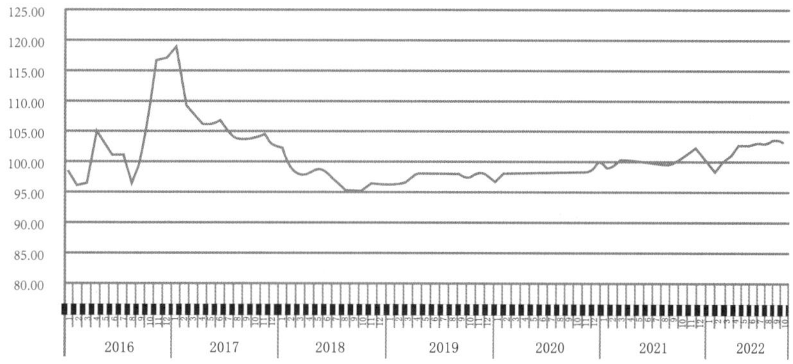

图 2 -58：2016 年以来各月中国公路物流运价指数

表 2-10：2022 年 10 月中国公路物流运价指数表

	2021 年	2022 年 10 月	与上月比（%）
中国公路物流运价指数	100. 3	103. 3	-0. 15
整车指数	100. 8	102. 8	-0. 22
零担轻货指数	98. 3	105. 3	0. 21
零担重货指数	100. 7	102. 8	-0. 26

分车型指数看，各车型指数环比涨跌互现，同比去年继续保持小幅增长。以大宗商品及区域运输为主的整车指数为 102. 8 点，比上月回落 0. 22%，比上年同期增长 2%。零担指数中，零担轻货指数为 105. 3 点，比上月回升 0. 21%，比上年同期增长 7. 3%；零担重货指数为 102. 8 点，比上月回落 0. 26%，比上年同期增长 2. 1%。

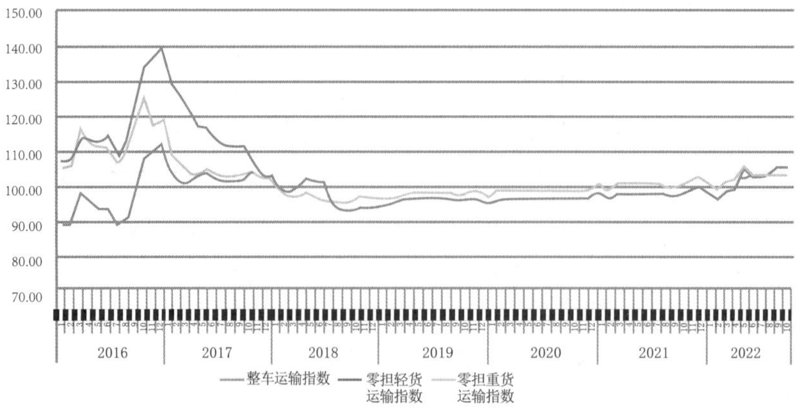

图 2-59：2016 年以来各月中国公路物流运价分车型指数

从需求看，本月经济延续平稳运行态势，经济波动下公路运输市场需求有所趋缓，从 PMI 数据看，10 月制造业 PMI 指数为 49.2%，比上月回落 0.9 个百分点，跌至 50% 以下。从供给看，运力供给基本平稳，环比前期小幅回升。综合来看，在国内需求内生动力不足和疫情多发散发等多重因素制约下，市场供需进一步收窄，加之“十一”假期前抢运导致当月运输需求有所分流，运价水平有所回落。分区域看，东北、华北、华中、长三角、西南区域运价指数回落，其他区域运价指数总体平稳。

从后期走势看，四季度我国稳经济一揽子政策持续落实，产业链供应链不断畅通，年底各项经济指标具备回升基础，市场活力或将进一步激发，运价指数有望震荡回升。

2022 年 11 月中国公路物流运价指数为 103.3%

2022 年 11 月，由中国物流与采购联合会和林安物流集团联合调查的中国公路物流运价指数为 103.3 点，比上月回升 0.03%，比去年同期增长 1.8%。从周指数看，第一、三周运价指数环比回升，第二、四周运价指数环比回落。

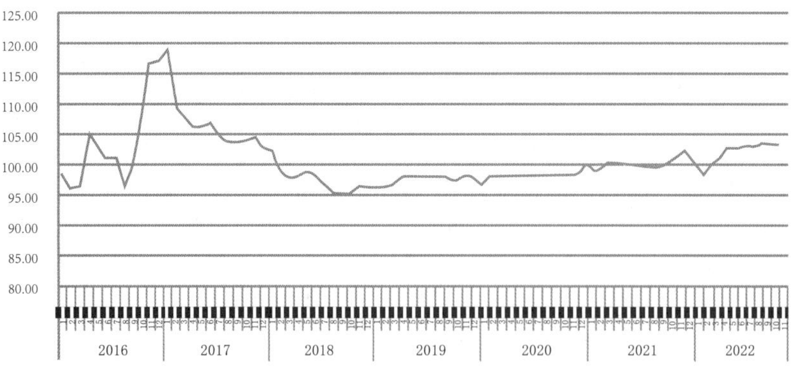

图 2-60：2016 年以来各月中国公路物流运价指数

表 2-11：2022 年 11 月中国公路物流运价指数表

	2021 年	2022 年 11 月	与上月比（%）
中国公路物流运价指数	100.3	103.3	0.03
整车指数	100.8	102.9	0.07
零担轻货指数	98.3	105.2	-0.10
零担重货指数	100.7	102.8	0.05

分车型指数看，各车型指数环比涨跌互现，同比去年增幅收窄。以大宗商品及区域运输为主的整车指数为 102.9 点，比上月回升 0.07%，比上年同期增长 1%。零担指数中，零担轻货指数为 105.2 点，比上月回落 0.10%，比上年同期增长 6%；零担重货指数为 102.8 点，比上月回升 0.05%，比上年同期增长 1%。

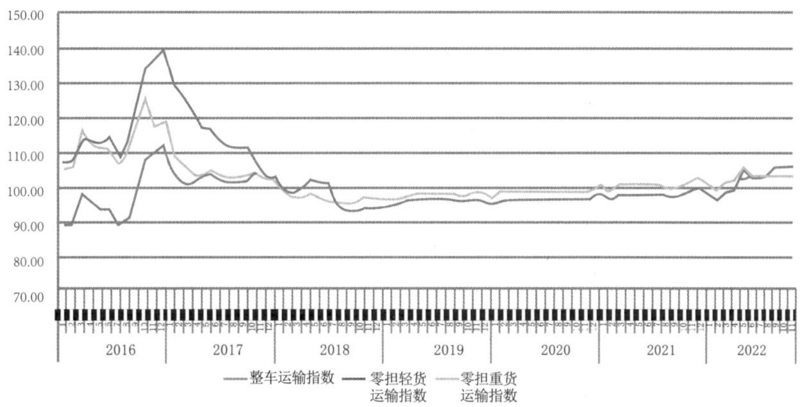

图 2-61：2016 年以来各月中国公路物流运价分车型指数

从需求看，本月经济恢复态势进一步趋缓，市场需求相较前期继续收窄，从 PMI 数据看，11 月制造业 PMI 指数为 48%，连续两个月回落，新订单指数为 46.4%，较上月相比继续下降。从供给看，市场运力总体仍处于供大于求，但疫情封控导致重点地区物流中断、延误，物流网络流量分散式下降。综合来看，疫情多发散发，重点地区集中爆发等不稳定因素仍是制约市场运行的主要因素，加之疫情导致企业生产预期信心回落，经济下行压力加大，无论是需求还是价格类指数都有不同程度回落，公路市场长期处于供大于求，本月运价指数在电商大促和市场调节机制拉动下，整体呈维稳态势。分区域看，东北、华北、珠三角、西北区域运价指数回落，其他区域运价指数总体平稳。

从后期走势看，国家层面应对疫情防控精准防控、助企纾困的措施仍加快落实，稳定经济大盘压力犹存，在此背景下，预计公路运输市场还将发挥调节机制，或将加快震荡、有所回落。

2022 年 12 月中国公路物流运价指数为 103.1%

2022 年 12 月，由中国物流与采购联合会和林安物流集团联合调查的中国公路物流运价指数为 103.1 点，比上月回落 0.26%，比上年同期增长 0.6%。从周指数看，第一、四、五周运价指数环比回升，第二、三周运价指数环比回落。

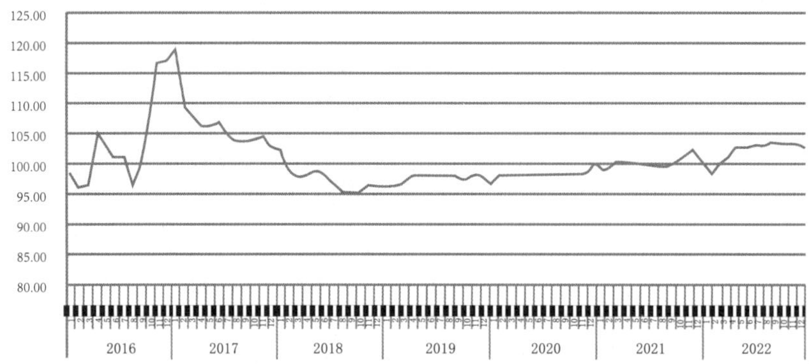

图 2-62：2016 年以来各月中国公路物流运价指数

表 2-12：2022 年 12 月中国公路物流运价指数表

	2021 年	2022 年 12 月	与上月比（%）
中国公路物流运价指数	100.3	103.1	-0.26
整车指数	100.8	102.7	-0.24
零担轻货指数	98.3	104.9	-0.30
零担重货指数	100.7	102.5	-0.27

分车型指数看，各车型指数环比有所回落，同比去年涨跌互现。以大宗商品及区域运输为主的整车指数为 102.7 点，比上月回落 0.24%，比上年同期下降 0.3%。零担指数中，零担轻货指数为 104.9 点，比上月回落 0.30%，比上年同期增长 5%；零担重货指数为 102.5 点，比上月回落 0.27%，比上年同期下降 0.3%。

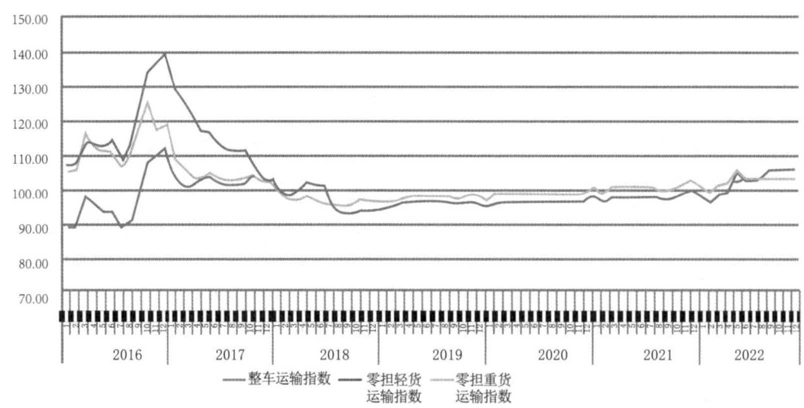

图 2-63：2016 年以来各月中国公路物流运价分车型指数

从需求看，本月经济延续放缓态势，市场需求进一步收窄，从 PMI 数据看，12 月制造业 PMI 指数为 47%，比上月下降 1 个百分点，新订单指数为 43.9%，比上月下降 2.5 个百分点。从供给看，疫情影响下运力供给整体有所回落。综合来看，新冠疫情造成的短期影响持续扩大，对我国经济平稳复苏阻碍有所加大，经济运行短期内迎来较大波动，不论需求端的收缩和供给端放缓都对企业生产经营和预期造成一定影响，运价指数呈现较快回落态势。同时疫情爆发期制约叠加明年春节较早因素，企业和从业人员复工意愿有所减弱，本月运价指数环比和同比相较去年均有所回落。分区域看，仅华中区域运价指数略有回升，其他区域运价指数总体均有所回落。

从后期走势看，当前稳经济大盘、稳社会大局等政策举措不断落实，各地区因地制宜开展疫情防控优化手段，疫情的短期影响将逐步减弱，国内经济仍具备较好回升基础，预计随着经济和市场逐步恢复向好，运价指数有望呈现震荡回升态势。

来源：中物联科技信息部。

第三篇 物流基础领域

一、交通运输

全国货运物流主要指标均呈上升趋势

全国货运物流主要指标均呈上升趋势，货运物流持续恢复。全国物流“保通保畅”运行数据显示，4 月 25 日，全国高速公路货车通行量 719.64 万辆，环比上升 7.72%；邮政快递揽收 2.96 亿件，环比上升 5.7%，投递 2.86 亿件，环比上升 1.8%。

2022 全国货运物流运行数据情况调研：根据国务院物流保通保畅工作领导小组办公室监测汇总数据，4 月 27 日，全国铁路运输货物 1122 万吨，环比上升 1.64%；全国高速公路货车通行量 752.79 万辆，环比上升 1.75%；全国重点港口完成货物吞吐量 3290.9 万吨，环比下降 2.7%，完成集装箱吞吐量 76.1 万标箱，环比增长 4.4%；民航保障货运航班 793 班（国际货运航班 592 班，国内货运航班 201 班），环比上升 6.3%；邮政快递揽收 2.97 亿件，环比下降 1.0%，投递 3.06 亿件，环比上升 4.1%。

根据中研普华研究院《2022—2027 年货运行业市场深度分析及发展规划咨询综合研究报告》显示：一季度交通运输经济运行总体实现平稳开局。受疫情影响，客运一季度低位运行，完成营业性客运量 15.4 亿人次，同比下降 22.5%。高速公路小客车出行量为 46.3 亿人次，同比下降 13.4% 左右。

货运总体表现平稳，一季度完成营业性货运量 112.9 亿吨，同比增长 1.5%，增速与 2021 年四季度基本持平。其中，公路货运量完成 81.5 亿吨，同比增长 0.4%；水路货运量完成 19.3 亿吨，同比增长 5.2%。

港口内外贸走势差异明显，一季度完成港口货物吞吐量 36.3 亿吨，同比增长 1.6%。其中，内贸吞吐量同比增长 4.6%，外贸吞吐量同比下降 4.7%。王松波表示，外贸吞吐量下降主要受煤炭、原油、铁矿石等大宗物资进口减少影响。交通固定资产投资高位运行，一季度完成交通固定资产投资 6360 亿元，同比增长 9.8%，增速较 2021 年四季度加快 1 个百分点。其中，公路完成投资 4810 亿元，同比增长 11.8%；水路完成投资 310 亿元，同比增长 5.4%。

货运行业管理发展战略分析

2021 年 12 月 31 日，交通运输部运输服务司在官网发布《交通运输部 国家税务总局关于延长有效期的公告》。

公告称，为深入贯彻落实国务院关于促进平台经济规范健康发展的决策部署，交通运输部、国家税务总局研究决定，延长《网络平台道路货物运输经营管理暂行办法》（交运规〔2019〕12 号）有效期至 2023 年 12 月 31 日。这意味着，从事网络平台道路货物运输行业的网络平台方、道路货运司机等相关方面久悬于心的一块大石头终于实现了软着陆。

据了解，《网络平台道路货物运输经营管理暂行办法》（交运规〔2019〕12 号）自 2019 年 9 月 9 日发布，2020 年 1 月 1 日实施以来，在规范网络平台道路货物运输经营，维护道路货物运输市场秩序，促进物流业降本增效方面发挥了重大作用，极大顺应了网络经济平台发展的趋势，培育现代物流新业态，加快推进道路货运行业转型升级高质量发展。

来源：新浪网。

二、水路运输

2022年水路运输市场发展情况和2023年市场展望

一、2022年水路运输市场发展情况

2022年，我国统筹国内、国际两个大局，统筹疫情防控和经济社会发展，统筹发展和安全，加大宏观调控力度，应对超预期因素冲击，发展质量稳步提升，带动我国水路运输市场整体稳定向好发展，不同细分市场呈现出不同特点。

（一）国内沿海航运市场总体平稳

1. 干散货运输市场：市场运行总体平稳，运价波动下行

截至2022年底，全国共拥有沿海省际万吨以上干散货船2427艘、7982.4万载重吨，吨位同比增加6.5%。

2022年，沿海散货运输市场行情总体平稳。春节前后，暖冬气温偏高，工业和居民用电量均低于预期水平，运输市场供需两弱，运价低位震荡。2月下旬开始，国内一系列稳价保供政策出台，煤炭供给趋于稳定，煤炭价格维持在合理区间，运价出现短期跳涨，但随着国际能源价格快速上涨，沿海散货需求回落，市场运价在3月—4月重回下行通道。5月开始，运输需求逐步回升，随着夏季到来，超高温天气一度拉升民用电需求，但在保供稳价政策下，长协保供协议扎实落地，下游煤炭库存长期保持在较好区间，沿海运价8月后总体较为平缓。上海航运交易所发布的中国沿海（散货）综合运价指数全年平均值为1124.52点，较去年下跌13.5%。全年指数最高值为3月18日的1254.16点，较去年高点回落22.7%。

2. 液货危险品运输市场：运输需求总体平稳，运力供给相对稳定

截至2022年底，全国共拥有沿海省际运输油船1194艘、1142.2万载重吨，吨位同比增长2.5%。

原油运输方面，国内二程中转原油上半年特别是3月起受国际油价暴涨、新冠疫情和炼油厂传统检修季等因素影响，运输需求减弱，下半年随着油价企稳、炼厂总体负荷逐步回升，运输需求陆续恢复，全年运输量有所增加；海洋油在油田产量提升的拉动下，全年运输量有所增加；管道油因航线、用户单一，运输量总体保持稳定。全年沿海省际原油运输量完成9100万吨，同比增长18.2%。成品油运输方面，上半年受疫情影响成品油社会库存上涨，运输市场需求整体偏弱；下半年受传统消费旺季及国际原油价格宽幅走高影响，市场活跃度提升，运输需求企稳回升。全年沿海成品油运量完成约8500万吨，同比增长约4.9%。总体上，2022年，沿海省际原油运输市场平稳，成品油运价先抑后扬。沿海省际原油运价指数平均值为1578点，同比上涨2.3%；沿海成品油运价指数平均值为1058点，同比上涨0.4%。

截至2022年底，沿海省际化学品船（含油品、化学品两用船）287艘、139.9万载重吨，吨位同比增长8.5%。由于我国化工品生产和消费仍处于稳健增长期，沿海散装液体化学品船水运市场需求持续增长，全年沿海省际化学品运输量约4000万吨，同比增长约9.6%。沿海省际化学品船运价整体稳定，市场供需处于紧平衡状态，部分航线运价略有上涨。

截至2022年底，沿海省际液化气船共80艘、28.8万载重吨，吨位同比增长8.2%。液化气船运

输需求总体保持稳定，全年完成沿海液化气运量 528 万吨，同比增长 0.06%。沿海省际液化气船运输价格水平回升，供需关系总体平衡。

3. 集装箱运输市场：运力小幅提升，运价同比上涨

截至 2022 年底，沿海省际运输 700TEU 以上集装箱船共计 350 艘、箱位数 83.0 万 TEU，箱位数同比增长 5.4%。受国际集装箱海运市场运价高位回落影响，部分内外兼营船舶由国际市场转移至国内市场，国内市场供给相对充足。全年内贸集装箱运价指数总体震荡下行，上半年国内市场延续高涨需求，市场运价保持强劲态势，下半年受国际市场需求低迷影响，沿海集装箱市场运价回落，由于年末我国防疫政策出现优化调整，12 月沿海集装箱运价回暖。2022 年，新华·泛亚航运中国内贸集装箱运价指数平均值为 1661 点，同比增长 13.1%。

4. 旅客运输市场：水路客运有待恢复

截至 2022 年底，渤海湾省际客滚船舶共 22 艘、32961 客位、3156 车位，琼州海峡省际客滚船舶共 57 艘、51612 客位、2778 车位。

2022 年，渤海湾省际客滚运输完成旅客和车辆运输量 212 万人次、114 万台次，同比分别下降 20.5% 和增长 12.9%；琼州海峡省际客滚运输完成旅客和车辆运输量 1187 万人次、372 万台次，同比分别下降 6.3% 和 1.3%。

（二）内河航运市场：货运量稳中有升，客运量有待恢复

2022 年，内河水路运输需求总体较为稳定，增速有所放缓。从细分市场看，干散货运输市场平稳增长，船舶运力仍供大于求，全年运价总体低位运行；集装箱运输市场呈现较快增长态势，集装箱铁水联运量同比增长超过六成；散装液体危险货物运输市场相对稳定；省际客运市场受疫情影响严重，省际旅游客船大部分时间停航，仅三季度有所恢复。

2022 年，长江水系省市完成水路货运量 61.7 亿吨，同比增长 4.5%；长江干线港口货物吞吐量 35.9 亿吨，同比增长 1.7%；三峡枢纽通过量 1.6 亿吨，同比增长 6.1%。全年，长江干散货运价指数均值 728.4 点，同比下降 4.1%；集装箱运价指数均值 1012.1 点，同比上升 1.9%。

2022 年，珠江水系完成水路货运量 13.90 亿吨，同比下降 4.8%；长洲枢纽过闸货运量 1.55 亿吨，同比增长 2.0%。全年，珠江航运散货运价指数均值为 1023 点，同比下降 3.2%；集装箱运价指数均值为 894 点，同比增长 1.3%。

（三）海峡两岸间航运市场基本稳定

2022 年，两岸间海上直航完成货运量 4723 万吨，同比下降 9.9%。散杂货、液体化学品、液化气运量分别为 1478 万吨、360 万吨、71 万吨，同比分别下降 12.6%、下降 18.4%、增长 8.2%。集装箱运量完成 229.8 万标准箱，同比下降 4.8%。2022 年两岸间客运仍暂停运营。

（四）国际航运市场：受疫情影响明显，市场波动剧烈

1. 干散货运输：需求转弱，运力过剩，运价下滑

2022 年，受俄乌冲突、疫情反复、通胀压力攀升等因素影响，国际干散货运输市场海运需求总体疲软。第三方机构数据显示，2022 年全球干散货海运量下降 2.7%，增速为 2010 年以来最低。运力增速进一步放缓，截至 2022 年底，全球干散货船舶运力 9.72 亿载重吨，较 2021 年增长 2.8%；由于境外港口拥堵状况改善，且需求增速低于运力增速，干散货运力总体过剩，运价大幅下滑。

2022 年，远东干散货（FDI）综合指数平均值为 1522 点，同比下滑 21.5%，运价指数 1362.95 点，同比下降 7.3%，租金指数 1760.69 点，同比下降 33.4%；波罗的海干散货指数 BDI 平均值为 1934 点，同比下滑 34.3%。

2. 原油市场：运输需求改善，运价底部反弹

据第三方机构统计，2022 年全球原油海运量约 19.53 亿吨，同比上升 5.1%。运力方面，2022 年底全球油轮（万吨以上）共 5574 艘、6.34 亿载重吨，较年初增长 3.5%；其中，VLCC 为 2.73 亿载重吨，较年初增长 4.3%。俄乌冲突导致石油贸易流向改变，美国墨西哥湾沿岸地区、巴西和西非至欧洲的原油运输里程增加，同时苏伊士和阿芙拉型船的运价上涨也带来 VLCC 市场需求上涨；随着全球石油供应风险的增加，同时受部分国家控制油价上涨以抗通胀有关政策影响，VLCC 油轮美国墨西哥湾沿岸地区东向需求大幅受益。2022 年原油现货运输市场运价上涨明显并创两年以来新高。

2022 年，中国进口原油运价指数（CTFI）年平均值为 1132 点，同比上涨 93.6%。沙特拉斯坦努拉至中国宁波（CT1）航线运价年平均 12.66 美元 / 吨，同比上涨 96.8%。

3. 集装箱市场：需求逐步回落，运价由高位运行到逐步恢复常态

据第三方机构 2022 年 12 月统计，全球集装箱船舶达到 5690 艘、2591 万 TEU，运力规模同比增长 4.15%。在全球集装箱运输需求总体下滑、有效运力持续增长等因素影响下，2022 年国际集装箱运价从高位持续回落。一季度，因境外港口拥堵和补库存需求，市场运价保持强劲态势，中国出口集装箱运价指数一季度均值为 3444.33 点，同比上涨 75.6%，在 2 月 11 日达 3587.91 点，创下历史新高。此后随着境外港口拥堵缓解，有效运力持续释放，运价震荡下行。从三季度开始，欧美主干航线进口需求疲软，同时境外港口拥堵持续缓解，运价开始加速下行。

2022 年，中国出口集装箱运价指数年平均值为 2792.14 点，同比上涨 6.8%。

4. 国际邮轮：因疫情影响，2022 年进出我国境内港口的邮轮运输继续暂停

二、2023 年航运市场展望

（一）国内航运市场

1. 沿海干散货不确定性增多，预计运价波动进一步放大

2023 年，世界经济下行压力增大，国际市场需求不确定性增多。预计沿海煤炭运输市场整体船货较为平衡，随着“双碳”政策逐步推进，船舶更新换代可能提速，新老船舶能耗差异显现，对运价接受程度也逐渐异化，运价波动幅度将有所放大。

2. 沿海原油运输需求和运价水平有望企稳，成品油运输市场需求复苏势头明显

2023 年，原油市场外部不确定性继续增强，预计油价维持高位运行，主营炼厂开工积极性较高，沿海原油运输市场稳中向好，供需总体保持平衡、运价稳定。成品油运输方面，由于炼化产业转型升级加快，民众出行需求加速释放，汽油、煤油需求呈现稳步回暖态势，运价随供需情况预计有所上升。

3. 沿海化学品和液化气运输需求持续增长，运力结构进一步优化

2023 年，在沿海炼化新增项目投产带动下，散装液体化学品、液化气运输需求预计持续增加，但随着国内化工产业链布局日趋合理，区域内航线明显增加，使得船舶整体运距呈现缩短趋势，后续随着新增运力逐步投放市场，市场供需有望保持动态平衡，运力结构将进一步优化，运价保持基本稳定或总体需求带动运价温和上涨。

4. 沿海集装箱运价将有所回落

随着国内经济的恢复增长，“散改集”“陆转水”持续推进和多式联运的发展，预计沿海集装箱运输需求将保持稳定增长，与国际市场的需求放缓形成对比。预计 2023 年国际市场对于国内沿海集装箱运输的外溢作用有所降低，部分运力从国际市场回归国内沿海市场，沿海集装箱船舶运力供给总体有所增长，运价将有所回落。

5. 内河运输市场预计继续保持稳定运行

2023 年，长江、珠江等内河水路运输预计恢复性增长，随着国内经济总体回升，对煤炭、矿石、建材等大宗商品运输需求构成稳定支撑；同时，生产和消费的逐步恢复，预计将进一步提振集装箱运

输需求。长江干线旅游客运有望恢复到疫情前水平。

（二）两岸航运市场

2023 年，预计台湾海峡两岸间集装箱、散杂货、散货液体危险品运输量基本持平。

（三）国际航运市场

1. 干散货运输市场需求低速增长，运价或低位震荡

2023 年，预计全球干散货海运量低速增长。其中，铁矿石海运量相对稳定，煤炭和粮食海运量增速有所上升。运力继续保持低速增长态势，但境外港口拥堵可能进一步改善，市场总体运力过剩，市场行情谨慎乐观。通胀压力、地缘政治风险、疫情等仍会对全球经济带来下行风险，市场仍存在一定不确定性。

2. 油轮运输需求继续回暖，外部不确定因素可能导致运价波动加剧

2023 年，全球油轮运输需求继续反弹，运力订单及交付状况仍处于相对较低水平，运力过剩程度较 2022 年进一步下降 3 个百分点，预计市场运价平均水平好于 2022 年。同时，全球经济放缓、“欧佩克 +”减产政策、地缘政治形势以及国际环保新规等，都将给油轮运输市场带来较大的不确定性。

3. 集装箱运输市场总体上将呈现降幅趋缓

在世界经济增长开始放缓和地缘政治影响下，预计 2023 年集装箱运输市场供需基本面转弱，市场运价面临下行压力。综合多家机构预测，运力增速高于需求增速，供过于求的态势相对明显，2023 年集装箱运输市场运价可能呈现下降，但降幅趋缓。

4. 国际邮轮：适时开展国际邮轮运输试点复航

（本报告由上海航运交易所、中国船东协会、交通运输部水运科学研究院提供技术支撑）

来源：交通运输部网站。

2022 年全球前二十大吞吐量港口排名及发展状况

2022 年全球能源价格、粮食价格大幅上涨，地区政治因素、疫情因素带动供应链成本上升，下半年全球大部分国家通胀水平达到历史新高度。燃料和劳动力成本上升带动港口营业成本上涨。虽然不稳定因素持续影响港口生产环境，但各国各地区政府促进经济贸易的政策依旧延续，努力保障港口正常生产作业，2022 年前 20 大货物吞吐量港口和集装箱港口生产规模实现小幅增长。

煤炭、矿石贸易需求带动环渤海港口排名向前挺进

全球货物吞吐量排名前 20 的港口，2022 年吞吐量平均增长 2.5%。煤炭、矿石贸易需求带动环渤海地区吞吐量快速增长，唐山港、烟台港、日照港排名均有所上升。2021 年，由于地区政治因素和供应链成本原因，煤炭价格大幅上涨，中国港口进出口量较往年有所减少。随着 2022 年煤炭价格的回落，环渤海地区煤炭贸易量止跌回升，叠加铁矿石贸易需求增长效应，唐山港、烟台港、日照港货物吞吐量增速均超过 5%。各港口加大干散货作业系统建设力度，唐山港五矿集团曹妃甸港区、京唐港区等重点项目建成投产，带动煤炭和铁矿石作业量增长；青岛港董家口矿石码头有限公司拥有中国国内最大的矿石堆场，堆料过程实现全自动，缩短矿石作业时间；烟台港矿公司首创“矿石专业化码头自动化技术研究与应用”实现矿石卸船自动化、系统化，大大提高矿石作业效率。此外，烟台港滚装车辆吞吐量超过 40 万辆，同比增长 35%，助力货物吞吐量增长 9.3%。同时，快速增长的煤炭贸易需求助力连云港货物吞吐量增速超 10%，成功进入前 20 名。

华东沿海港口在促基建政策的引导下，建筑材料吞吐量大幅增长，福州港排名上升。福州港矿石性建筑材料和金属矿石吞吐量增长迅速，带动货物吞吐量增长 10.3%，进入全球前 20 名；宁波舟山港继续保持货物吞吐量第一，矿石性建筑材料吞吐量带动总体货物吞吐量小幅增长 3.2%。

国际港口形势低迷，釜山、黑德兰排名下跌。大宗商品价格持续高位，加之半导体出口贸易和中转贸易相对疲软，釜山港货物吞吐量下降 4%，排名出现下滑。新加坡港延续近年低迷的生产形势，叠加欧洲商品进口需求降低因素，货物吞吐量降低 3.7%。欧洲的黑德兰港则凭借铁矿石需求实现货物吞吐量小幅增长 2.2%，但整体增速不及日照港，排名出现下跌。

2023 年上海港和唐山港将争夺第 2。上海港贸易商品以大宗散货为主，货种多样，2022 年上半年受疫情封控影响，生产形势低迷，全年吞吐量下降 5.4%。唐山港贸易商品则是以煤炭、矿石为主，虽然唐山港 2022 年吞吐量增长 6.4% 超越上海港成为第 2 大港口，但仍未达到上海港 2021 年的吞吐量水平。2023 年，两港将进一步争夺第 2 的位次。

2023 年青岛港和广州港将继续争夺第 4。一方面，在山东港口一体化格局下，明确以青岛港为中心合力建设东北亚国际航运枢纽中心，注册在青岛的贸易、金控、航运、产城融合等十大板块公司也带动更多要素向青岛集聚，青岛逐渐发展成为东北亚煤炭、矿石、燃料的行业中心。另一方面，广州港以矿物性建筑材料、大宗散货为主，处于粤港澳港区，腹地范围内港口众多，散货部分货流被分流，存在一定的区位竞争。近年来，青岛港和广州港排名多次变动，但吞吐量差距一直没有拉大，货种类型也有所差异，2023 年，两港都有可能位列第 4。

表 3-1：2022 年全球前 20 大货物吞吐量港口排名情况及近四年吞吐量变化情况

港口排名	港口名称	2022 年货物吞吐量（万吨）	2021 年货物吞吐量（万吨）	同比增速	2020 年货物吞吐量（万吨）	2019 年货物吞吐量（万吨）	近三年复合增长率
1（1）	宁波舟山	126376	122405	3.2%	117240	111977	4.1%
2（3）	唐山	76887	72240	6.4%	71104	73677	1.4%
3（2）	上海	72777	76970	-5.4%	70260	65664	3.5%
4（4）	青岛	65754	63029	4.3%	60459	57745	4.4%
5（5）	广州	65592	62367	5.2%	61239	60633	2.7%
6（6）	新加坡	57773	59964	-3.7%	59074	62652	-2.7%
7（7）	苏州	57276	56590	1.2%	55408	52272	3.1%
8（9）	日照	57057	54117	5.4%	49615	46369	7.2%
9（8）	黑德兰	56527	55327	2.2%	54705	52188	2.7%
10（10）	天津	54902	52954	3.7%	50290	49207	3.7%
11（11）	鹿特丹 *	46600	46871	-0.6%	43681	46940	-0.2%
12（13）	烟台	46257	42337	9.3%	39935	38622	6.2%
13（12）	釜山	42492	44252	-4.0%	41120	46899	-3.2%
14（14）	北部湾	37134	35822	3.7%	29567	25568	13.2%
15（15）	泰州	36444	35291	3.3%	30111	28243	8.9%
16（16）	江阴	35062	33757	3.9%	24705	22393	16.1%
17（18）	黄骅	31510	31134	1.2%	30125	28773	3.1%
18（17）	大连	30613	31553	-3.0%	33401	36641	-5.8%
19（22）	福州	30164	27352	10.3%	24897	21255	12.4%
20（23）	连云港	30111	26918	11.9%	24182	23455	8.7%

注：广州港自 2023 年开始统计内河数据。

来源：各港口港务局，SISI 整理，* 表示数据为估计值。

中国港口群集装箱排名稳步上升

国际不稳定因素持续影响港口生产形势，各国各地区港口生产形势有所不同。全球排名前20的集装箱港口，2022年吞吐量保持低速平稳增长，增幅仅为1.5%。香港和洛杉矶港跌幅最大，超过6%。粤澳大湾区内，广州港和深圳港发展迅速，深圳港在2022年正式突破了3000万标箱吞吐量大关，港口腹地范围内航线航班密度逐年增大，带动整体区域集装箱吞吐量增长，在港口群内市场份额上升，而香港延续低迷的生产形势，在临近港口竞争力越来越大的同时，连续五年集装箱吞吐量呈现负增长趋势。此外，苏州港凭借强劲的内贸中转需求，以12%的增长率进入前20。

美欧港口拥堵红利吃尽，生产作业形势逐渐恢复历史常态。2021年美国贸易出现报复性增长，港口拥堵严重，集装箱吞吐量来到历史高位，在2022年疫情影响消散，港口拥堵逐渐疏解的情况下，洛杉矶港和长滩港生产形势逐渐回归正常水平，吞吐量同比出现下降。纽约－新泽西港抓住港口拥堵红利期，大力发展海铁联运以提高装卸效率，8月集装箱吞吐量高达84.3万标箱，月吞吐量一度超过长滩和洛杉矶，美国交通部数据显示，美东港口中，72%的货物选择纽约和新泽西港为第一停靠港。凭借集聚的吸引力和不断提高的作业水平，纽约－新泽西港实现5.7%的吞吐量增速。由于疫情因素，2021年欧洲大港出现不同程度的拥堵，集装箱吞吐量均大幅上涨，2022年欧洲港口拥堵疏解后，吞吐量也逐渐回归疫情前水平。同时叠加地区政治因素、燃料价格以及供应链中断的影响，欧洲各港口生产形势均有所下降。对比2021年，汉堡港跌出前20名，而鹿特丹港吞吐量也下跌约4%。安特卫普港和布鲁日港合并后统计口径发生改变，2022年相对于原统计口径实际下跌5.2%。

环渤海区域中釜山港下跌，青岛港、天津港稳步增长。面临通胀加剧和国际中转贸易疲软的双重压力，釜山港集装箱吞吐量略有下降。釜山港除了受疫情和罢工的影响，近几年来国家财税支持力度也有所降低，同时产业规模低迷导致贸易需求表现平平，加之船公司调整太平洋环线的策略导致集装箱吞吐量持续下降。另一方面，环渤海区域内青岛港、天津港生产形势良好，在港区一体化背景下，借助“一带一路”建设、RCEP等政策叠加赋能，积极运用5G技术建设现代化码头，两港实现集装箱吞吐量稳定增长。

宁波舟山港集装箱吞吐量将有可能在2027年之前超越新加坡港。和釜山港类似，新加坡港同样面临通胀和中转需求疲软的问题，从2018年起集装箱吞吐量就维持在3700万标箱左右，其船舶抵港吨位、燃料销售量等也一直处于停滞不前状态。一方面，近年来新加坡港力求转型，在航运金融、航运法律、航运人才等方面建设力度加大，建设成效也初步显现，整体战略重心不再单纯着眼于基础航运数据；另一方面，政府提出未来建成6000万标箱吞吐量港口的战略方针，力求将新加坡港建设为建设东南亚航运中心，想要在发展现代航运服务业的同时维持吞吐量稳定增长。与新加坡港的维稳表现不同，近几年宁波舟山港集装箱生产形势发展迅猛，近3年复合增长率超过6%。2023年初，浙江省政府发布《浙江省世界一流强港建设工程（2023年—2027年）实施方案》，锚定2027年集装箱吞吐量突破4000万标箱、集装箱海铁和江海河联运规模实现翻番。综合来看，若宁波舟山通过各项政策，在中国贸易的积极稳健发展下，继续按照近3年的复合增长率来看，吞吐量将有可能在2027年年底之前超越新加坡港。

表 3-2：2022 年全球前二十大集装箱吞吐量港口排名情况及近 4 年吞吐量变化情况

港口排名	港口名称	2022 年集装箱吞吐量（万标箱）	2021 年集装箱吞吐量（万标箱）	同比增速	2020 年集装箱吞吐量（万标箱）	2019 年集装箱吞吐量（万标箱）	近三年复合增长率
1（1）	上海	4730	4703	0.6%	4350	4333	3.0%
2（2）	新加坡	3729	3747	-0.5%	3687	3720	0.1%
3（3）	宁波舟山	3335	3108	7.3%	2872	2754	6.6%
4（4）	深圳	3004	2877	4.4%	2655	2578	5.2%
5（6）	青岛	2567	2371	8.3%	2201	2102	6.9%
6（5）	广州	2486	2418	2.8%	2317	2283	2.9%
7（7）	釜山	2207	2269	-2.7%	2181	2199	0.1%
8（8）	天津	2102	2027	3.7%	1835	1730	6.7%
9（9）	香港	1657	1780	-6.9%	1797	1830	-3.3%
10（10）	鹿特丹＊	1470	1530	-3.9%	1435	1482	-0.3%
11（11）	迪拜	1400	1374	1.9%	1349	1411	-0.3%
12（14）	安特卫普－布鲁日	1350	1202	12.3%	1203	1186	4.4%
13（12）	巴生＊	1328	1374	-3.3%	1324	1358	-0.7%
14（13）	厦门	1243	1205	3.2%	1141	1113	3.8%
15（15）	丹戎帕拉帕斯＊	1064	1120	-5.0%	980	908	5.4%
16（16）	洛杉矶	991	1068	-7.2%	921	934	2.0%
17（19）	纽约－新泽西	950	899	5.7%	759	747	8.3%
18（17）	高雄	949	986	-3.8%	962	1043	-3.1%
19（18）	长滩	913	938	-2.7%	811	763	6.2%
20（22）	苏州	908	811	12.0%	629	627	13.1%

注：广州港自 2023 年开始统计内河数据，安特卫普港和布鲁日港合并后统计口径发生改变，2022 年相对于原统计口径实际下跌 5.2%。

来源：各港口港务局，SISI 整理，★表示数据为估计值。

后疫情时代，全球吞吐量缓步增长

中国港口很可能带动全球货物吞吐量小幅上涨。2022 年中国港口货物吞吐量方面依旧领跑于国际，前 20 中共有 16 个港口来自中国（含中国香港、台湾地区）。一方面，疫情对港口生产作业影响越来越小，中国政府在基建方面建设力度加大，将持续带动矿石、燃料等原材料的贸易，而海运运费的下跌进一步拉大贸易需求；另一方面，RCEP、港口一体化等促贸易政策的落地将进一步推动港口建设与发展。综合来看，预计 2023 年中国港口将很有可能保持货物吞吐量增长，带动全球 20 大港口保持增长态势。

不稳定因素持续，全球集装箱吞吐量大概率维持稳定或微增。2022 年集装箱吞吐量前 20 港中，中国占据一半。地缘政治紧张局势、能源危机和供应链的持续中断为集装箱贸易造成了巨大的挑战。全球集装箱运输中断，以及由此造成的高峰呼叫规模和延误的拥堵，给全年的货运量带来了压力。借助于拥堵 2021 年欧洲、美国港口吞吐量大幅增长，但随着港口拥堵问题于 2022 年年底正式成为历史，港口生产形势也将逐步回归历史常态。一方面，中国港口的集装箱业务多为外贸型，而不稳定因素使得国际贸易形势不容乐观，对中国港口生产形势也将带来负面影响；另一方面，伴随着现代化进程的加速，港口装卸效率不断提升，拉动集装箱吞吐量，而中国是港口现代化技术应用最广泛最领先的国家。综合来看，预计 2023 年全球二十大港口集装箱吞吐量将大概率保持稳定或微增的态势。

来源：上海国际航运研究中心 港口发展研究。

空集装箱回流堆在中国港口，接下来怎么办？

从一箱难求到空箱堆港，仅仅半年时间。

11 月，盐田港的空箱突破开港 29 年以来的最大堆积量。在担忧情绪渲染下，卡车司机难接单的消息也不胫而走，一些观点将矛头指向了悲观的货运需求与客观的运力过剩。

如今，情况是否有所变化？

临近年底，春节前的出货小高峰终于让缺单的集卡司机忙碌起来。“进入 12 月，出货增加，油价下调，部分运输价格还上调，因此司机接单都有积极性了。”与 11 家车队合作的货代小郑如是说。

中远海控方面向《每日经济新闻》记者表示：“中远海运会积极做好成本管控工作，通过多元化的方式，减少空箱堆存费支出。”与此同时，国内港口企业也对内部码头堆场用地进行优化腾挪，物流公司的新箱购买意愿也变得更为谨慎。

“毫无疑问，目前全球都处在集装箱供应过剩中，不是一个港口，而是全球的集装箱都多了，”上海国际航运研究中心首席信息官徐凯解释道：“过去我们因为出口货物多，进口货物少，不得已要把空箱运回，现在是别的国家都堆不下了，漫出来了，所以才要往我们这里运。”

货运有所回暖

12 月 30 日，小郑通过微信向记者表示：“这几天（宁波）北仑堵车非常严重，一是因为货多了，二是因为很多堆场晚上不作业，都挤在白天，目前宁波集卡司机的接单情况好转很多。”

而 12 月 28 日傍晚 6 点，在上海高桥镇海港城路江东路路口以东，集装箱运输车拥堵不前，汇成百米长龙，而路口以西的左右道路上，临时停放的无人空车更是不下 100 辆。

一位在车内休息的司机师傅告诉记者，有些司机“阳”了所以停车没干活，还有一些是在堆场外等待提箱的。

“现在处于特殊时期，一是疫情导致司机数量减少，二是春节前的出货小高峰，所以出现司机不够的现象”，小郑补充，“前段时间，油价上涨，运价没调，加上出口量降得比较明显，作为弱势群体的司机们失去接单的积极性，而目前的行情变了，给司机的价格也是高的，司机都是‘应接尽接’的”。

空箱压港持续

尽管如此，码头空箱堆港的现象尚未得到缓解。面对空箱回流造成堆场紧张的问题，各港生产部门也积极安排场地堆存空箱计划，以提高堆场利用率。不过，进入 12 月，空箱挤占堆场资源仍是各枢纽港的压力所在。

《每日经济新闻》记者在部分堆场走访发现，临近门口的集装箱落地货柜已堆放至 6 ～ 7 层，仅暂落箱场的积压情况较上月有所改善，每 2 ～ 3 天完成周转。

日前，上港集团振东分公司的在场空箱堆存量占比超过 90%。为了缓解空箱堆港压力，12 月公司将 18 块重箱轮吊作业箱区调整为空箱堆高车作业箱区，场地平箱将原 6 层高堆存改到 7 层，并利用正在总装调试中的自动化轨道吊三期部分场地。

与此同时，振东码头加强了与船公司的联动，通过沿海调运和优先提箱等举措，加速空箱提离，并利用上港外运场地，增加集装箱直卸的艘次和箱量。上港家园披露的数据显示，振东共增加空箱位 34770TEU，空箱位总数达到 85770TEU。

船公司向记者表示，现阶段，国内各口岸空箱数位于历史高位，业务部门主要是做好用箱统筹，并倾向堆放至费率较低的堆场。

集装箱贸易量已大幅下降

随空箱压港而来的是集装箱贸易价格不断走低

一位不具名的集装箱贸易圈内人士告诉记者，从 12 月数据来看，贸易箱成交数量比上月大幅减少，主要交箱口岸有青岛、宁波、天津，其他港口比较缓慢或者箱量充足，近期没有接到买箱订单。

上述人士主要向物流及贸易公司等市场上的中小客户销售集装箱。据他所言，今年的箱价一直在走低。“我们公司的价格8月份在2400USD/TEU，到12月份落到了2050USD/TEU。”

“现在客户和箱厂都不会做库存箱的。”不仅如此，记者了解到，物流公司下单变得越来越谨慎，每单的数量也不会太大，集装箱贸易环节已经深刻感受到市场下滑的经营压力，而依托背靠背合同的中间商更是没法扭转持续下行的箱价，只能持续跟踪，一旦拿到更好的价格及时向客户推荐。

“但国内集装箱的贸易活动不至于停滞。”12月30日，航运界网副主编马晖在微信中向《每日经济新闻》记者表示，春节假期来临前会有一波贸易量回暖，如果空箱堆存过多，一般堆场会出台政策调整，预计空箱问题在春节前后会改善，具体走势春节之后会有变化。

箱量过剩如何消化？

从源头来看，市场的种种表现源自全球箱量供给过剩

记者从2015～2022年10月中国金属集装箱产量及增速情况数据图中看到，2020年及以前，中国集装箱产量约为1亿立方米，2021年中国集装箱产量同比增长了133.8%，达到23057.6万立方米，而在今年1～10月，尽管产量同比有所下降，但依旧高于往年，为13387.5万立方米。

徐凯分析认为，在2020年～2021年间，由于集装箱没有流动起来，海运市场出现一箱难求，大量新箱经船公司及大货主订购下海，加上众多本应老旧淘汰的集装箱经过修补继续使用，导致当前全球集装箱实际保有量有所增加，大量集装箱出现过剩。

德鲁里航运资讯机构的数据显示，目前集装箱过剩量预计超过600万TEU。从全球各港口的集装箱可用性指数来看，11月，上海港、青岛港处于0.6～0.7区间，而位于欧美的安特卫普港、洛杉矶港则处于0.8～0.9区间。

徐凯解释道，一般而言集装箱可用性指数位于0.5说明供需是平衡的，而目前欧美主要消费市场的一些港口指数已逼近0.9，说明大量空箱堆放在那里，且远超国内各港口的堆放量。

“这意味着全球的集装箱都多了。而在一些主要消费市场，如果没有空箱调运的需求，箱子就扔在那里，只有当班轮公司要把自己的箱子调运到装货港时，才会到达像中国这样的出口国”。徐凯进一步表示。

马晖也表示，一般而言，一条船需要配备3倍的集装箱量，此前集运市场大繁荣时箱子有去无回只能疯狂造箱，现在国内空箱存量增加，对未来的货运市场是好事，因为有足量的箱子，就不会再出现突发的缺箱情况，会提高供应链韧性。当然，运价肯定是下滑的。

在航运业内看来，现在的空箱回流是正常的，集装箱的过剩并不能用来解释货运市场本身出现了问题，经济学家对明年出口贸易量的悲观预判仍需考证。

徐凯对未来的货运需求持积极观点。据他观察，国际的动荡局势不会再加剧，一切生产活动会加速恢复，因通胀加息抑制的消费需求不可持续，而欧美的高库存也将在今年年底得以消耗。另外无论在思想上还是技术上，人们有了更多的数字化工具以应对市场的不确定性，欧美通过跨境电商购买中国商品的趋势不可逆，因此2023年的货运市场将是稳中向好的局面。

事实上，早在2020年时，疯狂造箱之下，市场已早有预见，箱量过剩是必然结果，而如何消耗是目前业内正在讨论的问题。徐凯认为有两种方式：行业内部可通过江海联运等方式将一些空箱分配至如重庆、武汉等内陆货源地；行业外部可以将多余的集装箱改造为住房、办公房等其他用途，从而逐渐消解市场压力。

表 3-3：2022 浦东新区国际航运十大创新案例

序号	创新项目	入选单位
1	全球首制万吨级船电分离模式纯电集箱船	中国远洋海运集团
2	全国最大体量基于 AIS 的航运数据中心—船视宝系列应用	中远海运科技股份有限公司
3	引领世界汽车运输船（PCTC）创新发展	上海船舶研究设计院
4	中国首单国际航行船舶保税 LNG 加注	上海国际港务（集团）股份有限公司
5	全国首创《区块链证据审查指南》	上海海事法院
6	全国首个船供物料分类与编码标准体系	浦东新区航运服务办公室润通航运服务有限公司
7	国内首制大型邮轮内装工程 BIM 技术应用实践范例	上海外高桥造船有限公司
8	交通运输部、商务部“上海试点”创新案例—航运技术联合创新工作室	中国船级社上海分社
9	全球领先的 LNG 船舶降耗环保关键技术	法吉泰工工程技术（上海）有限公司（GTT）
10	国内领先的航运物流人工智能赋能平台	上海汇航捷讯网络科技有限公司

国际集装箱多式联运数字化转型若干思考

2022 年，上海港集装箱吞吐量突破 4 730 万标箱，连续 13 年蝉联世界第一。2021 年，上海港海铁联运完成“41.7”万 TEU，同比增长 59.8%。作为“一带一路”建设重要标志性成果之一的“中欧班列—上海号”，自 2021 年 9 月 28 日首发以来，发挥了国际铁路联 运的独特优势，班列开行数量稳步增长，成为上海稳定连接欧亚大陆、融入国内国际双 循环的重要通道。经过多年的发展和努力， 目前上海在港口、航运、铁路、电子口岸等 领域已经建立起了比较完善的信息平台，能够满足企业自身和联运相关方日常业务办理需求，且垂直领域的整合共享基本架构已基本建成（比如上港集团港航纵横、长江平台，中铁集团的货运 95306，中远海运 GSBN 等），跨多种运输方式的信息共享平台已经启动建设，（比如亿通国际的口岸信息平台，上港与上海铁路局的海铁联运平台等）。此外，公路运输“最后 100 公里”的信息共享 基础条件已经具备（含集卡车辆的位置跟踪、 闭环监管等）。

目前，上海国际集装箱多式联运中主要存在以下三个方面的问题：一是业 务办理上铁路运输存在场站及通道能力不足等痛点问题，特别是海铁联运价格缺乏市场竞争力、市场服务体系仍不健全；二是信息化方面，虽然从总体上来看集装箱运输的信息化基础较好，但是仍然存在各平台信息未整合、全程信息化数据不能交换和共享等问题；三是多 式联运“一单制”比例较低，处于探索起步阶段，多式联运全程“一单制”推进缓慢。

进一步推进上海国际航运中心建设，贯彻《国务院办公厅关于印发推进多式联运发展优化调整运输结构行动方案（2021—2025 年）的通知》（国办发 [2021]54 号）文件精神，进一步落实《上海市推进多式联运发展优化调整运输结构实施方案》的通知（沪府办发〔2022〕19 号），以推动高质量发展为主题，以不断提高多式联运发展水平为突破口，着力完善基础设施体系，优化运输组织模式，深化信息资源利用，加快技术装备升级，营造市场环境氛围，推动运输结构优化调整。就国际集装箱多式联运信息化转型方面提出三点对策建议，旨在推动港航经济数字化发展，为上海国际航运中心建设赋能。

一是采用区块链技术，构建数据共享合作联盟，解决了数据可信、安全、可追溯、不可篡改、加密等合规流通关键问题，催生智能合约、无纸化放货、电子提单、银行快速放货、精准保险等实际应用场景。目前，区块链技术在国际航运领域已经有了初步应用，中远海运的GSBN，上港集团的长江江海联运信息平台等。

二是推动国际集装箱运输服务公共平台建设。针对目前国际集装箱运输信息化方面的问题，有必要在不涉及商业机密、确保数据安全的情况下，建立一个非营利性、从事公共服务的国际集装箱运输服务平台。立足国际集装箱运输全链路各业务节点，以港航数据标准化和数据治理为前提，在保证各数据提供方合法利益不受损的前提下，利用区块链、数据分布式存储计算等先进技术，在政府各管理部门的监管指导下（交通，口岸，海关，海事等），分阶段分步骤建设平台，最终实现“1+1”即“一门式 信息查询”和“一站式公共服务”。

三是加强港航数据治理。建议根据《上海市数据条例》对国际集装箱运输领域的公共数据和国企数据进行界定、确权、明确授权运营机制等，研究制定《国际集装箱运输公共数据管理实施细则》，加强制度保障。力争纳入公共数据授权运营试点，促进数据资源开发应用，数据资产化，数据要素市场培育，加速行业数字化转型。

四是强化行业管理。建议由市交通委牵头，协同口岸、海关、海事、商委、工商、税务等单位开展国际集装箱运输全过程协同管理，包括：危险品集装箱运输，港航企业信用管理，船舶动态和港口作业计划信息等共享，海关受理、查验和放行信息动态共享等。建议以堆场备案为抓手，加强全市堆场的行业管理，实现堆场管理信息系统标准化及信息联网，推进堆场进提箱预约服务模式，同时强化行业执法监督，保障堆场的有序规范经营。

来源：张三敏

专家谈多式联运：标准化，数字化是关键

近年来，随着我国与“一带一路”沿线国家的经贸活动日益密切，更加高效、安全、环保的多式联运网络日显重要。如何对这一新兴领域进行立法管理和发展指导，也成了亟待解决的问题。在12月3日举行的北京市交通运输法学研究会2022年年会暨“一带一路”建设中的交通运输法治研讨会上，来自交通领域的专家学者及行业代表围绕多式联运在我国的业态发展进行了深入交流。

多式联运是由两种及以上的交通工具相互衔接、转运来共同完成的运输过程。《联合国国际货物多式联运公约》对国际多式联运所下的定义是：按照国际多式联运合同，以至少两种不同的运输方式，由多式联运经营人把货物从一国境内接管地点运至另一国境内指定交付地点的货物运输。

北京交通大学法学院国际法系主任、副教授王霞与会介绍了发展多式联运发展的业态前景与法制建设。她表示多式联运的本质就是“一柜到底、一单到底、全程责任”，鉴于国际贸易在交易和运输上的多样性和复杂性，以及2020年以来频繁的全球供应链中断风险，一个合格的联运组织能够有效地提高运输效率，降低物流成本，加快风险响应，同时减少碳排放。多式联运是解决经济发展与环境保护之间矛盾问题的一个绝佳解决方案。

“近期，党和国家明确提出了着力建立有韧性的、安全的国家供应链体系，将供应链安全上升为国家安全的战略高度。而多式联运恰恰就是国际物流大通道的最主要服务形态，是产业链和供应链安

全稳定的保证。”她说。

多式联运已成为各国运输方式发展的主流。欧盟 2020 年数据表明，多式联运在欧洲的市场容量已超过 60 亿欧元，提供 5 万多个工作岗位，每年减少二氧化碳排放 500 万吨，货运增长的动力 10 年内增加了 50% 的吨位，同时还刺激了对新技术和数字化的高投资。

“除了提高铁路和水运的货运份额，发挥货运中心在内陆多式联运汇总的重要作用，欧盟十分注重建设基于标准化的多式联运装备体系，包括统一的集装箱、厢式半挂车和交换箱体，建立了欧洲卡车货运模块化系统 EMS(European Modular System)。而标准化，正是多式联运高效运作的关键。”王霞介绍，“此外，为了促进多式联运的发展，欧盟陆续出台了一系列的政策法规，同时还发布了具体的行动计划，包括对多式联运中转站建设的资金补助，以及对参与多式联运的卡车采取特殊扶持政策。”

王霞表示，欧盟的多式联运十分注重数字化、智能化发展，已开启“互联网 +”多式联运模式。在运输上，对信息平台和信息对接等方面积极探索整合，着重解决城市“最后一英里”的问题，打通了物流的信息链，实现物流信息的全程可追踪；在技术上，利用信息大数据实现价值挖掘，以数据驱动供应链，推进多式联运跨越发展；在管理上，也呈现了管理智能化、运营平台化、过程透明化、服务智慧化的一个发展趋势。

“目前我国多式联运比例及铁路参与度都远低于欧美，正处于起步阶段，相关法律和标准也存在缺失的情况。”王霞补充道，“目前发展的一大难点在于适用法律的不确定性，在现有的多式联运中会导致很难界定委托人以及承运人的责任，发生货物损毁时也没法对赔偿额做出比较准确的评估，严重影响承运人的积极性。其次，我国也没有相对统一的标准，各类运输基础设施和枢纽站场衔接不足，不同运输方式管理体制割裂、标准规则不协调。”

不过，目前的制约因素也在发生积极的变化。2017 年 1 月，交通运输部等联合印发《关于进一步鼓励开展多式联运工作的通知》正式提出发展多式联运，将其发展上升为国家战略。近年来，相关政策也陆续从提升铁路水路集装箱运量、交通运输数字化、推动国家物流枢纽网络建设、交通强国等各个方面进行了规划和支持。

2020 年 3 月，《关于加快建设全国统一大市场的意见》发布，提出了推动国家物流枢纽网络建设，大力发展多式联运，推广标准化托盘带板运输模式。大力发展第三方物流，支持数字化第三方物流交付平台建设，推动第三方物流产业科技和商业模式创新，培育一批有全球影响力的数字化平台企业和供应链企业，促进全社会物流降本增效。

目前，我国多式联运行业还处于起步阶段，相应的监管体系和治理框架正在探索，亟待立法。与会专家学者在交流环节中表示，在未来的立法中，需要重点关注承运人和委托人的责任判定和赔偿、运输基础设施和载荷单元的标准制定、网络和信息安全、“最后一公里”等问题，促进行业高效成长，规范可持续展。

来源：裘新民。

精准对接 浦东匹配航运产业链拓展需求

深化国际航运中心核心区建设，是浦东打造国内大循环中心节点和国内国际双循环战略链接的重要举措。

近两年全球航运市场行情持续向好，班轮公司业绩大幅增长，马士基、达飞、中远海集运等船公司都在积极谋划新业务板块，投资意向瞄准航空货运、向上下游延伸端到端的供应链、数字化转型、绿色低碳等新业务、新模式，业务拓展亟须资源支持。

为进一步提升高端航运服务能级，精准服务航运企业需求，11 月 23 日，浦东航运办牵头召开航运企业产业对接会，20 多家船公司与浦东片区管理局、镇分组进行资源供应与市场化需求的洽谈对接，力争促进一批航运新业务版块、新项目落地浦东发展，营造健康安全、可持续发展的航运产业生态环境。

浦东优势突出

有条件承接航运主体需求

浦东口岸贸易物流发达，海陆空铁水集疏运体系通达，专业服务资源要素集聚，是船公司布局新业务板块的首选承载地。

区位空间

外高桥港和洋山港与全球500多个港口建立了280多条国际航线，浦东国际机场航线网络直达47个国家和地区 297 个通航点。上海铁路东站枢纽、沪通铁路浦东段正加速推进。

市场基础

浦东已成为上海经济快速发展的重要增长极，货物贸易进出口额占全市近 60%，集装箱吞吐量占全市 90% 以上，货邮吞吐量连续 14 年全球第三。

产业集聚

拥有全产业链 1 万余家航运企业，包括中远海运集团等总部企业、BIMCO 等国际航运经济组织、全球排名前十国际船舶管理企业等。

创新优势

依托引领区和自贸区制度型开放优势，推动国际船管外汇便利化等一批首创改革试点，制定全国首个船舶供应物料地方标准及团体标准。

政策体系

出台新区“十四五”航运扶持政策、引领区产业发展基金等系列政策对重点航运企业、创新项目和人才给予支持。

三、铁路运输

2022年铁路行业回顾及展望分析A股货运铁路的表现好于客运铁路

铁路：1H22 回顾：业绩因疫情承压，但市场已有预期

年初至今，铁路板块跑赢沪深 300 指数。2022 年 1 月 1 日— 6 月 17 日，SW A 股铁路指 数上涨 0.9%，跑赢沪深 300 指数 13.6pct，跑赢 SW 交运指数 5.5pct。其中，板块获得相对收益的最优时点是 1 月—4 月中旬，逻辑与高速公路相似，经济下行、赛道股下跌、俄乌冲突使风险偏好利好高股息资产。4 月下旬至 5 月中旬，铁路行业一季报表现不佳，铁路跑输大盘。5 月下旬至今，上海疫情缓解与物流保通保畅，铁路板块股价有所修复，其中小市值股票显著跑赢大市值股票。

A 股货运铁路的表现好于客运铁路。我们覆盖的个股中，铁龙物流 / 大秦铁路上涨 / 广深铁路上涨 5.4/3.9/0.9%，京沪高铁下跌 2.9%; 广深铁路 H 股上涨 6.0%。疫情对客运量影响较大，对货运量影响相对较小，股价走势基本反映了盈利变化。一季度，铁龙物流归母净利同比增长 6.3%，大秦铁路 / 京沪高铁归母净利同比降低 18.1/31.6%，广深铁路归母净亏损同比有所扩大。

1 月—5 月，疫情对铁路客运影响较大，对货运影响较小。据国家铁路局，1 月—2 月全国铁路旅客发送量同比增长 23%，较 2019 年同期下降 36%，出行规模与疫情前相比还有较大差距。3 月 /4 月铁路客运量同比降低 58.4/79.8%，主要受到疫情相关出行限制措施影响。5 月，考虑上海和北京疫情影响范围较大，铁路客运量预计仍在底部。据国家铁路局，1 月—4 月全国铁路货运发送量同比增长 4.0%。据国铁集团，5 月国家铁路货运发送量同比增长 6.6%，其中电煤发送量同比增长 7%。1-5 月，大秦线完成货物运输量 17132 万吨，同比减少 2.33%。

来源：未来智库。

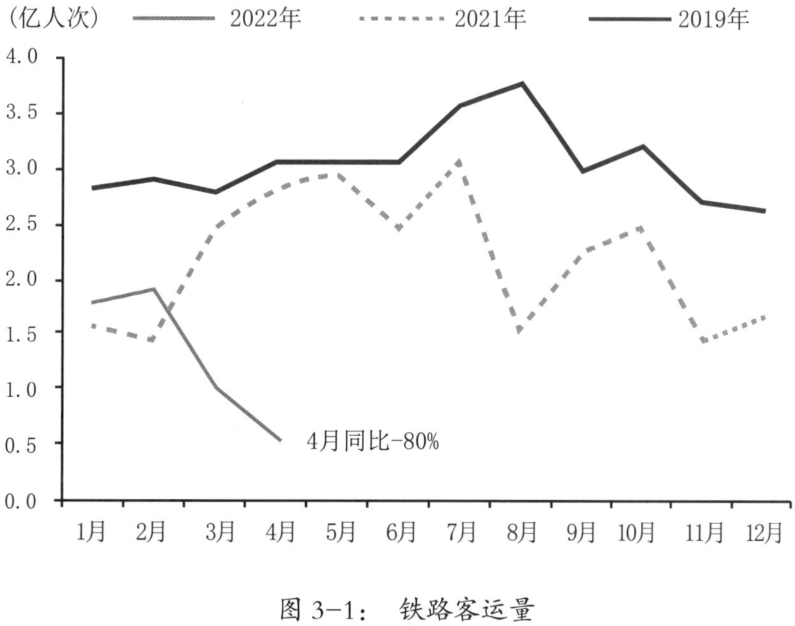

图 3-1： 铁路客运量

铁路 2H22 展望：出行恢复可期，煤炭保供利好货运

高铁客流有望快速回升。上海 6 月起推进全面复工复产，北京新增确诊人数已大幅下降， 意味着疫情已跨过“深水区”。长三角和京津冀高铁客流有望在 6 月快速恢复。高铁客流能 回升到什么程度，可参考疫情以来客运恢复程度最高的 2021 年 5 月。当月，全国铁路客运量为 2019 年同期的 96%，国内大部分城市实现新增确诊“清零”，并且疫苗接种的普及也提振了出行信心。如果京沪沿线城市在 3Q22 疫情“清零”，届时高铁客流有望回升到甚至 超过 2019 年同期水平，有望驱动高铁股价回升。

煤炭增产保供利好货运。国铁集团在 5 月 30 日全路电视电话会议上，将 2022 全年铁路货运量目标上调至 39 亿吨左右、同比增长 5.0% 左右（前次目标为 38 亿吨、同比增长 2.1%）。在煤炭保供背景下，4 月 20 日国常会提出今年新增煤炭产能 3 亿吨的目标，2-4Q 或带动铁路运输需求提升。国铁集团指出，将用好大秦、唐包、瓦日、浩吉等主要货运通道和繁忙干线，提升电煤运输能力，为各地“迎峰度夏”提供充足运力支撑。但在估值层面，避险情绪可能影响高股息货运铁路的配置需求。

来源：2022 年 6 月 23 日华泰证券。

2022 年铁路货运量 39 亿吨！哪些线路最“忙碌”？

超预期增长释放哪些经济新信号？

1 月 3 日，中国国家铁路集团有限公司（以下简称“国铁集团”）召开工作会议，会上介绍，2022 年全年国家铁路完成货物发送量 39 亿吨，同比增长 4.7%。对此，专家分析认为，随着电商的发展，以及疫情防控政策的持续优化，更多的企业选择了货运物流，国家铁路货物发送量已然开始触底反弹。从长期看来，这一回升趋势趋于稳定，释放出了我国长期经济向好的经济信号。

增速触底反弹

1 月 3 日，国铁集团介绍，2022 年全年国家铁路完成货物发送量 39 亿吨、同比增长 4.7%。其中电煤 14.9 亿吨，同比增长 13%。全年国家铁路完成客运发送量 16.1 亿人。与此同时，国家铁路完成运输总收入 6936 亿元，其中，货运收入 4786 亿元、同比增长 9.8%。

值得注意的是，对比前 5 年铁路货运量数据，铁路货运量增幅逐渐收窄。2017—2020 年国家铁路货运增量分别为 10.1%、9.3%、7.8% 和 4.07%，2021 年国家铁路货物发送量 37.2 亿吨，同比增长 4%，是前 5 年中增量最低的一年。

“随着电商的发展，尤其是今年疫情防控政策的优化，更多的企业选择了货运物流，国家铁路货物发送量已然开始触底反弹。”科技部国家科技专家库专家周迪告诉北京商报记者。

事实上，我国今年的货运量早已显示出“触底反弹”的迹象。国铁集团曾在 2022 年初召开的工作会议上指出，2022 年国家铁路货物发送量目标为 38.04 亿吨，同比增长 2.1%，即意味着货物发送量增幅可能持续收窄。然而，2022 年前 5 个月货运量首破 16 亿吨大关，共完成货物发送量 16.18 亿吨，同比增长 4.86%，创下同期历史新高。随后国铁集团在 5 月 30 日召开的全路电视电话会议上将全年国家铁路货运目标提高 1 亿吨，至 39 亿吨左右，同比增幅提高了近 3 个百分点，至 5% 左右。

而今完成货物发送量 39 亿吨，增幅达到 4.7%，基本完成目标。“从长期看来，这一回升趋势趋于稳定，释放出了我国长期经济向好的经济信号。”周迪表示。

多条线路表现抢眼

几条备受瞩目的线路也在“忙碌”中完成了较好的工作量。从国际线路看，国铁集团介绍，2022 年开行中欧班列 1.6 万列、发送 160 万标箱，同比分别增长 9%、10%；西部陆海新通道班列发送货物 75.6 万标箱，同比增长 18.5%。同时，中老铁路开通运营一周年累计发送旅客 850 万人次，运送货物

1120 万吨，开行跨境货物列车 3000 列，跨境运输货值超 130 亿元。

在北京工商大学商业经济研究所所长洪涛看来，国际线路的“忙碌”与其发展战略有关。“例如，中欧班列正在由‘点对点’起步向‘枢纽对枢纽’转变，最终要形成干支结合、枢纽集散的高效集疏运体系，形成一批具有较强国际影响力的现代物流枢纽。”洪涛表示。

对于接下来的国际线路货运工作，国铁集团表示，将围绕服务推进高水平对外开放，务实推进境外重点铁路建设项目，持续提升中欧班列、西部陆海新通道班列开行质量，不断深化共商规则标准“软联通”、共建基础设施“硬联通”、共享发展成果“心联通”。

从国内线路看，素有“中国第一重载铁路”之称的大秦铁路等线路表现持续亮眼。2022 年 12 月以来，大秦铁路股份有限公司大秦线日均运量突破 100 万吨。

此外，2022 年，西煤东运大通道瓦日铁路货运量达到 1.03 亿吨，年货运量首次突破 1 亿吨大关，使我国再增一条年运量过亿吨能源运输通道。截至 2022 年 12 月 28 日，浩吉铁路也提前 3 天完成 9000 万吨年度目标任务，累计完成运量 9001.7 万吨。

“在物流顶层规划方面，政府部门和大型物流企业已经能对物流形式进行更为合理的设计和资源配置。”物流行业专家杨兴顺在接受北京商报记者采访时表示，“近年来，在大宗散杂货 B2B 物流领域，公路货运的占比不断下降，取而代之的是水路和铁路运输的稳步上升。尤其在铁路运输方面，随着铁路政企改革、铁路货运权的不断开放，越来越多的民营物流企业也参与到铁路运输当中来，为铁路货运市场增添更多新的市场活力。”

今年还将经历修复过程

今日会议上，国铁集团也确立了 2023 年主要工作目标，其中包括货物发送量 39.7 亿吨，同比增长 1.8%，并完成运输总收入 8175 亿元，同比增收 1239 亿元，增长 17.9%，总体恢复到 2019 年水平。

“未来铁路运输也会有增长，但并不是快速的反弹，会经历相对漫长的修复过程，逐步地增加并恢复。”北京社科院研究员王鹏向《北京商报》记者介绍，随着中国经济的持续恢复，全球的经济也会在经历相对较长时间的修复后逐步恢复，总体上看，外需在连续 2 ～ 3 个季度的回落之后会有所增长，后续我国铁路货运量也会进一步提升。

“而且我国底子厚，门类齐全，消费能力和生产能力强。”王鹏介绍，“铁路运输综合成本在持续降低，但运行效能在持续提升，目前铁路运输的主要是大宗农产品、大宗战略物资，比如能源、矿石，我相信未来除了这些大宗商品之外，小批量的定制化商品也可以通过铁路来运输。”

洪涛也指出，预计 2023 年我国将会出现新的一轮增幅回复轨道。“一方面，我国的疫情防控一直在精准优化，接下来从消费端到需求端都会持续改善，有了需求，就会有商品的流通，货运量就会增加。同时，‘一带一路’进入发展时期，《‘十四五’现代物流发展规划》也对交通枢纽、铁路运输提出了新的要求，这些都会对我国铁路货运产生影响。”洪涛表示，“总之，铁路‘先导性、基础性、战略性’十分明显，在明确的六个现代化目标和具体的 2023 年发展目标之下，铁路运输一定会率先发挥其‘三性’作用，预计 2023 年国铁也会创造历史新高。”

来源：《北京商报》记者 方彬楠 冉黎黎。

2022 年，铁路客货运输亮点纷呈！

2022 年，在祖国广袤的大地上，铁路密布、高铁飞驰，呈现出一派“人享其行、物畅其流”的生动图景。

这一年，铁路出色完成冬奥运输服务保障工作，“复兴号”智能动车组开行范围进一步扩大，全国 1、2、3 小时高铁出行圈和 1、2、3 天快货物流圈加速形成，95306 网上货运办理效率持续提升……处处尽显繁荣发展的活力。

党的二十大报告提出，“坚持高水平对外开放，加快构建以国内大循环为主体、国内国际双循环相互促进的新发展格局”。无论是国内考察座谈，还是出席国际会议，习近平总书记多次就构建新发展格局作出阐释和部署。

中国国家铁路集团有限公司党组认真学习贯彻习近平总书记重要讲话和对铁路工作的重要指示批示精神，立足“两个大局”，心系“国之大者”，完整准确全面贯彻新发展理念，服务构建新发展格局，高效统筹疫情防控和客货运输工作，持续提升客货运输供给质量和运输保障能力，为更好服务经济社会发展和保障人民群众生产生活需要提供有力支撑。

优化体验，保障人民群众美好出行

这一年，铁路部门坚持以人民为中心的发展思想，全力满足人民群众对美好旅行生活的向往，运力投放更加精准，路网扩能惠及更多地区，客运产品供给进一步优化，旅客出行获得感、幸福感、安全感持续增强。

2022 年 6 月 20 日起，京广高铁京武段常态化按时速 350 千米高标运营，新投用的 10 组“复兴号”智能动车组加速奔跑，57 列时速 350 公里高品质标杆列车覆盖 16 个省区市，多个城市间旅行时间进一步压缩。家在洛阳的傅女士坐高铁来北京探亲，原本四五个小时的车程现在不到 3 个小时就到了。她感叹道：“中国高铁发展真是日新月异，为铁路人点赞！”

随着郑渝高铁襄万段、济郑高铁濮郑段、和若铁路和北京丰台站等新线新站建成开通，铁路部门科学分析旅客出行规律，充分用好新增运力资源，动态灵活调整运力，精准实施“一日一图”，最大限度满足旅客出行需求。

车窗外江山多娇、风景如画，车厢内宾至如归、其乐融融。“说走就走”的高铁出行，不仅速度更快，而且服务更加细致周到。

2022 年 8 月 24 日 11 时，上海开往南京的 G7010 次列车正点启动。旅客章小姐用手机对准座位旁的二维码扫了扫，轻松选择补票升席，并将自己的到站延长了两站。

铁路部门全面深化运输供给侧结构性改革，精心设计客运产品，确保列车应民所需、为民而开，精准匹配旅客出行需求。

完善老幼病残孕旅客、军人、学生等特定群体服务流程、服务标准，基本服务保障力度不断加大。

持续深化“厕所革命”，实施车站“畅通工程”，群众出行条件持续改善。

扩大静音车厢试点范围，推广新型票制、商务座提质等服务，试点开展列车扫码服务，探索打造铁路在途服务平台，旅客出行体验更加美好。

时代有召唤，人民有期盼，铁路有行动。

我们不仅感受到了日常客运服务的热情，而且看到了铁路在重点运输任务中的担当——办好北京冬奥会、冬残奥会是党和国家的一件大事。冬奥会期间，铁路累计开行赛时冬奥列车 1664 列、运送旅客 9.2 万人次，智能化的装备、充足的运力保障、安全优质的运输服务，让中国高铁名片闪耀世界。

我们不仅尽享高铁带来的便捷，而且拥有公益性“慢火车”的温度，作为铁路帮扶工作的一张亮丽名片，公益性“慢火车”持续提质升级，是山区人民的赶集车、上学车、通勤车，更是乡村振兴之路上的致富车、连心车、团结车，见证了铁路为巩固脱贫攻坚成果同乡村振兴有效衔接作出的不懈努力。

道通业兴，路通人和。2022 年 1 月 1 日—12 月 28 日，全路累计发送旅客 15.96 亿人次。四通八达的铁路网带动人流、物流、信息流、资金流加速流动，勾勒出跃动的中国经济新版图，书写下温暖而厚重的新时代民生答卷。

保通保畅，服务经济社会发展大局

这一年，铁路部门持续深化运输供给侧结构性改革，深入研究货运和社会物流市场，把握市场需求，推动铁路货运服务“打通堵点、补齐短板”，不断实现新发展、取得新成效。

数据显示，2022 年 1 月 1 日—12 月 28 日，国家铁路货物发送量达 38.72 亿吨、同比增长 4.7%，日均装车达到 17.79 万车、同比增长 5.5%，铁路运输能力持续提升。

事非经过不知难，成如容易却艰辛。

立足经济社会发展全局，全路上下积极克服疫情、恶劣天气等不利因素影响，充分发挥全国铁路“一张网”和集中统一调度指挥优势，坚定不移实施“以货补客”，加大保通保畅工作力度，深入开展货运增量攻坚战。

调整运输结构，铁路部门全面把握党的十八大以来“双碳”工作的重大成就和重大意义，提高战略思维能力，全面优化铁路货运布局，全力提升“公转铁”运输承接能力，为我国绿色低碳发展贡献力量。

优化运输组织，铁路部门充分运用新线开通和配合防疫部分客车停开释放的运输能力，持续增加货运能力供给；统筹运用线路、站场、机车、机辆和人力资源，精细化调整车流和机车机班，统筹用好平行通道能力，合理组织迂回运输，强化两端接驳，进一步提高路网能力利用水平。

做好运输服务，铁路部门大力发展以敞顶箱直通运输、铁水联运为主的集装箱多式联运，稳步提高综合运输服务能力；加快推进铁路专用线、物流基地建设，进一步提升铁路物流网络的通达性、扩大覆盖面；优化铁路 95306 系统功能，持续提升用户体验和网上办理效率。

作为大宗物资运输的主力，铁路部门对关系国计民生的煤炭、石油、粮食、化肥等重点物资实行精准保供，彰显货畅其流保障民生的“铁担当”。

能源安全是关系国家经济社会发展的全局性、战略性问题，煤炭则是能源供应的“压舱石”。在中国铁路煤运大通道上，万吨重载大列风驰电掣，全力保障电煤运输。

北煤南运，浩吉铁路车轮滚滚，跑出增量提质“加速度”。

西煤东运，大秦铁路勇挑重担，守护万家灯火。

唐包、瓦日、侯月、石太、京哈等主要煤运通道上，车流快速移动，装卸高效有序。

2022 年，铁路部门将煤炭中长期合同列为运力优先对象全力保障兑现，充分发挥国铁集团、各铁路局集团公司两级煤炭保供办作用，紧密对接地方政府和重点企业，全力提升煤炭运输能力。截至 2022 年 12 月 28 日，国家铁路煤炭发送量累计完成 20.77 亿吨、同比增长 7.3%，其中电煤日均装车 5.8 万车、同比增长 12.4%。

粮食安全是“国之大者”。党的二十大报告指出“全方位夯实粮食安全根基”“确保中国人的饭碗牢牢端在自己手中”。

铁路部门站在服务国家战略和保障民生的高度，扛稳粮食安全重任，把粮食运输放在与电煤保供同等重要的位置，统筹兼顾运力安排。

在荆楚大地，车站工作人员及时掌握车辆到达时间和去向，争分夺秒组织运粮列车上线运行，确保运得了、运得好。

在东南沿海，运输部门优化运力资源配置，开辟运输绿色通道。

在三江平原，货运营销人员为企业量身定制订运输方案，最大限度满足企业货主运输需求。

2022 年 1 月 1 日—12 月 28 日，铁路部门累计运输粮食 1.11 亿吨，同比增长 9.4%，保障了国内粮食生产供应、粮食市场价格稳定。

物流畅，货运兴。从深挖运输潜力到优化运输组织，从打通运输堵点到全力保通保畅，一系列有力有效的货运举措，为服务国计民生以及国民经济平稳运行注入强大“铁动力”。

互惠互通，高质量共建“一带一路”

这一年，铁路部门坚持共商共建共享和高标准、可持续、惠民生，发挥自身优势，主动融入和服务“一带一路”建设，“钢铁驼队”加速奔跑，西部陆海新通道班列运量增势喜人，中老铁路客货运输量质齐升，雅万高铁建设驶入“快车道”。

印尼当地时间 2022 年 11 月 16 日，一列高速铁路综合检测车对雅万高铁德卡鲁尔车站至 4 号梁场间线路进行了全面检测，获取的各项指标参数表现良好。这标志着中国和印度尼西亚合作建设的雅万高铁首次试验运行取得了圆满成功。

作为共建“一带一路”倡议和中印尼两国务实合作的标志性项目，雅万高铁是中国高铁全系统、全要素、全产业链走出国门“第一单”。2023 年 6 月建成通车后，雅加达和万隆两地的出行时间将由现在的 3 个多小时缩短至 40 分钟，将更加方便当地民众出行，促进当地经济社会发展。

钢铁巨龙纵贯山峦、横穿江河，承载着中老两国人民世代友谊的列车，飞驰在中老铁路上。

如今，中国制造的“澜沧号”动车已融入老挝当地民众的日常生活，成为许多当地人出行的首选交通方式；东南亚水果通过中老铁路源源不断进入中国市场，中国的蔬菜和云南的高原特色农产品“坐”上火车走出国门，实现双向高效运输，惠及两国的果农菜农和消费者……

作为融入和服务“一带一路”建设的重要基础设施，中老铁路开通运营已满一年，交出了客货齐旺“成绩单”。

截至 2022 年 12 月 2 日，中老铁路累计发送旅客 850 万人次，运输货物 1120 万吨，开行跨境货物列车达 3000 列，累计运输跨境货物超 190 万吨，为沿线地区发展按下“加速键”。

党的二十大报告提出，“推动共建‘一带一路’高质量发展”“共建‘一带一路’成为深受欢迎的国际公共产品和国际合作平台”。

作为共建“一带一路”的旗舰项目和明星品牌，中欧班列在 2022 年动力十足——1 月—11 月，中欧班列共开行 15166 列，同比增长 10%；发送 147.5 万标准箱，同比增长 11%，重箱率达 99%，通达欧洲 24 个国家 204 个城市，成为中国“走出去”的亮丽名片。

服务共建“一带一路”，中欧班列与西部陆海新通道海铁联运班列两翼齐飞。

铁路部门认真贯彻落实中央关于建设西部陆海新通道的重大决策部署，加强通道基础设施建设，做好运输服务保障，为中西部地区深度融入新发展格局和稳定国际物流供应链提供了有力支撑。

2022 年 1 月 1 日，区域全面经济伙伴关系协定（RCEP）正式生效。当今世界上人口最多、经贸规模最大、最具发展潜力的自由贸易区正式扬帆起航。

随着区域全面经济伙伴关系协定（RCEP）深入实施，到 2022 年 11 月，西部陆海新通道海铁联运班列共发送货物 68.7 万标准箱，同比增长 19%，一批重大项目落户通道沿线省市，通道经济效益、社会效益显著。

新征程是充满光荣和梦想的远征。2023 年是全面贯彻落实党的二十大精神的开局之年，铁路部门将继续按照党中央决策部署，充分发挥铁路在综合交通运输体系中的骨干作用，踔厉奋发、勇毅前行，以更加优异的客货运输成绩绘就流动中国的强盛画卷。

来源：《人民铁道报》。

上海铁路局：2022 年将稳步推进沪苏湖、南沿江、杭温铁路等重点项目

记者从上海铁路局获悉，截至 2 月 25 日，为期 40 天的铁路春运结束，长三角铁路发送旅客近 5000 万人次，日均发送旅客近 125 万，同比增长 15.7%。春运期间共增开旅客列车 3495 列，加挂客车车辆 2698 辆，组织动车组列车重联 7182 列。

据悉，2022 年长三角铁路将稳步推进沪苏湖、南沿江、杭温、金甬铁路等重点项目建设，管内铁路建设仍将保持高位运行。

湖杭高铁

湖杭铁路新建线路长约 136 千米，设计时速 350 千米，从既有宁杭高铁湖州站引出，跨富春江新设桐庐东站后引入杭黄高铁桐庐站。

湖杭高铁建设正对线路以及 98 组道岔、14 组温调器进行精调，向联调联试发起全力冲刺，作为第十九届杭州亚运会的配套保障性项目，驻守施工一线的 1700 多名施工人员选择原地过年，保证建设进度。

在节后杭州西站的施工现场，400 余台材料运输车辆进进出出，2000 余名建设者正全力以赴投入到站房建设中。目前已全面进入内部装修装饰阶段。

南沿江铁路

新建南沿江城际铁路设计时速 350 千米，新建正线长度约 278 千米。该线路始于南京南站，止于苏州太仓站，经沪通铁路一期接入上海，是沪宁通道的第二条城际铁路。

目前南沿江各标段均已复工，近 8000 余名施工人员已回到工作岗位，124 个工点、416 台大型机械复工复产正在有序开展，南沿江项目线下主体工程已基本完工，复工复产后将由桥下施工转入无砟轨道及桥梁附属施工阶段。

沪苏湖铁路

沪苏湖铁路起自上海虹桥站，途经江苏省苏州市，终至浙江省湖州市湖州站，目前，沪苏湖铁路路基工程土石方已完成 28%，各项工程正按时间进度有序推进。

沪苏湖铁路建成后，将成为连通上海、苏州、湖州等长三角重点城市的重要铁路运输通道，与沪杭高铁、宁杭高铁、湖杭高铁相连，共同构筑起长三角核心区城际快速铁路客运网络。

昌景黄铁路

昌景黄高铁正线全长 286 千米，是杭昌高铁重要组成部分，在黄山地区连通合福、杭黄高铁，是赣中、皖南至长三角区域重要快速客运通道。

目前路基工程土石方完成 99.4%；新建黟县东站、祁门南站主体结构已完成，剩余工程预计将于 10 月底全部完成。

杭温高铁

杭温高铁一期工程全长 218 千米，二期全长 120 千米（含与合杭高铁湖杭段并线约 61 千米），设计时速 350 千米。2 月 23 日，杭温高铁二期跨杭黄高铁特大桥跨大源溪连续梁顺利合龙。

跨杭黄高铁特大桥全长 4149.55 米，位于浙江省杭州市桐庐县境内，是全线的控制性工程。

大桥先后跨越大源溪、杭黄高铁、杭新景高速、凤川大道、杭新景高速收费站匝道等，设计连续梁 4 联，其中跨大源溪连续梁结构为（64+2×108+64）米变截面双线预应力混凝土连续箱梁，采用挂篮悬臂浇筑法施工，依靠“挂篮”的移动让桥梁在空中“生长”延伸。

来源：央视网（总台央视记者 盛瑾瑜 史晨阳）。

上海：铁路运输量、港口货物吞吐量等多项数据呈现向好发展态势

上海市统计局近日公布的多项数据显示，上海经济呈现回暖趋势。其中，铁路运输量呈显著增长。数据显示，2022 年 11 月，上海市交通货物运输总量为 12468.43 万吨，其中，铁路 46.18 万吨，增长 9.9%。上海市完成货物周转量 2648.68 亿吨千米。除此之外，11 月，上海市港口货物吞吐量达到 6748.57 万吨，比上年同月增长 3.5%。其中，进港 4038.32 万吨，增长 5.0%；出港 2710.25 万吨，增长 1.5%。港口集装箱吞吐量 411.01 万 TEU，比上年同月增长 1.2%。其中，进港 207.85 万 TEU，增长 5.7%。

“总体数据还是鼓舞人心的，上海的经济恢复比较明显”，华东师范大学经济学院教授叶德磊在接受记者采访时表示，“从宏观经济理论上说，铁路货运量、新经济设备订单量、港口货物吞吐量、工业发电量等都是经济波动重要的先行指标”，上海铁路运输量、上海港口货物吞吐量的增长彰显了上海经济向好，“国际贸易正在逐渐恢复，促进了经济良性发展”。

12 月 13 日，上海市统计局还公布了一组上海市工业生产者价格数据，在上海市调查的 35 个出厂大类行业中，11 月价格同比上升的有 21 个，较上月增加 2 个，价格同比持平的有 1 个，较上月减少 1 个，价格同比下降的有 13 个，较上月减少 1 个。其中，对上海市工业生产者出厂价格影响较大的行业中，石油煤炭及其他燃料加工业出厂价格同比上升 15.4%，升幅较上月收窄 5.1 个百分点；计算机、通信和其他电子设备制造业出厂价格同比上升 8.8%，升幅较上月扩大 1.1 个百分点；受天然气价格政策调整影响，11 月燃气生产与供应业价格同比上升 25.3%，升幅较上月扩大 13.1 个百分点。

对此，叶德磊告诉记者，“上海市工业生产者出厂价格的增加，证明了其需求的上升，石油煤炭及其他燃料加工业出厂价格同比上升 15.4%，说明大量工业和企业正在恢复生产。计算机、通信和其他电子设备制造业出厂价格的上升说明对其需求的企业的投资在增加”。

记者发现，除了铁路货物运输量、石油煤炭及其他燃料加工业出厂价格等数据，上海市统计局日前公布的其他多项数据也彰显了上海经济的向好发展。今年 11 月，上海市规模以上工业企业完成工业总产值 3885.11 亿元，比上年同月增长 2.5%。

来源：2022 年 12 月 22 日 中国证券报·中证网。

四、航空运输

2022年上海机场发展现状及细分业务分析
国际及地区航班单架次各项收费显著高于国内航班

（一）上海机场：百年门户，世界枢纽

1.1. 上海机场历史沿革

上海机场上市公司运营管理中国三大国际机场之一的浦东国际机场。上海浦东国际机场是国内重要的综合性交通枢纽。疫情以来，上海机场作为“外防输入”守道防线， 承担了全国航空客运出入境吞吐量的1/3，货运出入境吞吐量的1/2，在逆境中展现强大韧性。

（1）资产置换，押宝浦东

上海两场分工及定位改变，公司核心资产由虹桥机场置换为浦东机场。上海市政府于1997年正式成立了上海国际机场控股（集团）公司，对上海虹桥机场及浦东机场两大民用航空机场实行统一管理。1998 年公司于上交所上市，当时公司核心资产为虹桥机场。2003 年底，随着两个机场国际及国内航班分工进一步明确，上海机场与母公司机场集团签订资产置换协议，公司以虹桥机场候机楼为主的资产置换浦东机场飞行区为主的资产及航油公司40%股权，资产评估差额部分由公司出资5.66亿元补足。自此，公司核心资产转变为浦东机场。

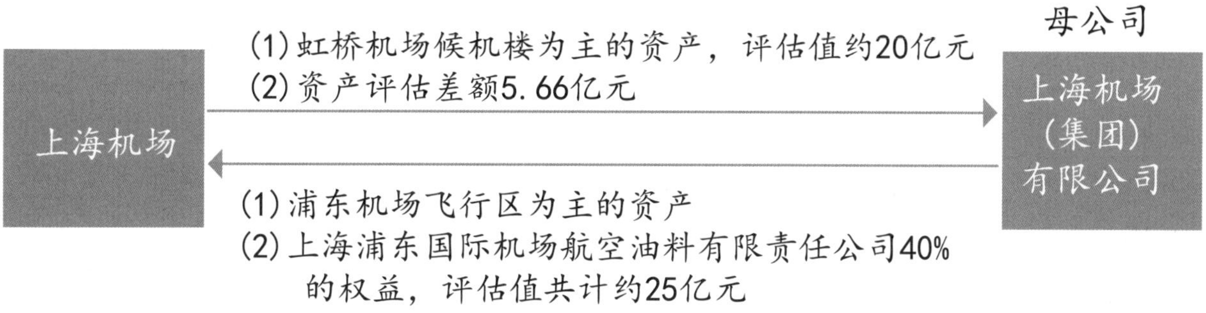

图3-2：2003年上海机场与母公司机场集团签订《资产置换协》

（2）稳步扩建，持续投产

自2004年资产置换完成后，浦东机场进入了持续扩建阶段。浦东机场的建设过程总共分为三期，首期T1航站楼项目于1999年通航。2005年，浦东机场第二跑道项目投入使用。二期项目主要包括T2 航站楼及第三跑道的建设，2008年竣工后预计可满足6000万/年旅客吞吐量。三期项目主要包括新建东机坪、扩建南机坪工程以及跑道扩建工程。2011年，浦东机场拟建的第四、第五跑道项目获发改委批复，第四跑道于2015年落地。此外，三期扩建项目主体为卫星厅工程，S1、S2 卫星厅总建面 62.2万方，为截至2021年全球最大的单体卫星厅。2019 年卫星厅投入使用后，机场年旅客吞吐量保障能力达到8000万人次。至此，浦东机场总共拥有2个航站楼、5条跑道及2个卫星厅。

2021年起，浦东机场拟推进四期扩建工程，聚焦T3航站楼建设及第五跑道投用。2021年，上海市政府印发《上海国际航运中心建设“十四五”规划》，拟推进浦东机场四期扩建工程，新建T3航

站楼，并加快推动浦东机场第五跑道投用。T3 航站楼位于卫星厅南侧，面积达 119 万方，保障年客流量 5000 万人次。此外，浦东还将新增轨道交通枢纽上海东站，与浦东机场组合形成“轨道 + 航空”的大型综合交通枢纽。

（3）合二为一，扬帆起航

公司收购虹桥机场资产，上海两场经营管理权合二为一，有利于资源统一配置。 2022 年 4 月，公司表示将从母公司方收购虹桥公司 100% 股权、机场集团物流发展公 100% 股权及浦东机场第四跑道相关资产。浦东机场与虹桥机场在航线布局、运力调配等方面各有侧重，二者合并有利于公司在浦东、虹桥两个机场优化航线航班的统一资源配置，解决同业竞争问题，有助于差异化发展，提升运营效率。

2. 虹桥机场资产注入方案一览

表 3-4：上海机场注入资产明细（单位：亿元）

公司	拟购股权	交易作价	业务简介	2021 年 1 月 -9 月营收	2021 年 1 月 - 9 月净利润
虹桥公司	100%	145.16	主要业务包括航空性和非航空性业务	20.15	0.34
其中：广告公司	49%	9.12	从事上海两场期刊广告发布及对外投资德高动量的管理工作，运营主体德高动量从事机场媒体规划和建设	0.004	1.4
物流公司	100%	31.19	物流公司的经营实体货站公司向客户提供货站操作服务及配套延伸服务	13.34	3.64
浦东机场第四跑道	-	14.97	2015 年投入使用，满足 4F 类飞行的使用要求，2019/2021Q1-Q3 执行航班架次分别为 11.7/6.5 万架次	-	-
小计		**191.32**			
泓宇航空产业基金		2	投资于以“四型机场”为核心的赋能产业领域的成长期企业和成熟期企业	-	-
合计		**193.32**			

（1）虹桥公司 100% 股权，资产评估值 145.16 亿元。其中包括广告板块资产评估 值 45.67 亿元（广告公司 49% 股权价值 9.12 亿元 + 机场广告阵地使用权价值 36.55 亿 元）、物流板块资产评估值 31.19 亿元；（2）机场集团物流发展公司 100% 股权，资产评估值 31.19 亿元；（3）浦东机场第四跑道，资产评估值 14.97 亿元； 资产交易作价合计 191 亿元。公司收购资产的发行价格为 44.09 元 / 股，该方案已获得证监会有条件审核通过。同时，公司拟向机场集团非公开发行股票募集配套资金， 以 39.19 元 / 股的价格募资不超过 50 亿元。

通过注入机场广告公司 49% 股权，上海机场对德高动量实占权益由之前的 25.5% 提升至 50%。此前，德高动量为上海机场控股的“上海机场广告公司”参与创建的主营 机场媒体规划和建设的中外合作型企业，目前负责浦东、虹桥两机场的广告运营。

3. 上海机场资产梳理

资产注入完成后，上市公司拥有资产包括（1）浦东机场、虹桥机场、物流公司经营管理权（2）浦东机场 T1 航站楼、第一跑道、第四跑道等自有土地使用权。除自有土地使用权资产外，其余航站楼、跑道、货运站等主要资产均向机场集团租赁，2021 年浦东机场第二—四跑道、T2 航站楼、机坪等主要场地产生租金共 10.5 亿元。

公司实控人为上海市国资委，股权结构稳定。在虹桥公司、物流公司等资产注入完成后，考虑募集配套资金，大股东上海机场集团持有上海机场股权比例由 2021 年底的 46.25% 增加到 58.38%。从控股及参股公司角度来看，上海机场持有餐饮、航空油料、航站楼公司股权比例分别为 100%、40%、30%，在注入资产后，上海机场拥有了虹桥机场和物流公司的经营管理权，同时间接持有广告公司 100%、地面服务公司 51% 股权，子公司分工明确有助于公司资源的统一调配与协调。

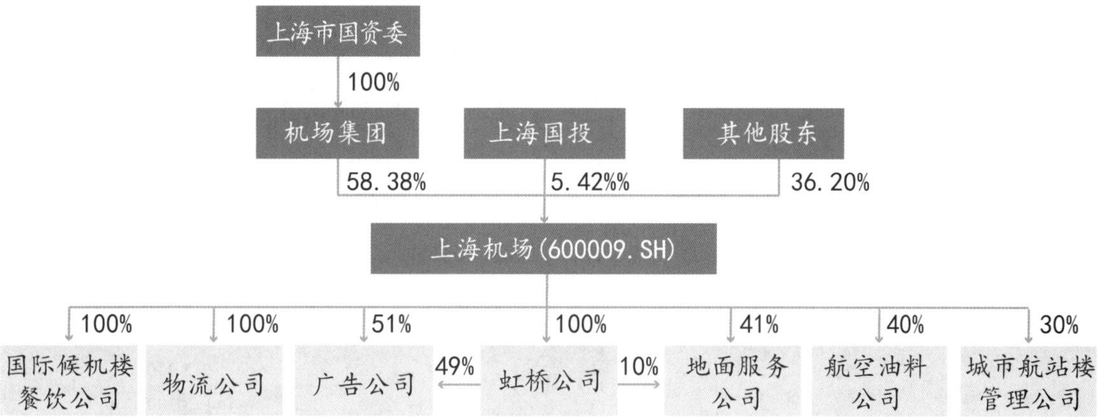

图 3-3：上海机场股权结构图（资产注入完成后，考虑筹集配套资金）

（二）航空性业务：内地最大空中口岸，受疫情影响暂承压

内地最大空中口岸，疫情前年起降架次超 50 万，其中国际起降架次超 20 万。上海作为我国最大经济中心城市，辐射最具经济活力、开放程度最高的长三角地区。浦东 机场定位大型复合国际枢纽机场，是内地最大空中口岸，承载我国内地最多的国际航班。 2019 年国内、国际 + 地区航班起降架次分别为 26.70/24.08 万，2020/2021 受到疫情冲击，国内航班起降架次降至 21.34/25.23 万，国际 + 地区航班起降架次降至 10.70/9.30 万，下滑幅度较大。

国际 + 地区旅客吞吐量全国第一，受疫情影响出现较大下滑。疫情前，浦东机场有着内地机场最高的国际 + 地区旅客占比。2019 年国内、国际 + 地区旅客吞吐量分别为 3764/3851 万，国际及地区旅客占整体比例达到 48%。2020/2021 受到疫情冲击，国内旅客吞吐量降至 2561/3053 万，国际 + 地区航班起降架次降至 486/168 万。

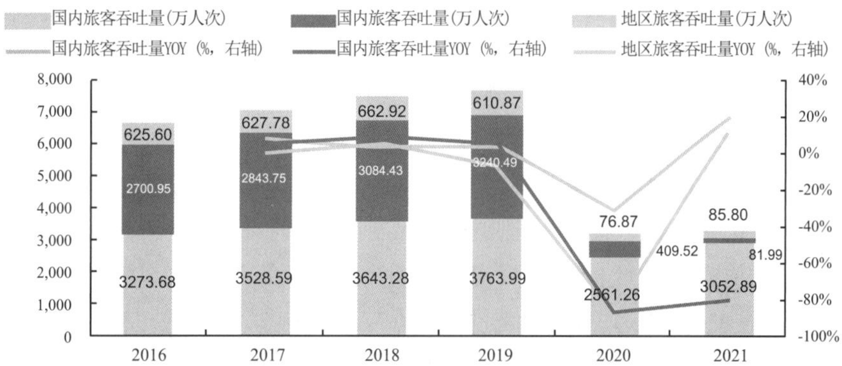

图 3-4：2016—2021 年浦东机场旅客吞吐量及同比增速

疫情前，由于逐年增长的国际 + 地区起降架次，单机平均旅客人次逐年上涨。由于国际及地区相较内地航线而言更多使用 200 座以上的大型飞机执飞，当国际及地区航班占比走高时单机旅客人数逐年提升。2017—2019 年，浦东机场单机旅客人次为 142/148/150 人，疫情后，由于国际及地区航班缩减及居民出行意愿阶段性下降，浦东机场单机旅客人数下滑至不超过 100 人次。

货运航班接棒客运，缓冲疫情压力。2019—2021 年，浦东机场货邮吞吐量分别为 363.42/368.66/398.26 万吨，同比增速分别为 -3.6%/1.4%/8.0%，其中国际及地区货邮吞吐量为主要部分，是疫情以来支撑国际及地区航班班次数量的重要来源。根据国家民 航局公布数据，2021 年浦东机场货运吞吐量为全国民用运输机场第一，较第二名白云 机场的 204.49 万领先较大，以上海为代表的长三角地区经济活力持续验证。

国际及地区航班单架次各项收费显著高于国内航班。根据民航局发布的民用机场收费标准，国际及港澳航班收费标准从起降费、停场费、旅客服务费、安检费等大多数费用显著高于内地航班。下表为作为一类 1 级机场的浦东机场航空性收费标准。

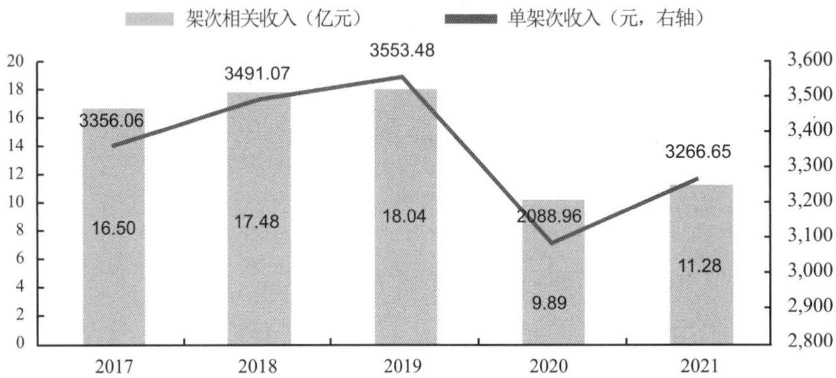

图 3-5：2017—2021 年浦东机场架次相关收入及单架次收入

由于国际及地区起降架次大幅下降，浦东机场单架次承压。浦东机场 2019—2021 年架次相关收入分别为 18.04/9.89/11.28 亿元，对应单架次收入分别为 3553/3089/3267 元，系国际及地区航班架次结构上占比下降。即在架次收入上量价两方面均受到疫情影 响。

（三）非航业务：旅客结构决定变现效率，静待疫后复苏释放弹性

1. 非航业务拆分：商业租赁收入随旅客结构变化

非航空性业务收入是机场客流变现效率的体现，构成机场营收的主要部分。2017—2021 年，非航空性业务的收入规模均超过航空性收入，且在客流正常增长的年份出收入弹性，最高占收入的比重达到 63%。

非航空性收入主要分为商业租赁收入及其他，其中商业租赁收入主要来源于免税、 餐饮、零售等商户；其他则主要包括航空配套延伸服务。疫情前，商业租赁收入为最主 要的非航收入组成部分，占非航收入比重接近 80%。后由于疫情影响旅客结构，对免税 租金签订补充协议，商业租赁收入大幅下滑。其他非航收入相对稳定，仅有小幅度的下滑。

免税租金为商业租赁收入中最主要部分，下滑幅度较大。根据公司披露，浦东机场免税运营商，中国中免的控股子公司日上上海向公司支付的租金从 2017—202 年分别为 25.55 亿元、36.81 亿元、52.1 亿元、11.56 亿元、4.86 亿元，占非航业务收入比例在疫情前 2017—2019 年分别为 59%、69%、76%，逐年提升。后因考虑疫情与日上上海签订补充协议，实收租金大幅下降。

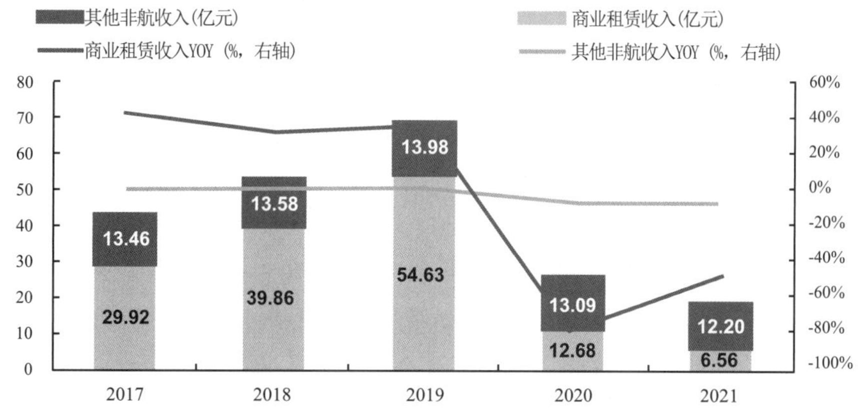

图 3-6：2017—2021 年浦东机场非航空性收入及同比增速

2. 免税租金补充协议详解

由于国际客流的大幅下滑，上海机场与免税商于 2021 年初友好商定并公告了免税合同的补充协议。合同于 2021 年 1 月 29 日由中免的控股子公司日上免税行（上海）有限公司与上海机场签订。由之前的“保底 + 扣点”形式调整为“流量挂钩 + 封顶”模式。 原有的“保底 + 扣点”模式以销售额固定比例扣点额与保底额孰高原则确定，原定的保底金额见下图，综合扣点率为 42. 5%，上不封顶。

新“流量挂钩 + 封顶”模式让渡疫情恢复年份的部分收益，在疫情受损年份一定程度保证机场利益。补充协议中新的免税店租金确认模式以 2019 年的月均 320. 9 万国际及地区客流的 80%，即 256. 7 万为分界线，对月实际客流不及分界线和超过分界线的两种情况确认了两种不同的租金模式。客流不及分界线时，根据具体客流乘以多项系数确定租金；客流超过分界线时，按具体情况对应的月保底销售额确定租金。

表 3-5：保底对应的客流区间表

年度	年实际国际客流 X（单位：万人次）	年保底销售提成（单位：亿元）
2019	X ≤ 4172	35. 25
2020	4172 < X ≤ 4404	41. 58
2021	4404 < X ≤ 4636	45. 59
2022	4636 < X ≤ 4868	62. 88
2023	4868 < X ≤ 5100	68. 59
2024	5100 < X ≤ 5360	74. 64
2025	5360 < X	81. 48

该补充协议自 2020 年 3 月生效，根据该协议确认 2022 年免税租金为 11. 56 亿元，较原定的 41. 58 亿元保底大幅下降。主要由于自 2020 年 3 月以来，单月国际客流均未超过 19 年同期国际客流的 80%，甚至也远低于 30%。根据计算公式，2020 年 3 月以来，日上上海每月实付租金应为“每月销售提成 =135. 28× 当月客流 × 最高一档客流调节系数 × 当月面积调节系数”。面积调节系数未公开披露，我们假设 2020 年全年免税开业面积基本一致，以 2020 年全年租金反推，最高一档客流调

节系数 ×20 年平均面积调节系数估算为 2.6 左右。依此估算的 2021 年全年免税租金约在 5.9 亿元左右。

对比新旧两种方案，中免在多数客流状况下承担租金有不同程度的降低。依照此补充协议，可模拟出 2022 年单月租金与当月客流量曲线。2023——2025 年租金曲线走势类似，实际具体金额需要调整。比照原本的“保底 + 扣点”模式租金曲线可看出，中免在补 充协议框架下承担的租金在大部分客流情况下更低。

新方案在客流和销售额超预期的情况下租金封顶，有助于将上海机场免税规模做大。上图中旧方案租金中附带假设单客贡献与 2019 年的 135.28 元 / 客相同，实际操作中若机场免税经过优化运营后渗透率和客单价持续提升，上行曲线斜率将更大，上海机场和中免日上均为多售多得的局面。但新方案在国际客流超过一定数值后租金不再随客流或单客贡献提升而提升，进行了封顶设置。我们认为此举意在鼓励中免日上对上海机场免税店倾斜更多运营和库存资源，提升中免的边际收益，进而将上海机场的免税规模持续做大，进一步稳固其国内第一大免税销售口岸的地位，以期 2025 年在新一轮免税招标 中占有显著的议价权。

上海机场有望成为恢复国际通航后免税品销售主阵地。我们认为上海机场和中免签署的免税合同补充协议显示了上海机场对免税业务的重视和稳固第一大免税销售口岸的决心和执行力。上海机场免税店有望成为恢复国际通航后免税品销售的主阵地。同时，我们认为新一轮磋商的条件并非定量式的硬条件，而是相对模糊的软性条件，在客流大 幅恢复后存在双方友好协商的可能性。

3. 参控股公司：德高动量及航空油料贡献主要投资收益

德高动量为上市公司控股的上海机场广告公司与梅迪派勒广告、动量传媒国际合资 的合营企业，目前负责浦东、虹桥两机场的广告运营。德高动量净利润的 50% 进入上市 公司报表投资收益科目。

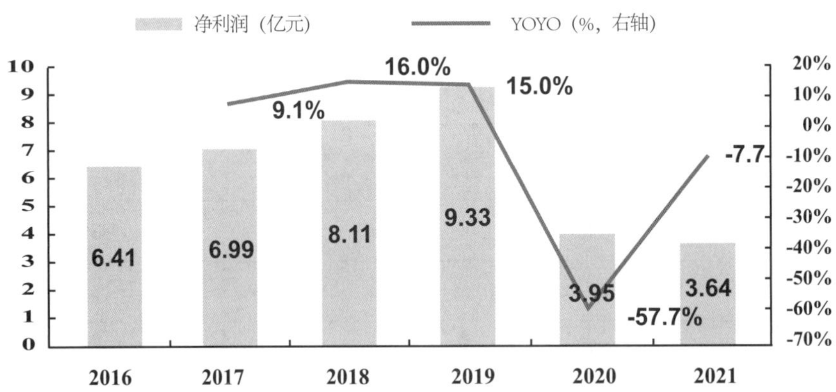

图 3-7： 2016—2021 年德高动量净利润及增速

（四）机场行业：客流结构独占鳌头，商业变现静待花开

1. 客流结构独占鳌头

我国三大一类 1 级机场为北京首都机场、上海浦东机场、广州白云机场，定位中国 三大门户复合枢纽机场。从客流上横向比较，首都机场年吞吐量过亿人次，由于本地还 有虹桥机场作为补充，浦东机场年旅客吞吐量与白云机场规模相仿。但从代表中高端商 旅需求的国际 + 地区旅客吞吐量占整体客流比重来看，上海机场在疫情前有着远超另外 两场的高端客流占比，因而单客变现价值和潜力都相对更大。

2. 商业变现静待花开

从商业变现的主力业态免税业务租金条款来看，机场能够享受远超线下商业的平均扣点率。根据各公司公告，疫情前三大机场的租金模式均为“保底 + 扣点”模式，下有保底上上无上限。远超线下商业的扣点率是机场流量高价值的证明。虽目前受到疫情影响，但随着疫后复苏进程，国内、国际客流逐步回归，机场流量价值也将相应释放。

以浦东和首都机场披露数据比较，浦东机场 2019 年以首都机场 76% 的旅客吞吐量实现了更高的非航业务收入。我们以单客贡献非航业务收入作为机场变现效率的粗略刻画，浦东机场 2019—2021 年的单客贡献为 90.1/84.5/58.2 元，在 2019—2020 年都显著高于首都机场。但 2020 年 2 月新冠疫情爆发后国际客流大幅下滑，叠加免税租金补充协议，导致浦东机场当前单客贡献非航收入低于首都机场。

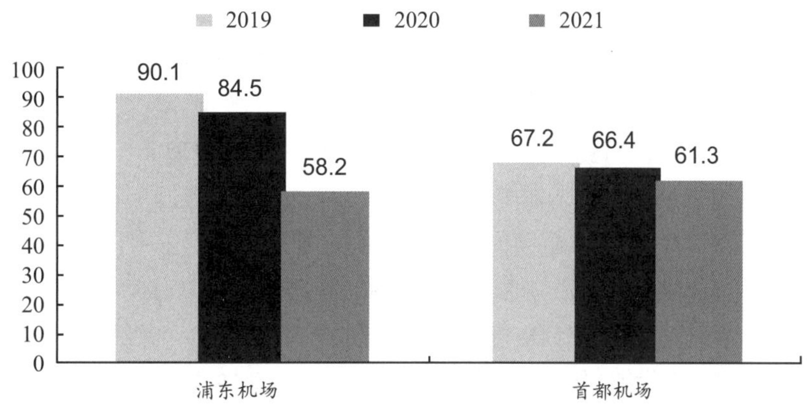

注：计算方式为非航业务收入/旅客吞吐量

图 3-8：2019—2021 年非航业务单客贡献收入（元 / 人次）

议价权的回归始于流量的回归。线下商业流量为基，在当前抗击疫情攻坚战阶段，机场行业的客流承压导致的议价权边际下行在未来居民生产生活有序复苏、客流有序恢 复的过程中有望回归。在客流、单客贡献恢复的过程中机场行业将整体进入业绩恢复期，在与免税商的租金谈判或下一轮招投标中议价权的回归有望释放业绩弹性。

（五）财务分析与业务展望：净利润随客流波动弹性较大

1. 财务分析：成本费用相对稳定，净利润跟随收入波动

由于其重资产、流量变现的基本运营特征，上海机场的营业总成本刚性慢涨，净利润随收入波动较大。其主要成本包括运营维护成本、人工成本、摊销成本。2020 年以前，浦东机场三期扩建工程的卫星厅投入运营，租赁费、维护费等运营费用支出增加，带动运营维护成本持续攀升。2021 年，公司执行新租赁准则，租赁费列示由运营维护 成本调整至摊销成本和财务成本，因此营业成本结构有所变化。

2016—2019 年，公司毛利率保持提升趋势，主因在于免税等高毛利的非航空性业务占比逐年提升。非航空性业务收入占总收入比例自 2016 年的 49% 提升至 2019 年的 63%，带动整体毛利率由 2016 年的 45% 增长至 2019 年的 51%，消费属性显著。2020 年及 2021 年，公司主要业务受到疫情的持续冲击，旅客吞吐量及飞机起降架次下降，导致毛利率及归母净利率有所降低。未来随着疫情的逐步恢复，国内及国际航班班次将呈现复苏态势，也将利好非航业务扩张。

2019 年以前，公司 ROE（摊薄）随业务拓展、项目投产而持续提升。2020 年以来，在疫情反复持续影响下，公司净利润下滑导致 ROE（摊薄）收窄。未来，随着疫情 向好后旅游业及免税业复苏，同时注入虹桥机场后公司龙头地位进一步稳固，ROE（摊薄）有望企稳回升。

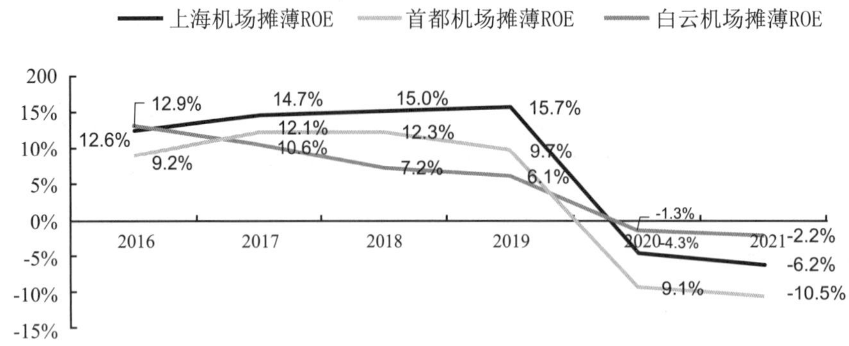

图 3-9：2016—2021 年上海机场及可比公司摊薄 ROE

2. 业务展望：短看国际航线恢复，长看长三角区域一体化发展

（1）国际旅游复苏展望：出境游黎明前夕

疫情期间，国际旅游由于全球范围内不同程度的旅行禁令受到压制，但目前各国旅行禁令有序放宽。国际航空运输协会（缩写 IATA）将全球范围内旅行限制程度划分为 5 级：0—无限制、1—筛查、2—高风险地区抵达隔离、3—对部分地区关闭、4—完全关闭边境， 并经过不同地区的加权平均量化计算全球范围的旅行限制等级。根据 IATA 测算，全球旅行限制程度从疫情初期多国关闭边境的影响下迅速提升至 3.5 左右，后随着多国逐步 放开边境、放松管控，目前缓慢降至 2-2.5 区间，即大多数国家采取对高风险地区抵达 者隔离措施，且并未因后续多次疫情反复出现旅行限制的大规模收紧。

国际航空协会预测 2023 年航空旅客数量将恢复至疫情前水平。根据国际航空协会 2021 年 5 月 26 日发表的《Covid-19—近乎完全恢复的航空旅行前景已现》研究报告 预测，全球航空旅客数量在 2022/2023 年将恢复至 2019 年的 88%/105% 水平，主要驱 动力为国际航线的陆续恢复。

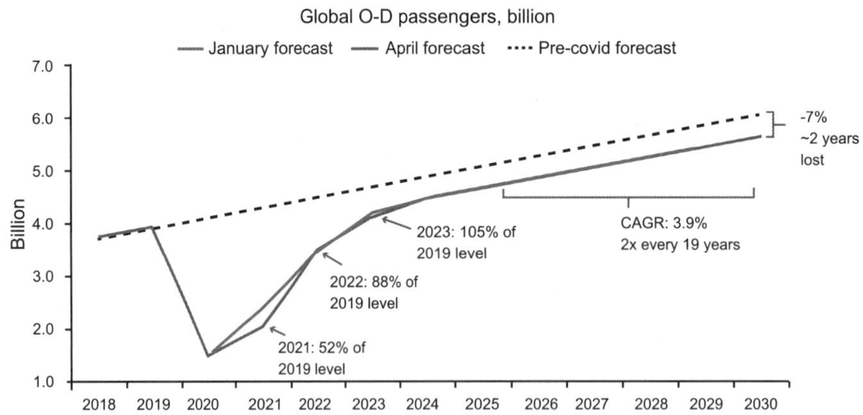

图 3-10：国际航空运输协会预测 2023 年全球航空雍旅客数量恢复至 2019 年的 105%

虽然不可否认的是，2019 年的新冠疫情对航空和旅游业的打击史无前例，但我们 相信寒冬终将会过去。在新的变异病毒重症率与死亡率走低、全球疫苗普及率持续提升、新冠特效药陆续获批、检测手段和策略继续进化的背景下，我们有理由相信黎明就在前 方不远处。

（2）上海机场集团在长三角地区一体化发展中承担重要任务

上海国际航空枢纽建设是长三角区域一体化发展中重要基础设施建设项目。长三角 地区是我国经济发展最活跃、开放程度最高、创新能力最强的区域之一。2018 年 11 月 5 日，习近平总书记在首届中国国际进口博览会上宣布，支持长江三角洲区域一体化发 展并上升为国家战略。2019 年，中共中央、国务院印发《长江三角洲区域一体化发展规划纲要》，规划明确提出“合力打造世界级机场群”，要求“巩固提升上海国际航空枢纽地位，增强面向长三角、全国乃至全球的辐射能力。规划建设南通新机场，成为上海国际航空枢纽的重要组成部分”。

上海市城市总体规划（2017—2035 年）提出至 2035 年，上海航空枢纽设计年客运吞吐能力 1.8 亿人次、货运吞吐量 650 万吨左右。主要通过浦东机场的扩建、南通新机场的建设实现。上海机场集团“十四五”期间将推进浦东机场四期扩建工程，积极筹备南通新机场项目。

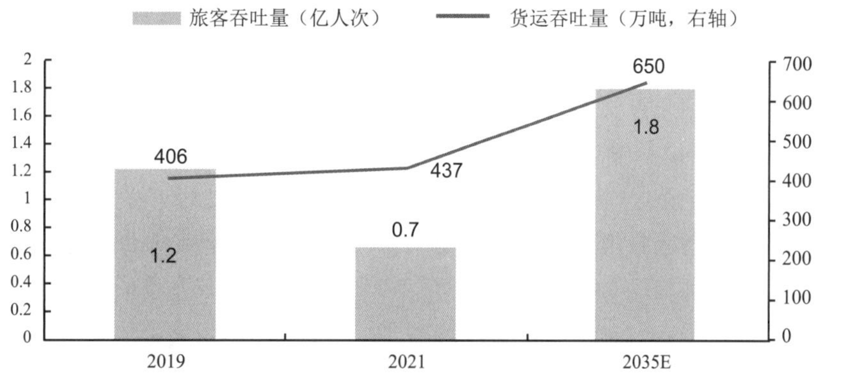

图 3-11：2035 年上海航空枢纽设计年客运量和货运吞吐量及 2019/2021 年实际值

长三角地区蓬勃发展的经济、开放包容的商业环境和旺盛的居民消费能力是上海机场及集团产业版图持续扩张的长期支撑。根据 2020 年 11 月交通运输部《关于上海市开展推进长三角交通一体化等交通强国建设试点工作的意见》中，同意上海机场（集团）有限公司作为六个试点单位之一协同推进长三角交通一体化，推进世界级机场群建设，形成浦东综合交通枢纽。上海机场集团及上市公司将长期受益长三角一体化发展国家大战略，和长三角城市群在中国经济中的高地优势。

来源：东吴证券。

浦东机场物流货运站吞吐量（2022 年上海浦东国际机场空运发展现状）

随着上海市疫情防控形势向好、三批重点企业陆续复工复产，5 月以来，作为中国民航最大货运枢纽的上海浦东国际机场货班架次和货量持续回升，5 月 20 日浦东机场共保障货班起降 175 架次，货邮吞吐量 7918 吨，货班和货量均已回升至常态时期的 80%。浦东机场现有 48 家航司运营货班，货班通航点已恢复至 53 个，较 4 月中旬分别增加 7 家和 9 个，全力保障与欧美、亚太等核心市场的联通。

浦东机场及时保障国际全货机航班

连日来，在国务院物流保通保畅工作领导小组统一调度下，在上海市委市政府领导下，上海机场集团统筹推进疫情防控和安全生产运行，严格落实疫情防控要求，完善运行协调机制，打通航空物流链条堵点。

为着力推进物流链条的尽快恢复，上海机场集团积极协助货运航司进入上海市交通委复工复产

“白名单”，主动预判企业复工复产所需货量，有针对性地推动三大航等航司提前安排浦东机场运力计划，以周为单位梯次增加运力投放。目前，浦东机场货运区在岗封闭作业人员已增至 8200 多人，地服、机务、货站、货代等货班作业链保障单位进一步充实了力量，比 4 月初净增返岗作业人员 800 多人。

与此同时，上海机场集团积极对接企业急需物资需求，开辟“绿色通道”服务机制，采取“一企一策”，优先做好集成电路、生物医药、汽车零部件等重点企业物资运输保障，统筹协调好航司的运力安排和地面服务保障，持续加快地面集疏运，随着重点物资运输车辆全国统一通行证和电子“航空货运防疫通行证”的推广，近一周浦东机场货运区集疏货运车辆增速显著，浦东机场抵离车辆日均达 4000 辆次，提离货量日均 3000 多吨，进一步提升了浦东机场保通保畅效率。

来源：2022 年 10 月 12 日 百运网。

2022 年上海虹桥机场生产统计：旅客吞吐量、货邮吞吐量及飞机起降架次分析

上海虹桥机场旅客吞吐量

华经产业研究院数据显示：2022 年，我国境内运输机场（港澳台地区数据另行统计，下同）共有 254 个，其中定期航班通航运输机场 253 个，定期航班通航城市（或地区）249 个。2022 年上海虹桥机场完成旅客吞吐量 14711588 人次，相比 2021 年同期减少了 18495749 人次，同比下降 55.7%，2022 年上海虹桥机场旅客吞吐量增速位列全国第 7 名，与 2021 年增速排名相比下降了 2 名。

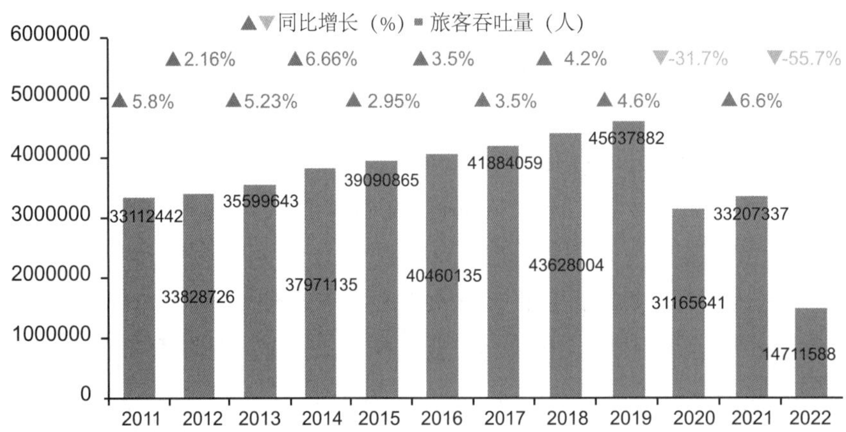

图 3-12： 2011—2022 年上海虹桥机场航班旅客吞吐量

来源：中国民航局，华经产业研究院整理。

上海虹桥机场货邮吞吐量

2022 年上海虹桥机场完成货邮吞吐量 184538.1 吨，相比 2021 年同期减少了 198867.4 吨，同比下降 51.9%，2022 年上海虹桥机场货邮吞吐量增速位列全国第 15 名，与 2021 年增速排名相比下降了 5 名。

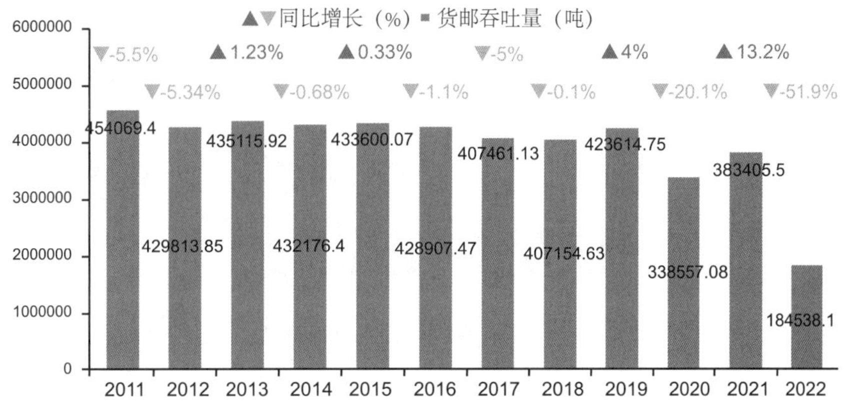

图 3-13： 2011—2022 年上海虹桥机场航班货邮吞吐量

来源：中国民航局，华经产业研究院整理。

上海虹桥机场飞机起降架次

2022 年上海虹桥机场完成飞机起降 122668 架次，相比 2021 年同期减少了 108593 架次，同比下降 47%，2022 年上海虹桥机场飞机起降架次增速位列全国第 14 名，与 2021 年增速排名相比下降了 4 名。

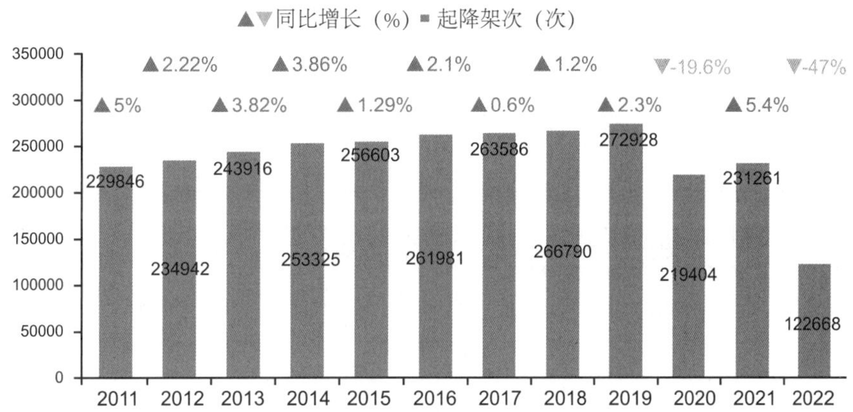

图 3-14： 2011—2022 年上海虹桥机场飞机起降架次

来源：中国民航局，华经产业研究院整理。

第四篇 口岸、自贸区和进口博览会、航运中心建设

一、口岸物流

（一）上海口岸2022年度物流统计数据

表4-1： 2022年12月上海口岸主要数据统计表

大类	项目	12月	同比（%）	本年累计	同比（%）
货物	**上海口岸进出口货物总值（亿元）**	**9295.7**	**-7.6**	**104298.0**	**3.5**
	进口	3970.2	-0.4	43381.2	-0.3
	出口	5325.5	-12.3	60916.8	6.3
	上海关区进出口货物总值	**7045.5**	**-6.4**	**77152.3**	**1.9**
	进口	3036.7	1.1	31625.0	-1.4
	出口	4008.8	-11.4	45527.3	4.3
	上海市进出口货物总值	**3639.0**	**-6.8**	**41902.7**	**3.2**
	进口	2153.1	-6.5	24768.5	-0.5
	出口	1485.9	-7.3	17134.2	9.0
	上海口岸货物吞吐量（万吨）	**3516.4**	**-2.8**	**40160.2**	**-4.1**
	航空口岸货邮量	25.1	-19.6	297.8	-20.2
	水运口岸货物量	3491.3	-2.6	39862.4	-3.9
	上海口岸集装箱吞吐量（万标箱）	**346.4**	**3.1**	**3986.6**	**0.8**
	出口	139.2	-8.8	1692.9	-5.3
	进口	144.9	5.1	1660.0	1.9
	内支线	62.3	36.3	633.7	17.6
人员	**上海口岸出入境人员总数（人次）**	**256243**	**9.2**	**2059409**	**-17.3**
	旅客总数	**196177**	**19.7**	**1353855**	**-20.5**
	航空口岸出入境人员	218891	11.2	1637978	-20.3
	旅客	196177	19.7	1353441	-20.5
	水运口岸出入境人员	37352	-1.0	421431	-2.9
	旅客	0	-100.0	414	-24.5
	铁路口岸出入境人员	0	0.0	0	0.0
	旅客	0	0.0	0	0.0
交通工具	**上海口岸出入境交通工具总数**	**7995**	**-22.6**	**97980**	**-13.9**
	飞机（架次）	6171	-27.3	77369	-16.2
	船舶（艘次）	1824	-1.4	20611	-4.2
	列车（车次）	0	0.0	0	0.0
	进出上海口岸国际航行船舶（艘次）	**3340**	**5.0**	**37519**	**-0.3**
	货船	3331	8.4	37419	0.0
	邮（客）船	9	12.5	101	-24.1

注：①本月上海口岸进出口货物总值占全国进出口货物总值（37713.4 亿元）的 24.6%。②本月上海水运口岸货物吞吐量占上海港货物吞吐量（6565.3 万吨）的 53.2%；水运口岸集装箱吞吐量占上海港集装箱吞吐量（410.9 万标箱）的 84.3%。③本月上海航空口岸货邮吞吐量占上海航空港货邮吞吐总量（28.4 万吨）的 88.5%，出入境旅客占上海航空港旅客吞吐总量（282.52 万人次）的 6.9%。④进出上海口岸国际航行船舶包括在上海口岸办理出入境手续的国际航行船舶（即上海口岸出入境船舶）和在我国其他口岸办理出入境手续但进出上海口岸的国际航行船舶。

来源：市交通委、上海海关、上海边检总站、上海海事局、机场集团。

4.19 万亿元人民币！上海 2022 年外贸进出口规模再创新高

记者从上海海关获悉，2022 年，面对多轮疫情冲击，上海市统筹疫情防控和经济社会发展，努力实现外贸保稳提质，全年进出口值再度刷新历史纪录，达 4.19 万亿元人民币，同比增长 3.2%。

占全国外贸份额虽降仍稳，出口起到稳定器作用。2022 年，上海市进出口占全国外贸比重微降 0.4 个百分点至 10%，仍居各省市第四。其中，出口 1.71 万亿元，增长 9%，拉动外贸增长 3.5 个百分点，占全国出口的 7.1%，居各省市第五；进口 2.48 万亿元，下降 0.5%，占全国进口的 13.7%，居各省市第三。

对前三大贸易伙伴进出口均增长，新兴市场表现亮眼。随着我国与东盟经贸合作更加密切，尤其是 RCEP 生效带来政策红利，东盟稳居上海市第二大贸易伙伴。2022 年，上海市对东盟进出口 5660.1 亿元，增长 5.2%，增速高于全市外贸总体增速 2 个百分点。同期，对欧盟、美国进出口分别为 8259.6 亿、5224.1 亿元，进出口值保持增长，但增速低于全市外贸总体增速 0.8 个、0.4 个百分点。此外，对金砖国家、中东地区进出口 2683.1 亿、1198.3 亿元，增速高于全市外贸总体增速 5.6 个、4.6 个百分点。

民营企业“生力军”作用凸显。2022 年，上海市出台多轮助企纾困措施，海关亦出台多批惠企便利措施，推动全年有进出口实绩的企业数量达 5.58 万家，增加 0.8%。其中，外资企业进出口 2.56 万亿元，增长 2.2%，占全市进出口值的 61.1%；民营企业进出口 1.23 万亿元，增长 11.9%，在全市进出口值中的占比提升 2.3 个百分点至 29.4%，进出口活力进一步释放。

综保区发挥外贸高地作用，洋山特综区增速领先。作为双循环的重要连接点和对外开放的重要平台，综保区发挥着配置两种资源，连通两个市场，促进贸易投资便利的高地作用。2022 年，上海市综保区进出口 6801.8 亿元，增长 29.2%，高于全市外贸总体增速 26 个百分点，拉动全市外贸增长 3.8 个百分点。其中，洋山特综区进出口规模突破两千亿元达 2089.5 亿元，增长 61.4%，增速是 2020 年刚成立时的近 4 倍。

新能源汽车等热销产品出口强劲，重点产业所需设备原料进口增长较快。基于自身较强国际竞争力和旺盛外需，新能源等产业成为 2022 年上海市出口主要拉动力。其中，新能源汽车出口 839.9 亿元，增长 130.1%；锂电池出口 254.1 亿元，增长 360.8%；精细化学品出口 627 亿元，增长 40.3%。集成电路、汽车等重点产业投资建设和产能放量拉动相关设备和中间原料进口。其中，半导体制造设备、生命科学技术产品分别进口 296 亿、1316.3 亿元，分别增长 4.4%、7.9%；锂电池原料碳酸锂、不锈钢原料镍铁分别进口 8.4 万吨、168.8 万吨，分别增加 89.9%、51.9%。

来源：央视新闻。

（二）重要政策

上海市商务委员会等部门印发《关于全面推进口岸数字化转型实施意见》的通知

沪商通关〔2022〕249 号

各有关单位：

经市城市数字化转型工作领导小组办公室 2022 年第九次会议同意，现将《关于全面推进口岸数字化转型实施意见》印发给你们，请认真贯彻落实。

特此通知。

上海市商务委员会
上海市发展和改革委员会
上海市经济和信息化委员会
上海市交通委员会
上海市科学技术委员会
上海市生态环境局
上海海关
上海海事局
上海出入境边防检查总站
2022 年 10 月 26 日

关于全面推进口岸数字化转型实施意见

为全面推进本市智慧口岸建设，根据市委、市政府《关于全面推进上海城市数字化转型的意见》（沪委发〔2020〕35 号）《推进上海经济数字化转型 赋能高质量发展行动方案（2021—2023 年）》（沪数字化办〔2021〕1 号）和《全面推进上海数字商务高质量发展实施意见》（沪商电商〔2021〕121 号）等要求，特制定本实施意见。

一、指导思想和总体目标

（一）指导思想

以习近平新时代中国特色社会主义思想为指导，全面贯彻党的十九大和十九届历次全会精神，立足新发展阶段、贯彻新发展理念、服务新发展格局，认真落实市委、市政府推进城市数字化转型的战略部署，围绕“经济、生活、治理”全面数字化转型要求，坚持整体性转变、全方位赋能和革命性重塑，把数字化转型作为上海口岸“十四五”发展主攻方向之一，更好助力上海加快打造成为国内大循环的中心节点和国内国际双循环的战略链接。

（二）总体目标

坚持创新引领、全面融合，对标国际先进水平，加快口岸数字化基础设施建设，提升口岸监管与服务的数字化能级，以服务企业为目标，推进智慧口岸服务体系建设，打造口岸服务治理生态圈，为平安、效能、智慧、法治、绿色“五型”口岸建设提供有力支撑，助力提升国际贸易中心和国际航运中心能级，到 2025 年初步建成具有国际影响力的智慧口岸。

二、主要任务和举措

（一）加强口岸数字化基础设施建设

1. 打造智慧口岸数字底座

完善口岸数字化基础设施，依托上海国际贸易“单一窗口”，建设集大数据、人工智能、区块链等多种新技术为基础的智慧口岸数字底座，打造具有全球影响力的口岸大数据中心。推进数据协调、简化和标准化工作，制定统一的数据标准、接口规范、调用规则等技术标准。推进跨部门、跨系统、跨区域的数据交换共享和功能对接，拓展数据共建共用共管能力，加强数据安全保护力度，探索公共数据安全有序开放。（市商务委（市口岸办）、市交通委、市经济信息化委、上海海关、上海海事局、上海边检总站）

2. 提升多场景智能化处理能力

面向国际贸易、口岸监管、绿色供应链等应用场景，推进针对不同领域不同应用场景的智能化算法模型和算力支撑，为政府部门提供协同监管，为贸易企业提供精准服务。（市商务委（市口岸办）、市发展改革委、市经济信息化委、市交通委、上海海关、上海海事局、上海边检总站）

3. 夯实口岸智能作业基础设施

建设高品质智慧港口、航道，提升智能港口技术与系统集成能力，实现港口集疏运设施重大关键技术突破，推进码头自动化升级改造，提高港口基础设施与智能船舶装卸货协同衔接能力。建设集成物流、分拣和监管功能的航空智慧货站，推进“机场大脑”建设，打造数字孪生机场。全面提升邮轮口岸信息化服务水平，积极打造智慧邮轮港。（市交通委、市经济信息化委、市科委、市商务委（市口岸办）、上海海关、上海海事局、上海边检总站）

（二）优化口岸数字化服务能力

4. 构建一站式业务办理与服务平台

深化国际贸易“单一窗口”建设，鼓励多元参与，打通港航等各类口岸通关物流节点，构建面向货物贸易、服务贸易的数字化一站式业务办理与服务平台。（市商务委（市口岸办）、市交通委、上海海关、上海海事局、上海边检总站）

5. 提升口岸数字化作业水平

推动口岸相关运营主体的信息化、无纸化、智能化建设，加快多平台协同联动。鼓励船公司提升海运电子提单应用率，推进无纸化放单。依托集装箱设备交接单平台和上海电子口岸，推广电子化放箱、精准提箱。建设航空货运信息综合服务公共平台，推进货运信息集成，进一步推广电子运单，提升货运管理智能化水平。（市交通委、市商务委（市口岸办）、上海海关、上海海事局、上海边检总站）

6. 丰富口岸数字化服务模式

推动以数据为基础的精准服务，推动航运物流、融资、保险、支付结算等服务更加便利，拓展外贸综合服务功能，为外贸企业提供数字化支持，打造包括贸易企业、物流企业、金融机构、监管部门等在内的高可信度口岸数字化服务生态圈。为国际贸易、航运和物流企业提供碳足迹追踪和碳排放测算，提升应对“碳达峰、碳中和”的分析决策能力。（市商务委（市口岸办）、市交通委、市经济信息化委、市发展改革委、市生态环境局、上海海关、上海海事局、上海边检总站）

（三）提升口岸数字化监管水平

7. 拓展口岸监管信息化应用范围

进一步推进口岸相关部门之间业务协同的信息化、无纸化建设。根据国家部委对进出口环节监管证件开展无纸化、电子化的改革措施和具体要求，做好在上海口岸的组织落实和推进等工作。推广口岸智能审核、智慧机检、远程核查。推广船舶感知和监管信息在贸易环节的应用，扩展国际贸易“单一窗口”水运口岸数据采集。提升上海海上安全预警及应急反应能力。建设上海港开放水域预警感知管控系统。（市商务委（市口岸办）、上海海关、上海海事局、上海边检总站）

8. 构建基于数字化的协同监管体系

推进上海跨境贸易大数据平台等新一代数字化监管信息系统的建设和完善。为口岸监管模式创新、系统集成提供支撑。加快区域信用信息共享步伐，推进口岸监管单位间信用信息互认，扩大信息互认的治理层面，探索基于大数据的区域内跨部门联合信用监管。以数据透明化促进监管便利，实现口岸无感监测、智能监管，形成口岸管理一体化数字闭环运转的协同监管体系。（上海海关、上海海事局、上海边检总站、市商务委（市口岸办））

9. 提升口岸多维度预警研判能力

依托国际贸易“单一窗口”，强化进出口货物、船舶等动态信息管理，建设上海口岸大数据可视化分析系统。推进多部门共同开展口岸运行分析与联防联控，建设数字化的口岸安全防控体系，提升口岸预警研判能力。（市商务委（市口岸办）、市交通委、市经济信息化委、上海海关、上海海事局、上海边检总站）

（四）增强口岸区域辐射能级

10. 推进长三角口岸通关一体化

深化长三角国际贸易“单一窗口”合作共建，推进口岸信息系统资源整合、特色功能推广和数字化转型，引导多方参与，探索长三角三省一市间数字化联合运营创新模式，推进长三角口岸通关一体化，支持长三角世界级港口群一体化发展。（市商务委（市口岸办）、市发展改革委、上海海关、上海海事局、上海边检总站）

11. 提升跨区域口岸辐射能级

积极对接长江经济带等国家战略，依托国际贸易“单一窗口”、集装箱江海联运公共信息平台，优化货物转运流程，推动沿江重点口岸间货物便捷流转。推进水水中转、江海直达、海铁联运、中欧班列、空空中转等业务模式的数字化转型，不断提升上海口岸区域辐射能级。（市商务委（市口岸办）、市发展改革委、市经济信息化委、市交通委、上海海关）

（五）打造国际互联互通合作新载体

12. 深化亚太示范电子口岸网络建设

以亚太示范电子口岸网络（APMEN）为基础，积极参与国际合作，不断提高国际影响力。推动海、空运端到端可视化试点，探索实施跨境物流可视化，形成“端到端”的“可视、可追溯”。（市商务委（市口岸办））

13. 建设国际互联互通合作新载体

探索推进与 APEC、RCEP 以及“一带一路”条件成熟的经济体开展物流、船舶可视化及贸易合规等试点，形成高效率、低成本、便利化跨境网络贸易通道，为企业提供“一次申报、全球通关”服务。搭建 RCEP 等国际协议的最优关税智能查询系统，为企业提供最优税率策划和咨询，协助企业用好优惠条款。（市商务委（市口岸办）、上海海事局）

三、保障措施

14. 加强组织保障

设立上海智慧口岸数字化专班，由市商务委（市口岸办）为牵头单位，成员单位包括市商务委（市口岸办）、市发展改革委、市经济信息化委、市交通委、市科委、市生态环境局、上海海关、上海海事局、上海边检总站、上港集团、机场集团、中国铁路上海局集团、亿通公司等。工作专班日常联系工作由市商务委（市口岸办）负责，工作专班明确工作职责和工作机制，定期召开工作会议，协调解决推进中遇到的具体问题。（市商务委（市口岸办）、市发展改革委、市经济信息化委、市交通委、市科委、市生态环境局、上海海关、上海海事局、上海边检总站）

15. 加强政策引导

各有关单位按规定统筹发挥各级各部门政策引导作用，支持建设一批口岸数字化重点项目。鼓励金融机构和社会资本投入口岸数字化建设。（市商务委（市口岸办）、市发展改革委、市经济信息化委、市交通委、市科委、市生态环境局、上海海关、上海海事局、上海边检总站）

来源：上海市商务委员会。

（三）综合信息

2022年上海国际航运中心建设十大事件发布

首架国产大飞机C919交付，迈出市场运营第一步；聚焦绿色智慧韧性发展，北外滩国际航运论坛为全球航运业贡献中国智慧、上海方案……2022年，上海国际航运中心在疫情防控与生产运行“双线战役”中稳扎稳打，凭借十足韧性破浪前行。

新华社日前发布“2022年上海国际航运中心建设十大事件”，这也是连续第九年发布这一重要事项。

（1）2022北外滩国际航运论坛在沪举办，聚焦航运业绿色、智慧和韧性发展

2022年11月22日，“2022北外滩国际航运论坛”在北外滩世界会客厅开幕，主题为“共促绿色、智慧、韧性的全球航运业新发展”。论坛上，发布了多项航运业重要成果，包括“上海国际集装箱舱位交易平台”上线试运行、上海船员评估示范中心揭牌等。

北外滩国际航运论坛力争打造国际航运领域重要的观点交流平台、政策发布平台和规则孕育平台。通过论坛举办，将加强国际航运业交流合作，跟踪行业发展趋势，分享行业发展经验，促进国际航运和经济贸易的繁荣发展，为世界航运业发展贡献中国智慧、上海方案。

（2）首架国产大飞机C919交付，迈出市场运营第一步

2022年12月9日，国产大飞机C919全球首家用户东方航空，正式接收首架C919飞机，标志着国产大飞机迈出市场运营的第一步，也标志着中国民航运输市场首次拥有中国自主研发的喷气式干线飞机。C919大型客机是我国按照国际通行适航标准研制、具有完全自主知识产权的全球新一代单通道干线客机，2017年首飞，2022年9月29日取得中国民航局型号合格证（TC证），2022年11月29日，取得中国民航局生产许可证（PC证）。该款机型采用先进气动设计、先进推进系统和先进材料，碳排放更低、燃油效率更高。

（3）《2022新华·波罗的海国际航运中心发展指数报告》发布，上海保持全球第三

2022年7月11日，《新华·波罗的海国际航运中心发展指数报告（2022）》在沪发布。上海以82.79的总得分排名第三，进一步缩小与新加坡、伦敦的差距。“软硬”实力互动并进 上海综合竞争力与日俱增。

自2020年首次跻身前三名以来，上海国际航运中心的国际地位日趋稳固，航运资源高度集聚、航运服务功能健全、航运市场环境优良、现代物流服务高效，全球航运资源配置能力不断增强。

（4）上海港集装箱吞吐量连续13年全球第一，洋山深水港区小洋山北作业区集装箱码头及配套工程获批

2022年，上海港集装箱吞吐量突破4730万TEU（标准箱）大关，连续第13年蝉联全球第一。洋山深水港区小洋山北作业区集装箱码头及配套工程获批，更好服务构建新发展格局、推动长三角更高

质量一体化发展。

此外，顺应绿色、低碳、智能航运发展新趋势，上海港全面发力港口数字化转型。依托区块链技术，上海港实现进口放货全流程无纸化，进口换单放货流程缩短至 4 小时以内。线上线下相融合的港口服务平台、全新的散 / 件杂货码头生产运营软件、以“gis 数据跟踪”“船舶信息大数据展示”“智慧港口三维数据融合”为主体的生产管理“智慧眼”……一系列自主创新持续提升国际集装箱枢纽港辐射能级。

（5）浦东国际机场四期扩建工程开工，为上海建设国际航空枢纽提供新动能

2022 年 1 月 4 日，浦东国际机场四期扩建工程正式开工，主要包括航站区、飞行区、旅客捷运等六大项目，建成后预计可满足 2030 年浦东机场年旅客吞吐量 1.3 亿人次的需求；11 月 21 日，浦东机场四期扩建工程智能货站项目也正式启动，预计 2024 年 10 月底竣工，将为上海口岸提供每年超过 100 万吨的出入境货物保障能力。在浦东机场四期扩建工程中，上海机场集团正在构建一套超大工程全流程、工序级、分层式的数字建设体系，对超大、超难工程的高质量建设具有重要引领和借鉴意义。

（6）上海市政府与国际海事组织，中远海运集团签署战略合作备忘录

2022 年 1 月 20 日，上海市人民政府与国际海事组织签署合作备忘录，将进一步促进上海国际航运服务要素的集聚，提升上海国际航运中心的服务能级以及服务全球航运事务治理的能力。

2022 年 12 月 29 日，上海市人民政府与中国远洋海运集团有限公司在沪签署战略合作协议。双方将在港航业务、全球数字化供应链建设、绿色低碳航运等领多个领域域开展合作，构建具有国际竞争力的物流供应链综合服务生态，共同打造上海国际航运中心升级版。

（7）全球最大超大型集装箱船，全国首艘江海联运型 LNG 船等，高端航运装备在上海交付

2022 年 5 月 26 日，中国船舶集团旗下沪东中华造船（集团）有限公司联合中国船舶工业贸易有限公司建造的 8 万立方米液化天然气（LNG）运输船“传奇太阳号”，在长兴造船基地命名交付。“传奇太阳号”是全球最大浅水航道第四代船型，也是我国首艘江海联运型 LNG 船。

2022 年 6 月 22 日，中国首艘、全球最大 24000TEU 超大型集装箱船在沪东中华造船（集团）有限公司签字交付。这是沪东中华自 2020 年 9 月完工交付中国首创全球首艘 23000TEU 双燃料动力超大型集装箱船后，在顶级超大型集装箱船建造领域取得的又一重大突破。

一系列高端航运装备的交付，折射出上海国际航运中心的“硬科技”实力不断提升。

（8）中国首单保税 LNG 加注业务落地上海洋山港，全球最大双燃料集装箱船在洋山港，完成 lng 燃料加注

2022 年 3 月 14 日，马耳他籍“达飞希米号”集装箱轮驶入洋山港二期码头，完成液化天然气（LNG）燃料加注。这是国际航行船舶保税 LNG 加注业务的“中国首单”，也意味着上海港成为全球少数拥有“船到船同步加注保税 LNG”服务能力的港口。

2022 年 8 月 24 日，洋山深水港首次为全球最大型 2.3 万标箱双燃料集装箱船加注液化天然气（LNG）燃料，标志着上海港 lng 燃料加注服务能级跃升。

（9）国际集装箱班轮公司沿海捎带业务正式“启航”

2022 年 5 月 31 日，国内首单外资班轮公司“沿海捎带”业务，在上海洋山深水港落地。沿海捎带业务试点，是中国国际航运领域开放的一次重要突破。

外资班轮船公司沿海捎带，是指外国国籍船舶在中国沿海港口之间从事外贸集装箱重箱的国内段运输。根据 2021 年 11 月 18 日《国务院关于同意在中国（上海）自由贸易试验区临港新片区暂时调整实施有关行政法规的批复》，允许外资班轮船公司开展大连港、天津港、青岛港与上海洋山港之

间，以洋山港为国际中转的外贸集装箱沿海捎带业务。

（10）友好港深化合作，倡议共建“绿色航运走廊”

2022 年 1 月，上海港和洛杉矶港共同倡议建立“绿色航运走廊”，以实现上海港和洛杉矶港之间以最清洁、低碳的方式实现港到港货物运输。

2022 年 11 月，上海港与鹿特丹港、安特卫普 - 布鲁日港深化友好港合作，践行“一带一路”倡议，推动各方在更高水平、更广领域协同发展。

来源：新华社。

上海港集装箱吞吐量连续 13 年排名全球第一

上海港 2022 年集装箱吞吐量突破 4730 万 TEU（标准箱）大关，连续第十三年蝉联全球第一。在集装箱箱量屡攀新高的同时，2022 年上海港也在新科技突破、新区域开拓、新业态发展方面不断发力。

据介绍，上港集团 2022 年一季度生产实现开门红；7 月集装箱吞吐量 V 型反弹，以 430.3 万 TEU 创同期新高；9 月 8 日和 11 日昼夜集装箱吞吐量连续突破 16 万和 17 万 TEU 大关，创下 170173TEU 的昼夜集装箱吞吐量新纪录，并接连刷新单工班集装箱吞吐量、单船集装箱作业量、单码头昼夜集装箱吞吐量等多项纪录。

在集装箱箱量屡攀新高的同时，2022 年上海港也在新科技突破、新区域开拓、新业态发展方面不断发力，打出了升级陆改水、优化海铁联运、水水中转、ICT 前置等稳链助企、保供保畅业务组合拳，开辟重要生产生活物资港口绿色通道。

来源：上观新闻。

夯实全球贸易枢纽城市地位

建设国际贸易中心是中央赋予上海的光荣使命。过去 10 年，上海坚持推进贸易高质量发展，贸易主体能级进一步提升，贸易枢纽功能不断增强，贸易载体辐射能力显著增强，国际消费中心城市功能进一步凸显，基本建成与我国经济贸易地位相匹配、在全球贸易投资网络中具有枢纽作用的国际贸易中心。

当前，上海正在朝着加快建设具有世界影响力的社会主义现代化国际大都市目标迈进，踏上了深化国际贸易中心建设新征程，开启了国际贸易中心能级提升的关键时期。要根据新情况、新变化采取一系列积极策略，着力实现内向贸易网络与外向贸易网络联通，进一步提升城市的影响力、辐射力。

第一，海外贸易投资机构集聚有助于上海国际贸易中心能级提升。

海外贸易投资机构是国际贸易中心城市的活跃细胞单元。贸易主体高效利用国际国内两个市场、两种资源，更好统筹发展在岸业务和离岸业务，实现连接全球、买卖全球、服务全球，离不开各类贸易投资促进机构和国际组织。

纵观全球知名的国际贸易中心城市，无一例外是海内外贸易投资机构集聚的高地。一方面，海外贸易投资机构的集聚发展有利于高水平推动贸易投资合作交流，拓展全球贸易投资网络，促进贸易投资合作，进而加深国际产业链、供应链的合作韧性；另一方面，海外贸易投资机构集聚发展有利于完善国际贸易中心服务能级，提升参与全球经贸规则的治理能力，更好发挥城市辐射功能。

同时，“海外贸易投资机构”“国际经济组织”等概念更容易被国际社会所接受。这些机构组织历来也是重要的民间外交渠道，有利于增进国际经贸交往。

“十三五”期间，上海相继打造虹桥海外贸易中心、前滩国际经济组织集聚区等海外贸易投资机构集聚发展平台，发挥了贸易推动、投资促进、信息沟通、专业服务等功能作用。截至 2021 年底，仅以境外非政府组织形式注册登记的海外贸易机构为例，上海共登记境外非政府 145 家，占到全国的 23%。“十四五”时期，要加快集聚国内外知名专业机构和贸易投资促进机构、国际组织，进一步夯实上海全球贸易枢纽城市的地位。

第二，抓住新一轮扩大开放措施重要契机，形成海外贸易投资机构差异化集聚效应。

新一轮扩大开放措施为吸引海外贸易投资机构提供了能量场、动力源。上海应结合浦东社会主义现代化建设引领区建设、自贸试验区提升战略、临港新片区新一轮扩大开放等举措，对标高标准国际经贸规则，推进海外贸易投资机构集聚步入“快车道”，持续打造市场化、法治化、国际化一流营商环境。

日前，《浦东新区深化上海国际贸易中心核心区建设“十四五”规划》正式发布，宣布推进国际经济组织集聚计划，持续深化加工制造中心、研发设计中心、物流分拨中心、检测维修中心、销售服务中心等高能级枢纽节点。结合现有分布与区位空间，建议进一步梳理海外贸易机构的分类与分布情况，不断创新海外贸易投资机构的管理和服务机制，推动浦东前滩国际经济组织集聚区、自贸试验区临港新片区、虹桥国际中央商务区三地形成差异化集聚效应。

其中，自贸试验区新片区为联合国等国际组织的功能性总部落户预留空间，探索打造国际商务出入境特别区；浦东前滩地区可注重聚焦国际经济组织集聚发展，集聚高端化功能；虹桥国际中央商务区重点聚焦境外商协会机构集聚发展，并注重与长三角区域的协同联动。

第三，用好进博会重要平台，加大城市间合作，促进海外贸易投资机构引进力度。

进博会是促进贸易投资与国际合作的全球性平台，是分享发展机遇、促进经济复苏的重要平台。上海作为进博会的永久举办地，应当进一步发挥进博会的集聚溢出效应。

可依托大虹桥地区，建设标志性的贸易性机构集聚空间，推动城市间贸易网络联通；依托国际友好城市等资源和渠道，加强全球合作伙伴网络建设，通过互设贸易投资促进机构代表处等方式推动高水平开放；支持本地企业和商（行）业协会参与海外贸易机构活动，形成良性互动效应。

独行快，众行远。新形势下，要以更大力度吸引集聚海外贸易投资机构，构建更深、更宽的贸易投资网络，助力上海国际贸易中心提升能级，进而为改善全球经济治理持续赋能。

来源：《解放日报》。

解读 | 海关支持 2022 年第五届中国国际进口博览会便利措施

7 月 18 日，海关总署发布了 62 号公告，包括《2022 年第五届中国国际进口博览会海关通关须知》《海关支持 2022 年第五届中国国际进口博览会便利措施》，以及“两个清单”，即《2022 年第五届中国国际进口博览会检验检疫限制清单》和《2022 年第五届中国国际进口博览会检验检疫禁止清单》。

今年海关支持进博会的便利措施总体来说是“稳中有升”。所谓“稳”，就是稳定政策预期。借鉴前四届进口博览会海关监管服务保障的成功经验和做法，将相关支持政策再做进一步完善和固化，使之常态有效，持续便利，主要体现以下方面。

一、发布通关须知，提供详细通关指引

海关总署 2022 年第 62 号公告中，《通关须知》对进口博览会备案、展览品审批和准入、物资申报、查检放行、展中监管、展览品处置、记者采访器材等进口博览会物资通关全流程规范性要求进行了详细阐述，为办展方、参展企业提供了详细的通关指引；《便利措施》是海关支持进口博览会的具体举措，充分体现了创新与便利；《禁止清单》和《限制清单》则明确了参加展览和销售商品的条件以及商品名录。

二、设立常态化机构，随时响应需求

上海海关所属上海会展中心海关作为海关服务进博会常态化机构，统筹国际会展监管资源，常年对接进博会，提供展品通关、驻场监管服务与政策解答等全方位一站式服务，随时响应进博会需求。

三、深化科技应用，打造智能化监管服务模式

在充分吸收借鉴往届进博会对“跨境贸易管理大数据平台”使用经验的基础上，强化 AR 眼镜智能巡馆、创新“鉴证溯源”等科技化应用手段，加强进境展品的信息采集和管理，让守法货物在无干扰的情况下顺畅流通。

四、派员入驻现场，提供服务保障

根据主办方及相关企业需求，上海海关将继续派员入驻国家会展中心（上海）的现场综合服务区，为企业提供关税、展品监管、留购等业务的政策咨询服务。

五、海关允许办展方统一提供税款担保，减轻境外参展企业负担

对进口博览会暂时进境展览品，由国家会展中心向上海海关办理税款担保，税款担保可以为银行保函或者关税保证保险方式办理，税款担保方式方便灵活。相比保证金等其他担保方式，企业购买关税保证保险可以避免直接的资金占压，且购买关税保证保险所需等待审核的时间相对较短，担保效率相对较高，且资金占用成本相对较低。

六、就近开展验核，提升参展便利化水平

在展品通关环节中，进口博览会进境动植物及其产品、动植物源性食品、中药材等展览品需检疫审批的，入境前参展商应当提出申请，海关总署委托上海海关及相关海关就近就地办理审批手续，相关审批工作 3 个工作日内办结。同时，按照“便利可操作”原则，海关总署委托上海海关对展区内销售的进口水产品、乳制品、燕窝境外生产企业行使受理和审查权，并免于境外实地评审，审查通过后海关总署发放临时注册批件，临时注册批件仅限于展会期间及展区内使用。相关展览品均需符合《限制清单》和《禁止清单》要求。

七、设置专门通道，优先办理手续

针对进口博览会入境贵宾级别高，入境展品批次多、金额大、通关时效要求高的情况，海关将为进口博览会入境贵宾提供礼遇通道、设置统一标识，提供便利通关服务。在各通关现场对进口博览会物资开设“专用通道”，设立专人专窗，优先办理相关物资的海关手续，确保即到即报，即查即放。

八、固化监管措施，延长 ATA 单证册项下展览品暂时进境期限

首届进博会前，由海关总署批准，ATA 单证册项下进博会展品的期限，在单证册有效期内由 6 个月延长至 1 年，为参展商在展后更大限度扩大参展效应提供便利。该项措施在首届进博会期间深受欢迎，海关总署于 2019 年 1 月发布 2019 年第 13 号公告，将该项措施予以延续、固化、推广，参展企业可以在往后历届进博会享受到该项支持政策。

九、推进准入谈判，扩大进境展览品种类

加强与参展国家或地区检疫准入谈判，加快风险评估进度，支持风险水平可接受的农畜产品参展并实现对华贸易，为国内市场带来更加丰富的展品种类。

十、简化监管手续，方便特殊物品进境

对进口博览会参会代表携带自用且仅限于预防或者治疗疾病用的特殊物品（生物制品），可凭医生处方或者医院的有关证明，准予入境。允许携带量以处方或者说明书确定的一个疗程为限。

十一、简化入境手续，方便食品化妆品参展

对于进博会期间仅供展览的预包装食品和化妆品，可免予加贴中文标签和抽样检验，免予核查收发货人备案证明；对于需少量试用、品尝的展品，海关根据食品安全风险评估情况，可展前抽取样品检验，免予加贴中文标签；对于在展会现场少量试销的展品，可免于加贴中文标签。对于拟试用、品尝、散发的展览用品，相关参展商应当具备符合要求的合格证明（参展国官方证书 / 第三方检测报告 / 参展方自验合格报告 / 参展方合格证明）。

十二、简化出境手续，便利展览品展后处置

进口博览会暂时进境展览品（ATA 单证册项下暂时进境展览品除外）在进口博览会结束后，结转到海关特殊监管区域和保税监管场所的，准予核销结案。展品结转到特殊监管区域或保税监管场所后，海关按保税货物予以监管，可按规定开展保税展示业务。

参展汽车，须符合海关关于汽车平行进口试点保税仓储业务或进口汽车保税存储展示业务相关规定，可结转至可开展汽车保税仓储业务的海关特殊监管区域和保税监管场所。

十三、支持保税展示展销常态化，扩大展会溢出效应

经海关注册登记的海关特殊监管区域或保税物流中心（B 型）内企业，可以将保税货物提交担保后运至区域中心外进口博览会保税展示展销场所进行展示和销售等经营活动。

进口博览会展会期间及展会后，有展示展销需求的企业，均可提前向上海海关申请开展保税展示展销常态化业务。

十四、支持跨境电商业务，推进线上线下融合

允许列入跨境电商零售进口商品清单（2022 年修订）的进境展览品，在展览结束后进入海关特殊监管区域和保税物流中心（B 型）的，可按照“1210”跨境电商网购保税零售进口商品模式销售。这一举措将有力搭建起进博会展品的展后“转场地”和线上交易承接地，促进展品变为商品，进一步扩大进口。

十五、支持文物展品参展，办理展后留购手续

由于种种原因，我国有大量文物、文化艺术品流失海外。近年来国内收藏市场日益兴旺，对文物及国内外高端艺术品投资需求也不断增加。而目前文物、文化艺术品因自身价值较高，正常进口时须缴纳较高的进口环节税，导致此类商品在境外交易后大都在境外存储或展示。这条专门针对文物展品的支持便利措施，旨在推进社会文物综合改革试点，进一步促进中国文物回流。

以上是进博会海关便利化措施常态化部分，即“稳中有升”中“稳”的部分，“升”的部分主要指第五届进博会海关便利化措施的范围、广度及延伸性等较前又有进一步提升。具体来说，在今年的便利化措施中，新增了一项创新举措：对符合条件的参展车辆优先检测、出具相关证明。参展车辆完成单车认证并取得中国强制性产品认证（CCC）证书，按照《中华人民共和国大气污染防治法》要求完成国六环保信息公开后，海关优先依法实施商品检验，出具《货物进口证明书》《进口机动车辆随车检验单》等相关证明。随着进博会国外新款车辆参展越来越多，海关该条举措为相关车辆进境提供通关便利，以满足国内消费者对境外全新车型日益增强的需求。

来源：海关总署网站。

提升通关便利化
上海南京杭州海关探索试点跨境电商出口转关业务

9 月 15 日，长三角一体化示范区举行新闻发布会，解读《关于进一步支持长三角生态绿色一体化发展示范区高质量发展的若干政策措施 》，并回答记者提问。

上海海关在促进长三角生态绿色一体化发展示范区建设方面采取了哪些具体措施？根据《若干政策措施》，上海海关作为建立三地海关跨境电商协同监管机制的牵头单位，将如何进一步推动跨境电商出口转关业务发展？

上海海关副关长叶建介绍，一直以来，海关高度重视长三角生态绿色一体化发展示范区建设。长三角海关贯彻落实海关总署部署要求，全面推进实施了两轮《海关支持长三角区域一体化发展重点举措》，包括在货物监管、保税监管、执法服务、风险防控、打击走私等领域推进一体化改革，相关举措在示范区内全面适用。

示范区内三地隶属海关发挥基层首创精神，在上海海关牵头建立的长三角区域内直属海关一体协同工作机制的基础上，加大改革探索力度，建立紧密协作关系，形成了联合党建、课题调研、改革研究等常态化工作机制，全力推进示范区建设。联合开展国门生物安全监测，着力加强三地海关病媒生物和外来有害生物监测的信息交换和应急反应。探索推进跨关区联合稽查，推进重点领域行业性的系统监控、专项稽查。还比如联合建立知识产权海关保护协同机制，为示范区内企业创新发展提供优质营商环境。

跨境电商是示范区外贸经济发展的重要抓手。近年来，上海海关在海关总署的指导下，通过制度创新、业务改革，不断丰富上海口岸跨境电商商业内涵：丰富跨境电商出口渠道，推出跨境电商企业对企业出口业务模式，试点跨境电商保税出口业务模式，为中小企业出口打通多元化通关渠道。完善跨境电商进口退货业务流程，建立跨境电商进口退货中心仓，降低企业退货成本，解决企业后顾之忧。全力保障如 6·18、双 11 等跨境电商促销活动期间的正常通关，从人力资源和信息化系统两方面着手，应对通关量激增情况，保障跨境电商进出口货物通关零积压、零滞留。目前，这些措施在示范区内已取得良好的实际应用效果。

面对疫情冲击，跨境电商出口已经成为稳外贸基本盘的重要抓手。在跨境电商出口业务链条中，南京、杭州在业务链前端培育了一批优秀的跨境电商出口企业，上海在业务链后端拥有口岸航线优势，两者的充分结合，将更加有效地促进长三角区域跨境电商出口业态。为此，上海海关、南京海关、杭州海关共同探索试点跨境电商出口转关业务，进一步提升通关便利化程度，助力企业更有效的配置资源，优化运营模式，降低物流成本和运维成本，提高企业在国际市场上的竞争力。

去年，上海海关与南京海关已就跨境电商出口转关业务进行了初步尝试，建立了上海海关隶属浦东机场海关与南京海关隶属苏州海关之间的跨境电商出口转关协作机制，初步实现属地清关、转关运输、口岸出境全流程监管操作。下一步，上海海关作为牵头单位将在海关总署的指导下，进一步加强与南京海关、杭州海关的协调配合，以此次《若干政策措施》的实施为契机，持续优化跨境电商出口转关模式，为示范区高质量发展贡献海关力量。

来源：澎湃新闻。

二、自贸区物流

（一）2022 年度相关统计数据

2022 年保税区域进出口情况

2022 年外高桥保税区完成进出口额 1438.0 亿美元，同比下降 10.3%，其中进口额 1092.9 亿美元，下降 8.9%，出口额 345.1 亿美元，下降 14.4%。

2022 年外高桥港综合保税区完成进出口额 50.8 亿美元，同比增长 49.0%，其中进口额 24.7 亿美元，增长 82.8%，出口额 26.1 亿美元，增长 26.8%。

2022 年浦东机场综合保税区完成进出口额 154.1 亿美元，同比增长 42.1%，其中进口额 72.5 亿美元，增长 30.6%，出口额 81.6 亿美元，增长 54.2%。上述保税区域三区合计进出口总额 1642.9 亿美元，同比下降 5.9%，其中进口额 1190.0 亿美元，下降 6.2%，出口额 452.9 亿美元，下降 5.0%。

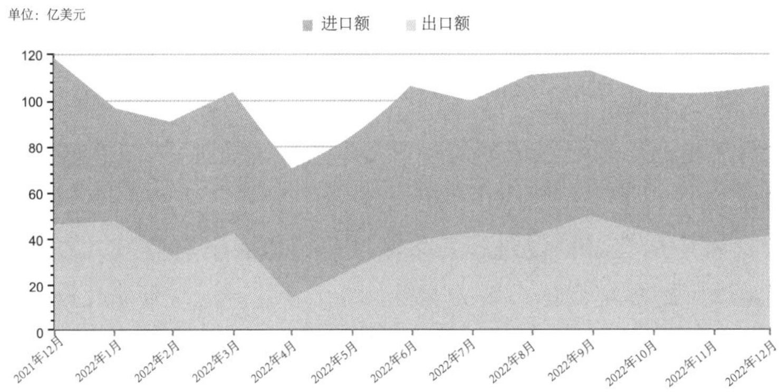

图 4-1：保税区域月度进出口

来源：海关总署网。

（二）上海自贸区物流业年度综合情况

上海自贸区实施信用监管新机制

新华社上海 12 月 21 日电（记者杨有宗）优化营商环境，中国首个自贸区—中国（上海）自由贸易试验区又推出新的举措：探索建立以信用为基础的新型监管机制，对于纳入诚信示范试点的企业，监管部门将通过优先办理进出口通关手续、减少货物查验率和抽查比例等措施，提升企业通关效率，帮助企业节省成本。

记者 20 日从上海自贸区保税区域打造诚信建设示范区新闻发布会获悉，根据最新发布的《中国（上海）自由贸易试验区保税区域诚信建设示范区试点方案》，上海自贸区保税区域探索建立诚信建设示范区，这一示范区将充分利用海关特殊监管区域有形物理围网、全生命周期信息围网、分类精准信用围网的“三网协同监管”优势，建立以信用为基础的新型监管机制。

监管部门将对诚信示范企业提供多方面的便利。上海市发改委社会信用推进处相关负责人说，在货物进出口、出口退税、境外投资备案、人员出入境管理、质量认证等方面，监管部门将建立激励机制，为诚信企业营造“无事不扰”的生产经营环境，服务企业跨境贸易合作。

作为首批 17 家诚信示范试点企业之一，爱博斯迪科化学（上海）有限公司总经理陈绍龙说，诚信建设示范区在贸易便利化方面推出的联合激励措施，会结合企业在海关的信用评价状况，优先办理进出口通关手续、减少货物查验率和抽查比例，能够帮助企业节省时间成本，提升运营效率。

上海自贸区管委会保税区管理局副局长赵宇刚说，在试点过程中，监管部门将结合市场主体在发展经营过程中碰到的新问题、新诉求，在“管得住”的基础上研究出台更多“放得开”的联合激励措施，进一步提升诚信企业的获得感和满意度。

来源：新华网。

上海自贸试验区“全球营运商计划”再扩容
“GOP 十条”助力企业配置全球

12 月 15 日，“全球营运商计划（GOP）”发展大会在外高桥保税区举行。上海自贸试验区保税区管理局发布《支持“全球营运商计划（GOP)”在中国（上海）自由贸易试验区保税区域发展的若干措施》（以下简称“GOP 十条”），以促进加入 GOP 计划的企业能够面向全球、配置全球、服务全球，不断做大市场、做大增量、做强能级。

上海市委常委、浦东新区区委书记、中国（上海）自由贸易试验区管委会主任朱芝松，上海市政府副秘书长、浦东新区区委副书记、区长、中国（上海）自由贸易试验区管委会常务副主任杭迎伟，中国（上海）自由贸易试验区管委会副主任章曦等出席活动。

2020 年 12 月 16 日正式启动、在保税区域率先实施的“全球营运商计划（GOP）”，是浦东新区集聚总部类机构、提升总部能级的重要抓手。这一计划推出两年来，区域内企业规模和发展质量不断提升，在提高贸易便利化、拓展全球业务、提升营运能级、促进功能复合、实现新项目落地和引领带动产业链发展等方面涌现了生动的实践案例。

在 GOP 计划和浦东政策叠加推动下，浦东新区累计吸引实到外资超过 1250 亿美元，设立了各类型总部企业近 1000 家，其中跨国公司地区总部 413 家、外资研发中心 251 家，全市占比分别达 47% 和 48%。浦东新区区委常委、副区长杨朝表示，GOP 计划扩大了浦东企业集群在产业链、供应链、价值链的影响力，这是上海自贸试验区的一张亮丽名片，也为浦东新区建设“五个中心”核心区战略举措和提升城市竞争力提供了坚实助力。

此次发布的“GOP 十条”，由保税区域对企业在配置全球资源过程中遇到的实际需求，会同工作专班研究出台，涉及 4 个方面共 10 条举措：

在业务拓展方面，支持 GOP 企业配置全球资源，满足相应条件或达到一定标准的，给予一定专项扶持奖励。

在总部发展方面，支持 GOP 企业增能升级，发展成为总部。比如，升级为跨国公司地区总部，在营业额方面满足一定条件的，最高可获得 1000 万元的奖励。

在支持创新方面，支持 GOP 企业发展离岸转手买卖、大宗商品贸易、境外投资等业务，满足相应条件或达到一定标准的，给予一定奖励。同时，对符合条件的从事集成电路、生物医药等关键领域核心环节生产研发的 GOP 企业，优先支持享受自设立之日起 5 年内减按 15% 的税率征收企业所得税。

在综合服务方面，为 GOP 企业外省市员工办理居住证积分、居转户和直接落户等梯度化人才引进提供便利支持；优先支持 GOP 企业申请特殊人才引进。在浦东新区工作满 4 年、每年在中国境内实际居住累计不少于 6 个月的 GOP 企业外籍华人，可以申请在华永久居留。

当天活动中，10 个 GOP 企业项目进行了签约，新一批 10 家意向加入全球营运商计划企业与保税区管理局签订了合作备忘录。

由上海财经大学通过政校合作方式设立的“全球营运商计划（GOP）研究促进中心”（以下简称“中心”）也在当天正式亮相。中心以专业咨询、课题合作、重点攻关、人才培训等方式，广泛开展产学研联动，深入研究国际经贸规则及全球产业链、价值链、供应链、创新链和跨国企业经营发展模式，探索涉外知识产权保护、法治保障体系建设等，通过多维度、多国界、多学科的学术研究，构建具有国际视野、全球格局的 GOP 发展理论体系，助力全球营运商计划高效稳步推进。

明年，上海自贸试验区成立将满 10 年。面向未来发展，保税区域将把基础服务和集成服务，变成全方位、全领域、全天候、全周期、全要素的战略服务，为 GOP 企业精准“量身定制”支持方案，与 GOP 企业同成长、共发展。对于 GOP 企业在全球资源配置过程中遇到的瓶颈和难以解决的问题，将成为上海自贸区制度创新的源点，切实打通“堵点”、解决“难点”、消除“痛点”，让 GOP 企业真正成为在细分领域内占据全球统筹领导地位，在全国乃至世界范围内形成引领示范效应。

来源：浦东发布。

国际货轮到港“零等待”、离港“零延时”
上海边检为外贸保稳提质注入新动能

日前，从日本驶来的“MONOCEROS LEADER”轮缓缓靠泊海通码头。在此之前，外高桥边检站早已通过边检“单一窗口”平台提前为该轮办理完预检手续，确保其到港即可开工作业。第二天，边检机关又提前办结网上核验手续，不必等待，该轮装载近 2700 辆国产品牌汽车顺畅驶离海通码头，助力中国制造快速走向海外市场。

在今年 5 月 30 日国家移民管理局集中推出的服务便利涉外企业生产经营新举措中，其中一条明确：“实行国际货运船舶到港‘零等待’、离港‘零延时’验放通关”，为推动外贸保稳提质注入源源动能。“国际货轮边检通关‘零等待’‘零延时’举措可以有效缩短国际航行船舶靠离周期，每艘船舶入出境通关平均可以节约近 2 小时，不仅大大节约了船方运营成本，更提高了码头周转效率。”上海边检总站外高桥边检站边防检查处处长杨永祥说。

作为拉动经济增长的“三驾马车”之一，外贸在稳经济、促发展中发挥着重要作用。今年以来，面对严峻复杂的外部环境和国内疫情多点散发带来的挑战，我国持续扩大高水平对外开放，部署实施一系列稳外贸政策工具，推动我国外贸经济逆风发展。数据显示，今年 1 月—7 月，我国货物贸易进出口总值 23.6 万亿元，同比增长 10.4%。上海实现外贸进出口总额 2.28 万亿元，比去年同期增长 3.0%。

长期以来，上海自贸试验区外高桥口岸是直接服务国家“一带一路”建设的桥头堡，承担着上海国际贸易中心约 50% 的海运货物进出口业务。据上海边检总站外高桥边检站统计，今年 1 月—8 月，外高桥口岸出入境（港）船舶近 1.4 万艘次，集装箱吞吐量达 1200 余万标准箱，其中出入境（港）船舶数量位列上海港第一。一连串数据在疫情大考下，传递出经济持续恢复的积极信号。

上海海通国际汽车码头是全国最大的汽车整车进出口平台，中国汽车海运出口中有一半从这里启程，销往全球 100 多个国家和地区。全面实行国际航行船舶网上预报预检、24 小时随到随检……上海边检机关“零等待”“零延时”通关便利举措，助力国产汽车出口跑出“加速度”。

上海海通国际汽车码头有限公司总经理陈舸介绍：“1 月—8 月，海通码头有近 500 艘次滚装船舶享受了边检通关便利，该政策累计为企业节约生产作业时间 800 余小时，节约码头泊位费、油料

费、人工费等经济成本1000余万元，极大提升了上海港整车进出口效能。”

对于口岸营商环境的持续优化，上海良友新港储运有限公司总经理古明新也深有感触。承担了国家政策性粮油与贸易性粮油的进口接卸与中转疏运任务的上海良友码头，今年以来已承接了20余艘次粮食原料储运船舶靠泊。“边检机关主动提前一些、跨前一步，有效缩短了船舶靠泊周期，平均每艘外轮能够减少在港时间约1天，这1天可以为货主节省几万至几十万美元，同时也为港口企业高效作业赢得了良好声誉。”古明新表示。

来源：浦东发布。

民生样本，年度记录
在上海自贸区遇到进博会的“下半场”

2022年11月10日，进博会闭幕的当天，位于上海自贸区外高桥片区英伦路300号的“全球汇”正式启动。

在进口水果展区，消费者正在挑选全球精选水果。

一位销售员：水果的话，最近葡萄柚卖得特别好。今天中午我自己也刚买了一盒。

另一位销售员：现在口感上比较好的柚子是这一款……

“全球汇”聚集了来自叙利亚的古皂、西班牙火腿、意大利精美首饰、法国香水等优质商品种类达万余款，让人目不暇接，足不出“沪”就可以买遍全球。

叙利亚国家馆负责人董晶岩介绍，在首届进博会上一炮打响的叙利亚古皂已在此入驻，同时更多的叙利亚商品也希望以“全球汇”为起点，在中国市场找到新的机遇。

董晶岩：今天摆出来的东西没有那么多，叙利亚皂类放在这里是一个比较有特色的产品， 它拥有4000多年历史了。另外就是一些玫瑰的产品，像这些大马士革玫瑰精油，也是叙利亚很重要的一个产业，那边还有大马士革绸缎，这个在叙利亚有2000多年历史，其实最开始它是因为中国丝绸之路过去，叙利亚人把很多符合当地风格的一些设计都加入中国丝绸中，所以最终形成了大马士革锦缎。

董晶岩告诉记者，五届进博会他们都有参加，这次将叙利亚国家馆永久入住自贸区，就是想要扩大进博会的效应，会期的短短几天时间，对他们和客户来说还“不过瘾”。

董晶岩：我觉得进博会时间还是比较短，而且在进博会上，其实我们能展现的东西也很有限。客户想看到这个产品，可以寄给他，但是这样并没有感觉，只有到了现场以后，在这个氛围里通过介绍产品背后的文化及故事。所以在进博会上，其实大家看到了以后，它还是需要一个平台再进行深入了解，这两年我们有深刻的体会，我们非常好的合作伙伴其实都不是进博会后马上合作的。所以现在有一个像“全球汇”这样的平台，让更多有兴趣的人可以进一步深入了解，来好好感受一下。

“全球汇”项目建筑面积11760平方米，其中不仅有单纯的商品展示馆，还有大面积的文化馆，叙利亚馆就用自己展馆的大半面积建成了一所“博物馆”，为的也是更好地介绍当地文化，用悠久文化连接商品贸易、服务贸易和文化交流。

董晶岩：当你进到这个馆的时候，你会在第一个房间看到它的历史文化，它整个的历史跨越了1万多年，这个馆的设计看起来好像不是很复杂，你可能看到这个颜色好像很普通，但是它是大马士革国家博物馆的主色调，像这些墙上的花纹都是叙利亚常用的几何图形，这都是叙利亚的文化。今年在进博会上，我们有一个服务贸易的馆专门展示叙利亚在服务贸易上都有什么东西可以提供给中国，这些其实都是让大家知道我们希望能传递的不光是产品。

在更加现代的法国馆，除了大牌化妆品、农产品外，还有各种高科技产品的展示，法国馆馆长潘玮介绍，这里还是法国高科技产品进入国内的前哨站。

潘玮：其实法国最重要的一块就是它的科技，我们现在跟具有专门做检测仪的一家公司合作，他们把好多检测设备放到我们平台上，也希望在中国能够和一些大学、科研机构合作，他们有 HPLC（液相色谱仪）、GCMS（气相色谱质谱联用仪）等一些专业的检测设备。

潘玮也提到，持续时间不到一周的进博会对于合作伙伴们来说“不过瘾”，为此他们到“全球汇”展区设立单独场馆，让客户更了解各项产品，也能依托上海自贸区的各项优惠政策，加速产品进口效率。

潘玮：在进博会上，由于时间很短，大家深入了解的机会都并不是很多，我们很多的客户等到进博会之后，又会来到“全球汇”这边，深入地了解产品、体验产品，然后谈深度的合作。比如日化产品这一块，国外的日化产品要在中国备案，就要提前备案。当客户有意向要进口这个产品，如果没有备案，他（大概）要等 6 个月到一年的时间，很多客户可能就不能够接受这样的等待时间，所以说我们就帮助国外的生产商提前做一些备案，进博会大家谈好了产品，之后来这边体验好，然后他直接就能下单子了。

“全球汇”汇集了多个国家馆，这里的商品质量是否有保障？

全球汇商业运营部总经理马骏：商品的确是进口商品，但是其在所在国的地位、性价比如何，包括贸易当中会有一些改头换面的。但是我们“全球汇”得到了 18 个国家所在国官方部门的授权，以官方背景为这些商品服务贸易作为一个背书，这样的话，它的货源在我们这里通关缴税，都是能够有迹可循。

马骏告诉记者，“全球汇”依托于自贸区政策优势和进博会溢出效应，商家可以更好地节约运输、储存成本，最终获益的还是全国消费者。

马骏：自贸区里面有很多酒类的贸易，它（葡萄酒）的税率相对是比较高的，相关的运营成本就显得比较高，在自贸区保税状态下，先不缴税存放在自贸区里面，根据需要先行分批（卖）出去，最终集中申报，这样的话对企业的运营成本、对整个的通关运行效率来说都有大幅度的提升，从而压缩了物流时间和物流运营成本，让利给最终的消费者，所以相关的产业会在这里集聚。

虽然“全球汇”内有自己的进口超市，相关国家馆在电商平台也能找到，但马骏说，他们真正想做的，是依托于自贸区优势，把这里打造成全国进口商品的集散地。

马骏：我们目的是利用自贸区的物流贸易方面的优势，把“全球汇”打造成一个相关商品在全国的集散地，通过这里的贸易便利化措施，提高运行效率，降低物流成本，降低所有的进口成本，这样的话才能更好地惠及全国的消费者。

来源：中国之声。

外高桥港综保区进口汽车业务按下“加速键”
进口汽车入区创新纪录

近日，10 余辆经典奢华品牌跑车以及 50 余量亚洲知名品牌汽车运抵外高桥港综合保税区，开展进口汽车保税存储、展示业务，共计货值 2500 万元。

2021 年 9 月 1 日，首单玛莎拉蒂进口汽车驶入外高桥港综保区，标志着外高桥港综保区进口汽车业务也正式按下“重启键”，迈入了进口汽车从“落地征税”到“保税存储”“不销不税”“即销即税”发展的新时代。

外高桥港综保区进口汽车业务运作一年来，积极推进高端进口汽车产业发展，不断探索优化外港综保区进口汽车业务的进区、出区、查验、出证等各个业务流程，完善汽车整车集散功能，先后吸引了奔驰、宝马、法拉利、玛莎拉蒂等 8 个豪华汽车品牌入区运作。

如今，外高桥港综保区进口汽车业务更按下了“快进键”，仅在今年9月下旬，外高桥港综保区就迎来了300余辆奔驰S级及G级进口汽车，创造了外高桥港综保区进口汽车入区最大单量记录，9月—10月值货更是达到 4.1亿元。

截至目前，外高桥港综保区入区进口汽车已达1500余辆，累计货值约计9亿元，暂缓征税约4亿元。1000余辆进口汽车的顺利入区，为外高桥港综保区的产业升级和功能拓展树立了标杆示范作用，进一步增强浦东服务中国市场、引领全球消费能力。

上海外高桥物流中心有限公司相关负责人表示，通过开辟汽车业务卡口专用通道、通关专属窗口、查验紧急处置、专人出证等便捷化措施，大大缩短了外高桥港综保区从试单到规模化运作的周期，减少了企业的时间和经济成本，极大地满足了企业的发展需求，提升了客户信心，为外高桥港综保区高质量发展、全面转型注入了新动能。

数据显示，2022年1月～8月外高桥港综合保税区主要经济指标实现高位增长，1月～8月完成进出口额29.7亿美元，同比增长47.4%，其中进口额12.2亿美元，增长69.1%，出口额17.5亿美元，增长35.2%。

未来，外高桥港综保区将发挥“保税+”功能优势，围绕“提质、升级、开放、创新”，推动产业链、供应链、价值链和创新链融合发展，着力于提高服务质量和功能拓展，努力做大市场、做细服务，为外高桥地区打造具有全球影响力的开放经济高地，带动国内汽车消费升级需求，助力上海更好建设国际消费中心城市提供强劲发展动能。

来源：保税区网站。

41家企业强势上榜！保税区域国际贸易优势凸显

为进一步发展新型国际贸易，做大做强国际贸易分拨业务，提升上海国际贸易中心辐射力，日前，市商务委发布了上海市国际贸易分拨中心示范企业名单，其中，来自保税区域的41家企业上榜，占到了整个榜单企业的近70%，这充分显示了保税区域在国际贸易方面的强力优势。

上榜上海市国际贸易分拨中心示范企业名单的企业具有较大的分拨业务规模和国际国内辐射范围，对其经营商品全球供应链具有较大影响，且具备较先进的国际贸易分拨管理经验。

国际贸易分拨业务是指国际贸易企业在海关特殊监管区域内外建设或租用场地，以保税物流进出口为主要方式，兼以其他贸易方式开展货物进出口的贸易业态。近年来，保税区域依托上海自贸区政策优势和海关特殊监管区域功能优势，通过贸易制度创新、推动贸易便利化等配套举措，提升专业贸易服务平台配套水平和服务能级，实施全球营运商计划，助力企业面向全球、运作全球、配置全球，积极引导国际贸易分拨中心企业集聚，目前，区域国际贸易分拨企业的数量和统筹配置全球资源的能力均具备明显优势，极大推动了区域进出口贸易业务增长。

2021年保税区域进出口额累计11277.7亿元，比2020年增长11.6%，占全市比重27.8%。其中，进口额8197.9亿元，增长11.0%，占全市32.9%；出口额3079.8亿元，增长13.5%，占全市19.6%。

企业是经济发展的基本细胞，是高质量发展的微观基础。企业好，经济才会好，社会才会好。未来，保税区域将紧紧围绕建设国际最高标准、最好水平自由贸易园区的目标，进一步支持授牌企业提升国际国内资源配置能力，培育和壮大国际贸易分拨中心示范企业规模，进一步发展新型国际贸易，做大做强国际贸易分拨业务，提升区域国际贸易辐射力，为上海国际贸易中心建设、浦东打造社会主义现代化建设引领区贡献更大力量！

来源：保税区网站。

三、进口博览会物流

2022 第五届中国国际进口博览会物流保障综合信息

上海机场开通进博会航空货运“绿色通道”

第五届进博会召开在即，不少进博会展品已通过空运方式抵沪。日前，一部总重超 4 吨，总长超 5 米的大型电动 SUV 参展车辆从国外飞抵浦东机场货运站，在海关支持下，上海机场会同上下游企业，借鉴前四届进口博览会货运服务保障的成功经验和做法，进一步完善固化相关便利服务举措，开通航空货运“绿色通道”，为货主提供“四优先”“四专用”的快速提离服务，让参展货物第一时间入驻国家会展中心。

为确保进博会参展货物安全、高效运输，浦东机场货运站安排了“四优先”“四专用”服务，即优先理货、优先分拨、优先查验、优先提离，并安排专用通道、专用窗口、专用车辆、专用队伍提供货运“绿色通道”服务保障。货运站还组建了党员突击队和青年突击队，时刻准备在高峰时段为货物运输提供更充分的支援保障。

以这批大型电动参展车为例，浦东机场货运站安排了专门保障团队，提前规划专用路线，在海关、地服的支持下，采用大型托盘将车辆从机坪运至浦东机场货运站，开展消杀作业后暂存在进博会展品专用停放场地，同步协助业主备齐文件材料，尽快完成提货手续。

截至目前，浦东机场货运站已通过“绿色通道”保障进博会相关展品物资累计 19 票，47 件 12325.6 公斤，保障运输的各类展品包含了汽车、高精尖仪器、医疗设备、奶制品、日用品等。

来源：文汇网。

上海逐步进入“第五届进博会时间”展品、展商等陆续抵达

装载着新西兰与瓦努阿图进博会展品的“新漳州”轮经过近 20 天的航行，6 日上午顺利靠泊上海外高桥口岸二期码头。

据悉，“新漳州”轮此次运载的海运展品为乳制品、蜂蜜、饮品和手工艺品等一批来自新西兰与瓦努阿图的传统特色产品，不仅为展会带来浓郁的南太平洋海岛风情，更为国人带来“舌尖”上的异域风味。

今年是中国与新西兰建交 50 周年。据悉，中国是新西兰最大的贸易伙伴，也是新西兰最大的出口市场。作为进博会的重要参展国，新西兰共计有超过 200 家企业参加了前四届展会。来自新西兰的乳制品、葡萄酒、肉类、蜂蜜等特色农产品、天然保健品和高品质的日用消费品等，通过进博会受到广大中国消费者喜爱。在本次托运展品的参展商中，新西兰企业 YTABC 首次参展进博会，其对本次参展商机表示非常期待。

据了解，进博会也给南太平洋岛国瓦努阿图带来广阔市场机遇。本届进博会上，瓦努阿图企业将展出矿泉水、果汁、肥皂，以及具有当地传统特色的手工艺品等 50 余种商品，将为观众带来一场别样的海岛体验。

据了解，为保障展品及时、安全地运抵进博会，承运商制定了专门运输方案，优化运力资源，为

展商提供“一条龙”物流服务。

上海边检部门联合口岸单位亦为载运船舶迅速开启绿色查验通道，助力展品安全准时入境布展。同时，边检机关在浦东国际机场口岸边检执勤区域内，开通了中国国际进口博览会边检专用通道，对持进口博览会主办单位邀请函或有现场引导的参会企业嘉宾，提供快速通关便利。

据介绍，展品装轮启运后，上海边检总站外高桥边检站主动加强与港航企业沟通，及时掌握船舶的行程轨迹和全船船员的健康状况。船舶靠港前，外高桥边检站通过相关平台进行预检。船舶靠港后，边检机关联合港口开通绿色通道，缩短船舶通关等待时间，确保船舶抵港即可装卸作业。

据介绍，在船舶装卸作业期间，边检部门严格执行非必要“不登陆、不登轮、不搭靠”管理措施，加强船舶在港期间管理，保障展品安全有序装卸中转。

另据上海边检总站方面介绍，随着第五届进博会日益临近，浦东国际机场等口岸陆续迎来参展商、采购商等与会嘉宾入境。边检部门组织具有外语特长的“上海机场边检百人外语志愿服务队”民警值守咨询引导岗位，为各国参会代表团、参展客商以及出入境旅客等提供多语种通关咨询等服务。

另外，依托国家移民管理机构 12367 服务平台，上海的边检部门开设 7×24 小时服务热线，全天候受理解答中外出入境人员和民众有关移民管理政策、口岸通关等问题咨询。

来源：中国新闻网。

如何服务办好进博会？上海刚刚通过一部法规

进博会作为国家级、战略性平台，已连续成功举办四届，成效越来越明显，国际影响力越来越大，如今有了法治支撑。今天上午，市十五届人大常委会第 44 次会议表决通过《上海市服务办好中国国际进口博览会条例》，条例于 2022 年 10 月 1 日起施行。

市人大常委会法工委主任阎锐表示，《条例》遵循习近平总书记“越办越好”的重要指示精神和国家相关要求，立足地方立法权限，以做好服务保障工作为基本定位，主要从支持办展办会、服务与保障、综合效应等三个方面作出规定。

《条例》明确本市完善与国家有关部门的部市合作机制，加强招商招展、政策创新及推广等方面的部市协作联动。在明确市、区两级政府职责的基础上，对青浦、闵行、嘉定、长宁等与进口博览会密切相关的区人民政府的工作职责作了进一步明确。同时明确加强与长三角相关省、市的合作联动，做好安保、口岸通关、环保、交通等服务保障工作。

基于本市协助商务部等国家部门推进进博会招展、招商、论坛筹办等基本定位，《条例》对支持招展招商、协同办好虹桥国际经济论坛等工作予以明确。根据国家对大型会展活动绿色低碳等要求，支持承办单位绿色办展，鼓励使用节能、环保材料、技术。立法还支持推进数字化赋能进口博览会，支持承办单位推动线上线下融合，提升参展、参会的便利性和体验度。

此次立法在总结吸收前四届进博会已经取得的有益经验、做法的基础上，对更好承担服务保障职责作出进一步优化。对出入境便利化服务、志愿服务、知识产权保障、法律服务等内容作出规定，提供高质量服务。同时明确社会治安、生产安全、应急救援等方面的保障措施，确保进博会期间的安全有序。

为发挥进博会平台作用，此次立法对进博会促进本市贸易、投资、产业、消费等方面的作出规定。比如吸引国际知名会展企业总部、境内外专业组展机构、国际品牌重要展会、高层次、紧缺会展人才等集聚，推进上海国际会展之都建设。同时，发挥虹桥国际中央商务区及相关区进博会承载功能，加快贸易载体和平台建设。同时，深化开放合作，推动更高水平国际合作，助力构建更深层次对外开放格局。

"《条例》的通过正当其时，使冲刺阶段的各项筹办工作有法可依、有章可循。"市商务委副主任张国华张国华表示，这是一次创制性立法，具有重要法治意义和实践价值，为持续推进进博会越办越好打下坚实的制度基础、提供有力的法治保障。我们将严格执行《条例》的有关规定，高标准、严要求，加快节奏、加大力度、加强协同配合，再接再厉做好第五届进博会各项工作，提供一流的城市环境和一流的服务保障，全力以赴举办一届成功、精彩、富有成效的进博会。

来源：上观新闻。

中国外运：为进博会提供物流服务保障

作为招商局集团物流业务的统一运营平台和统一品牌，中国外运已连续5年以中国国际进口博览会主场运输服务商身份为展会提供物流服务保障工作。

在本届进博会中，中国外运所属外运华东为7.1/8.1医疗馆提供主场运输物流服务。项目团队已于10月20日提前入驻现场，目前物流服务保障工作正有条不紊开展。

为了保障进博会的顺利推进，中国外运上下齐心，通力协作，充分发挥中国外运的品牌和网络服务优势，集中系统内优势资源，打通了海内外物流通道，为有物流需求的部分参展商提供了门到门的全程物流服务。外运华东充分发挥上海当地主场优势，设立专项工作小组，成立领导机构和工作小组，成员覆盖疫情防控、安全生产、商务、单证、清关、操作、业务运营、行政保障等各个方面，由职能部门参与统筹，提供技术支持，做好行政保障，确保安全生产。

10月24日上午，在国家会展中心（上海）北广场，项目团队调配运输展品的车辆，同其他物流供应商一起满载着第五届进博会的首批展品正式进场，标志着第五届进博会正式进入布展阶段。项目团队首批安排进场的展品包括了西门子医疗系统有限公司带来的全球首款光子计数CT NAEOTOM Alpha等本届进博会重量级展品。随着国家会展中心（上海）进入繁忙的布展期，预计届时，将会有30票左右的国际展品、200票左右的国内展品通过中国外运运抵展台。

据悉，在进博会主办方的指引下，2022年7月初，中国外运项目团队即着手与两个展馆共160多家展商展开前期联系工作，掌握了全部展商的展品动态。中国外运驻场办公人员已于2022年8月10日先期进驻国家会展中心，配合组委会合署办公。

来源：搜狐网。

上海邮政硬核服务保障第五届中国国际进口博览会

第五届中国国际进口博览会于2022年11月5日—10日在上海举行，中国邮政作为"第五届中国国际进口博览会核心支持企业、第五届中国国际进口博览会指定寄递服务商、国家会展中心（上海）指定寄递服务商"，继续承担了寄递护航任务，上海市邮政分公司精心安排服务团队，在各项邮政服务上全力保障，突显邮政国家队的使命担当。

证件寄递，高效高速

作为进博会唯一指定寄递服务商，为高标践行中国邮政疫情防控下的政治责任、社会责任、经济责任，上海市邮政分公司今年自我加压，于9月28日提前启动证件寄递服务工作。抽调全市58名精兵强将组成进博寄递专项服务团队，从接收数据、打印、预包装处理、收寄、装运封发等提供一条龙服务，争分夺秒加班加点赶进度，成功于10月31日结束任务，平均日出件量1万件，单日最高峰值达2.8万件，较去年提前4天完成全部寄递任务。

为保障寄递品质，在集团公司的大力支撑下，上海邮政全面启动第五届进博证件寄递项目"绿色通道"保障机制，落实主动客服、汇总每日服务质量清单，及时反馈问题邮件，确保每一封进博证件优先处理、优先投送。本届进博会上海邮政累计收寄通行证 32.8 万张。除《中国邮政报》外，上海电视台、《新民晚报》、《劳动报》、《文汇报》等社会媒体也对本届进博会证件寄递服务做了专题报道。

场馆升级，服务提档

在本届进博会的驻点布置中，上海市邮政分公司进行了全方位的提档升级：进博主题邮局、进博临时邮局、BCD 点与综合服务区提供产品销售、邮件收寄、上门投递及布撤展过程中的物流配送等服务，全面满足了馆内馆内各类机构和参展商的用邮需求，集中展示中国邮政的服务水平和品牌形象。

为提升服务品质，升级客户体验，上海邮政在各点位分别配备 5 辆手推车供客户驳运使用。同时，在各点位张贴“进博邮政服务”企业微信二维码，广大客户扫码进群后即可享受“一对一”VIP 线上服务。除此之外，为提高展会后期寄递作业效率，上海邮政还配备了经专业培训选出的 10 位工作人员组成专项服务团队，在展会后期的撤馆高峰时段将进驻馆内提供验视、封装、打包、驳运服务。

严格防控，安心无“疫”

为确保本届进博会邮政服务保障工作顺利开展，上海邮政严格落实疫情防控各项要求。在人员选派方面，以政治素质高、业务能力强、形象气质佳、服务意识优为标准，严把选用关口，选派 31 名骨干参与邮政寄递服务工作，并对全部人员实施“两点一线”闭环管理，筑牢防疫安全防线。在车辆配置方面，选用车况良好、配备消杀设备、具有规范邮政标识的生产车辆，作为专用车为进博服务。在邮件收寄方面，严守保密纪律，邮件交由专人处理、安排专车运输，并全面落实逐件消杀、收寄验视、过机安检制度，重点部位邮件做到“应检尽检”，确保邮件 100% 安全。在进馆邮件投递方面，上海邮政承接了所有快递企业进入展区邮件的投递工作，在政府相关部门的配合下，严格落实对所有进馆邮件、投递人员及环境消杀等防疫措施，并实行“无接触式”投递模式，严把寄递投递安全关。

来源：文汇网。

进博展品抵浦东机场，东航物流精心保障

凌晨，一件 9 千克的波兰蜜蜡搭乘阿联酋航班，抵达东航物流西区货站；下午，单件超过 2852 千克的两票进博展品抵达东航物流东区货站，这两个“大家伙”是来自韩国现代汽车集团的蓄电池汽车和四轮机器人；晚上，一票进博展品落地浦东机场，驶入东航物流北区货站仓库，该票货物共计 8 件 32 千克，为泰国调味料……

随着第五届进博会开幕时间的日益临近，进博展品陆续抵达浦东国际机场，东航物流的相关保障工作已全面开启。截至 10 月 21 日，东航物流已保障第五届进博会展品共计 24 票 105 件 17851 千克。

今年是东航物流承接进博会展品运输保障任务的第 5 年，5 年来，东航物流特别开辟进博会货物绿色通道、设置专用服务窗口和专用暂存场地，确保各类展品存储全程的安全可控。

10 月 20 日抵达上海的波兰蜜蜡属于进博会贵重展品，据东航物流货站事业部西区进港特货作业经理陈杭胤介绍，在接收到贵重品等特殊货物的信息后，工作人员会在航班抵达的第一时间查找该票展品的板箱，优先将展品通过绿色通道驳运至西区货站进港仓库。在完成对板箱进行消杀、分解等一系列作业后，展品将移交专人确认货物外包装，同时开具贵重品交接单。随后，展品由特货操作人员安置入贵重品仓库，在库内双人双锁严加保管，整个操作过程均配备专人进行跟踪。

10 月 19 日，一块承载着进博会展品“蓄电池汽车”的超长板从韩国首尔出发，顺利抵达上海浦东国际机场。东航物流作为地面代理，由东区货站负责该票进博会货物到港后的交付工作。东区货站特货发货员王佳平全程跟进了本单货物由进港到交付的全过程。他说：“货物驳运至东区货站进港仓库后，我们随即启动了进博会货物绿色通道，在单证窗口设立了进博会航空货运服务窗口，在场地上

为进博货物单独设置摆放点，全力保障货物的安全。”10月21日中午，客户来到东区货站提货，工作人员已提前为客户办好了提货的各项手续并做好了交付场地的准备工作。“在大型操作设备及各部门员工的全力配合下，这票货物最终顺利交付到了客户手中。”

据悉，前四届进博会，东航物流成功保障了“会飞的汽车”“芬兰概念车”“捷克水晶”精密仪器及“Mission H24 氢能源赛车”等“明星展品”。东航物流旗下的全货机航网通达14个国际城市，客机腹舱依托中国东航的全球航线，航线网络通达全球170个国家和地区的1036个目的地，能够为客户提供兼具标准化和差异化的“一站式”物流解决方案。

来源：澎湃新闻。

聚焦第五届进博会物流展台：UPS、联邦快递、DHL、菜鸟等齐亮相

11月4日，第五届中国国际进口博览会（以下简称“进博会”）开幕式在上海举行。国家主席习近平以视频方式出席开幕式并发表致辞。这届进博会也是党的二十大后举行的首场国际展会。

习近平主席在致辞中指出：“以开放纾发展之困、以开放汇合作之力、以开放聚创新之势、以开放谋共享之福，推动经济全球化不断向前，增强各国发展动能，让发展成果更多更公平惠及各国人民。”

本届进博会上，包括UPS、联邦快递、DHL、菜鸟、梅赛德斯－奔驰卡车、圆通国际、韵达国际、德国永恒力、极兔国际、运去哪等诸多国内外知名物流、供应链等相关企业和平台参展亮相，中远海运物流更连续第五年为展会提供主场运输、特装搭建等服务。

UPS：智领全球，势不可挡

今年，UPS以“智领全球，势不可挡”为主题第五次参加进博会。在进博会现场，UPS为现场观众带来一系列精彩的互动体验，展示了其覆盖全球的智慧物流网络、创新的数字化解决方案和最新的行业洞察及可持续发展成果，向参展企业及合作伙伴展现了其作为行业领导者的风范，以及助力中国企业扬帆远航的决心与实力。

其展台设计秉持可持续发展理念，整体以绿色为主，使用环保材料进行搭建。展台以飞机飞行轨迹为设计灵感，顶部悬挂环保玻璃钢材质的UPS自有飞机模型，地面模拟飞机起飞跑道和草地，寓意UPS时刻为中国企业高效连接全球市场做好准备。同时，展台配置多个互动大屏，让现场用户能够更直观地体验到UPS领先的强大物流综合实力和创新的数字化物流运输解决方案，并通过“与UPS一起势不可挡”趣味小游戏深入了解UPS致力于引领行业前行、成为中国企业值得信赖的合作伙伴的决心与实力。

UPS展台共分为三大展览版块，分别为：持续升级服务网络，连通全球，势不可挡；创新智慧物流方案，降本增效，势不可挡；坚持绿色发展理念，与“绿”同行，势不可挡。

联邦快递：助推全球贸易高质量发展

联邦快递亮相第五届进博会，以“传递热情”“递送善意”“智慧互联”和“赋能电商”四大主题全面展现其创新成果和综合实力。

在本届进博会上，联邦快递在“服务贸易展区”设有全开放式展台，其采用了富有专属辨识度的“快递盒”设计外观，包含电子商务区、创新科技区、互动体验区和特殊物品运输区四大区域，并在每个区域均增添了互动内容，参观者可通过体感游戏及影音互动等多种方式领略联邦快递的卓越服务。

联邦快递高级副总裁、中国区总裁陈嘉良表示：“联邦快递始终致力于推动全球贸易联通畅通，通过不断扩展的全球网络和持续投入的创新科技，维护全球产业链供应链的韧性和稳定。在华发展的

近 40 年间，联邦快递始终坚持与中国市场同频共振，致力于在中国应用创新的技术和专业的物流知识，持续提升运输服务质量，并通过全球网络、运力及服务优势，加强中国与国际市场的连接。再度参加进博会，我们希望可以借此向海内外采购商展示我们在网络运力、创新科技、赋能电子商务和可持续发展等方面的成果和优势。”

DHL 快递：护航新业态，发力新赛道，谱写新篇章

DHL 快递今年重点展示在紧跟跨境电商新业态发展、发力可持续发展新赛道方面所取得的最新阶段性成果，彰显谱写在华发展新篇章的信心和实力。

DHL 快递中国区首席执行官吴东明表示：“进博会是中国坚定推进高水平对外开放，共享中国发展机遇的务实举措和亮丽名片。5 年来，进博会越办越好，持续释放溢出效应。作为多次参加进博会的老朋友，我们通过这一大平台，看到中国不断开放的大市场和所带来的新机遇。我们深耕中国市场的初心不变，对中国市场长期向好发展的信心不变，致力于推动中国与世界其他国家和地区之间的贸易往来、助力全球贸易发展与繁荣的决心不变。”

据悉，DHL 快递是首家进入中国市场的国际快递企业，始终积极参与、推动中国国际快递行业的发展。在过去 30 多年间，DHL 持续加大投入，建设物流基础设施和网络，累计投资超过 100 亿元，已在中国建立起广阔的国际快递服务网络。

菜鸟：数智物流，开启供应链新视角

菜鸟作为一家服务上千家国际品牌、深耕国际供应链的的智慧物流公司，今年第二次参展进博会，并以“数智物流，开启供应链新视角”为主题，汇聚了菜鸟智慧跨境物流、物流“黑科技”、海外商家故事和企业社会责任等内容，从全球供应链角度切入，展示了中国对外开放水平不断提高的新局面。

菜鸟国际供应链总经理赵剑表示：依托于国内蓬勃发展的产业带，高质量增长的中国产业链推动国货出海成为新风口，全球商家对于一站式、全链路智慧物流解决方案的需求与日俱增。

截至目前，已有发运自全球 200 多个港口的超 3.7 亿件进口商品在菜鸟保税仓、中心仓和海外 GFC 仓进行备货，通过 400 多条菜鸟海陆空铁航线进入中国。此外，菜鸟与海关共建稳定的“秒级清关”数字化系统，已实现 100% 全口岸覆盖。过去一年，菜鸟进口供应链服务的跨境商家数量提升近 20%。

值得一提的是，今年阿里巴巴全球 13 多亿消费者将首次分享全球同时收快递的喜悦。为此，菜鸟启用全球 15 大分拨中心和覆盖 30 多国的海外仓备货，提供超 3000 架次航班保障运力，让拆快递的幸福不分国界。

梅赛德斯 - 奔驰卡车：携前沿产品及领先科技亮相

梅赛德斯 - 奔驰卡车携卓越产品及技术亮相，彰显出持续深耕中国市场、主动融入新发展格局的决心。

戴姆勒（中国）商用车投资有限公司首席执行官安歌（Nicole Engel）表示：“今年恰逢中德建交 50 周年，也是戴姆勒卡车在全球独立上市之后，首次单独参展进博会。自 2018 年首届举办以来，进博会持续对外释放着中国坚持扩大开放的时代强音，也让我们更加坚定了在华长期投资发展的信心。通过强有力的多重业务策略，我们的业务在中国市场收获累累硕果。在见证梅赛德斯 - 奔驰卡车开启在华生产这一重要里程碑的同时，进口梅赛德斯 - 奔驰卡车业务也实现长足发展。未来，我们将继续以持续丰富的产品阵容满足本地客户不断变化和升级的需求。” 据悉，梅赛德斯 - 奔驰卡车共展出四款产品，包括首次登陆市场的全新梅赛德斯 - 奔驰 Arocs SLT 大件运输车、梅赛德斯 - 奔驰 Arocs 4x4 越野旅居车、梅赛德斯 - 奔驰 Arocs 4x2 多功能重型医疗抢救单元，以及梅赛德斯 - 奔驰动力总成国六 b 版。

圆通国际：全方位展示国际供应链物流服务能力

圆通国际作为圆通速递推进“快递出海”及国际化发展战略的平台和业务主体，在第五届进博会上，从国际物流产品、全球网络布局、自有航线资源等角度，全方位展现国际供应链物流服务能力。

在展台的四大分区，圆通国际为现场观众带来一系列互动展示——广泛布局的全球物流网络、丰富的航空运力资源、通关口岸建设、全球信息化系统等组成的综合性国际供应链解决方案。同时，在进博会现场，圆通国际着重展示了进口全链路解决方案。

圆通国际总裁黄逸峰表示：“圆通国际是一家由信息科技驱动的国际快递及综合物流集成商，我们将继续秉承‘跟着一带一路走出去、跟着华人华企走出去、跟着跨境电商走出去’的发展战略，逐步探索出航空、国际协同发展的模式，为更多的中国企业提供全球增长机会，为中国供应链安全稳定贡献力量。”

另据了解，11 月 6 日上午，圆通国际进行了一系列产品发布和客户签约；11 月 9 日下午，一场特殊的杭州亚运会限时活动将在圆通国际展台上展开。

中远海运物流：全力护航第五届进博会

作为进博会综合服务商之一，中远海运物流已连续五年为展会提供主场运输、特装搭建等服务，自 10 月 22 日启动第五届进博会主场运输进场和特装搭建工作以来，已顺利完成主场运输货物 1404 立方米，其中海外进口展品 34 批次，国内展品 430 批次，冷链展品 7 批次；完成展台搭建 20 家，为展会的顺利开展提供了有力保障。

本届进博会，中远海运主要承接 5.1 馆、6.1 馆以及人文展区的主场运输服务工作，服务总面积达 7.2 万平方米，服务展商逾 391 个团组。中远海运负责展品从船上、飞机上或火车上卸货后的境内清关、仓库存储、转运至展场、派送至展位、空箱存储以及展会闭幕后的包装运输、出口订舱、出口清关等全流程服务。

同时，中远海运物流共为 20 家展商提供展位特装搭建服务，以个性化设计呈现了各企业特色和品牌形象，其中包括比雷埃夫斯港务局、东方海外、CSP 西班牙码头、阿布扎比港务局等在内的中远海运集团展区，总面积 576 平方米，以″链接世界的航程″为主题，贯穿整个展区，在设计中融合了港口、集装箱、航运等元素，打造了一个极具集团业务特色的创意街区。

韵达国际：参与物流全球化，共创跨境物流新格局

韵达国际此次亮相第五届进博会，凝聚开放共识，参与物流全球化，共创跨境物流新格局。在进博会现场，韵达国际工作人员为前来了解的客户主动介绍韵达国际进口业务、出口业务、货代业务板块。

目前，韵达国际进口服务已在全球 38 个国家和地区实现加盟网络；韵达国际出口快递服务，依托于韵达多年的物流管理经验， 提供国际快递一单到底的 IT 支持；韵达国际货代业务集海、陆、空货运、仓储码头服务、船务代理及货运代理业务为一体，为广大客户提供一站式货代物流服务。

韵达国际参展进博会已有 4 个年头，作为上海市跨境物流服务企业，韵达国际与进博会一同成长，见证中国跨境业务的增长，韵达国际满怀深切的感恩。韵达国际的足迹目前已遍布全球 38 个国家及地区，267 个城市，其希望能够不断发挥物流优势，砥砺前行，致力于为国内外制造企业、贸易企业、跨境电商等中国企业及国内外消费者，海外华人在全世界提供稳定、高效的快递物流运输网络。

德国永恒力：仿真模块化内部物流自动仓储实现技术亮相

作为全球专业的仓储物流解决方案合作伙伴，德国永恒力五赴“进博之约”。无论是以往四届进博会的明星展品，配备导航系统的三向叉车、自动导引托盘叉车（AGV），Miniload 料箱堆垛机等，还是今年首展中国首发的永恒力仿真模块化内部物流自动仓储实现技术，以及 POWERLiNE 中国首秀，都在第五届进博会与大家见面。

本届进博会中国首发的永恒力全新仿真模块化内部物流自动仓储实现技术，是永恒力基于近 70 年内部物流项目实施经验，借助科技手段，推出仿真模块化内部物流自动仓储实现技术 Simulated Modular Automatic- warehousing Realization Technology（简称 SMART），以客户需求为核心，数字化重构内部物流自动化解决方案实施全流程，致力于自动化项目全生命周期价值管理，以满足中国内部物流市场更快速变化、发展的需求。

永恒力还将绿色可持续理念带进第五届进博会，今年永恒力中国首秀 POWERLiNE 系列车型，在生产制造过程中，直至交付给客户之前，始终遵循碳中和理念。与传统铅酸产品相比，每日能耗降低 20%，可以助力仓库实现可持续的内部物流，帮助客户显著减少碳足迹。

极兔国际：携手海尔生物，共建全球航空温控产业生态平台

在第五届进博会上， J&T 极兔国际（以下简称“极兔国际”）联合海尔生物等多家平台举办了“智护生命，共享未来”全球航空温控产业生态平台战略签约暨启动仪式。

仪式现场，极兔国际与海尔生物旗下鸿鹄航空科技签署战略合作。此次合作极兔国际与鸿鹄航空科技将实现优势互补，通过聚焦服务能力和技术保障两大方向，为全球客户提供性价比更高、更安全可靠、温控效果更精准的优质服务，满足客户多元需求，进而改变航空物流原有服务模式。

极兔国际将利用全球物流网络优势，自建和整合海内外资源，通过科技和数字化实现运输环节可控，为海尔生物提供标准化全链路物流服务，推动海尔生物航空温控业务全球化布局，共同打造规范化、标准化高端温控物流产品，共建全球航空温控产业生态平台，服务全球客户。

J&T 极兔国际中国区域总负责人周庆平表示：“相比传统物流，温控物流产品服务对物流基础设施、物流环节管控、温控设备、应急保障能力等均提出更高标准。此次合作共建全球航空温控产业生态平台，或将为行业高质量发展按下‘快进键’。”

运去哪：全面打造国际物流全链路数智化服务平台

运去哪亮相第五届进博会，宣布新一轮升级，全面打造国际物流全链路数智化服务平台，助力全球卖家卖全球。

2021 年以来，运去哪的整体业绩保持了较快增长。在疫情、地缘冲突的挑战下，以数字化运营为基础搭建的国际物流服务网络，让运去哪更快响应市场变化带来的挑战，提前调整业务布局和资源储备，获得快速发展。

后疫情时代，运去哪深挖全球贸易发展需求，从物流资源供给、服务模式拓展，到数字化服务能力全面升级，为全球卖家卖全球提供新动能。运去哪联合创始人 &COO 徐杨表示：“未来，运去哪将继续深耕国际物流数字化技术创新，赋能产业降本增效，共建国际物流数字化生态。”

同时，11 月 6 日，在第五届进博会上，运去哪与新兴市场头部物流服务企业速达非达成战略合作，双方将利用自身优势，共同开拓非洲、中东及南亚等新兴市场全链路跨境电商物流数智化服务。

进博会首批冷链食品展品入仓

10 月 20 日上午 9 时许，随着一辆冷链运输车缓缓驶入位于上海青浦区的名联冷库，第五届中国国际进口博览会首批进口冷链食品展品进入进博“总仓”。在接下来的 10 天内，预计约 100 个参展商的 3000 箱左右冷链食品展品，将在总仓集中完成最小包装消毒和核酸检测，确保入馆前消除病毒污染风险。

启动新总仓，设置独立运输动线

随着首批进口冷链食品展品抵达“总仓”，今年进博会启用的全新总仓首次对外亮相。从地理位置来看，名联香大路冷库位于青浦区，距离国家会展中心（上海）的车程在 20 ～ 30 分钟，相比此前使用的总仓，大大缩短了车程，入馆效率更高，周转也更快。

上海市市场监管局食品安全协调处副处长陈艳介绍，启用新总仓，来自更好服务进博会的考量。根据前期部分展商以及海关部门的反馈，不少进博会的展品并非从洋山港入关，进入原来的冷库并不方便，因此上海市市场监管部门今年从上海市进口冷链食品“第一存放点”中转查验冷库（一类库）中遴选，考核了库房的硬件设施后，启用了新的总仓，更好提升展商进口冷链食品的运输效率及入馆的便利性。

“冷库是 6 月开始做准备的，并根据进博会的专项要求做了前置性的改造。”上海名联供应链管理有限公司第一分公司总经理孙健刚介绍，改造后的总仓库房独立设置，与冷库日常中转查验可完全分开。此外，总仓设有独立或分隔设置的冷藏和冷冻库，分别用作冷藏食品和冷冻食品的“待检暂存库”“合格储存库”“隔离库”，同时分别设置冷藏和冷冻两条运输动线。

10 月 20 日上午 9 时许，首辆冷链运输车驶入冷库，车身“淋浴式消毒”后，随即停靠在进博会专用冷冻卸货口。在进博会专用的冷冻检测区内，记者看到，首批 111 箱展品先以箱为单位进入消杀机，完成 6 个面的消杀，然后工作人员拆开箱体，对箱体内的肉制品进行擦拭消杀，做到“最小包装”消毒。据悉，这批展品由新西兰和澳大利亚的多位展商联合委托运输，主要为牛羊肉制品，共有 30 个品类。

全程可追溯，设定 13 个环节操作流程

10 月 20 日上午 10 时许，第二辆进口冷链食品展品抵达“总仓”，参展商新西兰银蕨农场中国区市场经理孙尽量随行跟车。“今年是银蕨农场第五年参与进博会，进入总仓的效率一年比一年高，非常顺畅。”她告诉记者，银蕨农场在前几届进博会上带来的新西兰草饲鹿肉和整羊不仅成了展览爆品，如今也都一一落地成为商品，在很多超市都有售卖。“今年我们共有两车展品进入总仓，除了先期抵达的 200 多公斤牛羊肉之外，本周刚刚抵达港口的一批冰鲜展品也将在手续齐全后，于下周进入总仓。”

据上海市市场监管部门介绍，第五届进博会进口冷链食品（展品）将实施“口岸检验检疫、分批进入总仓、集中消毒和核酸检测、统一运输入馆、馆内三证三专管理”的闭环管理，同时对总仓操作的流程进行了优化，根据进口冷链食品查验要求，从货物入库、外包装消毒、拆除外包装、小包装消毒、小包装核酸检测、重新装箱、贴标签、放入暂存库、转入合格储存库、货物出库、装车加签封到入馆查验等 13 个环节制定详细的操作流程。特别是在进口冷链食品展品出仓时，包装箱表面加贴追溯二维码，随货同行，确保全程可追溯。

陈艳介绍，根据进博会进口冷链食品展品“品种多，每批数量少”的特点，上海市市场监管局今年还优化了进口冷链食品展品采样检测，提升防控精准度和覆盖点位。食品包装表面核酸抽样检测要求覆盖每家参展企业的每批次食品品种，实施 100% 检测。

中远海运有力保障上海进博会日本展品物流运输

作为中国国际进口博览局唯一推荐的国际段运输服务商，中远海运集团连续 5 年为进博会参展展品提供运输服务。10 月 11 日，由中远海运承运的第五届进博会日本地区展品，在日本横滨港顺利装上“飞云河号”轮，预计于 10 月 14 日抵达上海。

10 月 11 日，中国驻日本大使馆临时代办杨宇赴神奈川县横滨港本牧码头实地走访，听取了中远海运日本公司董事长谭兵关于该企业在日业务、安全生产等方面的介绍，现场考察了“飞云河号”集装箱班轮装载进博会日本展品的操作流程。中国驻日本大使馆参赞兼总领事詹孔朝、经济商务处参赞景春海陪同参加。

杨宇表示，疫情发生以来，以中远海运公司为代表的在日中资企业坚守海外一线，为维护产业链、供应链稳定，促进中日经贸合作，推动两国关系发展做出了积极贡献。当前，日本及全球疫情形势仍起伏反复，在日中资机构和人员要继续绷紧防疫安全这根弦，不麻痹、不懈怠、不松劲做好疫情防控。要严格遵守当地法律法规，将安全贯穿到各项工作的全过程中，以实际行动迎接党的二十大胜利召开。

中远海运日本公司为进博会提供的优质专业化服务得到了日本客户的认可和信赖，北海道大地株式会社今年再次将展品交由中远海运运输。这家企业主要从事北海道地区农产品、食品、各种酒类、特产、工艺品的出口贸易，中国是其最为重要的出口市场之一。

在北海道大地株式会社的展品中，北海道十胜牧场生产的冰激凌属于日本限季、限量销售的高端食品。为保障展品的品质、保持冰淇淋的口感，中远海运日本公司制订了完备的运输方案，由日本国内空运到横滨指定仓库，再由低温车运送至装箱仓库，装入中远海运集运的智能冷箱，最后装船海运至上海。全程实现了运输无缝衔接，满足了冷冻货物严格的运输要求。

中远海运日本公司高度重视进博会的展品物流运输服务，每年成立由各相关业务板块和部门组成的进博会专项工作服务小组，在订舱、陆运、报关、装箱等各环节，为参展进博会的展品运输提供全方位服务。

据悉，中远海运集团作为全球最大的航运企业，集装箱航线网络遍布全球，目前拥有 508 艘集装箱船舶，在全球构建了由 407 条航线组成的运输网络，覆盖了 142 个国家和地区的 573 个港口。该集团一直致力于打造“客户至上、价值领先、世界一流” 的全球综合物流供应链服务生态。

东方物流运输第五届进博会首批展品顺利入境

第五届进博会首批进境展品—价值 5.6 亿元的 25 件珠宝艺术作品经上海海关验放后顺利入境，东方物流作为代理运输为其安排了全程“门到门”参展服务。

两个“首次” 相约进博

该批由香港起飞运抵上海浦东国际机场的展品是知名艺术家陈世英（Wallace Chan）的作品，其中包含 2012 年震撼巴黎古董双年展的经典杰作—《悟蝉知翠》胸针及雕塑。不仅是进博会首票抵沪展品，更是首度亮相进博会现场。

东方物流于中秋节接到了该批展品的运输委托，并得知这是五届进博会以来价值最高的展品。于是东方物流针对展品高价值、多样式的特点，火速制订了个性化包装方案和全程运输方案。

两路人马 专车押运

9 月 16 日，东方物流香港合作方派专人上门检查包装、打包提货，武装押运至香港国际机场。9 月 19 日，东方物流申领到该批展品的物资证明函，也是第五届进博会第一份物资证明函，编号 001。9 月 20 日，该批展品顺利入境后，东方物流兵分两路“零时差”推进后续工作。第一路人马赶往会展中心海关处申报，受益于海关支持进博会“稳中有升”的便利措施，整个申报过程高效便捷，仅在几分钟内便完成了通关。第二路人马待机场贵货仓库验发后，用 4 台专车押运至暂存金库，完成全部交付工作时已是深夜十点。

服务不断 精彩连绵

首票进博展品目前已经完成了一站式通关，但东方物流提供的一站式物流服务并未画下句号，后续还将继续负责其入馆、撤展等工作。此外，今年在东方物流负责的 5.2H 展区中，还有多家境外展商提出了全程物流委托的需求，包括香港亨利艺术品公司 100 年以上的古董珠宝首饰、苏富比拍卖行美国出运的展品等，据不完全统计，展品价值已累计超过 50 亿元。

来源：人民网

摘录整理：童瑶。

四、航运建设中心

关于本市国际航运中心建设及交通基础设施建设情况的报告

——2022 年 5 月 24 日在上海市第十五届人民代表大会务委员会第四十次会议上

上海市交通委员会主任于福林

主任、各位副主任、秘书长、各位委员：

受市政府委托，现就本市国际航运中心建设及交通基础设施建设情况，向市人大常委会报告如下：

关于上海国际航运中心建设

上海国际航运中心建设是党中央、国务院高瞻远瞩作出的重大决策，经历了框架构建、硬件基础设施建设为主、硬件基础设施和软环境建设并举的特色发展之路。2020 年，新华•波罗的海国际航运中心发展指数显示，上海国际航运中心世界排名从 2014 年的第七位逐步攀升至 2020 年的第三位，成为继新加坡、伦敦之后世界公认的国际航运中心。

（1）主要历程与成就

1996 年初，时任国务院总理李鹏在上海召集苏浙沪主要领导召开专题会议，提出要建设以上海为中心、苏浙为两翼的上海国际航运中心，上海国际航运中心建设正式拉开序幕。至 2008 年，外高桥港区一至五期工程相继建成，长江口深水航道一期、二期工程竣工，洋山深水港区一至三期工程建成投产，上海国际航运中心硬件设施能力实现跨越性增长，上海港集装箱吞吐量迈入“千万级”；上海组合港管理委员会、上海航运交易所等功能性机构成立，国际航运中心建设框架初步建成。

2009 年，《国务院关于推进上海加快发展现代服务业和先进制造业建设国际金融中心和国际航运中心的意见》（国发〔2009〕19 号）发布，确立了 2020 年“基本建成国际航运中心”的发展目标，上海国际航运中心建设进入“软硬件双轮驱动”的新阶段。期间，外高桥港区六期工程建成，洋山深水港区四期工程投入运营，长江口深水航道全线贯通，上海港集装箱吞吐量突破 4000 万标准箱。初步建成亚太大型国际航空枢纽。中国远洋海运集团有限公司、中国商用飞机有限责任公司等我国最具实力的港航相关企业集聚上海并获得长足发展。全球排名前十位的班轮公司、全球前六大邮轮企业中的 4 家、全球前五大船舶管理机构中的 3 家、国际船级社协会正式成员中的 10 家均在沪设立区域总部或分支机构。波罗的海国际航运公会亚太总部、国际海事组织亚洲海事技术合作中心等世界知名国际航运组织和机构纷纷落户上海。2020 年，市委市政府聘请国务院发展研究中心评估后，宣布上海国际航运中心基本建成。

（2）2021 年重点工作进展

2021 年，面对百年变局和世纪疫情，上海国际航运中心建设迎难而上、积极作为、开拓创新，取得了显著成效，主要体现为“三个新”：一是枢纽能力迈上新台阶。上海港集装箱吞吐量连续 12 年蝉联世界第一，达到 4703.3 万标准箱，同比增长 8.1%。其中，国际中转业务量达 610 万标准箱，同比增长 14.4%。浦东机场四期扩建工程开工。上海机场货邮吞吐量创历史新高，达到 436.6 万吨，同比增长 8.5%；航线航班稳步恢复，上海机场旅客吞吐量达到 6541.4 万人次，同比增长 6.1%。二是创新发展孕育新动能。成功举办首届北外滩国际航运论坛，习近平主席发来贺信。启动以洋山港为国际中转港的外贸集装箱沿海捎带业务试点，为提升洋山港枢纽能级提供支撑。中国船舶集团总部正式迁驻上海，上海成为船舶制造、港机制造、集装箱港口和国际航运龙头企业集聚最齐全的城市。三是疫情防控筑牢新防线。成立空港管理委员会和港口防疫专班，坚持“四早五最”，做实口岸通关、入境人员转运、隔离管理“三个闭环”，全面实行口岸一线等高风险人员集中居住，不断完善“落地不入境”人员管控、进口冷链食品中转查验等分级分类管理措施，构筑起守护国门的坚固防线。

（3）“十四五”时期及2022年重点工作安排

“十四五”时期，立足国家战略布局和中央对上海的战略定位，结合航运中心发展面临的新形势、新要求，上海国际航运中心建设的总体目标是：全力支撑上海打造国内大循环的中心节点、国内国际双循环的战略链接，形成枢纽门户服务升级、引领辐射能力增强、科技创新驱动有力、资源配置能级提升的上海国际航运中心发展新格局，2025年基本建成便捷高效、功能完备、开放融合、绿色智慧、保障有力的世界一流国际航运中心。围绕总目标，在枢纽服务领域，2025年集装箱年吞吐量达到4700万标准箱以上，航空旅客年吞吐量达到1.3亿人次以上，货邮年吞吐量达到410万吨以上。在物流集疏运领域，着力提升多式联运服务水平，2025年集装箱水水中转比例不低于52%，集装箱海铁联运业务量不低于65万标准箱，实现浦东机场到市中心40分钟快速抵达。在航运服务领域，以航运相关融资保险、法律仲裁、科技研发、教育培训、信息咨询、文化会展等业态为重点，实现航运服务要素加速集聚，服务价值链向高端延伸，服务辐射能级显著增强。在邮轮经济领域，亚太邮轮企业总部基地初具规模，初步形成邮轮经济产业链。在航运绿色创新领域，打造低碳环保、智慧高效的航运产业新生态，实现土地岸线资源集约利用、污染物受控、能耗节约和能源清洁。在环境优化和合作交流领域，口岸综合效率和市场营商环境达到国际先进水平，航运文化辨识度和认同度显著增强。

2022年，本市将深入贯彻落实习近平总书记考察上海重要讲话精神和对上海工作的重要指示要求，按照党中央、国务院、市委和市政府部署，持续拉长板、补短板、锻新板、固底板，着力打造上海国际航运中心升级版，为提升城市能级和核心竞争力作出更大贡献。

一是拉长板，巩固提升海空枢纽地位。海港方面，加快优化设施布局，进一步释放洋山四期码头产能，加快推动小洋山北侧综合开发、罗泾港区转型、外高桥港区智能化升级，推动集装箱吞吐能力提升。同时，加快推动内河集装箱码头和大芦线东延伸等河海直达通道建设，努力打造“北吴淞口、中大治河、南金汇港”的河海直达扇形通道。空港方面，加快浦东机场四期、浦东综合交通枢纽、机场联络线等项目建设。同时，更好发挥上海龙头带动作用，推动区域共建分工合理、协作高效、竞争有力的世界级港口群、机场群。

二是补短板，着力提高航运服务和治理能力。服务方面，按照中央部署，努力将上海航运交易所打造成为市场化、国际化、现代化的交易机构，培育“五大功能”，构建“四大平台”。同时，以更好的创意、更实的内容、更强的专家阵容和更大的参与规模，全力办好第二届北外滩国际航运论坛。治理方面，以与国际海事组织签订合作备忘录为契机，进一步发挥亚洲海事技术合作中心作用，推动上海国际航运中心在航运绿色发展规划、政策、法规、标准、技术等方面的国际国内合作，更加深入地服务国际航运规则制定。

三是锻新板，把握低碳智能变革机遇。低碳方面，以建设上海港—洛杉矶港“绿色航运走廊”为契机，积极主动参与国际航运低碳科技创新和治理。探索优化航运碳排放交易运行机制。组织编制上海国际航运中心助力我国“双碳”目标实现的研究报告，提出促进“双碳”目标实现的路径。促进已建岸电设施常态化使用，力争实现应用尽用。建立码头污染防治等重点难点问题长效治理机制，确保内河码头合规经营和环保达标率实现100%。智能方面，加强与交通运输部等部委的联系与合作，推进航运数字化转型。推进洋山港智能重卡示范运营，组织开展“四固定”模式条件下的“减人化”测试。推动业内持续研发区块链正本电子提单，真正实现全程运输无纸化。

四是固底板，全力做好疫情防控和保通保畅。积极应对本轮疫情带来的不利影响，全面贯彻国务院联防联控机制相关要求，充分发挥空港办和港口防疫专班作用，全力做好海空港疫情防控和保通保畅工作，持续保障上海国际航运中心核心功能稳定运转。海港方面，指导港口企业完善应急预案，发现异常情况迅速配合疾控部门落实转运、隔离等工作；推动港口企业复工复产，落实新返岗人员返岗途中闭环转运和返岗后集中封闭管理措施；积极沟通协调，确保持有《上港集团防疫通行证》的集卡长三角无阻通行；大力拓展“公转水”和“公改铁”，充分发挥水路和铁路运输受疫情影响小的优势；不断完善港航服务功能，促进航运服务业提质增效，优化具有国际竞争力的港航营商环境。空港方面，紧盯薄弱环节和重点领域，落实机场地区所有从业人员每日一次抗原及核酸检测，对接触面广、关联人员多的重点岗位加强管理手势，坚决防止规模性疫情；继续强化清关疏港协调机制，积极为企业复工复产急需的物资开通绿色通道，协助航空公司恢复运力投放，落实疫情防控下闭环生产工作，持续推动保通保畅。

关于交通基础设施建设

深入贯彻落实习近平总书记关于从严抓好疫情防控工作的重要指示精神和全面加强基础设施建设构建现代化基础设施体系的工作要求，围绕国家重大战略落地实施，克服疫情影响，抓统筹、抓协调、抓突破、抓落实，全面完成2021年项目开竣工任务，合理安排“十四五”时期及2022年重大交通项目，科学制定投资计划，把握大势、迎难而上，扎实做好本市交通建设项目协调推进。

（1）2021年工作回顾

2021年，市重大交通建设工程计划投资609.07亿元，全年实际完成投资670.75亿元，对照年初计划增长10.13%。嘉闵线、13号线西延伸等“五个新城”相关17个项目集中开工。南汇支线、21号线一期等浦东现代化引领区重大交通项目启动建设。崇明线、机场联络线等轨道交通项目建设加快推进，建成14号线、18号线一期部分区段，运营线路总长达到831千米，继续保持全球城市第一。S7公路（月罗－宝钱段）、北横通道西段、江浦路越江隧道等项目建成通车。

（2）“十四五”时期及2022年重点工作安排

“十四五”时期，本市将持续完善以“枢纽型、功能性、网络化、智能化、绿色化”为特征的超大城市综合交通体系，坚持强枢纽、织网络、提品质、优治理、促转型的总体思路，打造“立体融合、人本生态、智慧高效”的高质量、现代化综合交通体系，实现国际航运中心世界一流、区域一体化交通互联互通水平全国领先、综合运输服务品质一流、交通治理能力现代化水平全面提升。围绕总体目标推进交通基础设施建设：铁路网方面，加快构建“五向十二线”干线铁路通道布局；轨道网方面，重点加快市域（郊）铁路骨架建设，持续完善城市轨道交通网络，轨道交通市区线和市域（郊）铁路运营总里程达960千米；道路网方面，全市高快速路里程超过1100千米；航道网方面，持续推进“一环十射”高等级航道建设，形成“连接苏浙、对接海港”的格局。实现上海中心城60分钟可达毗邻城市，主要枢纽120分钟可达长三角主要城市，中心城轨道交通站点600米半径范围内常住人口、就业岗位覆盖比例分别达到55%、61%以上。

2022年，市重大交通工程确定正式项目51项，预备项目19项；按照市重大工程年初计划，安排投资796.33亿元，占市重大工程投资（2000.38亿元）的39.8%，较2021年年初计划数增长30.8%。对外交通方面，计划开工建设沪渝蓉沿江铁路上海段、浦东机场四期、浦东综合交通枢纽（G1503公路和周邓快速路浦东枢纽段）、油墩港航道整治、G318沪青平公路拓宽改建等项目。加快建设沪苏湖铁路、沪通铁路二期、沪杭客专上海南联络线、G320公路（上海浙江省界－北松公路）等项目。完成大芦线航道二期、平申线航道整治。轨道交通方面，全力推进市域铁路上海示范区线、轨道交通

20 号线一期启动建设，加快推进机场联络线、嘉闵线、南汇支线、崇明线、21 号线一期、13 号线西延伸等轨道交通项目建设。市域交通方面，推进外环西段交通功能提升工程、南北通道等项目方案稳定。推进北横通道东段、沿江通道等项目建设。武宁路快速化、安远路跨苏州河桥、东西通道等项目基本建成，具备通车条件。打通 6 条区区对接道路。

今年以来，本市努力克服本轮疫情影响，坚持年初目标不动摇，全力确保市委市政府确定的开工完工目标、市重大交通工程年度投资计划双完成。一季度按既定计划完成投资 160.63 亿元（2021 年一季度完成 128.97 亿元），占年度计划 20.17%；4 月份，在确保防疫、安全前提下，保障部分项目持续施工，完成投资 5.55 亿元。

一是聚焦疫情防控。依托建设专班，整合资源，第一时间全封闭管理和全覆盖筛查。印发《关于切实统筹做好本市交通建设工程疫情防控和安全生产工作的通知》等 3 份防疫指导文件、10 份防疫工作提示，开展 632 次防疫检查，督促工地做到检测到位、隔离到位、消杀到位、物资到位、转运到位。

二是聚焦复工复产。协调解决跨省运输、混凝土供应、渣土消纳等难点事项，做好在建项目保运、保供、保链各项工作，保障机场联络线工程等 6 项重大交通工程连续施工。发布交通建设工地复工疫情防控指南和标准，实施“一工地一方案”，支持具备复工条件项目“应复尽复”。目前，第一批 18 个重大交通项目已复工，同时积极筹备第二批复工项目。

三是聚焦目标完成。通过线上审批、容缺办理等方式，推进上海示范区线、市域铁路三基地、油墩港航道整治（北青公路桥—朱家浜）等二季度计划开工项目按既定目标开工。

四是聚焦重点区域。浦东机场四期、浦东综合交通枢纽等浦东引领区一批项目启动建设。嘉闵线、17 号线西延伸、S3 等轨道交通和高快速路等“五个新城”交通项目全速推进，重点力推“一城一枢纽”规划建设。有序推进 71 路西延伸等虹桥国际开放枢纽建设项目。

五是聚焦安全监管。强化制度建设（安全隐患排查、风险管控等）、智慧监管（智慧工地建设）、文明施工（覆罩法）等方面，将防疫信息管理与工地实名制系统相结合，持续抓好疫情防控和安全生产各项工作。

六是聚焦低碳智能。推进“绿、林、水、地、房”要素平衡，加大绿色公路、绿色港口等规划建设力度，促进全生命周期低碳发展。继续支持装配式和 BIM 技术应用，加快推进新基建、智能建造等发展。

以上报告，请予审议。

2022 上海国际航运中心建设十大事件发布

新华社日前发布“2022 年上海国际航运中心建设十大事件”，这也是连续第 9 年发布这一重要事项。

1. 2022 北外滩国际航运论坛在沪举办聚焦航运业绿色、智慧和韧性发展

2022 年 11 月 22 日，“2022 北外滩国际航运论坛”在北外滩世界会客厅开幕，主题为“共促绿色、智慧、韧性的全球航运业新发展”。论坛上发布了多项航运业重要成果，包括“上海国际集装箱舱位交易平台”上线试运行、上海船员评估示范中心揭牌等。

北外滩国际航运论坛力争打造国际航运领域重要的观点交流平台、政策发布平台和规则孕育平台。通过论坛举办，将加强国际航运业交流合作，跟踪行业发展趋势，分享行业发展经验，促进国际航运和经济贸易的繁荣发展，为世界航运业发展贡献中国智慧、上海方案。

2. 首架国产大飞机 C919 交付迈出市场运营第一步

2022 年 12 月 9 日，国产大飞机 C919 全球首家用户东方航空，正式接收首架 C919 飞机，标志着国产大飞机迈出市场运营的第一步，也标志着中国民航运输市场首次拥有中国自主研发的喷气式干线飞机。

C919 大型客机是我国按照国际通行适航标准研制、具有完全自主知识产权的全球新一代单通道干线客机，2017 年首飞，2022 年 9 月 29 日取得中国民航局型号合格证（TC 证），2022 年 11 月 29 日，取得中国民航局生产许可证（PC 证）。该款机型采用先进气动设计、先进推进系统和先进材料，碳排放更低、燃油效率更高。

3.《2022 新华・波罗的海国际航运中心发展指数报告》发布上海保持全球第三

2022 年 7 月 11 日，《新华・波罗的海国际航运中心发展指数报告（2022）》在沪发布。上海以 82.79 的总得分排名第三，进一步缩小与新加坡、伦敦的差距。软硬实力互动并进 上海综合竞争力与日俱增。

自 2020 年首次跻身前三名以来，上海国际航运中心的国际地位日趋稳固，航运资源高度集聚、航运服务功能健全、航运市场环境优良、现代物流服务高效，全球航运资源配置能力不断增强。

4. 上海港集装箱吞吐量连续 13 年全球第一；洋山深水港区小洋山北作业区集装箱码头及配套工程获批

2022 年，上海港集装箱吞吐量突破 4730 万 TEU（标准箱）大关，连续第 13 年蝉联全球第一。

洋山深水港区小洋山北作业区集装箱码头及配套工程获批，更好服务构建新发展格局、推动长三角更高质量一体化发展。

此外，顺应绿色、低碳、智能航运发展新趋势，上海港全面发力港口数字化转型。依托区块链技术，上海港实现进口放货全流程无纸化，进口换单放货流程缩短至 4 小时以内。线上线下相融合的港口服务平台、全新的散 / 件杂货码头生产运营软件、以“gis 数据跟踪”“船舶信息大数据展示”“智慧港口三维数据融合”为主体的生产管理“智慧眼”……一系列自主创新持续提升国际集装箱枢纽港辐射能级。

5. 浦东国际机场四期扩建工程开工为上海建设国际航空枢纽提供新动能

2022 年 1 月 4 日，浦东国际机场四期扩建工程正式开工，主要包括航站区、飞行区、旅客捷运等六大项目，建成后预计可满足 2030 年浦东机场年旅客吞吐量 1.3 亿人次的需求；11 月 21 日，浦东机场四期扩建工程智能货站项目也正式启动，预计 2024 年 10 月底竣工，将为上海口岸提供每年超过 100 万吨的出入境货物保障能力。

在浦东机场四期扩建工程中，上海机场集团正在构建一套超大工程全流程、工序级、分层式的数字建设体系，对超大、超难工程的高质量建设具有重要引领和借鉴意义。

6. 上海市政府与国际海事组织中远海运集团签署战略合作备忘录

2022 年 1 月 20 日，上海市人民政府与国际海事组织签署合作备忘录，将进一步促进上海国际航运服务要素的集聚，提升上海国际航运中心的服务能级以及服务全球航运事务治理的能力。

2022 年 12 月 29 日，上海市人民政府与中国远洋海运集团有限公司在沪签署战略合作协议。双方将在港航业务、全球数字化供应链建设、绿色低碳航运等领多个领域域开展合作，构建具有国际竞争力的物流供应链综合服务生态，共同打造上海国际航运中心升级版。

7. 全球最大超大型集装箱船，全国首艘江海联运型 lng 船等高端航运装备在上海交付

2022 年 5 月 26 日，中国船舶集团旗下沪东中华造船（集团）有限公司联合中国船舶工业贸易有限公司建造的 8 万立方米液化天然气（LNG）运输船“传奇太阳号”，在长兴造船基地命名交付。“传奇太阳号”是全球最大浅水航道第四代船型，也是我国首艘江海联运型 LNG 船。

2022 年 6 月 22 日，中国首艘、全球最大 24000teu 超大型集装箱船在沪东中华造船（集团）有限公司签字交付。这是沪东中华自 2020 年 9 月完工交付中国首创全球首艘 23000TEU 双燃料动力超大型集装箱船后，在顶级超大型集装箱船建造领域取得的又一重大突破。

一系列高端航运装备的交付，折射出上海国际航运中心的“硬科技”实力不断提升。

8. 中国首单保税 LNG 加注业务落地上海洋山港全球最大双燃料集装箱船在洋山港完成 LNG 燃料加注

2022 年 3 月 14 日，马耳他籍“达飞希米”号集装箱轮驶入洋山港二期码头，完成液化天然气（LNG）燃料加注。这是国际航行船舶保税 LNG 加注业务的“中国首单”，也意味着上海港成为全球少数拥有“船到船同步加注保税 LNG”服务能力的港口。

2022 年 8 月 24 日，洋山深水港首次为全球最大型 2.3 万标箱双燃料集装箱船加注液化天然气（LNG）燃料，标志着上海港 lng 燃料加注服务能级跃升。

9. 国际集装箱班轮公司沿海捎带业务正式启航

2022 年 5 月 31 日，国内首单外资班轮公司“沿海捎带”业务，在上海洋山深水港落地。沿海捎带业务试点，是中国国际航运领域开放的一次重要突破。

外资班轮船公司沿海捎带，是指外国国籍船舶在中国沿海港口之间从事外贸集装箱重箱的国内段运输。根据 2021 年 11 月 18 日《国务院关于同意在中国（上海）自由贸易试验区临港新片区暂时调整实施有关行政法规的批复》，允许外资班轮船公司开展大连港、天津港、青岛港与上海洋山港之间，以洋山港为国际中转的外贸集装箱沿海捎带业务。

10. 友好港深化合作，倡议共建“绿色航运走廊”

2022 年 1 月，上海港和洛杉矶港共同倡议建立“绿色航运走廊”，以实现上海港和洛杉矶港之间以最清洁、低碳的方式实现港到港货物运输。

2022 年 11 月，上海港与鹿特丹港、安特卫普－布鲁日港深化友好港合作，践行“一带一路”倡议，推动各方在更高水平、更广领域协同发展。

来源：2023 年 1 月 11 日 新华社。

2022 年中国航运中心市场现状及竞争格局分析 上海国际航运中心发展指数排名全球第三

行业主要上市公司：海峡股份（002320）；中远海特（600428）；招商轮船（601872）；盛航股份（001205）；宁波海运（600798）；中远海能（600026）；中远海发（601866）；中创物流（603967）；中远海科（002401）等

本文核心数据：中国航运景气指数；中国港口货物吞吐量及省市排名；中国航运中心分布地图；中国航运中心发展指数

中国航运景气指数表现良好

2022 年第一季度，中国航运景气指数为 112.24 点，较上季度下降 7.19 点，维持在相对景气区间。中国航运信心指数为 135.76 点，较上季度下降 23.4 点，维持在较为景气区间。中国航运业全面稳定发展，企业家对市场经营信心充足。

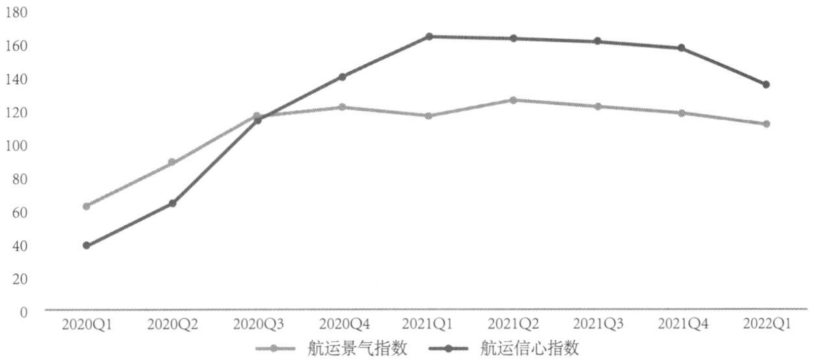

图 4-2：2020-2022 年中国航运景气指数及信心指数情况

宁波舟山港货物吞吐量居全球首位

2016—2021 年，全国港口货物吞吐量及集装箱吞吐量整体均呈上升趋势，2021 年全国港口完成货物吞吐量 155.45 亿吨，比上年增长 6.8%。2021 年全国港口完成集装箱吞吐量 2.83 亿 TEU，比 2020 年同期增长 7.0%。

2022 年截至 5 月，中国港口货物吞吐量和集装箱吞吐量分别为 62.51 亿吨和 1.16 亿 TEU。

2021 年全球前十大货物吞吐量港口排名中，中国占据 8 席。其中，宁波舟山港排名第一位，上海港位居第二位，唐山港位居第三位，青岛港和广州港分别位居第四位和第五位。苏州港、日照港、天津港分别位居第七位、第九位和第十位。国外港口中，新加坡港排名第七位，澳大利亚黑德兰港排名第八位，进入了前十之列。

香港、上海航运服务业水平领先

从我国航运中心建设情况来看，目前主要航运中心有上海国际航运中心、大连东北亚国际航运中心、天津北方国际航运中心、重庆长江上游航运中心、武汉长江中游航运中心、厦门东南国际航运中心、南京长江航运物流中心以及香港国际航运中心。其中，香港国际航运中心、上海国际航运中心发展水平较为领先，航运服务业发展水平优于其他省市，航运金融相关业务在国际上具有一定竞争力。

上海国际航运中心发展指数排名全球第三

根据《2021 新华·波罗的海国际航运中心发展指数报告》信息显示，上榜的中国航运中心中，上海国际航运中心发展指数 82.2，居全球第三，中国首位；其次为香港国际航运中心，发展指数 81.2；再次为宁波舟山，发展指数 67.5。（新华·波罗的海国际航运中心发展指数包含 3 个一级指标，16 个二级指标，从港口条件、航运服务和综合环境三个维度对全球 43 个样本城市的阶段性综合实力予以评估。）

更多本行业研究分析详见前瞻产业研究院《中国航运金融业市场前瞻及投资战略规划分析报告》，同时前瞻产业研究院还提供产业大数据、产业研究、政策研究、产业链咨询、产业图谱、产业规划、园区规划、产业招商引资、IPO 募投可研、IPO 业务与技术撰写、IPO 工作底稿咨询等解决方案。

来源：前瞻经济学人。

第五篇 长三角物流业区域联动合作

一、长三角物流业区域联动合作综述

长三角区域物流与区域经济的发展现状如何?

区域物流发展现状

（1）总体水平

对于长三角省市的范围，是基于 2019 年出台的《长江三角洲区域一体化发展规划纲要》确定，即上海市、江苏省、浙江省、安徽省全域。2019 年长三角各种运输方式货运量合计 104.11 亿吨，约占全国 22.1%，与 2018 年相比增加了 2.48%，增速相较于去年有所下降，但总体呈现稳定增长态势。

2019 年上海市各种运输方式货运量与 2018 年相比增加了 2.1%，达到了 10.96 亿吨。全市规模以上港口的货物吞吐量去年相比下降了 1.4%，完成了 7.2 亿吨；全年集装箱吞吐量与去年相比增加了 3.1%，达到了 0.43 亿国际标准箱。

2019 年江苏省四种运输方式——铁路、公路、水运、航空，实现了货运量与去年相比增加了 4.7% 的成绩，达到了 24.4 亿吨；规模以上港口实现的货物吞吐量与去相比增长 16.4%，达到了 26.3 亿吨。2018 年全省社会完成的物流总额与去年相比增加了 8.1%，达到了 302131.6 亿元；全省完成的社会物流总费用与去年相比增加了 6.0%，达到了 12863.2 亿元；社会物流总费用与江苏省地区生产总值（GDP）的比值为 13.9%，同比下降 0.2%。

2019 年浙江省多种运输方式完成的货运量为 28.86 亿吨，同比增长 7.5%；全省规模以上港口实现货物吞吐量与去年相比增加了 11.0%，达到了 17.2 亿吨。其中宁波 - 舟山港表现优异，完成货物吞吐量与去年相比增加了 7.9%，达到了 11.2 亿吨；集装箱吞吐量与去年相比增长了 4.5%，达到了 0.28 亿国际标准箱，居全球第三。2018 年全省社会物流总额与去年相比增加了 7.7%，达到了 16.93 万亿元；社会物流总费用与去年相比增加了 8.2%，达到了 8127 亿元，与 2018 年浙江省地区生产总值（GDP）的比率为 14.5%，与去年基本相同。

2019 年安徽省完成货运量 36.8 亿吨，实现货运周转量 10217.4 亿吨千米；港口货物吞吐量与去年相比增加了 8.5%，达到了 5.5 亿吨。2018 年全省社会物流总额与去年相比增加了 9.4%，达到了 65738 亿元；社会物流总费用与去年相比增加了 7.7%，达到了 4711 亿元；社会物流总费用与安徽省地区生产总值（GDP）的比值为 15.7%，与去年相比下降了 0.2%，实现了 3 年连续下降。

（2）基础设施

交通方面，长三角地区拥有优良区位优势，现代化港口群体便利航运，各机场构成的空中网络规模庞大，公路交通干线密集，高铁联通中心城市，形成了综合的立体交通网络。长三角拥有 12 个沿海内河港口，20 多个民用机场，10 多条铁路干线，覆盖率极高的公路网络，在交通方面建设水平领先于全国。

长三角各省市联系密切，不断加大对交通基础设施的投资，旨在共建轨道上的长三角。2019 年，长三角完成对铁路的投资建设约 850 亿元，旨在进一步提升区域铁路网络规模，预计将开通新的里程线路，超过 1000 千米，在全国铁路占据榜首。截至 2019 年底，长三角铁路相关的营运里程超过 1.1 万千米，高铁里程达到了大约 5000 千米。

通过不断推进大规模、高标准化的铁路建设，推进着长三角铁路网络的扩张，为人民打造一小时通勤圈、半小时至 3 小时的城际交通圈。通过增加上海往返长三角其他城市的线路，建设杭综合客运和货运枢纽，实现长三角多城地铁互通等方式，提高区域的运输服务能力，推动交通网络的日趋完善。这在方便人民生活的同时，也加速了各地之间的要素流动，扩大对周边区域的辐射，为区域物流的发展提供了良好的设施基础。

仓储方面，长三角的仓储布局以上海为核心向南北方向延伸。北部线路来看，从上海的宝山到昆山、苏州工业园、梅村等，大量仓库集中区集中在沪宁高速公路两侧。从南部线路来看，从松江到杭州，大量仓库在沪杭高速两侧集中。长三角的仓储设施市场成熟度高，仓储总量较大。以较为核心的 5 个城市即上海、苏州、无锡、嘉兴、杭州来说，其总量约为 1.25 亿平方米，与洛杉矶不相上下。

（3）物流园区

物流园区作为一个区域物流的核心承载平台，有着诸多优点，如集成各项功能进行设施共享，提高用地节约度等，推动区域物流朝着规模化和集约化发展，长三角各省市都在建设诸多物流园区，不断推动区域物流的发展。上海通过建设五大重点物流园区，四大专业物流基地，不断努力形成“5+1+X”格局。

面向国际的东部三大沿海物流园区，不断推进临空、临港产业与区域物流的联动发展；连接长三角的西部陆路两大物流园，主要进行物流的发展与产业优势，城市功能等因素的协调和融合，为传统物流的转型提供助力。

江苏省拥有南京、苏州和徐州等枢纽城市，并以此来培育综合物流园区，不断提高其物流组织化和集约化水平，不断增长其集聚和辐射能力，不断发挥其对重要战略实施的支撑作用，并努力打造国家级示范园区，扩大其全国影响力。

截至 2020 年 8 月，在已经发布的两批示范物流园区名单中，江苏省入选了 4 家，仅次于拥有 6 家的浙江和拥有 5 家的山东。由此可以看出，江苏的物流园区各项投资等都处于较高的水平，其建设也获得了良好的效果。浙江省的综合物流园区建设，走在全国前列。

通过大力投资建设拥有了了一批国家级和省级的示范物流园区，还培育了许多全国优秀的物流园区，如长兴综合物流园区等。各物流园区也在致力于自身内部的发展，不断地丰富结构，提高服务水平，努力提高物流效率，降低运行成本。

“菜鸟供应链”实现了数字赋能和技术驱动有效结合，积极用于园区的实践；“绍兴港现代物流园”打造了“前店后市”的发展模式，与物流园区积极结合，实现的供应链的协同；“义乌公路港”结合当地的商业贸易情况，并与其进行深度的融合，在物流园区建设的基础之上，积极地为入驻的相关企业提供配套性的服务，打造城市中的供应链物流中心；“深国际物流”致力于科技发力，建设标准化的管理系统，创建“仓储 + 配送 + 部分供应链”的合理的物流体系。

沿淮建设物流轴，打造蚌埠等两个等 2 个布局城市的二级物流园区。通过打造一级和二级物流园区，重点打造包括芜湖临港、蚌埠商贸等物流在内的五大产业集群，促进多种运输方式联动运输，努力具备城市配送、保税物流、和冷链物流等多种功能，实现物流园区的对于区域物流的重要载体作用，以及“电商安徽”的建设支撑作用。

区域经济发展现状

（1）总体水平

2019 年，长三角地区生产总值合计 23.6 万亿元，约占全国的 23.8%，同比增长 6.65%，经济增速有所减缓，但仍处于领先于全国的发展势头，在整体实现了较快的平稳增长。2019年上海市地区生产总值为38155.32亿元，排名全国第10，全市人均生产总值为15.73万元；江苏省地区生产总值为99631.5亿元，排名全国第1，全省人均地区生产总值12.36万元；

浙江省地区生产总值为62352亿元，排名全国第2，全省人均生产总值为10.76万元；安徽省生产总值为37114亿元，排名全国第11，全省人均生产总值为5.85万元，可以看出长三角各省市市之间的发展，不论是地区生产总值还是人均生产总值，都存在着较大差异。从发展速度来看，2014—2019年，长三角各省市地区生产总值增速变动较大，都保持正向的增长；

其中，安徽省地区生产总值增速波动最大，在2018年地区生产总值增长超14%，相对于其他城市来说增长较多，苏浙沪自2017年以后，地区生产总值增速逐渐趋缓。

（2）产业结构

2019年，长三角三次产业结构为3.97：40.66：55.37，是明显的“三二一”产业结构，而全国的三次产结构为7.11：38.97：53.92，可以看出长三角第二产业和第三产业所占比例均高于全国。

分地区来看，2019年上海市三次产业结构由上年的0.29：28.77：70.94调整为0.27：26.99：72.74，第三产业对经济的贡献率进一步提升。江苏省三次产业结构为4.31：44.43：51.52，相较于上一年的4.44：45.2：50.36第二产业与第三产业的占比有细微变动。浙江省三次产业构为3.36：42.61：54.03，相较于上一年的3.4：43.6：53，第三产业的占比有所增加。

安徽省三次产业结构由上年的7.8：41.4：50.8变为7.86：41.33：50.82，各产业占比变动不大。明显看出，苏浙沪地区的三次产业结构中，第三产业所占比例均高于全国，第一产业所占比例均低于全国；相对于前些年，安徽省的第三产业占比明显增加，但其产业结构在长三角地区与全国最为相近。

来源：春阳财经（张三敏）。

长三角区域经济与区域物流的协调发展及对经济发展的影响

随着经济全球化的发展进程不断加快，经济逐渐呈现出世界、国家和区域共同发展的趋势。各区域之间不断进行着信息流、资金流的交换和互动，不断推动着物流、商流的流动和交易，推动区域间经济的发展。这些区域间的联动发展，使得市场竞争更加激烈，在这其中，区域物流成为了交易和竞争中的重要节点，使得区域物流拥有了广阔发展空间。

区域物流以多个角度推动着区域经济的发展。区域物流对于区域内企业来说，可以减少资源浪费，提高整体运行和生产效率，增加企业自身优势；物流对于市场来说，可以合理分配资源、调节市场供需，推动市场更好发展。区域物流逐步发展成为各产业部门积极转变生产增长模式的主要渠道，它的发展程度也被作为区域内现代化发展水平和总体经济实力的判断标准之一。

长三角作为我国经济发达地区，其区域物流发展水平也较为发达。长三角地区拥有卓越的地理位置优势，稳定的发展环境优势，完备的交通网络优势，这三大优势使得物流相关的基础设施十分完备、交易互动十分活跃，推动长三角区域物流不断向前发展。但与发达国家相比，长三角的区域物流和区域经济发展水平还有待提升。

同时，随着长三角发展进程的推进，长三角三省一市区域联动也产生了一些痛点和难点，使得长三角区域物流与区域经济的发展之间产生相互不配合的一些状况，导致物流运行效率偏低、经济盲目投资的收益较低等问题，十分不利于长三角区域物流与区域经济的协同发展。

因此，通过对长三角区域物流和区域经济的协同发展研究，有助于发现其在协同发展中存在的问题，推动长三角区域物流和区域经济的协同发展。

区域物流对区域经济的促进机理

（1）提高区域经济活动的效率和收益

区域经济是区域间特色发展以及合理的区域分工共同作用形成的结果。通过合理的分工，市场化、商品化程度不断提高，各项产业互补性不断上升，依存度不断提高，经济体系更加多样化，更加有竞争力，产业集群化程度提高，运行效率提高，提高了市场化程度，产生了一系列的良好的经济共生现象。

但是随着分工水平的提高，逐渐细化的分工产生的要求也不断增加，在客观上需要有一个较高的协作水平，才能实现良好的分工。而通过区域物流的发展，便可以实现这些要求。区域物流的不断发展，可以提高区域内的各项工作、各项产业的协作效率，减少区域内部的各项成本，对区域内的经济发展有着重要的推动作用，对区域间的各项联动发展的运作效率提升有着非常重要的助力效应。高效合理的区域物流对于区域内部的各企业，各产业乃至整个经济的发展，都是有非常多的好处。

第一，减少因信息缺失而产生的成本。通过区域物流网络，扩大了信息交流面积，降低了信息的共享成本，减少了在企业在发展过程中所产生的一些信息阻断，提高了信息的共通性，从而使得双方能够更好的对周围环境进行一个辨别，及时地对危机进行应对，减少交易主体因有限的信息而无法做出准确判断的情况，降低交易费用。

第二，减少机会主义产生的成本。产业链上的相关企业长期合作，能够有效地抑制不良的市场操作，减少机会主义产生的影响，使得双方都能在最低限度的控制机会主义产生的交易费用。

第三，可以提高要素的利用效率，区域物流通过自身的网状结构，放大要素的各项功能，减少用户对于使用网络资源要素等的交易费用和成本，提高各自的收益率，提高资源的利用率。

（2）促进区域内产业发展

区域物流渗透在各个产业、各个经营活动领域，因此区域物流对于区域内产业和经营活动会产生多方面的影响。区域物流会促进物流相关的新兴工艺、装备制造业、先进技术的发展，优化资源配置，提高物流效率，增加潜在的发展空间，这是区域物流的前向效应。

区域物流通过自身的发展，带动公路、铁路等的发展，进而增加对制造业，如钢铁，煤炭等的需求，这就是区域物流的后向效应。随着区域物流的发展，可以带动其所在区域的粮食、外贸、商业、地产等相关产业，乃至区域内各个行业的供销活动，提高区域内的各项经济活动的运行效率、经济利益、资源利用率。

通过区域物流的有效支撑，区域内经济贸易活动不断开展，区域优势不断发挥，区域可以围绕着相关优势产业不断投资发展，合理的利用区域内外的生产要素，克服自身的发展瓶颈，进一步扩大区域自身优势，促进区域内产业不断根据需要进行结构调整和升级。

（3）发挥物流枢纽效应

发达的区域物流需要有一个发达的物流枢纽来支撑。一方面发达的物流枢纽可以通过自身成本优势，吸引各项高端要素，如资金流、信息流等，通过良好的运作在区域内聚集，使得该区域拥有良好的产业环境，促进经济循环，扩大经济总量。

另一方面，发达的物流枢纽，拥有完备的配套设施，如各项公告基础设施、服务网络等，从而保证其组织功能的有效性，这也便利了周边各种要素的流通，畅通了与产业的联系，扩大了枢纽所在区域的辐射的范围，加大区域内部的大循环。

依托区域物流枢纽，可以发展枢纽偏好型产业，如陆港经济、临空经济、口岸经济、临港经济等，通过不断整合资源，重新分配组合，提高装备制造业、跨境电商、农产品加工等产业的附加值水平，改变区域在产业链内部分工地位，提升区域在产业链中的核心价值。

因此，通过发挥区域物流的枢纽效应，不断提高对物流枢纽和其自身服务的增值、辐射、组织、集聚功能的利用，加速区域要素流通，提升区域产业附加值水平，吸引各类要素流动聚集，扩大区域循环总量，从而促进区域经济的良性发展。

区域经济对区域物流的促进机理

（1）促进完善人才机制

区域经济的发展水平的不断提升，使得政府有更充足的资金来支持教育的发展，加大对教育的重视，提高对教育的投资力度，从而可以为区域物流的发展培养更多的高层次的专业性的人才。

此外，区域物流的快速发展，也可以使得当地的就业人员的工资薪酬福利待遇不断提升，政府也有能力构建人才共享机制，消除人才流动的壁垒，实现区域内部人才的合理有序流动，增加相应的人才资源，促进区域物流人才机制的不断完善。

（2）帮助开拓市场

区域经济的增长使得政府有资金和能力加大对农村区域物流市场的建设，扩大农产品的市场规模，加大对农产品相应物流市场的体系化、规范化建设，为当地的人民提供更多的便利服务，带动农村区域物流的发展。与此同时，区域经济的不断增长，可以促进产业多层次、多维度、多方面的发展，使得相关产业链不断的延长，产业链的价值不断的提升，不断增加各产业对区域物流的需求，帮助区域物流开拓更多的有效市场。

（3）有利于区域物流提升竞争力

区域经济影响着区域物流的变革，发达的区域经济发展，为区域物流提供了稳定的发展环境、健全的发展机制。区域经济的不断发展可以完善区域物流基础设施，保证区域物流可以在完备的环境中，根据自身的定位和市场的需求进行不断调整，构建区域物流和谐发展机制，不断提高区域物流核心竞争力。

区域物流与区域经济的协同发展关系

区域经济系统由于要素、产业等而发生动态作用变化，因此在区域经济的发展的同时，也不断推动着区域物流相关方面的演化。而区域经济的发展也是需要支撑的，区域物流系统效率的提高便可以提供一定的支撑。随着社会发展以及经济全球化的发展，区域的经济活动已经发展成为了一个紧密相连的群体。

贸易交易、商业活动等的发展和无国界化趋向，让企业间的相互联系更加频繁和复杂，经济互动不断增加。区域内部与外部各项资源的交互都使得与之相关的区域物流不断发展，其需求不断扩大。而在区域物流的发展过程中，势必会与其他产业产生相关的碰撞。

从而影响着区域经济的不断发展，不断调整，不断变革。而区域物流对区域经济的引导性作用，很有可能使得区域经济产生一种新的结构。而区域物流为了自身的发展，则需要根据新的区域经济结构调整自身，不断适应，如此循环反复，就形成了区域物流与区域经济不断变化，彼此适应的一种有机联系。

来源：财经杂录（张三敏）。

二、长三角物流业区域联动合作信息

2022 年度长三角地区主要领导座谈会在上海举行
共担新使命 同谱长三角一体化发展新篇章
李强 吴政隆 袁家军 郑栅洁 龚正 许昆林 王浩 王清宪出席

8 月 16 日，2022 年度长三角地区主要领导座谈会在上海举行。上海市委书记李强，上海市委副书记、市长龚正；江苏省委书记吴政隆，江苏省委副书记、省长许昆林；浙江省委书记袁家军，浙江省委副书记、省长王浩；安徽省委书记郑栅洁，安徽省委副书记、省长王清宪出席会议。国家发展改革委有关负责同志应邀出席会议。

会议深入学习贯彻习近平总书记关于长三角一体化发展的重要讲话和指示批示精神，以“共担新使命、同谱新篇章”为主题，全面总结长三角一体化发展上升为国家战略以来的工作成效，深入分析长三角地区肩负的新使命新任务，审议了《长三角区域一体化发展 2022 年度工作计划》《长三角区域一体化发展 2022 年度重点合作事项清单》，聚焦高效统筹疫情防控和经济社会发展、推动高水平科技自立自强和产业协同发展、持续提升基础设施服务保障水平、打造改革开放新高地、携手共建绿色美丽长三角、努力建设幸福和谐长三角、加快推动区域协同发展、完善区域合作机制等方面进行深入讨论，明确了当前和今后一个时期共同推进长三角更高质量一体化发展的若干重大事项。

会议指出，推动长三角一体化发展是习近平总书记亲自谋划、亲自部署、亲自推动的重大国家战略。三省一市牢记习近平总书记的殷殷嘱托，在党中央的坚强领导下，紧扣“一体化”和“高质量”两个关键词，紧密携手、各展所长、协同发力，各项工作跑出加速度，一体化发展的体制机制更加健全，软硬件基础更加扎实，发展动能更加强劲，成效更加凸显。要始终保持落实国家战略的思想自觉和行动自觉，坚定不移将长三角一体化发展引向深入。

会议强调，踏上全面建设社会主义现代化国家的新征程，以习近平同志为核心的党中央对长三角寄予厚望，要求长三角率先基本实现现代化，赋予长三角先行先试、示范引领的时代使命。大家一致表示，要坚决扛起责任，进一步开拓前进，拿出更加有力的措施，展开更加务实的行动，以更高质量的一体化助力现代化建设的新实践，以一体化发展的确定性应对外部环境的不确定性，奋力谱写长三角一体化发展新篇章，以实际行动迎接党的二十大胜利召开。

会议指出，要坚决贯彻落实习近平总书记重要指示和党中央决策部署，高效统筹疫情防控和经济社会发展。坚持“外防输入、内防反弹”总策略和“动态清零”总方针不动摇，巩固和优化长三角疫情联防联控机制，持续加强长三角区域信息互通互联和重大疫情应对处置，共同推进平战结合的长三角公共卫生等重大突发事件应急体系建设，加快疫苗和药物创新突破。把稳增长放在更加突出位置，着力稳定市场预期、强化要素保障、加强经济调节，畅通长三角区域物流人流，加快推进跨区域重大项目建设，深入开展“满意消费长三角”行动，勇挑大梁，为全国稳住经济大盘作出积极贡献。统筹好发展和安全，加强金融、粮食、能源安全等领域信息共享和风险协同处置，联合防范化解社会领域各类风险，营造和谐安定的社会环境。

会议指出，要着眼增强国际竞争力，推动高水平科技自立自强和产业协同发展。加快建设上海张江、安徽合肥综合性国家科学中心，推动国家实验室开放协同联动，强化国家战略科技力量，启动长三角科技创新共同体联合攻关计划，共同推动长三角国家技术创新中心等新型研发机构建设，加快重大技术创新突破的示范运用，扎实推进G60科创走廊、沿沪宁产业创新带建设，携手打好关键核心技术攻坚战。加强战略前沿领域协同布局，落实重大项目，发挥比较优势，抢占未来发展制高点。加快推进产业链补链固链强链行动，深化完善产业链供应链跨区域协调机制，维护极端条件下供应链的稳定，促进经济循环高效畅通，共同打造具有国际竞争力的战略性新兴产业集群和先进制造业集群。

会议指出，要以重大项目为抓手，持续提升区域基础设施服务保障水平。推进一批轨道交通重大项目开工建设，探索跨省（市）城际（市域）铁路的一体化运营管理模式，打造世界级港口群和机场群，不断提升省际公路通达能力，打造区域智能交通示范网络。支持长三角企业积极参与全球物流体系建设。协同推进重大能源、水利等项目合作，通过扩大总量、优化调配、技术改造、合作开发等多种方式，提高长三角区域能源资源基础保障能力。高标准推进5G、工业互联网、数据中心等新型数字基础设施布局和联合创新应用，启动全国一体化算力网络长三角国家枢纽节点建设，加快培育区域数据要素市场。

会议指出，要持续优化营商环境，打造改革开放新高地。加快区域市场一体化建设，促进商品要素资源在更大范围内畅通流动。高水平共建虹桥国际开放枢纽，协同办好第五届中国国际进口博览会。依托长三角自贸试验区联盟，深化制度创新、产业发展等方面合作。促进长三角一体化发展与其他区域重大战略加强联动。共同开展长三角区域性“一带一路”综合服务平台建设试点。

会议指出，要深入践行绿色发展理念，携手共建绿色美丽长三角。坚持不懈抓好长江大保护和新一轮太湖水环境综合治理，继续联合开展长江“十年禁渔”，共同研究太湖流域跨省生态保护补偿机制，进一步完善长三角生态环境信息共享机制。加快推动制定各省（市）碳排放达峰目标与行动方案，合力打造区域绿色产业体系，加快形成减污降碳的激励约束机制。

会议指出，要聚焦公共服务共建共享和便利化，努力建设幸福和谐长三角。深入推进居民服务“一卡通”、医保一体化合作，实现三省一市药品目录统一。持续提升政务服务“一网通办”能级，深化数字场景开发。协作推进国家区域医疗中心和跨省域医联体、重点专科联盟建设，推动长三角康养基地规划和建设，共同促进民生领域高质量发展。

会议指出，要以长三角生态绿色一体化发展示范区为引领，形成更多发展亮点和制度创新成果。聚焦重点领域和关键环节，开展更具系统性和集成性的改革探索。集中优势资源建设水乡客厅，加快推进示范区国土空间总体规划修改完善，加强“一厅三片”等重点区域土地要素保障，支持在一体化示范区设立跨省域高新技术开发区。加大沪苏浙城市与皖北城市结对合作力度，加快建设“一地六县”产业合作区，增强省际毗邻地区发展新动能。

会议强调，要完善区域合作机制，凝聚各方共同推进长三角一体化发展的强大合力。加强党委、政府推动力度，充分发挥三省一市人大、政协作用，强化地方立法协同和民主监督联动。在推动长三角一体化发展领导小组领导下，进一步完善长三角“上下联动、统分结合、三级运作、各负其责”的区域合作机制，强化长三角区域合作办公室组织协调职能，加大新闻舆论、执法司法等领域合作力度。创新社会力量参与机制，更好发挥研究型大学联盟、长三角企业家联盟等社会组织作用。

8月17日，在圆满完成座谈会各项议程后，举行了成果发布会。李强主持会议，代表与会各方通报了此次座谈会以及长三角一体化发展主要成果并讲话。龚正、许昆林、王浩、王清宪分别代表三省一市讲话。

李强说，回望走过的路，在习近平总书记的领航指引下，长三角一体化发展道路越走越坚实、越走越宽广。远眺前行的路，长三角在新征程上肩负着率先基本实现现代化的时代重任，长三角一体化发展使命光荣、前景光明。我们要深入贯彻落实习近平总书记关于长三角一体化发展的重要讲话和指示批示精神，满怀信心、砥砺前行，齐心协力把这次会议达成的共识和确定的工作，一项一项抓好落实、见到成效，努力以务实行动推动长三角一体化发展行稳致远。要在科技高水平自立自强、打造世界级产业集群、推动共同富裕、实现生态绿色发展等方面携手攻坚突破，更好发挥经济压舱石、发展动力源、改革试验田的作用，更好代表国家参与国际合作与竞争，更好展示中国式现代化的光明前景。要坚持守正创新，巩固和发扬已经取得的经验，不断探索和开辟新的实践领域，不断推动量的积累和质的提升。增强“一盘棋”意识，紧扣“一体化”和“高质量”，通过更科学的分工、更高效的机制、更有力的举措，让共性与个性相得益彰、合作与竞争相互促进、集聚与辐射相辅相成，不断提升长三角整体实力和区域竞争力，以实际行动迎接党的二十大胜利召开。

龚正说，我们要深入贯彻落实习近平总书记重要讲话和指示批示精神，只争朝夕，鼓足干劲，抓好各项任务落实，共同推动长三角一体化发展展现新作为、取得新成效。要在勇担重大使命责任上持续用力，上海将以高度的思想自觉和行动自觉，全力以赴推动国家重大战略实施，更好服务国家发展大局，当好经济压舱石、发展动力源、改革试验田，共同为全国经济稳增长作出贡献，共同当好我国科技和产业创新的开路先锋，共同打造改革开放新高地。要在强化重点任务落实上持续用力，上海将进一步聚焦重点区域、重点领域，采取更有力的举措、更有效的办法，全力抓落实、抓攻坚、抓成效，强化示范引领、攻坚突破、项目带动、安全共保，共同推动长三角一体化发展再上新台阶。要在完善区域合作机制上持续用力，上海将牢固树立“一盘棋”思想，注重对接落实、协同协作、平台共建，进一步加强工作联动和统筹协调，深化协同推进机制，加快形成各方共推一体化发展的生动局面。

许昆林说，江苏将进一步学深悟透习近平总书记对推动长三角一体化发展和江苏工作重要指示精神，牢固树立“一体化”意识，始终当好长三角一体化发展的有力推动者和坚定实践者，确保总书记重要指示要求和党中央、国务院重大决策部署落地生根，以实际行动和过硬成果坚定拥护“两个确立”、做到“两个维护”。更大力度抓统筹稳经济，共同筑牢疫情防控屏障，合力维护产业链供应链安全稳定、提高上下游对接效率，全力推动经济回升向好、稳住经济基本盘。更大力度扬优势强弱项，加快推动高水平科技自立自强，以智能制造为主攻方向推动产业技术变革和优化升级，深化制度创新、产业发展、科技创新、金融服务等领域合作。更大力度增合力见实效，坚持“一盘棋”提升区域发展整体效能和核心竞争力，下好“联动棋”拓展合作广度和深度，落准“关键棋”健全抓落实工作机制和评估机制，用实实在在的合作成果推动一体化持续走深走实，携手谱写新时代长三角一体化发展现代化新篇章。

王浩说，推进长三角一体化高质量发展，是一市三省共同参与的团体赛，承担的是国家责任，展示的是大局意识，交出的是集体答卷。浙江一定深入贯彻习近平总书记重要指示精神，在上海的龙头带动和苏皖两省的鼎力支持下，扛起大担当、展现大作为，切实把会议成果转化为推进长三角一体化高质量发展的实干实效，加快打造长三角“金南翼”，齐心唱好长三角“协奏曲”，为共同谱写长三角一体化高质量发展新篇章作出浙江更大的贡献。我们聚力统筹疫情防控和经济社会发展，携手沪苏皖共同成为稳住全国经济大盘的“压舱石”；聚力推进科技自立自强和产业转型升级，携手沪苏皖共同当好高质量发展的“排头兵”；聚力推进重大基础设施项目建设，携手沪苏皖共同做强国内国际双循环的战略枢纽；聚力推进绿色低碳发展，携手沪苏皖共同打造绿色中国示范区；聚力建设共同富裕示范区，携手沪苏皖共同勇当中国式现代化的探路者。

王清宪说，进入长三角一体化发展国家战略，是安徽发展最大的“势”，我们牢记习近平总书记的殷殷嘱托，坚持上海龙头带动，扬皖所长服务沪苏浙，在一体化发展中展现了安徽作为。充分发挥安徽链接长三角和中部地区的战略枢纽作用，打造更加开放的要素对接平台，在率先形成新发展格局上展现更大作为。全力建设战略科技力量，聚焦集成电路、人工智能等领域，协同沪苏浙开展关键核心技术攻坚。以市场为导向深化科技创新体制机制改革，启动建设“科大硅谷”，以最优创新创业生态汇聚全球精英。大力推动三次产业高质量协同发展，突出制造业提质扩量增效，采取省级领导牵头、产业专班推进等方式，推进新一代信息技术等十大新兴产业加快发展。自觉担负筑牢长三角生态屏障的责任，加强长江、淮河、新安江、江淮运河四大生态廊道建设，积极谋划推进“大黄山”生态型、国际化、世界级休闲度假旅游目的地建设，努力把生态优势更多转化为发展优势。

会议期间，长三角三省一市领导在张江人工智能岛参观了“新时代 新引擎”上海强化高端产业引领功能主题展，在黄浦江东岸滨江考察了“一江一河”滨江公共空间贯通提升以及工业遗存改造利用情况。同时，还并行召开了长三角地区合作与发展联席会议、党委政府秘书长座谈会、党委政府研究室主任座谈会，举办了第四届长三角一体化发展高层论坛。

会议确定，2023 年度长三角地区主要领导座谈会在安徽省召开。

来源：浙江在线（裘新民）。

高峰论坛为长三角物流圈发展出谋划策

12 月 28 日，2022 年第二届长三角冷链物流高峰论坛在上海市召开。本届论坛由中国物流与采购联合会、上海市商业联合会作为指导单位，上海市物流协会、上海市物流协会冷链分会主办。上海市物流协会冷链分会常务副秘书长孙汕担任论坛主持人。

近些年，我国冷链产业在国家政策和市场需求的双重驱动下，迎来了快速增长，从生产端仓储、运输端物流到终端贮藏设备市场，都在持续扩张。今年以来，冷链领域相关政策持续落地，更加助推行业景气度。1 月，国家发改委印发《国家骨干冷链物流基地建设实施方案》，对“十四五”时期国家骨干冷链物流基地布局建设作出系统安排；4 月，交通运输部等五部门联合发布《关于加快推进冷链物流运输高质量发展的实施意见》；6 月，农业农村部办公厅、财政部办公厅发布关于做好 2022 年农产品产地冷藏保鲜设施建设工作的通知，提出推动冷链物流服务网络向农村及下一级市场延伸，无疑都将推动冷链产业的进一步发展。在此背景下，行业精英齐聚，以“拥抱内外双循环 端牢中国金饭碗”为主题，各抒己见、畅所欲言，共话长三角冷链物流发展所面临新的机遇和挑战。

物流与采购联合会副会长兼秘书长、亚太物流联盟主席崔忠付出席并发表致辞。他回顾了过去 10 年间冷链物流产业作为支撑国家经济建设、推动乡村振兴等国家战略实施的重要抓手，在政策环境、标准规范、市场规模、基础设施建设，以及冷链企业发展与行业集中度等方面所取得的一系列翻天覆地的变化。

“长三角地区的经济基础决定了冷链物流的发展潜力，这里聚焦了国内最好的一批冷链物流企业，代表了我国冷链物流阶段性发展的最高水平。”崔忠付在致辞中点赞长三角地区冷链物流的发展，并对其今后进一步发展提出四点建议：一是进一步发挥长三角相关冷链组织协同力；二是继续完善冷链基础设施体系建设；三是加快区域标准的制定实施；四是注重绿色低碳和数字化。

上海市粮食局副局长殷飞首先对论坛的顺利召开表示祝贺。他在致辞中指出，疫情极大地改变了人们的消费习惯，瓜果蔬菜、海鲜肉类等生鲜食品的采买也逐渐从线下向着线上转移。冷链物流因此也释放出新的活力，尤其在乡村，冷链物流更是展现出广阔的发展前景。当前，随着我国农业产业结构的大力调整，生鲜农产品的产量和流通量逐年增加，对农产品冷链物流服务规模和效率提出了更高的要求。因此建立高效快捷的农产品冷链物流，助力乡村振兴，冷链物流被赋予了重任。

随后，上海市物流协会冷链分会会长、上海光明领明物流有限公司执行董事、总经理董国银为本次论坛致欢迎辞。“在2022年新冠疫情特殊时期，我们经历了‘封锁’和‘放开’，冷链作为一个最冷的产业，成了最热的话题，冷链的重要性在疫情中展露无遗。”他指出，在疫情环境下“危”中有“机”，因为基础民生必须保障，而食品市场的供需平衡离不开冷链物流的调和，所以冷链物流可以保持逆势上扬，越来越多的消费者认识到了冷链的重要性。

董国银表示，上海市物流协会冷链分会在此期间做了大量工作，包括在疫情期间，积极配合上海市发改委粮食和物资储备局、上海市商务委通关处协调会员单位、江苏及浙江政府资源，三天解决了1006个标箱出港区，疏导1.1万多吨-18℃的库存量，全力支持疏港行动；在上海全市调运车辆吃紧的情况下，积极配合上海市商务委市场体系建设处抢运口罩，配合口罩工厂调运包材；在冷链物流企业复工复产的时候配合市政府出具复工复产指导意见，帮助企业申请金融贷款，并组织有序的发放口罩等。此外，他还介绍了上海市物流协会冷链分会接下来在四方面的主要工作计划，并表示希望冷链人共同努力，致力于推进行业发展，在“双循环”新发展格局下发挥长三角组合效应，进一步扩大长三角在国际物流供应链体系中的作用。

在12月28日上午论坛主题演讲环节，先后由四川省内江市国际物流港服务中心主任范长广、中国物流与采购联合会副秘书长兼评估办主任杨国栋、福建雪人股份有限公司市场总监陈炜、上海闽泰环境卫生服务有限公司总经理顾祥、上海盛琍发制冷科技有限公司总经理黄礼明、中通冷链副总裁杨帆先后发表了主题演讲。

范长广在演讲中介绍了以制糖业高度发达而闻名的“中国甜食之都”内江市及一些重点产业发展情况，以及地处成渝两个特大城市几何中心的交通区位优势。他介绍，内江拥有中西部最大的冷链产品消费市场，是成渝两个特大城市蔬菜和冷链食品保供基地。当前，内江正加速构建冷链物流产业链、生态圈，建有20万平方米的冻库、气调库，拥有1600余家冷链物流经营主体，是物流产业发展的沃土，目标是到2028年在川渝冷链市场供给占比达到1/3。

杨国栋的演讲主题是《冷链物流与评估》。他介绍了当前我国冷链物流整体发展状况及存在的主要问题：截至2021年，我国冷链物流总额突破8万亿元，冷链物流市场规模达4586亿元；冷链物流市场主体超过3万家，星级冷链物流企业过100家；冷链物流总量达3.02亿吨，冷藏车保有量34.14万辆，冷库库容1.96亿立方米。目前，冷链物流发展主要存在八方面问题：一是规模小、抗风险能力弱；二是设备老旧、技改压力大；三是信息化、数字化水平弱仅维持基本要求；四是融资渠道不畅；五是管理水平缺乏系统性；六是专业化冷链管理人才匮乏；七是企业发展的持续性普遍脆弱；八是网络化布局弱。此外，他介绍了星级冷链物流企业的评估内容、目的和方法，以及在评估工作中看到的问题。

福建雪人股份市场总监陈炜发表了题为《冷链物流冷热解决方案》的主题报告，从中国“双碳”战略到新版《冷库设计标准》对冷链设备的发展进行了诠释，在制冷剂替代进程中，制冷方式随着安全可靠，节能减排而发生变化，随着预制菜，中央厨房业态的增多，冷链设施除了制冷外，还有工艺热水的需求。可以通过制冷技术本身的能量转移原理供给热水或水蒸汽。雪人股份致力于天然工质压缩机的研发制造，拥有众多符合环保顺应时代发展的冷热解决方案。

上海市健康促进协会副会长、上海闽泰环境卫生服务有限公司总经理顾祥，以《冷链守护，“消杀”有道》为演讲主题，为大家分享了以下知识：从农田到餐饮的食品产业链中虫害风险管理的基本认知；对于食品安全的重要环节，时刻将内功———食品安全管理，作为企业的基本保障工作，也给予客户更多的信心；如何从小虫害的管控中，推动企业的环境、结构、卫生等工作的改善。以达到做好内部运营保障，迎接和拥抱新的发展机遇。

上海盛琍发制冷科技有限公司董事长黄礼明带来了《食材标准化基地建设助力乡村振兴》的主题

演讲。从农产品流通的风险和痛点入手，剖析了食材标准化基地建设对打通农产品通路和衡量农产品价值，为农产品流通争取时间的必要性。这些重要工作无法靠农民自发实现，需要多方面协同。盛琍发与上海市物流协会一道参与起草了上海地产农产品（果蔬）冷藏设施建设规范，在冷库保鲜的基础上，辅助以标准化的采后加工流程，几种有效的保鲜手段能有效降低农产品的损耗。盛琍发致力于智慧冷链 27 年，将持续努力。

中通冷链副总裁杨帆在会上做了《网络化带来无限想象》的主题分享，深入剖析了中国流通领域的变革为冷链行业带来的挑战和机遇，并全面介绍了中通冷链为适应新的市场需求，在冷链网络化、标准化、信息化方面的创新和实践，即“小零担、大网络、门到门、全程冷链”冷链解决方案。随着中通零担冷链的不断发展，冷链物流行业的赛道也趋于成熟，食材供应链也将越来越科学、效率也大大提升！

在论坛的对话环节，由北京快行线冷链物流有限公司总经理刘培军主持，中通冷链副总裁杨帆、优合集团产业发展中心总经理王飞、上海众萃物流有限公司董事长黄宗荣、普冷国际物流（上海）有限公司董事长虞健民、启橙中国创始人兼 CEO 潘炜等与会嘉宾围绕“现代农产品流通的挑战与机遇”的主题各抒己见，开展了热烈的交流与探讨。刘培军提出，当前面对冷链物流市场“僧多粥少”的局面，“卷”是必然的，但在卷的同时还要把服务做好。

普冷国际物流（上海）有限公司董事长虞健民指出，冷链物流面临的三大发展趋势不可避免。一是成本太高，目前的致冷模式、冷库设计等方面均需要改进，并且前提是确保质量不下降。为此，他呼吁冷链业全体同仁共同降本，长三角物流企业团结起来打造冷链新高地。二是过度包装等问题，导致冷链领域存在大量的浪费和污染。三是需要业界共同大规模推进自动化和数字化，包括实现 -18℃以下无人作业等目标，并且应该确立明确的推进时间表，这不仅关系到冷链产业的人文关怀。

12 月 28 日下午，围绕《食品贸易在双循环背景下的挑战和机遇》与《解读“二十条疫情防控新规”对餐饮行业的机遇》两场主题论坛同期举行。论坛的圆桌对话环节，其中，由韵达集团上海韵鲜物流科技有限公司总经理牟屹东主持，优合集团华东区总经理高子春、普冷国际物流（上海）有限公司董事长高级助理傅玉初、上海快行天下供应链管理有限公司市场营销总监潘惠锋、上海临港新片区经济发展有限公司副总经理逄淑光、香港亚洲生活有限公司合伙人欧伟明等与会嘉宾围绕主题为《区域一体化冷链保障》展开了热烈的交流与探讨，长三角一体化的大背景下，区域冷链物流的一些问题在大家的交流中得到展现，比如冷链物流分布分散，冷链物流体系不健全；企业成本负担较重，盈利水平较低等。结合行业协会与企业各方数据支持，大家提到区域一体化联动发展，急需出台相关政策，规划冷链物流发展和配套企业落地政策，让区域一体化发展更科学、高效。

主题为“‘二十条防疫新规’出台后餐饮供应链的发展机遇”的对话由上海众萃物流有限公司董事长黄宗荣主持，百胜中国传胜供应链物流事业部总监李嘉敏、上海珍鼎餐饮服务有限公司总经理韩文、百佑佳食品贸易（上海）有限公司总经理张丽慧、上海大宛食品有限公司总经理朱英润、上海强丰实业有限公司董事长吴连强、本来生活品控中心总监胡小龙等与会嘉宾参与了交流讨论。在 2020 年 9 月上海市就出台了规范，加强上海餐饮外卖食品安全封签的使用和管理，降低餐饮外卖配送过程中的食品污染风险，保障食品配送安全。早在 2022 年 9 月 13 日，上海市市场监督管理局披露，在 2022 年底前，在上海全市将建成 1000 家餐饮食品“互联网 + 明厨亮灶”示范店，并将餐饮服务单位加工经营场所视频监控接入网络服务第三方平台，实现网络餐饮订餐平台公开食品加工过程，诸多举措均是为了提升市民获得感、安全感和满意度。

当前，我国冷链物流行业正处于高速发展期，但与发达国家相比，国内冷链市场分散，市场参与者主要为众多区域性或地方性的冷链企业，仍有较大的发展空间。物流是经济的血脉，是畅通国民经济循环的重要环节。冷链物流在双循环中的地位和作用不容低估、十分重要。加快冷链物流高质量、科学发展的步伐，以改善城乡居民生活质量，更好地满足人民日益增长的美好生活需要。

来源：中物联网站（张三敏）。

长三角省际“通行证”实现互认互通 保障跨省物资运输

6日，记者获悉，为做好医疗物资、重点生产生活物资等重点物资运输保障工作，浙江与上海、江苏、安徽等地已实现省际间“通行证”互认互通。

道路运输是疫情防控中承担物资保障的主要运输方式。为确保往返中高风险地区的民生、医疗和生产等重点物资运输畅通，浙江省建立起通行保障制度。该省实行“通行证”制度，统一疫情防控重点物资运输车辆的通行证样式，由属地进行审核发放。截至4月5日，该省已发放通行证2374张。

浙江省交通运输厅副厅长胡嘉临介绍，与此同时，该省建立起协同联动工作机制：横向建立省级部门沟通协调机制，交通部门会同发改、经信、公安、商务等单位，协调解决不同行业、不同领域重点物资的运输问题；纵向建立省市县三级联动工作机制，强化政策落实和信息畅通，确保物资、车辆等各项保障任务高效落实。

对外方面，浙江建立起省际协调沟通机制，其中重点是长三角区域工作协同，浙江与上海、江苏、安徽建立会商机制，实现省际间“通行证”互认互通，并及时解决跨省货物运输中存在的问题和突发情况。

“为应对浙江疫情防控中局部管控造成的区域性企业运力紧张等问题，我们统筹全省运输车辆资源，储备了900余辆应急运力。一旦有突发情况或紧急运输任务，可进行全省调配。”胡嘉临说。

此外，近一个多月浙江省发生的本土聚集性疫情中，超过九成是由浙江省外输入引起，其中跨省流动的大货车司机等人员成为疫情传播的重要因素。

为落细落实运输闭环管控，该省对货车司机实行闭环管理和服务，从事运输业务需要满足“两码一证”（健康码、行程码和有效核酸检测阴性证明）要求。

浙江明确，原则上对来自中高风险地区的车辆落实“点对点”运输，途中减少停靠，尽量避免与外界接触。在高速公路出入口、普通国省道等主要物流通道进行查验，视情开展抗原或核酸采样，符合要求的快速放行，确保通行效率。

同时，浙江对该省110余个道路货运场站进行全面排摸，加强场内作业管理，在货物堆存、装卸等环节加强防护措施，严格做好场站环境消毒；对有进口货物的严格落实静置期和分区管理制度。

来源：国家发改委网站（裘新民）。

“长三角重要物资应急保供中转站”完成首次货运交接

从上海市经济和信息化委员会获悉，4月18日，经浙江省、江苏省、上海市全力协同，长三角重要物资应急保供中转站（浙江—上海）正式投运。这批中转站将推动省际重要生产物资进站流通，打通长三角区域货运“血管”，实现产业链供应链物资跨区域互联。

18日中午，首辆货运车从上海嘉定安亭中转站驶出，经高速道口核验身份信息、通行证与核酸情况，在交警引导下，下午2点顺利抵达杭州中转站，进入站内消杀、装货并进行抗原核酸双检，下午5点，货车返回安亭中转站进行无接触卸货，在满足疫情防控要求的前提下，顺利完成首次货运交接任务。

根据要求，长三角重要物资应急保供中转站全程落实闭环管理与“无接触”交货，每个站点占地约5000平方米，每天可以保障30台20吨以上车辆的中转需求，通过货物中转接驳的方式消除疫情传播风险，保障物资运输畅通，有效助力区域产业链供应链稳定运行。中转站按照疫情防控有关规定，坚决做到“四定五即”，采取“定人、定车、定路线、定企业”的运输管理方案与“即停、即卸、即检、即装、即走”的中转管理方案，确保“人、货、车、库”安全有序。

由上海市经信委牵头，上海市发改委等多个委办局与属地政府协同对接，上汽集团安吉物流有限公司承担建设与运营的中转站，首批共 6 个，目前已建成 4 个，其中上海 2 个，分别位于嘉定区、闵行区；浙江 2 个，分别位于杭州市、宁波市；江苏 2 个在建中。

来源：新华社客户端（裘新民）。

长三角一体化四年来，上海这个“龙头”如何起舞？

上海之所以为上海，只因她的发展从来不仅是为了自身，而是承载着国家战略。4 年时间来，翻开长三角一体化的上海“答卷”，“五个新城”建设各具风采、G60 科创走廊发展亮点纷呈、数字干线布局恰逢其时 ...... 挑最重的担子、啃最硬的骨头，这座城市正以龙头之势，强劲带动长三角更高质量一体化的腾飞之路。

塑造差异化功能，“五个新城”建设各具特色《上海市十四五规划纲要》指出，嘉定、青浦、松江、奉贤、南汇等五个新城要按照“产城融合、功能完备、职住平衡、生态宜居、交通便利、治理高效”的要求和独立的综合性节点城市定位，着力打造上海未来发展战略空间和重要增长极，在长三角城市群中更好发挥辐射带动作用。市十二次党代会报告也提出，按照独立综合性节点城市定位建设“五个新城”。

尽管被统称为“五个新城”，但是在服务长三角一体化方面，各个新城的资源禀赋和服务重心却有着一定的差异。五个新城都注重通过塑造差异化功能，强化辐射带动作用。

其中，嘉定新城侧重以“产业协同 + 智慧交通”为功能引领的毗邻区域一体化。

从战略空间看，嘉定、昆山、太仓相互毗邻，又均处于虹桥国际开放枢纽北向拓展带，已经在共同打造以产业协同为基础的嘉昆太协同创新圈。

从发展基础看，嘉定新城汽车产业发达，不仅正在全力打造汽车“新四化”，也在开展国家智慧城市基础设施与智能网联汽车协同发展先行先试，建设长三角智慧交通最佳实践区和示范体验区。因此，嘉定新城重在服务嘉昆太一体化发展，打造沪苏同城示范区。

青浦新城侧重以“制度创新 + 数字干线”为功能引领的毗邻区域一体化。

从战略空间看，青浦新城处于国际进口博览会中国、虹桥国际开放枢纽、长三角生态绿色一体化发展示范区的战略叠加区，重在探索不破行政隶属、打破行政边界，以扩大对外开放深化对内开放、从区域项目协同走向区域一体化的制度创新。

从发展基础看，青浦新城正在积极打造“长三角数字干线”，依托一体化示范区的上海青浦、江苏吴江、浙江嘉善打造“数字三体”，建设“东数西算”国家算力枢纽节点和数据中心集群。因此，青浦新城重在服务示范区一体化发展，打造沪苏同城和嘉兴接轨上海桥头堡集成区。

松江新城侧重以“科技创新 + 门户枢纽”为功能引领的九城市一体化。

从战略空间看，松江新城是 G60 科创走廊的策源地城市，同时也处于虹桥国际开放枢纽南向拓展带，重点瞄准国际先进科创能力和产业体系，勇当科技与产业创新开路先锋。

从发展基础看，松江新城是五个新城中唯一拥有城市级交通枢纽的新城，打造高铁时代“站城一体”与“四网融合”的枢纽之城，进而建设长三角要素资源配置门户枢纽。因此，松江新城重在服务 G60 科创走廊九城市一体化发展，打造长三角科创产业协作核心区。

奉贤新城侧重以“特色载体 公园城市”为功能引领的湾区联动一体化。

从战略空间看，奉贤新城与浙江“大湾区”遥相呼应，着力激活服务辐射杭州湾北岸的节点功能。

从发展基础看，奉贤新城依托东方美谷，构建“全球生命健康产业创新高地”；同时，奉贤新城也是五个新城中第一个提出建设“公园城市”的新城。因此，奉贤新城重在服务杭州湾区域一体化发展，打造湾区一体化引领区。

南汇新城侧重以“对外开放 + 功能平台”为功能引领的区域联动一体化。

从战略空间看，南汇新城地处临港新片区，是五个新城中唯一的特殊经济功能区，突出开放性与国际化，在若干重点领域率先实现突破。

从发展基础看，南汇新城以构建具有国际竞争力的高水平开放型现代化产业体系为重点，攻坚集成电路、人工智能、高端装备制造等前沿产业，培育新型国际贸易、跨境金融服务等现代服务业。因此，南汇新城重在通过平台辐射，打造服务长三角更大范围区域一体化发展功能区。

九城合力促产业，长三角 G60 科创走廊发展迎亮点长三角 G60 科创走廊是上海打造长三角科技创新共同体的重要平台，近年来，长三角 G60 科创走廊在九城市跨区域产业链协同合作、产学研金密切融合方面已取得了多项重要成果。

长三角 G60 科创走廊以科创 + 产业为抓手，以高标准的创新能力建设为支撑，是科技和制度创新、双轮驱动产业和城市一体化发展先行先试的走廊。具体而言，科创走廊带来的亮点有以下几方面：产业集群核心竞争力明显增强科创走廊围绕提升产业链现代化水平，统筹推进补齐短板和铸造长板，针对产业薄弱环节，实施好关键核心技术联合攻关，解决了一批“卡脖子”问题，在产业优势领域深耕细作，搞出了一批独门绝技，强化质量标准建设，强化头部企业带动，强化产业集群加速形成。

科技策源功能全面提升

科创走廊突出国家重大战略任务需求导向，深入实施创新驱动发展战略，是打造科学新发现、技术新发明、产业新方向的重要策源地。

产融高地加快建设

科创走廊以金融服务实体经济为重点，强化金融服务、优化金融生态、丰富金融产品，不断畅通产业循环、市场循环、经济社会循环，为九城市高质量发展提供了精准有效的金融支撑。

重大体制机制改革集成落地

科创走廊聚焦影响九城市协同发展体制机制障碍，全面深化改革，持续推动制度创新、政策创新，使改革成为核心功能跃升的助推器、发展优势凸显的放大器、活力竞相迸发的加速器。

探索数字长三角建设新路径，数字干线布局正当时未来五年，上海要打造具有世界影响力的国际数字之都，长三角数字干线的布局设计也正在紧锣密鼓地进行中。

与现实空间的有形廊道不同，数字干线能够依托信息技术创新的扩散效应、信息和知识的溢出效应、数字技术释放的普惠效应，打破传统的带状布局，实现更大空间范围的扩散辐射，并不断形成新的高密度数字区域。

因此，长三角数字干线能够以长三角 41 座地级及以上城市为延展，共同打造新一代数字基础设施建设水平领先全球、创新链与产业链深度融合、数字化应用引领全国的数字长三角。

长三角数字干线将推动探索数字长三角的建设路径

长三角数字干线的建设，能够探索出一批数字标准、数字规则、数字场景，为数字长三角的建设积累可复制、可推广的经验做法。比如，通过会同长三角区域加强数据标准化体系建设，按照区域数据共享需要，共同建立数据资源目录、基础库、专题库、主题库、数据共享、数据质量和安全管理等基础性标准和规范，促进数据资源共享和利用。

长三角数字干线将推动强化数字长三角的有机功能

数字长三角建设，关键在于功能。长三角数字干线能够在长三角范围内协同发挥各类数字设施、企业和平台的功能，提升整体数字化发展水平。

比如，目前长三角整体算力比较紧张，通过全国一体化算力网络长三角国家枢纽节点和国家新型互联网交换中心等功能平台，以及深化数据清洗筛选，能够合理分配超算、云计算、边缘计算等算力，并进一步打通网络传输通道，统筹实施“东数西算”工程，提升跨区域算力调度水平。

在建设数字中国和推动长三角更高质量一体化发展的战略框架下，长三角数字干线也正积极与多层级战略开展对接，主动寻求战略公约数、画出战略同心圆，在更大范围内强化功能辐射、优化功能布局，形成战略叠加效应。

增进民生福祉，长三角百姓共享一体化成果从“异地门诊直接结算”到“试点公积金异地付房租”，长三角一体化为民生带来种种福利和便利。在疫情背景下，沪苏浙皖守望相助，也展现了发展的强大韧性。这些年，长三角一体化在民生领域取得了长足进步，特别是一体化示范区作为“样板间”，在公共服务领域有三大方面的提升。

优质服务资源加快集聚

乘着一体化示范区建设的东风，两区一县加快引进一批高品质的公共服务资源，不仅着眼于满足自身的需求，还注重提升为周边区域服务的能力。

青浦通过叠加长三角一体化、虹桥国际开放枢纽建设和五个新城建设等战略机遇，优质服务资源的集聚步伐大大加快，两年间先后引进和筹划建设了复旦兰生学校、宋庆龄学校等优质教育资源，复旦大学附属妇产科医院、复旦大学附属中山西院等三级甲等医院，百老汇剧院群等高等级文化中心，环意大利自行车赛等重大赛事活动，澳大利亚联实养老院等优质养老资源，极大提升了公共服务能力和品质。

同时，吴江、嘉善一方面积极对接上海中心城区优质资源，一方面积极对接省内优质资源，吴江引进了京东方（苏州）数字医院、国家儿童医学中心等优质医院，嘉善建成了浙师大附校、上师大附校等优质学校。

跨区共享程度加快深化

优质公共服务资源除了集聚，更重要的是实现共享。一体化示范区坚持技术与制度双管齐下，不断促进优质资源共享。

比如，青浦区以朱家角人民医院为基础，借助于长三角医疗健康数字共享与交换平台，联合6家优质医疗资源，打造长三角（上海）智慧互联网医院。通过长三角互联互通平台，采集了长三角地区患者的的诊疗记录，对就医需求、就诊路径、疾病谱情况进行了精准分析，并建成“长三角一体化示范区”试点医院间检验检查结果的互认平台。

公共产品供给加快改善

一体化示范区着眼于公共交通、生态空间、历史文化等公共产品，加快改善产品供给。

比如，在跨省交通方面，连接青浦与吴江的元荡路建成通车，两地间的通行时间从40分钟缩短至5分钟；上海的轨道交通17号线西延伸工程开工建设，有望在水乡客厅与苏州轨道交通10号线对接；沪苏湖、通苏嘉甬高速铁路抓紧实施，将在吴江新建苏州南站、在嘉善新建嘉善北站；一体化示范区城际铁路有序推进，跨省公交线路持续优化。

同时，一体化示范区还积极探索数字人民币新场景应用，完成了跨区域古镇数字人民币支付消费、供应链企业间跨区域数字人民币转账支付、跨区域公交使用数字人民币支付等多个“全国首笔”，并在“五五购物节”期间推出长三角跨区域数字人民币消费优惠活动、实现跨区域税费缴纳。

来源：战略长三角。

第六篇 产业供应链物流

一、汽车物流

2022年中国商用车物流与供应链服务行业市场规模及发展趋势分析

商用车物流与供应链服务是指生产及流通过程中，涉及将产品提供给最终用户的物流仓储服务，包括将原材料或商用车零配件运输至整车厂的生产型物流，以及将整车或售后零配件运输至下游消费市场的物流。

市场规模

中国商用车物流与供应链服务行业涉及商用车及其零配件的运输、仓储等物流相关服务。得益于中国商用车市场的蓬勃发展，2021年中国商用车物流与供应链服务行业的市场规模为1282亿元，2017—2021年复合增长率为7.5%。未来商用车物流与供应链服务行业增速将随着商用车行业的进一步增长而稳步增长。预计到2022年，商用车物流与供应链服务市场规模将达到1221亿元，年增长率为4.6%。

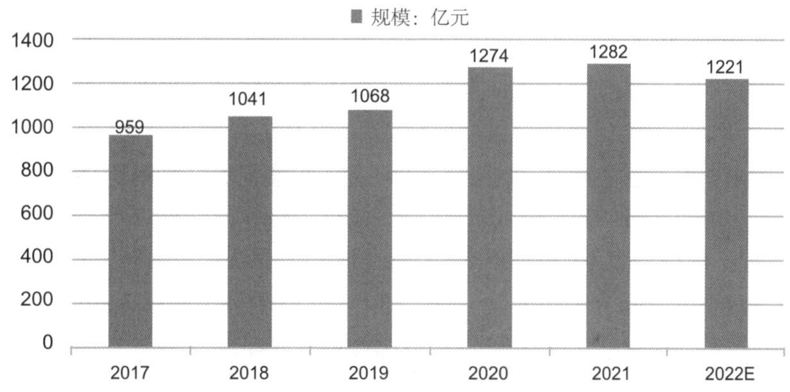

图6-1：2017—2022年中国商用车物流与供应链服务行业市场规模

来源：弗若斯特沙利文、中商产业研究院整理。

发展趋势

商用车物流与供应链服务行业的发展趋势主要受技术因素、运营因素与政策因素的影响。在自动驾驶、新能源、工业物联网等新型技术的驱动下，商用车供应链将进一步向智能化、信息化发展。制造成本、物流成本、卡车全生命周期成本等运营因素将驱动商用车供应链进一步向高效、节能方向发展。为保护商用车司机的安全和生态环境，政府出台了一系列规定，增加了商用车的功能，商用车的零配件种类及数量将进一步提升，这些政策因素驱动着商用车零配件物流与库存体系的优化与改变。

在生产制造环节，工业物联网的介入将优化生产流程及工艺，提高生产效率。在物流层面，工业物联网能够优化物流方案，降耗。自动引导车调度系统和其他信息化产物将极大程度提高物流运转效率，实现整体成本的最优化。在售后服务领域，工业物联网能对零配件进行溯源、提供远程诊断，智能仓储等自动化设备能极大程度提升仓储与零配件运输效率。在供应链管理领域，大数据系统、可视化工具能优化供应链流程，提升效率。

更多资料请参考中商产业研究院发布的《中国商用车服务行业市场前景及投资机会研究报告》，同时中商产业研究院还提供产业大数据、产业情报、产业研究报告、产业规划、园区规划、十四五规划、产业招商引资等服务。

来源：2022 年 05 月 31 日 中商情报网讯。

中国汽车产业 2022 年总结与 2023 年展望宏观经济政策分析与展望

2022 年：我国经济经受疫情及供应链多重因素影响，增速降低。政策层面，国家和地方出台了较大力度的稳汽车消费政策，取得积极成效，汽车消费成为拉动内需的稳定器。

2023 年：经济将明显复苏，以投资和消费驱动为主，尤其是国内循环。根据中央经济政策部署，2023 年将继续加大稳汽车消费政策，重点支持公共领域电动化及改善消费环境。智能网联汽车重点推动准入试点，促进高等级自动驾驶车辆产业化。乐观估计 2023 年国内汽车整体销量达到 2850 万辆同比增长 5.2%；其中，新能源汽车有望达到 900 万辆。

乘用车市场分析与展望

2022 年：虽然面对多重挑战，但汽车整体市场保持稳定增长态势，特别是乘用车市场增长幅度明显，1 月—11 月，自主品牌累计销量 1036.3 万辆，占比接近 50%，实现大幅突破。

2023 年：品牌高端化发展成为新趋势，原材料价格有望回落、芯片国产化进程提速等有利因素将对冲购置税减免政策结束后的市场阵痛。

商用车市场分析与展望

2022 年：受国际环境、国内经济下行及运输行业不通不畅等因素影响，商用车整体市场出现下滑。然而处于政策及市场双驱动下的新能源商用车市场维持了稳健增长。

2023 年：随着国民经济企稳回升，商用车市场或将迎来复苏，同时新的细分市场快速孕育、新能源产品及商业模式推陈出新、车联网大数据加快应用等因素将成为商用车产业的新动能。

新能源汽车分析与展望

2022 年：新能源车销量大增，骖透率超过 20%，A 级市场开始发力，使用成本成为新能源核心卖点。

2023 年：整车成本居高不下，新能源汽车售价仍有上涨可能，降本方案及技术正在快速商业化落地，整体销量仍然可期。

智能网联汽车分析与展望

2022 年：L2 级智能网联汽车渗透率突破 33%，L4 级自动驾驶企业降维参与 L2 级辅助驾驶市场竞争，深圳、北京等多地推进 L3 级自动驾驶发展；

2023 年：通过高感知设备、高算力芯片、高精度地图等技术的提升，为自动驾驶由 L2+ 向 L3 级过渡提供技术积淀。

来源：2023 年 02 月 10 日 中汽中心。

行业动态“2022 汽车物流全球会议”在上海召开

9 月 20 日，由中国物流与采购联合会主办、中物联汽车物流分会承办的“2022 汽车物流全球会议”在上海召开，中国物流与采购联合会副会长、中国物流学会会长任豪祥出席会议并致辞。参加此次会议的领导和嘉宾有：中国物流与采购联合会副会长、长春市汽车零部件制造业商会党委书记王海英，中国汽车技术研究中心有限公司资深首席专家吴松泉，中国车辆进出口有限公司副总经理王存，白俄罗斯驻华大使馆参赞VAITSIAKHOUSKI SIARHEI与FEDASIUK SIARHEI，孟加拉驻华大使馆商务参赞孟苏尔，拉脱维亚驻华大使馆交通参赞思博，菲律宾驻上海总领事馆商务领事Mario C. Tani，印度尼西亚驻上海总领事馆副领事费德普，波兰投资贸易局驻华办事处首席代表尤德良博士，分会轮值会长、长久物流董事长薄世久，分会常务副会长安吉智行总经理沈飞、长久实业集团党委书记李延春，中国物流与采购联合会会长助理、分会执行副会长马增荣，分会副会长中世国际总经理张振鹏、集保中国汽车事业部总经理程贤文，特邀嘉宾玲珑轮胎董事长王锋、集保中国亚洲总裁钱钰等。LConnect总监Louis Yiakoumi，国际采购与供应管理联盟主席Marina Lindič，CEO Markku Henttine，欧洲采购管理学院院长Bemard Gracia等国际嘉宾因疫情不能到会，特发来祝贺视频。

汽车物流全球会议是中国汽车物流行业极具影响力的国际会议之一，同时也是中国与全球汽车供应链对话交流的专业平台。本次会议的主题为“新全球化汽车供应链”，共有来自全球的知名跨国汽车集团、国内优秀汽车自主品牌、零部件供应商、汽车物流等200多家企业的400余名代表参与，本次会议得到了中物联国际合作部与中物联航空物流分会的大力支持。

“2022全国汽车物流行业年会”在上海召开

12月27日，由中国物流与采购联合会主办，中物联汽车物流分会承办的“2022全国汽车物流行业年会”在上海召开。出席会议的领导和嘉宾有国际采购与供应管理联盟全球副主席、中国物流与采购联合会副会长蔡进，国家信息中心副主任徐长明，交通运输部运输服务司货运与物流处孟文戟，分会名誉会长、中国汽车流通协会会长沈进军，分会轮值会长：上汽安吉物流股份有限公司总经理王泽民，北京长久物流股份有限公司董事长薄世久；分会常务副会长：北京普田物流有限公司党委书记、执行总经理谭振国，中都物流有限公司董事长朱励光，武汉东本储运有限公司总经理北村拓司，安吉智行物流有限公司总经理沈飞，吉林省长久实业集团党委书记李延春，一汽富晟集团副总裁荆青春，北京交通大学物流工程系主任、教授张晓东；中国物流与采购联合会会长助理、分会执行副会长马增荣；分会副会长：三羊马（重庆）物流股份有限公司董事长邱红阳，北京牛卡福网络科技有限公司CEO陈兹武，中世国际物流有限公司总经理张振鹏，上海德真瑞供应链管理有限公司总经理朱晓亮，武汉中原发展汽车物流股份有限公司总经理刘海。

来自全国的汽车生产企业、零部件制造商、汽车物流企业、物流装备企业、研究机构、高等院校的代表相聚上海，以“踔厉奋发 共创未来”为主题，围绕物流行业政策、汽车市场情况、物流经验分享，以及物流装备技术创新应用等方面进行了精彩的演讲与热烈的交流。

会前，中物联汽车物流分会秘书长左新宇宣读了《中物联汽车物流分会五届三次理事会会议纪要》。

会议首先由国际采购与供应管理联盟全球副主席、中国物流与采购联合会副会长蔡进，分会轮值会长、北京长久物流股份有限公司董事长薄世久为大会致开幕辞。领导们均对会议的组织与筹办表示肯定并预祝大会顺利召开。

“2022全国汽车整车物流发展大会”在烟台召开

8月18日，由中物联汽车物流分会、烟台市人民政府、山东省港口集团有限公司主办，山东港口烟台港协办的“2022全国汽车整车物流发展大会”在烟台召开。出席会议的领导和嘉宾有中国物流与采购联合会会长何黎明，山东省委常委、烟台市委书记傅明先，山东省港口集团有限公司党委书记、董事长霍高原，中国物流与采购联合会副会长蔡进，分会名誉会长、中国第一汽车集团股份有限公司原党委书记赵方宽，烟台市委常委副市长于胜涛，长春市委常委汽开区党工委书记王海英，分会名誉会长、中国汽车流通协会会长沈进军，山东省港口集团党委副书记、董事、总经理李奉利，山东省交通运输事业服务中心党委书记、主任安圣兵，北京物流与供应链管理协会会长林有来，烟台海关党委书记、关长林腾霄，烟台海事局党组书记、局长王海宇，国家信息中心汽车市场处副处长包嘉成，烟台出入境边防检查站站长宫玉平，山东省港口集团有限公司党委常委、副总经理马德亮，山东省港口集团烟台港集团有限公司党委书记、董事长刘国田，分会轮值会长、上汽安吉物流有限公司总经理王泽民，分会轮值会长、一汽物流有限公司董事长、党委书记邱枫，分会常务副会长、中铁特货物流股份有限公司总经理顾光明，分会常务副会长、重庆长安民生物流股份有限公司董事长谢世康，分会常务副会长、北京普田物流有限公司党委书记、执行总经理谭振国，分会常务副会长、吉林省长久实业集团有限公司集团党委书记李延春，分会常务副会长、华通汽车物流有限公司总裁李伟，分会常务副会长、广汽商贸有限公司副总经理李昕，分会常务副会长、北京交通大学物流工程系主任张晓东教授，中国物流与采购联合会会长助理、汽车物流分会执行副会长马增荣，东风物流集团股份有限公司副总经理张秋文，深圳招商滚装运输有限公司副总经理汪培海，武汉东本储运有限公司总经理北村拓司，辽宁联合物流有限公司常务副总经理戴文琦，分会副会长、保定长城蚂蚁物流有限公司总经理王彦乐，分会副会长、北京诚通物流有限公司总经理刘永杰，分会副会长、浙江吉速物流有限公司总经理黄浩，汽车物流分会秘书长左新宇，汽车物流分会专职副会长李艳东，会议还特别邀请了山东玲珑轮胎股份有限公司董事长王锋出席。来自全国的汽车生产企业、整车物流总包企业及承运商、铁路及水运相关企业、物流技术与装备等 200 多家企业的近 500 名代表相聚烟台，以“聚力新程，共赢未来”为主题，探讨我国汽车整车物流发展之路。

设施建设：上汽安吉物流安亭整车自动化立体库项目奠基

8 月 27 日上午，国内领先的大型自动化整车立体库项目—上汽安吉物流安亭整车自动化立体库项目举行奠基仪式。该项目是上汽安吉物流“智慧无人整车立体仓库”在整车物流领域的全新尝试，建成后将实现安亭地区公铁联运无缝衔接。

该立体库以智能化、数字化、网联化为核心，积极应用智能装备技术和整车仓储运营管理解决方案，在整车立体库自动化程度、总库容、单体库容、运作效率等方面，处于国内领先水平。

嘉定区副区长李峰，上汽集团副总裁陈德美，上汽安吉物流总经理王泽民、副总经理沈飞等领导莅临现场，与设计单位、施工单位等领导共同参加奠基仪式。

为进一步落实集团“新四化”要求，支持上汽大众 MEB 工厂建设，满足安亭地区整车整体库容需要，上汽安吉物流通过建造自动化智能整车立体库的方式，增加仓储周转车位数量，整合周边卫星库，提升土地资源利用率。

基地占地面积约 233 亩，总建筑面积约 115 781 平方米，总库容 9 375 辆。将建设自动化立体库 2 座，采用平面移动方式，以自动化搬运机器人为取车载体，配有出入口装置、自动转盘、提升机、横移小车等，全自动操作，进出车效率达到 400 辆 / 小时，全年每天 24 小时运转。

上汽安吉物流始终致力于智能物流供应链建设，打造高科技物流企业新标杆。整车物流方面，安吉物流采用“智慧派单”替代传统运单指派，形成新商业模式；“多式联运”中央调度与大数据平台支撑新运作模式；应用“自动化立体库”等智能装备，以新技术赋能运营模式，“三箭齐发”引导整车物流业务的数智化转型。

上汽安吉物流 7600 车位双燃料远洋汽车运输船首船开工

“我宣布，开工！”一声令下，钢花四溅，火光飞舞，一台钢板专用切割机按照标定程序将一块标准船用钢板裁切成预设尺寸，这标志着上汽安吉物流投资兴建的全球最新款 7600 车位双燃料远洋汽车运输船的首船正式进入建造环节。

在今年 1 月 17 日签署建造合同后，在上汽安吉物流、上海船舶设计研究院、中国船级社（CCS）、挪威船级社（DNV）、江南造船集团共同努力下，五方单位精诚合作，克服了上半年疫情带来的巨大挑战，仅用了 8 个月就完成了图纸设计审定环节的 91% 的工程量，比标准时间缩短了近 1/5 时间。

“图纸设计审定的提前完成，这让我们对按约定时间交船有极大的信心。该船是我们江南造船下阶段民品船的一号工程，我们有信心保质保量完成此个项目！”江南造船集团黄文飞总经理说。

上汽安吉物流总经理王泽民、副总经理忻坚敏，江南造船集团总经理黄文飞、副总经理林青山，上海船舶设计研究院党委书记王麟、副院长周志勇，中船贸易副总经理吴爱军，DNV 全球副总裁陈铿，CCS 上海分社纪委书记、副总经理庄重及相关单位领导共同参加本次开工仪式。

据悉，今年 1 月—7 月份，上汽集团出口及海外基地销售屡创新高，连续 6 年夺得国内车企出口量榜首。与此同时，全球供应链危机给汽车产业带来巨大挑战，从海外整车运输而言各航线均一舱难求，租船价格较 2020 年同比上涨 400%。上汽安吉物流航运板块、海外板块联动，一手“抓当前”，积极协调各方资源确保集团月度海外发运计划完成，一手“抓长远”，通过自建船舶、长期租赁、航线合作等方式，基本满足了上汽以及国内其他自主、合资品牌不断增长的出口业务需求。

上汽安吉郑州经开区物流中心、多式联运项目、郑州基地整车二厂投产

8 月 16 日上午，上汽安吉物流郑州经开区物流中心项目开工仪式顺利举行。该项目是上汽集团乘用车郑州项目配套工程之一，同时也是上汽安吉物流开拓中原市场的重要投资项目，和整车、零部件、快运三大业务体系在中原地区的重要载体之一。项目占地面积 100 亩，建筑面积约 7 万平方米，高标准设计和建造，计划 2023 年完工交付。建成后将助力上汽乘用车郑州基地生产需要。作为上汽集团郑州项目 60 万台整车产能的重要供应链保障，上汽安吉物流将争取“早投产、早达产、早见效”，以实际行动打造一流精品工程，为上汽供应链稳定提供坚实保障。

7 月 29 日，由上海市交通委、发改委、上海市城乡建设与交通发展研究院等机构组织的“上汽安吉物流沿江沿海经济带商品车滚装多式联运示范工程”专家评审会在线上举行。基于过去 3 年中的相关工作，上汽安吉物流陈述了在场站建设、装备设备配备、信息化建设等方面取得的成就、以及多式联运示范工程的运行情况。上海市部委领导和专家对近阶段的工作成果表示充分肯定，后续将组织向交通运输部提交验收申请。

此次参与评审的多式联运示范工程在 2018 年 11 月首次获批。3 年以来，在政府机构的大力支持下，示范工程在示范路线开通、联运规模、软硬件建设、标准规范制定等方面取得丰硕成果。特别是上海疫情期间，上汽安吉物流依托多式联运资源和管理优势，保障了整车出口供应链稳定。上汽安吉物流后续将继续加强多式联运建设，发挥公铁水立体交通网络优势，为新一代汽车供应链的运行提供强有力保障。

8 月 9 日上午，上汽乘用车郑州基地整车二厂迎来首辆整车下线，标志着工厂正式投产。自 7 月接到主机厂通知以来，上汽安吉物流整车及零部件物流组建专项小组，迅速开展开厂准备。安吉（上海）郑州运作中心严格进行人员上岗培训，争分夺秒安装调试 RFID 扫描设备。安吉智行郑州公司 SMPV 项目部突破重重困难，实施办公场地规划、库位规划、现场定置定位、紧张布线，如期满足了物料配送上线能力。各项目团队全力配合主机厂顺利完成产能爬坡，达到主机厂规划节拍，保持稳定运作，

再度刷新安吉速度。

双燃料滚装船正式签约 中国最大“车企自营船队”扩容

2021 年，上海市汽车出口量和出口总值双双创历史新高。在此背景下，1 月 17 日，上汽集团与中国船舶集团正式签署协议，中船江南造船将为上汽旗下安吉物流“量身定制”2 艘 LNG 双燃料、低碳环保、拥有 7600 车位的远洋汽车运输船（滚装船），这是目前我国最大的汽车滚装船，以满足上汽以及国内其他自主、外资品牌不断增长的出口业务需求，加快推动高含金量“中国智造”走向全球。

如今，海外每卖出 3 辆中国车，就有一辆是上汽造。2021 年上汽集团海外销量达 69.7 万辆，同比增长 78.9%，连续六年夺得国内车企榜首，其中，“中国单一品牌海外销量冠军”MG 品牌海外销量达到 36 万辆，在全球 17 个国家跻身单一品牌前十。

作为中国唯一一家有系统、有规划、成建制“走出去”的汽车企业，上汽已经建立了面向全球市场的汽车产业链，强大、安全、高效的全球供应链体系，为海外产销保驾护航，产品和服务登陆全球七十余个国家和地区，形成欧洲、澳新、美洲、中东、东盟、南亚 6 个“五万辆级”区域市场。

目前，上汽安吉物流已建成国内最大的汽车企业自营船队，拥有包括 12 艘江船、13 艘内贸海船、6 艘外贸专用船在内的各类汽车船 31 艘，本次签约的双燃料滚装船将分别于 2024 年上半年交付。

据介绍，本次签约的双燃料滚装船，单艘总面积达到 9 个标准足球场大小，将率先达到 2030 年欧盟相关要求，同时还针对智能新能源汽车进行定制。这艘船将有 13 层甲板，其中 4 层特别为新能源（包括氢燃料）汽车进行改造。在智能化应用、集成化、航速优化、污染物检测等方面，这两艘船都有突破，更有助于提高效率、降低成本。

合同签约后，当日还举行了江南造船与上汽安吉物流战略合作签约，上汽安吉物流、江南造船、上海船舶设计院、CCS 船级社、DNV 船级社等 5 家单位党建签约仪式，将通过党建共建的形式加强合作，携手确保该项目高质量完成。

市场发展：上汽海外发运再创新高 创新发运模式突破瓶颈

2022 年，上汽海外市场销量再创新高。为应对持续攀升的上汽自主品牌出口量，上汽安吉物流全力以赴，保发运、争尾舱、抢船期，力争做到“应运尽运”，预计 8 月完成 MG 整车出口订单 4.7 万台、MAXUS 整车出口 CIF 订单 0.45 万台，总量同比增长 192%。

一边是需求旺盛的欧洲市场；一边是一舱难求的国际滚装运输资源，7 月初，在上汽集团领导的关心和支持下，上汽国际、上汽安吉物流与中远海运三方管理层就如何加强“央地联动”，最大幅度提升运能等相关事宜，进行了多次深入探讨。

为满足上汽快速高涨的出口需求，上汽与中远海运在原有业务合作的基础上，开展了积极的探索和尝试，双方首次采用了大批量、多批次的集装箱整车发运方式，进一步提升了整车运能。自 7 月至今，中远海运已完成两批次整车装箱发往欧洲；8 月份，又将有至少 6 批次的整车通过集装箱整车发运方式，陆续发往欧洲、中东等地区，出运总量预计可突破 6000 台大关。

后续，双方将以在上海建立具备一定装箱能力的装箱点为突破口，积极开发国内其他起运港的集装箱运作能力，并在欧洲、中东等航线的基础上，继续拓展其他海外市场，为不断提升上汽海外销量全力以赴，持续增长上汽自主品牌在海外市场的渗透率和占有率。

双钱轮胎与上汽安吉物流达成战略合作

11 月 16 日下午，上汽安吉物流股份有限公司与双钱轮胎集团有限公司举行战略合作签约仪式，标志着双方的合作迈上新台阶。这也是两家优秀国企积极贯彻二十大精神，以新理念、新合作，探索新发展模式和国际化道路的具体实践。

在华谊集团党委委员、副总裁顾春林的见证下，上汽安吉物流总经理王泽民，双钱轮胎党委书记、董事长章万友分别代表双方签署战略合作协议。

上汽安吉物流是上汽集团所属专业从事汽车物流业务的全资子公司。双钱轮胎一直致力于成为中国最专业的轮胎制造商与服务商。此次战略合作，双方将在汽车后市场轮胎销售服务、快运及国际物流业务、物流仓储模式整体解决方案等多个领域开展深度合作，最大程度上实现互利共赢。

作为国内合同物流行业的头部企业，上汽安吉物流在轮胎行业也有着出色的一体化供应链解决方案和丰富的经验。尤其在成品运输，原材料运输，出口运输及自动化物流升级等项目中能力出色，8 个轮胎 RDC 覆盖了全国 1.5 万个配送点，359 个城市。

在高科技行业实现突破转折

一家汽车物流企业，接连拿下 HW 等数家高科技巨头的仓配业务，成功突破 3C 行业标杆企业重大项目，成为战略合作供应商，并陆续在多个全球备件中心和智能智造基地物流项目上获得客户高度认可。在高科技行业物流战场上，安吉智行为何能得到 3C 行业巨头的青睐？

2019 年，安吉智行决定将高科技行业列为主攻方向之一。彼时，在激烈竞争下，国内电子消费品厂商对物流提出更柔性和更高效的要求，应对竞争日益激烈的 B 端和 C 端市场需求。安吉智行初入该领域参与重大项目竞标，逐渐深刻理解了行业物流趋势、技术要求和运营特性。

在实现行业突破前，安吉智行高科技发展团队在深入研究客户痛点和业务案例的同时，珍惜每一次与客户沟通的机会来展示公司能力和延展价值体现。从汽车物流运营管理背景转岗至高科技商务团队的张斯斐，始终忘不了那次“宝贵的 10 分钟会面”。2019—2020 年，团队接连参与了成品物流和原材料入厂物流大型项目竞标。当时大家没有什么人脉，对客户而言是陌生而未知的新面孔。为了能和对方的业务关键人见上一面，连续几天多次往返于客户所在的工业园区，每天等候几个小时，最终在客户物流负责人一边吃着工作餐一边见缝插针讲解了 10 分钟技术设计和沟通的问题。虽然该项目最终没有赢下，但安吉智行团队的业务能力和敬业精神给客户管理层留下了深刻的印象，让客户了解安吉智行能给他们带来哪些新的价值，直观感受到了安吉团队是如何以客户为中心，克服跨界障碍坚持创新的团队奋战精神。

最终，安吉智行的首个高科技业界大型仓储方案在整合了商务、方案和业务团队等多部门力量，经过数十次版本的不断修改，融合多种作业场景，匹配适度自动化应用，解决多类型订单从多区域并联分流的实物流和信息流统一，顺利交付项目，实现零差异、零投诉、零事故的平稳过渡，被客户定义为值得向业界展示的行业标杆项目。

据了解，目前安吉智行承接的备件和成品项目都是客户面向全球市场的核心物流业务，作业内容必须满足国内和海外市场，同时覆盖 TOB 和 TOC 场景的每日订单交付发运，与汽车零部件订单需求截然不同，订单波峰离散性非常大，并且单品单件和一品两件的散货订单在日常和促销期间占比非常大。此外，对于成品交付项目，客户还要求不论生产基地在哪里，都要用最快时效端到端送达最终销售门店或者终端客户手中。在这场接力赛中，要满足客户在“一棒”“二棒”甚至是“三棒”的每一阶段快速响应要求，安吉智行必须成为最无缝交接、每一段加速度最快的选手，才能跑赢比赛，为客户赢得更多市场。

此外，安吉智行将汽车供应链形成的精益管理、数智化能力和物流产品应用到跨界合同物流领域中，为客户带来自动化立体库、货到人拣选一体化方案、潮敏件管理、不良品管理、物流模式优化咨询等一系列增值服务。同时服务ICT、电子消费、视觉安防、显示控制和智能汽车等多个高科技产品领域，提供数十万平米专业化仓储服务和覆盖全国各地的运输服务。

张斯斐初入非汽车团队时，领路前辈曾对他说，“来到这里就要学会放空自己”“面对业外市场，必须放下原来汽车行业的视角、判断和战略”。这些已然成为那些开拓跨界业务的安吉人的真实写照。他们每一次踏上新战场，带着空杯心态摸进阵地，然后全身心接受惨烈的行业洗礼，在非汽车市场一线经历着炮火无差别打击，刺刀见血地拼抢阵地，让自己成为最了解客户的人，为的是向更高的山峰迈进。荣誉墙上那一份份来自HW、ZX等业界标杆客户的赞誉，只是安吉智行高科技之路的开始，未来将更聚焦市场变化、与客户风雨同舟，走出一片更广阔的天地。

来源：张瑞坤。

二、危化品物流

中国危化品物流发展现状分析

危化品物流方式

危险化学品，是指具有毒害、腐蚀、爆炸、燃烧、助燃等性质，对人体、设施、环境具有危害的剧毒化学品和其他化学品。从危化品物流方式分类来看，主要分为道路运输、铁路运输、水路运输、航运 运输以及管道运输等5 种。

危化品与安全生产相关监管政策

我国危化品与安全生产“十四五”及 2021 年重点任务，推进危化品安全专项整治三年行动集中攻坚行动，行业监管力度日渐趋严，对仓储管理提出了更高的要求。

危化品物流行业产业链

危化品物流行业的上游行业主要包括为其提供基础服务支持的行业，如航空、船舶运输、公路、铁路、码头、仓储业以及提供燃油动力的石化行业等。交通基础设施及仓库能够为物流行业的正常运行提供基础服务设施，运输费用和仓储成本的高低对物流企业的经营具有较大影响。其下游主要是化工行业客户。

中国危化品物流行业发展现状分析

（1）物流业发展现状

我国社会物流总额逐步扩张的同时，现代物流产业的发展速度和专业化程度不断提升，我国社会物流效率有所改进，物流市场环境不断转好。行业内普遍以全社会物流总费用占GDP的比例来评价整个经济体的物流效率，社会物流总费用占GDP的比例越低，代表该经济体物流效率越高，物流产业越发达。2010—2021年期间，全国社会物流总费用从7.1万亿元增长至16.7万亿元，CAGR为8.09%，体现出我国物流行业在需求旺盛的情况下，物流总费用规模也不断扩大。在此期间，全国物流总费用与GDP的比例从 17.30% 下降至 14.74%，物流效率总体有所提升。

（2）主要危化品生产现状

近年来随着我国石油和化工行业的迅速发展，带动了我国危化品物流行业快速发展。据国家统计局数据显示，2021年中国乙烯产量为 2825.7万吨，同比增长30.82%；烧碱产量为 3891.3万吨，同比增 长 6.81%；硫酸产量为9382.7万吨，同比增长1.56%。

（3）危化品物流市场规模

近年来，虽然对危化品的监管不断加强，但危化品物流行业还是处于分散状态，规模有待提高。据统计，2021年我国危化品物流行业市场规模为2.24万亿元，同比增长9.27%。

（4）危化品仓储库类型

目前我国仓储库类型仍以平仓和储罐（库）为主，2021年分别占比46.7%与41.2%。近几年虽然危化品仓库储存能力有所增长，但仍然难以满足市场需求，尤其是疫情影响，导致近2年对库存需求猛增。

（5）危化品物流运输价格指数由中国物流与采购联合会危化品物流分会联合摩贝（上海）生物科技有限公司发布的危险货物道路运输价格指数 2022 年3月为96.01点，环比下降了0.3%。

中国危化品物流行业竞争格局分析

行业主要参与主体：目前我国危化品物流市场的主要参与者有三类：化工企业下的物 流子公司、央企型危化品物流企业和民营第三方物流公司。

危化品运输企业物流车数量布局：从企业规模来看，2021 年前三季度车辆在 50 辆以下的企业占绝大多数，超 60%；车辆在 50～99 辆的企业占比次之；100 辆以上的企业占比 9%，其中车辆在 300 辆以上的企业有 35 家。整体来看，行业集中度不高，以中小规模企业为主。

危化品物流企业区域分布：从我国经济发展及石化产业需求来看，石化企业大部分集中在东部沿海省份，该区域石化加工类企业更为发达，华东地区和华南地区合计占据着全国 70% 以上的市场份额。危化品物流企业区域分布在服 务主体分布趋势接近，东部沿海分布密集。

主要企业业务布局情况；目前，本行业形成了国企控股的大型企业、中小型民营企业并存的市场竞争格局。具体来看，中远海能、招商南油等大型国企控股企业，一般以油品运输为主、散装液体化学品运输为辅，内外贸兼营且外贸业务比重较高，具有运力规模较大、航线布局广泛、承运货物种类较多等综合性竞争优势；以密尔克卫、君正物流、京博物流、上海 鼎衡、盛航股份等为代表的中型民营企业专注领域不同，各家企业在主要运输品类、区域等方面具有差异化竞争。

危化品运输车销量 Top10 企业：以危化品物流细分子行业危化品运输车企业的销量数据来看，2021 年 1—8 月，全国共有 78 家企业实现销售，但仅有 6 家企业的销量超过了 500 辆。销量 TOP10 企业市场集中度为 67.7%，较 2020 年同期提高了 6.1 个百分点，企业集中度进一步提升。其中湖北通威专用汽车有限公司以 2206 辆的销量排在首位，市场份额为 18.1%。

中国危化品物流行业发展趋势

（1）监管从严提升行业准入门槛

由于近期不断发生的重大安全事故，以及化工物流承运货物的特殊性，国家及各省市地方监管部门相继出台监管政策，规范行业运行标准，规范化工品车辆道路运行的规章制度，建设和加强化工品物流安全体系和应急处理机制。未来随着相关监管政策的出台及实施，我国化工物流体系的标准化建设亦将提速，从而将进一步规范行业运行标准，相关资质审批更加严格，资质健全的优质企业将快速发展，没有达到标准以及没有取得相关资质的企业则被逐渐淘汰；2、基于物流交付能力的分销贸易一体化供应链服务将成为进一步服务模式借鉴海外成熟三方化工供应链服务企业（Brenntag AG、Univar Solutions 等）的分销贸易业务模式，化工供应链服务行业的核心在于有效整合运营经验、安全体系、专业知识、服务能力、配套设施以及客户需求，为化工行业上下游客户提供增值服务及一站式解决方案。 结合当前我国化工行业产品种类及客户分布的多元化及高度分散，化工物流服务行业普遍的业态单一、服务链条短，产业互联网模式的颠覆创新等特性，拥有网络化物流基础设施的服务商能有效借助于互联网形成线上线下联动，将 B2B/B2C 的漏斗服务重新赋能，实现线上支付、线下门到门的高效交付，从而打通服务闭环。因此，具有物流交付能力的分销贸易一体化供应链服务商将进一步脱颖而出；

（2）数字化科技手段的赋能提升化工供应链服务行业的运营效率

化工供应链服务涉及复杂的操作流程、专业的应急管理要求及多方的协调沟通，对物流业务各服务环节的信息化、可视化要求较高。

随着移动互联网、工业物联网、大数据等信息技术在化工物流行业领域的广泛应用，化工供应链服务企业需要不断投入优化科技研发能力，打通不同运输方式、不同地区、不同管理机构的信息壁垒，增加对物流各环节的安全管控，全面提升化工物流运营效率。

（3）市场集中度提升，头部公司有望快速抢占市场

目前化工物流行业普遍存在业态单一、区域协同不足、响应速度 慢等痛点，随着化工产业升级

和居民消费升级推进，化工产业链上下 游将产生更多对合同物流的需求，合同物流对物流服务商的一体化服 务能力及网络局部能力提出了更高的要求，其核心是为客户提供更为 系统化和定制化的综合打包方案。而当前具备合同物流能力的化工物流服务商数量有限，通过提前卡位服务头部客户，在需求快速增长的 同时积累服务经验、以更高的效率和品质获取更多市场份额，实现良性循环。整体上，化工物流行业具有显著的规模效应，头部公司有望继续获得快于行业的发展增速、提高市占率。

来源：百度文库。

高层访谈：货主、物流企业最关心什么？当下技术应用前瞻……细探究竟

2022年，面对复杂的新情况、新形势下，化工物流行业如何持续贯彻创新、协调、绿色、开放、共享的新发展理念，保持创新驱动、更高附加值引领和创造高质量发展是行业内的热点话题。中物联危化品物流分会为加强前瞻思考，洞悉化工物流行业竞争格局，帮助企业准确把握行业发展动向、明确核心竞争战略和市场导向，特在行业内邀请不同企业高层代表，分析时下热点问题，预判发展趋势，本次访谈就邀请到这8位高层围绕三大问题做重点解读。

现阶段供应链环境下，我国危化品物流行业货主方与物流企业关心的问题分别是什么？

许高阳：中国石化化工销售有限公司 安全总监、物流管理处处长、安全环保处处长：从货主企业角度来看，有这么几点：一是疫情期间，物流受阻、人员管控、各地管控政策不一，对化工企业的生产经营产生重大影响。特别是一些大型石油化工企业装置负荷调整幅度受限，需要相对连续平稳运行，给化工品物流带来巨大考验。从货主方的角度而言，保障危化品物流供应链平稳运行成了过去一段时期的头等大事。二是受政府运力调控影响，同时国家对危化品物流行业出台的政策，也对货主方产生较大影响，如危化品沿海运输出现“一船难求”情况。三是货主方一直关注物流运作效率提升，希望能够得到更加便捷高效与个性化得物流综合服务，关注物流降本。

张亚辉：巴斯夫亚太区物流服务采购管理高级经理：作为货主单位，我们目前主要关心的是政策对危险化学品运输资源限制，物流企业不能够新增车辆。管理严格是对的，但不能一刀切，对于管理好的物流企业应该鼓励加快发展，对于管理不善、有安全漏洞的物流企业，就要严管直到取消资质。

冯海涛：美国Olin化学 物流总监：对于我们而言疫情反复带来了巨大的影响，全国各地抗疫层层加码对于物流的限制太厉害了，太多物流服务商的驾驶员被隔离，导致人员非常短缺，尤其是江苏省，如苏州、张家港、常州、无锡等地。再这样下去，单位将面临停产的风险。

周纪标：赢创工业集团北亚区环境健康安全总监：作为货主企业，我们目前最关心的还是运输成本及物流配送时的安全性、时效性。希望行业内能够有一个全面的物流服务调度平台，能使运力最大优化，避免空放，如有大数据算法优化路线及运能更好。

杨文生：南京三圣物流有限公司总经理：作为运输企业，目前最关心的问题有这几点：一是运输计划是否能够稳定；二是当前人工、通行、油料成本高昂，运价却偏低，货主企业能否给予运费上涨；三是当前社会货车挂靠普遍现象，这带动了行业恶性竞争加剧，营商环境能否得到改善；第四是疫情反复的情况下，物流运输企业困难加剧，绕路、隔离、核酸检测等异常情况下保供，相关部门能否给予运费补贴，货主单位的运费能否及时结算，给予现金而不是承兑。

顾文龙：江阴恒阳物流集团总经理：目前我们危化品仓储企业最关心的有两个方面：第一个方面是政策的稳定和连续性。由于安全事故频发导致各地政策不一，即使一个地方政策也在不断加码，加上专家和管理人员对政策理解的不同，使得仓储企业不断地在整改过程中，同时各部门间的政策不协同，经常发生安全和环保问题的矛盾；最关心的第二个方面是人员，司机难找会是常态，危化品行业管理人员缺乏更加是个大问题，加上相关规范要求管理人员是对口专业的，目前国内几个有油气储运

专业的学校，我们也大概了解了一下很多毕业生大部分都转行了，这对于行业而言是个很大的难题。

邵敏政：上海中石化工物流股份有限公司董事长兼总经理：从物流企业的角度来自我分析：一是业务体系的稳定性关系物流企业的发展，很少有货主方从培养和发展较为固定物流服务商的角度去考虑问题的，毕竟物流行业中竞争过于激烈，任何一家物流服务商都有被替代的可能性，这也倒逼物流企业只能用最小的成本来获取微小的利润，但在安全管理、战略发展、企业文化等方面没有更好的发展计划。二是政府政策进一步管理的标准，这几年政策对行业的管控大家是有目共睹的，但实际操作中，企业想要做到真正符合政策要求确实是很难的，更应该从货主方再次加强监督责任，在逐步抬高危化物流企业标准的基础上，引导货主方要按高标准使用物流商，不能以价格作为唯一的标准，一起配合政府主管部门管理好危化物流行业。三是物流企业能否达到货主方的综合解决问题的能力，随着许多化工大鳄不断的发展，对物流行业提出了更高的要求，物流需求已经变成物流企业能否在区域内达到一种一站式服务的能力，一方面可以减轻货主方的物流压力，另一方面是通过这种方式来降低整体物流成本。而单一的物流企业已经无法适应大企业的标准，长此以往势必会引导我们物流企业结成联盟，采用多式联运的方式，从而稳定我们大客户的业务，有更多的发展的空间。

司良：上海君正船务有限公司总经理：疫情以来，首先凸显的就是船员换班问题，过去一年，君正船务为安排船员换班，付出了巨大的成本和精力，为了船员换班安排船舶绕航、额外挂港甚至额外安排一个航次的案例比比皆是。虽然受疫情所造成的供应链瓶颈影响，部分船型如集装箱、干散货船舶运费租金大幅上涨，船东的利润可以支撑船员成本上涨，但由于化学品船舶运价较为稳定，且由于船型工作的复杂性、危险性决定了化学品船船员普遍薪酬高于普通干散货船员，化学品船东面临的成本压力将会更为明显。

另外，值得我们关注的是，由于疫情造成的抵触情绪以及水陆工种收入差距的逐步减小，我国海员的活跃人数呈现逐年下降的趋势，船员从业人数逐年降低，特别是操作级船员及初级管理级船员活跃度人数逐年递减。船员队伍面临后继乏人的困境在高校层面体现的尤为明显，航海类专业学生大证通过率也屡创新低，平均一次性通过率仅为20%，大证通过率的降低一定程度上反映了毕业生上船工作的意愿正逐年下降，据统计，我国航海类专业毕业生平均上船比例已缩减至 20%。德路里（Drewry）发布的报告显示，到 2026 年，全球商船队的船员短缺将达到 10 年来的最高点，这将对航运企业的招聘造成重大影响，并导致未来人力成本的上升。

因此，如何推动我国船员队伍高质量发展，不仅是各个船东，更是各主管机关亟需解决的首要问题。

您认为下一阶段危化品物流行业中技术应用发展最快的环节或领域是什么？

许高阳：中国石化化工销售有限公司安全总监、物流管理处处长、安全环保处处长：危化品物流的安全管理仍是行业重点。一是物联网技术在安全领域的应用，如主动安全防护技术的普及应用，更为准确的感知与更加精准的算法，有助于更多安全防护场景的应用，减少事故发生率。二是罐体先进制造技术，在危化品物流领域，运载工具是重要安全要素之一，通过更高的标准，更加严苛的制造工艺，更加先进的制造材料应用，提高运载工具尤其是罐体的本质安全，将极大促进行业安全水平提升。三是国家提出“双碳”目标，绿色物流刻不容缓，未来需要关注绿色环保包装材料的应用与逆向物流组织，也包括共享包装物的应用以及新能源车辆的逐步普及应用；四是物流信息化技术结合物联网技术，打造“透明物流”，能够让物流动态监管实现“状态管理”-“实时管理”-“可视化管理”-“智能化预警”升级。

杨文生：南京三圣物流有限公司总经理：从我的角度来看，下一阶段危化品物流行业中技术应用发展最快的环节有两方面：一是各省区、各园区、各厂家的运输数据的整合共享。现在信息不共享，各自为政，企业、驾驶员为信息化所困扰，无论企业、从业人员被几十个 APP 所困扰，整合数据和数据共享应该是迫切要发展的。二是物流行业供应链整合数据应用，将上下游的贯通、连接铁路、公路、水路、仓储等数据技术的运用。

顾文龙：江阴恒阳物流集团总经理：我认为危化品物流行业技术进步最快的会是在货物装卸环节，是可以提高效率的关键节点。大数据信息化可以提高效率，但是需要建立在一个开放的市场基础之上，供应链金融可以助推大宗商品的交易频率和活跃度，但是没有银行传统信贷政策的改变，很难有这么一个资金雄厚的货主企业来引导发展。

邵敏政：上海中石化工物流股份有限公司董事长兼总经理：我们认为危化物流行业下一阶段技术发展主要有：一是安全技术的前置化，物流途中的智能管控化；二是随着双碳目标的深化，新能源应用的普及，氢能源汽车的投入使用化将更加广泛；三是危化挂车（泄漏等）安全管理技术使用。

司良：上海君正船务有限公司总经理：当前，全球航运界正在通过采取技术、运营或工程措施以提高本行业的能源效率，减少燃料消耗和排放。相关举措包括采取低速航行、废气综合处理、采用建造节能环保型船舶、提高推进效率以及向清洁能源转变等。选用清洁的新能源或新动力技术将是航运业实现最终减排目标的重要途径之一。

船舶的节能减排技术：航速管理—实现船舶主机低负荷运行，选择最经济的航线或者航速等措施控制成本，降速航行被认为是航运公司所采取的最直接、见效最快的降低燃油消耗量管控措施。废气处理—减少氮氧化物和硫化物排放，对氮氧化物来说，目前废气再循环技术（EGR）和选择性催化还原技术（SCR）可以有效控制排放；对于硫化物的控制，可以选择低硫油或者加装洗涤塔实现节能环保船型—降低船体阻力，目前大型跨国航运公司和船级社通过与船舶设计公司、船厂联合研发，不断推出各种新的节能环保船型。

船舶燃料动力多元化、清洁化、低碳化的发展方向：

（1）LNG 作为一种成熟的清洁船用燃料已经发展了很多年，目前国际上也有很多的大型集装箱船舶在积极使用，国内目前仍然在初级发展阶段，新船尚未大规模的使用 LNG 燃料技术，成本角度考虑以及船舶加注等基础设施尚未配套等都是面临的突出问题。

（2）氢燃料是近年来众多船厂、能源公司以及动力系统供应商开始加大研发的方向。国际能源署（IEA）指出，氢能源可能成为实现 IMO 2050 航运业碳减排目标的一种重要燃料选项。氢能源发展过程中的一大挑战是生产成本高，此外，氢能源还具有储存运输困难、相比传统船舶燃油能量密度较低以及能量损失较大等问题。

(3)甲醇燃料船舶，甲醇也是目前限硫令合规燃油之中唯一能够从本质上达到氮氧化物排放 Tier III 标准要求的燃料，目前国际上已有大型的液体化工品船舶已经采用甲醇燃料，甲醇燃料由于其单一性，加注的便利性也是阻碍其发展的问题之一。

（4）氨气可以作为一种安全高效的船用燃料，未来有望成为海运业的绿色替代燃料。氨气具有许多优点，能量密度大，同等数量氨气中包含的能量比液化氢气高出了 50%，更容易存储和运输。不过氨气易燃且有毒，在通风、温度和气压控制方面需要特殊的安全防御措施。

（5） LPG 和乙烷为燃料，目前，国际发动机制造商已经开发出以 LPG 以及乙烷为燃料的低速机，国际上也有不少 LPG 和乙烷运输船采用其作为燃料，但是大规模推广至其他船型目前看来仍不合适。

作为船运企业，安全、清洁和高效是航运业的未来，尽管全球仍处在疫情阴霾的笼罩之中，全球产业链供应链也因此受阻，更对航运产生持续性影响。不过我们依然对航运业的未来充满信心。我司将积极推动清洁能源在船舶燃料领域的应用，也希望携手越来越多的同行、石油公司和科技公司共同推动船舶燃料的清洁化、低碳化、当我们迈向零碳的未来时，航运业会更安全。

如果一个物流企业想应用数字化、智能化助力安全，他需要从几个层面考虑或应重点考虑哪些因素？

许高阳：中国石化化工销售有限公司安全总监、物流管理处处长、安全环保处处长：我认为一是掌握行业内成熟的先进技术；二是开展本单位物流业务流程数字化改造，这个环节需要企业内部有丰富物流管理经验及信息化建设的综合专业人才，同时要能找到满足要求且适合自身的 IT 建设单位；三是梳理本企业安全管理痛点，在流程数字化改造基础上，结合新技术应用，形成应用场景，应用场景不追求时尚，重在简单实用。

周纪标：赢创工业集团北亚区环境健康安全总监：对于我们而言，综合性的数字化平台能够让企业的投入及产出能达到最佳比例，投入包括人员，车辆，运输路线，客户分布，产品特性了解等等，这些都是需要去严格考量及重点考虑的。

杨文生：南京三圣物流有限公司总经理：应用数字化、智能化助力安全的话，我认为未来智能驾驶（不是无人驾驶）是重要的一个方向，5G\6G 情景下的场景再现，智能识别驾驶图中的隐患，且能做到驾驶干预。

顾文龙：江阴恒阳物流集团总经理：数字化、智能化助力安全，首先是可靠性，因为人犯错时还能及时纠正，但机器设备发生故障，后果可能更加不可接受。所以成熟完善的技术是基本保障，同时应用的成本也很重要，物流行业利润低，投入太大入不敷出，很难得到推广。

邵敏政：上海中石化工物流股份有限公司董事长兼总经理：应用数字化、智能化助力安全需要注意：一是员工的整体技术培训和安全培训，提升员工对于设备的使用能力，达到智能化，数字化使用的要求；二是企业整体化投入的规模，管理制度的管控行为。

来源：2022 年 3 月 30 日 中国物流与采购联合会危化品物流分会。

上海化工区复工复产“蹄疾步稳”

五一小长假期间，装满货物的集卡在上海化学工业区进进出出，园区企业员工在岗值守，各化工装置正常运转。

本轮疫情发生以来，上海化工区统筹部署封控管理工作，精准施策，全力以赴支持保障区内企业正常生产运营和复工复产。园区共有重点企业 60 多家，其中有 47 家重点企业一直保持连续生产。截至目前，园区重点企业复产率达 91%，900 多名员工返岗入园，驻守化工区的企事业单位人员累计近万名。

感谢信背后有故事

近期，园区收到多封来自企业的感谢信。信中对园区统筹抓防疫、保生产、供服务、促复工，千方百计、及时贴心帮助企业解决燃眉之急的切实行动表达了由衷感谢。

赢创特种化学（上海）有限公司在感谢信中提到，战“疫”中，当化工区管委会了解到企业在物流运输、人员保障方面遇到困难时，管委会经发处想企业所想，急企业所急，迅速对接市各相关部门，帮助企业申请到市内外通行证，打通长三角省际物流的“堵点”，还帮助企业安排符合条件的员工返岗复工。

巴斯夫化工有限公司在感谢信中也提到，当化工区管委会了解到企业在生产经营、员工封闭式管理，特别是人员入园和物流保障面临难题时，他们积极和有关部门沟通，精准施策，用心用力解决了企业的“急难愁盼”问题。

在汉高公司发来的一封感谢信中提到，面对严峻疫情及其给企业生产运营带来的不利影响，化工区管委会防疫、生产两手抓，缜密做好园区封控管理工作，为企业闭环生产运营提供专业的管理指导和周全的帮助及后勤保障。同时，化工区因时施策，帮助企业安排符合条件的员工返回工厂复工复产，并协调解决物流、运输等困难。在园区的帮助及在岗员工的共同努力下，目前工厂重点产线逐渐恢复，为汽车等重点行业产业链客户和生活物资保障企业及时供应生产物资。

在此之前，上海市重大工程建设办公室、上海华谊新材料有限公司等也先后向化工区管委会发来感谢信。

复工复产有序推进

4 月 19 日中午 11 点，在海关部门的监管保障下，一艘满载 2500 吨出口异氰酸酯的船舶顺利驶出化工区孚宝码头，驶往欧洲。出口企业上海巴斯夫聚氨酯有限公司是上海市保运转“白名单”重点企业之一。巴斯夫相关负责人介绍说：“封控期间，工厂生产负荷有所减少，但生产活动未曾中断。目前，公司正依据上海市复工复产指引要求，配合好政府防疫措施，在保障员工安全的基础上，努力提升生产负荷。”

位于上海化工区的华谊新材料有限公司是国内首个丙烯酸及酯智能工厂，生产过程高度数字化与自动化，这为疫情下的企业闭环管理创造了便利。据介绍，公司从 3 月中旬开始，全员驻厂封闭管理，员工与承包商近 700 人全部落实到位。公司利用数字化智能平台，将生产装置和员工的“四班三倒”调整为“三班两倒”，协同实施生产运行与装置检修。从驻厂开始到 4 月下旬，公司进行核酸检测与抗原试剂检测近 1.4 万人次，并加强对公司全域专项消杀，对物流运输人员实施全流程无接触操作和封闭管理。不仅如此，针对公司物流堵点，上海市经信委等部门积极协调，利用长三角一体化协同机制，确保原料及产品运输不断不乱，尤其是向下游胶带、纸尿裤等关键民生防疫物资厂家提供原料的“生命线”保持畅通，对保供和复工复产起到关键作用。

“随着更多员工陆续返岗以及物流通道逐步畅通，我们正不断提升生产负荷。目前公司二期装置启动生产，待运行稳定后企业整体产能有望翻倍。”上海华谊新材料有限公司总经理黎凡说。

本轮疫情发生以来，同样位于化工区的上海氯碱化工股份有限公司迅速新增 3.5% 浓度次氯酸钠消毒原液的生产。据介绍，该消毒剂具有成本低、效果好、操作简便和氧化性强的特点，能破坏病毒的蛋白质、酶系统，实现灭菌消毒。截至目前，公司已经生产并发放了 270 余吨原液，主要用于方舱医院、街道环境的消杀。截至 4 月 21 日，公司已向上海各地区无偿捐赠了 160 吨原液。

3 月 28 日以来，载运化工生产原料和电煤的船舶井然有序地进出化工区码头港口，共计 70 余万吨煤炭、80 余万吨化工原料源源不断地通过水路输送至园区企业。

各方协作打通堵点

面对疫情，要把复工复产工作做到位，企业不能简单地“孤岛作战”，需要各方协作，打通堵点。上海化工区第一时间启动疫情防控应急响应工作，管委会党组书记、主任马静等领导坚持在园区带队驻守，加强各部门的沟通协调，强化督导、走访、检查，全面了解企业运行情况，研判园区防控形势，部署园区每日防疫工作。各管理部门的领导干部在岗在位，靠前挂帅。

据介绍，上海化工区现有主体化工装置 120 余套，产业关联度 80% 以上，园区积极协助企业，通过各种途径架起企业服务的战“疫”连心桥。特别是上海实施“三区”划分后，园区梳理企业关键岗位用工需求，“点对点”地解决从防范区出来的员工急需通行证并由专车送回工厂等难题，在后续隔离观察期间继续提供生活保障，确保“绝对安全返岗”，支撑企业在“非常时期”的安全运行。

上海化工区管委会综合办主任李庆红表示：下一步，园区将积极发扬“金牌店小二”精神，听取各方需求，落实各项工作，尽全力帮助企业破解生产运营、复工复产中出现的难点、堵点，同企业一道统筹做好疫情防控、安全生产和经济发展工作。

来源：2022 年 5 月 10 日 中国物流与采购联合会危化品物流分会。

长三角道路运输“两客一危一货”联合执法三年行动计划!

近日，江苏省交通运输综合行政执法监督局、上海市交通委员会执法总队、浙江省公路与运输管理中心、安徽省交通运输综合执法监督局联合印发《长三角道路运输“两客一危一货”联合执法三年行动计划》（以下简称《行动计划》），对2023—2025年的长三角道路运输“两客一危一货”联合执法作出了明确、清晰的规划，聚焦联席会议、信息共享、执法标准、联合执法、联合惩戒等五大方面的合作重点事项，提出了10个主要目标任务以及相应的牵头单位、参与单位和完成年份。

《行动计划》明确

2023—2025年道路运输“两客一危一货”联合执法工作分别由上海、安徽、浙江轮流牵头。

轮值方负责编制并印发年度工作要点，纳入长三角交通运输一体化年度工作要点；组织召开联席会议，研讨联合执法热点难点问题，专题开展典型执法案件分析、案情通报、舆情分析等。

各省市每年要组织开展至少2次长三角联合执法行动，各省毗邻市县不定期按需开展联合执法行动。

根据《行动计划》

江苏省负责牵头于2023年完成明确长三角监管执法数据共享标准，建立统一的共享数据清单；

上海市负责牵头于2024年完善长三角监管执法数据共享长效机制，探索建立数据共享通道，丰富应用场景的任务；

安徽省负责牵头于2025年完成区块链技术在长三角交通运输执法一体化中的应用，推动构建违法违规信息线上抄告，推行大件运输信用分类许可，推动建立大件运输智能监测系统/模块的任务；

浙江省负责牵头于2025年前完成印发《长三角地区超限超载严重失信主体对象名单联合整治备忘录》。

长三角三省一市交通运输部门将根据《行动计划》深化区域联合执法，进一步提升区域执法监管一体化水平，强化区域联合监管力量，全力保障区域道路运输行业安全稳定。

日前，江苏省交通运输综合行政执法监督局牵头，联合上海市交通委员会执法总队、浙江省公路与运输管理中心、安徽省交通运输综合执法监督局，印发《长三角“两客一危一货”监管执法数据共享数据清单》（以下简称《数据共享清单》）。

《数据共享清单》是以相关法律法规以及政策文件为前提，立足于交通综合执法部门联合执法数据共享需求，在长三角交通运输信息化系统建设和数据共享现状基础上，聚焦道路运输领域严重违法行为或重点高频执法事项，形成的三张清单，包括“两客一危一货”严重违法行为数据信息表、严重违法行为分类数据需求表、共享数据明细表。

《数据共享清单》将为下阶段长三角三省一市交通运输部门深化区域联防联控、强化数据共享共用提供强有力支撑，为提升区域道路运输执法监管一体化水平注入新动能。

来源：2023年1月16日 江苏交通。

交通部发布2022年度沿海省际散装液体危险货物船舶运输市场运力调控综合评审结果

根据《交通运输部关于加强沿海省际散装液体危险货物船舶运输市场宏观调控的公告》（交通运输部公告2018年第67号）和《沿海省际散装液体危险货物船舶运输市场运力调控综合评审办法》（交办水〔2018〕168号），按照经专家综合分析论证的新增运力规模和各企业专家打分得分最终排序，现将沿海省际散装液体危险货物船舶运输市场运力调控综合评审有关事宜公告如下：

一、2022年沿海省际散装液体危险货物船舶运输市场运力调控综合评审最终结果

（一）化学品船运力

1. 兴通海运股份有限公司，17500载重吨；
2. 上海君正船务有限公司，6500载重吨；
3. 舟山金海岸航运有限公司，4100载重吨；
4. 上海君正思多而特船务有限公司，8000载重吨；
5. 浙江长龙海运有限公司，6500载重吨；
6. 荣成鲁泰船务有限公司，6500载重吨；
7. 南京盛航海运股份有限公司，7450载重吨；
8. 惠州华亿荣盛船务有限公司，7500载重吨；
9. 浙江联海船务有限公司，4100载重吨；
10. 东展船运股份公司，7500载重吨；
11. 扬州前进船务运贸有限公司，6500载重吨。

（二）液化石油气船运力

1. 非液氨专用船运力

（1）兴通海运股份有限公司，5000立方米；
（2）上海长石海运有限公司，9000立方米；
（3）深圳市海鸿船务有限公司，6100立方米；
（4）浙江联海船务有限公司，5000立方米；
（5）浙江长龙海运有限公司，3300立方米；
（6）海南顺源海运发展有限公司，5500立方米；
（7）浙江华祥海运有限公司，4380立方米；
（8）深圳中远龙鹏液化气运输有限公司，5500立方米。

2. 液氨专用船运力

（1）南京扬洋化工运贸有限公司，20000立方米；
（2）上海能垣海运有限公司，19900立方米。

（三）成品油船运力

1. 宁波甬旺航运有限公司，12000载重吨；
2. 舟山金海岸航运有限公司，12500载重吨；
3. 上海北海船务股份有限公司，65000载重吨；
4. 浙江际翔海运有限公司，5000载重吨；
5. 扬州前进船务运贸有限公司，12000载重吨；
6. 浙江昌盛海运有限公司，20000载重吨；
7. 大连中盛渤海船务有限公司，5000载重吨；
8. 浙江祥鸿船务有限公司，7000载重吨；
9. 中远海运能源运输股份有限公司，50000载重吨；
10. 浙江盛龙船务有限公司，27500载重吨。

（四）液化天然气船运力

1. 上海长石海运有限公司，28000立方米；
2. 深圳市海鸿船务有限公司，40000立方米。

（五）原油船运力

1. 2万载重吨及以下船舶运力。

（1）浙江海之润海运有限公司，12000载重吨；

（2）宁波市恒兴船务有限公司，14824载重吨；

（3）宁波市鄞州昌顺海运有限公司，20000载重吨；

（4）北京中油华远油运有限公司，20000载重吨。

2. 配备艏部装载系统的6～6.5万载重吨船舶运力

上海北海船务股份有限公司，65000载重吨。

3. 2万载重吨以上7万载重吨及以下其他船舶运力

宁波甬旺航运有限公司，21816载重吨。

二、其他事项

（一）本次综合评审的评审结果有效期为1年，取得相应新增沿海省际散装液体危险货物船舶运力的企业，应当于本公告发布之日起1年内按照规定的程序申请办理新增运力审批手续。逾期未申请办理新增运力审批手续的，评审结果失效，且两年内暂停其参加综合评审。

（二）根据《交通运输部关于沿海省际散装液体危险货物船舶运输市场运力调控综合评审有关事宜的公告》（交通运输部公告2021年第80号），以下未申请办理新增运力审批手续企业相应的评审结果已过期，相关运力额度在确定2023年新增运力规模和推荐发展船型时统筹考虑。

1. 获得2019年第一次沿海省际散装液体危险货物船舶运输市场运力调控综合评审成品油船运力的。

（1）招商局南京油运股份有限公司，4000载重吨；

（2）南京扬洋化工运贸有限公司，4000载重吨。

2. 获得2020年沿海省际散装液体危险货物船舶运输市场运力调控综合评审成品油船运力的。

（1）华海石油运销有限公司，48000载重吨；

（2）华洋海运有限责任公司，48000载重吨；

（3）台州中油海运有限公司，20000载重吨。

特此公告。

来源：2023年2月17日 交通运输部。

民航局印发《危险品货物航空运输临时存放管理办法》

日前，为规范危险品货物航空运输临时存放活动，保障危险品货物航空运输地面临时存放安全，民航局印发《危险品货物航空运输临时存放管理办法》，进一步厘清管理责任，全面完善对资质管理、人员培训、设施设备、监督管理等方面的具体规定。

根据《中华人民共和国安全生产法》和《国务院安全生产委员会成员单位安全生产工作任务分工》，民航局对2018年下发的《危险品货物航空运输存储管理办法》进行修订，更名为《危险品货物航空运输临时存放管理办法》。《管理办法》以厘清责任边界、明确职责分工、注重员工权益为主要内容，共六章41条。《管理办法》明确了危险品货物、临时存放、临时存放场所、存放专用区、存放专用库等基本术语以及各相关方的管理权限和主体责任；针对企业面临的重难点问题，从临时存放业务流程角度，明确了人员培训、台账管理、应急演练、场所配置、劳动保护、信息告知、存放限制等要求；围绕特定性质的危险品货物，如温度敏感的危险品、干冰、放射性物质、大件的危险品货物等，提出了对应的存放操作和存放环境要求；最后明确了办法不适用的情况。

民航局运输司相关负责同志表示，《管理办法》的发布是进一步健全中国民航危险品运输法规标准体系，推动地面服务保障高质量发展的重要举措。《管理办法》落地实施后将指导运输企业依规开展危险品货物临时存放活动，使危险品货物临时存放场所的安全管理和日常运行更加系统完整，更具可操作性，也为局方精准监管提供有力支撑。

附件：《危险品货物航空运输临时存放管理办法》

来源：2023 年 1 月 3 日 中国政府网。

《道路运输液体危险货物罐式车辆金属常压罐体检验规则》团体标准正式发布

随着我国经济水平的提升，我国危险货物道路运输行业规模的扩大，常压液体危险货物罐车（以下简称常压罐车）保有量逐年增长，在支撑我国化工行业和经济社会持续健康发展的同时也导致大量不符合国家标准要求的常压罐车“带病运行”，给人民群众生命和财产安全带来极大隐患。由于运载介质的危险特性以及各类因素影响，导致各类事故发生。根据统计分析，大约 80% 发生的危险品道路运输事故牵扯到罐车，多会引起危险品火灾爆炸和泄漏，给人民的生命以及财产损造成了损害，并给环境造成了严重污染。

虽然全国各地先后开展了常压罐车罐体的定期检验工作，有的检验机构参照 GB 18564.1、区域地方标准、有的自行制定技术规程或作业指导书，但由于目前没有一个系统、全面的罐体检验规则，给检验机构在日常的检验工作中带来极大的不便，检验工作中的随意性较大，缺乏统一、权威的罐体缺陷评定要求，导致虚假检验、拎包检验、不规范检验、低质量检验、虚假报告横飞。

规范的常压罐车检验是保障罐车治理取得成功的最关键支撑。基于运输企业、罐车制造企业和罐体检验机构、政府部门等全行业范围均存在明确、强烈的需求，中国物流与采购联合会危化品物流分会特联合交通运输部公路科学研究院、浙江省特种设备科学研究院、广州市特种承压设备检测研究院、中国船级社质量认证公司等 34 家重点单位，组织制修订《道路运输液体危险货物罐式车辆金属常压罐体检验规则》团体标准。

标准的落地实施将更加深入配合四部门开展常压罐车治理及建立现代罐车管理制度，全面提升常压罐车本质安全水平，保障危化品物流转型升级高质量发展的需要，全方位保护危化品物流企业、罐车制造企业和罐体检验等行业相关方利益的需要，推进完善检验内容，提高检验质量和可操作性，规范检验工作流程、提升检验安全。

T/CFLP 0037-2022《道路运输液体危险货物罐式车辆金属常压罐体检验规则》于 2022 年 7 月 18 日正式发布，8 月 1 日正式实施，该标准将覆盖行业内 15 万余辆常压罐车和全国 30 余个检测机构，也将为《方案》的具体落地实施提供切实有力的保障。标准正式实施后将以巩固交通安全深化罐体检验“宣贯、培训、演练、比赛”活动为契机，多方开展标准培训、走进企业、融入行业活动，推进交通运输行业安全生产形势持续平稳向好，继续配合相关主管部门深入开展常压液体危险货物罐车专项治理。尤其进入夏季以来，多个省市持续深入推进交通安全专项整治，开展全面检查维修，严禁车辆带“病”带“险”运行，做到查处一批违法违规行为，整治一批顽瘴痼疾，治理后罐车管理制度的常态化运行更需要罐体检验的标准保障，以确保交通运输安全、确保人民生命安全，坚决守牢交通安全生产底线。

来源：2022 年 7 月 20 日 中国物流与采购联合会危化品物流分会。

《道路运输液体危险货物罐式车辆金属常压罐体检验规则》解读

T/CFLP 0037-2022《道路运输液体危险货物罐式车辆金属常压罐体检验规则》于 2022 年 7 月 18 日正式发布，8 月 1 日正式实施，该标准是中国物流与采购联合会危化品物流分会联合物流业、装备业重点企业以及超全国 70% 的罐检机构，为积极响应危化品物流领域的迫切需求，充分发挥行业自律要求，切实服务于交通运输部、公安部、工业和信息化部、市场监管总局开展常压罐车治理工作所制修订。

一、制定基础

以四部门罐车治理《检验指南》为基础组建项目团队，基本涵盖了国内主要的罐体检验单位，吸纳了罐体制造、附件、检验、使用等多方代表企业，充分收集国内外罐体检验相关标准，吸收相应的思路、流程、项目和要求精华。多次召开研讨会、专家把关、社会征集、重点定向征集，不定时研讨并完善。

二、项目依据

首先，本标准制修订与 GB18564.1、《治理工作方案》等相关强标、规范性文件在编写及规范化要求上严格保持一致。第二点，针对标准中检验项目、流程及判定依据等主要技术指标充分考虑行业实际情况，使标准真正来自行业并服务于行业。第三点，本标准不仅基于解决国内该领域标准的空白问题，更立足更高水平、更高要求实现对行业发展的引领和推动作用。

三、主要技术指标

本标准规定了道路运输液体危险货物罐式车辆的金属常压罐体（以下简称罐体）定期检验的总体要求、检验开展、缺陷及问题处理、检验结果与检验报告和其他要求。适用于按照 GB 18564.1 设计和制造的罐体及其附件的定期检验。不适用于非金属材料、真空绝热结构或军事装备等有特殊要求的罐体。全文引用了 GB 18564.1、GB/T 25198、GBZ 2.1、GBZ 230、HG/T 20660、JT/T 617.3、NB/T 47003.1~5、QC/T 932 以及参考了压力容器、罐式集装箱相关国家、行业标准，罐体检验地方标准、罐体检验欧洲标准等。

（一）总体要求

关于定期检验周期，引入“首次检验”定义，并将检验周期分为首次检验和定期检验，罐体投用后 1 年内应进行首次检验，后续定期检验时间间隔不超过 2 年，检验机构根据检验情况及缺陷问题处理结果确定下次定期检验的日期。首次检验的目的是尽可能准确、全面获取罐体的基本数据信息，定期检验方面，与《治理工作方案》的要求一致。当罐体技术状况不断发生变化，部分罐体技术现状及其劣化情况较为恶劣，依据本标准提出的明确要求条例应缩短检验周期。对于罐体在长期停用、发生事故、使用单位怀疑存在风险及其他罐体本身的安全状况可能发生较大的变化情况下，必须经检验机构检验后方可重新投入使用。

关于检验机构与检验人员，本标准要求罐检机构应列入交通运输部、市场监管总局公布的检验机构清单，与主管部门的要求保持一致。具备与开展罐体检验工作相适应的设备、设施、人员等资源条件、检验能力和完善的质量管理体系，并针对检验实际情况出具真实性、准确性、有效性的检验报告。

关于罐检受理，对于罐体存在某些特殊情况，导致检验无法开展或无法获取罐体的基本信息、罐体处于国家规定需淘汰的情形及发生事故未调查清楚请情况时，不应受理罐体的检验。

关于检验安全保障，此章节规定了开展罐体检验必备的安全保障要求，以保障人员和检验过程安全。例如，罐车采取防止滑动措施等安全防护；罐内用电电压、绝缘、接地等安全保护措施；对入罐人员安全防护用品使用和监看要求、从职业健康角度对射线防护的隔离保护等各类可能存在的安全风险预防措施。

关于检验程序，本标准结合现有罐检机构规范管理制度、相关地方标准和操作实践经验，确定检验程序包括检验方案制定、检验前的准备、检验实施、缺陷及问题的处理、检验结果汇总、出具检验报告等，并对贯穿检验的全过程进行详尽、真实、准确记录。

（二）检验要求

关于检验方案制定，首先罐体检验机构应制定检验实施细则，明确检验中基础的、广泛的、一般情况等问题；其次对特殊要求的罐体，罐检机构基于直接、全面、详细的技术资料制订针对性的检验方案并经技术批准流程，本标准中列出了制定针对性检验方案应符合的依据和参考。

关于检验前的准备，包括资料准备、罐体预先处理（处理项目和处理人；罐体置换、清洗、中和要求；表面清理和保温层拆除要求）、罐体洗消、取样分析、无损检测等。

关于检验的实施，第一点，确定检验项目的总体原则要求、具体检验项目以及对资料审查、介质审查、外观检验、容积检查、结构及几何尺寸检验、壁厚测定、附件检验、罐体试验、罐体与底盘（或行走机构）连接检查、盛水（液）试验或气密性试验等，必要时增加无损检测等项目的具体实施要求。第二点，结合当前检验机构的实操状况，主要以目视方法进行检验，必要时用内窥镜、放大镜或者其他辅助仪器设备、测量工具，推荐检验机构优先采用先进技术和方法。

资料审查包括：出厂文件，使用资料，介质资料，罐体装运的介质及其变化情况的记录。

介质审查：对拟列入适装介质列表中的介质逐一进行审查，GB18564.1 和 JT/T617.3 对应的罐体设计代码或罐体代码不高于待检验罐体的实际设计代码，介质对罐体的腐蚀速率应不大于 0.5 毫米 / 年。

结构检验：包括焊接接头，封头、隔仓板，罐体横截面，焊缝的布置，防波板结构，管路，装卸管路系统设置和装卸口设置。

几何尺寸检验：包括罐体外形尺寸，罐体容积，最大允许充装量核查，人孔，筒体尺寸，罐体表面直线度，纵 / 环对接焊接接头对口错边量，纵 / 环对接焊接接头棱角，纵 / 环对接焊接接头咬边，罐体对接焊接接头的余高以及扶梯尺寸。

外观检验：包括铭牌，表面色带，标志、标识，罐体表面及焊接接头表面，人孔盖和液体注入口盖，防波板、隔仓板及加强圈，扶梯，操作平台及护栏，导静电橡胶拖地带及保温层。

附件检验：附件包括安全泄放装置、真空减压阀、紧急切断装置、仪表、装卸阀门、装卸附件及导静电装置等。

壁厚测定：包括测点布置和罐体实测壁厚。测点位置应有代表性，宜在上、下、左、右 4 个方向各选 2 个点，其中前后封头部位各 4 个点，测定后作图记录，壁厚、腐蚀裕量测定应符合 GB 18564.1。

罐体试验：罐体试验结果应与设计文件相符合，且视罐体出厂日期的不同，罐体试验结果也应满足制造时适用的标准或 GB 18564.1 的要求。包括盛水（液）试验、气密性试验、耐压试验。

罐体与底盘（或者行走机构）连接检查：范围包括罐体支座、紧固连接螺栓，不包括行走机构。

无损检测：对目视检测怀疑有裂纹等缺陷部位或必要时，应按照 NB/T 47013.4 或 NB/T 47013.5 的要求进行表面无损检测，I 级合格。必要时还应按照 NB/T 47013.2 进行射线检测，透照质量不低于 AB 级，其合格级别不低于设计文件及 GB 18564.1 的要求。有特殊情况的还应按照设计文件及 GB 18564.1 要求选用射线或超声等适用的方式对焊缝进行检测。

（三）缺陷与问题处理

本标准中对检验所发现的缺陷及问题，应出具检验意见通知书，并规定了通知书的内容，与目前行业实际操作上保持一致。检验发现的问题及缺陷位置、性质、程度及处理情况、意见等信息应在检验记录中列明，并在检验报告中注明。

（四）检验结果及检验报告

本标准中将检验结论划分为符合、基本符合和不符合，由检验人员根据所列的要求裁量掌握给出相应结论。明确了检验报告和证书的格式、把关要求、共享要求。检验结束后，一般应在 30 个工作日内出具检验报告。检验报告应当有检验、审核、批准三级签字，检验记录、检验报告、检验证书的保存期限应不少于 4 年。

（五）其他要求

在我国的移动式压力容器检验技术法规中，对使用单位的职责和要求的规定十分明确。实际情况中，没有使用单位的配合，检验工作基本无法正常开展。因此，本标准在其他要求中，明确了检验单位与使用单位协同的事项。

（六）附录

包括检验意见通知书、检验报告、检验证书格式、检验报告上传等要求，与行业现行的格式保持一致，并做了优化。

本标准的修制定符合现行法律、法规和强制性国家标准的要求，为规范罐体的检验工作，提高检验安全、检验质量与检验水平，以现有相关标准为基础参考，充分考虑实操性、适用性以及罐体使用的安全技术条件，立足实际需求，实现引领作用。

为更全面深入推进本标准规范于行业服务于行业，分会特邀请交通运输部危险货物道路运输专家组成员、标准起草组专家、区域实践经验丰富的罐检机构专家组织开展线上线下培训活动。

来源：2022 年 8 月 15 日 中国物流与采购联合会危化品物流分会

摘录整理：张瑞坤。

三、医药物流

上海市委书记李强赴华氏大药房检查药品保供工作，要求更好服务保障市民需求

市委书记李强今天在连锁药店、医疗机构检查市民群众就医配药服务保障情况时指出，要坚决贯彻习近平总书记重要指示精神，坚持动态清零总方针，不犹豫不动摇，进一步把就医配药、物资保供等事关市民安康的民生保障工作做实做细做到位，持续用力、强化调度、疏通堵点、打通断点，切实凝聚全市上下齐心抗疫的强大合力，坚决打赢疫情防控阻击战。

李强来到位于愚园路上的华氏大药房，深入了解药房落实防控要求和保障市民用药需求的情况，详细询问货源组织、网上购药、线下配送等环节是否顺畅，还有哪些瓶颈需要突破。得知多位店员为方便百姓配药持续坚守药店，李强向药店工作人员以及广大社区配药志愿者表示感谢和慰问。他说，市民配药用药耽搁不起，必须始终放在心上，采取更加有力有效的措施，让配药送药各个环节畅通起来。既要发挥医疗机构特别是互联网医院的作用，加强统筹、简化流程，方便市民，也要在严格防疫要求的前提下，让更多药店应开尽开，让药师等专业岗位人员应出尽出，强化防疫措施落实和每日抗原、核酸检测，更好服务保障市民需求。各区各街镇要创新思路办法，通过建立健全配药专班、招募配药志愿者等方式，帮助社区共同做好群众配药服务。

发挥“国家队”担当，切实承担保供重任

2020 年，李强书记在调研上药控股时，对公司迅速响应、闻令而动，全力以赴承担起市抗击疫情医疗物资保障基地和采购平台的职责使命表示肯定。一直以来，上药控股深入领会李强书记调研时的重要讲话精神，坚持推进企业高层次发展，切实履行健康事业“国家队”的担当。

本轮疫情以来，作为上海市抗击新冠肺炎医疗物资保障基地，上药控股承担着上海市十四大类防疫医疗物资保障供应的重任。公司积极发挥药品配送和防疫物资保障排头兵的作用，强化沪内八大物流库区的闭环管理与协同运作，确保战疫物资安全、高效送达全市各大医疗机构和民众手上，并为市内多个方舱医院配送药械物资。另一方面，上药控股组织 SPD 团队和各条线志愿者全方位响应市重点防治医院临床紧急保供任务，为数十家医院提供全天候 24 小时的支援工作。上药控股先后助力新冠治疗药 Paxlovid 运抵上海并投入临床救治，开展上海市多地抗原检测试剂盒和连花清瘟等防疫物资的出库配送工作。在上海启动新一轮核酸筛查和区域管控措施后，患者在线问诊后药品无法及时送达，上药控股主动携手各街镇探索“最后一公里”药品配送模式，着力缓解本市患者买药难、配送难的问题。

建立配送“绿色通道”，满足居民用药需求

华氏大药房作为上药控股旗下零售服务窗口，拥有 480 多家门店遍布上海各区。疫情期间，在符合防控相关规定的要求下，华氏大药房坚持服务“不打烊”，面向广大市民相继开放了紧靠社区的 73 家门店，承接了大量社区居民的配药需求。对已开放服务的华氏大药房，周边居民可以通过电商平台下单购药，门店也同步开通 24 小时购药热线，面向社区老年人提供服务。

为了进一步提升服务效率，华氏大药房已在 8 个区开通线上咨询服务，通过邀请居民加入微信群，药师线上就可解答各类咨询并提供用药指导。在开通服务的范围内，居民可通过线上 O2O 平台下单，门店药师配好药后，由平台骑手送达社区居民手中。随着居民急需的药品从防疫防护类逐步向降压药、抗过敏药、肠胃类用药等家庭常备药转变，4 月 14 日，华氏大药房开通了社区团购渠

道，提供家庭常备用药、检测防疫防护、恢复用药3种套餐，进一步扩大了居民的购药渠道。另一方面，华氏大药房也将充分调动人力和运输资源，共同加入社区配送的队伍中，助力打通药品配送的“绿色通道”。

来源：2022年4月15日 上海医药集团股份有限公司。

市国资委领导赴上药物流等调研肯定防疫物资储备和配送工作

4月20日上午，市国资委党委书记、主任白廷辉，市国资委办公室主任富思渊一行赴上海医药物流中心有限公司（简称“上药物流”）、上海华氏大药房有限公司（简称“华氏大药房”）调研。上实集团总裁、上海医药集团董事长周军，上海医药执行董事、总裁左敏，上海医药执行董事、副总裁、上药控股总经理李永忠，上药控股副总经理任刚参加调研。

白廷辉现场察看了上药物流丰饶库2020年以来作为上海市抗击新型冠状病毒肺炎医疗物资保障基地的运转情况，重点了解了3月以来保障基地在优化医疗物资备货供应方面的具体举措，以及开展的互联网医院相关配送情况。

白廷辉充分肯定了上药控股克服闭环管理难题，通过旗下沪内8个库区加强协同联动，给予防疫物资储备和配送支持。他向3月份以来坚守在8个库区保供一线的900多名物流员工表示慰问，勉励“90后”骨干发扬拼搏精神；希望上药物流压实责任、再接再厉，做好抗原检测试剂的出入库工作，承担好向方舱医院配送药械物资的任务，确保各类防疫物资保障供应落实到位，助力疫情防控攻坚战取得最终胜利。

白廷辉同时要求上药控股全面推进“上海医药物流中心绥德路二期项目”“上药控股医药大健康创新园区项目”“临港新片区医药大健康国际产业园区项目”三大物流中心建设，在十四五末建成“服务上海、服务长三角、亚太分拨中心”的三大物流体系。

在华氏大药房荣华东道店，白廷辉听取了关于华氏大药房复工复产情况的汇报，详细了解了零售药店在药品保供、物流配送及满足周边社区居民用药需求等方面的情况，并亲切看望了门店闭环管理员工的生活状况。

他希望上药控股严格遵照李强书记调研时提出的要求，将市民的配药用药问题始终放在心上，采取更加有力有效的措施，让配药送药各个环节畅通起来。在严格防疫要求的前提下，让更多药店应开尽开，让药师等专业岗位人员应出尽出，更好服务保障市民需求。

白廷辉强调，华氏大药房要按照复工复产的目标，做好“应开尽开”门店的各项配套准备措施，市国资委也将全力给予协调和支持。要贯彻市委市政府“细而又细牢牢守住物资保供和医疗保障的底线，为打赢疫情防控阻击战提供坚强支撑”的要求，肩负起上药控股健康事业“国家队”的重任。

周军表示，上药控股面对疫情挑战，不计成本、不怕困难，千方百计把医疗物资保供、满足市民用药需求等工作做实做细做到位，全力以赴承担起国企应尽的社会责任和使命担当，上实集团、上海医药也将全力予以支持，为打赢疫情防控攻坚战提供有力支撑。

在这场大战大考中，全体上药人坚持发挥优势、展现担当，毅然坚守在医疗保供一线。上药控股坚决贯彻落实习近平总书记一系列重要指示精神，坚决按照党中央、国务院决策，以及市委、市政府和市国资委的有关部署，在上实集团和上海医药集团的指导下，拿出决战冲锋、攻坚克难的精神状态，全力抓好各类医疗物资保障，助力打赢疫情防控攻坚战。

来源：2022年4月20日 上海医药集团股份有限公司。

满足市民购药需求，他们开启“白加黑”模式
——记者直击沪上药房仓库保供忙碌现场

仓库的员工连轴转不停歇，为的就是尽最大可能满足市民的购药需求。

在优化疫情防控措施出台后，治疗感冒和发烧的药物成为市民争相购买的对象。从上周开始，沪上各大药房对于此类药物的订单就呈现激增状态。今天下午，记者来到位于柳营路517号的华氏易美健大药房，发现清热解毒类药物的玻璃柜内已经空空如也。而桌面上也仅放着零散的几盒小儿感冒颗粒和川贝枇杷膏等。在该药房的背后，便是供应上海480余家华氏大药房以及部分社会药房药物的仓库。记者随即在工作人员的陪同下进入仓库探访。从上周开始，该仓库便开启了早6点到晚12点的“白加黑”模式。整个仓库的员工连轴转不停歇，为的就是尽最大可能满足市民的购药需求。

上周起开启连轴转模式，卸货入库分拣一刻不停歇

今天下午，当记者前去华氏易美健大药房探访时，柜台内的两位工作人员忙前忙后处理着各种订单，其间不停地有跑腿外卖小哥来取药。记者在现场看到，清热解毒类的两个玻璃柜的药物已经销售一空。该药房的工作人员告诉记者，之前每天最多销售十几盒布洛芬之类的药物，目前一天300盒左右很快就卖完了。

而在该药房一墙之隔的库区便是华氏大药房的仓库，全市480余家药房的药品便要从这里发出。一进入库区大门，工作人员就忙着卸货装货，各种治疗感冒的药物被送往仓库内进行清点和分拣。

从上周开始，华氏大药房的这个重要仓库便开启了异常忙碌的模式。华氏大药房物流高级经理王锋告诉记者，上周开始，治疗退烧、感冒、咳嗽等药物的订单量开始激增，仓库内的保管组以及复核组，超过50人在这一周的时间里连轴转，双休日一刻不停。“我们昨天一整天做到晚上2点半吧，应该说是今天凌晨2点30分，整个团队绷紧一根弦，为了满足市民的购药需求，大家这段时间确实非常辛苦。”

从清晨6点到深夜12点，“95后”员工选择住在厂房

记者看到，华氏大药房的1楼区域为仓库的复核区，这里的27个工作人员正在分拣和包装，这些药物最终分成具体的药店名称，进行统一打包，最后运送至全市各个药店。而在楼上的保管区，则是确认数量、批号核对、开单等，在进行二次确认后，将药品运送至1楼。现场，不断地有一批又一批的药物成箱成箱地往仓库里运，每一位在操作台前的工作人员都忙得停不下来。

王锋告诉记者，这里有一位“95后”的小伙子林毅，他从上周开始便索性住在了这里。记者在1楼仓库找到了林毅，询问得知，他处理的是水剂类药物，包括暂时卖断货的美林冲剂以及念慈菴等水溶的药物。由于这些药物需求量极大，负责复核这些药物的林毅从每天早上7点开始就要忙碌，每天的工作要持续到晚上11点左右。林毅透露，由于自己还要负责物流车队的交接等工作，所以他早上6点就要在厂房里和车队对接了。“干脆就住在这里了，晚上忙完就睡觉了，凌晨5点30分我就得起床了。”林毅在下午2点和记者对话时还透露，自己当天的工作连一半都还没有完成，心里挺着急的。

王锋告诉记者，林毅是他们的模范职工，小伙子爱岗敬业，特别拼。“在上海之前封控的时候，他从3月初进厂闭环，一直到6月回家，足足在厂里住了108天。当时华氏大药房属于保供单位，事情也非常的多且紧急，林毅就住在厂里，从穿羽绒服住到短袖离开，小伙子真的不容易。”

市民无需囤药，用药前需仔细看禁忌症及副作用

接受采访时，华氏大药房总经理许晔表示，市民的购药需求短时间内激增，他们已经在尽最大努力满足需求。同时他们也呼吁，市民其实不必恐慌，不要被一些不法分子钻了空子，“网络上有些人已经在高价卖美林等这些退烧药。其实市民真的无需大量囤药，买一些基本的常用药，完全可以度过

目前的情况。”

此前国家公布了新冠病毒感染者用药目录第1版，此版用药目录按照中西药分开的原则，是对国家第9版诊疗方案中推荐用药的完善和补充，针对发热、咽痛等6类中医诊断症状推荐67个中药品种；针对咳嗽、咳痰等4类临床症状推荐41个西药品种。不过在企业和市民具体的购买执行中，遇到不少重复购买的现象，比如同是对乙酰氨基酚类药物，其实每一种的作用大同小异，但药房却接到需要把这些品种都购买齐全的请求。许晔便表示，相同效用的药物购买任意的其中一种即可，完全没有必要重复购买，不但浪费还让那些家里一盒都没有的市民产生更大的焦虑情绪。

据悉，12月12日，针对市面上热门药品买不到的问题，上海市相关部门已经通过“上海发布”回复：近日，本市建立了重点药品和防疫物资应急保障工作机制，相关部门指导协调本市重点药品流通企业、生产企业和相关行业协会，开展日常监测，统筹做好重点药品和防疫物资的生产、供应、储备、配送、销售工作。

此外，对于部分药物的禁忌症和副作用，也需要市民在服用前仔细观察说明书。目前已经有一些因重复和过度服用产生肝损伤的病例出现。

来源：2022年12月14日 上海医药商业行业协会。

建设“国家级现代医药供应链服务平台”，上药控股不断推进服务创新和供应链转型

作为中国国内领先的医药大健康产品进口平台，上药控股有限公司（以下简称：上药控股）与世界主要的医药MNC（跨国）企业保持着密切的战略合作关系，已成为全球创新药进入中国市场的重要平台，每年通过医药商业渠道进口到国内的新药产品有相当比例依托上药控股的进口贸易平台。

近10年来，上药控股围绕建设“国家级现代医药供应链服务平台”的基本定位，不断推进服务创新和供应链转型，以服务、科技、金融为三大发展转型新内核，打造创新药全生命周期服务体系、全渠道整合营销体系、多中心的器械大健康业务体系、一体化的全国业务体系和数字化战略体系等五大战略体系，力争到2035年成为世界一流的健康服务企业。

开创中国SPD新模式，深入参与产业创新和服务升级

“这种供应链转型，不是简单的软硬件投入、技术升级，而是在深入参与到上下游的产业创新和服务升级中，不断进行医药供服务的服务延伸与产业融合。上药控股总经理李永忠说。

在上药控股拓展全球供应链服务体系、提升医院供应链服务能级、完善供应链信息化能力、强化专业化医药供应链服务水平的进程中，最典型的案例就是携手上海医疗机构开创了中国SPD（医药产品医院院内物流服务）新模式。

SPD服务是指将医院内医疗物资的供应、库存、加工、配送等工作进行集中一体化运行，从而提升医疗物资管理效率，降低成本的一种供应链优化服务，这一智慧管理模式也成为了医疗行业“新热点”。

“上药控股的SPD项目覆盖全国超100家医院，有相当规模的自有专业药师，成为现代医院管理的重要力量。同时，基于SPD的创新实践，上药控股牵头制定的《医院院内医药产品物流服务规范》国家团体标准已正式推行，推动行业服务升级发展。”李永忠表示。

2021年，上药控股再次入选商务部、工业和信息化部、生态环境部等八部门联合公布的首批全国供应链创新与应用示范城市和示范企业名单，也进一步彰显了上药控股在医药供应链领域的创新实力。根据最新规划，上药控股正紧跟医院智慧化建设步伐，实施SPD版本升级，实现药品耗材全链条数字化，拓展医院数字化新领域。

“创新”植根于上药控股的“基因”。近年来，上药控股推动批零一体化和面向消费者的线上线下一体化的供应链服务。如上药云健康通过建设新零售“益药”生态圈，形成从处方获取与管理、处方支付与合理性管控、处方实现与配送、处方与患者增值服务的处方药新零售价值链闭环，借力“互联网 +”帮助政府及各医疗机构实现医药分家。此外，上药控股不断扩大并升级医药创新支付内涵，在国家医保制度改革顶层设计下，在个人自费、商业健康险以及补充医疗保险层面进行积极探索，进一步助力构建药品支付领域多层次的保障体系。

2020 年以来，各个国家纷纷把“保障国家医疗供应链安全”作为重大的国家战略。面对疫情，上药控股也发挥了重要作用，积极配合上海市政府快速建立上海应急物资保障基地，创新构建了防疫物资供应链的“上海模式”。

聚焦新赛道 寻求新发展，搭建起全球一体化供应链网络体系

大市场孕育出的巨大产业机遇为上药控股建设成为世界一流的健康服务企业奠定了强大的基础。

作为卡尔蔡司公司人工晶体产品的授权经销商，上药控股并没有“因循守旧”，而是整合优势资源，打破传统的分销模式，建立了全新的端到端（国外生产工厂 - 国内医疗终端）的全供应链管理模式和与之匹配的全流程可视化系统，让客户了解每一枚晶体的运行轨迹，极大提升了产品的管理效率和质量追溯监管要求。

“这是上药控股在进口 + 分销的一体化服务能力上的进一步突破，这不仅仅培养了上药控股服务于品规更为复杂医疗器械产品的能力，更是依托了上药控股在进口贸易和国内分销上的双重优势，用创新的商业模式进一步提升了进口产品全供应链体系的服务能力。”李永忠说。

近年来，上药控股启动“1+17”多仓联动计划，推进全国供应链一体化，牵头起草了多仓联动团标，开辟了全公司供应链整体效率的巨大前景。同时，上药控股不断提升创新业务服务能级，搭建起全球一体化的供应链网络体系。

今年 7 月，上药控股临港新片区医药大健康国际产业园区项目在洋山特殊综合保税区内启动建设，项目占地面积 189 亩，总投资约 20 亿元，将以生物医药国际供应链为载体，打造全球创新药械全生命周期服务平台，吸引国内外医药上游企业落户临港，提高服务能级。

科技创新让中国企业探索世界的脚步走得更加从容自信；也让中国经济有了“定海神针”，以更强的发展潜力和抗风险能力，在充满不确定性的世界经济大潮中“乘风破浪”，生物医药产业更是创新高度活跃的领域。

“我们对中国医药市场抱有充分的信心。”谈及上药控股“十四五”发展战略，李永忠说，“上药控股将持续聚焦高水平创新，与上下游高质量发展共进共赢、融合发展。高水平创新的落脚点是推出变革性、高价值的产品与服务。如《上海市浦东新区促进张江生物医药产业创新高地建设规定》的出台就最具代表性。这些政策的开放与创新，恰恰成为我们高水平创新的指引，我们将有针对性地去打造新赛道。”

“引领区时空”下的浦东，让上药控股看到了更多创新、突破的可能，希望浦东新区加快打造市场化法治化国际化的一流营商环境，上药控股也愿进一步加强与浦东创新药企之间的交流合作，更深层次、更高质量参与到浦东医药卫生事业发展中。

上药控股将认真学习贯彻党的二十大精神，坚定倍增转型的发展信心，加快建设国家级医药供应链平台，实现上药控股服务人民健康事业的使命。

来源：2022 年 10 月 25 日 上海医药商业行业协会。

长三角区域先行先试药品多仓协同运营管理

近日，由上海药品审评核查中心、浙江省药品检查中心、江苏省药品监督管理局审核查验中心、安徽省药品审评查验中心和上海医药行业协会共同起草的、上海医药行业协会发布的团体标准《药品多仓协同运营管理规范》（以下简称《规范》）正式实施。

根据《规范》，多仓协同是指在科工贸一体化的集团型企业或药品流通集团型企业内，以满足药品现代物流要求的药品流通企业为主体方，集团全资（控股）子公司的其他药品流通企业为协同方，共同享有人员、信息、仓储、运输等资源，为货主方开展药品储存、配送活动。主体方承担多仓协同管理核心职责；协同方协同执行主体方多仓协同的任务；货主方是药品所有权的拥有者；多仓是对主体方仓库和协同方仓库的统称。

《规范》规定了药品多仓协同运营过程中主体方、协同方、货主方的相关职责，明确了运营过程中人员配置、设施设备、智能化供应链管理平台、审核及质量管理等方面的要求，适用于药品流通企业跨省和省内多仓协同所涉及的管理和运营等活动。

《规范》提出，主体方应建立符合多仓协同要求的质量保证体系，对多仓运营中涉及药品的可追溯性、安全性负主体责任；应具备智能化供应链管理平台，能覆盖所有多仓订单管理、出入库管理、仓储管理、运输管理、温湿度监控等系统的信息；应建立对协同方的审核标准，对协同方开展多仓协同准入审核及定期审核。协同方应建立与多仓协同运作相适应的质量保证体系，信息系统应对接主体方的智能化供应链管理平台，实现相关业务数据的交互、共享与管理。此外，《规范》还提出，主体方和协同方应建立药品追溯体系，落实责任，在智能化供应链管理平台中上传药品追溯信息，通过数据共享、信息互通，实现对药品分类追溯的核查，确保药品的来源可查、去向可追。智能化供应链管理平台能对供应链全过程执行情况实时查询，能满足主体方及协同方所在地药品监管部门对多仓协同运作信息化的监管要求。

首批执行单位包括国药控股股份有限公司、上药控股有限公司、国药集团医药物流有限公司、上海医药物流中心有限公司、国药控股江苏有限公司、上药控股江苏股份有限公司、国药控股浙江有限公司、上药控股宁波医药股份有限公司、国药控股安徽有限公司、上药控股安徽有限公司 10 家企业。

“此次团体标准的发布是长三角区域相关药品监管部门对药品多仓协同运营管理的先行先试，旨在用标准化建设带动长三角生物医药产业一体化发展。”上海医药行业协会执行副会长兼秘书长夷征宇表示，药品多仓协同运营是对药品供应链模式创新的重要探索。2021 年 12 月起长三角区域相关药品监管部门和上海医药行业协会组织开展《规范》的起草工作。《规范》的出台有利于实现长三角一体化药品多仓的协调有序发展，推动建立规范、安全、高效的现代药品流通体系，提升药品供应的安全性、可及性、便利性。

来源：2022 年 9 月 20 日　上海医药行业协会网站。

我国全面迈入药品冷链“十四五”高质量发展新阶段

2022 年是实施“十四五”规划承上启下的关键之年，也是喜迎党的二十大召开之年。当前，百年变局和世纪疫情相交织，全球经济复苏脆弱乏力，世界进入新的动荡变革期，国内发展面临需求收缩、供给冲击、预期转弱等三重压力。但我国经济长期向好的基本面没有变，上半年我国 GDP 同比增长 2.5%，经济总量超 56 万亿元，统筹经济社会发展和新冠肺炎疫情防控保持全球领先地位。

药品冷链在我国疫情防控总体向好、经济恢复稳步加快中发挥了重要作用。目前，我国新冠疫苗年产能超过 50 亿剂，累计报告接种新冠病毒疫苗超 34 亿剂次，接种总人数覆盖率约 92%；累计向世界供应超过 20 亿剂新冠疫苗和原液，彰显了中国的大国责任和世界担当，带动了我国药品冷链市场的强劲增长。2021 年我国药品冷链市场规模全球占比提升至 19%，研发管线、原辅材料、生产设备、生物制品批签发和药品冷链物流能力进一步增强。

药品冷链作为保障新冠疫苗平稳有序流通接种的一项重要基础性、支撑性、专业性系统工程，被国家和人民赋予了新的历史使命。药品冷链人以规范严谨的态度、无私奉献的精神，在疫情防控中不畏艰险、逆行而上，为抗疫胜利、保障民生、经济复苏做出了巨大贡献。

“十四五”时期，药品冷链行业将处于重要战略机遇期，药品冷链发展方式、质量要求和治理能力提档升级，全面迈入高质量发展新阶段，呈以下新特点：

一是行业规模再上“新台阶”；2021 年，我国药品冷链市场规模超 5500 亿元，同比增长约 48%；药品冷链物流费用总额约 210 亿元，同比增长约 24%。进一步带动药品冷链基础设施设备建设资金投入增量，医药冷库面积同比增长约 11%，医药冷藏车同比增长约 19%。药品冷链基础设施建设不断完善。

二是科技创新应用取得“新进展” ；伴随全球医药产业格局深化调整，现代医药供应链出现短链、内生、协同、智能新局面。大数据、5G、云计算、人工智能等新技术创新应用，以信息链串联产业链、供应链、责任链，深度赋能药品冷链全领域、各环节，药品冷链监管信息化体系基本建立，效能稳步提升，为“十四五”时期开创药品监管信息化工作新局面奠定了坚实基础。

三是数智化驱动行业“新变革”；数智化引领药品冷链流通、监管体系建设现代化，预见性、靶向性、时效性逐步提升，药品冷链全生命周期风险管理能力进一步增强，重点品类追溯体系建设日趋完善，联接人、车、货、场的药品冷链物流互通网络加速形成。药品冷链头部企业加大数智化改造力度，温湿度自动监测系统、药品冷链物流管理系统和移动终端使用比例逐渐提高；智慧生物医药产业园区、智能物流中心、数字化冷库等一批新设施投入运营，促进药品冷链基础设施网络加快布局建设。

四是药品冷链物流涌现“新模式”；“互联网 + 医疗”、医药电商在新冠疫情的催化下蓬勃发展，用户消费需求升级，满足多场景、趋终端、个性化特征的药品冷链物流模式涌现。进一步带动第三方药品冷链物流，经中物联医药物流分会调研统计，约 20 家头部企业的市场规模占行业比重已经升至约 29%，凸显了第三方药品冷链物流企业的重要性。

总体来看，在政策和市场的双轮驱动下，我国药品冷链物流行业机遇广阔，但仍面临挑战，诸如异地设仓配套政策不完善；第三方药品冷链物流准入资质不一；设施设备验证标准不一；专业药品冷链人才匮乏；疫苗国际冷链运输技术壁垒等问题。

在现代药品冷链物流高质量发展新阶段，行业将呈现以下新趋势：

一是全国性药品冷链物流网络加快布局；《“十四五”冷链物流发展规划》中明确提出，“完善医药产品冷链物流设施网络”的重要方向。行业将基于“互联网＋”，各方资源融合协同发展，形成资源与要素共享、物流网络下沉、作业标准完善的药品冷链物流服务体系，构建广覆盖、高效率、低成本、安全可靠的全国性药品冷链物流网络。

二是智慧化药品冷链物流监管提质增效；随着新技术的深度应用，行业监管效能将进一步提升。国家药监局发布了《药品监管网络安全与信息化建设“十四五”规划》，《规划》中提出要重点建设药品流通全过程信息追溯能力，通过搭建专业药品冷链物流信息平台，加强数据互联共享，提高信息对接效率，实现药品冷链全生命周期数字化管理，并在此基础上推进药品信息化追溯体系建设，建立健全药品追溯制度，拓展建设药品追溯协同服务平台和追溯监管系统，逐步实现对麻醉药品、精神药品、血液制品、国家组织集中采购中选品种等重点品种追溯的监管。国家药监局持续加强疫苗追溯协同服务平台和国家疫苗追溯监管系统的运行管理，构建药品监管社会共治体系，提升公众对药品安全的参与度，使人民群众对药品质量和安全更加满意、更加放心。

三是低碳绿色药品冷链物流发展进程提速；在实现“双碳”目标背景下，行业迫切需要优化用能结构，加强绿色节能设施设备、技术工艺研发和推广应用，推动医药保温箱减量化和循环使用，提高运行组织效率和集约化发展水平，加快减排降耗和低碳转型步伐，推进药品冷链物流运输结构调整，实现健康可持续发展。

四是创新发展是药品冷链物流重大命题；药品冷链物流高质量发展以创新为驱动力。着力推动冷链物流系统优化与集成创新，推进冷链物流技术工艺、业态模式、经营管理、监管方式创新，突破跨国药品冷链运输技术难关，提高国际冷链物流服务品质，提升行业运行效率和发展效能。

来源：2022 年 9 月 20 日 中物联医药物流分会。

四、绿色物流

上海市交通领域碳达峰实施方案

为深入贯彻落实党中央、国务院关于碳达峰、碳中和重要战略决策部署和本市碳达峰总体要求，有力有序有效做好交 通领域碳达峰工作，根据《中共上海市委上海市人民政府关于 完整准确全面贯彻新发展理念做好碳达峰碳中和工作的实施 意见》和《上海市碳达峰实施方案》，制定本实施方案。

一、总体要求

（一）指导思想

以习近平新时代中国特色社会主义思想为指导，深入贯彻生态文明思想，立足新发展阶段、完整准确全面贯彻新发展理念、服务构建新发展格局，以推动交通高质量发展为引领，坚持能源消费强度和总量双控、交通降碳和治污协同，以体系结构优化、能源结构优化为方向，以技术创新和管理提效为支撑，加快构建与产业升级、高品质生活、新空间格局相适应的绿色低碳交通服务体系，有序推进交通领域碳达峰和碳中和，为全市“碳达峰”目标的顺利达成提供支撑。

（二）基本原则

系统谋划、统筹兼顾。坚持方式节能提效与方式结构优化、能源结构转型并重，统筹交通能源消费、碳排放与经济社会和民生发展需求，加快交通行业低碳转型发展。

整体推进、梯次落实。遵循交通客观发展规律，跟踪前沿技术动态进展，因业施策，合理确定近远期目标，有序推动交通领域不同业态、不同方式分批次实现碳达峰。

创新驱动、共治参与。充分发挥技术创新、管理创新、模式创新的减碳潜力，强化政府底线约束和发展引导，协同科技创新策源功能建设和产业转型升级，积极培育绿色交通可持续发展新路径。

二、主要目标

综合运输更加高效联运，出行服务体系更加绿色，能源利用效率持续提升，清洁低碳能源得到广泛和深度利用，实现交通领域各方式碳排放梯次达峰。

2025 年，城市交通汽柴油消费量进入达峰平台期，碳排放量增速逐步放缓；个人新增购置车辆中纯电动车占比超过 50%，营运交通工具换算周转量碳排放强度比 2020 年下降 5% 左右。

2030 年，城市交通实现碳达峰；铁路交通直接碳排放达到近零水平，公路交通直接碳排放进入达峰平台期，航空、水运交通直接碳排放总量保持在合理区间，年度新增新能源动力的机动车比例不低于 50%，营运交通工具单位换算周转量碳排放强度较 2020 年下降 9.5% 左右。

三、重点任务

形成六大板块，27 条行动任务。

（一）优化低碳综合运输结构

1. 加快推进铁路设施网络建设。完善铁路通道布局和功能，推进“五向十二线”干线线路网络建设。完善铁路枢纽布局和功能，加快构建“四主多辅”铁路客运枢纽格局。根据铁路通道规划建设进展，按照客内货外、外集内配原则，优化调整铁路综合货运枢纽布局，更好发挥铁路服务区域、服务城市的能力。（市交通委、中国铁路上海局集团、市发展改革委、市规划资源局、各相关区政府）

2. 完善内河运输网络建设。完善上海“一环十射”高等级内河航道网络，加快推进河海直达出海通道建设。加快内河码头设施建设与布局优化，推进集约化、规模化公用港区建设，加强内外港衔

接。持续推进江海直达、内河集装箱运输船型标准化工作。（市交通委、市规划资源局、各相关区政府、上港集团、城投集团）

3. 大力推进多式联运。积极推进铁路进港，打造临港多式联运中心，提升外高桥、芦潮港铁路联运节点功能，积极拓展海铁联运市场，到2025年，海铁联运集疏运量不低于90万TEU，海铁联运集疏运量年均增长率超过 15%，集装箱水水中转比例力争提高到 52%。到 2035 年，海铁联运集疏运量达到300-340万TEU。（市交通委、中国铁路上海局集团、市发展改 革委、市经济信息化委、市规划资源局、上港集团）。积极发展高铁快递、电商快递班列，加强冷链、集装箱、商品车货运多式联运发展，提高铁路货运周转量占比（市交通委、中国铁路上海局集团、各相关区政府）。加强道路货运超限超载治理，完善非现场执法系统，加大执法力度（市交通委、市公安局）。

推广跨方式快速换装转运标准化设施设备，提高集装箱共享共用水平。（市交通委、中国铁路上海局集团、上港集团、各货运企业）

（二）构建低碳城市交通体系

4. 加快打造轨道上的都市圈。推进市域铁路规划建设，加快构建市域铁路骨架体系，强化主要走廊市域铁路与都市圈城际的无缝对接，推动市域铁路 / 轨道快线向近沪地区延伸，提升中心城、新城、重点地区与长三角城镇间公交化通勤服务水平。

优化完善对外公路通道网络，形成上海与近沪地区一体化发展的道路网络格局。提升近沪地区毗邻客运的公交化服务水平。（市交通委、市规划资源局、申铁公司、申通集团、久事公交、各相关区政府）

5. 打造升级版公交都市。按规划推进轨道交通建设，到2025年，轨道交通市区线和市域（郊）铁路运营里程达到960千米。优化公交线网功能结构，促进两网融合，打造层次清晰、服务可靠的地面公交服务。促进水上客运交旅融合发展，提升轮渡出行条件。推进出行即服务（MaaS）系统建设，提升公共交通智慧服务能力和出行体验。到 2025 年，中心城绿色交通出行比例达到75%；到2035年，达到85%。（市交通委、市规划资源局、各相关区政府、申通集团、久事公交、浦东公交、各轮渡企业）

6. 加大需求管理力度，降低小汽车出行依赖。坚持车辆拥和使用双控管理，加强新能源车与燃油小客车管理政策统筹，加强交通需求管理政策研究储备。分类完善不同区域通行管理、停车管理等政策，依托信息化技术提升路网组织和泊位利用效率。引导培育更多居家办公、视频会议、云商务、在线政务等工作模式，减少非必要出行需求。（市交通委、市公安局、各相关区政府）

7. 提升慢行交通出行品质。结合城市更新和15分钟生活圈打造便捷舒适的道路慢行交通体系，保障慢行路权，提高网络密度和通达性，完善非机动车停车设施，加强电动自行车、共享单车等骑行秩序规范管理。促进慢行交通与游憩、健身、休闲等功能便捷衔接和有机融合。（市交通委、市公安局、市规划资源局）

8. 构建绿色物流高效配送体系。在集中城市化地区，完善城市化地区物流三级网络节点体系建设，加强快递公共末端设施建设，推动城市物流配送绿色发展。以商圈、生活圈、园区等为重点，推广集中配送、共同配送等集约化组织方式。（市商务委、市交通委、市发展改革委、市邮政管理局、各货运企业）

9. 加快建设节点新城综合交通体系。构筑区域辐射的新城客货运枢纽，加强新城对外通道建设。围绕大运量轨道交通节点，构建新城骨干线（局域线）公交网络，优化新城区域线、微循环线公交网络，探索建立满足多样化需求出行的客运服务模式，打造多层次服务体系。（市交通委、市规划资源局、市发展改革委、各相关区政府、申通集团、久事公交、浦东公交）

（三）推进低碳交通装备升级

10. 加速推进城市公共领域用车全面电动化。加速推进公交、出租、网约、城市物流、环卫、邮政、公务车辆的电动化发展。公交、巡游出租车 2025 年基本实现电动化，网约出租车电动化占比超过 50%。党政机关、国有企事业单位、环卫、邮政等公共领域，以及市区货运车、租赁汽车、市内包车有适配车型的，新增或更新车辆原则上全部使用纯电动汽车或燃料电池汽车等新能源车辆。公共领域用车 2030 年基本实现电动化。（市交通委、市机管局、市国资委、市财政局、市绿化市容局、市邮政管理局、市经济信息化委、各相关区政府、各相关企业）

11. 加大社会乘用车领域电动化更新替代。推进新能源车与燃油车管理联动，加大新能源车投放占比，2025 年个人新增购置车辆中纯电动车辆占比超过 50%。提高车辆能效标准，到 2030 年，乘用车和商用车新车二氧化碳排放强度分别比 2020 年下降 25% 和 20% 以上。鼓励存量燃油车更新替换为新能源车辆，社会燃油小客车保有量力争 2030 年进入峰值平台期，电动化率力争 2035 年达到 40%。（市经济信息化委、市发展改革委、市交通委、市公安局、市生态环境局）

12. 推进公路运输领域新能源和清洁能源转型。鼓励公路客货运车辆开展能源转型探索，加快推进固定线路、区域短驳等场景的运输车辆优先推广电动化，鼓励长途运输车辆使用液化天然气、生物质燃料等清洁能源，鼓励并支持车电分离、电池租赁和换电等商业模式（市交通委、市商务委、市邮政管理局、市经济信息化委、各区政府、各相关企业）。积极探索氢燃料电池的多场景、多领域商业性示范应用，在本市具备条件的领域开展示范应用。（市经济信息化委、市财政局、市发展改革委、市科委、市交通委、市住房城乡建设管理委、市国资委、市绿化市容局、市公安局、市应急局、各相关区）

13. 积极推进船舶装备低碳化转型。进一步提升船舶能效水平和碳排放效率，到 2030 年，上海港籍的沿海和内河主力船舶新船设计能效水平在 2020 年基础上提高 20%，液化天然气等清洁能源动力船舶占比力争达到 5% 以上；国际远洋船舶达到 IMO 相关标准要求。积极开展甲醇、氨燃料、氢、生物燃料、核能等关键技术研究及在远洋船舶中的试点及应用，鼓励碳捕集等后处理技术装船试点及应用。推动内河混合动力船舶、纯电动船舶、液化天然气动力船舶建造和改造，新增环卫、轮渡、黄浦江游船、公务船等内河船舶原则上采用电力或液化天然气驱动。探索沿海和内河船舶强制报废制度，引导老旧高污染高耗能船舶加快退出市场。（上海海事局、市交通委、市绿化市容局、市经济信息化委、各相关区政府、各水运企业）

14. 探索推进航空装备低碳化转型。提升机队能效水平，淘汰老旧高能耗飞机，优化机队结构，推动机身结构、推力系统、能源存储等技术改进与创新。探索航空业的能源绿色转型，积极推动航空生物质燃料的应用，逐步提高使用占比。（民航华东管理局、各航空运输企业、航空油料企业、机场集团）

15. 加快非道路移动机械清洁能源或新能源转型。推进国二及以下的非道路移动机械淘汰。港作机械和内场车辆优先使用电能、液化天然气等清洁能源。新增和更换的作业机械、作业船舶尽可能采用清洁能源或新能源，到 2025 年，港口新增和更新作业机械采用清洁能源或新能源，内场车辆和短驳集卡基本实现清洁能源或新能源替代。加快推进机场内设备 / 车辆新能源替代，到 2025 年，除消防、救护、除冰雪、加油设备 / 车辆及无新能源产品的以外，其他新增和更新设备 / 车辆 100% 使用新能源。到 2030 年，除消防、救护等应急保障外，具备条件的港口、铁路物流基地、物流园区、机场等内部车辆装备和场内作业机械等总体完成新能源、清洁能源动力更新替代。（市生态环境局、市交通委、民航华东管理局、中国铁路上海局集团、上海海事局、市邮政管理局、上港集团、机场集团、各航空运输企业）

（四）推进低碳设施体系建设

16. 完善充（换）电设施网络。制订专项规划，强化重点区域充（换）电基础设施更高标准建设布局。到2025年新建20万个充电桩，45个出租车充电示范站，加快公交、出租、货运等业态的集中式充（换）电场站建设。优化公共快充桩网络布局，完善高速公路服务区、港区、客运枢纽、物流园区、公交场站等区域汽车充（换）电设施建设，到2025年，高速公路服务区快充站全覆盖。推广智能有序慢充为主、应急快充为辅的居住区充电模式，对新建住宅，配建停车位应100%建设充电设施或预留建设安装条件，对既有住宅，具备条件的积极推进充电设施布局。加强充电设施信息互联互通管理，鼓励自（专）用桩共享改造，加强电动汽车有序充电管理。（市交通委、市发展改革委、市住房城乡建设管理委、市经信委、市电力公司、各相关区政府）

17. 加大交通枢纽场站低碳设施供给能力。持续完善港口岸电设施体系，提升集装箱码头配备供应岸电的能力，新建码头同步规划、设计和建设岸电设施。完善岸电建设和使用配套补贴政策，推进靠港船舶岸电能用尽用。2025年，泊位配备岸电设备实现全覆盖，集装箱码头具备条件的船舶岸电设施使用率达到30%，邮轮码头具备条件的船舶岸电设施使用率力争达到100%，港作船舶岸电设施使用率达到100%。研究制定内河船舶靠泊岸电使用规范，推进内河码头岸电建设。

年底前基本完成内河集装箱船、滚装船、1200载重吨及以上干散货船和多用途船，以及海进江船舶的受电设施改造，2025年底前，基本完成600总吨及以上内河干散货船和多用途船的改造工作（市交通委、上海海事局、上港集团、各相关区政府、各水运企业）。开展辅助动力装置替代设备研发和应用，2025年具备接电条件的机场地面辅助电源设施全覆盖，使用率达到100%。（民航华东管理局、机场集团、各航空运输企业）

18. 加大枢纽场站可再生能源利用。响应能源结构转型要求，制定光伏+交通实施方案，在交通系统积极推进应用光伏发电、风光互补供电系统建设，新建铁路场站、民航运输机场、港口码头、物流枢纽、仓储分拣设施等按照“能设尽设”原则增建光伏设施，推进道路隔音棚、光伏建筑一体化试点；构建综合交通枢纽场站“分布式光伏+储能+微电网”的智慧能源系统，加强与主电网双向智能互动。（市交通委、市发展改革委、市邮政管理局、各相关区政府、中国铁路上海局集团、上港集团、机场集团、申通集团、久事集团）

19. 积极谋划低碳燃料供应链体系布局。加快布局建设生物质燃料、氢、氨等燃料的生产供应链，适度超前布局加注设施，完善相应的标准和认证体系，提升低碳燃料产量，保障燃料供应。（市发展改革委、市住房城乡建设管理委、市经济信息化委、市市场监管局、各相关区政府）

20. 推进交通基础设施生态建设。将节能低碳理念贯穿交通基础设施规划、建设、运营和维护全过程，降低全生命周期能耗和碳排放。新建大型交通枢纽设施不低于绿色建筑二星标准，对既有枢纽设施实施绿色化改造。推动公路隧道等场所照明采用节能灯具，2023年基本完成全市道路照明节能改造工作。推广应用节能环保材料、清洁能源和低碳技术，推动废旧路面、沥青、疏浚土等材料以及建筑垃圾资源化利用，推进绿色公路建设，2025年，高速公路、普通国省干线公路废旧沥青路面材料循环利用率分别达到95%和80%以上；2030年，交通基础设施建设领域全面采用节能环保低碳材料和工艺。发展和推广桥隧预制装配技术，打造交通建设工业化全产业链。开展交通基础设施生态化提升改造，引导有条件的港口开展陆域、水域生态修复，建设绿色交通廊道，增加碳汇能力。（市住房城乡建设管理委、市交通委、市发展改革委、市生态环境局、机场集团、上港集团、申通集团、久事集团、城投集团）

（五）强化科技创新支撑引领

21. 加强交通领域双碳治理技术研究突破。持续推动燃油发动机效率提升和降碳减污技术研发。

持续推动动力电池回收利用技术发展。加快氢燃料电池车辆、新能源船舶、碳捕集和封存等关键技术研发。（市科委、市发展改革委、市经济信息化委）

22. 加快发展智能交通。把握新基建建设契机，提升新型基础设施数字感知能力，强化互联网、大数据、5G、人工智能等新一代信息技术与交通行业深度融合，更好提升客运运输效率和节能水平。探索枢纽场站智慧能源管理系统研发应用，建立气象、客流监测预测数据平台，动态调整用能负荷，大幅提升节能水平。借助于上海城运系统道路交通管理子系统（易的PASS）提升对道路交通需求、容量、状态精准感知能力，优化路口信号配时，持续开展精细化组织挖潜，提升道路通行效率。推进自动驾驶、车路协同等技术的试点和应用工作，推动洋山港智能重卡示范应用升级，试点货车队列行驶技术、港区无人驾驶的测试。（市交通委、市公安局、民航华东地区管理局、中国铁路上海局集团、各相关区政府、各相关运营企业）

23. 持续提升对外交通综合能效。航空方面，深化空域精细化管理，优化航路和航线布局，基于大数据实现客货源组织、空管、飞行、地勤等全过程管理效率优化提升 （民航华东地区管理局、民航华东空管局、市交通委、机场集团、各航空运输企业）。水运方面，加大航运数字化技术应用，推广码头自动化技术，推进业务信息互联互通、合理配载（上港集团、市交通委、上海海事局、各相关区政府、各水运企业）。铁路方面，推动铁路装备升级，实施铁路减污降碳工程，提高机车操纵水平，推广节能驾驶，到2030年，铁路单位换算周转量综合能耗比 2020年下降10%（中国铁路上海局集团、市交通委、久事集团）。公路方面，推进智慧高速公路工程建设，提升客 货运输组织效率。（市交通委、城投集团、各公路运输企业）

24. 持续提升城市交通综合能效。轨道交通方面，进一步提升牵引系统综合节能率，全路网推广实施节能运行图，全面推广车站、车辆基地、控制中心照明系统节能改造，用绿色标准建设新线。地面公交和出租汽车方面，利用新能源化和车辆智能化契机，推广智能化调度和动态监测技术，积极推动动态客流采集等新技术的研究。加强驾驶员节能操作培训，推广节能驾驶技术，完善企业激励奖惩机制。（市交通委、申通集团、久事公交、浦东公交、各出租企业）

（六）加强双碳治理能力建设

25. 建立健全统计监测体系。建立完善覆盖运输行业和社 会交通的碳排放核算方法。构建交通领域碳排放统计监测、报告和核查制体系，加强碳排放考核。（市交通委、市统计局、 市生态环境局、市发展改革委、各交通重点用能企业）

26. 强化市场化机制建设。完善第三方能源、碳排放审计、工作制度，持续推行合同能源管理，做大做强交通节能降碳服务产业市场。加大碳排放交易在交通运输领域的应用，积极引导更多的交通重点用能企业加入全国碳交易市场，基于 MaaS 平台完善交通领域碳普惠激励机制。积极发展绿色金融，加强交通行业与银行、基金和证券等金融部门在绿色低碳领域的合作。（市生态环境局、市交通委、市地方金融监管局、各交通重点用能企业）

27. 积极开展试点示范。鼓励在长三角示范区、崇明世界级生态岛、五个新城等具备条件的区域积极开展双碳路径模式试点示范。鼓励航空、水运企业开展绿色航线建设示范。（各相关区政府、管委会、市交通委、民航华东管理局、市发展改革委、市生态环境局、各航空运输企业、各水运企业）

四、保障措施

（一）加强统筹协调。成立交通碳达峰碳中和工作领导小组，加强市碳达峰碳中和工作领导小组对交通领域碳达峰、碳中和工作的集中统一领导，加强交通与发改、生环、经信、规资等相关职能部门、区人民政府以及重点用能企业等相关主体的统筹、协调。强化市级层面交通绿色低碳发展的规章、法规、标准体系供给完善，积极争取国家和市财政资金支持。

（二）强化责任落实。完善能耗双控和碳排放控制考核机制，落实交通重点用能企业节能降碳主体责任。充分依托一网通办和一网统管监管平台，加强行政协同和执法联动。

（三）严格监管考核。充分利用已有的交通节能减排体制机制，以重点用能企业为主要抓手，加强市区联动，组织开展交通领域能耗和碳排放的“双控”考核管理，加强指标约束，开展碳达峰目标任务年度评估，形成评估机制，及时掌握工作进展情况。

（四）完善经济政策。积极争取国家和市财政资金支持。加大对交通领域节能减排和应对气候变化专项资金投入力度，加大对绿色低碳交通相关项目和产品技术的支持力度，进一步强化对碳达峰、碳中和重大行动、重大示范、重大工程的支持。

（五）加强宣传引导。每年定期开展交通碳达峰主题学习和专题培训。鼓励居民绿色出行，倡导公众共同参与推进交通降碳。以交通运输行业节能宣传周和低碳日为契机，结合公益广告、讲座、活动日等形式，深入机关、社区、校园、企业开展绿色出行宣传，厚植低碳理念。

来源：2023 年 2 月 27 日 上海交通。

关于印发《上海市交通节能减排专项扶持资金管理办法》的通知

文号：沪交行规〔2022〕5 号

各有关单位：

为进一步推进本市交通节能减排工作，规范交通节能减排扶持资金使用管理，市交通委、市发展改革委、市财政局对《上海市交通节能减排专项扶持资金管理办法》作了修订，经市政府同意，现印发给你们，请遵照执行。

市交通委 市发展改革委 市财政局

2022 年 6 月 24 日

上海市交通节能减排专项扶持资金管理办法

第一条（目的和依据）

为加大对交通节能减排的支持力度，促进交通节能减排工作的有效开展，根据《中华人民共和国节约能源法》《上海市节约能源条例》《上海市环境保护条例》《上海市综合交通发展“十四五”规划》《上海市节能减排（应对气候变化）专项资金管理办法》等规定，结合本市实际，制定本办法。

第二条（适用范围）

本市交通节能减排专项扶持资金管理，适用本办法。

第三条（资金来源）

交通节能减排专项扶持资金（以下简称专项资金）在上海市节能减排专项资金中安排，用于支持本市交通领域节能减排项目的实施和推广。

第四条（使用原则）

坚持统筹安排、合理使用、支持重点原则，发挥市场对资源配置的基础性作用，专项资金主要用于初期投资经济效益不明显，但社会效益明显、公益性较强的项目或者国务院交通主管部门和市政府明确的交通节能减排项目，鼓励应用交通运输领域节能减排效果显著的新技术、新产品、新设备、技术改造、技术升级、新能源及清洁能源项目。

第五条（支持范围）

（一）通过鼓励应用节能减排新技术、新产品或者对既有运输工具、设施设备进行技术改造和技术升级，提高其节能减排性能，年新增节能量在150吨标准油及以上的项目。

（二）通过使用电力、液化天然气、氢燃料，对本市交通节能减排效果明显，年燃料替代量在100吨标准油及以上的项目。

（三）国务院交通主管部门要求重点支持或者市政府鼓励支持的其他交通节能减排项目。

对已从其他渠道获得市级财政资金支持的项目，不得重复申报。

第六条（支持方式和标准）

专项资金的使用原则上采取"以奖代补"资助方式，由上海市交通委员会、上海市发展和改革委员会、上海市财政局（以下分别简称市交通委、市发展改革委、市财政局）根据上海市节能减排专项资金年度计划安排、项目实际节能减排量（燃油替代量）等综合平衡确定资助额度。所涉及交通工具或者特种设备应当符合国家安全和技术标准。节能减排量（燃油替代量）应当经第三方机构进行审核。

（一）对于节能量可以量化的项目，按实际新增节能量每吨标准油1500元给予一次性资助，资助金额不超过总投资额的30%。

（二）对于使用液化天然气替代燃油的船舶项目，按被替代燃料每吨标准油2500元给予一次性资助，单船补贴金额不超过40万元，资助金额不超过总投资额的30%。

（三）场内特种设备电能及氢燃料替代燃油项目，按被替代燃料每吨标准油5000元给予一次性资助，单车补贴金额不超过10万元，资助金额不超过总投资额的30%。

（四）对于电动船舶项目，按照船舶动力系统成本（包括电池及电力推进系统）的30%予以补贴，其中营运客船给予40%的补贴，单船最高补贴额度不超过500万元，电池及推进系统成本以建造船厂出具的证明材料为准。

同一项目只能选择上述支持方式和标准中的一类给予资助。市交通委、市发展改革委、市财政局可根据技术发展及市场应用推广情况，对补贴标准进行调整。

第七条（申报条件）

（一）申请专项资金的项目应当符合以下条件：

1. 具有完整的审批手续且已经完成；

2. 无知识产权纠纷。

（二）专项资金的申请单位或者个人应当满足以下条件：

1. 在本市依法登记注册，信用状况良好（无不执行生效判决信息，无执行期内刑事判决信息）且纳税状况良好的交通行业单位或者个人；

2. 管理规范，具有健全的财务管理制度、财务管理机构和合格的财务管理人员；

3. 能源管理机构健全，具备完善的能源计量、统计和管理体系。重点用能单位应当按照《上海市节约能源条例》等规定，设立能源管理岗位，明确能源管理机构，并履行备案手续；

4. 节能减排工作扎实，按时准确上报能耗数据，完成下达的用能指标，支持四新申报、年度考核、能源审计等节能减排工作。

第八条（申报流程）

（一）申请材料

1. 交通运输节能减排专项资金申请书；

2. 营业执照或者事业单位机构代码证（复印件加盖单位公章）；

3. 能源管理制度和财务管理制度；

4. 项目审批、完工和能耗计量等证明材料；

5. 能源替代类项目在本市使用证明或者能源补给材料。

（二）申报程序

1. 项目申请。市交通委定期发布专项扶持资金申报指南，明确相应的申报时间、申报要求和受理单位等。申请单位或者个人按照申报指南，向市交通委提交申请材料。

2. 项目评审。市交通委对申请单位或者个人的信用情况进行审查，并委托第三方审核机构对申报项目进行现场审核。第三方审核机构出具审核意见。市交通委根据审核意见组织专家对申报项目进行评审。

（三）公示及核拨程序

市交通委、市发展改革委、市财政局根据审核报告和评审意见对申报项目进行综合平衡，确定项目资助额度。

1. 公示。通过审核的项目，在“上海交通网”公示5个工作日。公示期满无异议的，由市交通委向上海市应对气候变化及节能减排工作领导小组办公室（市发展改革委）（以下简称市节能减排办）提交计划申请。公示期间有异议的，由市交通委组织复核后确定是否给予补贴。

2. 计划下达。市节能减排办根据市交通委提交的用款申请，按有关资金管理流程向市交通委下达资金使用计划。

3. 资金核拨。市交通委根据市节能减排办下达的资金使用计划，向市财政局提交请款报告。市财政局审核后将项目扶持资金拨付给项目申请单位或者个人，并告知市交通委。

（四）项目审核费用

市交通委负责对申报项目进行审核，审核费用纳入市交通委部门预算，单个项目审核费用不超过4万元。

第九条（监督管理）

（一）专项资金的使用应当加强监督管理。市交通委加强专项资金扶持项目的检查和动态管理；市节能减排办委托相关单位对专项资金支持项目的节能减排情况进行抽查和评估；市财政局和市审计局对专项资金的使用情况和项目执行情况进行绩效评价、稽查和审计，并将绩效评价结果作为专项资金安排的重要依据。

（二）第三方机构应当对出具的审核报告负责。对出具虚假审核报告的第三方机构，将取消其审核资格；涉嫌犯罪的，依法追究刑事责任。

（三）各申请单位和个人应当对申请材料的真实性负责，专项资金应当用于节能减排技术应用和节能减排工作中。对采取虚报、冒领等手段骗取补贴资金的单位或者个人，由市交通委牵头负责追回资金，同时取消该项目单位或者个人三年内申请补贴资格，并按照国家和本市有关规定处理。

第十条（解释权）

本办法由市交通委、市发展改革委、市财政局负责解释。

第十一条（施行日期）

本办法自2022年9月1日起施行，有效期至2026年5月31日止。2021年1月1日起至本办法正式实施之日前的项目，参照本办法执行。

来源：2022年7月7日 上海交通 。

关于《上海市交通节能减排专项扶持资金管理办法》的解读

为适应新形势下的交通节能减排工作要求，支撑本市交通行业落实双碳战略，依据《上海市节约能源条例》和《上海市节能减排（应对气候变化）专项资金管理办法》（沪发改规范〔2021〕5号）

等规定，结合近年来实施的具体情况和新要求，对原有相关文件进行了修订，现形成《上海市交通节能减排专项扶持资金管理办法》（以下简称《办法》）。有关情况说明如下：

一、修订必要性

“十四五”期间，交通运输业仍是能源需求增长较快的领域，也是本市落实双碳战略的关键领域之一，为推动交通运输业适应本市社会经济发展和市民对环境质量的新要求，在加大节能减排工作力度、落实企业节能减排主体责任、加强行业监管的同时，有必要继续发挥财政资金引导和激励作用，持续推动行业能效水平和排放水平的提升。

二、修订主要内容

此次修订对交通领域节能减排项目的补贴范围、补贴标准、补贴限额等方面作了调整，具体修订内容有：

（一）取消“使用乳化柴油替代燃油”补贴

2013—2015 年，乳化柴油替代燃油的项目主要用于国三车辆，包括柴油公交车和大型柴油货车。随着国三车辆淘汰，该类技术自 2016 年起主要用于船舶，减少了船舶废气排放，取得了一定的节能减排效果。但 2018 年以后，仅收到一个乳化柴油项目申报，说明该类项目没有在船舶企业广泛推广，技术具有局限性，因此取消该类项目的补贴。

（二）取消“使用液化天然气替代燃油（车辆）”补贴

鉴于本市交通节能减排专项扶持政策已在液化天然气集卡推广中发挥了积极的作用，且作为替代产品的柴油车辆新车排放标准提升，传统柴油车与液化天然气车辆购买成本差距也在逐步缩小，因此本次修订取消了对液化天然气车辆项目的补贴。关于液化天然气船舶，其建造成本及运营成本没有下降，《办法》延续了液化天然气船舶的补贴标准。

（三）新增“场内特种设备新能源替代”补贴

交通运输部《全面深入推进绿色交通发展的意见》要求“继续对港口、机场、货运枢纽（物流园区）装卸机械和运输装备实施油改电、油改气工程”，场内特种设备包括港口、机场、货运枢纽的场内车辆、作业机械、其他设备等。此次修订新增了对场内特种设备新能源替代项目补贴。

（四）新增“电动船舶”补贴

随着我国加大环境治理力度，对船舶尾气排放提出了新的要求。电动船舶减排效益良好，但是制造成本较高，如果支持力度不足，企业没有积极性推进该类项目。此次修订，新增了电动船舶项目，按照船舶动力系统成本（包括电池及电力推进系统）的 30-40% 予以补贴。

来源：2022 年 7 月 7 日 上海交通。

绿色将成为未来 10 年上海交通发展的底色——深入解读新一轮《上海市交通发展白皮书》

当前，我国以国内大循环为主体、国内国际双循环相互促进的新发展格局正加速构建，上海建设具有世界影响力的社会主义现代化国际大都市也进入关键时期。经相关部门、单位和社会各界的共同努力，新一轮《上海市交通发展白皮书》历时 3 年编制完成。

11 月 2 日，上海市交通委员会党组书记、主任于福林做客“中国上海”门户网站在线访谈，介绍和解读新一轮《上海市交通发展白皮书》，畅谈未来 10 年上海交通发展蓝图，并为广大网友解答相关问题。

中心城平均通勤时间 45 分钟以内，大都市圈主要城市 1.5 小时可达

《上海市交通发展白皮书》是未来 10 年上海交通发展的指导性文件，是推进上海交通工作的“行动指南”，也是促进交通领域社会共治的倡议书。于福林谈到，新一轮《上海市交通发展白皮书》总体框架可概括为“1+3+6+12+46”，即 1 个总体目标、3 个战略取向、6 个理念变革、12 个板块 46 方面具体政策导向。

其中，1 个总体目标是要构筑“人本、高效、智慧、绿色、韧性”的国际大都市高质量一体化交通，为建设“人民满意、保障有力、世界领先”的交通强市奠定坚实基础。于福林介绍，未来 10 年，上海要凸显交通为民的理念，交通出行更便利，出行选择更丰富，中心城平均通勤时间控制在 45 分钟以内，极端通勤人口比例进一步降低；要建成融入国家交通网络主骨架、支撑长三角区域交通一体化、与上海城市空间布局相协调、多种方式融合发展的综合交通体系，实现长三角主要城市 2 小时可达，上海大都市圈主要城市 1.5 小时可达；要基本建成“交通基础设施智能化、交通工具自动化、交通服务管家化、交通治理孪生化”的智慧交通体系，全面实现出行“一票制”、货运“一单制”、付费“一码通”。

此外，绿色也将成为未来 10 年上海交通发展的底色。于福林强调，中心城绿色交通出行比例不低于 75%，新能源、清洁能源应用比例显著提升，NOx 污染物排放减少 30%，力争实现交通碳排放量达到峰值；同时，要动态适应自然灾害、气候变化、公共卫生事件等外部扰动对交通系统的影响，打造更具弹性的基础设施和运输服务体系，保障城市交通正常运行和国际国内物流供应链畅通。

多模式轨道交通融合运营　优先发展慢行交通

未来十年，上海交通将完善以轨道交通为主体、地面公交为基础、轮渡为特色、出租汽车为补充、共享出行为拓展的多层次一体化客运服务体系。于福林表示，多模式的轨道交通将进一步融合运营，市民出行更可靠、更舒适、更便捷。要更注重线路优化，加快形成由骨干线、支线（区域线）、接驳线及多样化线路组成的多层次线网，来适应以轨道交通为主的出行模式。同时，进一步推进轨道交通与地面公交“两网融合”，确保 80% 以上的轨道交通站点周边 50 米半径范围内有公交换乘。

此外，白皮书还有一个地方值得关注，就是将慢行交通提升到优先发展的地位。于福林强调，要结合城市更新、15 分钟生活圈打造，全方位营造宜行宜骑、全龄友好、空间融合的慢行交通环境，慢行网络更通达、更连贯，秩序更规范、更文明，空间与生态、生活、人文等呼应融合。

打造上海国际航运中心“升级版”

未来 10 年，上海将构建长三角世界级港口群和机场群，推进港口和机场设施扩能提效和集疏运体系优化，保障港口设施能力满足年集装箱吞吐量 5500 万标准箱；上海机场设施能力满足年旅客吞吐量 1.8 亿人次、年货邮吞吐量 650 万吨的发展要求。于福林表示，航空枢纽要打造世界级洲际转运中心，塑造货运新优势，建设浦东综合交通枢纽，支持主基地航司打造超级承运人。同时，全面增强上海海空枢纽的国际性和开放度，扩大北外滩国际航运论坛影响力，增强双循环链接的“硬支撑”并提升软实力。

坚持创新驱动与数字化转型

当前，交通与城市、经济融合发展，数字化、低碳化转型迫在眉睫。于福林介绍，未来上海交通发展将坚持创新驱动和数字化转型，推进交通基础设施智能化、交通工具自动化。

其中，交通设施装备智能化是通过智能化手段，打造智慧机场、智慧港口、智慧公路、智慧航道、智慧枢纽、智慧邮政，推广自助式、无人化服务，提高运行效率、服务品质和防疫能力。交通工具自动化主要是推动自动驾驶在出租汽车、共享出行、无人配送等方面的应用，结合新城发展特色，开展公交车、园区物流车、集装箱卡车等自动驾驶试点示范。交通出行管家化则是出行即服务由理念逐步变为现实，MaaS 系统将整合全出行链的信息，为乘客提供出行规划、路线导航、交通付费等“一门式服务”，乘客可享受“一票制”“一码通”、可预约的服务新体验，拥有交通出行的“大管家”。于福林介绍。前不久，上海交通推出了“随申行”，整合了公共交通、出租汽车、停车等信息。年底时还可做到乘车码、地铁码、随申码“三码合一”，实现“一码通行”。

于福林还强调，未来市交通委将引导智能交通产业化发展。在智能交通基础设施、出行服务、车路协同等重点领域，编制出台具有引领性的规范和标准，引导智能交通产业化发展。推动多场景自动驾驶商业化应用。

来源：2022 年 11 月 3 日 上海交通。

共促绿色、智慧、韧性的全球航运业新发展——陈吉宁启动 2022 北外滩国际航运论坛，李小鹏 龚正致辞

以“共促绿色、智慧、韧性的全球航运业新发展”为主题的 2022 北外滩国际航运论坛，11 月 22 日上午在位于上海北外滩的世界会客厅拉开帷幕。

上海市委书记陈吉宁出席开幕活动并启动 2022 北外滩国际航运论坛。交通运输部部长李小鹏，上海市委副书记、市长龚正出席并致辞。

此次论坛开幕活动同时设置北京会场和上海会场。

提升航运业韧性和智慧绿色发展水平，内提质效、外保安畅，深化合作、内外联通。李小鹏在致辞时指出，要提升航运业韧性和智慧绿色发展水平，内提质效、外保安畅，深化合作、内外联通，为促进全球互联互通、保障全球物流供应链稳定畅通、推动世界经济复苏作出新的更大贡献。李小鹏强调，中国共产党第二十次全国代表大会提出的加快建设交通强国，习近平主席在第二届联合国全球可持续交通大会开幕式上的主旨讲话，对提升航运业韧性和智慧绿色发展水平，促进航运业高质量发展指明了方向，注入了强大动力。李小鹏倡议，要共同提升全球航运供应链韧性，全力保障国际物流供应链稳定畅通。要共同推动航运业智慧绿色转型，加快推动航运业高质量发展。要共同打造世界一流航运中心，加快推动长三角共建辐射全球的航运枢纽。要共同推进全球交通合作，加快提升“一带一路”设施互联互通和运输便利化水平。

着力打造便捷高效、功能完备、开放融合、绿色智慧、保障有力的世界一流国际航运中心。龚正指出，中国共产党第二十次全国代表大会擘画了以中国式现代化全面推进中华民族伟大复兴的宏伟蓝图。当前，我们正在按照习近平主席对上海发展的战略定位，加快建设具有世界影响力的社会主义现代化国际大都市。龚正指出，深化上海国际航运中心建设，是强化城市核心功能、打造国内大循环中心节点和国内国际双循环战略链接的重要举措。我们将更好服务交通强国建设，进一步锻造枢纽门户硬核实力、强化全球资源配置能力、激发智慧绿色创新活力、提高安全可靠韧性弹力，着力打造便捷高效、功能完备、开放融合、绿色智慧、保障有力的世界一流国际航运中心。欢迎中外嘉宾围绕论坛主题，集中展示航运业创新发展的最新实践，深入探讨未来趋势，积极分享真知灼见，为航运业发展贡献智慧力量。

围绕行业前沿洞察、完善服务功能、枢纽能级提升和拓展国际合作等领域发布了 11 项最新重大成果。开幕活动上，巴基斯坦海洋事务部部长赛义德·费萨尔·萨布兹瓦里，荷兰基础设施和水利大臣马克·哈伯斯，希腊海运与岛屿政策部部长扬尼斯·普拉基奥塔基斯通过视频致辞。国际航运公会、波罗的海国际航运公会、国际船级社协会、国际航空运输协会、国际港口协会、国际机场协会、国际船东保赔协会集团、国际海上保险联盟、香港船东会、地中海航运、A. P. 穆勒－马士基、达飞海运集团、天合联盟、达美航空公司、挪威船级社等国际航运机构和领军企业代表发来祝贺视频。

开幕活动上还围绕行业前沿洞察、完善服务功能、枢纽能级提升和拓展国际合作等领域发布了 11 项最新重大成果。

交通运输部党组成员付绪银，上海市领导诸葛宇杰、吴清、张为、郭芳，中远海运集团董事长万

敏、东航集团总经理李养民、中国旅游集团总经理王海民、中国商飞公司总经理赵越让，部分外国驻沪领事机构官员，以及国家有关部委和我市有关单位负责人，境内外航运机构、企业、行业协会代表和专家学者等出席开幕式。

由上海市人民政府、交通运输部共同主办的2022北外滩国际航运论坛为期3天，由开幕式、主论坛、平行论坛和专题论坛组成，议题覆盖绿色、智能、安全、救助、法律和金融保险等国际航运业最关注的领域。

来源：2022年11月23日　澎湃新闻。

“菜鸟”先飞 探索绿色物流新路径

覆盖全国315个城市的近10万家菜鸟驿站、“纸箱换鸡蛋”活动累计减碳5.3万吨、在1000多个县开展乡村物流服务……

这是创立9年来菜鸟物流首次详细披露在社会责任报告中的内容。菜鸟公众沟通与ESG副总裁牛智敬表示，在提升社会价值创造能力方面，ESG（环境、社会与公司治理）已成为全球趋势，践行ESG的过程中，短期内会增加成本，而从长期来看，ESG对于提升企业品牌的影响力、吸引资本市场的关注度将会有很大的帮助。

首创绿色互动社区

“过去每年我们都会公布社会责任的进展，这次是第一次比较完整、全方位的展示，也希望大家督促我们，这是我们发布企业社会责任报告的初衷。”牛智敬说，“作为一家全球化的产业互联网公司，菜鸟物流的ESG不是简单的捐赠，而是结合自身特色，不断建设核心物流能力，并将这些核心能力在服务市场与客户的同时，投入到服务社会和民生当中。”

据了解，在2016年菜鸟物流便率先在业内发起了绿色计划—“回箱计划”。在菜鸟驿站设置绿色回收箱，将菜鸟驿站变成在物流领域践行低碳循环的“毛细血管”。

截至2021年底，菜鸟绿色回收箱已经覆盖全国31个省（自治区、直辖市）的315个城市，每年预计可以回收利用上亿个快递纸箱。2021年“双 11”期间，为鼓励更多的消费者参与“绿色回收”，菜鸟物流推出“纸箱换鸡蛋”活动，全国有8.7万个菜鸟驿站带动近400万人次参与该活动，累计减碳5.3万吨。

在菜鸟驿站内，消费者可以方便参与快递包装绿色回收

2022年3月，菜鸟在“回箱计划”的基础上进一步升级绿色产品方案，推出中国物流行业第一个绿色互动社区—菜鸟绿色家园。消费者进入菜鸟绿色家园可参与、体验绿色物流行为，并积累个人减碳账单。同时菜鸟物流也带动更多企业参与进来，以伊利集团旗下品牌安慕希为例，今年“6•18”期间，作为首批入驻菜鸟绿色家园的企业，安慕希推出了两款环保减墨装产品。在产品包装上，安慕希摒弃了塑料，并大幅减少油墨，黄桃燕麦、利乐冠产品油墨印刷至少节约了70%的包材面积，使用经FSC认证的环保纸作为包材，充分减轻回收成本及对环境造成的污染。每生产10万箱的环保减墨装安慕希燕麦黄桃产品，对比常规同类产品预计减少1861千克的碳排放量。

伊利集团总裁助理、电子商务公司总经理王东军表示，伊利集团在菜鸟绿色家园面向百万消费者推出减碳计划，引导消费者参与二次回收，消费者获得绿色能量和碳积分以后，用于参与保护老河沟公益项目，将绿色行动回馈社会。

用户正在使用菜鸟 APP 的“菜鸟绿色家园”

对于今年即将来到的“双 11”，牛智敬表示，菜鸟物流将推动13万多家菜鸟驿站持续开展快递包装回收换鸡蛋、利用旧包装寄快递行动。相较于去年，今年菜鸟物流将更多使用智能化的IOT设备

提升回箱效率和体验：在菜鸟驿站中，消费者把快递包装在智能设备前扫一扫面单，可以在菜鸟 App 的“菜鸟绿色家园”中领取碳能量，这些碳能量可以帮助消费者实现兑换鸡蛋等实体权益，预计通过菜鸟驿站能回收快递包装超过 600 万个，并被就地用于循环寄件。消费者通过菜鸟驿站寄出的快递中，有一半将使用旧快递纸箱。

10 月 27 日，菜鸟物流联合 18 家品牌企业发起“双 11”50 克减碳联盟。牛智敬介绍说：“今年，合作伙伴参与绿色物流的积极性更高了。目前，已有数千个合作伙伴，约 15 万种商品加入了菜鸟绿色供应链。50 克减碳联盟将共同探索涵盖供应链上下游的减碳路径。根据测算，进入菜鸟仓的减碳流程，单包裹至少可减碳 50 克。”

同时，为了助力社区减碳，菜鸟物流为菜鸟驿站的站长开发了碳账户，可以实时同步了解每个站点的绿色回箱情况。消费者的每一次回箱动作，都是在为自己社区的减碳助力。

对于回收的快递包装，菜鸟物流将加大力度推动循环使用，至今已利用回收包材制作 5 万套可再生笔记本捐给乡村小学。另外，利用回收的快递旧包装寄快递用户的比例在往年的基础上继续提升。

全链路减碳

对菜鸟来说，绿色物流是 ESG 核心板块之一。目前，菜鸟绿色物流已经形成面向消费者的绿色回收和面向商家的绿色供应链两大模块，13 万多家菜鸟驿站、菜鸟绿色家园分别成为消费者线下、线上参与绿色物流的重要阵地。

从 2016 年开始，菜鸟物流不断积极创新模式，从光伏发电到装箱算法，到原包装发货到电子面单，再到末端驿站的快递包装回收，直到菜鸟绿色家园。“菜鸟物流希望通过这些解决方案，在降本增效的情况下服务更多的合作伙伴，实现绿色可持续发展。”牛智敬说。

牛智敬坦言，环保包装成本相对比较高，如何探索出一个能够形成社会分担，又能促进企业积极创新的模式，是最大的困难和挑战。

基于此，菜鸟物流推出了绿色物流“七件套”，包括装箱算法、原箱发货、电子面单、绿色包装、智能路径规划、绿色配送、智能分仓，提供从仓储到配送、回收的全链路绿色减碳方案。

以雀巢为例，菜鸟物流为雀巢提供了一系列绿色供应链措施，包括在雀巢工厂对商品做定制化包装，减少塑料材料的使用；在工厂里使用绿色智能周转箱，降低纸箱的消耗；在仓库内把多个销售渠道的商品进行统一库存管理，并使用智能工具进行预测和作业，减少频繁调拨带来的交通能源消耗；通过算法为商品订单匹配合适箱型，减少包装物的浪费；推广原包装发货，减少二次包装带来的新材料使用；在菜鸟驿站进行包装物回收；通过菜鸟裹裹上门回收咖啡胶囊等特定包装材料。

牛智敬表示，越来越多包裹用上了菜鸟电子面单，因为面单变小能帮助节省费用，提高效率，这是典型的创造减碳的技术创新。

目前，菜鸟物流不仅对自己行为进行了碳排，还联合快递公司对快递全链路碳减排、碳排放做测算。

“菜鸟物流正在跟浙江碳普惠平台对接，菜鸟绿色家园将与碳普惠平台打通，双方用户实现绿色权益共享，菜鸟与碳普惠将共同激励用户绿色减碳行为，推动减碳风尚形成。”牛智敬说。

“菜鸟始终把绿色物流当成一种长期的能力建设来做。”牛智敬提到，短期内肯定会有投入，包括菜鸟的专门团队、产地团队和研发团队，甚至还要协调运营菜鸟驿站的站长们，让他们有积极性来带动消费者做回收。“从更长的周期来看，绿色能力建设未来可能会成为这个行业的竞争力。”

来源：2022 年 11 月 4 日 中国名牌。

两项国家标准《物流行业能源管理体系实施指南》《物流企业能源计量器具和管理要求》正式立项

日前，《国家标准化管理委员会关于下达 2022 年碳达峰碳中和国家标准专项计划及相关标准外文版计划的通知》（简称《通知》）正式发布。其中中国物流与采购联合会绿色物流分会牵头起草制定的两项国家标准《物流行业能源管理体系实施指南》《物流企业能源计量器具和管理要求》顺利通过立项审定。

物流行业能源管理体系实施指南：物流行业是以交通运输业为主，融合交通运输业、建筑仓储业和物流信息服务业的复合型服务产业。根据国家统计局数据核算，2019 年我国物流业能源消费量达 442 亿吨标准煤，占我国能源消费总量的 9.09%。有效实施能源管理体系是物流行业企业提高能源绩效、降低能源成本、开展碳资产管理和提高核心竞争力的重要途径。本标准范围为：(1) 本文件提供了物流行业中从事物流活动的企业建立、实施、保持和改进其能源管理体系的系统性指导建议，即考虑企业所处的环境、领导作用、策划、支持、运行、绩效评价、改进，旨在帮助企业通过系统方法实现能源绩效和能源管理体系的持续改进；(2) 本文件适用于从事运输、储存、装卸、搬运、包装、流通加工、配送、信息处理等物流活动组织和管理的企业。

物流企业能源计量器具和管理要求：本标准将切实指导和完善物流企业能源计量器具配备和管理工作，填补物流领域开展能源计量器具配备和管理工作的标准指导空白，打牢物流行业开展能源管理、碳排放核算、碳资产管理的数据采集和管理基础。本标准的范围为：(1) 本文件给出了物流企业能源计量的对象和范围、能源计量器具配备和管理的基本要求；(2) 本文件适用于物流企业，也为其他从事物流活动的企业提供参考依据。

第七篇 逆向物流

一、逆向物流来源

逆向物流的概念诞生于 1992JamesStock 上交美国物流管理委员会的一份报告之中，报告对逆向物流的概念进行了阐述，他将逆向物流分为 5 种情况并进行了相关解释：第一，消费者因为个人因素而产生的退货行为；第二，对使用后需要专业手段处理的商品而进行的回收处理行为；第三，由于部分商品具有再利用价值的而产生的回收行为；第四，由于部分产品的原材料属于可重复使用的而发生回收行为；第五，由于产品自身存在质量问题导致的退货行为。

供应链管理委员会（CSCMP）提出逆向物流是物流的专门部分，专注于售后和交付给客户后产品和资源的移动和管理，包括产品的维修和退回。2003 年，欧洲逆向物流研究组将逆向物流描述为：计划、实施和控制原材料、在制品库存和产成品从制造、分销或使用点流向回收点或适当处置点的流程。

二、逆向物流定义

2001年，我国《国家标准物流术语》对逆向物流定义为不合格物品的返修、退货以及周转使用的包装容器从需方返回到供方所形成的物品实体流动，并在《物流术语》中将逆向物流分为回收物流和废弃物物流。其中回收物流指的是因为产品质量问题而产生的退换货和产品包装从供应链下游向供应链上游进行流动的过程。而废弃物物流指的是将失去使用价值的废弃物进行收集、分类、加工、运输等活动而导致的物品实体流动的过程

狭义的逆向物流强调的是废旧产品的再利用、再制造和回收的过程。广义的逆向物流还包括减少资源和有效处理消费者退回或拒收的产品。高效的逆向物流不仅能为企业带来直接效益，如降低资源投资水平、降低仓储和配送成本以及回收产品价值等，还能带来间接盈利的商机，包括提高客户满意度，密切的客户关系与契合环境的法律法规等。

三、逆向物流核心内容

(1) 逆向物流的对象主要是产品本身或与产品产生联系的附带物品，且这些产品及其附属物品均需沿着供应链反向传送至生产者手中或是第三方处理机构中；

(2) 逆向物流的目的主要是对可再生资源的回收利用，并且尽可能的减少有毒有害废弃物对社会和自然环境的威胁和破坏；

(3) 逆向物流的活动主要包括检测、分类、回收、处理、再制造等活动。

四、逆向物流系统流程

(1) **收集。**收集在逆向物流系统中具有不可替代的重要作用，是逆向物流系统流程中重要的初始环节，同时也是逆向物流总成的主要组成部分之一。因所需收集的废弃物种类繁多、性质各异且数量无法确定，以致收集工作难以在固定运输成本的情况下开展，同时废弃物的收集工作还需考虑环保因素，这将大幅提高收集工作在逆向物流系统的运行成本。

(2) **检测分类。**正确的进行检测分类是保证逆向物流系统正常运行的重要的步骤，只有经过准确的检测分类，才能保证将不同种类的废弃物按照其性质不同分派至不同的处理设施、处理场所进行专业化处理。合理的分类工作，能最大程度保证废弃物的剩余价值被充分的利用，以此减少资源不必要的浪费，提高废弃物的回收工作效率。

(3) **再处理。**再处理阶段是提升废弃物剩余价值的最主要阶段，经过这一阶段便可实现废弃物的变废为宝，达到废弃物再次使用的目的，该过程主要包括再利用和再加工两种处理方式。再利用处理指对还具有使用价值的整体产品进行一定程度的修复后可再次销售或返回用户手中的过程，主要包括：产品翻新、维护、重新包装上架等方法；处理处置指对已报废的产品进行拆解，对仍可使用的元气零部件进行回收，对不可充分使用但原材料仍具有价值的部分进行压碎、熔炼等操作后对其原材料进行处理的过程，主要包括：拆解回收、原材料提炼等方法。

(4) **再分销。**具有剩余价值的商品经在处理后，需通过再分销的方式使商品的剩余价值得到恢复。分销过程需根据再处理后生成产物的不同分配至正供应链中的不同环节，经过一系列流程后重新上架出售，以达到商品被再次使用的目的。

(5) **废弃处置。**主要针对那些对社会与环境有较大威胁或已经完全不具有经济效益的物件进行无害化处理，一般方法有：卫生填埋、焚烧处理等。

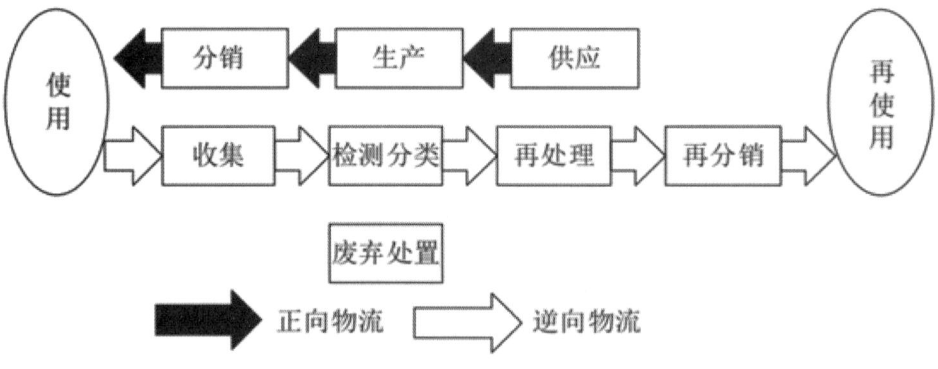

图 7-1：逆向物流系统流程图

五、逆向物流的分类

（一）按照逆向物流的来源分类

(1) 商业退回。由于销售的产品自身存在问题，例如产品存在质量不合格而造成的的产品退回。

(2) 产品召回。产品召回是企业主动进行产品逆向物流的方式。主要是由于发现产品存在质量不合格，企业不得不主动召回已销售产品，以减少损失，树立负责形象。

(3) 保修退回。主要指已销售出去的产品出现质量不合格等问题，且该产品仍在企业承诺的保修服务期内，消费者主动退回产品。

(4) 制造退回。由于制造产品过剩无法及时销售或者质量不合格问题而引发的经销商对产品进行退回。

（二）按照逆向物流再利用方式分类

(1) 直接再利用。无需加工，可以直接再利用的废旧产品。

(2) 再加工。回收回来的废旧产品在性能上受到一定程度的损害，经维修再加工后可使恢复再利用的产品。

(3) 再制造。即回收回来的产品在功能上严重受损，无法再使用，经过再制造恢复其使用功能。

(4) 再循环。对于回收回来完全报废的产品，通常考虑将其断碎、回炉为原料，再投入生产新产品。

六、逆向物流与正向物流的比较

（一）逆向物流与正向物流的联系

逆向物流是建立在正向物流基础上的物流系统，其本身依赖于正向物流系统，同时也向正向物流系统提供着产品及原材料，因此逆向物流系统与正向物流系统是具有相互补充、相互渗透、相互转化、相互依存且不可分割的一个整体。

(1) 相互补充：逆向物流和正向物流构成了完整的物流范围，涵盖了物流服务的全部范畴。主要包括：规划、实施、原料控制、半成品库存、成品库存等。

(2) 相互渗透：正逆向物流系统都包含配送、加工、包装、装卸等活动。

(3) 相互转化：当两者的处理方式、处理过程发生转变时，正逆向物流系统性质亦可发生改变

(4) 相互依存：正向物流决定了逆向物流的货源量、货流速度等特性，同时正向物流又依赖于逆向物流的退货、维护、翻新、报废处理等过程。

（二）逆向物流与正向物流的区别

逆向物流网络由于其结构复杂，运输的物品本身性质各异，因此逆向物流网络系统的不确定性远高于正向物流网络。多种不确定性的组合最终导致其成本相较于传统的正向物流网络产生较大差异，因此对于逆向物流网络成本问题的解决，是解决逆向物流网络系统构建的关键。

(1) 路径：逆向物流由于商品性质的特点，不能直接送直至客户手中，需要先送至处置中心之后再决定下一步路径的方向。

(2) 包装质量：逆向物流在包装质量方面远次于正向物流，容易在运输过程中出现货物遗失与破损的现象。

(3) 物流网络：逆向物流网络相较于正向物流网络，在形状上呈现出两端放射状；在流程步骤上，由于处理的废弃物的种类不同，故其流程种类繁多，网络结构复杂。

(4) 供需关系：逆向物流网络系统的供需关系不如正向物流网络系统稳定，因此回收中心选址和规模问题成为各国学者解决逆向物流网络系统构建中最难以优化的部分。

(5) 成本构成：逆向物流系统在检测、分类、环境保护、收集、运输和搬运、处理成本的花费远高于正向物流系统；逆向物流系统在库存成本方面略低于正向物流系统。

七、逆向物流的特点

逆向物流与正向物流共同构成供应链的物流体系者存在极大的相似性，如都包括储存、装卸、运输等物流环节，但逆向物流却又包含其别具格的特点，具体表现为以下几个方面。

(1) 反向性。反向性指的是逆向物流中物品的流动方向与正向物流相反的特性。在逆向物流中物品从消费者端，经由中间商、运营商、生产制造商最终到达供应商，流动方向与正向物流中物品的流动方向相反，也因此逆向物流的实施般不是由供应商、生产商等上游企业推动的。

(2) 分散性。分散性指的是由于逆向物流发生的时间、地点，回收产品的数量和质量难以进行预测，所以逆向物流的发生可能出现在任意时间和任意地点，回收数量随机，与正向物流有计划、集中的流动模式完全不同。

(3) 缓慢性。缓慢性指的是逆向物流的实施过程般要比正向物流花费更长的时间。逆向物流的实施过程一般包括废旧产品的回收、储存、运输、拆解、分拣和再加工等环节。而产品的拆解、修复、再加工的环节较为复杂，所以需要更长的时间。

(4) 复杂性。逆向物流的复杂性主要体现在以下几个方面：①产品回收的数量、质量难以确定，且处理方法难以判断。②逆向物流的发生不一定是由消费者推动的，还有可能是中间商、运营商、生产商推动的，因此逆向物流也可能发生在供应链体系中的任意两个主体之间，物流网络较为复杂。③逆向物流运输体系的路线和方式难以准确制定。④在废弃产品进行回收时为了方便往往将所有废弃物进行集中回收，因此在产品回收后需要对产品进行检验、分类，也因此增加了逆向物流的复杂性。

八、逆向物流的产生与处理

（一）逆向物流的产生

逆向物流产生时主要包括的要素有产生点、产生方式、驱动因素和产生原因。以上要素之间由于彼此之间的联系，通过连续的相互作用最终形成逆向物流

表 7-1：逆向物流产生因素及关系

生产地点	产生方式	生产原因	驱动性因素	典型产品
生产商	生产中返回	废料、副产品；原材料剩余；不合格产品	法规因素、公司义务	药品、电子产品
分销商	分销中返回	安全质量问题的回收：B2B 商业返回；过期、过时库存调整	法规因素、市场营销、经济性	积压库存商品、时装、化妆品
	分销后返回	使用过的分销商品	法规因素、经济性	集装箱、托盘
消费者	消费者 C2B 商业返回	对不满意产品的退货	市场营销	服装、电子产品
	消费者服务返回	产品维护	法规因素、市场营销	电子商品
	使用后的返回	终止使用	法规因素、经济性	电池、医疗废弃物

（二）逆向物流的处理方式

逆向物流的本质是实现商品经济效益与社会效益的最大化，因此需要对不同阶段产生的多种废弃物进行科学化的处理，以减少废弃物对社会以及环境的威胁，恢复其商品的再利用价值。由于废弃物本身属性的各不相同，逆向物流的处理方式大致分为循环利用、从新加工、再使用以及报废处理等 4 种。

（1）循环利用处理方式，主要针对原材料的回收问题。该种处理方式主要是是为了实现废弃物原材料的循环再利用，但依照目前的科学技术手段并无法保证循环利用的废弃物原材料仍具有其原有的全部性能。因此，传统的方法是将可循环利用的废弃物收集起来，通过拆解、分离、重组等一系列工艺流程后，得到具有实际意义和经济价值的新产品，以此达到原材料循环利用的目的。

（2）从新加工处理方式，主要是对零部件回收问题提供解决方案。为了提高电子元气件、机械配件等商品零部件的实际使用价值，可以对经检测回收的废弃物产品，例如：手机、电脑、汽车、器械等进行拆解，选择其中包含使用价值的零部件进行回收，这些零部件可以运用与产品修理、产品制造等装配制造过程当中。这种方法较大程度保证了产品的原有属性，进而更加充分的发挥了产品的使用价值，降低了产品的生产维护成本，提升了产品在整个生命周期中产生的经济效益。

（3）再使用处理方式，主要解决因不喜欢而产生的退货问题。此种处理方法大幅度减少了商品的浪费，由于在当今社会中网络购物已成为越来越多人的首要购物方式，但网购易产生的不确定性较多，从而发生退货行为的概率较大。但该类产品本身并无使用痕迹，因此针对这类商品可通过简单的加工、消毒后，经再包装的方式重新上架，以达到商品再使用的目的。

（4）报废处理的处置方式，主要解决能源回收问题。当商品的剩余价值为零或所剩无几，已经

无法通过之前的三种方法进行处理时，为充分发挥商品的剩余价值，一般采取焚烧处理的方式，将商品剩余价值转化为热能进行回收利用，对于部分不能进行焚烧处理的商品，一般采取卫生填埋的方式，尽量减少此类商品对社会和环境的危害。

罗格研究院：《数字化逆向物流发展趋势》。

九、逆向物流在物流中的作用

提高潜在事故的透明度，提高顾客价值，增加竞争优势，降低物料成本，改善环境行为，塑造企业形象。

1. 提高潜在事故的透明度

逆向物流在促使企业不断改善品质管理体系上，具有重要的地位。ISO9001 2000版将企业的品质管理活动概括为一个闭环式活动－－计划、实施、检查、改进，逆向物流恰好处于检查和改进两个环节上，承上启下，作用于两端。企业在退货中暴露出的品质问题，将透过逆向物流资讯系统不断传递到管理阶层，提高潜在事故的透明度，管理者可以在事前不断地改进品质管理，以根除产品的不良隐患。

2. 提高顾客价值，增加竞争优势

在当今顾客驱动的经济环境下，顾客价值是决定企业生存和发展的关键因素。众多企业通过逆向物流提高顾客对产品或服务的满意度，赢得顾客的信任，从而增加其竞争优势。对于最终顾客来说，逆向物流能够确保不符合订单要求的产品及时退货，有利于消除顾客的后顾之忧，增加其对企业的信任感及回头率，扩大企业的市场份额。如果一个公司要赢得顾客，它必须保证顾客在整个交易过程中心情舒畅，而逆向物流战略是达到这一目标的有效手段。

3. 降低物料成本

减少物料耗费，提高物料利用率是企业成本管理的重点，也是企业增效的重要手段。然而，传统管理模式的物料管理仅仅局限于企业内部物料，不重视企业外部废旧产品及其物料的有效利用，造成大量可再用性资源的闲置和浪费。由于废旧产品的回购价格低、来源充足，对这些产品回购加工可以大幅度降低企业的物料成本。

4. 改善环境行为，塑造企业形象

随着人们生活水平和文化素质的提高，环境意识日益增强，消费观念发生了巨大变化，顾客对环境的期望越来越高。另外，由于不可再生资源的稀缺以及对环境污染日益加重，各国都制定了许多环境保护法规，为企业的环境行为规定了一个约束性标准。企业的环境业绩已成为评价企业运营绩效的重要指标。为了改善企业的环境行为，提高企业在公众中的形象，许多企业纷纷采取逆向物流战略，以减少产品对环境的污染及资源的消耗。

来源：上海发网供应链管理有限公司。

十、逆向物流渠道的影响因素

与正向物流相比，逆向物流似乎一直都处于后台，特别是在中国仍然有很多企业认为逆向物流是一件很不光彩的事，实施逆向物流会影响企业的社会形象，因此都不愿意给予逆向物流更多的关注。那么逆向物流渠道的影响因素是什么？

逆向物流渠道的影响因素：回收品因素

在选择逆向物流渠道时首先要考虑回收品自身的特点。如果回收品是体积较大或过重、技术含量较高需要技术保密的物品应尽量采用直接、闭环渠道，但对体积较大或过重、技术含量较低不需要技术保密的物品可采用直接、开环渠道；而对于小而轻、技术含量较高需要技术保密的物品可采用间接、闭环渠道，对于小而轻、技术含量较低不需要技术保密的物品可采用间接、开环渠道。

逆向物流渠道的影响因素：市场因素

消费面较大、容易处理的回收品，可采用间接、闭环渠道；消费面较大、较难处理的回收品，可采用间接、开环渠道；而如果回收品的消费范围较小、容易处理，可采用直接、闭环渠道；消费范围较小、较难处理的回收品，可采用直接、开环渠道。零星日用消费品方面的逆向物流，一般选择间接、开环渠道。

逆向物流渠道的影响因素：企业因素

如果企业管理水平较高，资源充足，声誉良好，有能力对回收品进行处理，可以采用直接、闭环渠道；而如果企业管理水平较高，虽然资源充足，声誉良好，但却不愿意对回收品进行处理，则可以采用直接、开环渠道；如果企业管理水平一般，资源不足，声誉良好，愿意对回收品进行处理，可以采用间接、闭环渠道；而如果企业管理水平一般，资源充足，声誉良好，但却不愿意对回收品进行处理，则可以采用间接、开环渠道。

逆向物流渠道的影响因素：环境因素

国家的政治、经济、自然、地理等因素是企业不可控制的外部环境因素，其对企业逆向物流渠道的选择将产生重大影响。例如受国家管制、法规要求必须由生产企业来做最终处理的产品，其逆向物流就只能选择直接、闭环渠道。

直接渠道

直接渠道是指物品从消费领域转移到生产领域的过程中，不经过任何中间环节，由顾客直接将物品转运给企业。

其优点是：顾客和生产企业直接接触，生产企业能及时、全面地了解顾客的需求，了解造成逆向物流的真正原因，有利于企业及时加强企业管理，改进生产方式，提高产品质量。同时，由于没有中间环节，可以大大缩短流通时间。有利于企业及时把握市场脉搏，提高市场占有率。

其主要缺点：因为单个顾客所形成的逆向物流的流量较小，频率高，所以生产企业必须增加专门人员、设施等进行处理，这会导致生产企业费用的增加。

间接渠道

间接渠道是指物品从消费领域转移到生产领域的过程中，经过至少一个中间环节，而不是由顾客直接将物品转运给企业。

其优点是：生产企业不必花费大量的人力、物力、财力去直接面对大量的单个顾客，只需要选择合适数量的中间环节进行交易，由他们来面对各种各样的单个顾客的诉求，借助于中间环节的力量完成企业逆向物流。

其缺点是：由于逆向物流中加入了中间环节，回购物品的价格会有所上升，对一些技术性较高的产品，中间环节难以提供较好的服务，会造成不必要的逆向物流。同时，由于生产企业面对的是中间环节，不能很好地了解顾客需求，由中间环节传递而来的信息又存在着“牛鞭效应”。不利于企业对市场的把握等。

来源：中国物流吧。

十一、逆向物流行业活动

一项逆向物流标准由国家发改委发布并实施

日前，中国国家标准化管理委员会发布 2023 年第 1 号中华人民共和国国家标准公告，上海市物流协会逆向物流分会常务副会长郝皓教授带队主持制定的《逆向物流服务评价指标》（GB/T 42501-2023）1 项行业标准经国家市场监督管理总局、国家标准化管理委员会批准发布，2023 年 3 月 17 日正式实施。

《逆向物流服务评价指标》（GB/T 42501-2023）国家标准是标创中心继《非危液态化工产品逆向物流通用服务规范》（GB/T 34404-2017）之后又一项发布实施的逆向物流国家标准，规定了逆向物流服务评价的评价指标、指标内容与计算方法，适用于对逆向物流服务活动的评价。基于逆向物流服务在实际运行过程中存在的问题，该标准设计了 32 项针对性逆向物流服务的评价指标，这些指标的设定得到了来自物流企业、回收企业、生产企业、高校和科研院所的广泛建议与支持，为相关企业提供考评依据，也为产业提升逆向物流服务能力和管理水平提供了指导。

逆向物流是国民经济流通闭环必不可少的部分，也是我国绿色低碳循环发展的重要组成部分，在实现国家能源资源的保留、保护环境、推动社会可持续发展等方面具有重要意义。上海第二工业大学、宁波坚锋新材料有限公司、上海睿聚环保科技有限公司等单位聚焦产业逆向物流服务过程中成本高、效率低、安全环保隐患及规范性差等问题，通过关键评价指标的选取优化来提升绿色低碳逆向物流服务水平，发挥标准的引领作用。

“云丰杯”第六届全国绿色供应链与逆向物流设计大赛在上海第二工业大学顺利举办

10 月 22 日，“云丰杯”第六届全国绿色供应链与逆向物流设计大赛决赛在上海第二工业大学以线上线下相结合的方式举办。本次大赛自 2022 年 5 月启动，历时 5 个月。由上海市学生事务中心、上海市就业促进中心、上海第二工业大学、上海市物流协会、上海市物流学会、上海市运筹学会共同主办，上海第二工业大学经济与管理学院和研究生部共同承办，云丰国际物流（上海）有限公司冠名赞助，上海市科技发展基金会支持。

赛事吸引了 311 支队伍近 1300 名选手报名参赛，分别来自同济大学、福州大学、上海海事大学、上海第二工业大学、北京物资学院、浙江万里学院、江苏大学、上海大学、上海海洋大学、上海工程技术大学等高校，分为海选、初赛、决赛等 3 个阶段。最终共有 41 支代表队进入决赛，其中 12 支研究生队、28 支本科队、1 支高职队。

决赛队伍展开了精彩陈述和激烈答辩，在专家评委老师严格的评选商议下，最终，来自全国各地的参赛队伍分获特等奖、一等奖、二等奖、三等奖、优胜奖。其中，上海第二工业大学、上海海事大学和浙江万里学院荣获“优秀组织奖”，上海海事大学研究生余一伟、刘文妍、马睿、陈政思组成的“青年要学习”参赛团队项目《智慧赋能“低碳”收获“生态金”—J 公司绿色包装循环快递箱供应链一体化方案设计》荣获特等奖。领导和嘉宾分别为获奖学校和团队颁奖。

上海市绿色供应链与逆向物流设计大赛在上海第二工业大学顺利举办

2022 年 10 月 15 日，在上海市逆向物流与供应链协同协创中心（培育）和上海市标准化中心（物流）双中心的共同推动下，首届上海市绿色供应链与逆向物流设计大赛决赛在上海第二工业大学以“线上”的方式成功举办，以此喜迎二十大的即将召开。

本届大赛于 2022 年 6 月正式启动，至今历时 4 个月，由上海市教育委员会主办、上海市运筹学会协办，上海第二工业大学承办，是上海第二工业大学物流管理专业获批国家级一流本科专业建设点后的工作重点。本次赛事聚焦当前“碳达峰、碳中和”，“绿色低碳循环发展”等绿色供应链和逆向物流发展热点，吸引了 132 支队伍近 600 人报名参赛，覆盖同济大学、华东理工大学、上海海事大学、上海理工大学、上海海洋大学、上海工程技术大学等 18 所上海市各类含物流类专业的高校，共分为初赛、决赛两个阶段。最终进入本次决赛角逐的共有 45 支代表队，其中 7 支研究生组、29 支本科组、9 支高职队伍。

所有决赛队伍根据学历层次和参赛人数分设 3 个赛道，4 个小组，在规定时间内展开了精彩的报告和激烈的答辩，整个决赛展现了当代大学生饱满热情的精神状态，彰显物流管理专业应用型、复合型、创新型专业技能，充分赛出了各队风采。

在专家评委老师严格的评选商议下，最终共产生一等奖 5 项，二等奖 10 项，三等奖 16 项，优胜奖 14 项及优秀组织奖获得单位。上海立信会计与金融学院工商管理学院院长王晓光教授、上海工程技术大学管理学院院长胡斌教授、上海第二工业大学经济与管理学院副院长郝皓教授和上海市运筹学会白延琴理事长作为颁奖嘉宾分别宣布了不同等级获奖名单。上海第二工业大学教务处副处长孙志国宣布上海第二工业大学和上海海事大学荣获优秀组织奖。

上海市逆向物流与供应链协同创新中心技术委员会成立

8 月 3 日，以线上会议的方式召开了上海市逆向物流与供应链协同创新中心（培育）（以下简称“协创中心”）技术委员会成立大会暨专家研讨会。

上海第二工业大学校长谢华清教授、副校长徐玉芳教授；技术委员会主任委员、国家杰出青年科学基金获得者朱庆华教授，副主任委员、上海市粮食和物资储备局副局长殷飞博士，专家委员会全体成员，协创中心骨干与科研处及经济与管理学院全体党政领导等出席会议。本次会议主要有技术委员会成立和专家研讨会两项议程，上海第二工业大学徐玉芳副校长主持会议。

谢华清校长首先代表学校致欢迎辞，谢校长介绍了协创中心和上海第二工业大学的相关情况，并对各位委员的支持表示感谢。期望技术委员会能以此次大会为新的起点，开拓创新，强力助推协创中心高质量发展。

上海第二工业大学经济与管理学院卓武扬院长宣读协创中心技术委员会委员名单，来自上海交大、清华大学、复旦大学、天津大学、陶朗、旷视、益社、西恩迪、东方久信、上海市质标院、DATAMAS、张家港清研、孟泰环保等高校、企业和科研院所的 15 位教授、高管被聘为技术委员会委员，其中朱庆华教授担任技术委员会主任，殷飞博士担任技术委员会副主任。

协创中心主任、中国物流学会副会长郝皓教授介绍了近期协创中心主要工作情况，并就协创中心在电子商务平台退货问题和新能源汽车动力蓄电池回收问题等方面的研究进展进行了汇报。

协创中心技术委员会主任朱庆华教授，针对技术委员会方向定位，人员组成，未来建设目标进行介绍和展望。朱庆华教授表示，希望通过群策群力、资源共享，给予协同创新中心以指导和支持，共同推动协创中心的发展和建设。

会议最后，朱庆华教授作会议总结总结，对各位专家表示感谢，强调将深入思考专家们提出的各项建议，促进“政、产、协、学、研”五位一体合力建设，助力协创中心推动逆向物流与供应链相关领域的创新与发展。

召开废旧物资管理标准建设交流座谈会深入讨论标准制定工作

3 月 10 日，国网物资有限公司、北京国网拍卖有限公司、国网上海市电力公司、国网浙江物资公司一行 8 人赴上海第二工业大学访问交流，召开了废旧物资管理标准建设交流座谈会，就如何进一步加强标准制定，规范行业发展，发挥上海市标准化创新中心（物流）在标准建设方面的作用共谋良策。

国网物资有限公司物资供应部再生资源处房方，北京国网拍卖有限公司执行董事、总经理徐敏伙，北京国网拍卖有限公司拍卖业务处处长张侃，北京国网拍卖有限公司客户关系处副处长李可，国网上海市电力公司供应质量处处长吕振辉，国网浙江物资公司物资供应部副主任王骊，国网浙江物资公司邵叶、郑华；上海市物流协会逆向物流分会常务副会长郝皓教授，林慧丹副教授，邵洲洲老师及秘书处成员参加此次座谈会，由郝皓教授主持。

郝皓教授对前来参会的各位专家表示欢迎，随后介绍了上海市标准化创新中心（物流）基本情况，对逆向物流标准化工作进展进行了详细说明。北京国网拍卖有限公司执行董事、总经理徐敏伙介绍了国家电网公司报废物资管理基本情况。会上就“逆向物流发展潜力，废旧物资管理，标准体系化的制定、现有标准的参与”等方面展开讨论。

与会专家分别作经验介绍并结合工作实际充分表达了意见、建议，均表示希望有更深一步的合作交流，共同推动标准制定工作，在合作中共谋标准化发展！

召开逆向物流标准化建设交流座谈会

3 月 14 日，中国船舶集团第七〇四研究所一行 4 人赴上海第二工业大学访问交流，召开了逆向物流标准化建设交流座谈会。

中国船舶集团第七〇四研究所主任刘震，主任助理、民用标准科科长杨龙霞，民用标准科工程师刘丽红，情报研究科科长李佳佳；上海市物流协会逆向物流分会常务副会长郝皓教授，林慧丹副教授，樊骁老师及秘书处成员参加此次座谈会，由郝皓教授主持。

郝皓教授对前来参会的各位专家表示欢迎，随后介绍了上海市标准化创新中心（物流）和上海市逆向物流与供应链协同创新中心的基本情况，并展示了逆向物流标准化工作阶段性成果。中国船舶集团第七 0 四研究所主任助理、民用标准科科长杨龙霞介绍了标准研究中心业务情况。会上，与会专家围绕“国际标准信息检索收集、标准化工程学科建设、标准制定、申报课题”等方面进行了座谈交流。

双方结合工作实际分享了有关国际标准、分标委筹建、专业建设等经验，均表示希望有更深一步的合作交流，共同助力未来标准化建设！

召开绿色供应链与逆向物流标准化建设座谈会

3 月 22 日，中国物流与采购联合会绿色物流分会、辽宁科技大学一行 5 人赴上海第二工业大学访问交流，召开了绿色供应链与逆向物流标准化建设交流座谈会。

中国物流与采购联合会绿色物流分会副秘书长赵洁玉，部门主任崔丹丹；辽宁科技大学工商管理学院副院长金玉然，研究生赵敬哲、王煦；上海市物流协会逆向物流分会常务副会长郝皓教授，林慧丹副教授及秘书处成员参加此次座谈会，由郝皓教授主持。

郝皓教授介绍了上海市逆向物流与供应链协同创新中心的基本情况，并展示了绿色供应链与逆向物流标准化建设的阶段性成果。中国物流与采购联合会绿色物流分会副秘书长赵洁玉分享“中国物流与绿色物流助力物流行业双碳目标落实”相关内容，辽宁科技大学工商管理学院副院长金玉然介绍高校和科研团队的基本情况。会上，与会专家围绕“逆向物流、标准化工程学科建设、绿色物流与绿色供应链”等方面进行了座谈交流。

双方结合工作实际分享了有关逆向物流建设建设和发展模式、物流企业碳排放、物流行业绿色低碳项目等经验，均表示希望有更深一步的合作交流，共同助力物流行业践行“双碳”目标和降本增效！

调研多家单位、企业探讨《电子商务逆向物流通用服务规范》国家标准编制

2023年2月10日，上海市标准化创新中心（物流）（以下简称“标创中心”）组织召开了《电子商务逆向物流通用服务规范》国家标准（项目计划编号：20215034-T-469）的专家讨论会，该标准于2021年12月正式下达，2022年12月形成征求意见稿。

上海市质量和标准化研究院、顺丰速运集团、上海宝尊电子商务有限公司、上海伊邦医药信息科技股份有限公司（药房网商城）、盒马产业研究院、万物新生环保科技集团（爱回收）、华为终端有限公司、美的集团共8家单位的专家出席本次会议，会议由标创中心秘书处许肇然博士主持。

会议首先由上海市物流协会逆向物流分会常务副会长郝皓教授致辞，对莅临大会的各位专家表示诚挚的欢迎，感谢专家们长期以来对国家标准《电子商务逆向物流通用服务规范》的大力支持，希望通过本次会议能够集思广益，进一步提升标准质量。随后，起草组代表介绍了该标准的制定背景、主要工作过程和征求意见稿的具体内容。各参会专家结合实践工作和标准制定经验，对该标准的整体框架结构、术语定义、服务方案设计、电子商务逆向物流各环节规范要求等具体内容展开详细讨论。

会后起草组将根据本次会议收集的修改意见，对标准进行修改和完善，根据项目计划，稳步推进完成标准送审、报批、发布实施等各项工作。

第八篇 冷链物流

一、2022 年中国冷链物流行业市场回顾及 2023 年发展前景预测分析

中商情报网讯：冷链物流一般指冷藏冷冻类食品在生产、贮藏运输、销售，到消费前的各个环节中始终处于规定的低温环境下，以保证食品质量，减少食品损耗的一项系统工程。

2022 年冷链物流行业发展现状回顾

（1）冷链物流市场规模

生鲜电商的发展带动了食品消费市场的重塑，国内冷链需求正在快速增加。在旺盛的消费需求驱动之下，我国冷链物流行业正步入高速发展阶段，2021 年中国冷链物流市场规模达 4773 亿元，同比增长 15.01%，预计 2023 年冷链物流市场规模将达 6486 亿元。

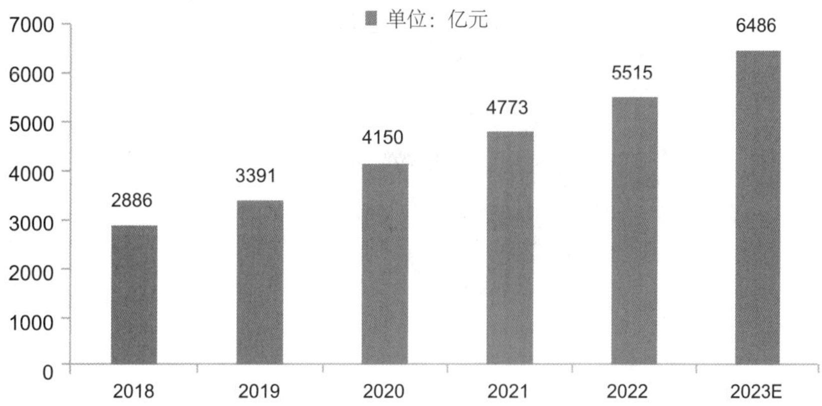

图 8-1：2018—2023 年中国冷链物流市场规模预测趋势图

来源：中商产业研究院整理。

（2）冷链物流市场需求

2020 年我国冷链物流需求总量为 2.65 亿吨，同比增长 13.69%。随着城乡居民消费水平和消费能力不断提高，冷链物流的需求持续旺盛。在疫情防控常态化形势下，2021 年冷链物流发展势头强劲，市场需求总量突破 2.7 亿吨。预计 2023 年冷链物流需求总量将超 3.6 亿吨。

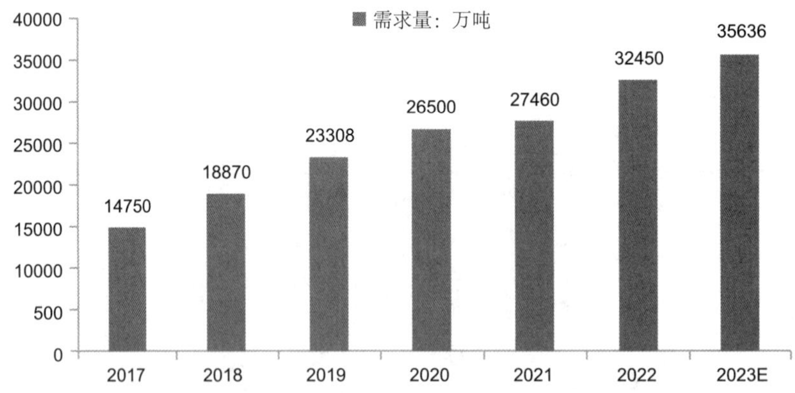

图 8-2：2017—2023 年中国冷链物流行业市场需求量统计

来源：中物联冷链委、中商产业研究院整理。

（3）冷链物流细分市场占比

我国冷链物流市场一方面由食品冷链、医药冷链需求增长所驱动，另一方面受政策的持续支持，市场前景广阔。冷链物流属于综合性行业，可根据业务性质的不同分为冷链运输、冷链仓储和其他服务（库内操作、打包和贴标等服务），市场份额分别为 40%、30% 和 30%。

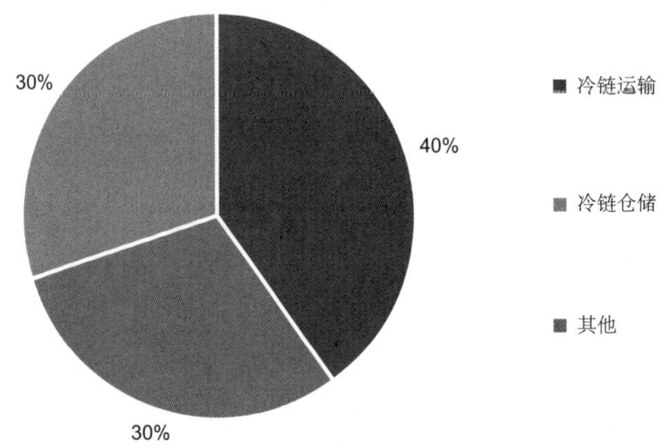

图 8-3：中国冷链物流行业细分市场占比情况

来源：中物冷链委、中商产业研究院整理。

从细分产品需求来看，蔬菜冷链物流需求总量占比 27.8%；水果冷链物流需求占比 23.5%；肉类冷链物流需求总量占比 19.6%；水产品冷链物流需求总量占比 16.4%；乳制品冷链物流需求总量占比 7.1%；速冻食品冷链物流需求总量占比 5.5%。

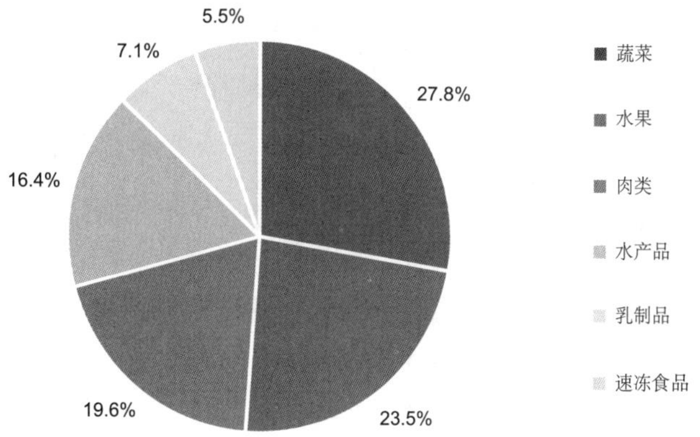

图 8-4：中国冷链物流需求市场占比

来源：中物联冷链委、中商产业研究院整理。

（4）冷库容量

冷库堪称冷链物流的“根据地”，冷库的建设和发展，已成为国家骨干冷链物流基地的重中之重，并取得明显成绩。2020 年全国冷库总量达到 7080 万吨（折合 1.77 亿立方米），新增库容 1027.5 万吨，同比增长 16.98%，该数字已超过美国。中商产业研究院预计 2023 年中国冷库总量达到 10323 万吨。

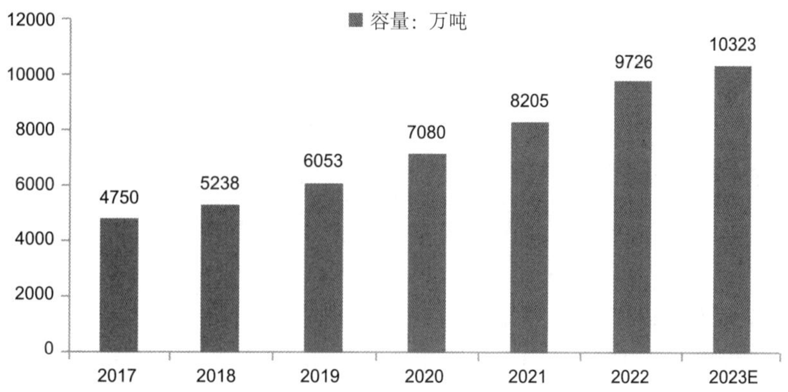

图 8-5：2017—2023 年中国冷库容量统计

来源：中物联冷链委、中商产业研究院整理。

（5）冷链物流企业数量

近年来我国冷链物流相关企业注册量整体呈上升趋势，2020 年受疫情影响，冷链物流需求大幅增加，冷链物流相关企业注册量迅速上升至 6592 家，12021 年回落至 5527 家。预计 2023 年中国冷链物流相关企业注册量将达 7173 家。

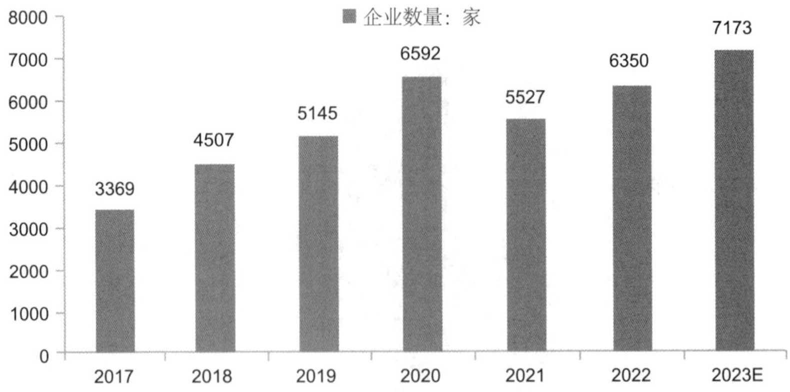

图 8-6：2017—2023 年中国冷链物流企业数量统计

来源：中商产业研究院整理。

近 5 年来冷链业务发展迅速，重点企业营收规模不断扩大。2020 年首次突破 18%，2021 年百强企业市占率继续提升至 18.2% 左右。

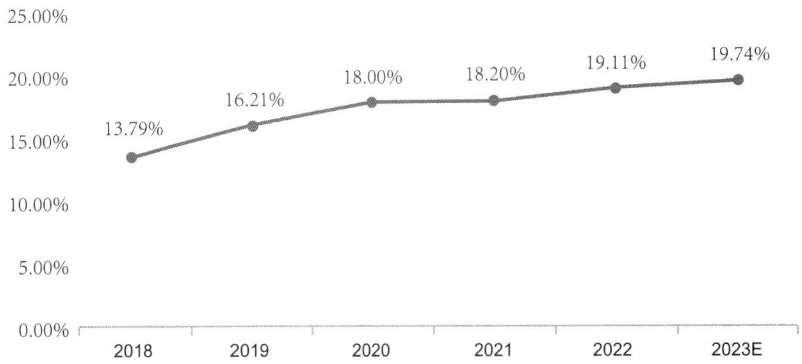

图 8-7：2018—2023 年中国冷链物流百强企业市占率预测趋势图

来源：中商产业研究院整理。

（6）冷链物流下游应用分布

冷链物流的下游应用以生鲜食品的运输为主，占比约为 90%，生鲜食品大多保鲜期短、易腐败，因此在长距离运输中，冷链物流对于生鲜食品的运输就必不可少。其次是医疗产品，占比约为 9%。

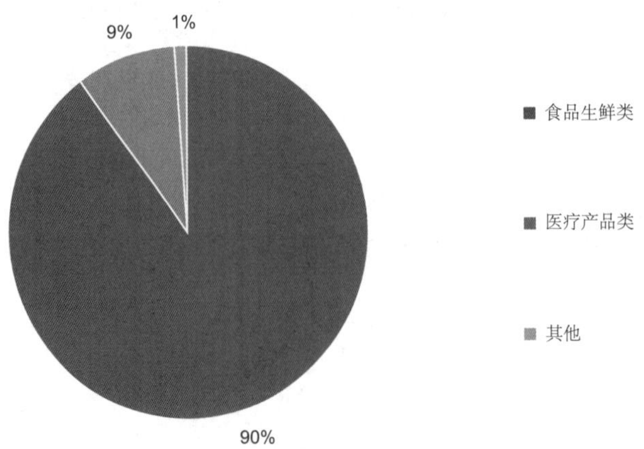

图 8-8：中国冷链物流行业下游应用市场占比

来源：中商产业研究院整理。

2023年冷链物流行业发展预测

（1）国家政策方面大力支持围护系统节能隔热保温材料行业的发展

冷库和工业建筑围护系统节能隔热保温材料主要应用于冷链物流、食品加工、商场超市、酒店及航空配餐、生物制药、精细化工、精密电子等行业内冷库及工业建筑的围护系统。公司围护系统节能隔热保温材料，属于新型建筑材料。为促进冷链物流和新型建筑材料的发展，国家出台了一系列鼓励政策为冷库和工业建筑围护系统节能隔热保温材料行业发展提供了有利的外部政策环境。

（2）生鲜食品、药品安全意识加强推动冷链物流发展

生鲜食品行业是小生产大流通的行业，但是生鲜食品的冷藏运输现状不容乐观，首先易腐保鲜食品的装船、装车大多是在露天而不是按照相关标准在冷库和保温场所操作；其次生鲜食品物流运作难度大，交货期长，送货不准时，配送成本较高。近年来层出不穷的食品、药品安全事件，已经使食品、药品安全逐步成为公共安全领域的突出问题。作为解决食品、药品安全问题的举措之一，国家大力支持冷链物流的发展以提高食品、药品在储存、运输、配送等环节的安全，降低食品、药品变质的风险。同时，社会对食品、药品安全的关注度也在迅速加强。这在一定程度上促进了食品、药品产地、消费地以及物流中转地的冷库建设，以保证食品、药品安全。

来源：中商产业研究院。

国家发展改革委发布2022年国家骨干冷链物流基地建设名单

近日，国家发展改革委印发《关于做好2022年国家骨干冷链物流基地建设工作的通知》，发布2022年国家骨干冷链物流基地建设名单。本次明确的24个国家骨干冷链物流基地在健全冷链物流网络体系、保障区域生活物资供应、促进冷链物流与相关产业联动发展等方面具有重要作用。一是空间分布更加优化，有效拓展覆盖范围。24个基地中，东部地区8个，中部地区4个，西部地区9个，东北地区3个，统筹兼顾区域发展，健全完善空间布局，将有力支撑“四横四纵”国家冷链物流骨干通道网络建设，带动冷链物流规模化、集约化、组织化、网络化发展。二是辐射能力更加强大，有效支撑市场供应。相关基地具备良好存量冷链设施条件和较大冷链物流规模，仓储、加工、配送等冷链物流综合服务水平较高，将有力保障京津冀、长三角、粤港澳等主要城市群以及有关地区大中城市冷链物流服务和生活物资需求。例如，保定国家骨干冷链物流基地冷库库容近300万立方米，生鲜农产品年周转量约1100万吨，西宁国家骨干冷链物流基地辐射范围涵盖西宁、德令哈、格尔木、拉萨、日喀则等城市，对加强区域生活物资供应保障具有重要意义。三是优势条件更加明显，有效带动产业发展。围绕农产品特色产区、进出口重要节点、食品加工产业聚集地冷链产业发展需要，明确一批基础较好、潜力较大的城市建设国家骨干冷链物流基地，有利于加强冷链物流与现代农业、冷链产品加工、商贸流通等产业融合发展，有效扩大中高端冷链物流服务供给，支撑带动相关产业做大做强做优。

《通知》要求，相关省级发展改革部门要会同有关省级部门强化工作合力和政策协同，鼓励引导承载城市人民政府优化政策环境，加大对国家骨干冷链物流基地建设支持力度；相关国家骨干冷链物流基地要结合实际加强功能性补短板设施建设，完善集疏运体系，整合资源优化冷链运行网络，提高基地数字化绿色化发展水平，有效发挥在冷链物流体系运行、生鲜农产品生产流通中的基础支撑和组织核心作用。

2021年11月，国务院办公厅印发《“十四五”冷链物流发展规划》，提出了布局建设100个左右国家骨干冷链物流基地的部署。国家发展改革委印发《国家骨干冷链物流基地建设实施方案》，重点依托106个城市开展基地布局建设，重点面向农产品优势产区、主要集散地和主销区，打造国家层面的骨干冷链物流基础设施网络，整合集聚冷链物流资源，促进冷链物流与相关产业深度融合、集群发展，为

构建新发展格局奠定坚实基础。首批 17 个国家骨干冷链物流基地建设名单已于此前发布，加上今年明确的 24 个国家骨干冷链物流基地，国家骨干冷链物流基地达 41 个，覆盖全国 27 个省（区、市）。

表 8-1：2022 年国家骨干冷链物流基地建设名单

（共 24 个，排名不分先后）

所在地	国家骨干冷链物流基地
天津	滨海新区中心渔港国家骨干冷链物流基地
河北	保定国家骨干冷链物流基地
内蒙古	呼和浩特国家骨干冷链物流基地
辽宁	沈阳国家骨干冷链物流基地
吉林	四平国家骨干冷链物流基地
黑龙江	哈尔滨国家骨干冷链物流基地
上海	临港新片区国家骨干冷链物流基地
江苏	常州国家骨干冷链物流基地
浙江	嘉兴国家骨干冷链物流基地
安徽	蚌埠国家骨干冷链物流基地
山东	威海国家骨干冷链物流基地
河南	商丘国家骨干冷链物流基地
湖北	宜昌国家骨于冷链物流基地
湖南	长沙国家骨干冷链物流基地
广东	江门国家骨干冷链物流基地
广西	玉林国家骨干冷链物流基地
重庆	沙坪坝国家骨干冷链物流基地
四川	成都国家骨干冷链物流基地
贵州	贵阳国家骨干冷链物流基地
陕西	延安国家骨干冷链物流基地
甘肃	兰州国家骨干冷链物流基地
青海	西宁国家骨干冷链物流基地
新疆	乌鲁木齐国家骨干冷链物流基地
宁波	北仑（奉化）国家骨干冷链物流基地

回顾！ 2022 年中国冷链行业大事记

近年来，冷链物流行业正适应时代发展快速成长。2022 年，冷链物流行业健康发展的态势仍在持续。以人为本的需求核心驱动着冷链物流技术向智慧化、智能化升级转变。在政策和市场的双重驱动下，各冷链物流企业运用互联网技术，创新冷链物流商业模式，焕发盎然生机。一整年来，面对疫情的冲击，国际冷链专列仍在继续出发，向全世界人民展示强大韧性。

1月

国家发改委：加大冷链物流全流程监管力度，消除“断链”隐患

1月24日，国家发改委召开新闻发布会，介绍“十四五”现代流通体系建设规划有关情况。国家发展改革委经济贸易司副司长张国华指出，构建现代物流基础设施网络，重点做好三项工作。其中，健全冷链物流设施体系。推进国家骨干冷链物流基地布局建设，构建冷链物流骨干网络。补齐生鲜农产品流通“最先一公里”短板，加强销地高标准冷库和冷链分拨配送设施建设。同时加大冷链物流全流程监管力度，消除“断链”隐患。

河北省大力推动冷链物流高质量发展

河北省政府办公厅印发《河北省“十四五”冷链物流发展实施方案》，明确了发展目标。《方案》指出，“十四五”期间，河北省农副产品冷链物流仓储设施年均增长速度保持在10%以上，建成2至3个国家骨干冷链物流基地和一批产销冷链集配中心，冷链物流设施网络更加完善；冷链物流规模化组织效率和技术装备水平显著改善，形成一批具有较强市场竞争力的综合性龙头企业；冷链监管水平明显提升，冷链产品质量追溯体系进一步完善。到2025年，河北省肉类、果蔬、水产品产地低温处理率分别达到85%、30%、85%。

2月

全国将建600个县域农产品冷链物流中心 为小微农户提供优质优价服务

首个兼具经营性和公益性的农产品冷链物流专项规划《全国供销合作社“十四五”公共型农产品冷链物流发展专项规划》近日发布。“十四五”期间，全国将重点建设600个县域产地农产品冷链物流中心。据悉，公共型农产品冷链物流发展专项规划的公益性体现在为小微农户提供优质优价服务，并承担政府应急储备任务。

3月

冷链物流驶入氢时代，最大规模氢燃料冷藏车在京落地运营

3月3日，100台智蓝氢燃料冷藏车交付北京顺亿达。这是全国最大批量氢燃料冷藏车正式投入运营。据悉，本次交付的智蓝氢燃料电池轻卡已达到国内领先水准，国内首创不占货厢容积的氢系统布置形式、行业轻卡最大氢瓶组，将氢燃料电池与冷藏大电量需求结合，实现了超长续航、极强温度适应性、高热效率、超安全、高经济性等五大优势。

4月

粤港澳大湾区首列“中老泰”国际冷链班列顺利开行

4月21日11时许，一列满载着麦芽、蔬菜、糖果等粮食、食品的“中老（挝）泰（国）”国际冷链班列从深圳平湖南铁路物流园缓缓驶出。据悉，这是粤港澳大湾区首趟开往老挝、泰国的国际冷链班列，标志着粤港澳大湾区与东盟地区间正式开辟了一条全新的国际冷链物流通道。

交通运输部：建立冷链运输追溯管理制度

4月26日上午，交通运输部举行例行新闻发布会，交通运输部新闻发言人舒驰介绍，近日，交通运输部会同有关部门发布了《关于加快推进冷链物流运输高质量发展的实施意见》。根据《实施意见》，我国将健全冷链运输监管体系，建立冷链运输追溯管理制度，进一步提高冷链运输监管水平。舒驰介绍，近几年来，全国冷链运输车辆保有量年均增速达到20%以上，截至2021年底，已达34万辆，冷库容量达1.96亿立方米，冷链运输基础设施逐步完善，组织模式不断创新，为冷链物流加快发展创造了良好的环境。

5 月

交通运输部：推动区块链、物联网等技术与冷链物流深度融合

近日，交通运输部印发《关于开展冷藏集装箱港航服务提升行动的通知》，该《通知》指出，到2023 年底，基于区块链和物联网的冷藏集装箱港航服务能力明显提升，主要海运企业新增物联网冷藏集装箱 18 万标准箱（TEU）以上；沿海主要港口新增冷藏集装箱插头 6000 个以上；基于区块链和物联网技术应用的冷藏集装箱港航单证平均办理时间大幅缩减；建立冷藏集装箱运输电子运单，初步实现道路水路运输系统信息有效衔接和共享开放，联运服务质量明显提升。

瑞云冷链与南航物流达成合作—协同打造全国网络化航空冷链服务

近日，瑞云冷链与南方航空物流有限公司正式达成合作，以瑞云冷链全国的冷链地面物流网络和“冷运宝”线上冷链运力交易平台，全面链接南方航空的空运资源及各省市机场航站，联合打造网络化航空冷链服务，实现全流程冷链不断链、高时效的冷链运输服务，为产地生鲜上行、高端食材、短保食品等时效性要求高的产品提供运输解决方案。

两部门：加快农产品供应链体系建设 进一步促进冷链物流发展

5 月 27 日，财政部、商务部发布《关于支持加快农产品供应链体系建设 进一步促进冷链物流发展的通知》。通知指出，通过 2 年时间，推动农产品冷链流通基础设施更加完善，重要集散地和销地农产品批发市场、加工配送中心及零售终端冷链流通能力显著提升，调节农产品跨季节供需、支撑农产品跨区域冷链流通的能力和效率继续增强，为农产品现代流通体系建设提供坚实基础。

6 月

发改委下达 2022 年城乡冷链和国家物流枢纽建设专项投资 14 亿元

6 月 14 日，国家发展改革委下达 2022 年城乡冷链和国家物流枢纽建设专项中央预算内投资 14 亿元，重点支持建设服务于肉类屠宰加工及流通的冷链物流设施项目（不含屠宰加工线等生产设施），公共冷库新建、改扩建、智能化改造及相关配套设施项目，以及已纳入年度建设名单的国家物流枢纽、国家骨干冷链物流基地内的公共性、基础性设施补短板项目。

两部门：推动冷链物流服务网络向农村延伸

近日，农业农村部办公厅、财政部办公厅发布《关于做好 2022 年农产品产地冷藏保鲜设施建设工作的通知》，推动冷链物流服务网络向农村延伸。《通知》提出，依托产地冷藏保鲜设施，鼓励引导邮政快递、供销合作社、电子商务、商贸流通等主体利用既有流通网络优势，整合资源、创新模式，优化田头集货、干支衔接运输和农村快递配送，促进合作联营、成网配套，加快建设农产品产地冷链物流服务网络。

G7 与 E6 宣布完成合并

6 月 7 日，G7 物联（“G7”）与易流科技（“E6”）宣布，已于 2022 年第一季度完成合并，并已完成首阶段业务整合。G7 和 E6 是物联网技术与软件服务领域的代表企业。双方均以物联网技术和软件为核心，向大型货主、大型物流企业和数以万计的货运经营者提供服务。在本次合并前，G7 和 E6 服务了行业中 80% 以上的大型货主和大型物流企业，近 3 万家中小货运经营者。合并后，公司将具备完整 IoT SaaS 能力，业务将覆盖从生产物流到消费物流的重要垂直市场，产品组合形成“订阅 + 交易”的一站式数字化服务。

7 月

天猫超市启用浙江首个冷链中心

7 月 11 日，位于杭州钱塘区的天猫超市冷链中心正式启用。据了解，这是天猫超市在浙江打造的首个冷链中心，涉及到包括雪糕、速冻食品等在内的 170 多个细分类目。在冷链中心的运营加持下，目前，浙江全域雪糕订单配送将基本保持次日达的递送时效，合作物流为丹鸟物流、顺丰物流。此外，在全国范围内，通过联合菜鸟，天猫超市已布局八大冷链中心，辐射全国 19 个省市自治区 136 个地级市，可为东部、中部地区主要城市提供冷链配送次日达、送货上门和化冻必赔等服务。

海南省将培育一批冷链物流龙头企业

据海南省发展改革委网站 7 月 13 日消息，海南省发展改革委、中国农业发展银行海南省分行联合印发的《关于推进现代冷链物流体系建设工作的通知》透露，“十四五”期间，农发行海南省分行将聚焦海南省冷链物流发展重点领域、重点工程和重点项目，重点支持以国家骨干冷链物流基地为核心、产销冷链集配中心和两端冷链物流设施为支撑的三级冷链物流节点设施网络建设，培育一批具有较强国际竞争力的综合性龙头企业，引导冷链物流要素和上下游产业沿国家冷链物流骨干通道集聚发展。

航空工业新飞集团与华夏易通冷链达成战略合作

7 月 22 日上午，“航空工业新飞集团与郑州华夏易通冷链战略合作签约仪式暨氢燃料电池冷藏车高峰论坛”在河南省新乡市举行。活动现场，航空工业新飞集团与郑州华夏易通冷链正式签约合作，双方携手正式进军氢燃料冷藏车行业。据悉，华夏易通冷链是国内一家大型的冷链物流企业，连续多年入围中国冷链百强企业。

8 月

万邦将在郑州建 100 万吨低温冷库，在全省各市县建冷链物流园

8 月 5 日，河南省人民政府新闻办公室召开新闻发布会，重点介绍河南省加快现代物流强省建设工作有关情况。发布会上，河南万邦国际农产品物流股份有限公司党委书记、总裁李保全介绍，目前，万邦市场果蔬保鲜、肉类冷藏总库容达到 200 万立方米，总储存量达 100 万吨，规模全国领先。今后 3 年，将再投资 50 亿元，通过对市场的升级改造，再建设 100 万吨低温冷库，完全满足郑州市应急储备量，以及其他城市紧急调拨储备。此外，在全省各地市、县，加大二级、三级冷链物流园建设，投资 200 亿元计划每个地市、每个县建设一个冷链物流园，平时保供、急时应急。

甘肃省支持龙头企业建立“冷藏挂车池”

据甘肃省人民政府网站 8 月 6 日消息，甘肃省人民政府办公厅印发《甘肃省十四五冷链物流高质量发展实施方案》提出，强化冷链运输一体化运作，推动冷链运输设施设备升级，发展冷链多式联运。其中，大力发展冷链甩挂运输，支持龙头企业建立“冷藏挂车池”，完善冷藏车和冷链设施设备共享共用机制。提升中欧班列冷链物流多式联运组织能力，鼓励具备实力的企业布局建设冷链海外仓。鼓励兰州、兰州新区、武威等具备海关指定监管场地的城市发展国际冷链物流多式联运。

9 月

中通冷链发布小票零担门到门产品：全国范围 2~5 天送达

9 月 3 日，在 2022 中国国际服务贸易交易会成果发布活动上，中通快递对中通冷链产品进行对外发布。在现场，中通冷链网络发展理事会副理事长张彤对旗下小票零担门到门全程冷链网络化解决方案进行解读，并介绍了中通冷链物流网络的最新成果。据了解，可追溯、全程温控的小票零担门到门全程冷链服务的网络化解决方案，可实现“工厂 -- 终端门店”的直链，并对全程轨迹温度实现实时监控。谈及运输效率，张彤表示，“我们的时效可以实现省内 1 ～ 2 天送达，全国范围内 2 ～ 5 天送达。”

10 月

国家发改委发布 2022 年国家骨干冷链物流基地建设名单

10 月 11 日，国家发展改革委印发《关于做好 2022 年国家骨干冷链物流基地建设工作的通知》，发布 2022 年国家骨干冷链物流基地建设名单。本次明确的 24 个国家骨干冷链物流基地在健全冷链物流网络体系、保障区域生活物资供应、促进冷链物流与相关产业联动发展等方面具有重要作用。据悉，首批17个国家骨干冷链物流基地建设名单已于此前发布，加上今年明确的24个国家骨干冷链物流基地，国家骨干冷链物流基地达41个，覆盖全国27个省（区、市）。

厦门首发中欧班列出口冷链专列

10月19日，一列冷链专列从厦门东孚站缓缓驶出，将经由满洲里口岸出境，15天后抵达俄罗斯莫斯科。这是厦门发出的首列中欧班列出口冷链专列。据了解，本趟冷链专列装载了来自福建本地的冻鱿鱼片、秋葵等海鲜蔬果共计906吨，使用了目前在国际技术上遥遥领先的冷链集装箱。所有集装箱均配备标准量柴油油箱的发电机制冷组，利用卫星导航实现全过程跟踪定位，并可随时在线监测集装箱内实时温度及湿度。

中通冷链在全国上线经济型冷链包裹服务“冷链特惠件”

10月21日，中通冷链发布消息称，继以to B为主的冷链小票零担解决方案之后，以服务生鲜电商为主的to C冷链产品“冷链特惠件”于2022年10月15日全国上线。该产品为客户提供经济型、多温区、门到门的专属冷链包裹服务，适用生鲜食品电商、直播电商、农产品产地企业、食品生产加工企业、食品贸易分销企业等客户群，产品优势在于网络覆盖，持续加深网络密度，全程冷链温控。价格方面，该产品采用“首+续”计费模式，最高可接受50千克的单票重量，兼容子母件发运。此外，该服务还提供配套增值服务，包括保价服务、暂存服务签单返还、送货入仓。

全国多地公司加快发展冷链业务

10月27日，广州南沙国际物流中心冷链项目日前启用，进口冷链货物办结相关手续后，通过高速公路向外辐射，1小时即可覆盖大湾区城市群。据悉，南沙国际冷链项目是亚洲港口规模最大的冷链冷库项目，总体规划库容为46万吨，投资概算35亿元。此外，值得一提的是，近年来，全国多地，多家公司加快发展冷链相关业务。如近日由中创智冷与天驰控股发展（青岛）有限公司共同设计研发并投资建造的中创天驰智能无人冷库在青岛落成，其中B座智能冷库正式投入运营，而这也是中创智冷“四港联动”战略布局继天津后的第二站。

11月

江西省特殊监管区域首发中欧班列冷链专列

11月2日，在南昌海关所属九江海关监管下，一辆辆冷链集装箱货车驶入九江综合保税区，在园区集结办理完出口退税后出区，以陆铁联运的方式搭乘中欧班列经满洲里口岸出境。据悉，这是省内特殊监管区域首票冷链出口货物。该批货物的成功通关，为九江市本土及周边地区的冷冻生鲜产品出口打通了一条高效便捷的国际冷链物流新通道。

中通快递旗下公司收购冷链供应链平台“猫武士”51%股权

近日，中通快递旗下公司上海中通智冷仓链网络科技有限公司收购冷链供应链平台“猫武士”51%股权，“猫武士”创始人李育柏等持股49%。据悉，该公司目前已在一线城市建立了密集的冷链速递网络以及多温仓库基地，与众多食品食材、连锁餐饮及新零售客户建立了物流配送及供应链方面的战略合作关系。

海尔生物牵手CEVA Logistics、极兔国际、昂际航电共建全球航空温控产业生态平台

11月7日，在第五届中国国际进口博览会上，海尔生物举办了“智护生命，共享未来”全球航空温控产业生态平台战略签约暨启动仪式。仪式现场，海尔生物旗下从事航空温控业务的控股子公司—鸿鹄航空科技联手CEVA Logistics、极兔国际、昂际航电等行业巨头签署战略合作，各方将通过优势互补和资源共享，聚焦服务能力和技术保障两大方向，在全球航线网络、运营站点、技术研发、联合营销等层面开展合作共创，共建全球航空温控产业生态平台。

12月

四川首趟中老铁路进口水果冷链专列抵蓉

12 月 7 日晚，满载泰国、老挝等东南亚国家盛产的进口水果专列于顺利抵达成都，并陆续自位于青白江区的成都国际铁路港转运至成都及省内市州各大水果市场。该趟班列经中老铁路全程铁路运输仅用时 4 天，东南亚进境水果驶入“快车道”。据悉，这是四川首次通过中老铁路从东南亚进口水果，标志着四川对 RCEP 国家水果进口铁路直达跨境通道顺利打通，为此后常态化生鲜冷链进出口奠定了基础。

链库与广州宝丰冷冻仓储达成战略合作

12 月 7 日，基于对冷链产业互联网发展趋势的共识，广州宝丰冷冻仓储与链库正式达成战略合作，采用专业化、标准化、系统化的管理模式，借助于互联网、大数据等现代化信息技术，为客户提供高时效、更安全、多区域的冷链服务，提高企业的市场竞争力。链库将依托平台的互联网、大数据技术优势为其冷库提供精准的资源对接、运营策划、冷链供应链全套信息化解决方案及供应链金融、资产评估交易等延伸服务。此外，链库还将联合深圳前海粤十信息技术有限公司为企业提供数智化冷库服务。

澳柯玛首创并实施“互联网 + 全冷链” 战略

近日，山东品牌澳柯玛将现代互联网、大数据、云计算等先进技术与制冷产业融合，首创并实施了“互联网 + 全冷链”战略，完成了家庭冷链、商超便利、酒店厨房、生鲜自提、生物医疗、冷库存储、冷藏运输的全冷链产业布局。据介绍，该智慧全冷链战略搭建了集设备监控、货品管理、资源共享、订单交易于一体的冷链物联网管理平台、疫苗全冷链管理平台，实现了对终端设备的远程监控、控制及云资源管理，制冷产业链服务范围覆盖从生产厂家到消费者身边的各大环节，适应各种情景下的冷链需求。

发布时间：2022 年 12 月 29 日　现代物流报。

二、2022 年中国冷链物流产业链全景图上中下游市场及企业剖析

冷链物流是利用温控、保鲜等技术工艺和冷库、冷藏车、冷藏箱等设施设备，确保冷链产品在初加工、储存、运输、流通加工、销售、配送等全过程始终处于规定温度环境下的专业物流。冷链物流是我国发挥强大国内市场优势和建设现代流通体系的重要领域，对保障食品和医药产品安全、建设人民满意交通、构建新发展格局具有重要意义。近期，四部门发布政策，进一步推动冷链物流运输高质量发展，冷链物流产业链各环节将迎来政策利好。

一、产业链

冷链物流产业链上游为物流仓储、冷链材料 / 设备 / 装备、冷链物流技术等，冷链物流产业链中游冷链运输、冷链仓储、包装等环节，冷链下游应用为生鲜零售、医药零售、高端化学用品制造等。

二、上游

（一）冷库

1. 冷库总量

冷库堪称冷链物流的“根据地”，冷库的建设和发展，已成为国家骨干冷链物流基地的重中之重，并取得明显成绩。2020 年全国冷库总量达到 7080 万吨（折合 1.77 亿立方米），新增库容 1027.5 万吨，同比增长 16.98%，该数字已超过美国。中商产业研究院预计 2022 年中国冷库总量达到 9726 万吨。

图 8-9：2017—2022 年中国冷库容量趋势预测图

来源：中物联冷链委、中商产业研究院整理。

2. 人均冷库容

虽然总量有较大提升，但我国人均冷库容量仅为 0.13 立方米，远低于美国（0.49 立方米）、日本（0.32 立方米）、韩国（0.28 立方米）水平。

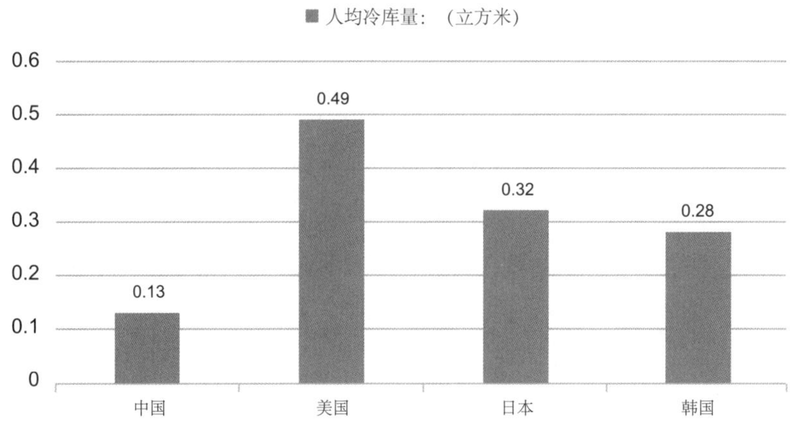

图 8-10：中国同全球主要国家人均冷库容量对比情况

来源：中商产业研究院整理。

3. 区域分布

中国主要冷库资源需求集中于山东、广东、上海等地。许多一线城市如北京、天津、上海等冷库时常处于满租甚至爆仓状态，冷库资源较紧张，而一些二线城市如合肥、长沙、太原等有时却出现供大于求的现象。

数据显示，我国华东地区冷库容量占比最大，达 37.2%；其次为华中地区，占比达 15.4%；华北地区及华南地区占比分别达 12.3%、10.2%；东北、西南、西北地区因地区寒冷，冷库需求较低，因此冷库容量占比均不足 10%。

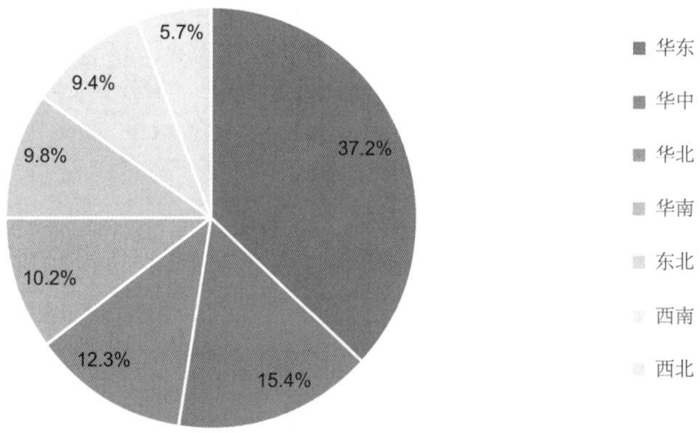

图 8-11：中国冷库供应地区占比统计图

来源：中物联冷链委、中商产业研究院整理。

（二）制冷设备

1. 冷藏车

冷藏车是冷链物流的核心运载装备。2020 年全国冷藏车市场保有量为 28.67 万台，较上年增长 7.2 万台。预计 2022 年中国冷藏车保有量将逼近 40 万辆。

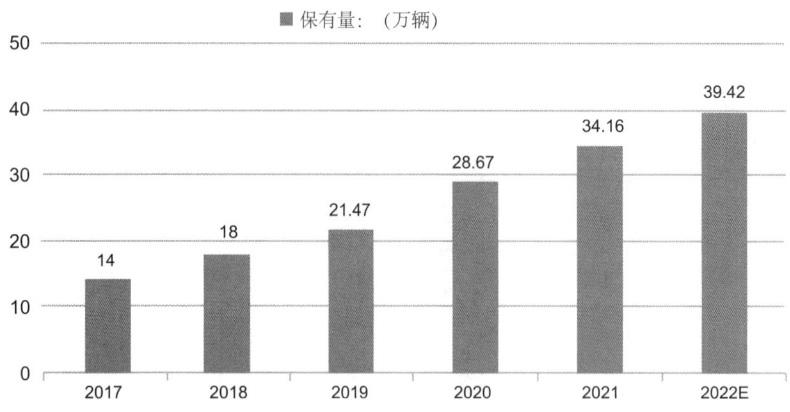

图 8-12：2017—2022 年中国冷藏车保有量趋势预测图

来源：中物联冷链委、中商产业研究院整理。

2. 竞争格局

从冷藏车市场竞争格局来看，第一梯队为中集车辆、河南冰熊、河南新飞、河南红宇，占有了近70% 的市场；第二梯队品牌为北京晨光、北京北铃、镇江飞驰、河南松川以及镇江康飞，占据了 20% 的市场份额；第三梯队是其他特种车改装厂，如河南澳柯玛、安徽开乐、河北御捷马等企业。

（三）冷链物流技术

随着冷链物流技术的快速发展与升级，在冷链物流中的应用会逐步加快，为冷链物流业的健康发展提供源源不断的动力支持，同时也提升食品安全保障能力和冷链物流效率，更好地满足居民的冷链消费需求。由于冷藏食品在流通中因时间—温度的经历而引起的品质降低的累积和不可逆性，因此对不同的产品品种和不同的品质要求都有相应的产品控制和储藏时间的技术经济指标。

三、中游

（一）市场规模

我国城镇化进程还在加速，中产阶层还在扩增，消费者的食品安全意识也在不断提升，京津冀地区、粤港澳大湾区等区域合作步伐在加快，并且生鲜电商带动的国内农产品、冷链食品的产地、加工地和消费市场重塑，冷链需求正在快速增加。数据显示，2020 年我国食品冷链物流市场总规模为 3832 亿元，同比增长 13.0%，仍保持稳定增长态势。预计 2022 年冷链物流行业市场规模将增至 4567 亿元。

（二）市场需求

1. 需求总量

2020 年我国冷链物流需求总量为 2.65 亿吨，同比增长 13.69%。随着城乡居民消费水平和消费能力不断提高，冷链物流的需求持续旺盛。在疫情防控常态化形势下，2021 年冷链物流发展势头强劲，市场需求总量突破 2.7 亿吨。预计 2022 年冷链物流需求总量将超 3.2 亿吨。

2. 需求细分市场

蔬菜冷链物流需求总量占比 27.8%；水果冷链物流需求占比 23.5%；肉类冷链物流需求总量占比19.6%；水产品冷链物流需求总量占比 16.4%；乳制品冷链物流需求总量占比 7.1%；速冻食品冷链物流需求总量占比 5.5%。

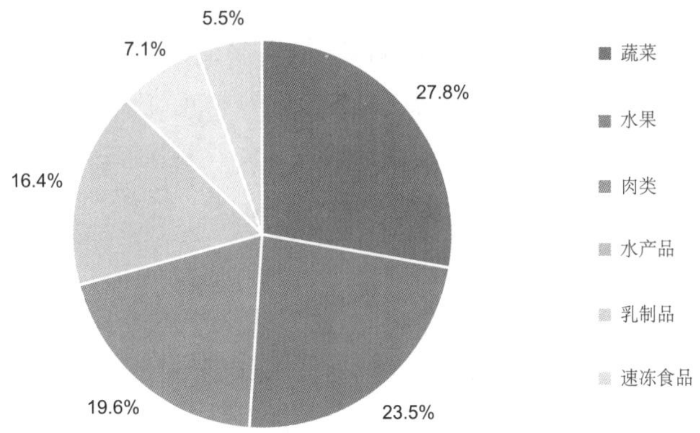

图 8-13：中国冷链物流需求市场占比

（三）企业注册量

2020 年，冷链物流相关企业新注册了 4375 家，同比增长了 28.9%。2021 年受疫情影响，冷链物流相关企业注册量减少。随着疫情得到有效控制，预计 2022 年冷链物流相关企业注册量将重回 4000 家。

（四）竞争格局

近年来国内冷链业务发展迅速，百强企业营收规模不断扩大。2020 年百强企业总营业收入达 695 亿元，占全年冷链物流市场总规模的比重为 18.1%，冷链市场集中度进一步加强。预计 2022 年中国冷链物流百强企业营业收入将突破 1000 亿元，营收占比将提高至 22.8%。

四、下游

（一）生鲜零售

1. 市场规模

2019 年国内生鲜零售市场总额达到 4.98 万亿元，同比增长 5%，2020 年市场规模超过 5 万亿元。预计 2022 年生鲜零售市场规模将达 5.3 万亿元。

2. 细分市场

生鲜零售主要销售渠道为菜市场和生鲜电商。2020 年中国菜市场生鲜零售占整体生鲜零售半壁江山。但是生鲜电商发展迅猛，正抢食菜市场生鲜零售市场份额。

（1）菜市场

菜市场是最大的生鲜零售渠道，2020 年中国菜市场零售规模为 30810 亿元，随着菜市场的数字化改造和智慧升级，未来一段时间菜市场将保持稳步增长。预计 2022 年菜市场零售规模将达 35991 亿元。

（2）生鲜电商

由于疫情的影响，人们的生鲜消费的方式发生了改变，生鲜电商市场快速发展。近年来，中国生鲜电商行业交易规模整体保持稳定增长，2021 年生鲜电商交易规模达 4658.1 亿元，同比增长 27.92%。随着生鲜电商行业逐渐成熟，以及人们网购生鲜的习惯逐渐养成，预计未来生鲜电商行业规模将继续增长，2022 年生鲜电商交易规模将超 5400 亿元。

（二）医药冷链

1. 市场规模

医药冷链有望成为冷链物流未来发展中最为强劲的细分品类，药品流通指药品从出厂到医疗机构或零售药店之间经历的一系列运输储存环节。根据中物联医药物流分会资料显示，2020 年，我国医药冷链市场销售额达 3903.4 亿元，同比增长 14.97%。随着新冠疫苗的批量集中上市、人民群众对于生命健康安全的愈加重视等因素的影响，预计 2022 年医药冷链市场规模将达 5446 亿元。

2020 年我国医药冷链物流行业市场规模 173.17 亿元，同比 2019 年的 137.65 亿元增长了 25.8%。预计 2022 年中国医药冷链物流市场规模将逼近 250 亿元。

数据来源：中商产业研究院整理。

2、产品结构

从细分产品占比来看，生物制品占比超 60%，其中疫苗占 13%，血液制品占 10%，其他占 40%。

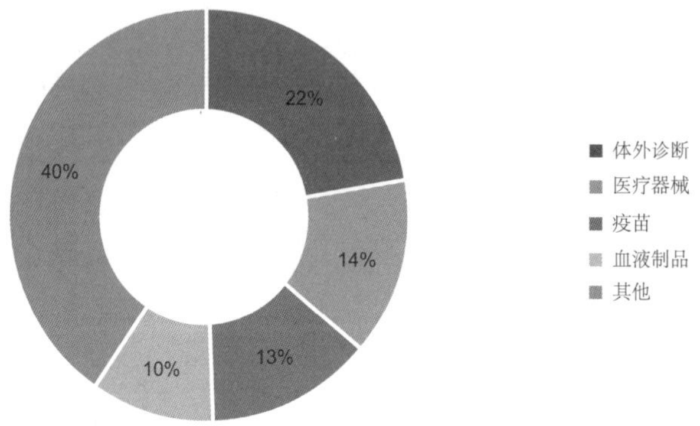

图 8-14：中国医药冷链市场细分产品结构图

来源：中商产业研究院整理

来源：中商产业研究院。

三、上海（2021-2022）冷链物流发展报告

一、疫情下上海冷链物流发展概况

2022上半年，货物进出口总额19.8万亿元，同比增长9.4%。其中，2022年1月—7月，我国农产品进出口总额达到1912.2亿美元，同比增长10.9%。上海作为长三角经济的引擎和进口冷链食品的主要港口，疫情期间为全国提供了75%左右的份额。上海已经成为进口冷链食品的主要输出地。同时，上海作为人口密度较高的超大型城市，加上常驻家庭户数964.46万户，且90%以上的生活物资不能自给自足，都需要才外省市采购，这些都让上海成为冷链物流和生鲜电商发展的首选城市。综合以上两点，上海冷链物流属于典型的上下行双向互通的城市，既是产地又是消地。这些都让上海冷链物流发展城际区域干线、本地城市冷链共配创造了良好的基础。同时，疫情期间冷链物流受到高度的关注：一方面，疫情下冷链物流需求井喷，暴露出我国冷链物流体系建设的不足；另一方面部分病毒通过冷链进入中国，冷链物流安全成为核心问题。在长三角的一体化的大背景下，区域冷链物流还存在两点问题：

一是冷链物流分布分散、冷链物流体系不健全。目前长三角地区聚集了大量的冷链物流企业，是中国冷链物流最集中的区域，其中上海冷链物流企业数量居全国首位。尽管如此，长三角地区仍存在冷链物流分布较为分散，行业更迭较慢、技术专业人员匮乏等问题。

二是企业成本负担较重、盈利水平较低。一方面，冷链高投入、高运营成本特性导致企业对于规模经济性极度敏感；另一方面，目前冷链时效与成本的匹配度相对较差，同行业间的资源无法共享，运营效率不高，导致冷链物流仓储、运输、配送成本居高不下。上海冷链物流各区发展极不平衡，人口密集区域和物流集中区域形成极度反差。中心区域冷链物流需求旺盛，冷库资源稀缺；物流集散地地处偏远（主要集中在浦西：G1501和S20之间；浦东中环快速路和S20之间），人口稀疏；随着上海城市副中心的建设，中远期会对城市冷链物流配送模式带来一定的影响，但并未改变冷链物流与城市发展不协调的问题。结合疫情期间保供的经验和物流协会冷链分会历年的数据分析，上海急需出台相关政策，完善城市主副食品供应链应急保障的预案；同时，各行政区出台网格型冷链物流发展规划和配套的企业落地政策，让上海城市主副食品供应链发展更科学、高效。

二、上海专业第三方冷库基本信息

截止至2022年6月底，上海市冷库总体量约1513万立方米（包含年内在建项目）。其中包含37家进口冷链食品一类中转查验库、43家二类中转查验库。上海近几年的新建冷库基本上全使用的氟利昂R22制冷剂；按总量算，上海 80% 的冷库用的是氟利昂 ；部分冷库（周浦，奉贤，崇明库）仍然使用氨制冷；制冷剂采二氧化碳复合制冷的占比5%左右。随着冷库建设朝着绿色节能方向发展，未来二氧化碳复合制冷的比例将会进一步扩大。围绕以上海为引擎的长三角一体化区域联动的发展新格局，以及上海供地指标的紧缺，上海周边城市（江苏太仓、昆山、吴江；浙江嘉兴）将会成为新建冷库的首选地，上海城市功能外延已经成为趋势，沪浙、沪苏省际边界也将会越来越模糊。围绕上海周边而新建的单体冷库容量也将迈向万吨级规模。

三、上海冷藏车基本信息

2021年，注册在本市的冷藏保温车（厢式货车）约6540辆，总吨位36 752吨，其中，大型车占比超过一半（52%）。随着政府鼓励新能源汽车的发展，新能源冷链城市配送车辆数将会得到稳步

提升。

四、上海冷链末端配送的前置仓基本信息

2021年9月28日，上海市物流协会联合上海市质量监督检验技术研究院、叮咚买菜、光明领鲜、盛琍发制冷、闽泰环境、圆通速递、安鲜达科技、上海理工大学等企业和院校专家共同制定的《冷链物流用前置仓技术运营规范》，在全国团体标准信息平台正式发布。上海支持温控末端配送的前置仓大致分为以下几类（前置仓按制冷设备与制冷面积进行划分，见表2）：

表8-2：分类与标记

类型		制冷设备	制冷面积
A	A1	冷库	50m2以下
	A2	冷库	50-500m2
B	B1	冷柜	200m2以下
	B2	冷柜	200-500m2
注：制冷设备既有冷库，又有冷柜的前置仓纳入A类前置仓管理。			

前置仓已经成为一、二线大中城市生鲜类产品配送的重要组成部分。现阶段前置仓多用于鲜奶制品、冰鲜产品、新鲜果蔬等。其中，以“叮咚买菜”“光明奶站”“美团买菜”为代表的专业型前置仓运营企业，为市民提供冷链到家的便捷化服务。如何降低前置仓的经营成本、提高每平方米运营效率是前置仓下一阶段发展必须思考的问题，也是前置仓是否能健康发展的根本。

五、上海社会餐饮发展趋势

上海是全国餐饮业领衔地，荟萃八大菜系、十六大帮别，交融中外餐饮。近年，上海把发展餐饮业作为经济增长点取得很大成绩。上海是我国餐饮业最具规模、发展最为成熟的城市之一，餐饮销售总额在全国各城市居首位。从地域分布来看，上海市餐厅数量众多，但以浦东新区和徐汇区数量最多，另外，闸北、宝山、闵行等新近开发的区域，随着地铁线路的开通，区域经济的发展，餐厅数量也呈现飞快的增长趋势。2020年上海实现餐饮收入1190.25亿元，同比增长4.3%，增幅排名在31个省（区、市）中第16位，其中上海杨国福企业管理有限公司在全国快餐小吃领域排名第一。未来国家将继续大力发展餐饮业。以消费促发展，在三方面大力发展餐饮行业。首先，大力发展大众化餐饮。其次，重点关注和解决餐饮行业的放心消费问题，严把食品原料进货关。再次，积极推进节能环保工作，推动行业节能减排纵深发展。2021年，上海市经济持续稳定恢复，延续了稳中加固、稳中有进、稳中向好的态势，2021年1月—11月，上海社会消费品零售总额为16473.96亿元，同比增长15.7%，其中住宿餐饮业为1338.93亿元，同比增长25.4%。2020年9月，上海市市场监督管理局《上海餐饮外卖食品安全分签使用管理办法（试行）》，规范上海餐饮外卖食品安全封签的使用和管理，降低餐饮外卖食品配送过程中的食品污染风险，保障食品配送安全。2021年2月，上海市市场监督管理局《上海市工业产品生产许可管理实施办法（试行）》，《办法》对企业生产列入工业产品生产许可发证目录的产品，应当向其生产所在地的区市场监管局提出申请，规范上海食品生产，促进上海餐饮市场稳定。2022年9月13日，上海市市场监管局披露，在2022年底前，在全市将建成1000家餐饮食品“互联网+明厨亮灶”示范店，并将餐饮服务单位加工经营场所视频监控接入网络餐饮服务第三方平台，实现网络餐饮在订餐平台公开食品加工过程，提升市民的获得感、安全感和满意度。截至2022年6月底，在“团膳网”注册的上海团餐企业总数约2267家，发展势头迅猛，主要经营食堂承包、食用农产品零售、中央厨房等业务。上海作为会展频次较高的城市，同时，上海中小学团体用餐比例一直高于全国其他省市，加上大中型企业密集、楼宇林立；这些都为团膳行业在上海的发展提供了良好的环境基础。未来团膳在上海的发展将会迎来质的飞跃，通过兼并整合等方式，上海团膳行业的整体服务水平将会得到进一步提升。

六、上海农产品市场发展情况

上海市年销售额达到100亿规模的大型农副产品交易市场大致分为综合农副产品批发市场：西郊国际农产品交易中心、上海农产品中心批发市场、江桥农产品交易市场、龙上农副产品交易市场；专业型市场包括：上海辉展进口水果批发市场、上海龙吴果蔬批发市场、上海江阳水产品批发市场等。

表 8-3：上海农产品市场发展情况

批发市场名单	类别	地址
西郊国际农产品交易中心	综合型	青浦区华隆路 200 号
上海农产品中心批发市场	综合型	浦东新区沪南路 2000 号
江桥农产品交易市场	综合型	嘉定区曹安公路 1936 号
龙上农副产品交易市场	综合型	闵行区北翟路 155 号
上海辉展进口水果批发市场	果品	奉贤区永南路 1688 号
上海龙吴果蔬批发市场	果品	闵行区龙吴路 3188 号
上海江阳水产品批发市场	水产品	宝山区铁城路 1555 号

七、上海生鲜电商案例“叮咚买菜”

（1）、基础设施建设

截止 2021 年底，叮咚买菜在全国拥有约 1400 个前置仓，面积约 50 万平方米，其中上海近 300 家前置仓。叮咚买菜在全国范围内租赁了约 60 个城市分选中心，面积超过 40 万平方米，其中上海 7 个城市分选中心。截至 2021 年底，叮咚买菜已经拥有 10 个食品研发加工工厂，其中，松江面点工厂在 2021 年获得了 IFS 认证，是国内获得此认证的极少的几家工厂之一。2021 年 12 月，叮咚自己的研发和加工的商品销售已经占比 7.2%。叮咚买菜将在 2022 年开工建设 3 个大规模的、现代化的生鲜综合体。截止 2021 年底，叮咚买菜拥有 3 家农业示范园，签署了 118 家订单种植基地。叮咚买菜结合国际标准和中国国情推出了叮咚良好农业规范标准 D-GAP，并在合作的农业企业中大力推广。

（2）经营数据情况

叮咚买菜 2021 年营收为 201.2 亿元，同比增长 77.5%。作为叮咚买菜首个入驻的城市，上海已于 2021 年 12 月整体盈利，且整个长三角地区都在 Q4 实现了 UE 翻正。在上海地区，平均客单价超过了 66 元。叮咚买菜大力发展自有品牌，叮咚王牌菜、叮咚大满冠、拳击虾等，都是叮咚买菜 APP 上广受用户欢迎的品牌，2021 年初上线的预制菜也取得了不俗的成绩，其在订单中逐渐走高的渗透率，有效拉动毛利率的提高，预制菜的 GMV 占比至 2021 年底已接近 15%。

八、上海医药物流基本信息

上海市医药批发企业约 151 家、医疗器械网络销售企业约 6336 家、上海市医疗器械经营企业 36842 家、上海市药品零售连锁企业约 58 家、上海市药品零售企业约 4345 家；作为上海本地主要的医药物流仓储配送企业：上海医药物流中心有限公司、国药集团医药物流北京有限公司上海分公司、上海九州通物流有限公司，三家企业医药物流 GSP 认证仓库共计约 60 万平方米。其中，九州通青浦物流中心从 2009 年 6 月开始建设，总投资 2 亿多元，项目建设周期为两年。物流中心占地面积 65 亩，采用了目前世界先进的现代化物流设备和仓储管理系统，并拥有强大的配送网络，日吞吐药品量达 4 万箱，是目前亚洲最大的仓储物流中心之一。上药物流以成为最佳健康产业物流服务商为目标而努力，力求为客户提供最佳物流服务解决方案，在全国范围内拥有 80 余万平方米的仓储设施，运营 120 余个物流中心，其中 10 余个具有医药或器械第三方物流资质，可支持跨区域、跨库区运作，物流中心网络直接覆盖全国 17 个省及直辖市。（数据包含上药康德乐物流）上海医药物流中心在上海拥有 12 万平米的医药专用库区，1 万平方米以上的医药专用冷库，为国内外药品以及医疗器械的客户提供专业的第三方物流服务。国药集团医药物流北京有限公司上海分公司上海地区共有 8 个库区，总面积 115690 平方米，冷藏面积 5528 平方米。随着上海医药产业园区规模的不断扩大，以及医美产业的不断成熟，拥有 GSP 认证资质的医药专业仓库也将在现有基础之上逐渐增加，主要形式将是在原有旧址上进行改扩建和更新迭代，以满足上海乃至长三角医药流通的市场物流需求。

九、上海进博会场馆内温控食材供给数据

2021 年第四届进博会期间，场馆内食材供应总箱数约 47902 箱，总吨位约 805 吨。其中，常温约 8937 箱、冷藏约 17052 箱、冷冻约 1115 箱、热链约 19798 箱；随着疫情常态并趋于稳定，今后“中国国际进口博览会”参展人数及规模将会进一步提升，同时，为场馆内提供食材保障的压力也会增大，现有的场馆内食材保障企业将会面对更大的挑战。

来源：上海市物流协会冷链分会。

四、长三角冷链物流动态

长三角冷链物流高峰论坛在上海成功召开

12 月 28 日，2022 年第二届长三角冷链物流高峰论坛在上海市召开。本届论坛由中国物流与采购联合会、上海市商业联合会作为指导单位，上海市物流协会、上海市物流协会冷链分会主办。上海市物流协会冷链分会常务副秘书长孙汕担任论坛主持人。

近些年，我国冷链产业在国家政策和市场需求的双重驱动下，迎来了快速增长，从生产端仓储、运输端物流到终端贮藏设备市场，都在持续扩张。今年以来，冷链领域相关政策持续落地，更加助推行业景气度。1 月，国家发改委印发《国家骨干冷链物流基地建设实施方案》，对“十四五”时期国家骨干冷链物流基地布局建设作出系统安排；4 月，交通运输部等五部门联合发布《关于加快推进冷链物流运输高质量发展的实施意见》；6 月，农业农村部办公厅、财政部办公厅发布关于做好 2022 年农产品产地冷藏保鲜设施建设工作的通知，提出推动冷链物流服务网络向农村及下一级市场延伸，无疑都将推动冷链产业的进一步发展。在此背景下，行业精英齐聚，以“拥抱内外双循环 端牢中国金饭碗”为主题，各抒已见、畅所欲言，共话长三角冷链物流发展所面临新的机遇和挑战。

中国物流与采购联合会副会长兼秘书长、亚太物流联盟主席崔忠付出席并发表致辞。他回顾了过去 10 年间冷链物流产业作为支撑国家经济建设、推动乡村振兴等国家战略实施的重要抓手，在政策环境、标准规范、市场规模、基础设施建设，以及冷链企业发展与行业集中度等方面所取得的一系列翻天覆地的变化。

“长三角地区的经济基础决定了冷链物流的发展潜力，这里聚焦了国内最好的一批冷链物流企业，代表了我国冷链物流阶段性发展的最高水平。”崔忠付在致辞中点赞长三角地区冷链物流的发展，并对其今后进一步发展提出四点建议：一是进一步发挥长三角相关冷链组织协同力；二是继续完善冷链基础设施体系建设；三是加快区域标准的制定实施；四是注重绿色低碳和数字化。

上海市粮食局副局长殷飞首先对论坛的顺利召开表示祝贺。他在致辞中指出，疫情极大地改变了人们的消费习惯，瓜果蔬菜、海鲜肉类等生鲜食品的采买也逐渐从线下向着线上转移。冷链物流因此也释放出新的活力，尤其在乡村，冷链物流更是展现出广阔的发展前景。当前，随着我国农业产业结构的大力调整，生鲜农产品的产量和流通量逐年增加，对农产品冷链物流服务规模和效率提出了更高的要求。因此建立高效快捷的农产品冷链物流，助力乡村振兴，冷链物流被赋予了重任。

随后，上海市物流协会冷链分会会长、上海光明领明物流有限公司执行董事、总经理董国银为本次论坛致欢迎词。“在 2022 年新冠疫情特殊时期，我们经历了‘封锁’和‘放开’，冷链作为一个最冷的产业，成了最热的话题，冷链的重要性在疫情中展露无遗。”他指出，在疫情环境下“危”中有“机”，因为基础民生必须保障，而食品市场的供需平衡离不开冷链物流的调和，所以冷链物流可以保持逆势上扬，越来越多的消费者认识到了冷链的重要性。

董国银表示，上海市物流协会冷链分会在此期间做了大量工作，包括在疫情期间，积极配合上海市发改委粮食和物资储备局、上海市商务委通关处协调会员单位、江苏及浙江政府资源，3 天解决了 1006 个标箱出港区，疏导 1.1 万多吨 -18℃的库存量，全力支持疏港行动；在上海全市调运车辆吃紧的情况下，积极配合上海市商务委市场体系建设处抢运口罩，配合口罩工厂调运包材；在冷链物流企业复工复产的时候配合市政府出具复工复产指导意见，帮助企业申请金融贷款，并组织有序的发放口罩等等。此外，他还介绍了上海市物流协会冷链分会接下来在四方面的主要工作计划，并表示希望冷链人共同努力，致力于推进行业发展，在“双循环”新发展格局下发挥长三角组合效应，进一步扩大长三角在国际物流供应链体系中的作用。

在 12 月 28 日上午论坛主题演讲环节，先后由四川省内江市国际物流港服务中心主任范长广、中国物流与采购联合会副秘书长兼评估办主任杨国栋、福建雪人股份有限公司市场总监陈炜、上海闽泰环境卫生服务有限公司总经理顾祥、上海盛琍发制冷科技有限公司总经理黄礼明、中通冷链副总裁杨帆先后发表了主题演讲。

范长广在演讲中介绍了以制糖业高度发达而闻名的“中国甜食之都”内江市及一些重点产业发展情况，以及地处成渝两个特大城市几何中心的交通区位优势。他介绍，内江拥有中西部最大的冷链产品消费市场，是成渝两个特大城市蔬菜和冷链食品保供基地。当前，内江正加速构建冷链物流产业链、生态圈，建有 20 万平方米的冻库、气调库，拥有 1600 余家冷链物流经营主体，是物流产业发展的沃土，目标是到 2028 年在川渝冷链市场供给占比达到 1/3。

杨国栋的演讲主题是《冷链物流与评估》。他介绍了当前我国冷链物流整体发展状况及存在的主要问题：截至 2021 年，我国冷链物流总额突破 8 万亿，冷链物流市场规模达 4586 亿元；冷链物流市场主体超过 3 万家，星级冷链物流企业超过 100 家；冷链物流总量达 3.02 亿吨，冷藏车保有量 34.14 万辆，冷库库容 1.96 亿立方米。目前，冷链物流发展主要存在八方面问题：一是规模小、抗风险能力弱；二是设备老旧、技改压力大；三是信息化、数字化水平弱仅维持基本要求；四是融资渠道不畅；五是管理水平缺乏系统性；六是专业化冷链管理人才匮乏；七是企业发展的持续性普遍脆弱；八是网络化布局弱。此外，他介绍了星级冷链物流企业的评估内容、目的和方法，以及在评估工作中看到的问题。

福建雪人股份市场总监陈炜发表了题为《冷链物流冷热解决方案》的主题报告，从中国“双碳”战略到新版《冷库设计标准》对冷链设备的发展进行了诠释，在制冷剂替代进程中，制冷方式随着安全可靠，节能减排而发生变化，随着预制菜，中央厨房业态的增多，冷链设施除了制冷外，还有工艺热水的需求。可以通过制冷技术本身的能量转移原理供给热水或水蒸汽。雪人股份致力于天然工质压缩机的研发制造，拥有众多符合环保顺应时代发展的冷热解决方案。

上海市健康促进协会副会长、上海闽泰环境卫生服务有限公司总经理顾祥，以《冷链守护，“消杀”有道》为演讲主题，为大家分享了以下内容：从农田到餐饮的食品产业链中虫害风险管理的基本认知；对于食品安全的重要环节，时刻将内功一食品安全管理，作为企业的基本保障工作，也给予客户更多的信心；如何从小虫害的管控中，推动企业的环境、结构、卫生等工作的改善。以达到做好内部运营保障，迎接和拥抱新的发展机遇。

上海盛琍发制冷科技有限公司董事长黄礼明带来了《食材标准化基地建设助力乡村振兴》的主题演讲。从农产品流通的风险和痛点入手，剖析了食材标准化基地建设对打通农产品通路和衡量农产品价值，为农产品流通争取时间的必要性。这些重要工作无法靠农民自发实现，需要多方面协同。盛琍发与上海市物流协会一道参与起草了上海地产农产品（果蔬）冷藏设施建设规范，在冷库保鲜的基础上，辅助以标准化的采后加工流程，几种有效的保鲜手段能有效降低农产品的损耗。盛琍发致力于智慧冷链 27 年，将持续努力。

中通冷链副总裁杨帆在会上做了《网络化带来无限想象》的主题分享，深入剖析了中国流通领域的变革为冷链行业带来的挑战和机遇，并全面介绍了中通冷链为适应新的市场需求，在冷链网络化、标准化、信息化方面的创新和实践，即“小零担、大网络、门到门、全程冷链”冷链解决方案。随着中通零担冷链的不断发展，冷链物流行业的赛道也趋于成熟，食材供应链也将越来越科学、效率也大大提升！

在论坛的对话环节，由北京快行线冷链物流有限公司总经理刘培军主持，中通冷链副总裁杨帆、优合集团产业发展中心总经理王飞、上海众萃物流有限公司董事长黄宗荣、普冷国际物流（上海）有限公司董事长虞健民、启橙中国创始人兼 CEO 潘炜等与会嘉宾围绕“现代农产品流通的挑战与机遇”的主题各抒己见，开展了热烈的交流与探讨。刘培军提出，当前面对冷链物流市场“僧多粥少”的局面，“卷”是必然的，但在卷的同时还要把服务做好。

普冷国际物流（上海）有限公司董事长虞健民指出，冷链物流面临的三大发展趋势不可避免。一是成本太高，目前的致冷模式、冷库设计等方面均需要改进，并且前提是确保质量不下降。为此，他呼吁冷链业全体同仁共同降本，长三角物流企业团结起来打造冷链新高地。二是过度包装等问题，导致冷链领域存在大量的浪费和污染。三是需要业界共同大规模推进自动化和数字化，包括实现 -18℃以下无人作业等目标，并且应该确立明确的推进时间表，这不仅关系到冷链产业的人文关怀，也因

12 月 28 日下午，围绕《食品贸易在双循环背景下的挑战和机遇》与《解读“二十条疫情防控新规”对餐饮行业的机遇》两场主题论坛同期举行。论坛的圆桌对话环节，其中，由韵达集团上海韵鲜物流科技有限公司总经理牟屹东主持，优合集团华东区总经理高子春、普冷国际物流（上海）有限公司董事长高级助理傅玉初、上海快行天下供应链管理有限公司市场营销总监潘惠锋、上海临港新片区经济发展有限公司副总经理逄淑光、香港亚洲生活有限公司合伙人欧伟明等与会嘉宾围绕主题为《区域一体化冷链保障》展开了热烈的交流与探讨，长三角一体化的大背景下，区域冷链物流的一些问题在大家的交流中得到展现，比如冷链物流分布分散，冷链物流体系不健全；企业成本负担较重，盈利水平较低等等。结合行业协会与企业各方数据支持，大家提到区域一体化联动发展，急需出台相关政策，规划冷链物流发展和配套企业落地政策，让区域一体化发展更科学、高效。

2022 链库冷链行业交流座谈会在链库上海总部基地办公室顺利举行

1 月 18 日，2022 链库冷链行业交流座谈会在链库上海总部基地办公室顺利举行，活动聚集冷链行业及相关企业 20 余位企业代表参会，围绕疫情背景下对冷链各行业的影响、资本环境下冷链发展新趋势的分析、预制菜未来发展前景的探讨等 3 个话题，与会嘉宾积极参与、各抒己见、思维碰撞、干货满满。

疫情背景下对冷链各行业的影响

座谈会由链库联合创始人兼 CGO 覃俊主持。 新冠疫情爆发以来，各疫情发生地物资保供形势比较严峻。冷链物流作为物资保供中的关键环节，重要性进一步凸显，冷链行业受到高度关注。疫情当下，冷链行业似乎处于“冰火两重天”，冷链物流企业面对巨大挑战，同时又孕生出行业新机遇。

上海百仕达食品园区商务部吴佳丽 谈到：“2022 年上海疫情十万火急，很多老百姓吃不上蔬菜、鸡蛋、新鲜肉，民生困顿，时刻牵动着百仕达食品人的心。这对冷链企业而言是极大的挑战和机会并存的时代背景。 如何克服困难、抓住机遇是冷链企业面临的问题 。 百仕达火速成立保供小组，并首次尝试社区团购与电商新零售，先后上线了‘小佰厨’‘食荟直供’等基于微信生态的电商小程序，为松江地区及整个上海地区的消费者供应质优价廉的刚需食品，全力保障松江、上海地区老百姓的食品供应。百仕达人在做好本职工作园区服务的同时，积极配合松江地区防疫抗疫政策，为打造无疫园区贡献出自己的一份力量，为食品安全做好前置源头管控，积极助力园区食品商户复工复产。”

上海象屿物流发展有限公司总经办主任韩华谈道：“疫情对物流仓储行业的影响还是比较大的，但是由于这并不是疫情出现的第一年，象屿集团下物流仓储也都有着丰富的抗疫经验。象屿集团上海平台就采取“居家办公 + 轮值”模式，畅通业务沟通渠道，启用企业电子签章，最大限度减小疫情带

来的负面影响，保障平台事业部业务的正常开展。上海象屿速传仓储物流部员工们在严格落实防控政策的同时，也始终奋战在物流一线，保障着 6 个口岸仓库业务的正常运转。”

资本环境下冷链发现新趋势分析

国家冷链物流“十四五”规划的发布标志着冷链物流市场已跨越鸿沟，从早期市场步入主流市场。中物联冷链委统计，2021 年冷链行业共发生 33 起投融资事件，已公开融资的 20 笔融资均超过 1 亿元，其中 11 起超 10 亿元。冷链物流已经成为资本追逐的焦点。

本来生活潘士德分析谈到：“在资本市场确实存在所谓的风口—当大多数投资人的想法发生共振时，一定会推高这类企业的估值。但这种估值溢价不是该企业成功的充分条件，更不代表企业就一定经营成功。在现实中，很多人会把资本市场形成的暂时风口错认为是企业的成功。这也是为什么当风口转向时，那么多一时风光的独角兽也会陨落。如果说一定要给企业找一个成功的秘诀，我认为那应该是提升专业能力、优化管理制度、拓展盈利模式、借助于现代化的工具与平台提升运营效率。这样企业的核心竞争力自然就形成了，企业也大概率能成功了。”

远洋物流投资总经理刘凌志谈道：“通过物流地产基金模式，物流地产商实现了轻资产、高周转和高杠杆运营，大大缩短了投资回报周期。近几年，国内物流地产基金逐渐崛起，通过‘地产 + 基金’撬动规模成为这一板块的重要发力点。近几年，在地产调控政策陆续出台的大背景下，房企原有的银行、信托等融资方式被逐渐收紧，地产私募基金成为另一种有效筹资模式，受到业内的关注。远洋资本联合某亚洲主权基金，发起设立 4 亿美元物流地产私募基金。在基金中，远洋资本担任基金普通合伙人（GP）及基金管理人，负责基金日常运营及管理，远洋资本旗下子公司‘远洋物流’将对基金的项目进行开发运营和物业管理。远洋物流投资管理的物流地产项目达到 30 余个，物流仓库规模将超过 400 万平方米，覆盖北京、上海、天津、廊坊、徐州、南京、苏州、宁波等 10 余个城市。远洋上述物流基金，也成为其物流业务‘轻重并举’的重要支撑。”

预制菜未来发展前景探讨

近年来，懒宅经济带来新的消费需求，加之疫情的催化加速，人们对餐饮的便捷、营养、健康、安全也有了更高的追求。在此背景下，预制菜行业被推上风口，成为当前餐饮消费领域的一大新热点，呈现出极为迅猛的发展态势。

麦金地集团监事会主席冯培志表示：“2022 年，预制菜风口之盛，可与当年 O2O、共享经济有一拼。数据显示，目前行业规模达 4000 亿元，2025 年预计超 3 万亿元，未来有望超 5 万亿元。那么，面对如此‘风口’，企业又能如何把握？在我看来，预制菜赛道的核心和关键控制点在于央厨工厂生态链的建设。”

“预制菜的火热离不开央厨工厂的建设，一方面，预制产品的加工制作需要场所，且要易于食品安全把控；另一方面，预制菜盈利的前提是规模化，而这一点在央厨工厂可以得到保证。央厨工厂结合了中央厨房和中央工厂，与前端的农业种植和后端的客户需求衔接，形成了一个关键的中心环节，既保证着预制菜生产的数量和品种的供应，同时也保障着预制菜产品的食品安全。因此，央厨工厂的建设无论是对于企业自身竞争力的提升，还是城市保供需求的满足，都十分重要。”

中通冷链公共事务总监黎冰表示：“预制菜的未来发展靠的不仅仅是成品，而是一整套供应链，实现从源头到餐桌全面生态化、安全化、营养化、可追溯化，才是厂家的核心竞争力所在。其中，冷链物流作为预制菜供应链极为重要一环，受到了行业的高度关注。中通冷链具有全国覆盖、全程冷链、全链路信息化管理的网络优势，能够补齐预制菜企业在运输配送方面的短板，强化预制菜供应链体系。中通冷链的冷链特惠件、冷链小票零担解决方案，分别面向预制菜企业 to C 和 to B 的定制化运输需求，可以保障预制菜食品安全和品质，提升消费者满意度，让消费者吃得明明白白。此外，中通冷链可以帮助企业把控产品损耗，有效降低企业的仓配和售后等成本，有利于企业客户集中资源优势，投入市场拓展，在预制菜赛道上快速跑起来。”

链库联合创始人兼 CMO 王旭东总结发言：“疫情背景、资本加持、电商崛起等时代特征对于冷链行业发展是一种催化剂，加速冷链行业快速发展。那么如何把握机遇是行业企业需要思考的问题。大家提到了各自企业的方法，其中我非常赞同的是利用互联网赋能。企业在关注提升专业能力、建立健全制度、注重人才培养的同时使用互联网等现代化信息技术是当今时代的有效工具。通过应用互联网数智化技术、构建大数据服务平台，实现打通行业信息壁垒、提升企业的工作效率，帮助企业降本增效是链库始终关注的方向。”

“为此，上海连库信息科技有限公司经过 3 年孵化推出全国冷库互联网大数据平台—链库。链库致力于为冷库供需双方提供可延伸的一体化信息服务，依托海量库源信息，根据不同客户对位置、面积、租赁形式、业务形态等的需求，以链库所拥有的针对冷库行业业务特性研发的数智搜索引擎和独特的推荐算法进行最佳匹配，为客户精准找库。链库综合应用互联网技术、物联网技术、大数据云计算技术、人工智能技术等现代科技极大地推动企业信息化建设步伐，全面提升企业运行效率、拓展运营能力、助力企业降本增效健康发展。”

百胜（中国）投资有限公司费慧良、上海丰树管理有限公司副总经理黄靖、国冷智谷（上海）资产管理有限公司创始人兼 CEO 卢庆文、国冷智谷副总裁刘富荣、美团优选事业部苏中华等嘉宾纷纷发言、积极参与。座谈会历时近 4 个小时，圆满结束，大家都收获颇丰。

未来链库将进一步深度挖掘行业需求，用心打造产品和服务，帮助冷链行业朝向冷链产业互联网的方向升级。

来源：广东生活网。

第九篇　城市配送与快递物流

一、连锁超市、卖场物流

抖音新年打响第一枪，与京东、天猫、美团在互联网超市“狂飙”

社区团购和互联网买菜翻篇后，互联网超市要开始“狂飙”了，这块生意由抖音在今年春节开工当天打响了“第一枪”，抖音超市业务正式面世！

天猫超市、京东超市、美团明日达超市（美团优选）早已就位，就差拼多多、快手也来参战了。传统货架电商搞超市好理解，但短视频/直播平台也来干超市，多少会让人感到零售电商又“卷”出了新高度。

俗话说，“直播的尽头是卖货”，那么“卖货的尽头又是开超市”？目前来看，已坐拥8亿用户的抖音是这么做的。看似不起眼的小事，却已经在传统零售圈与大快消圈引起了广泛关注。

好不容易，挺过了大疫，实体零售商们等着消费复苏、经营回血，但一想到互联网大厂们纷纷杀入自己的地盘，危机感顿生。相信大家都会好奇，抖音超市是昙花一现，还是所向披靡？互联网大厂间的超市业务博弈又会走向何方？作为传统零售商们又该如何正面迎敌？

带着这些疑问，鲸商试图找到一些答案。

抖音做超市，被京东“逼”了一把

“卧榻之侧，岂容他人鼾睡”。在抖音上开超市这事，京东可走在了“主人家”前头。

在研究抖音电商中生鲜、快消的零售生态环境时，鲸商发现，截至2023年2月3日，京东超市入驻抖音已有597天，累计销售了3531.8万件（自营）商品，而京东超市的抖音“粉丝”已达到259万，发布的非隐藏或删除作品有395个。

其实，电商平台相互入驻不是什么新招，当当就先后入驻过天猫、京东，关键看是否放得下身段去拿流量。

由此可见，京东超市已在抖音上薅到了羊毛；不仅如此，京东超市也在快手上开店卖了3945.3万件商品，还获粉129.4万。京东超市在抖快两大平台上的共同点，就是坚持常态化直播，哪怕直播间同时在线人数不超过100人，并结合短视频“挂车”。

或许，抖音早已看到了生鲜、快消的高频刚需机会，但过去出于对互联网监管政策的谨慎，暂不敢冒进创新碰民生工程的“菜篮子”，去年下半年随着政策调整鼓励创新，加之看到京东超市已经在抖音上做了“小白鼠”，验证了市场需求，而下定决心发力超市业务。

此外，在2022年5月，抖音将“商城”放到了抖音首页，同年8月，抖音电商曾在内部宣布，把兴趣电商战略升级为“全域兴趣电商”，鲸商认为是要把直播电商与货架电商加入融合，但兴趣推荐的流量分配机制又与中心化流量机制有冲突。

所以，在商城板块要让用户习惯从去中心化的刷视频，迁移成商品“搜索”消费习惯，那么大快消高频复购的消费场景，就很难满足了这一战略目的，因而商超业务就成了商城板块的重要一环。

抖音之所以如此重视超市业务，不仅看到京东、天猫、美团等巨头已分得一杯羹，还有外部宏观经济因素：国家统计局公布的最新数据显示，2022 年社会消费品零售总额 439733 亿元，比上年下降 0.2%，扣除通货膨胀因素，只比 2019 年疫情前的同期数值仅增长了 0.87%。

分布到商品类目中，仅有食品饮料、烟酒等快消品还保持着良好增长势头，这也是过去新消费品品牌较为集中的领域。所以，抖音是在迎合消费趋势，搭建商超寻找其他的增长路径。

为了这事，抖音已经筹备小半年。去年 10 月，有消息称抖音超市开启招商，在广州、深圳、惠州、东莞 4 个城市进行试点。北京字节跳动网络技术有限公司申请注册了“抖音超市”商标。

从具体业务来看，目前抖音超市以自营为主，主打 3 个核心体验：“官方直发”“次日送达上门”“满 88 元包邮”。类似于京东自营的特点，正好击中消费者购买百货时所关心的正品保障、物流体验、价格优惠。

抖音超市自营模式基于其庞大的流量基础。数据显示，2022 年抖音用户数量在 8.42 亿左右，日常活跃人数超过 7 亿。

此前，凭借流量优势与内容创作的直观冲击，抖音的本地生活服务迎来了大发展，截至 2022 年 10 月，抖音生活服务已经覆盖全国 377 个城市。虽不及美团的覆盖面积广泛，但其整体交易金额同比去年增长了 30 多倍。

抖音超市项目虽处于起步阶段，但如果自营模式跑通后，抖音超市在商城板块集合第三方卖家，本地同城业务在餐饮的基础上往即时零售迈进一步，如果“自营 + 第三方 + 即时零售（线下 1 小时达）”的组合能打透，那必然能把抖音电商带入新的高度。

然而，以上只是最理想的状态。在鲸商看来，抖音超市还需要解决三大挑战：一是打造零售本身的极度专业性，弥补团队基因的欠缺；二是组织架构的调整，能让内容、电商、本地生活等多个团队高效协同，并且目标一致；三是在供应链管理、配送交付上，有更高效、体验更佳的保障。

此外，抖音超市还有提升空间。从目前商品来看，供消费者可选的还不多。抖音超市仅有九大常规快消品。而天猫超市一共有零食速食、粮油调味等 19 个品类；京东超市则包括了个人护理、山姆会员、宠物生活等 40 多个细分品类。

且在多平台对比下，尽管抖音超市对不少产品进行了补贴，但天猫超市有聚划算，京东超市也有补贴措施，抖音超市的产品优惠力度无明显优势。

比如，抖音超市中售价为 3184 元的戴森吹风机（HD15 紫红色），同款产品在天猫超市的售价为 3099 元，便宜了 85 元。

抖音超市还处于摸索的萌芽阶段，同为直播 / 短视频平台的快手，暂时没有开设超市业务，一旦抖音电商在商超业务板块形成气候，大概率快手电商也要跟进，毕竟资本市场需要一个新的“增长故事”。

互联网超市的“进化论”

就在抖音布局线上超市之际，天猫超市、京东超市也没有停滞不前。

在京东 APP 首页就有京东超市入口，靠前的位置，可以看出其在集团战略业务中的重要性，天猫超市也是一样。

从京东首页进入超市后，即可发现京东超市的多种业态。最上方是搜索场景和新人礼，以及 61 个分类。在分类中，京东超市又分为特色频道、食品酒饮、母婴玩具、个护清洁、居家生活。

往下滑，会发现京东超市主页面的商品，主要为京东自营，即京东从品牌商家采购后，再由京东仓、京东物流配送，以突出京东超市服务体验好、物流配送快、产品正品保障的特点。而京东超市，则相当于一个快消品的集合。

其实，早在 2017 年，京东超市的销售额就突破 1000 亿元大关。到了 2022 年 9 月，京东超市渠道覆盖 25 个品类，线下门店近 3000 家，可调动门店超 1 万家。

除此之外，京东还有数十万的配送人员。如此庞大的门店数量和配送人员，决定了京东可以更大程度满足消费者对商品的配送时效要求。

而线上超市这块“肥肉”，阿里也早有布局。天猫超市自 2011 年成立之初，一直以代销为主。

在 2018 年，天猫超市成为独立事业群，经过商业模式升级，其从以“代销”为主的模式，转变为“代销”和“采销”并行的模式。到了 2019 年第三季度，以天猫超市、盒马为首的新零售及直营业务，其收入占比达到 15%，首次超越佣金收入，成为阿里的第二大收入来源。

后来，阿里将天猫超市事业群升级为同城零售事业群，并将饿了么从本地生活服务中合并了过来，上线的“小时达”服务便是整合了天猫超市、淘鲜达和饿了么等资源。

现在，天猫超市的页面布局与京东超市类似，且产品经过多次调整后的天猫超市，在购物频次、高频用户数量均超过淘系平均水平，高消费人群超过整个天猫高消费人群。

无论是京东超市、天猫超市还是新上线的抖音超市，从服务来看，前二者明显更为完善。三者均有“7 天无理由退货”服务。但天猫超市还有送货上门、0 秒退、30 天放心退的服务，京东超市则有 7 天价保、破损包退换等服务。

物流方面，京东超市有达达，天猫超市有菜鸟直送、丹鸟，且二者都可选择次日可达。抖音超市虽也显示“16:00 前付款，当日发”但是否次日到，以及送货上门尚未可知。

目前看来，抖音超市如果仅仅单纯地模仿京东超市、天猫超市，无法实现突围。从页面接口、商品丰富度、服务配套来看，抖音优势较弱。抖音超市的优势在于流量，若在搜索场景培育出用户的购物心智，加上标签算法的协助，抖音超市也能打造出带有短视频特征、兴趣电商特性的超市体系。

不过，这也要看抖音超市后续的履约、售后服务等配套措施，以及不同板块的协同能力能否跟上了。

传统商超拥抱“即时零售”来反击

各大电商巨头纷纷加入超市混战，发出半日达、次日自提、小时达、半小时达等多种模式，希望从超市寻找突破口。这种趋势，其实与线下商超的艰难现状息息相关。

根据国家统计局相关数据，自 2017 年开始，国内超市门店数量便持续下降，从最高 38554 家下降至 24082 家，降幅高达 37.5%。其中大型连锁商超门店减少速度更快，从 2012 年的 11947 家，下降至 2020 年的 5340 家，降幅超过 55%。

根据连锁经营协会发布的《2022 连锁超市经营情况报告》显示，2022 上半年，上市超市企业开店速度放缓。截至 2022 上半年，9 家上市企业共净增门店 45 个。其中，便利店净增 69 个，超市门店净减少 22 个。

传统大型商超的经营愈发艰难，造成这一现象的主要因素是电商行业的冲击。早年间，天猫、京东的崛起，让大卖场受到冲击；近几年的生鲜电商，比如叮咚买菜、盒马、美团优选，又抢占了线下超市“菜篮子”份额；最近兴起的预制菜，还可能会抢占线下餐饮实体的份额。

学习盒马的新零售模式，没有让大部分传统商超走出“深水区”，但拥抱美团、饿了么、京东到家等即时零售平台，用“外卖”的方式，让实体零售门店摸到了数字化的“门”。线上（外卖平台）下单，线下（实体门店）交付，回归零售服务的本质，专业人人干专业的事。

总之，与消费者密切相关的吃喝玩乐各领域，都有快速崛起的新势力。线上超市囊括了消费者的日常所需，产品不断细分，服务保障不断完善。这对传统商超而言，不能用互联网最擅长的方式去“火拼”，而是要利用互联网平台来服务提升自己。

何况，当下的互联网大厂做平台级的超市，不再是 B2C、O2O 模式的割裂，而是二者兼容，甚至未来还有更高效的迭代升级，什么模式不重要，重要的是回归零售本质，以消费者为中心，满足不同阶段的需求。当前，互联网超市集合了 B2C 模式满足了消费者“计划性”需求，而 O2O 模式则满足了“即时性”需求。

天猫超市和京东超市已然占据线上超市的半壁江山。京东超市仍聚焦解决流量问题，以及在供应端打磨、配合上。此外，京东超市还在大力邀请 B 端商超、品牌入驻京东全渠道平台。

与此同时，天猫超市也有流量焦虑，不过其更聚焦于品类挖掘与品牌孵化，搭配阿里其他部门的协同能力，天猫超市能在更多场景中挖掘潜力。

如今抖音加入互联网大厂的超市混战，这再次刺激了传统商超们顺势而变。从 B2C、O2O 到社区团购、生鲜电商，再到即时零售，每年流行的概念和商业模式都不尽相同。但能否让传统商超赚到钱，让消费者买到实惠，让平台实现增长，或许才是互联网大厂做超市的“长期课题”。

来源：鲸商。

连锁零售物流配送体系发展与升级

变局之下，连锁零售物流配送体系创新发展

随着新零售模式兴起、消费习惯变化，传统的连锁商超企业直面多重考验，如何在变局环境下建立符合市场和自身需求的物流配送体系，成为转型升级的关键。

一、我国连锁零售业发展与转型

2004 年以来，随着计算机通信技术设备不断完善，电子商务实现快速崛起，国内消费者逐渐开始习惯通过网络进行购物，实体连锁超市直面巨大冲击。而伴随电商在技术水平、支付模式等方面的发展，天猫超市、京东超市、一号店等新型电商超市借助于母公司的强势资源，实施全国范围内的货物采购、仓库建设和物流服务建设，打造出“朝发夕至”“隔夜达”“生鲜送货上门”的优质购物体验，抢走了大部分平价产品的市场份额。

自 2017 年来，移动通信技术全面升级，微信、抖音等社交平台快速崛起，社区团购、直播带货等方式在资本巨头的加持下野蛮生长，对传统商超市场形成进一步挤压与分流。

从 2019 年新冠疫情以来，受防疫政策等因素影响，消费者的购物习惯也发生改变，更多的消费者习惯于线上购物，对连锁超市形成更大冲击。同时，当前国内一线、二线城市的消费者经历了各大零售品牌多年的市场熏陶，消费需求开始呈现个性化的特点和逐步分化的局面，海外代购开始兴起，又抢夺了超市的高端消费品市场份额。2021 年，几乎所有的超市都不同程度地出现营收下滑甚至亏损的现象。

面对这些不利因素，连锁超市近年来开始主动转型，主要包括全渠道转型、新零售转型和生鲜转型。

积极拥抱新零售技术，开展线上线下融合的经营模式。主要是将大卖场、大连锁的零售形式，变成小店、精品店、体验店等形式，通过下线去连接人。在线下开密集的小店，去覆盖更多线下人群，然后通过第三方应用程序，打造线上云店。同时，以奖励机制将到店消费的新客导入到第三方应用（小程序），使客户用户化，与用户建立实时连接，实现二次营销。小面积门店也可为周边没有线下实体门店的地区提供配送服务，成为前置仓，专门服务于周边社区的消费人群，打通线上线下消费者平台。

与线上平台合作获取流量。线上平台拥有流量优势，获取订单的能力较强，但在履约过程中会存在诸多问题。但连锁超市已在供应链方面深耕 10 年甚至 20 多年时间，供应链较为成熟，而且连锁超市具备网点优势，所有门店既可销售商品，又可作为前置仓快速地履行订单，然后双方分享费用，这也是对双方资源的有效利用。现在有些地区已经出现了连锁超市和社区拼团合作的方式。

加快生鲜商品的标准化进程。作为消费者购买频率最高的商品，生鲜商品在连锁超市经营中起着举足轻重的作用，做好生鲜商品经营，不仅可以提升超市的获客率，而且可提高利润率，还可以实现经营的差异化。目前我国的生鲜商品标准化程度与发达国家相比仍有较大差距，不仅商品的外观及品质不标准，而且产品包装也不标准。大多数生鲜商品仍然在以传统方式流转，因标准化程度不足，使产品品质无法做到稳定一致，流转过程中的损耗率高居不下，造成生鲜商品供应链成本高，盈利能力不强。现在越来越多的企业认识到标准化的重要性，通过标准化建设，不仅可打造出生鲜品牌，而且通过标准的包装，能降低流转过程中的损耗，提升各环节的效率。

二、连锁零售物流配送体系发展现状与问题

无论连锁超市业务模式如何创新和变化，都离不开物流配送的支持。物流配送中心是连锁超市供应链的核心节点，物流中心的运营模式及运营效率，对整体供应链成本至关重要。可以说，物流配送的好坏，是零售连锁超市经营的重要保证，关系到企业能否获得规模效益，以及能否为供应链上企业带来价值增值。

1. 连锁零售物流配送体系发展现状

（1）自建配送中心偏多，自营配送模式占主导

在国内连锁百强企业中，90% 企业拥有自己的物流中心。在这些物流中心里，大部分的信息化和机械化程度都不高，主要依靠手工作业，配送效率较低，对门店的服务水平也较低。

（2）商品种类多，配送要求高，配送效果不尽如人意

零售连锁超市所销售商品的品种繁多，涉及食品、日用品、家居等，对配送的要求相对较高。由于供应商的实力和所处地区不同，导致供应商提供的配送服务也有所不同，很多服务都无法达到超市需求。并且，我国第三方物流企业水平参差不齐，物流配送的整体水平偏低。总之，无论供应商直接配送模式，还是第三方物流模式，因企业实力与配送服务水平偏低，都使配送效果大多难尽人意。

（3）统一配送率低，运作难度高

零售连锁超市的配送量波动大，订货频率高，时间要求相对也比较严格。物流零售企业的销售量受随机因素和其他人为因素（如促销）影响较大，造成门店的配送量波动大。对于仓储空间等资源有限的门店，一般要依靠提高配送频率来满足需求，有些小型便利店甚至要求一天送货两次，而且配送过程有时间窗限制，如限定某个时段到货。同时，目前零售业连锁超市的统一配送率低，缺乏高效率的物流配送，导致物流成本高。

2. 主要短板与挑战

（1）大部分物流配送中心的配送功能落后、服务欠缺

零售连锁超市的“物流配送”并不是一般意义上的“送货”，而是包括配货、分货、理货、送货等不同流程，涉及储存、保管、加工、分拣、包装、运输等一系列工作，“物流配送”就是这些流程和工作的有机组合体。然而，我国许多连锁超市的物流配送中心在功能上仅限于储存、保管和运输，很少涉及加工、分拣和包装等职能，且效率和效益极低，从而导致我国连锁超市物流配送的职能不健全，无法真正提供全面的物流配送服务。

（2）我国第三方物流发展缓慢、效益低下

随着全球化发展和供应链的优化整合趋势加强，第三方物流在物流配送系统中所起的作用越来越重要。国际领先的第三方物流企业，其服务网络可遍及全球，且提供更加专业的物流服务，效率高，效益好。我国现代物流发展起步较晚，第三方物流企业大多因缺少先进的技术支撑和强大的资金保障，造成整体水平较低，各地区发展不平衡，而且大多数第三方物流企业普遍规模较小，服务较为单一。因第三方物流难以满足需求，我国连锁超市企业大多选择自建配送中心和自营配送的方式，而这

一做法反过来也对第三方物流的成长带来不利影响。

（3）物流配送中心建设缺少专业规划

在建设物流中心以前，需要专业人员针对物流中心的规模、选址、工艺流程、运营布局及设备选型，根据规划目标及数据分析给出专业化的方案，这样建设出来的物流中心才能符合连锁超市物流运作的需要，保证不浪费资源，且快速进入高效率、高质量的运营状态。

长期以来，我国连锁零售企业在物流中心建设时，大多不依靠专业力量进行数据分析和测算，仅根据自己的经验就开始建设，结果就是所建物流配送中心受自身经验所局限，在先进性和前瞻性方面与实际差距较大，导致运营效率低下，服务水平不足，难以对连锁超市的经营发展形成有力支持。

三、连锁零售物流配送体系的升级路径

1. 物流配送中心的构建方向

我国连锁零售企业在规划建设物流配送中心时，要依靠专业团队做好功能定位、规划年限、业务目标、数据分析、工艺流程、设备选型等各方面工作，并且应沿着以下目标进行规划与升级：

（1）构建全功能的物流配送中心

主要构建包括配货、分货、理货、送货等流程，涉及储存、保管、加工、分拣、包装、运输等一系列工作的全能配送中心，通过这些功能组合出优质物流配送服务的有机组合体。

（2）构建充分信息化、适度自动化、充分机械化的物流配送中心

优秀的物流中心，离不开信息系统的支持。通过构建 OMS+WMS+TMS 的智能信息化系统，系统能根据已设定的流程自动接单，自动发出作业指令、自动接收作业结果反馈，并根据作业结果出具运作报表给管理层，使管理层能熟知物流中心的运营状况和问题所在。

近年来，随着电商业务蓬勃发展，我国物流自动化技术进步明显，而且应用成本较以前也大幅下降。因此，适度采用电子标签技术、自动化立体库、自动分拣设备、机械手等自动化技术，不仅能明显降低人工成本，也可以提高服务水平。同样，输送、搬运、装卸等物流机械化设备在降低劳动加强度，提高作业效率方面也能起到明显效果，因此在物流中心构建时应充分使用机械化设备。

2. 运作模式变革

在连锁零售大变局的形势下，物流中心的运营模式也要进行变革，以适应前段商业模式的变革。为了给门店提供一站式集约化服务，且提高运输效率、降低物流成本，未来在建设物流配送中心时，应把分散式品类配送中心转变为集约式的综合配送中心。

此外，为降低整个供应链上的资源浪费，减少配送成本，降低对社会交通运输的压力，连锁超市可以与其他连锁超市或其供应商共同建设配送中心，形成共同配送，达成资源共享。

值得一提的是，引入第四方物流，既可以辅助连锁超市选择合适的第三方物流，解决供应链上的库存、输送问题，还能帮助解决采购问题，协助管理超市与供应商之间的关系。以第四方物流为核心的配送体系，不是单纯的外包模式，而是将外包与自营配送结合在一起，是一种混合策略。通过第四方物流企业，超市资源、供应商资源、第三方物流企业，以及其他社会物流资源得以整合，形成密切合作关系，在统一的指挥和调度之下，以最合适的模式达到最好的服务和最低的成本。

四、未来发展趋势

经过近 30 年发展，我国连锁超市已进入成熟期，经过自然淘汰合并后生存下来的企业都具有较强实力和一定规模。为了谋求更大发展，连锁超市应该通过专业力量科学规划建立物流配送中心，并引进专业的第四方管理团队，通过打造优秀的物流配送平台以整合供应链，降低成本；在市场与行业的大变局发生时，提升自身竞争力，获得足够的供应链效益，以保持自己的竞争优势。

来源：物流技术与应用。

零售供应链管理之：连锁零售企业物流运输管理

说零售话生鲜

说说零售、聊聊生鲜、谈物流配送那些事那些人，分享个人感受转发大咖观点、行业信息。提供零售供应链、物流配送咨询、诊断、优化，供应商对接等服务。

连锁零售物流运输管理，采购运输物流、配送物流与逆向物流。配送物流主要是装车准备、装车、运输、门店验收与单据回传；逆向物流要是载具回收、商品退库、物料返仓。这与其他行业内的物流管理基本类似，不同的是载具回收与商品退货中的生鲜商品的退货管理。

连锁零售物流运输管理与其他行业物流运输管理中的一样，最大的痛点是装卸管理与车辆管理。装卸管理主要是目前适合装卸工的岗位人员，或者说愿意做装卸工的人群越来越少，而零售物流由于装卸工相对其他行业较少在管理上更难些。以前写过一篇说零售话生鲜之：物流基层员工管理与装卸流程 在这里就不再赘述，有兴趣的点开阅读。

车辆车管理一直是物流企业头痛的问题，司机难管理、配送时间难掌控、考核困难、维修费频率高、成本居高不下等，最重要的道路安全问题。车辆管理问题不只是在零售企业存在，对于其他行业物流企业一样存在，相对其他行业来看零售行业有个比较好的条件，就是门店固定的车辆配送线路也可以固定下来。

采购运输物流

采购运输物流在零售行业内采购运输物流相对比较简单些，一般分为供应商运输物流、自采运输物流。供应商运输物流属于外部物流对于物流配送中心来说主要是配合卸车、验收、入库即可。自采运输一般都是 采购人员申请用车，由物流配送中心安排车辆随采购人员到厂商、市场、基地，或采购人员指定地点装货、运输的过程。

采购运输车辆需求一般企业都不太稳定、距离较远等因素，因此综合考核运营成本与效率除每天固定市场车辆外都可不安排固定车辆。用车安排以配送车辆空闲时间段安排配送车辆完成，距离超过300千米以上不需要自带载具、没有退货的情况下尽量在商品地寻找社会运输资源。货量大、要求时效性的商品用专车或拼车，货量小、时效性不强的商品用专线或快运物流。

采购运输的重点工作是商品的核对、商品安全、行驶安全与商品卸车，流程相对简单标准易操作，具体可根据企业实际情况制定相关工作流程与相应作业标准。

配送物流

配送物流在零售行业内的物流活动中相对来说是比较重要的，如果装卸与车辆管理的痛点解决后，配以合理、有效的工作流程与作业标准，配送物流管理就可简单、高效完成配送任务。

连锁零售行业的配送相对其他行业来说，优点是门店固定、每天货量稳定、客情关系好，缺点是商品SKU数量多、批次多、批量小、生鲜时效要求强，特别是便利店与社区店企业。

针对这一现状连锁零售行业配送物流车辆安排，应以门店位置、参考门店业态、日销售量来制定线路，固定车辆与人员进行日常配送工作。

配送物流工作流程，线路确认、装车准备、核对商品、装车、运输、门店验收、单据回传与逆向物流运输，工作重点是商品安全与行驶安全。根据企业实际情况制定相关工作流程与相应作业标准。

逆向物流

逆向物流在连锁零售行业内尤为重要，主要涉及载具回收、商品退库、物料返仓等。由于配送物流车辆有固定线路固定门店，所以在连锁零售行业内除闭店与大型活动撤场外都不用另外安排车辆运输，都可以由配送物流车辆来完成逆向物流的运输工作。

载具回收

在连锁零售行业内根据不同的业态都会或多或少地用到各类载具，比如托盘、笼车、储物笼、周转筐（箱）等。使用载具的优点显而易见提高装卸效率、减少商品损耗与门店工作量，部分企业已经开始周转筐（箱）直接陈列了。缺点就是载具难管理、损失大。

上万个KSU商品我们都能管理好，为什么十几个单品的载具反而管理不好了呢？这是所有使用载具企业的物流负责人的感慨，我总结了6个字，不重视，不负责。

如果我们把载具像商品一样管理就不会出现以上问题，载具又不像商品一样发出去就不管了，所以载具回收是逆向物流的重中之重。以前有文章 说零售话生鲜之：物流载具应用与管理 这里就不再赘述。

商品退库

在物流管理中的逆向物流里一般叫商品退货，而我在这里写成”商品退库“是有意而为之，因为在连锁零售行业退回商品中不只是退货。连锁零售行业退库商品可分为，退回供应商、退回物流配送中心、借物流配送中心中转进行门店调拨等。

门店退库商品在门店就要分清注明商品退库原因与去向，物流配送中心收到商品后分类处理。比如：退回供应商商品，由验收确认后通知相应供应商取走，一般物流配送中都会有个供应商退货区，由下次供应商送货或者采购市场采购时带走；退回物流配送中心商品，再次验收不影响再次销售进行入库上架；中转调拨商品，由集货区员工确认后，放置到相应门店集货位。

蔬果、加工、活鲜类商品没有重大质量问题原则上不允许退库，一般质量、品相问题可以协调相关部门进行降级销售或门店自行处理。此类商品一旦退库基本上都不能二次配送（销售），对于企业来说只要发生退库就是损失，而非重大质量问题商品通过门店降级销售或打理都还能处理。

物料返仓

物流返仓在连锁零售行业内也是常见的，新店装修完工或重装、门店调整、大型活动结束都会产生物料返库，及没有能力处理的商品包装的门店的商品包装物。物料返库一般分为物料损坏不可再用、物料完整没机会再用、物料完整近期使用、物料损坏修复可用、不可再用类包装物等几类。

返库物料类别由门店返仓前注明，到库后由物流配送中心再次确认进行分区放置，对于可用类物料登记上册有WMS的企业要做到定位定量管理；不可用物料区域按流程申报定期处理，释放仓库有效存储空间。

不可用物料申报流程，根据企业规定分类制定，比如电器、货架、活动宣传物料、商品包装物等。具体根据企业实际情况制定相关工作流程与相应作业标准。

连锁零售（商超）企业根据不同的企业经营业态不同都会或多或少的涉及到冷链运输，常见的三种方式，冷藏专用车辆运输，适合门店大业态企业标超、卖场；常温车加冷链运输载具统一运输、三温车运输，适合小业态企业社区店、生活超市；对于全业态经营的企业也可以根据门店相应制定运输方式。

冷链物流运输管理也常温物流运输除了运输车辆与在途温度不同外还有就是根据不同的运输模式所选择的运输载具也不同。在业务流程都一样，作业流程与工作标准有部分差异，视实际业务而定。

来源：说零售话生鲜 。

我国零售供应链现状分析

描绘我国零售供应链的现状，不是一件容易的事。我国地域辽阔，各地的经济发展水平和物流基础相差甚远。作为流通领域风向标的零售行业，前进的脚步也并非一致，因此很难将其以一言蔽之，探讨中国零售供应链的现状，可以从零售物流发展水平及零售供应链模式两个维度入手。

零售供应链是零售物流发展的延伸，了解其在中国的现状，可以从零售物流的发展史开始。从西方国家零售物流发展历程和中国零售物流发展历程的对比中可以看出，中国现代零售物流起步于21世纪初，比西方国家晚了近30年，因此在基础上存在明显差距。20世纪90年代，西方国家的零售物流，已经基本完成托盘单元化，并进入企业内部数字化的阶段。20世纪90年代初，物流的发展催生出供应链管理理论。在互联网技术的推动下，西方零售行业开始进入物流一体化阶段及全数字化物流阶段。因此可以说，西方零售企业在发展供应链时的物流基础是广泛且坚实的。

中国现代零售物流起步于21世纪初，虽然很快汲取了西方供应链管理的理念，但是，零售行业的物流基础十分薄弱，在此背景下发展零售供应链，自然如履薄冰。随着规模的扩大和管理水平的提升，中国零售企业开始意识到现代物流作为基础设施的重要性，陆续投入物流网络的建设之中，这一趋势至今仍在延续。

托盘单元化和信息数字化是现代零售物流的两大标志。两者的发展水平，反映出零售物流的整体效率和管理能力。中国大部分零售企业的托盘单元化处于内部应用阶段，部分领先者开始尝试跨企业的单元化合作。信息数字化的发展相对更为快速，但距离跨企业的全数字化物流阶段仍然较远。综合来看，中国零售物流处于企业内部物流阶段，由此可以推断，以现代物流作为基础的零售供应链，仍然具有广阔的发展空间。

评价零售供应链的另一个维度是零售供应链模式。零售供应链模式在很大程度上决定了整体库存是否具有大幅优化的环境。从中国零售发展大事件中不难发现，中国现代零售始于20世纪80年代。经过20多年的快速发展，涌现出城市级、省级、跨省级和全国级等不同规模与经营范围的连锁零售企业。但就企业规模而言，中国零售行业仍然处于相对分散、整合度不高的状态。根据中国连锁经营协会官方网站公布的报告，2019年中国百强连锁零售企业的销售规模，仅占社会消费品零售总额的6.3%。结合分销网络或配送网络、库存积压等情况可以推断，中国大部分零售企业的供应链以推动型供应链模式为主。

与此形成对比的是，中国超市零售行业正在逐渐走向整合。根据中国连锁经营协会官方网站公布的报告，2019年中国超市百强销售总额，约占全年社会食品零售总额的18.1%，其中排名前十的百强企业销售额占全部百强企业总销售额的59.3%。由此可见，中国超市零售行业的整合度，明显高于整体零售行业。近年来，国内超市之间的并购变得越来越活跃，而线上零售企业经过多年发展，也开始加入线下实体零售的竞争之中。

这些迹象都表明，中国的零售市场，尤其是快速消费品（FMCG）零售市场，正在从发展初期的分散型，逐渐向整合型迈进。

虽然与西方国家相比，中国零售行业的整合度依然很低，但是，可以预见的是，随着规模化的逐渐形成，零售企业主导的拉动型供应链模式，将扮演越来越重要的角色。与之相呼应的是，发展物流网络，已经成为中国零售行业的共识。通过加强物流网络的建设，零售企业将在供应链模式的转型和重构中把握主动权，进而创造更大的价值。

来源：健华物流。

二、邮政、快递物流

“快递进村”被写入2022年中央一号文件！

2月22日，《中共中央 国务院关于做好2022年全面推进乡村振兴重点工作的意见》，即2022年中央一号文件发布。这是21世纪以来第19个指导“三农”工作的中央一号文件。中央一号文件提出，要加快农村物流快递网点布局，实施“快递进村”工程。

在聚焦产业促进乡村发展方面，中央一号文件提出，加快农村物流快递网点布局，实施“快递进村”工程，鼓励发展“多站合一”的乡镇客货邮综合服务站、“一点多能”的村级寄递物流综合服务点，推进县乡村物流共同配送，促进农村客货邮融合发展。支持大型流通企业以县城和中心镇为重点下沉供应链。加快实施“互联网+”农产品出村进城工程，推动建立长期稳定的产销对接关系。推动冷链物流服务网络向农村延伸，整县推进农产品产地仓储保鲜冷链物流设施建设，促进合作联营、成网配套。支持供销合作社开展县域流通服务网络建设提升行动，建设县域集采集配中心。

中央一号文件还提出，鼓励发展共享用工、多渠道灵活就业，规范发展新就业形态，培育发展家政服务、物流配送、养老托育等生活性服务业。大力开展适合农民工就业的技能培训和新职业新业态培训。

“快递进村”被写入2022年中央一号文件，令正全力推进“两进一出”工程的快递人兴奋不已。实际上，在过去数年，邮政快递业一直在推进“快递进村”工程。截至2021年，“快递进村”比例超过了80%，苏浙沪等地基本实现“村村通快递”，山西、黑龙江、山东等地取得重大政策突破，交快、邮快、快快等合作进一步深化，共同配送、客货邮融合等新模式不断涌现，新增15.5万个建制村实现邮快合作。此外，2021年快递业还培育出了江苏宿迁花木等100个业务量超千万件的快递服务现代农业项目，在提升农产品流通效能、促进农民增收、助力乡村振兴方面取得了显著成效。

按照国家邮政局计划，2022年快递“进村”工程将深入实施。推动地方出台农村寄递物流体系建设落实政策。深化邮快合作，加强“一点多能”村级寄递物流综合服务站建设，加快农村邮路汽车化，促进农村客货邮融合发展，确保年内基本实现建制村“村村通快递”。督促快递企业规范完善服务范围基础地址库，推动与电商平台系统对接，严格落实“按址投递”服务承诺。开展农村电商快递协同示范，建设100个农村电商快递协同发展示范区和300个快递服务现代农业示范项目。

来源：2022年2月23日 国家邮政局网站。

《关于支持虹桥国际中央商务区进一步提升能级的若干政策措施》正式印发 邮政快递业获利好

近日，上海市人民政府印发《关于支持虹桥国际中央商务区进一步提升能级的若干政策措施》，围绕“大商务”功能强化、“大会展”能级提升、“大交通”基础完善以及要素支撑和政策保障强化4个方面，制定了20项任务清单，邮政快递业发展获政策利好。

《若干政策措施》指出，一要设立虹桥国际中央商务区民营企业总部培育库，鼓励企业加快在虹桥国际中央商务区集聚业务、拓展功能，升级为民营企业总部，加快打造长三角民营企业总部集聚区。二要持续提升“大会展”能级，持续打响会展业“大虹桥”品牌，更好承接放大进博会溢出带动效应。三要支持虹桥国际中央商务区内区区对接道路建设，进一步完善区域内交通网络。《若干政策措施》为提升邮政快递企业总部经济能级、发挥中国国际进口博览会溢出带动效应和虹桥国际开放枢纽功能、构建交通运输与邮政快递融合发展的新机制带来多项政策红利，邮政快递业迎来发展新机遇。

上海市邮政管理局表示，下一步，将坚持鼓励本市总部企业实施国际化战略，建设具有“创新型、服务型、总部型、开放型、流量型”显著优势的邮政快递企业集团，促进交通运输与邮政快递业资源整合，使邮政快递业在虹桥国际中央商务区能级提升工作中发挥更大作用。

来源：上海市快递行业协会。

2022 年快递物流行业运行的六大特征

在构建双循环新发展格局的过程中，资源、产品在社会再生产各环节以及各地区的低成本、高效率流动对畅通国民经济循环十分重要，同时对外循环的高质量发展也有巨大推动作用。

今年以来，一方面，随着技术进步和商业模式创新，尤其是智慧化物流的发展，物流快递行业在提升流通效率、改善用户体验方面不断取得新的成效，国际竞争力不断提升；另一方面，在新冠疫情冲击和国际能源价格大涨的背景下，物流快递行业依然保持了平稳运行，对实体经济产业链供应链的稳定起到了重要保障作用，对稳外贸也发挥了积极作用。

具体来说，2022 年物流快递行业的运行呈现出 6 个突出特点。

一、送货上门仍是行业“竞质”首要之选

近年来，围绕快递“最后 100 米”的争议在舆论场上愈演愈烈。2022 年 12 月，国家邮政局发布《快递服务》国家标准（征求意见稿），不再强调快递上门“按址投递”，而推荐“2 次免费送货上门，超出可收费”，并将投递分为上门投递、进快递箱、进快递驿站及其他方式等 4 种类型，让用户可在下单时自选投递方式。

换言之，送货上门仍是当前快递服务的“首要之选”。对于“上门”服务，“新国标”考虑到了现有快递体量和消费者对送货时长的预估，也顺应了快递业精细化发展的趋势，实则是对“上门”提出了更高要求。

2022 年，“送货上门”成为快递物流公司追逐的高品质服务方向。例如，菜鸟将其列为“年度最重要的事”，旗下直营配送持续扩大送货上门范围，加盟的菜鸟驿站超八成提供包裹送货上门服务，并于 7 月新增消费者下单可选上门的服务产品。天猫“双十一”期间，菜鸟送货上门包裹量超过 2 亿件；顺丰则在全国 50 个主要大中城市提供“派件不上门，承诺必赔付”的服务，如果顺丰快递员未能按标准上门派送，收件人可获得 5 元客户体验保障红包；京东物流在今年的“双十一”通过五级地址围栏等智能技术，保障全国范围内无差别送货上门服务。

可预见的是，未来快递费定价势必将加快向市场化迈进。对于快递企业而言，需要找到在市场规模、服务质量、经营效益之间的最佳平衡。就目前来看，菜鸟推出的针对不同场景的送货上门服务，对收件人均不产生额外费用。但通过确定性的上门履约和个性化服务，菜鸟有效提升了用户黏性、提高了回购率，为快递物流行业高质量发展开了个好头。

二、发挥供应链优势勇担“保通保畅”重任

顺畅的快递物流关系着千千万万人的生计，也关系着复工复产、经济回归正常轨道的成色。今年以来，物流企业根据防疫政策变化情况，积极推进和优化保通保畅措施，制定保障方案，确保物流供应链在环节运转通畅。

基于长期建设的国内供应链和配送能力，菜鸟在国内保通保畅中发挥重要作用。以 4 月的上海和

12 月的北京为例，菜鸟多次往上海、北京增调快递员，并在上海开通“助老专车”“助老专仓”，在北京开通药品优先配送专线，确保当地菜鸟驿站承接末端包裹的同时，用包裹保管、送货上门等多种配送方式保障居民的药品和民生物品及时接收。顺丰快递在上海疫情期间员工就地转为志愿者，为社区提供志愿者服务，为高位截瘫、癌症重症患者紧急配送药物、协助运送癌症患者化疗放疗等，还调配无人机 50 余架用于城市末端物流及送急救物品配送，降低感染风险，提高配送时效，为战胜疫情提供积极助力。

三、服务乡村振兴，“下沉市场”业务快速扩张

今年年初，“快递进村”被写入中央一号文件。根据国家邮政局数据，目前全国建制村快递服务覆盖率已达 90%，每天 1 亿多件快递包裹在农村进出。随着网络普及和电商平台的下沉，三四线城市及农村等市场在快速成长，农村网购和农产品上行对寄快递的需求也在增强。值得一提的是，去年第 1000 亿件快递和今年一样都出现在农村，这也是我国农村寄递物流体系建设加快、“进村寄递”覆盖率不断提升的结果。

针对农村物流存在的物流成本较高、“最先一公里”和“最后一公里”服务能力不足等问题，菜鸟通过建设县域共配项目，利用自研数智物流技术和设备，推动县乡村三级物流体系升级，取得了显著成效。

截至 2022 年 12 月，菜鸟乡村共同配送业务覆盖 1200 多个县域、1.6 万多个乡镇，建设县、乡、村三级共配站点近 5 万个，平均可帮助县域共配快递企业降低成本约 30% ～ 50%，提升效率 20% ～ 40%。通过在农村快递站点应用包括高拍仪、智能灯条等设备、开放式自助取件和数字化运营等技术和模式，菜鸟让乡村消费者的取件时效显著提升。另外顺丰助力农产品上行服务网络已覆盖全国 2800 多个县区级城市、4000 余个生鲜品种。

四、智慧物流进入落地爆发期

疫情的复杂多变虽然给供应链带来很大挑战和不确定性，但也在倒逼物流数字化升级发展，智慧物流进入落地爆发期，一些拥有核心技术、与上下游产业紧密衔接的物流企业实现“领跑”。

以数字化为例，如何利用 RFID（精准射频识别技术）标签新技术，把数字化过程用更高效率、更低成本的科技能力进行替代是非常关键的。经过两年多研发，今年菜鸟自研的 RFID 标签准确率已到达 99.97%；在智能化领域，菜鸟投入运营的无人车小蛮驴今年增至 700 台，成为全球最大的快递无人车队。

在数字供应链领域，今年“6•18”期间，京东物流全面升级“三位一体”供应链技术，实现仓运配等全链路预测准确率均值超 95%。顺丰科技构建了中转场数字孪生分拣线，为物流中转场提供了端到端的高度逼真的孪生验证环境，通过优化运营策略，在相同件量下可缩短超 10% 的分拣时长，在固定分拣时长下可实际提升超 8% 的平均产能。

可以预见的是，未来物流企业仍将加大智能化、自动化的投入，而行业的数字化升级还需要依靠更多链条上下游各环节的联动，只有这样，才能真正意义上从物流大国成为数字化 供应链强国。

五、业内企业抢抓 RCEP 正式实施带来的新机遇

《区域全面经济伙伴关系协定》（RCEP）于 2022 年 1 月 1 号正式实施，RCEP 的落地给中国 - 东南亚跨境贸易带来的创造效应进一步释放，更多品牌商家希望乘 RCEP“东风”出海。

在政策红利释放的同时，受全球疫情、地区局势等多重影响，今年中国的外贸出口也在遭遇严峻挑战，全球供应链充满不确定性。在机遇与挑战并存的情况下，为参与国际贸易的中小企业搭建国际物流大通道，提供更具确定性的一站式物流解决方案就显得格外重要。

今年 2 月，中通在泰国曼谷的转运中心启动；4 月，圆通宣布在菲律宾马尼拉起网；8 月，极兔宣布增加中国到欧美的跨境快递业务；11 月，菜鸟在马来西亚吉隆坡投建的数字物流枢纽 eHub 正式运营满一周年，通过 eHub 运往东南亚国家的交付时间最快缩短 60%，消费者 3 天即可收货，目前菜鸟的海外仓已覆盖东南亚六国，日均处理能力高达千万，今年还在巴基斯坦建成南亚地区最智能的快递基础设施；12 月，百世宣布在马来西亚启动快运网络，各家物流企业都加快了在东盟地区的布局。

六、绿色物流成企业践行 ESG 高权重议题

快递物流业作为数字化程度较高和能源密集型行业，围绕国家“双碳”战略，积极开展碳达峰碳中和行动实践，是众多物流企业布局可持续发展的战略路线，也正因此，“双碳”和绿色发展成为众多物流企业践行 ESG 战略的高权重战略性议题。

以菜鸟为例，2022 年，菜鸟与伊利、联合利华等 10 余家品牌商家发起“减碳 50 克联盟”，通过装箱算法、原箱发货等绿色物流流程帮助商家包裹减碳，并利用菜鸟自身的数字化能力助力商家进行碳资产管理。12 月 15 日，菜鸟还联手中国国际货运航空股份有限公司（以下简称“国货航”）成功完成了中国大陆首个国际航空货运可持续航空燃料商业航班的飞行，这也标志着双方在航空绿色低碳解决方案的探索上取得了阶段性进展。

展望未来，党的二十大报告提出“建设高效顺畅的流通体系，降低物流成本”，物流快递行业必将在创新驱动下，以绿色化、智能化、国际化为方向，高效率服务经济双循环，高水平保障民生，为经济社会高质量发展做出更大贡献。

来源：中国经济网。

快递行业的 2022，五大趋势出现

对比来看，一年前，韵达、圆通、申通的单票收入分别为 2.38 元，面前的依旧不是什么康庄大道，而是迎来了一轮又一轮新的竞争。如果说之前的快递行业竞争容易陷入低价、低质竞争的漩涡，那么 2022 年的快递行业，则是集体走向高质量的“服务战”。从整体上来看，快递行业无时无刻不在发生变化。市场在扩大，机会在迸发，在这一年的动荡中，一些行业趋势已经浮出水面。2022，快递行业出现五大趋势，细细回顾之后，我们发现 2022 年的快递物流行业，主要呈现出五大发展趋势。

快递进村被写入中央一号文件，下沉市场成为行业集体目标

据国家邮政局官网消息，2 月 22 日，《中共中央国务院关于做好 2022 年全面推进乡村振兴重点工作的意见》发布，在这份指导全年工作的一号文件里，终于提到了“快递进村”这四个字。

趋势从上到下，迅速向整个行业蔓延，加速“快递进村”工作的推进，成了所有巨头的共同目标。按照文件里的目标，2022 年，我国将基本实现建制村“村村通快递”。根据国家邮政局数据显示，截至 2021 年，我国主要快递品牌网点在乡镇的覆盖率达到 98%，而“快递进村”比例也已经超过了 80%，其中苏浙沪等地基本实现“村村通快递”。在刚刚过去的“双 11”期间，快递巨头们就纷纷展现“进村”的成果。具体来说，今年“双 11”，申通快递以 9 分钟的时间完成第一单配送，这一单就是进村的快递。中通的双 11 快递进村首单同样迅速，仅过去 18 分钟，家住江西省南昌市新建区樵舍镇朱坊村的一位用户就收到了中通送来的“双 11”第一件快递。

目前我国还有 5 亿人住在农村，平均全网每天有 1 亿件快递是送到农村去的，让村民享有和城市居民一样的公共服务是“快递进村”的基本目标。

快递行业的并购整合加速，快递巨头之间的竞争加剧

其实相较于全行业都在做的快递进村，快递公司之间的整合兼并，就像是一条鲶鱼一样，持续搅动着整个行业，刺激竞争，释放活力。首先要提的就是极兔，去年 10 月底，极兔豪掷 68 亿元收购百世

国内快递业务，掀起快递企业间的并购潮。而极兔和百世的网络整合，直到今年5月底，才基本完成。据极兔创始人李杰介绍，5月极兔的日均票数已经超过4000万张。在6月菜鸟的快递指数中，极兔也紧跟顺丰快递，排名第二，极兔的成长速度让人震惊。除了极兔之外，京东也创造了快递行业的重要并购案。7月，德邦与京东物流先后发布公告，双方股东均同意京东物流收购德邦股份。这起价值89亿元的收购案，终于定下基调。收购之后，在当前国内快运市场中，排名前六的玩家，已经有三家属于京东阵营，综合计算，京东系的零担营业收入已经达到286.8亿元，直逼行业第一顺丰快运。

不止收购德邦，前段时间，达达的创始人蒯佳祺退出公司股东名单，京东与同城配送达达集团彻底融合。这几起并购事件证明了快递市场上的残酷竞争，未来，巨头之间的竞争，将会更加激烈。

快递出海领域，巨头发力航空基础设施建设

快递进村，快递出海，这两个趋势，一直以来都是行业的大难题，但相较于往年，今年在快递出海领域，骤然多出来不少新变化。相较于往年集体入局东南亚之外，今年以来，我国快递企业们纷纷入局拉美市场、中东市场、欧洲市场以及非洲等传统电商洼地。比如刚刚结束的世界杯比赛，就让中国快递看到了中东市场的巨大潜力，圆通、申通、韵达们借助于中欧国际班列入局中东市场。更值得一提的是，除了快递公司持续向全球多个细分市场进发之外，巨头们还加强了出海的基础设施建设：航空物流。

今年8月底，京东航空正式投入运营，随之而来的还有3架波音737货机。以及南通航空货运枢纽；再说圆通，今年更是一共引进了7架货机，最新引进的货机，就被圆通投入新货机将投入南亚航线，保障国际航空物流时效。

近日，顺丰航空和成都交投航空投资集团合作成立一家新的航空公司，注册资本达到6亿元。而航空物流之争，实际上就是快递企业们抢占高端市场、谋局全球竞争重要手段。未来，没有航空物流的公司，很可能在全球物流竞争中失利。

即时配送风口涌现，一年订单量接近300亿单

更有意思的是，在一向不被快递物流行业重视的同城物流领域，今年迎来了大发展。得益于本地即时零售的爆火，与之相匹配的同城配送，单量暴增。在中国物流与采购联合会发布的《2021—2022中国即时物流行业发展报告》中显示，2021年即时物流行业订单量为294亿单，同比增速为38%，用户规模达6.33亿人。预计到2025年，即时物流行业订单量将达到793亿单。

作为对比，2021年中国快递市场订单量为1083.0亿件，同比增长29.9%，快递业务收入完成10332.3亿元。近300亿单的业务量，已经达到快递市场的1/4。

这无疑给传统的快递巨头们，带来重大挑战，相较于传统2～3日达的快递，即时物流可以实现30分钟达，并送货上门的极速体验。随着即时零售的大发展，行业内对即时物流的需求越来越大。

比如前几天，抖音联合顺丰同城、达达、闪送试点团购配送项目，就为同城的即时配送平台，带来更多需求和利好。未来，同城即时物流或将会创造出一个不低于7500亿元的市场，突破万亿的可能性很大。

京东、顺丰等巨头已经入局，中国物流行业，也随之进入分钟级时代。

快递持续转型数字化，无人配送、云计算深入产业

准确来说，随着电商上游活水的增速放缓，整个快递物流行业也必须跟着改变和提高效率了。以阿里为例，在最近几个月的财报和对外展示中，数字化、云计算，就成为重要一环。

作为零售的配套产业，快递行业也要实现效率的提升，借助于数字化转型，是必然的方向。

背靠阿里云的菜鸟，就成为物流行业的“科技典范”，首先是云技术，得益于阿里云在国内的领先地位，菜鸟构建了一整张智能化物流网络。

比如合单技术，就为平台和消费者省了不少力气，央视财经曾报道一个巴黎小伙子在速卖通上给自己买了个义乌产的足球，2 天后，又下单了几盒假睫毛，给孩子买了一只玩具公仔。随后，这三个商品被合成了一个大包裹一起寄到他手中，省时又省力。

不止菜鸟，京东也在持续加强云计算和智能供应链体系的打造。在今年的京东云峰会上， 京东云正式发布了数智供应链七大解决方案，包括 1 个数智化基础设施，和覆盖“数智采购、协同研发、智能制造、全域链接、价值服务和供应链一体化在内的全链路 6 大业务场景。

将自身积累的一体化供应链能力，通过数智化技术，向千行百业分享。

前几年爆火的无人配送，更是在今年迎来了“无人机配送”的新发展，目前，美团已通过无人机，配送了超过 10 万单即时零售订单。而随着快递物流行业与数字化、与技术的结合更加深入，未来的行业竞争，绝对比现在还要精彩。

快递行业的战火，永不停息，经过一年的竞争和探索，现在的快递行业整体营收水平，比去年同期更加健康。行业中的五大趋势变化，归根结底也就是两句话，第一，瞄向更大的市场，第二，提供更高效的服务。新热点财富创始人李鹏岩在接受《证券日报》记者采访时表示，“快递作为现代服务行业，也是社会经济发展的重要基础性行业，未来仍有较大发展空间。随着疫情防控措施优化调整、社会经济加速复苏，快递业增速也将进一步回升。”

头部企业亮点

综合来看，2022 年头部快递企业继续展现强悍实力，市场占有率稳步提升，经营业绩快速增长。

1 月 10 日，圆通速递率先发布业绩快报，经初步核算，2022 年公司实现营业收入 535.46 亿元，同比增长 18.58%；实现净利润 39.2 亿元，同比增长 86.34%。

1 月 30 日，德邦股份披露的业绩预告显示，公司预计 2022 年实现净利润 6.43 亿元到 6.71 亿元。

1 月 31 日，顺丰控股、韵达股份、申通快递同时披露业绩预告。其中，顺丰控股预计 2022 年盈利 60.5 亿元至 62.5 亿元，同比增长 42% ～ 46%。韵达股份预计 2022 年盈利 13.08 亿元至 15.03 亿元。申通快递预计 2022 年盈利 2.6 亿元～ 3.3 亿元，同比扭亏为盈。

此外，据顺丰控股、申通快递、圆通速递披露的经营数据显示，2022 年其业务量分别为 110.7 亿件、129.5 亿件和 174.8 亿件，分别同比增加 5.2%、16.9% 和 5.7%，业务量增速远高于行业平均水平。另据申通快递业绩预告显示，2022 年公司市场占有率为 11.71%，同比提升 1.48 个百分点。

“上市快递企业利润、营收普遍好于行业平均水平是一个确定的现象。”北京社科院研究员王鹏在接受《证券日报》记者采访时表示，“前些年行业竞争激烈，大量中小企业、区域性物流企业生存受到挑战。而上市企业规模大，资源多，抗风险能力强，所以盈利能力、营收水平自然也会比行业平均水平更高。”

快递行业未来发展可期

据国家邮政局前期披露的数据，2022 年我国快递业务量累计完成 1105.8 亿件，同比增长 2.1%，快递业务收入累计完成 10566.7 亿元，同比增长 2.3%。这也是继国家邮政局 2006 年公布相关统计数据以来，快递业务量增速和业务收入增速首现个位数增长。

国信证券的研报认为，2022 年全国快递业务量增速放缓主要有三方面原因。一是宏观经济增长承压；二是居民消费乏力；三是疫情影响导致快递企业经营效率下降。不过，随着社会经济的加速回暖，2023 年快递行业发展也在提速。据国家邮政局数据，春节假期，全国揽投快递包裹量超 7 亿件。多家机构预计 2023 年快递行业有望重现双位数增长。

“我们预计 2023 年消费复苏叠加快递服务的提升，快递行业业务量增速有望实现双位数的增长。”海通国际研报认为，长期看，规模效应、自动化设备投入将促进快递公司降本增效，行业也将逐步由价格驱动转向价值驱动，快递板块整体仍具备成长空间。

浙商证券认为，2023 年以来，快递企业履约能力加速修复，单量增速持续回升，预计今年行业单量增速有望回升至双位数。

李鹏岩认为，交通运输设施、设备的持续完善，行业信息化、自动化水平的不断提升都为快递行业进一步发展提供了基础和保障，此外，快递与直播、电商、制造业、农业等多领域的深入融合，也会不断催生裂变出新的服务业态和市场需求。快递行业未来仍具有广阔的成长空间。

来源：《证券日报》。

2022 年邮政快递业更贴近民生七件实事发布

1 月 27 日，国家邮政局举行专题新闻发布会，发布 2022 年邮政快递业更贴近民生七件实事。国家邮政局新闻发言人、办公室主任侯延波表示，今年是国家邮政局连续第六年推出邮政快递业更贴近民生七件实事，将以更好满足人民群众日益增长的美好生活用邮需要为根本目的，突出问题导向，顺应群众期盼，着力提高邮政快递服务质量水平，改善人民生活品质，不断增强人民群众的获得感、幸福感、安全感。

侯延波指出，2022 年邮政快递业更贴近民生七件实事具有三大特点：一是聚焦农村地区，提升寄递物流服务水平。通过深入实施“快递进村”工程、提升农村地区邮政普遍服务水平两件实事，确保年内建制村快递服务基本覆盖，确保农村地区邮政普遍服务水平有效提升。二是聚焦安全优质，提高邮政快递服务质量。为此将采取推动企业加大虚拟安全号码、隐私面单、电子身份证等技术应用，切实加强个人信息安全保护以及持续开展快递市场秩序整顿、优化快递服务消费环境等措施。三是聚焦快递小哥，强化合法权益保障。今年继续将“强化快递员（投递员）权益保障”列入民生实事，以推动解决他们面临的社会保障不足、劳动强度与工资收入不匹配等问题和困难。七件实事具体为：

一是深入实施“快递进村”工程。包括推动地方出台农村寄递物流体系建设落实政策；开展农村电商协同示范，建设农村电商快递协同发展示范区和快递服务现代农业示范项目；深化邮快、快快、快商合作，促进农村客货邮融合发展，实现建制村快递服务基本覆盖。

二是提升农村地区邮政普遍服务水平。具体为：加快农村邮路汽车化；巩固提升西部农村地区建制村每周三次及以上投递频次比例；推进抵边自然村邮政服务普遍覆盖。

三是强化快递员（投递员）权益保障。为此要推动各省出台快递员权益保障落实政策，督促快递企业有效落实派费调整承诺，推广实施《末端派费核算指引》；加快推进基层网点优先参加工伤保险工作，进一步提高全国参保水平；持续开展“暖蜂行动”。

四是优化快递服务消费环境。具体工作包括：加强产品服务创新引导，推动快递服务分层、产品分类，着力提升用户服务体验；强化末端服务质量监管，加大未按名址投递快件行为查处力度，深化治理农村快递服务违规“二次收费”问题，保障用户合法权益；开展市场秩序整顿，依法严肃查处超许可范围经营、无证经营、委托无许可企业经营等违法行为，维护市场公平竞争秩序。

五是加强用户个人信息安全保护。包括：推动企业加大虚拟安全号码、隐私面单、电子身份证等技术应用，加强个人信息安全保护；会同有关部门严厉打击非法泄露、买卖寄递服务信息等行为；全力推动出台《快递电子运单》国家标准。

六是实施绿色发展“9917”工程。推动快递包装减量化、标准化和循环化，到年底实现采购使用符合标准的包装材料比例达到 90%，规范包装操作比例达到 90%，可循环快递箱达到 1000 万个，回收复用瓦楞纸箱 7 亿个。

七是加大行业人才培养力度。持续开展从业人员职业技能提升行动，力争培训从业人员 20 万人次。稳步推进快递工程技术人员职称评审，着力壮大中高级工程师队伍。

侯延波在发布会上还介绍了 2021 年邮政快递业更贴近民生七件实事的完成情况。2021 年，“快递进村”扎实推进，进村比例超过 80%；末端服务体系不断完善，县乡村共配网络加快构建，智能快件箱规模稳中有升，公共服务站达到 16.1 万个；西部地区建制村周投递频次 3 次及以上的比例超过 98%；大力清理整顿快递市场秩序，规范市场主体恶性竞争行为，整治农村快递服务违规收费问题，消费者合法权益得到有力维护；深入实施“2582”工程，过度包装和随意包装得到初步遏制，可循环快递箱（盒）投放量达 630 万个，电商快件不再二次包装率达 80.5%；持续实施职业技能培训“246”工程，年度培训 50 万余人次；督导企业落实上调派费承诺，持续开展“暖蜂行动”和“快递从业青年服务月”。

侯延波表示，“小快递”畅通大市场，“小部门”服务大民生，加快邮政快递业高质量发展，对巩固党的执政基础、促进经济社会发展、服务改革开放大局和满足人民美好生活需要具有重要意义。2021 年，全国有 23 个省份的邮政快递业民生实事被纳入地方政府民生实事项目，其中省级民生实事有 18 项，市地级的 151 项。邮政快递业将始终牢记“人民邮政为人民”初心使命，大力弘扬“小蜜蜂”精神，更好解决群众用邮中的“急难愁盼”问题，更好满足人民日益增长的美好生活用邮需要，在“加快建设交通强国、努力当好中国现代化的开路先锋”新征程中勇挑畅通重担。

来料：《中国邮政快递报》。

快递业多模式探索“进村”新路径

“加强县域商业体系建设，发展农村电商和快递物流配送。”2022 年《政府工作报告》为农村物流体系建设与发展指明了行动方向。新的一年，围绕融合共配、

技术赋能等，地方政府部门与行业企业的“快递进村”探索正步履不停。

明晰行动方向政策信号持续释放

自 2014 年以来，“快递”已连续 9 年被纳入《政府工作报告》。其中，从“促进”到“支持”再到“加快”，围绕农村物流体系建设与发展重视程度亦不断加强，释放出强烈的政策信号。“快递作为服务生产、促进消费、畅通循环的现代化先导性产业作用越发凸显。今年的《政府工作报告》中提出‘发展农村电商和快递物流配送’，为快递行业发展指明了方向，我们感到干劲十足，信心满怀。”中通快递董事长赖梅松表示，“我们将积极务实推进各项工作，助力乡村振兴。”

今年以来，一系列政策信号加速释放。2 月 22 日，2022 年中央一号文件中对物流业助力乡村振兴提出了具体要求。加快农村物流快递网点布局，实施“快递进村”工程，鼓励发展“多站合一”的乡镇客货邮综合服务站、“一点多能”的村级寄递物流综合服务点，推进县乡村物流共同配送，促进农村客货邮融合发展。支持大型流通企业以县城和中心镇为重点下沉供应链。

稍早之前，交通运输部印发的《综合运输服务“十四五”发展规划》中也提出，进一步完善县、乡、村三级物流服务体系，引导农村物流与特色产业、生产加工、电子商务融合发展，促进交通运输与邮政快递、商贸供销等资源整合，推动农村物流“场站共享、货源集约、服务同网、信息互通”高效发展，不断提高农村物流网络覆盖率和整体服务水平。到 2025 年，全国推广 100 个左右农村物流服务品牌。截至目前，内蒙古、四川、 浙江等各地都纷纷表示将加快三级物流体系建设。

安徽省农业科学院副院长赵皖平表示，“跑了全国 20 多个省份，我们发现，很多农村尤其是偏远地区，邮政快递业对助力脱贫攻坚、服务乡村振兴的作用特别明显。‘向西去’和‘向下走’将成

为农村物流政策的着力点。”

快快“进村”打通农村物流“毛细血管”

记者从圆通速递方面了解到，2021 年，其共建设乡村驿站 33 985 家，日均活跃量 3 万家，覆盖了 2 万多个乡镇。“集团成立了乡村发展部，落地‘进村’项目，我们已走进 15 万余行政村。”中通快递相关负责人介绍，截至 2021 年 9 月份，公司拥有快递服务网点逾 3 万个，实现区县覆盖率超 99%，乡镇覆盖率超 93%。

“事实上，我们早在 2019 年就推出‘村村通’计划，让全国近 4 万个乡镇实现了村村通物流。”安能物流相关负责人介绍，如今公司在全国拥有 3 万多家网点，乡镇覆盖率已经达到 96.2%。“就在去年，我们实现了西藏地区物流网络全覆盖，累计开通了 26 家物流网点，为西藏 74 个县区提供收派货服务，最远为珠峰大本营及班公湖地区运送过生活物资。”

农村物流怎么建？如何更好地打通农村寄递物流的“毛细血管”？盈利能力、可持续性仍是打通农村物流建设中的难点所在。尽管业务量在不断增长，但是订单分散、信息化和标准化程度低、频次少、末端网点管理粗放等问题仍亟待解决。现阶段统筹邮政、交通、农业等各个环节，推动资源整合与共享势在必行。

甘肃省政府办公厅近日印发《甘肃省加快农村寄递物流体系建设行动方案》提出，建设村级寄递物流综合服务站 1.5 万个以上，实现 80% 的网点“一点多能”；江苏省也表示将打造一批凸显地域特色的苏式农村物流品牌，并加强“一点多能”的村级寄递物流综合服务点建设。

值得注意的是，当前各地诸如“交快合作”“快快合作”“邮快合作”等的各类创新模式探索已“多点开花”。记者了解到，在江苏省连云港市东海县，当地交通运输局与邮管局签署了物流快递进村合作协议，共同构建县、乡、村三级农村物流网络体系，在乡镇汽车客运站点为快递企业提供免费的门面，并利用“村村通”的公交车帮助快递企业将快递捎带进村。借助于“交快合作”模式，圆通速递在当地就用不到一年时间，进驻了近 100 个村，实现快递“村村通”全覆盖。

在浙江，省邮政分公司也分别与中通、圆通、申通、极兔 4 家快递企业签署“邮快合作框架协议”；在吉林省通榆县，圆通速递通过单独设立以及与村里小卖店合作等方式铺设村级快递驿站，由乡镇网点集件配送进村。仅用 3 个月，已在当地开设 160 家乡村驿站，实现全县 172 个行政村 100% 覆盖。

“小快递”畅通大市场技术赋能“农产品上行”

地处川、滇二省交界处的攀枝花市，以生产出“海拔最高、成熟最晚”的优质芒果闻名。“攀枝花距成都近 700 千米，货车单程运输需 12 ～ 13 个小时，受制于运费贵、运不远，当地农产品上行困难。”中通快递四川攀枝花网点负责人夏立新告诉记者，“我们通过直链果农、自建仓储、提供寄递服务等多重举措，占据攀枝花芒果寄递 30% 左右的市场份额，高峰期日发货量超过 2 万箱，每年将 1000 多万件攀枝花芒果送往全国各地的消费者手中。”

快递服务现代农业的探索实践中，圆通帮助 17 个省市贫困地区销售农产品。据不完全统计，近年来，圆通帮助各地销售苹果、猕猴桃、滩枣、柠檬、莲藕、红皮土豆等 100 多种产品，合计 200 多万单，销售额数亿元；2021 年，中通快递年发货量超过 1000 万件的金牌农产品数量增加到 12 个（江苏沭阳花木、四川攀枝花芒果、四川浦江猕猴桃、云南昆明鲜花、山东日照海产品、安徽亳州花茶、黑龙江大米，河北沧州枣、福建武夷山茶叶、陕西周至猕猴桃、陕西延安苹果和广西柳州螺蛳粉），较去年新增 4 个业务量超 1000 万件的农产品项目。

赵皖平表示，此外，需要构建以知识更新、技术创新、数据驱动为一体的农村智慧物流体系。如开发适应“三农”特点的信息终端、技术产品等，推广并支持物联网、冷链技术、云计算、5G 技术、大数据等现代物流技术在农村物流网络中的应用等。

针对西部偏远地区特色生鲜农产品丰富，但市场主要在东中部大中城市的特点，中国社会科学院农村发展研究所所长魏后凯建议，充分利用数字基础设施和生鲜产业链的数字化，建立生鲜农产品从产地直达消费市场的快速通道，提高生鲜农产品的流通效率，减少在流通环节的不必要浪费，让农民更多分享增值收益。

中国邮政浙江省遂昌县分公司市场营销部经理徐璐敏此前介绍，依托于数字赋能，遂昌县邮政分公司打造了全国首套县域邮政与民营快递混合自动化分拣设备，建成 1 个县级数字乡村物流中心，9 个乡镇级物流中转中心、120 个村级综合服务站。据不完全统计，这个共配网络每年至少可为民营快递企业节约运营成本 600 多万元，帮助节约收寄件成本 1800 多万元。

此外，相较于城镇快件的集约化，农村快件的分散化制约了快递企业进村的积极性，如何落地快递进村、打通城乡间物流堵点各家企业也正积极探索。据悉，圆通速递牵头的科技部国家重点研发计划—快件物流资源共享服务应用示范项目就提供了一套涉及仓、运、转、配全链条协同的快件物流资源共享解决方案，实现降本增效，解决快件末端碎片化问题。

来源：《经济参考报》。

快递业发展态势逐渐回暖

2022 年上半年，国内疫情多点散发，邮政快递业面临前所未有的严峻形势，发展一度受阻。在国务院物流保通保畅机制引导下，国家邮政局全面启动邮政快递业保通保畅工作，政策措施精准发力，行业堵点痛点逐步缓解，业务量触底反弹，发展态势逐渐回暖向好。

国家邮政局近日发布的《2022 年 6 月中国快递发展指数报告》显示，6 月份中国快递发展指数为 289.4，环比增长 7.5%。专家表示，随着保通保畅政策红利效果进一步显现，线上消费渐回活跃区间，预计下半年，邮政快递业发展环境日益优化，传统运行旺季的潜力空间依然可期。目前，日均业务量恢复至 3 亿件以上，已超去年同期水平。

行业规模加速修复

进入 6 月，消费者“买买买”的热情，快递员感受最直接。“随着疫情好转，网点到货量迅速攀升，最多时一天达 1.5 万单，比去年同期增长 20%。”京东快递上海大沽营业部站长葛家晟告诉记者，为了确保投递效率，特别是冰淇淋、水果等生鲜产品的及时送达，除了站点的近 70 名快递员，还聘用第三方快递公司的员工帮忙派送快件。

邮政快递业的强劲复苏，从公布的数据上也得到印证。国家邮政局数据显示，6 月，快递发展规模指数为 386.5，环比增长 12.1%。从分项指标来看，快递业务量预计环比上升 5%，业务收入预计环比上升 6%。总的来看，上半年，邮政快递业规模在短暂下降后迅速回升，业务量预计将超 500 亿件，约同比增长 3.6%，业务收入预计接近 5000 亿元，约同比增长 2.8%。

“这主要得益于国内疫情防控形势总体向好，补偿性消费潜力得以释放，有效带动业务量实现快速增长。”国家邮政局发展研究中心业务研究三部副主任王岳含分析，自 5 月以来，“双品网购节”“6·18”等促销活动相继开展，带动快递业务量快速回升，日最高业务量超 4 亿件。

从区域来看，上半年，中部地区邮政快递业发展态势良好，业务量增速预计将超 11%，在全国的占比预计提升 1 个百分点以上。大部分省（区、市）业务量增速超全国平均水平，成为带动行业增长的重要力量。受部分月度配送网络阻断影响，上半年邮政快递业服务时效小幅下降，但服务质量总体保持较高水平。王岳含分析，为有效应对疫情造成的网络受阻情况，行业企业通过细化升级操作规范，提升无人机、无人车、无人设施收投比例，综合运用专人进驻、无接触接驳等多种方式保障服务畅通。与此同时，快递企业积极推动服务分层与产品分类，满足消费者个性需求。比如，针对农产品寄递，快递企业定制化开展产地直发、冷鲜直寄、专线运输等寄递服务，通过定制包装、立体运输、优先中转、营销赋能、特征码追溯等方式，满足不同群体服务需求。

基础能力持续增强

7 月 2 日晚上 10 点，满载巫山脆李的中国邮政航空公司波音 B737 全货机，从重庆巫山机场起飞前往南京。这是巫山机场开通的首条货运包机航线，也是重庆市第一条专门为原产地优质水果外销推出的全货机运输航线。

每年 6 月底，巫山脆李都会迎来上市销售旺季。为突破巫山脆李收发旺季运力紧张的瓶颈，今年，巫山县政府联合邮政企业共促乡村振兴，打造“巫山脆李 + 航空”模式，进一步加快脆李运输行销的速度。

“实现直飞后，货物比从重庆江北国际机场起飞至少提前 3 个小时到达南京集散中心，这也意味着将有更多城市实现‘今天网上下单、明天快递上门’，极大地保证了巫山脆李的品质。”中国邮政集团有限公司重庆市分公司副总经理胡绍波介绍，脆李包机将按照每天 1 班的航班计划，执飞整个脆李季，预计飞行 15 班。

从海南荔枝、烟台樱桃、广西荔枝、大连樱桃到巫山脆李，今年以来，中国邮政已开通 5 条夏令“极速鲜”专机航线。而这只是在“快递进村”工程的大力推进下，快递行业激发农业农村活力、助力乡村振兴的一个缩影。

“得益于快递企业不断完善综合运输体系，网络联通性有所增强，农产品寄递服务便捷性、高效性明显提升。”王岳含告诉记者，在航空运输方面，行业自有航空公司加大全货机购置力度，远程运输能力有所提升；在公路运输方面，积极拓展海口等地陆运直发专线，加密点对点干线运输通道。空中“茶马古道”、樱桃荔枝航空专线、松茸立体运输通道等农产品寄递通道不断优化完善，快递与现代农业协同发展正从单一寄递服务向全链条、智慧化方向升级。

上半年，快递企业不断加大枢纽节点建设力度。比如，在上海、浙江等多地布局、投用智慧科技、电商物流产业园；启用广州、东莞等地分拨、仓储中心，推动转运设施从单一功能体向集仓储分拣、冷链供应链、产业孵化等功能于一体的综合产业设施升级。目前，各类分拨中心超万个。

“广泛覆盖的邮政快递网络，有效保障了行业在疫情期间高效应对突发事件对网络阻断的冲击，短时间内完成网络修复，保障运输畅通。”王岳含说。

发展环境有待改善

在各方共同努力下，邮政快递业复工复产进程明显加快，截至目前，全国共办理通行证 30 万张以上，除个别封控地区仍有部分网点关停外，县级以上分拨中心全部解封。目前，行业日均揽收量恢复至 3 亿件以上，超去年同期水平。

值得注意的是，行业在快速复苏的同时，仍有一些痛点亟待解决。王岳含坦言，虽然邮政快递业网络覆盖与基础能力有了较大程度提升，但在面对突发事件造成的断网断链风险，特别是国际性、关键核心枢纽城市封闭后，短时间内恢复网络联通性、增强网络韧性的经验与能力相对不足。此外，基层网点经营能力也有待提升。上半年，邮政快递企业尤其是基层网点面临成本上涨、人员紧缺等多重压力，盈利空间收窄，部分网点亏损严重。

“改善网点发展环境，提升末端盈利能力是下半年保障行业稳定运行的重要方面。”王岳含表示，为进一步补短板强基础，一方面需要分级推动邮政快递枢纽建设进程，增强区域性国际枢纽在洲域范围内的核心作用，着力打造开放共享、安全可靠的国际寄递服务体系；另一方面需要地方政府在用地、资源等方面对邮政快递业予以重点支持，加大公共性分拣中心与末端收投设施建设力度，促进行业战略性基础性作用有效发挥，在服务构建新发展格局和全国统一大市场建设中提供更多助力。

对企业而言，还需要提升服务品质，推动快递业务成本分区、服务分层、产品分类，促进快递服务多元化、体系化、精准化、综合化发展。同时，企业总部要加大对基层网点的帮扶力度，通过技术、管理、信息赋能，推动网点稳定、规范、高质量发展，切实保障从业人员合法权益。

业内专家表示，下半年，随着保通保畅政策红利效果进一步显现，线上消费渐回活跃区间，邮政快递业发展环境日益优化，传统运行旺季的潜力空间依然可期，前期投入带来的能力提升，将推动邮政快递业在畅通经济循环与支撑实体经济中发挥更大作用。

来源：经济日报。

千亿时代”开启，快递业如何加速畅通?

近期，受疫情影响，多地居民开始了居家办公生活，快递物流在日常工作和生活中的供给保障作用更加凸显。快递业在畅通城市物流的同时，也暴露出发展中的诸多问题：网购的商品不发货、到货慢，消费者被迫取消订单；新鲜农产品运送时间过长，到手后已腐烂变质；由于快递人手匮乏，堆积在网点的包裹难以及时送到居民家中……随着“千亿时代”来临，快递业如何提升末端配送“最后一百米”的效率、畅通更多物流“毛细血管”？

快递进社区 助力保供“最后一百米”

本轮疫情发生以来，米面粮油等生活必需品的配送量大幅增加。以北京市为例，目前全市邮件快件日均揽收量近600万件，投递量约1000万件，日均收寄量、投递量均比疫情反弹前增长100万件。众多快递物流从业人员成为疫情防控和民生保障的重要力量，让市民“手里有粮、心里不慌”。

生活物资相对充足，但如何把物资顺利从生鲜超市、餐馆及时配送至居民家中？目前，北京、上海、广州、深圳等多地已与美团外卖联合探索在疫情管控区内启动“内循环”式独立外卖配送服务，管控区内居民可下单网购生活物资，由持通行证的管控区驻点外卖骑手以无接触配送的方式将物资送达居民。在该模式下，外卖骑手吃住均在管控区内，严格实行核酸、抗原按时检测，在配送过程中全程佩戴口罩，实现全闭环工作及生活。美团外卖相关负责人表示，“内循环”配送是一个很好的探索，不仅能充分调动管控区内的配送内循环，还能推进城市的良性内循环。

4月9日，酒仙桥街道二街坊4号楼1单元被划定为管控区。京东物流紧急在封控区外设立临时站点，用短程接驳的方式将居民订单以路区为最小单位，配送至封控社区，再由快递小哥送货上门。除配送物资外，快递小哥还兼具志愿者身份，为社区居民提供核酸检测登记、秩序维护、运送生活垃圾等志愿服务。

通过这种“短程接驳+志愿服务”的末端服务创新模式，快递小哥深入封控社区内部，为提供居民生活物资“最后一百米”配送，在有效保障隔离期间居民生活物品供应的同时，也大大提高了封控社区内的物资配送效率。

中国物流与采购联合会会长何黎明认为，当前快递物流发展存在一些短板，比如末端网点短缺，不适应高时效高频次的消费物流需求；区域物流枢纽承载条件不够，不适应标准化大批量的中转物流需求等。

在何黎明看来，应持续推进物流园区、配送中心、末端网点等物流基础设施建设，规划完善城市物流网点布局，科学制定配送车辆通行规则，借助于互联网平台，搭建城市配送“运力池”，开展共同配送、集中配送、智能配送等先进模式，破解城市物流“最后一百米”难题。

快递进村 为农产品直达市场打开通道

近期，因为部分地区疫情散发等因素，全国快件揽收量和投递量均有所下降。3月中旬以来，快递日均业务量出现下滑，以4月18日数据为例，全网揽收业务量为2.61亿件，较去年同期下降了6.8%。部分省际、市际的快递网络停运，导致上游商家发货慢，大量网购订单被取消，给农产品寄递销售带来一定影响。

"每年3月—6月，正值海南省水果丰产，上市水果品种多、产量高，是我们的水果寄递旺季。但近期由于疫情防控，物流运力减少，水果销售出现波动。"海南省乐东黎族自治县邮政网点负责人柯贤才盘点了一天的收寄量。他告诉记者，今年受疫情影响，乐东邮政收寄量同比下降了20%～30%。

而最近，在邮政全网协同下，物流配送直通原产地，海南水果高效出岛，受到果农的肯定。"工人上午采摘完毕，下午打包发货。快递员直接把邮车开到农场。有时我们忙不过来，他们还帮我们打包。"乐东果农余根作的农场里有近2万棵芒果树，去年开始尝试线上销售。芒果大量上市后，最多的时候一天卖出400件、2000多千克。"邮政快递很方便，帮我们直接从农场把芒果运到全国各地，不用担心芒果烂在树上卖不出去了。"余根作说。

中国邮政海南省分公司负责人表示，近年来，海南邮政积极通过进村设立邮快驿站、推进公交带运进村邮件等形式，满足当地农民的农产品寄递需求，加大"农产品出村"服务力度。目前，海南省快递进村覆盖率超90%。

尽管目前乡村物流业务量在不断增长，但是订单分散、信息化和标准化程度低、末端网点管理粗放等问题仍亟待解决。

上海多措并举持续优化营商环境　邮政快递业高质量发展频获利好

新年伊始，上海市政府相继推出《上海市加强集成创新持续优化营商环境行动方案》《上海市提信心扩需求稳增长促发展行动方案》（以下分别简称"上海优化营商环境6.0版方案"、《行动方案》）等新一轮稳增长政策措施，邮政快递业高质量发展再获利好政策支持。

上海优化营商环境6.0版方案明确，从四个方面推出27大项、195小项任务举措，持续发力打造市场化、法治化、国际化一流营商环境，进一步提升上海营商环境综合性优势。支持企业更多吸纳重点群体就业，推进企业吸纳就业社会保险补贴"直补快办"；加强灵活就业人员权益保护，开展新就业形态就业人员职业伤害保障试点，逐步提高灵活就业人员获得失业、医疗、养老等社会保障的覆盖面；严格落实各项减税降费政策，进一步减轻企业税费负担。

《行动方案》提出，紧抓高质量发展首要任务，突出"政策+行动"双轮驱动，聚焦以更大力度助力企业发展，以更实举措扩大需求强化供给，以更高水平夯实支撑保障三方面，共推出10项行动32条政策措施。开展助企纾困行动，全面落实各项税费优惠政策。开展援企稳岗扩岗行动，支持和规范发展新就业形态，加强灵活就业和新就业形态劳动者权益保障，持续推进新就业形态职业伤害保障试点，鼓励基层快递网点优先参加工伤保险，引导职工积极参加工会职工互助保障计划；改善新就业形态劳动者工作环境，建设"务工人员之家"，扩大"户外职工爱心接力站"等公益站点覆盖范围。

上海局表示，优化营商环境等利好政策的出台，大力提振邮政快递业高质量发展的信心，不断激发邮政快递业高质量发展的活力，进一步释放邮政快递业高质量发展新动能。下一步，上海局将以此为契机，凝心聚力促发展，积极强化与市交通委、发改委、商务委、经信委、财政局、人社局等部门的沟通、协调，不断推动各项利好政策落地生根，确保寄递企业对各项惠企政策应享尽享，扎实推进邮政快递业高质量发展。

来源：上海市邮政管理局。

上海市人民政府办公厅印发《关于加快本市农村寄递物流体系建设的实施意见》的通知

沪府办发〔2022〕16 号

各区人民政府，市政府各委、办、局：

经市政府同意，现将《关于加快本市农村寄递物流体系建设的实施意见》印发给你们，请认真按照执行。

上海市人民政府办公厅

2022 年 9 月 1 日

关于加快本市农村寄递物流体系建设的实施意见

为贯彻《国务院办公厅关于加快农村寄递物流体系建设的意见》（国办发〔2021〕29 号），结合上海实际，现提出加快本市农村寄递物流体系建设实施意见如下：

一、原则目标

—坚持以人民为中心、惠及民生。聚焦农村寄递物流服务能力和效率集中发力、综合赋能，着力提升城乡寄递物流公共服务能力均等化水平。

—坚持乡村振兴、融合发展。紧紧围绕强村、富民、美环境，深入推动完善农村寄递物流体系与现代农业发展、现代农村绿色生活方式、当代农民增收创业的有机结合，积极服务于绿色田园、美丽家园、幸福乐园工程。

—坚持市场主导、消费升级。充分发挥市场在资源配置中的决定性作用，以市场化方式为主，聚焦农产品进城“最初一公里”和消费品下乡“最后一公里”，助力农民创收增收，促进农村消费服务方式转变，更好服务上海构建国内大循环中心节点和国内国际双循环战略链接。

—坚持资源共享、协同推进。优化营商环境，打通政策堵点，引导各类主体创新服务模式，积极参与农村寄递物流体系建设。支持邮政、快递、物流等企业共建共享基础设施和配送渠道，与现代农业、电子商务等深度融合，因地制宜打造一批协同发展示范项目，引领带动农村地区寄递物流水平提升。

到 2025 年，形成“开放惠民、集约共享、安全高效、双向畅通”的农村寄递物流体系，基本消除寄递物流公共服务能力城乡差别，农村寄递物流供给能力和服务质量显著提高，便民惠民寄递物流服务全覆盖。

二、重点任务

（一）提升农村邮政基础设施服务能力

发挥农村邮政体系作用。在保证邮政普遍服务和特殊服务质量的前提下，加强农村邮政基础设施和服务网络共享，逐步开放乡镇网点，强化邮政网络节点重要作用。创新乡镇邮政网点运营模式，承接代收代办代缴等各类农村公共服务，实现“一点多能”，提升农村邮政基本公共服务能力。支持邮政企业公平参与农村寄递服务市场竞争，以市场化方式为农村电商提供寄递、仓储、金融一体化服务。（市邮政管理局牵头，市财政局、市商务委、市农业农村委、中国邮政集团有限公司上海市分公司等和各涉农区按照职责分工负责）

（二）补齐农村寄递物流基础设施短板

在涉农区，依托邮件快件处理场地、客运站、货运站、电商仓储场地等建设寄递公共配送中心（快递公共服务站）；整合村内邮政、快递、供销、电商等资源，利用村内现有公共设施，建设村、农居社区寄递物流综合服务站；进一步推进邮政、快递、交通、供销、商贸流通之间的合作，进一步提升农村邮政快递服务满意度。逐步推进在乡镇、农村布设智能快件（信包）箱。推进乡镇邮政局（所）改造，加快推进农村邮路汽车化。推进农村邮政快递绿色化，邮政、快递新增配送车辆全部使用新能源车或清洁能源汽车。引导快递企业总部加大农村寄递网络投资力度，规范建设管理农村寄递网点，保障网点稳定运行。统筹用好现有资金渠道或专项政策，支持农村寄递物流基础设施改造升级。（市发展改革委、市财政局、市住房城乡建设管理委、市交通委、市农业农村委、市邮政管理局、市供销合作总社、中国邮政集团有限公司上海市分公司、各快递企业等和各涉农区按照职责分工负责）

（三）优化协同发展

强化农村寄递物流与农村电商、交通运输等协同融合发展。推进不同主体之间标准互认和服务互补，在设施建设、运营维护、安全责任等方面实现有效衔接，探索相应的投资方式、服务规范和收益分配机制。鼓励企业通过数据共享、信息互联互通，提升农村寄递物流体系信息化服务能力。继续发挥邮政快递服务农村电商的主渠道作用，推动运输集约化、设备标准化和流程信息化，建设农村电商快递协同发展示范区，带动提升寄递物流对农村电商的定制化服务能力。深入推进“四好农村路”建设，形成城乡一体的公路网络。合理配置城乡交通资源，打造宣传推广农村寄递物流服务品牌。（市邮政管理局牵头，市交通委、市发展改革委、市财政局、市商务委、市农业农村委、中国邮政集团有限公司上海市分公司、各快递企业等和各涉农区按照职责分工负责）

（四）全面提升农村投递服务水平

持续推进邮件建制村直投到户，采取“三个一点”（即政府补一点、村里贴一点、邮政企业出一点）模式，以代投员投递到户方式，稳步提高农村地区邮件直投到户比例。进一步加强乡镇快递服务网络建设，进一步推进快递服务城乡均等化，推动农村地区快递进村到户。引导快递企业完善符合农村实际的分配激励机制，落实快递企业总部责任，保护从业人员合法权益，保障农村快递网络可持续运行。（市邮政管理局牵头，市发展改革委、市财政局、市人力资源社会保障局、市交通委、市农业农村委、中国邮政集团有限公司上海市分公司、各快递企业等和各涉农区按照职责分工负责）

（五）完善双向流通机制

鼓励邮政快递企业深入推进寄递服务向纵深发展，进一步提高服务乡镇、农村的能力，通过驻村设点、企业合作等方式，促进工业品下乡流通，更好服务乡村振兴战略。推动邮政快递企业深入开展“一区一品”农特产品进城精品项目，主动对接家庭农场、农民合作社、农业产业化龙头企业，服务绿色田园工程，打造服务农特产品上行直通车。推动邮政快递与农村电商协同发展，推广“互联网+”服务模式，通过寄递物流对接平台、直播等，提供专业化供应链寄递服务。（市邮政管理局、市商务委、市农业农村委、中国邮政集团有限公司上海市分公司、各快递企业等和各涉农区按照职责分工负责）

（六）强化冷链物流体系建设

支持邮政快递企业、供销合作社并鼓励其他社会资本在农产品田头市场合作建设预冷保鲜、低温分拣、冷藏仓储等设施，缩短流通时间，减少产品损耗，提升农产品流通效率和效益。引导支持邮政快递企业依托快递物流园区建设冷链仓储设施，增加冷链运输车辆，提升末端冷链配送能力，逐步建立覆盖生产流通各环节的冷链寄递物流体系。推广电商快递冷链服务规范，提升冷链寄递安全监管水平。邮政快递企业如参与冷链物流基地建设，可按照规定享受相关支持政策。（市发展改革委、市财政局、市交通委、市商务委、市农业农村委、市邮政管理局、市供销合作总社、中国邮政集团有限公司上海市分公司、各快递企业等和各涉农区按照职责分工负责）

（七）深化寄递领域“放管服”改革

简化农村快递末端网点备案手续，取消不合理、不必要限制，鼓励发展农村快递末端服务。鼓励电商企业、寄递企业和社会资本参与村级寄递物流综合服务站建设，吸纳农村劳动力就业创业。加强寄递物流服务监管和运输安全管理，完善消费者投诉申诉机制，依法查处未按照约定地址投递、违规收费等行为，促进公平竞争，保障群众合法权益。（市邮政管理局和各涉农区按照职责分工负责）

三、组织落实

各涉农区、各相关部门和单位要充分认识加快农村寄递物流体系建设的重要意义，强化责任落实、加强协调配合，可按照本实施意见，结合实际，制定、落实配套措施。各涉农区要将农村寄递物流体系建设纳入相关规划和公共基础设施建设范畴，落实地方财政支出责任，支持村级寄递物流综合服务站建设，抓好任务落实。各相关部门要建立工作协调机制，研究出台相应支持政策，组织开展试点，做好跟踪评估，及时总结推广典型经验和做法。市邮政管理局要加强工作指导和督促推进，重大情况及时报市政府。

来源：上海市人民政府。

三、生鲜物流

我国生鲜冷链物流行业
生鲜电商火热下行业价值越发凸显

生鲜冷链物流一般是指冷藏冷冻类生鲜食品如肉、禽、水产、蔬菜、水果、蛋等从产地采收（或屠宰、捕捞）后，在产品加工、贮藏、运输、分销、零售等环节始终处于适宜的低温控制环境下，最大程度地保证产品品质和质量安全、减少损耗、防止污染的特殊供应链系统。因为生鲜产品从出厂到运输再到消费者的手上需要经历较长的时间，而大部分生鲜食品时效性短，所以为了加强生鲜食品的保鲜，人们将冷冻工艺和制冷技术应用于生鲜产品的物流过程中，从而确保易腐烂易损坏的生鲜产品在消费前的各个环节中都处于低温环境，保证其产品质量，生鲜冷链物流行业也因此应运而生。

根据观研报告网发布的《中国生鲜冷链物流行业发展现状调研与投资趋势研究报告（2022—2029年）》显示，目前，我国生鲜冷链物流行业是以生产和消费为导向的冷链物流，其主要由冷冻加工、冷冻贮藏、冷藏运输及配送、冷冻销售等 4 个方面构成。其中冷冻加工环节上主要涉及冷却、冻结、速冻装置和分拣加工；冷冻贮藏则包括农产品的冷却和冻结贮藏、气调贮藏；冷藏运输及配送包括农产品的中、长途运输及短途配送等物流环节，温度的变化容易使生鲜农产品在流通阶段造成生鲜农产品质量的下降，因此这一环节的冷藏运输工具的温度要维持在生鲜农产品所要求的特点温度；最后一环节则是冷冻销售，即包括各种冷链农产品进入批发零售环节的冷冻储藏和销售。

表 9-1：我国生鲜冷链物流主要构成环节

冷冻加工	冷冻贮藏	冷冻贮藏及配送	冷冻销售
先对生鲜果蔬产后预冷及对肉、禽、鱼、蛋的冷却与冻结，然后在低温环境中对农产品处理加工。这个环节上主要涉及冷却、冻结、速冻装置和分拣加工。	包括农产品的冷却和冻结贮藏、气调贮藏。在此环节主要涉及各类冷藏库／加工间、冷藏柜、冻结柜及家用冰箱等。	包括农产品的中、长途运输及短途配送等物流环节。主要冷藏运输工具有冷藏车、铁路冷藏集装箱、铁路冷藏车厢、冷藏船等。这一环节冷藏运输工具的温度要维持在生鲜农产品所要求的特点温度。	包括各种冷链农产品进入批发零售环节的冷冻储藏和销售。主要涉及冷藏／冷冻陈列柜和储藏柜。该环节农产品易产生温度的波动且波动幅度较大。

来源：《中国生鲜冷链物流行业发展现状调研与投资趋势研究报告（2022-2029 年）》。

发展历程

全球范围来看，欧、美、日等国家地区的冷链起源较早，早在 19 世纪上半叶随着冷冻机的发明，冷链开始逐步形成，其中欧美地区的生鲜食品冷链体系早在 20 世纪 30 年代初步建立，目前欧美日等发达国家的生鲜冷链物流行业发展历史已有 150 余年，行业发展已经十分成熟。由于生鲜冷链物流行业门槛较高，运营成本贵，回报周期长，因此相比国外我国生鲜冷链物流行业起步较晚，国内冷链物流行业在 20 世纪 60 年代才刚刚起步，生鲜冷链物流行业更是在 20 世纪末才开始萌芽。

1998—2007 年，我国生鲜冷链物流行业进入第一阶段，该阶段行业发展处于起步阶段，由于国内规模化、系统化的冷链物流体系尚未形成，因此鲜活农产品通过冷链流通的比例非常低，冷链物流基础设施能力严重不足，很多企业尚没有“冷链物流”的概念，进入冷链市场纯粹凭借自我判断，多数企业仅依靠几台二手改装的冷藏车跑运输起家，冷库设施陈旧宜大部分在国营企亚手里，城市配送都在经销商手里。与此同时市场由于冷藏车供给量极少，市场资源短缺，冷链企业的利润便非常丰厚。

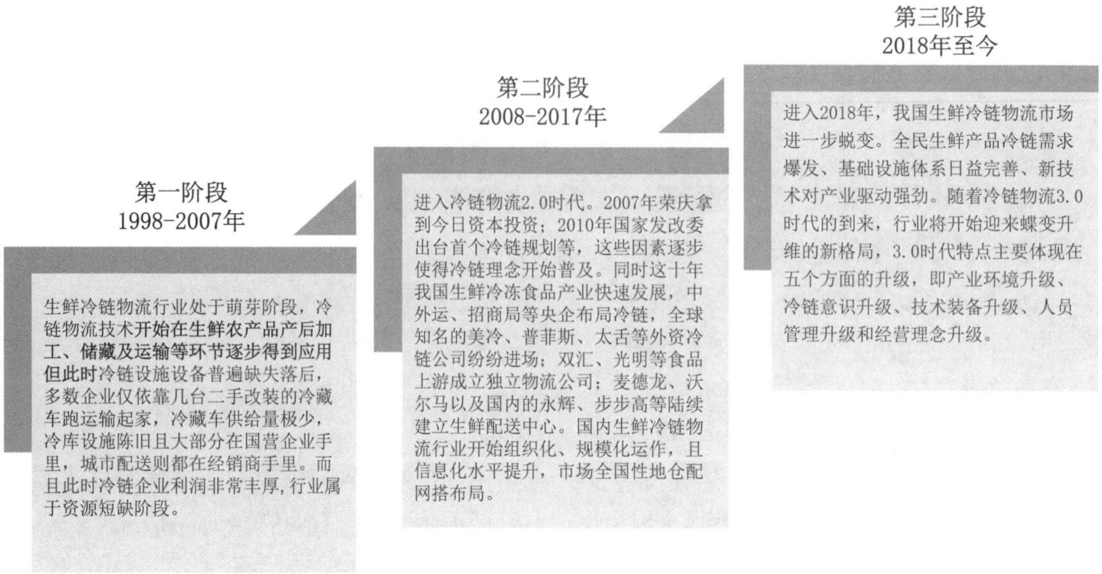

图 9-1：我国生鲜冷链物流行业发展历程

来源：《中国生鲜冷链物流行业发展现状调研与投资趋势研究报告（2022—2029 年）》。

2008—2017 年，随着我国冷链物流进入 2.0 时代，国内生鲜冷链物流行业发展也进入第二阶段。2010 年国家发改委出台首个冷链规划等这些因素逐步使得冷链理念开始普及，搅动了市场的一池春水。2008—2017 这 10 年，我国人们对食品安全和新鲜程度越发重视，生鲜冷冻食品产业快速发展，同时，我国农产品储藏保鲜技术也迅速的发展，生鲜农产品冷链物流发展环境和条件不断改善，从而使国内生鲜冷链物流业得到较快发展，行业开始组织化、规模化运作，且信息化水平提升，市场全国性地仓配网络布局。2018 年一直持续至今，我国我国生鲜冷链物流市场进一步蜕变。全民生鲜产品冷链需求爆发、基础设施体系日益完善、新技术对产业驱动强劲。随着冷链物流 3.0 时代的到来，行业将开始迎来蝶变升维的新格局。

市场现状

我国是一个农产品生产、消费和贸易大国，然而我国生鲜农产品的分布是不均衡的：比如内蒙盛产牛羊肉，渔业集中在沿海地带，因此在我国城市化进程加快脚步下，农产品的生产经营方式升级、农业生产与现代化大流通及城市大市场的联系越来越紧密，果蔬、乳制品、禽肉、水产等生鲜产品的运输过程中，冷链物流起到的作用越来越突出，其最大的作用便是可以实现我国各地生鲜产品在全国甚至全球范围内扁平化流动。

另外，随着我国居民收入水平的稳步增长，人们对生活水平的追求越来越高，健康意识逐渐增强，对食物的新鲜程度越发重视，生鲜产品的需求量也随之增加，生鲜农产品冷链供应产地直供、农超对接等模式相继出现更是直接促进生鲜冷链物流需求的增长。再加上随着互联网的发展，网购、生鲜电商、蔬果宅配等方式成为当下我国生鲜产品消费市场的热门选择，疫情下宅家做饭更是成为新风尚，京东买菜、盒马鲜生、每日优鲜等生鲜电商品牌纷纷崛起，2014—2021 年，我国生鲜电商市场规模便从 1097 亿元增长至 6861 亿元。然而对于网购、生鲜电商、蔬果宅配等来说，运输环节十分重要，因此受益于生鲜电商市场规模的增长，国内生鲜冷链物流市场也快速发展。

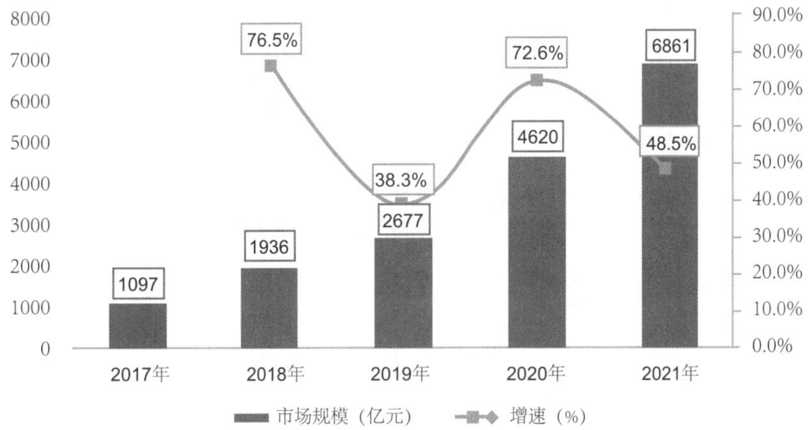

图 9-2：2017—2021 年我国生鲜电商市场规模及增速变化情况

来源：《中国生鲜冷链物流行业发展现状调研与投资趋势研究报告（2022-2029 年）》。

我国生鲜冷链物流行业的发展除了收益于生鲜产业的发展之外，国内冷链物流的发展同样也为行业发展提供了重要动力。我国冷链物流情况来看，近两年来国家就为我国冷链物流行业出台了多项扶持政策文件，其中发改委公布的《“十四五”冷链物流发展规划》更是进一步确立了冷链物流在现代化建设全局中的重要地位。在此背景下，近六年来我国堪称冷链物流的“根据地”的冷库建设取得明显成绩。据数据显示，从 2016 年到 2021 年我国冷库容量逐年递增，且每年同比增速均维持在 10% 以上，2016 年我国冷库容量约为 4200 万吨；到 2021 年我国冷库容量达 8205 万吨，较 2020 年同比增长 15.9%。

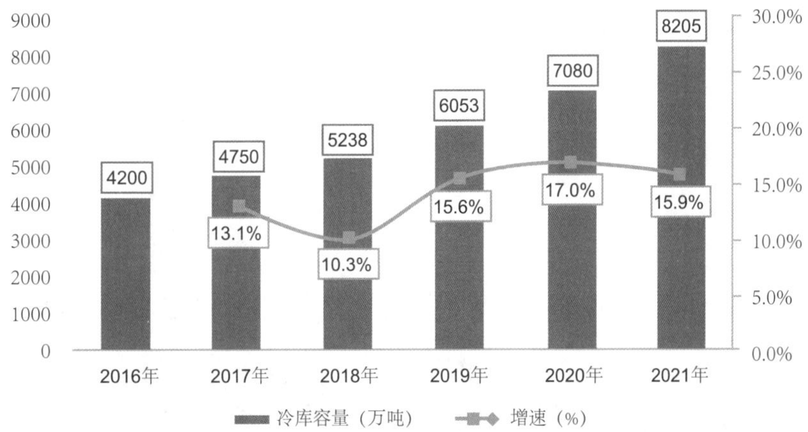

图 9-3：2016—2021 年我国冷库容量及增速变化情况

来源：《中国生鲜冷链物流行业发展现状调研与投资趋势研究报告（2022-2029 年）》。

另外具有专业化服务能力，能够提供全程的温度控制的冷藏车销量及保有量也均呈现逐年递增态势。根据数据显示，2016 年我国冷藏车销售量约为 22406 辆；到 2021 年年底便增长至 79865 辆。冷藏车保有量来看，2016 年其保有量约为 11.5 万辆；到 2020 年年底便增长至 28.67 万辆；初步测算，预计 2021 年其保有量将增长至 36.5 万辆。

图 9-4：2016—2021 年我国冷藏车保有量及销量变化情况

来源：《中国生鲜冷链物流行业发展现状调研与投资趋势研究报告（2022-2029 年）》。

冷餐车情况来看，近六年来我国冷餐车销量及保有量也均呈现逐年递增态势。根据数据显示，2016 年我国冷藏车销售量约为 22406 辆；到 2021 年底便增长至 79865 辆。冷藏车保有量来看，2016 年其保有量约为 11.5 万辆；到 2020 年年底便增长至 28.67 万辆；初步测算，预计 2021 年其保有量将增长至 36.5 万辆。

总的来说，尽管我国生鲜冷链物流行业起步落后于国外，但当前行业处于快速发展阶段。近些年来随着我国经济的发展，时代的进步，居民生活水平的提高，生鲜需求的增长，冷链物流技术的发展等，我国生鲜冷链物流行业也随之得到快速发展。根据数据显示，从 2014 年我国生鲜冷链物流市场规模从 300 多亿元左右增长至 2020 年的 2035 亿元，年复合增长率约 37%。而且据悉，2021 年我国食物冷链物流需求大 3.02 亿吨，比 2020 年增长 3.727 万吨，且初步统计其中生鲜食品冷链物流需求占据近九成，因此预计 2021 年和 2022 年我国生鲜冷链物流行业市场规模将继续增长。

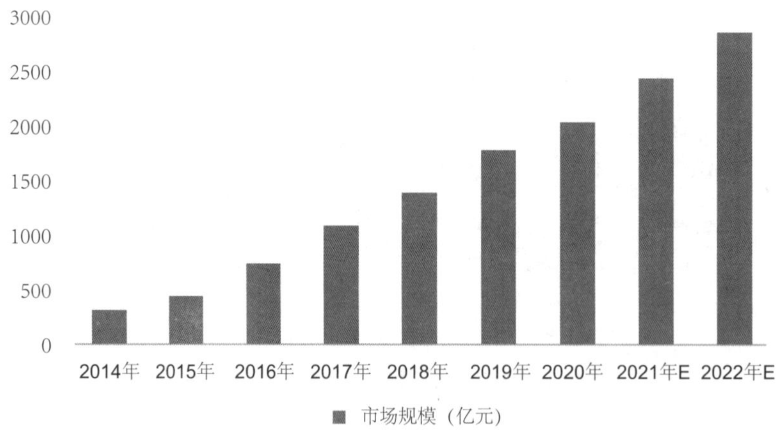

图 9-5：2014—2021 我国生鲜冷链物流行业市场规模现状及预测

来源：《中国生鲜冷链物流行业发展现状调研与投资趋势研究报告（2022-2029 年）》。

发展前景

近些年来，在我国生鲜冷链物流市场需求旺盛，冷链物流设施不断健全推动下，行业得以快速发展。但是放眼全球来看，我国生鲜食品的冷链运输率和其在流通过程的流通损腐率（指在运输过程中损坏、腐败量占运输总量的比例）仍然不如发达国家，且存在较大差距。对比我国与发达国家生鲜产品冷链运输率来看，我国果蔬、肉类和水产品冷链运输率分别为35%、57%和69%，相比之下发达国家果蔬、肉类和水产品平均冷链运输率分别高达90%、80%和95%。

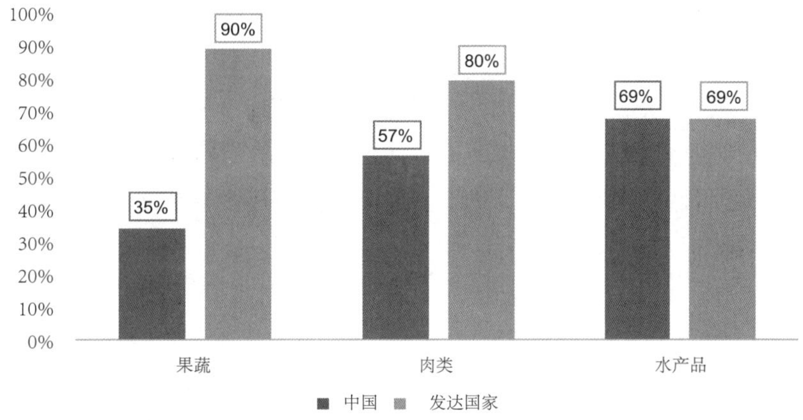

图9-6：中国与发达国家生鲜产品平均冷链运输率情况对比

来源：《中国生鲜冷链物流行业发展现状调研与投资趋势研究报告（2022-2029年）》。

由于我国生鲜产品平均冷链运输率不高，因此我国的生鲜供应损耗率也居高不下，生鲜产品平均腐损率也明显高于发达国家生鲜产品平均腐损率。其中我国果蔬腐损率是发达国家的三倍左右；水产品则有两倍左右。由此可以看出我国生鲜冷链物流行业还有巨大发展空间！

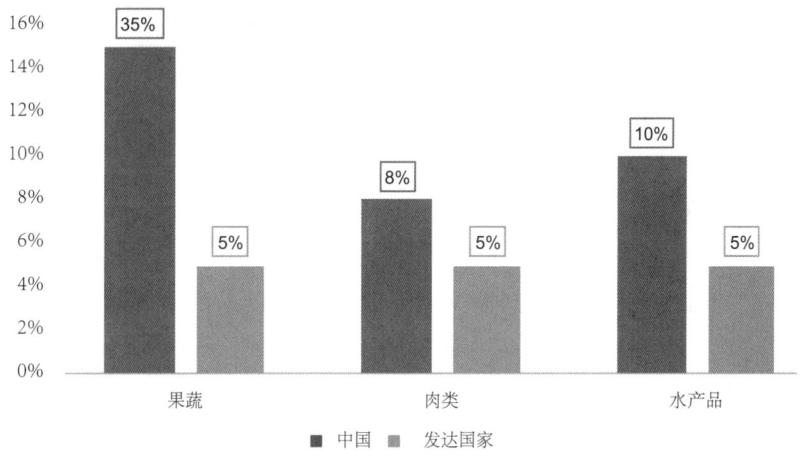

图9-7：中国与发达国家生鲜产品平均腐损率情况对比

来源：《中国生鲜冷链物流行业发展现状调研与投资趋势研究报告（2022-2029年）》。

就我国国内市场来看，我国幅员辽阔，拥有14亿多人口，是生鲜产品的生产与消费大国，而且与其他品类相比生鲜品类的同店重复购买率更高。而且在消费需求升级的背景下，近年来生鲜电商迎来快发展，使得我国生鲜冷链物流需求快速增长，后疫情时代，居民对于食物的新鲜重视程度将进一步提高，生鲜食物的冷链运输重要性也将被进一步凸显。然而当前我国生鲜冷链体系仍然不够健全，冷链物流设施也还需不断完善，因此未来我国生鲜冷链物流行业发展潜力巨大，行业前景十分广阔。

来源：宁波国际冷链。

生鲜冷链物流的发展现状及问题分析

随着物流系统在城市的普及和人们对生鲜的需求的急剧增加，生鲜冷链物流发展速度迅猛。生鲜冷链物流已经在生活中普及，成为人们生活中不可或缺的一部分，现已有多家网络生鲜销售进行宅配，诸多超市也推送出生鲜配送服务，然而，大量的需求带动冷链物流的发展的同时，也必然会带来一系列的问题。不单是技术问题，更是人员配置问题和节能环保问题。

生鲜作为百姓日常消费的重要组成，在我国有近万亿元的市场规模。生鲜的迅速发展依托于冷链物流的发展。由于生鲜产品容易变质和容易腐蚀的性质，对冷链物流的温度包括时效性的要求都非常高，但是我国的冷链物流发展仍然处于起步阶段，目前未形成连贯性的生鲜冷链物流体系。

我国生鲜冷链物流的发展现状

我国冷链物流的建设开始于20世纪50年代，主要引进了前苏联通风库贮藏的技术。1979年引进了我国第一套果品气调库，这才标志着我国果蔬产业开始应用果品的冷藏技术。1982年，我国将果蔬贮藏运输保鲜技术的研究纳入国家科技攻关项目。由于生鲜容易腐烂变质，经受不住长时间的储存和运输，所以在物流的7个环节中都采用“冷链”进行仓储、运输等，从生鲜冷链物流各环节来看，我国生鲜冷链物流的基本发展情 况为：在货源方面，与供货商采取直线联系，货物种类多且较为分散，所耗资金也多，由于生鲜产品的特殊性质，选货品的时候需要密切关注新鲜程度，然而我国目前对于货源的采购并没有达到熟识的程度；在设备方面，设备都是些基础设备，远不如西方发达国家，从而导致在冷冻技术方面也有所欠缺；在流通运输方面，生鲜易腐烂变质的性质导致最后可以出售的只占货源15%左右，火车和货车的冷运输率相对较弱；在装卸 搬运方面，生鲜一般采用保温箱或是冰柜进行储藏，导致货物中存在大量冰块，货物体重、体积都相应增加许多，装卸仅靠人力有些困难，需要借助于装卸工具，还耗费大量时间；在仓储，生鲜一般是先进入冷藏箱，再使用较为先进的技术将其冷藏，空间规划方面较为薄弱；在包装方面，因为我国并没有严格的选级标准，所以我国生鲜商品的处理水平相对较低，落后于其他国家；在销售方面，我国许多区域都建有冷库，但是在大中型的批发市场中具备的冷藏设施性能较差，不易保存；在配送方面，基本采用泡沫箱或保温袋，配送路线不完善，容易导致货物在配送途中经受不住高温而融化、变质。

生鲜冷链物流发展中的问题

生鲜采购分散，规模效应较差

生鲜采购是生鲜冷链物流的开端，生鲜采购主要考虑产品的品质和价格，时效性也是其中相当关键的环节，这个环节不容许出现任何差错。生鲜采购流程看起来比较简单、直观，但是，实际操作起来并不那么容易。

采购中间环节较之最为复杂，耗时而且费力，生鲜产品的损耗也相对来说比较大，所以采购成本也随之较高。采购过程涉及的流通节点较多，规模整体效应较差。生鲜采购的源头不仅多还杂，一部分根据合约直接采购，另外的是根据需要由采购专员到批发市场或者菜场等地寻找新鲜货源，与卖家签订合同，分批进货。

供应商无法正确纳入采购信息平台，信息反馈不够及时，信息录入有错误，导致采购专员不能够准确把握跟踪信息，从而导致了损失，车辆无法准确设置使时间耽误，造成了经济有一定损失。

生鲜产品在流通过程中损耗大

生鲜一般包括鱼虾等的水产品、家禽肉、乳制品和水果蔬菜等，它们共同的特性就是趁新鲜获取，需及时保存，但不宜久存，在存放期间生鲜损耗较大。

生鲜损耗一般分为两类：

自然损耗。生鲜对于储藏的温度需要严格把控，温度不适容易造成微生物的繁殖，影响生鲜的新鲜程度，造成变质、腐烂，降低生鲜产品的原有价值。

人为损耗。生鲜产品本身不易久存，加上没有经过一些特殊处理，在物流各个环节中免不了各种伤害（拣货、装 卸、搬运、运输、包装、配送等过程都会对生鲜产品有不同程度损坏），生鲜产品的价值较之之前就会降低很多，成本也会 增加很多。

生鲜冷链物流包装不优化

生鲜产品中的鱼虾等水产品从货源取出，一般首先置于塑料箱中，然后再放入冰库根据所需温度进行储藏，在进行销售前将其分类，分别装进不同的塑料箱盒和塑料袋，最后将其装入泡沫箱或是保温袋进行运输。期间的塑料用量过多，与节能环保相背离，资源消耗过多，且塑料难降解，破坏生态。鲜果蔬菜也一般用塑料袋、塑料盒和纸箱包装，这些都在一定程度上破坏了环境。

生鲜冷链物流管理不完善

冷链物流过程中人员众多，物流节点也很多，各个物流环节容易出现问题，特别是在拣货、装卸搬运、运输、包装、配送等环节。这些环节都是环环相扣只要有一个环节发生变动，其他环节必然会受重要影响。所以在每个物流节点明确相应的负责人十分重要。

生鲜宅配在冷链物流中最是重中之重，由于配送车一般是 电瓶车或电动车，作为小型机动车都无法承载大的高水平的冷藏设备，一般以泡沫箱加冰块或者保温袋加冰块来完成配送途中的冷藏需求。然而为了节约成本，一般会根据冷藏程度选择冰块的数量，但通常情况下冰块的数量无法满足冷藏的需求。

冷藏的产品容易在配送途中融化，对于生鲜的新鲜度和保质期都会有一定的影响，容易造成经济上的损失和客户的信任程度。泡沫箱一般作为不回收的物品，在一定程度上对环境造成了污染，对资源造成了浪费。

由上可以看出，生鲜冷链物流的规模化势在必行，不仅可 以缩短时间，还可以减少资源浪费。

生鲜冷链物流优化对策

生鲜冷链集约化管理

不断完善和优化冷链物流过程，整体冷链物流过程不能过度依赖原有计划，机制应该灵活，应该设置备选方案。每一场流程 应该做好两套及以上的计划，用来应对首选方案可能出现的一系 列问题。这样可以按时出货，不影响正常经营。所以必须对采购 人员作出专业的培训，提高专业技能和临场应变能力。

生鲜产品相对于普通商品来说，有自身的缺陷，例如新鲜 度很难保持，容易腐烂变质；生鲜中的水果蔬菜需妥善存放，不然容易损坏。所以采购前需要有合适的制度来制定成本预算，并且与有来往的商户解决价格问题；运输过程中根据生鲜的价值来选择最合适的的运输方式，合理规划路线，将成本降到最低。

“零库存”储藏模式

由于大多数生鲜产品的保质期短暂，保存要求严苛，“零库存”相对于传统的储藏模式不仅提高效率，而且节约成本，减少生鲜产品由于储藏时间过长而产生的。

四、电商物流

2022 年中国电商物流发展现状及未来发展趋势分析

一、概述

如果将电子商务比作一辆汽车，物流就相当于汽车的发动机，贯穿于电子商务整个过程之中。电子商务中的物流（简称“电商物流”）是以满足买方需求为目标，通过电子交易系统把制造、运输和销售等环节统一起来进行考虑，涵盖了运输、搬运、储存、保管、包装、装卸和物流信息处理等基本功能，由供应地流向接收地以满足社会需求的经济活动，电商物流主要包括产品运输、产品包装、产品存储、产品交付等环节。

二、发展现状

（1）全球市场

随着全球电子商务的持续发展，网络购物已经成为全球居民的一种重要消费方式，近年来全球网络零售总额逐年攀升，2021 年全球网络零售总额达 4.9 万亿美元，较 2020 年增加了 0.7 万亿美元，同比增长 20.73%，未来将继续保持增长，预计 2023 年全球网络零售总额将达到 6.5 亿美元。

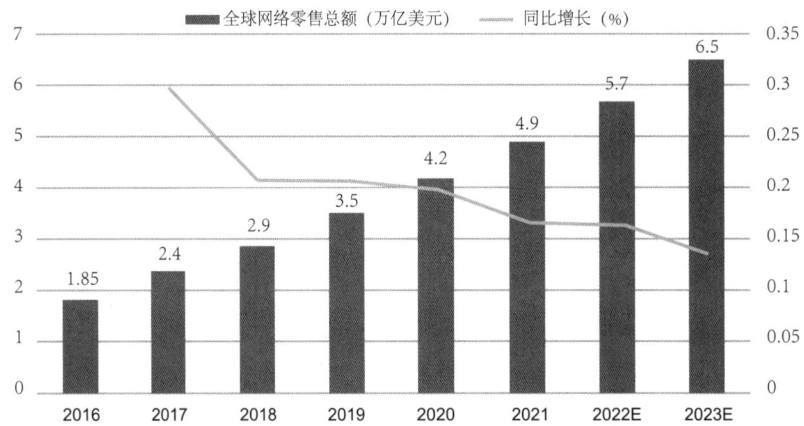

图 9-8：2016—2023 年全球网络零售总额统计

来源：商务部、智研咨询整理。

随着电子商务的发展，尤其是网络购物的爆发式增长，大大促进了电子商务物流服务业的发展，使其成为社会商品流通的重要渠道，2021 年全球电商物流市场规模达 8.70 万亿元，较 2020 年增加了 0.96 万亿元，同比增长 12.44%。

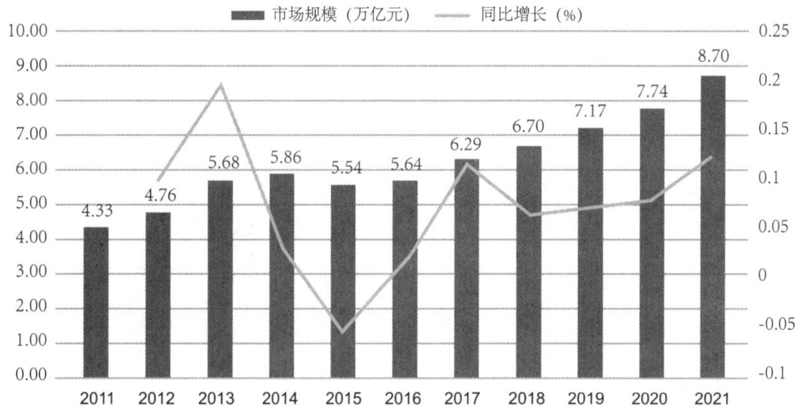

图 9-9：2011—2021 年全球电商物流市场规模统计

来源：网经社、智研咨询整理。

2、中国市场

从中国市场来看，近年来中国电子商务飞速发展，2021 年中国电子商务交易额达 42.3 万亿元，较 2020 年增加了 5.10 万亿元，同比增长 13.71%，2022 年一季度中国电子商务交易额已完成 9.6 万亿元，中国继续引领全球电子商务市场，还拥有全球最多的数字买家，中国将成为历史上第一个将一半以上的零售额进行在线交易的国家。

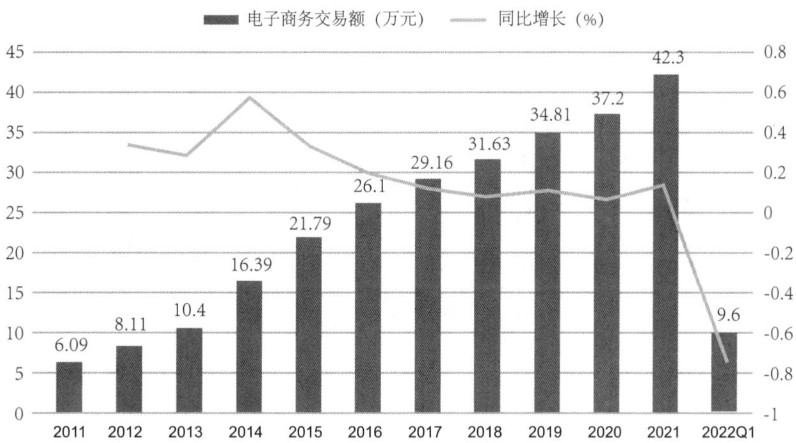

图 9-10：2011—2022 年一季度中国电子商务交易额统计

来源：商务部、智研咨询整理。

电商市场的繁荣，促使中国电商物流市场规模不断扩大，2019 年中国电商物流行业营收规模达 7000 亿元，较 2018 年增加了 961.60 亿元，同比增长 15.92%，如用 2020 年和 2020 年中国电子商务交易额的增速 6.87% 和 13.71% 来测算电商物流行业营收规模，则 2020 年和 2021 年年中国电商物流行业营收规模分别为 7480.6 亿元和 8506.2。

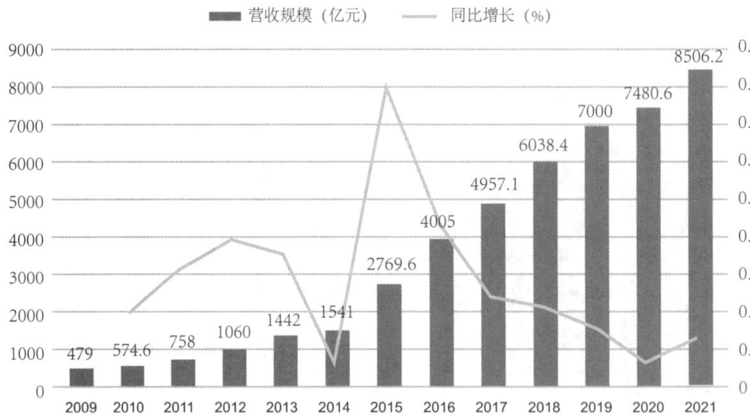

图 9-11：2009—2021 年中国电商物流行业营收规模统计

来源：网经社、智研咨询整理。

随着中国电商物流市场的高速发展，吸引了一大批投资者的青睐，2021 年中国电商物流市场共发生 77 起投融资事件，投融资金额完成 530.56 亿元，居近五年来最高水平，资本市场的持续繁荣，带动全产业链受益。

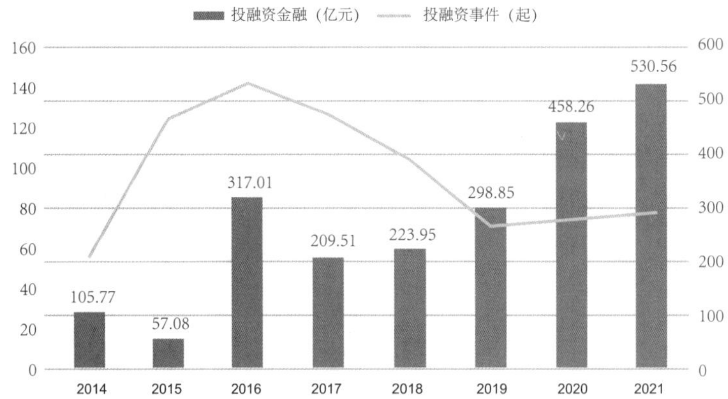

图 9-12：2014—2021 年中国电商物流投融资情况统计

来源：IT 桔子、智研咨询整理。

从月度数据来看，2021 年 2 月、4 月、7 月、9 月、10 月中国电商物流市场投融资金额均超过 50 亿元，其中 10 月更是达到 83.45 亿元，居全年最高峰值。

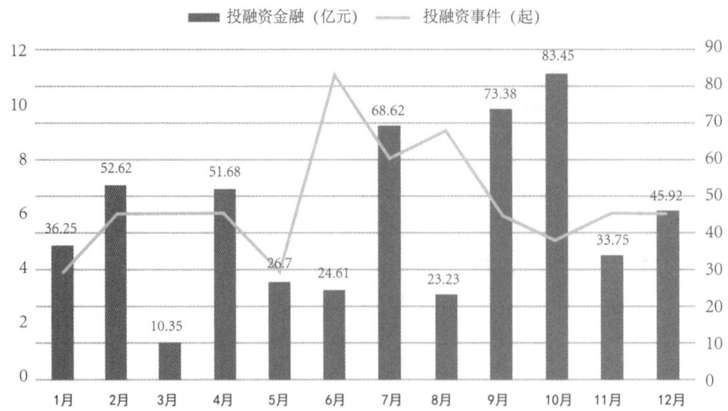

图 9-13：2021 年各月度中国电商物流投融资情况统计

来源：IT 桔子、智研咨询整理。

从投资轮次分布来看，2021 年中国电商物流市场，战略投资占 18.2%，B 轮占 16.9%，种子轮占 11.7%，C 轮占 9.1%，A 轮占 7.8%，Pre-A 轮占 6.5%，E 轮占 6.5%，D 轮占 5.2%，A+ 轮占 3.9%，B+ 轮占 3.9%，D+ 轮占 3.9%，C+ 轮占 2.6%。

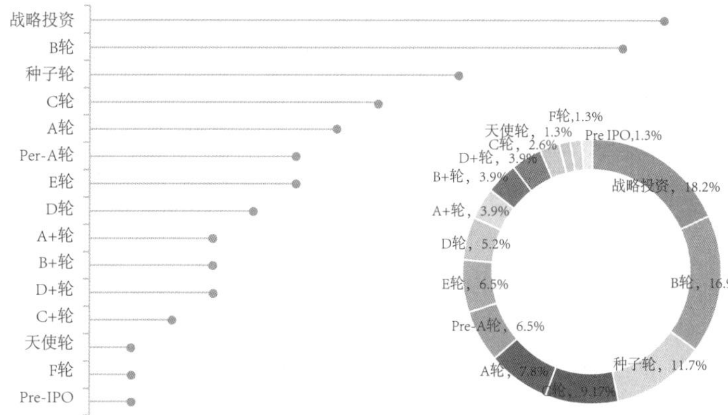

图 9-14：2021 年中国电商物流市场投资轮次分布（起）

来源：IT 桔子、智研咨询整理。

三、未来发展趋势

电商物流是实现商品交易必不可少的环节，只有持续进行模式创新和技术革新，才能不断提升电商平台及企业的物流运营水平。当前，其发展主要呈现运营智能化、平台服务多元化、共享物流集约化以及电商物流前置化等趋势。

1、运营智能化： 未来，产品入库、出库、运输、搬运及交付等物流全过程，在人工智能技术的支持下，几乎均可实现无人化。如在城市人口集中度高的地方将会广泛使用无人机、机器人等运输工具，以减少物流企业因交通堵塞带来的货物交付延迟的问题。另外，也缓解了大量人工驾驶的运输车辆对城市造成的交通压力。通过对住宅楼、写字楼等空间内的电梯进行智能化改造，通过电梯的控制系统与物流机器人的控制系统的数据接口对接，便于物流机器人畅通无阻地将货物快捷送达收货人手中。还可在一些大型商住区设立专用无人机停机坪及物流机器人进入通道，无缝对接所有收货人。

2、平台服务多元化： 各大物流智能化配载网络平台与电商平台将实现深度融合，使得物流交易双方沟通扁平化，减少货物无效流动，提升货物进入流通市场的速度。物流配载平台将向电商化方向发展，为企业提供物流、产品交易、融资等一站式服务。

3、共享物流集约化： 仓储实现共享，拥有智能仓储的电商企业，可以动态地将自己仓库的空闲容量的情况发布出去，将这些容量释放给其他企业，作为中转仓或前置仓，并通过保险公司介入进行相关物品完好保存的保险业务，从而实现集约化的共享智能仓储，大大提高仓库的使用效率，增加电商企业的收益，物流运输工具实现共享，目前国内共享货运平台已经存在，但覆盖面还仅限于发达地区。这些平台的运营模式，主要是将社会车辆闲置时间让渡出来，参与大物流的运输业务。

4、物流前置化： 生产型电商企业采用智能化预定系统(买家提前预定模式)及大数据分析手段， 提前预判近期、中期及远期的物流需求量，便于相关物流企业安排物流实施计划并敏捷地去执行，从而有效满足买方对产品保质保量及快速收货的需求。如大力发展定制化的“电商+智能工厂”模式，即生产型电商企业接到买家预订信息后，自动与物流企业及时共享。生产前，物流企业能够快速从上游供应商仓储地将原材料发给生产商:成品出货时，物流企业又能自动收到信息，第一时间将工厂的产品配载送达买家手中。

图 9-15：电商物流未来发展趋势

来源：智研咨询。

2022 年中国跨境电商物流新机遇

中国对外贸易进入“新常态”，由过去的快速增长期、调整期进入新旧动能转换期：电商贸易继续成为驱动对外贸易增长的重要力量，成为有别于传统线下贸易的新亮点。

受中国双循环构建驱动及 2019—2021 年疫情影响，2021 年中国跨境电商保持高速增长，跨境出口表现尤为亮眼。

疫情推动海外市场线上零售渗透率持续上升：从消费端来看，新注册用户增加、线上购物消费频次增加、消费者跨境购物习惯养成等因素推动消费端转型；从供给端来看，头部电商平台卖家持续新增，与此同时传统零售商加快线上转型推动供给端的商户数量攀升。

行业现状

2021 年，中国跨境电商进入历史性拐点，从产品出海时代迈向品牌出海时代。突破 1 万亿元之后，跨境电商的粗放式发展开始面临贸易规则、平台规则、全球物流规则、全球消费市场治理和全球知识产权治理的多重挑战。独立站崛起和亚马逊封店事件的双重刺激下，跨境电商企业开始重新思考自身发展模式，在规模增长和品牌价值之间做出新的权衡。

跨境物流

在整个生态层面，跨境电商出口物流成为助力中国品牌出海中重中之重的核心板块，跨境物流行业发展已有近 20 年，由于跨境电商出口物流链条较长、复杂程度高，跨境电商出口物流服务商采用“总包 - 分包”方式来完成全链条交付。目前跨境出口物流服务商通过：提升与跨境出口电商平台的合作深度、广度来扩大优质货量规模；利用货量规模优势提高物流各业务环节的利润空间；掌控出口电商物流链条关键节点、打造专有品牌产品来提升客户黏度，从而充分利用规模效应、网络效应获得行业竞争优势。

严管时代来临，原有“野蛮增长”模式不 可持续，“合规经营、稳健增长”时代到来

中国跨境电商行业在国家政策的扶持和疫情带来的行业 红利下，保持着高速的发展。在行业高速发展的背后，隐藏着跨境电商企业们 “粗狂式”的运作和“野蛮增长”的逻辑。

从短期来看，“封号风波”会对中国跨境电商企业的销售收入造成一定影响。

从长期来看，“封号潮”对“野蛮发展”的 国内跨境电商企业敲响了警钟，如何转变原有增长方式、 同时更好进行海外市场风险管理、适应海外环境和时势变 化、更好维护自身合法权益等都将成为中国卖家的新课 题。通过刷单刷好评、模仿抄袭等“野蛮发展”时期的增长 模式无法持续，以消费者为出发点，提升产品品质，凭借产品的设计、质量和服务去积累海外消费者的口碑和好评，合法合规经营是跨境电商企业长久发展之道。而跨境物流 行业作为跨境电商的重要支撑性和下游行业，预计短期内会带来一定的业务影响，但从长远看，跨境电商合规经营 有利于跨境物流行业未来长久的稳健发展。

中国跨境电商物流的环节包括七个环节：（前端揽收、运输分拣、国外报关、干线运输、海外清关、海外仓储、尾程派送）。

参与者包括快递公司、货代公司、航空公司等，竞争激烈，产业链长，大部分的跨境电商物流公司没有办法完整的串联这七个环节，需要协同第三方物流商等多方资源来分别承担各自环节，因此资源整理能力对于跨境电商物流公司来说十分重要。

这些环节中，干线运输是血液，关系到整个链条的顺利完成，在销售旺季，跨境电商往往遭遇运力短缺问题，叠加疫情影响，干线运输更加重要。

突破跨境出口物流挑战：商业专线与海外仓模式最具潜力

相较于国内电商市场，跨境电商链路长、 环节多，对跨境供应链管理及整合要求极高。目前跨

境物流交付时效距离国家 规划目标仍有一定差距

跨境出口 B2C 包括直发、海外仓等物流 模式，其中商业专线直发及海外仓两大细分最具潜力

海外仓一占比持续提升，未来卓越运营制胜：

跨境直发一玩家类型结构松动，商业专线具备机会，但是核心竞争力容易复制以及拷贝：

中国卖家对于现有的三方海外仓的运营及库内服务能力仍有诸多痛点

完善的海外仓系统，有助于电商实现自动高效的运营服务，提升客户满意程度

传统出口业务和跨境电商出口对物流服务要求分析

不同国际物流形式对比

货代担任跨境贸易“经纪人”角色

抓住跨境出口物流机遇：品类变化、路向变化、品牌崛起、渠道多元

疫情后跨境出口 B2C 在品类、路向、品牌、渠道等方面呈现出新特征，对跨境出口物流提出更高要求，但同时带来新的市场机遇

供应链整合商与综合物流服务商应对挑战的四大制胜要素：数字化、一体化、定制化、稳定性。

跨境出口价值链虽长但殊途同归，呈现核心价值回归，包括综合物流提供商、运力及基础设施提供商和供应链整合商与平台的的五类玩家

（1）供应链整合商：具备一定自有商流能力的供应链服务企业，可以站在整体供应链优化角度，满足客户在电商和传统外贸方面多种供应链服务诉求，是供应链的计划者与整合者，旨在提高供应链整体协同效应与规模效应。

（2）跨境物流 SAAS 交易型平台：指的是整合搭建数字化跨境物流聚合平台，整合优质货源、运力、仓配、金融等服务，大数据驱动、智能化匹配，提供性价比高、保时效、安全的综合跨境物流服务平台，平台需要具备货源和关键环节把控能力、资源整合能力，聚合跨境物流服务商给跨境卖家提供综合物流的解决方案。

（3）运力提供商：提供服务主要包括揽收、干线、派送等；运输方式可细分为公路、航空、铁路等，旨在实现稳定服 务品质、交付时效及成本最优。

（4）基础设施提供商：主要包括物流地产及物流科技企业，物流地产企业提供仓储设施、货站资源等产品与服务，物流科技企业提供物流硬件设备、智慧软件服务等产品与服务，旨在提升供应链各节点的运营效率。

（5）综合物流提供商：同时提供两个以上基础物流服务环 节的综合物流供应商，通过物流服务的整合提供或定制 或标准化的跨境物流服务产品，如跨境快递、专线服务、 海外仓配服务等；一般会有路向、区域或行业侧重，旨在 以客户为核心提供一体化的物流解决方案。

从供应链整合商和综合物流提供商角度看，未来有四大关键制胜要素

（1）数字化：跨境电商涉及国家和物流环节众多，通过数字化技术的发展，有助于帮助商户为客户提供实时、可视化的物流轨迹，有助于提高客户信赖和黏性；同时，全链路的 数字化改造有助于提升各环节的运作效率，例如关务数字化、海外仓数字化，进而提升物流时效及稳定性。

（2）一体化：满足客户包括海外仓、直发等多种物流模式的一站式需求。部分领先物流企业通过积极布局和整合包括 海外仓、清关、干线、揽派等多种资源，进而构建一体化服务能力，减少各环节衔接等待时长、减少订单响应时间，保障更优的物流时效性。

（3）定制化：满足客户更专业、更具个性化的定制化物流需求，例如提供库内定制化增值服务（退换货、本土贴标、本 土更换包装等服务），甚至与品牌的上游供应链模式深度 耦合，提供供应链层面的优化建议。通过积极与客户沟通 实时的需求，利用丰富的物流资源（例如干线资源、各国

家 末端配送资源等）、强大的数字化能力，为客户量身设计高 时效、高质量的物流方案。

（4）稳定性：特别在疫情后，航空、海运等物流供给的不稳定问题更为严峻，强化自身在干线资源的稳定获取能力亦将成为重要的能力之一。通过并购、联盟、自建等方式，获取 包括航空干线、海运干线在内的跨境物流干线资源，打造 连通全球、协同高效的国际干线网络，并做好与末端配送的衔接协调，保障物流运输的稳定性，为客户提供稳定的物流交付，将成为跨境供应链整合商和综合物流提供商的立身之本。

中国跨境电商物流行业—产业链分析

上游的物流分拣设备行业增长速度较快，为跨境电商物流发展奠定了基础。

上游的基础资源提供商：包括物流分拣设备、印刷包装材料、干线基础设施等

2020 年中国自动分拣设备市场规模为 189.7 亿元，较 2019 年同比增长 14.6%，物流分拣设备的快速发展为跨境电商物流发展奠定了基础。

根据中国包装联合会统计数据显示，2016-2020 年，中国包装行业规模以上企业数量呈现稳步上升的态势，截至 2020 年中国包装行业规模以上企业数量达到 8183 家，企业比去年增加 267 家。

（数据来源：国家统计局、中国包装联合会、运无界、华南跨境电子商务研究院、广东省华南跨境电商物流研究院、德马科技招股书、各公司年报、头豹研究院）

中游的跨境电商物流服务商延长产业链发展，提供多元化服务；

中游跨境电商物流服务商包括：物流运输、仓储服务、尾程配送等

提供物理运输服务多是快递物流公司，主要包括顺丰速递、三通一达、中国邮政等。

仓储服务提供消费者更加优质的物流服务，且可退换货、交付时间短、客户满意度高。

尾程配送主要指在目的国把货物配送给消费者的服务，国际配送主要有联邦快递、英国皇家快递等。

下游的需求方中独立站发展迅猛；下游：需求方（包括跨境电商国际平台、独立站、个人客户）

跨境电商是跨境电商物流下游最主要的需求方，2021 年中国跨境电商市场规模高达约 15 万亿，叠加疫情对线上购物的催化作用，跨境电商市场规模将进一步扩大。

随着 Amazon 等平台对卖家的监管与限制愈发严格，独立站模式更受卖家的青睐，发展迅猛。

2020 年中国跨境电商用户规模达 1.79 亿人，同比增长了 20.1%

（数据来源：国家统计局、中国包装联合会、运无界、华南跨境电子商务研究院、广东省华南跨境电商物流研究院、德马科技招股书、各公司年报、头豹研究院）

中国跨境电商物流行业—上游产业链分析

2018—2020 年，物流装备行业和材料包装行业的营业收入增长率基本呈现稳步上涨的趋势；中国铁路干线遍布全国，主要国际航线覆盖全球。

物流装备各知名企业营业收入均呈现逐年增长的趋势，这得益于市场需求的增长。一方面，物流装备的下游应用领域广泛，在物流产业的工业端、流通端、消费端均有较多的应用场景。高端的物流装备能够大幅度降低物流成本，提升物流运转效率。另一方面，电子商务、快递物流等物流装备下游应用领域出现新业态、新产业、新模式，对物流装备企业提出了更高的要求。物流装备的高速发展为跨境电商物流行业的发展奠定了基础。

大型的快递物流公司对于包装倾向于向生产规模大、质量稳定的供应商采购，有助于促进材料包装行业集中度进一步提高。同时，“绿色化、减量化、可循环化”成为发展趋势，这将进一步提升快递包装门槛，进一步加剧材料包装行业的竞争，提升行业集中度。

2020 年，中国全年货物运输总量为 463 亿吨，中国的各种运输方式均比较发达，发展均衡，为跨境电商物流的发展奠定了设施基础。2020 年中国铁路运输总量为 44.6 亿吨，在疫情的影响下依然增长了 3.2%，更能说明中国铁路运输的发达。运输方式中体量最少的是民航，2020 年，其运输总量为 676.6 万吨，受疫情影响最严重，同比下降 10.2%。

（数据来源：国家统计局、中国包装联合会、运无界、华南跨境电子商务研究院、广东省华南跨境电商物流研究院、德马科技招股书、各公司年报、头豹研究院）

中国跨境电商物流行业 - 中游产业链分析

中国跨境电商物流的中游环节主要涉及物流运输、仓储服务和尾程派送等环节，中国相关的快递公司集中度持续提升，仓储面积呈现增加的态势。

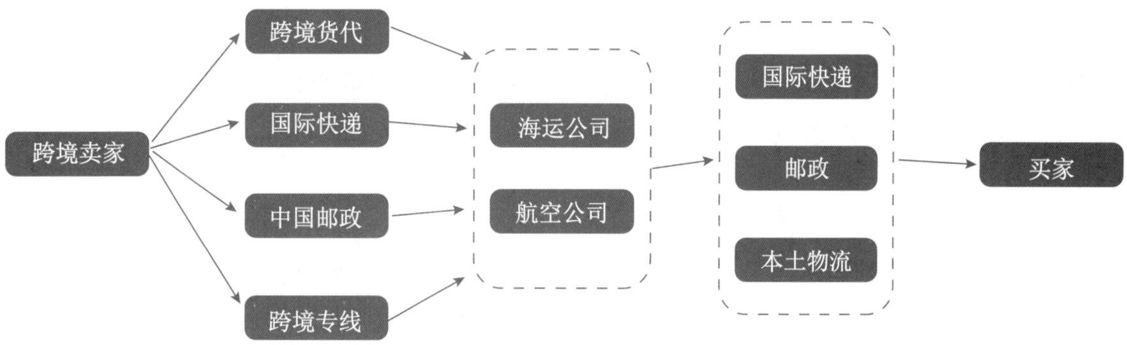

图 9-16：中国跨境电商物流行业—中游产业链分析

中国跨境电商物流行业的中游主要是物流服务商，涵盖运输物流、仓储服务和尾程派送等，运输物流是跨境电商物流血液，用来串通跨境电商何用户。根据中国邮政局公布的数据，2020 年中国快递企业品牌集中度指数 CR8 为 82.2%，说明中国快递企业集中度持续提升，市场份额将进一步向头部企业靠拢，有利于增加中游快递的议价权。

中国相关物流公司积极扩充仓储面积，以京东物流为例，2015—2020 年，其仓储面积由 400 万平米增加至 2100 万平米，年均复合增长率约为 85%。

尾程派送环节，各企业基本借助国际快递、邮政集团以及本土的物流公司进行配送。

中国跨境电商物流行业 - 下游产业链分析

中国跨境电商物流的下游主要包括跨境电商平台、独立站和个人客户等。疫情促进全球跨境电商发展，同时依托品牌化优势，独立站有望加速发展。

中国跨境电商的渗透率呈现逐年上升的趋势。根据谷歌和德勤发布的《2021 年中国电商发展报告》，2020 年电商用户渗透率大多在 70% ～ 80%，说明疫情催化全球零售线上的需求。

跨境电商的卖家主要采用的运营模式包括平台模式和独立站模式。

平台模式适合处于起步阶段、供应链资源较弱的中小卖家，其流量优势明显，引流成本低。但是第三方平台劣势也很明显，其规则较严，且以买方利益为重，资金结算慢，同时不利于品牌自由客户的沉淀。

独立站卖家自主权较高，可以避免平台的制约带来的风险，同时交易佣金成本低，商品溢价空间高，也便于塑造自有品牌，独立站的劣势在于运营复杂和流量难获取。

根据雨果网对 351 位跨境电商企业调研显示，34% 的卖家计划 2022 年布局独立站，独立站模式有望迎来高速发展。

中国跨境电商物流行业—制约因素

全球政策经济环境波动带来的不确定性

跨境电商及跨境电商物流行业直接受国际政治经济局势波动影响。在愈演愈烈的国际贸易保护主义背景下，越来越多的国家为了扶持本国的产业，不断采取反倾销、反补贴、加征关税等不正当手段。这些手段都将在一定程度上增加中国跨境电商物流行业的成本和运营难度。

缺少复合型专业人才

跨境电商物流行业需要复合型的通才，既要熟悉物流运作、跨国贸易、国际法律法规等方面知识，又要了解营销策划、国际语言、商务交谈、跨境出口流程的经验、深度熟悉跨境电商行业产业链、先进信息技术等多方面的知识。但是中国现有的课程体系存在脱离实际的弊端，因此中国跨境电商物流行业仍缺乏复合型的专业人才，严重制约行业发展。

信息化程度不高

中国跨境电商物流行业普遍信息化程度不高，这是制约其发展最关键也是最重要的一个因素。中小型的物流企业的员工大多把精力放在单证制作与整理工作上，采用原始的手工操作，缺乏先进的物流信息系统，技术匮乏将进一步影响跨境电商物流的数字化进程。

新冠肺炎疫情导致全球消费者购买力下降

国际新冠肺炎疫情一直没有得到有效的控制，严重打击了美国、欧洲各国等中国商品主要出口目的国的经济发展和政治环境。萎靡不振的经济发展将导致美国、英国、法国等发达国家的居民主动降低生活品质，减少消费购买和降低购买意愿。这将导致中国跨境电商物流行业发展的不确定性。

以上观点来源于：头豹研究院，本文作者编辑发布。

行业痛点

跨境物流链条长、环节多、多段运输相互割裂，成本高、时效差、易丢件，整条产业链组织者主导者稀缺，行业无标准化，成本与时效：内因来看，选品影响运输成本及市场需求；逆向物流手续繁杂且成本高。外因来看，疫情导致库存告急，运输成本暴增，47% 的卖家表示新冠期间物流成本增长超过 50%。因此，跨境卖家急需降本增效的运输方式。合规性：在出关、清关等过程中，涉及产品、品牌、准备材料等合规性问题。安全性：在仓储运送过程中，涉及货物运送安全，库存监控等安全性问题。

跨境电商货主痛点：物流商选择难，合作观察周期长，更换频繁、价格不透明，先低后高，涨价及时通知，降价从来不主动、物流商的时效承诺及丢失承诺难兑现、中间商过多，难区分渠道源头，信息不对称、物流商门槛低，赌性强，杠杆操作，常遇崩盘事件，导致货主财货两失、物流管理流程复杂，缺乏专业物流管理 SaaS

跨境物流商痛点：获客成本偏高，业务提成高达毛利的 60%、获客难，渠道少，流量贵、账期客户纠纷多，极端货主小题大做，常强制索要高额赔偿、运营成本偏高（揽收、分拣、仓储）

（行业痛点文案来源：运无界整理发布）

全球海运行业发展历程

在 15 世纪后，拥有最先进的造船和航海技术的国家就拥有了全世界的话语权，新大陆的发现形成了真正意义上的世界市场和贸易的全球化，由海上贸易霸权带来的经济扩张，造成了世界范围内几个海运大国的形成和地位的转换。西班牙、荷兰、英国先后成 为世界海运大国，“二战”以后，美国、日本先后凭借制造业的“世界工厂”地位成为新的海运大国。

5000年前
罗马人发展出可以一个月横渡地中海的舰队。他们运载粮食和建筑材料等低价值货物。由于价格优势，罗马人很快扩大了他们的贸易路线，以穿越印度洋。

15世纪—17世纪
欧洲船队出现在世界各处的海洋上，为发展其新生资本主义而寻找新的贸易伙伴，这段历史又被称为大航海时代。奠定了欧洲全面经济繁荣程度超过亚洲的基础，同时对世界各大洲数百年之后的发展带来了深远影响。

17世纪—18世纪
荷兰的经济和实力显著增长，合并私营贸易公司成立荷兰东印度公司。1652年因商业纠纷与英国交战，1667年因路易十四野心与法国交战等原因逐渐衰落了下来。

18世纪—20世纪
英、法等国在北美洲、非洲和印度就殖民地问题开展了全面的竞争。

20世纪后期
集装箱航运逐渐发达，“二战“以后美国日本海运崛起。随后，形成今天我们所看到的航运业。

图 17：全球海运行业发展历程

表 9-2：海运相关专业术语介绍

涉及专业术语	介　　绍
甩柜	“柜”即集装箱。船远公司将货柜留滞到下一个或几个航次
BCI	波罗的海海岬型运费指数。主要货物：铁矿砂、焦煤、磷矿石等工业原料
BPI	波罗的海巴拿马极限型指效。主要货物：民生物资及谷物等大宗物资
BSI	波罗的海超轻便极限型指数。主要货物：磷肥、碳酸钾、木屑、水泥等
BDI	波罗的海干散货运费指数。用于衡量铁矿砂、煤炭、谷物等的运输成本，为全球经济领先指标，由 40% BC1、30% BP1、30% BSI 的权重计算得出
BCTI	波罗的海成品油运费指数
BDTI	波罗的海原油运费指数
VLCC 运价指数	超大型油轮（载重量在 20 万吨～ 30 万吨）运输原油的价格指数，指运输一桶原油需要多少美元的运费。可推测原油贸易以及原油供需关系。当原油价格较低，原油运输需求量将会上升，VLCC 运价指数将会上升
FBX	波罗的海货运指数。反映亚洲，欧洲，北美，南美之间 12 条全球主要航线的 40 呎集装箱现货运价，包括海运费及相关附加费（燃油附加费、旺季附加费、港口拥挤附加费、运河附加费等》，但不含进口关税、出发港 / 目的港之港口费用。FBX 指数的特色在于其汇整国际货运承揽业 (freipht formarder) 商业数据库的实际价格点，是少数提供每日集装和报价的综合指数
运力	又称运能，是运输的供给侧，运量为运输的需求侧，运力增加即供给增加，有利于运价降低

自新中国成立以来，我国的海运行业经历了从弱小到强大的过程，期间经历了社会变革、体制改革、市场化探索、融入全球化等阶段并发展至今。当前，我国已然成为全球海运大国，在全球疫情爆发，国际间贸易次序混乱的时候，我国成为了全球贸易的主要参与者，海运行业在其中起到了至关重要的作用。

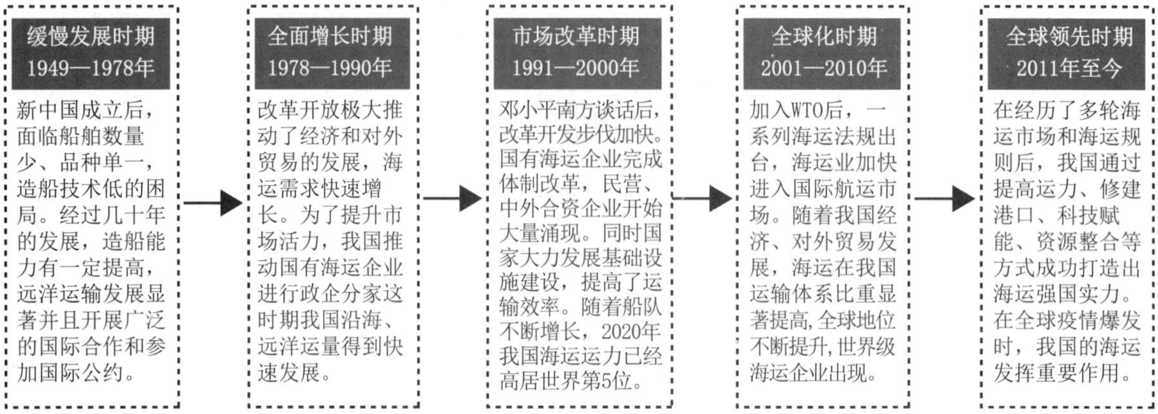

图 9-18：中国海运行业发展历程

原创：华南跨境电子商务研究院。

从送外卖到送万物，即时配送拓展领域挖掘潜在市场

日前，一则“手机数码产品也能实现外卖即时送”的视频引发关注。《新京报》记者了解到，今年 3 月，小米之家官方微博发布信息称，小米之家上线“美团闪购”，实现线下门店产品即时达。美团闪购相关负责人对媒体介绍，“今年小米之家会在全国范围内陆续上线美团闪购”。

叠加疫情因素，“懒人经济”激活即时配送市场，叠加消费者“不想等”的消息习惯养成，即时配送赛道成为香饽饽，美团、饿了么以及达达、闪送等也不断拓展，挖掘潜在市场需求。

业内人士认为，外卖平台增加数码 3C 业务是对介入即时电商的一种尝试。即时电商与线下实体门店的结合，也有助于推动实体门店迎来春天。不过，即时电商尽量去做实体店铺的赋能，而不是替代。

数码业务成电商平台新增长点

外卖平台真的能下单购买手机？《新京报》记者注意到，“小米之家”微博 3 月 4 日发布一则上线“美团闪购”的内容，“在美团或美团外卖 App，搜索小米之家，可以选择附近门店下单”，“1 小时达”“全城可送”。3 月 22 日，该微博又发布一则“给大家提供 k50（新品）抢购的新姿势”，销售渠道包括美团 / 美团外卖。

3 月 25 日，新京报记者在美团 App 搜索“小米之家”，点击进入北京市西城区一家门店的页面看到，产品涵盖手机以及配件、智能穿戴、智能家居以及儿童用品、个人护理等多个类别。试着选购一款手机、音响、电动冲牙器提交订单，送出时间显示可实现 1 小时左右即时送。

美团闪购此前就曾尝试与数码 3C 品牌门店合作实现产品即时送。3 月 25 日，根据美团方面的数据显示，2021 年与美团闪购合作的数码 3C 品牌数量比 2020 年增长 2 倍多，合作品牌及品牌经销商涉及 Apple、小米、华为、vivo、联想来酷、三星等。2021 年，美团闪购数码业务平均月增速达三成；2022 年 1 月—2 月，同比增长 8 倍。目前，美团闪购合作的数码类品牌门店近 1 万家，覆盖全国 299 个城市。

平台竞相入局“送万物”

中国物流与采购联合会2021年10月发布的《2020中国即时配送行业发展报告》显示，近年即时配送行业从快速增长期逐步进入成熟发展期，市场规模增速趋于稳定。截至2020年，即时配送行业消费者规模达到5.06亿人次，同比增速稳定在20%左右；年订单量超过200亿单，同比增长25%，预计2021年订单量将突破300亿单。从配送品类上来说，即时配送行业正从单一“送外卖”到“送万物”的方向发展。

事实上，即时配送范围已逐渐从外卖拓展到生鲜、鲜花、药品等多种品类。这个虎年春节，美团闪购“年货节”的商家比上年增加30%。其中，数码3C产品、美妆产品等成为即时购的热门。据美团闪购相关负责人介绍，今年小米之家在全国范围内陆续上线美团闪购。

除了美团之外，饿了么也不断加码即时配送业务。2019年，饿了么升级旗下即时物流平台“蜂鸟即配”，将服务拓展到更多行业和区域。2020年7月，饿了么宣布全面升级，从送外卖到送万物、送服务，持续聚焦消费者身边经济。此外，达达、闪送等即时配送业务不断拓展，让这个赛道的竞争越来越激烈。

电子商务交易技术国家工程实验室研究员赵振营对《新京报》记者表示，即时电商逐步走向前台，既免除了购物逛的痛苦，又规避了传统电商物流成本、流量成本高和时效性差的弊端。从某种程度上来说，外卖平台增加数码3C业务是对介入即时电商的一种尝试。传统电商平台也会逐步向即时电商靠拢，“不管是阿里、京东、拼多多还是亚马逊，都在做相应的布局”。

在赵振营看来，即时电商将解决传统电商对实体零售的冲击，让实体零售在互联网的加持下迎来又一个春天。“互联网解决传播的问题，实体店成了前置的货仓，闪送宅配负责货品交付解决时效性问题。也许在不久的将来，我们会发现商品流通呈现出另外一种景象，那就是‘人在家里，货在路上，钱在网上，仓在街上’。”

他同时认为，外卖平台有着成熟的即时配送体系和网络传播优势，这是即时电商发展的基本需求，但平台经济一定要找准自己的边界。“小店经济事关数亿人就业和社会稳定，外卖平台介入即时电商尽量去做实体店铺的赋能，而不是替代。”

来源：《新京报》。

电商加速竞逐即时零售万亿市场

随着即时消费需求激增，“近场电商”热度升温，线下就近配送，1小时内快速送达的O2O零售模式—即时零售，正在迎来电商巨头的加速布局。不少电商近日相继透露出将在即时零售市场加大投入的信号。业内认为，到2026年，即时零售有望达到1万亿元规模。这一新消费业态也将成为各电商互联网公司下一个重要的增长驱动力。

电商加速布局即时零售

电商“6·18”大促仍在火热进行中。其中，小时级、最快分钟级送达的即时零售模式，让消费者随买随得，参与更活跃。5月31日晚8点开场仅1小时，京东小时购下单用户数同比去年增长650%。“开门红第一天，来自京东小时购和京东到家订单的销售额比起平日有近2倍增长。”麦德龙电商负责人谭尼玥感叹。不仅如此，今年6·18同城好物节，“直播购物小时达”首次升级为“万店直播小时达”。

线下就近配送，1小时内快速送达的“即时零售”，正在迎来电商巨头的加速布局。

去年“双11”前夕，达达集团和京东集团正式发布京东“小时购”业务，对应“线上下单，门店配送，小时级乃至分钟级送达”的零售模式。标志着京东集团全面发力即时零售。京东全渠道到家业务部负责人何辉剑介绍，即时零售从供给侧和需求侧都已经崛起，未来3～5年就将成长为万亿市场。

无独有偶，美团也在去年发出“豪言”—5 年内要在即时零售市场拿下 4000 亿。

事实上，不少电商在即时零售业务方面取得了不俗表现。2022 年第一季度，京东全平台的年活跃买家增长约 1000 万，而其即时零售的重要平台—京东到家净增额达到 560 万。

阿里董事局主席张勇在第一季度财报电话会议上表示，饿了么的餐饮品类因疫情受到显著影响，但非餐饮品类增长飞快，上海地区同比增长超 100%。

美团最新发布的一季度财报也显示，尽管受疫情影响，美团闪购在不同指标上仍取得了强劲增长，第一季度的订单量和 GTV（平台交易总额）分别同比增长了近 70% 和 80% 以上。第一季度的日均订单量也超过了 390 万。

拼多多近期也在招募具备 24 小时同城送达能力的水果商家，例如水果连锁店、前置仓、档口批发商等，品类包括西瓜、榴莲、果切和进口水果等，重点试水城市在北、上、广、深。

万亿市场规模开启

电商加速布局即时零售的背后，是巨大的市场商机。

无锡数字经济研究院执行院长吴琦对《经济参考报》记者表示，即时消费关键在于满足消费者餐饮外卖等“无法延时满足”的需求。相对于同城零售来说，即时消费主要有两个特征：一是即时消费是点对点服务，配送中无集中取送和中转接驳，需要电商平台和物流配送网络高效协同。二是即时消费周期更短，消费下单到配送完成一般在 1 小时以内。

“作为新型消费体系的重要组成部分，我国即时消费市场规模持续快速增长，疫情催生下，城镇居民对于即时消费的需求越来越大，即时消费渗透率持续提升，品类和场景不断丰富，产业生态日益完善，有力支撑了居民消费结构的优化和服务业的转型升级。”吴琦说。

招商证券最新报告预计，即时零售 2026 年将达到 1 万亿元左右规模。即时零售包含自营和平台两种模式，其中平台模式流量充沛、轻资产运营，具备较强的规模扩张能力，且不承担后端履约成本，盈利能力更优。预计平台模式将成为即时零售的主要模式，2026 年平台模式达到 8000 亿元。

“伴随即时零售快速迈向全品类时代，各类不同特点和需求的线下零售业态纷纷拥抱微距电商，商超、生鲜、医药、便利店等不同业态对即时履约配送的需求不断增加，且配送需求因业态的不同特点而更加多样化，这一趋势的背后是 1 小时达理念已深入人心的现实。”罗戈研究院院长潘永刚表示。

根据达达集团研究院和罗戈研究院联合出品的《2022 即时零售履约配送服务白皮书》，2021 年中国即时履约配送订单量破 300 亿单，用户规模超 6 亿，预计 2022 年订单量将破 400 亿单，用户规模将破 7.5 亿。

“未来即时消费将成为零售业的主流。”浙江大学国际联合商学院数字经济与金融创新研究中心联席主任、研究员盘和林告诉记者，即时配送已经成为当前配送行业的头部需求。即便对于长距离配送而言，电商通过将商品提前布局在本地前置仓、本地商超等方式，也在向即时配送转变。

加快配套体系建设

不过，在业内专家看来，即时零售的发展也存在一些堵点、难点。

首先，即时零售发展不均衡，规模效应没有完全释放。吴琦表示，相对于一二线城市来说，三四线城市渗透率较低；配送品类不均衡，非餐饮品类占比较低；用户年龄分布不均衡，“80 后”“90 后”用户占比较高。

其次，即时零售配送成本较高，配送效率有待提升。根据国泰君安研究所报告，我国即时零售平均配送成本占外卖平均客单价的比重超过 20%，而“电商 + 快递模式”的平均物流成本占商品平均客单价的比重仅为 4.1%；餐饮外卖订单主要集中在中午 11～13 点、晚上 17～20 点之间，其他时段则相对较低，峰谷效应较为明显。

其三，即时消费的配套体系不完善，比如线上线下融合程度有待提高、智能服务终端发展较慢等。潘永刚指出，即时零售履约配送链条还在仓储和拣货环节普遍存在痛点。“例如因商品品类多，如何高效进行拣货作业是商超和生鲜等零售业态的普遍痛点；而生鲜、医药等业态配送时效要求更高，且涉及冷藏品或专业的药品，在打包和配送方面亦有更高要求。”

在推动即时零售发展方面，吴琦建议，一是完善即时零售顶层规划。研究出台推动即时零售的指导意见或专项行动方案，鼓励和支持各地因地制宜发展即时零售。二是拓展即时消费场景和品类，发展社区电商、生鲜零售等新模式、新业态，引导零售、生鲜等小微商户依托生活服务电商企业，积极拓展外卖、团购等业务，提高非餐饮品类的占比。三是加快即时零售配套体系建设，加快布局智能服务终端，提升仓储、拣货和配送环节的效率和协同。

来源：《经济参考报》。

淘宝等电商平台激发实物消费活力 线上市场亮点频现

露营相关商品销售额同比增长超 440%；咖啡新品牌永璞销售额同比增长 3 倍以上；预制菜需求激增，小酥肉、烤鱼、小龙虾等销售额可观……在 5 月初的一场大规模电商大促。

以淘宝、天猫为代表的线上渠道正在成为消费恢复的重要引擎，也成为保障居民日常生活需要的有效途径。

10 斤果蔬包，最快 48 小时内送达至小区……4 月 9 日，天猫、聚划算联合 40 余家在上海有仓储及配送能力的品牌商家，上线“上海专属”的保供会场，供应果蔬生鲜、预制菜、大米，以及口罩、防护服、婴儿纸尿裤等生活必需品。

而在这一过程中，商家也实现了自救

“疫情期间，多数员工居家。天猫店仍然可以运转，但仓储物流和调拨成为问题。”永璞咖啡的创始人铁皮表示，公司的咖啡液大多从日本进口，起初，在上海港清关与进仓均有八成货品出现了问题，公司业务一度面临停滞。铁皮和员工们火速开始寻找出路，通过品牌供应链团队与天猫和菜鸟仓的协同，永璞咖啡实现了在上海之外的清关和建仓，保障天猫旗舰店正常发货。4 月中旬，在上海市政府支持下，永璞拿到保供企业资质，在上海开启咖啡团购。“团购的销售额目前已经达到数百万元，一定程度上消化了积压在上海仓的库存。”永璞咖啡电商总监 Ted 表示。

新业态新模式与消费市场双向良性互动日益加强。商务部研究院电子商务研究所副研究员洪勇表示，“新型消费已经成为拉动消费，构建新发展格局的重要动能。”

各界持续发力 线上消费提质扩容

分析同时指出，线上零售市场的提质扩容，离不开政策对新业态新模式的支持和多方实践探索。

从 2021 年 3 月，发改委、商务部等 28 个部门联合印发《加快培育新型消费实施方案》；到 2021 年底，商务部等 22 部门印发《“十四五”国内贸易发展规划》，将培育新型消费作为消费新增长点；再到 2022 年初，《“十四五”现代流通体系建设规划》提出打造数字化、智慧化、开放型现代商贸流通体系……一系列举措相继推出，支持包括线上零售在内的新型消费发展。

相关政策制度还在进一步完善。近期以来，中央层面接连部署，从 4 月 13 日国务院常务会议提出要促进新型消费，到 4 月 25 日国务院办公厅发布《关于进一步释放消费潜力促进消费持续恢复的意见》，明确要适应常态化疫情防控需要，促进新型消费等举措，强“新”成为重要发力方向。

部委也在积极安排落实。国家发展改革委将强“新”作为接下来促消费的重点之一，提出科学推广无接触交易服务，加快线上线下消费有机融合，扩大升级信息消费。商务部、工信部等纷纷表示，鼓励发展新业态新模式新场景，促进定制、体验等新型消费。

实践层面，作为消费新业态新模式的重要承载，电商平台也在加大探索力度，为商家纾困解难拓思路，为消费复苏添动力。

淘宝、天猫为上海商家提供凭借物流订单信息“提前收款”服务，开启快速回笼资金通道；1688为商家提供“商贸企业专区”和“工厂企业专区”免费推广资源；聚划算为上海商家提供价值2000万元的营销资源扶持，设立24小时响应的“上海商家专项帮扶中心”，提供“一企一策”定点帮扶；菜鸟紧急开通“南京—上海”和“嘉兴—上海”两条应急运输干线，为货源不在上海的商家提供分仓转仓服务，保障订单履约……

4月29日以来，淘宝的“侬好上海”20条，通过促销专场、降费补贴、免息信贷、物流疏通等措施，帮助商家缓解现金流压力，降低经营成本，尽可能加快复工复产速度。

这些举措从上海开始，正在逐步向全国展开。在云南，旅游受到疫情冲击，主营鲜花饼的嘉华食品线下销售大幅减少，线上平台的雪中送炭让其看到了新的希望。“今年五五划算节前夕，聚划算小二找到我们，邀请品牌参与千店直播项目，并提供一对一指导。”嘉华食品电商负责人周淮安说。

5月13日，淘宝、天猫又公布了25条618助力商家举措，涵盖五个方面——金融补贴、物流疏通、流量补贴、疫情特别举措、技术升级。从数量上来看，今年6·18淘宝、天猫对商家的帮扶举措是去年天猫“双11”的2倍多；从具体内容来看，这些举措立足疫情之下商家面临的实际痛点来设计，不少商家表示增强了“打胜仗”的信心。

改革举措蓄势 更大市场空间将启

纾困育新政策信号的不断释放，以及积极迹象的显现，为市场注入信心。

对于接下来的形势，不少电商零售企业表示看到了新的商机。“我们在天猫、淘宝上的生意是稳定的，经得起风吹浪打。”曹启和说。Ted也说，“经此一役，永璞团队的协同能力、应对极端情况的能力都得到了提升，同时也在促销数据中发现了更多商机。”

立足当前，着眼长远。更多提振消费的改革举措还在蓄势发力，推动国内大市场潜力加速释放。

4月29日召开的中共中央政治局会议强调“全力扩大国内需求”“要发挥消费对经济循环的牵引带动作用”“建设强大而有韧性的国民经济循环体系”。

《中共中央 国务院关于加快建设全国统一大市场的意见》要求立足内需，畅通循环。以高质量供给创造和引领需求，使生产、分配、流通、消费各环节更加畅通，提高市场运行效率，进一步巩固和扩展市场资源优势，使建设超大规模的国内市场成为一个可持续的历史过程。

而新型消费则被看作是撬动这些资源的有效路径之一。“新型消费在促进生产、流通和消费的畅通循环方面具有突出优势。”中国宏观经济研究院对外经济研究所副所长王蕴认为，网络购物、智慧零售等实现了需求数据的可追踪、可预测，推动了柔性供应链发展，生产品类、规模和市场需求空间之间的匹配度更高。

分析同时指出，我国是世界最大的网络零售市场，网络购物已成为消费者的主要消费模式，截至2021年12月，我国网民规模已达到10.32亿人，其中网购用户达到8.42亿人，占81.6%。直播带货、短视频销售和社交零售等新业态新模式的快速发展，无疑将推动这一巨大消费市场潜力的深度释放。

来源：《经济参考报》

郭天民、周玉惠、刘振宇摘录整理。

第十篇 物流装备、标准、技术和信息化

一、物流设施与设备

综述

2022 年中国智慧物流装备分析与 2023 年展望

从领袖峰会看 2022 年物流装备行业发展（二）/ 练好内功，走可持续发展之路

回顾 2022 年中国物流装备行业发展，上一篇文章从市场角度进行了分析，概括为“乱与难、内卷、分化、关注供应链、加速进军海外市场”等特点。这篇文章我们聚焦企业发展策略，看看在不确定性加大、增长幅度下降的市场环境下，行业领先企业是如何应对挑战，调整策略，以获得稳健发展。

高质量发展是 2017 年党的十九大首次提出的，随即成为各个行业转型发展的新目标。从追求快速发展、做大规模的数量增长阶段，进入“追求可持续健康发展”的高质量增长阶段，也是中国物流装备行业发展的必然路径。只不过，自 2013 年亚马逊斥巨资收购 Kiva Systems 公司引爆移动机器人市场开始，中国智能物流产业在近 10 年时间里迎来了突飞猛进的高速增长，有些企业还难以放弃追求业务规模持续扩大的发展模式。但是 2022 年在各种内外部因素的影响下，物流装备市场发展节奏被打乱，很多企业都下调了原定的增长目标，被动地开始思考如何实现企业可持续发展模式的转型。

在 2022 全球智能物流产业领袖峰会暨 2022 物流技术与应用杂志理事会年会（简称“领袖峰会”）上，各家企业都分享了如何面对挑战、迎难而上的发展之道，“练内功”成为行业共识。

做强核心产品，增强核心能力

智能物流承载着中国经济发展新动能。随着国家大力推动数字化转型，各行业都需要物流数智化升级。面对不同行业、不同场景，如何为客户提供适合其需要的更智能更优质的产品，是物流装备企业不懈努力的方向。很多企业都在“两手抓”，一手抓核心产品和技术能力的进一步完善；一手抓其在行业的深度应用。

北自科技总经理王勇提出，随着整个行业利润率下降，企业要思考怎么保护自己行业的定价权，这样才能够保证整个行业的健康稳定发展。北自科技在 2022 年市场相对低迷的情况下，把节奏放慢，重新梳理过去企业发展的轨迹，明确未来的目标，以便更好地走下去。北自科技聚焦制造业内部物流系统，深入研究怎么把物流技术在更多新的生产场景中实现应用落地，来提升自己的个性化能力，培养自己的客户群，来增强自身优势，解决竞争压力的问题。

今天国际副总裁曾巍巍认为，目前在行业核心价值的挖掘方面，确实还任重道远。很多企业都在投入研发，今天国际的研发方向有两个方面，一是在信息化方面加大投入；二是增强系统集成的技术能力，通过规模化和高效化的项目交付，去创造更多的利润和价值。

的确，从市场角度来看，随着人工智能、5G 等新技术的发展，未来一体化软件系统的重要性正逐步体现，因此很多物流装备企业都在大力投入软件产品开发。

扩大产能

随着智能制造与线上销售的快速发展，企业对仓储物流的要求越来越高，为满足业务发展需要，仓储物流智能化升级是必然趋势，虽然短期内市场需求产生了波动和下滑，但是智能化已经成为物流行业确定无疑的方向，未来发展潜力是不可限量的。因此，很多物流装备企业在疫情期间仍然积极投入工厂建设，以扩大产能，并从产品的质量、交期、服务、价格等方面进行全面优化，更好地保交付。

多家货架企业都在建新工厂，并提升工厂的智能化、自动化水平。六维公司疫情 3 年建了 2 个工厂；音飞在忙于泰国新工厂的基建，增加新的生产设备，并在努力投入四向穿梭车的产能提升，争取到 2023 年达到原有生产规模的 1.5 ～ 2 倍。

零部件企业也走在扩产能之路上。如，苏州希倍优辊轮有限公司副总经理刘勇介绍，随着物流系统自动化和智能化发展，对辊轮的产品质量要求越高。希倍优一直专注于聚氨酯轮的研发、生产与销售，目前正在建设一个 4 万平方米的新工厂，预计 2023 年投运，未来 3 年公司还将规划建设 3 个 100 亩的智能工厂。宁波纬诚科技股份有限公司副总经理应露瑶谈道，公司的安全设备和解决方案已经在多个细分行业领域打开市场，目前正在建设新工厂，将把工厂打造成国家级智能装备安全示范基地。

持续创新

2022 年，中国物流装备市场增速放缓，面对下行压力，企业如何通过创新实现突破？创新包括技术创新、服务创新、模式创新等很多方面。

在技术创新方面，萨驰智能装备股份有限公司颇具代表性。这家成立于 2009 年的企业从轮胎机械设备生产领域进入提供智能物流核心装备，公司坚持“三部”理论，即“头部”要搞自主研发创新，“身部”的高端核心装备要实现自制，“腿部”要打造高效的供应链和优质的客户服务。通过自主研发，萨驰智能为轮胎行业头部企业实施了智能物流和智慧产线建设。再如昆山网电科技有限公司副总经理李鸿表示，公司在工业通信领域不畏强敌，创造出了中国自主的解决方案。太原福莱瑞达物流设备科技有限公司副总经理张胜义表示，面对疫情冲击，公司主动做了一系列调整，如采用远程技术指导安装调试等。

在产品创新方面，据江苏华章物流科技有限公司总经理陈震天介绍，华章从 2003 年就开始研发穿梭车系统，发展到现在拥有很多自主创新的专利，其穿梭车的可靠性达到了平均每 20 万箱出现一次故障，远远超过同行包括国际一线品牌的产品可靠性。这里面有很多自主创新技术，借此形成了自己的特色与优势。

隆链智能总经理马云龙谈道，公司专注在托盘四向车密集存储系统领域，一直在坚决做产品创新。“我们的托盘四向车是纯机械版本的，即将面世的新一代产品是全齿轮箱，里面一根链条、一根同步带都不会有。我们在这一块投入得非常大，要死磕产品，把产品做好。”他说。

此外，随着落地项目的不断增加，售后服务越来越受到关注。后市场服务会给物流装备企业创造更大的价值。针对物流装备后市场服务如何创新，上海笃量行设备安装维修有限公司总经理沈世林提供了新的思路。该公司引入“共享”思维创新售后服务模式，联合了 10 家物流装备企业共同成立了一个平台，连接终端用户和设备供应商，为甲方提供及时的设备维保服务，为供应商解决跨区域售后服务有效性难题，实现三方共赢。

精细化管理

2022 年很多企业面临项目交付难的巨大压力，从另外一个角度看这也是倒逼企业练好内功，提升管理水平。“企业要将压力转化为动力，在技术创新上深入探索，在管理上更精细化，提升运营效率，这对企业乃至整个行业的发展都是好事。”中集天达物流总经理汪绪谦提出了自己的观点。

据了解，在“精细化”方面，中集天达物流围绕项目实施过程中的精细化组织与管理，提出并实施了“里程碑管理”理念。即对不同项目设置不同的里程碑节点，项目经理、现场经理和工程师们按照里程碑节点要求对项目做精细化的组织和策划，把客户需求分解到各个里程碑节点上去，让不同阶段的客户需求都能够得到满足。通过实施“里程碑管理”理念，保证了项目进度与质量，提升了客户满意度。

东联仓储副总经理钱和明认为，在市场环境不好的情况下，企业恰恰可以安下心来，提升技术能力、生产工艺水平与运营管理水平，把产品质量、交付进度、成本控制、服务等方面做好，为下一个市场高潮积蓄力量。

专注与深耕

深耕垂直细分领域是未来企业发展的方向。只有专注于自己有优势的细分领域，从技术上深度挖掘，多研究客户工艺流程、场景应用，围绕客户需求做技术创新，企业才能在未来多元化竞争状态下脱颖而出。

昆船智能副总经理雷敏认为，行业里各个厂家要聚焦行业领域，做好细分领域的事情，才能让自己走得更长远。昆船智能最近做的工作是聚焦细分行业和产品持续深耕，包括对工艺流程等做更深入的研究，开发专用设备，以更好地服务客户，这其中也孕育着新的市场机会。特别是智能化物流系统，应该有数字化、智能化接入的能力，让物流系统能更好地接入数字化供应链，满足客户的智能制造、数字化转型的需求。

沈阳飞机工业集团物流装备有限公司总工程师王中军谈道，公司从 2008 年开始一直到现在，14 年来专注在长大物料立体仓库解决方案领域，进行相关技术研发，目前可以为客户量身提供长大件自动化仓储物流系统（如板材库、蜂窝库）方案规划、设备开发与生产、安装实施等整体服务，已在多个行业拥有多个落地项目。

2023 年趋势展望

由于在产业链中所处的位置并不完全一样，各家企业出现判断和看法的不同是十分正常的。以系统集成商为例，他们处于物流装备产业的最前端，直接和甲方客户打交道，最直接受到市场需求变化的冲击，所以集成商对明年市场发展的判断普遍相对谨慎，如伍强科技董事长尹军琪谈道，疫情对物流产业链的冲击会有滞后效应，并不是一开放以后就马上能够恢复正常态。另一方面，现在全球消费需求下降，将会引发进一步的经济危机。因此，2023 年企业要做好过苦日子的准备，先要保证活下来，未来可能一大批企业将会被淘汰。

总体来看，不管是更理性的企业家，还是更乐观的企业家，勇气从来没从他们身上消失，这是难能可贵的奋斗的动力源泉。强化核心设备与软件的研发，深耕细分行业领域，加速进军海外市场，探索向服务要效益，加强上下游合作共赢，成为时代变局下物流装备企业的努力方向。中国智能物流产业在变化中孕育着希望，将在创新中持续向前。

来源：《物流技术与应用》。

物流和供应链发展的十大趋势

物流行业的趋势取决于在业务流程中实施技术驱动型创新所产生的重大变化。下一代物流管理解决方案正在朝着使全球供应链更加以客户为中心和可持续发展的方向发展。物流流程的自动化极大地提高了工作流程的生产率和效率。供应链的透明度和可追溯性的提高对于维持各个利益相关者之间的灵活动态关系至关重要。

硬件日趋标准化与模块化

软件趋向个性化与智能化

以实现供应商一体化扩展、协作式规划与管理、降低复杂度、减少采购成本的目标。

过去物流技术与装备发展趋势是机械化与自动化，技术的变革以硬件创新为主，软件系统起的作用非常有限。目前物流技术与装备的创新逐步向自动化、智能化、智慧化方向升级，物流技术与装备越来越呈现出软件与硬件融合的趋势，软件的作用越来越大，特殊的技术产品，软件的进步已经逐步占据了主导作用。

比如：无人仓系统集成、智能自动化仓库系统集成等工程，仓储执行系统WES、仓储控制系统WCS等越来越重要；物流机器人的指挥调度系统、自主导航系统、自动执行能力等越来越重要，从过去的AGV向AMR进化；物流技术装备系统的功能化模块与软件结合，推动系统柔性化发展等等。

物流技术装备的软硬件结合发展趋势：

一是物流系统智慧大脑调度控制软件技术越来越得到了设备供应商的重视；

二是内部物流的物流技术装备系统系统越来越与企业供应链管理系统协同管理，无缝对接；

三是智能硬件与智能硬件系统越来越柔性化，满足各类作业需求；

四是基础智能硬件产品越来越与物流系统平台无缝对接，形成业务场景，对接服务场景，提供解决方案；

五是人工智能、大数据、云计算、物联网、5G、区块链等新技术不断与物流技术装备系统对接，提供智能加持。

轻量化和集群智能

机器人的体积越来越小、材料越来越轻，规模化集群作业成必然。

集群是指一大群相同的自然生物或人造生物，其个体拥有的智慧有限，但通过群体合作能够实现仅凭个体能力无法实现的更高目标。这里的关键词是智慧有限的相同生物。

自然界中的典型例子包括蚂蚁、蜜蜂和白蚁。这些昆虫似乎都没有推理能力—它们只是以简单的方式与群体中的相邻个体以及当地环境进行接触。但是作为一个群体，它们能够出于繁殖的目的建造出最复杂的巢穴。

然而，它们不需要与其他同类进行直接互动：例如，蚂蚁从食物源回到巢穴时会通过释放信息素留下一条踪迹，以便同伴跟踪。这种通过改变环境（留下有意义的标记）来影响后续个体行为的过程被称为共识主动性。它引出了无需中央领导或规划的强大集体智慧—集群智能。

使用大量相对原始的机器人以集群的形式执行指定任务，而非使用数量较少、性能更强大、完全自主且相互协作的机器，这样做有哪些优势？这还取决于应用。

请考虑集群工程的以下实用优势：

简单性：集群机器人虽然是自主运行的，但是能够执行的动作有限。因此较小的处理器适合小型机器人的功能。

可扩展性：需要规模更大的劳动力队伍？只需增加更多相同的机器人即可。因为所有的互动都是在局部进行的，所以它们能够立即有效地开始工作。

容错性：如果机器人停止工作，劳动力减少，但是群体任务将继续执行，可能需要的时间稍有延长。

平行性：相同的任务可以由独立的“团队”在不同的位置执行。

在软件中模拟共识主动性非常简单；而在硬件中创建与蚂蚁的信息素间接沟通等效的模拟要困难得多。大多数设计用于集群研究的机器人都采用了基于红外线、蓝牙或 WiFi 的直接无线通信。这意味着，对集群机制的研究大致分为两个流派，即基于“自然”的间接过程和基于“人造”的直接过程。

高柔性自动化

机器人正在从传统 AGV 发展到多功能搬运机器人，甚至攀爬搬运机器人。

智能机器人未来一定是全能的，既能在地上跑也能上货架，既能在仓库跑也能到生产线上去。

基于物联网推动全流程数智化

如卡车上配备测量果蔬成熟度的传感器，及时发现可能要坏掉的果蔬，为调度提供信息。

在数字经济时代，最重要的两个关键元素是“数”和“智”。数智化，顾名思义就是“数”和“智”的结合。

“数”就是数字化，从消费端到供给端的全域、全场景、全链路的数字化，如品牌、商品、销售、营销、渠道、制造、服务、金融、物流供应链、组织、信息技术等十一大商业要素。

“智”就是智能化，是基于数字化的闭环来进行智能决策，实现对市场需求变化的精准响应、实时优化和智能决策。

过往的企业决策，管理者往往依赖经验，或是依靠低效率的信息收集方式，如问卷调研、来自渠道商的信息汇总等。而今天的智能化决策，则是数据支撑下的高效决策乃至于自动化决策。

进一步地看，数智化给企业带来的变化可以概括为：因数而智，化智为能。

因数而智，主要是指通过数据智能，重建企业决策机制，使决策机制由基于经验和少量信息的模糊决策，转变为基于数据的实时、精准、智能决策。

化智为能，则是相比传统企业，高度数智化的企业可以获得新的能力、新的优势，获得面向未来的“代际优势”，自身的市场竞争力也将得到全面提升。

新标杆：阿里巴巴商业操作系统助力数智化

在数智化商业的发展浪潮中，星巴克、欧莱雅、蒙牛、雅戈尔、宝岛眼镜、立白等众多富有变革精神的国内外一流企业，携手阿里巴巴所开展的创新实践，正在锻造和展现出数智化转型的前沿探索和最佳实践。

作为全球最大、也是最具生态多样性的零售平台，阿里巴巴拥有着强大的 to C 服务能力。并且，阿里巴巴从最初的 B2B 业务开始，就拥有了 to B 服务的基因。

经过 20 年的积累和沉淀，阿里巴巴已经发展成为从商业到金融、物流、云计算、组织管理等要素在内的生生不息的数字经济体，在 C 端和 B 端都形成强大的服务能力。这两大能力的结合及产品化，正是 2019 年初阿里巴巴商业操作系统得以提出的自然结果。

数字孪生

将物流的物理维度和信息维度整合，并通过 AI 等技术让智能物流走向更高层面。

数字孪生还是个概念？“泰瑞数创”已在智慧城市、工业、自动驾驶落地

Gartner 将数字孪生评为 2019 年十大战略科技发展趋势之一，并估计到 2020 年，数字孪生将连接数十亿实体设备。

数字孪生，也被称作 Digital Twin、数字双胞胎，是对物理世界实体或系统的数字化表达，简单的理解，就是在虚拟世界中，“复制”真实物理世界中的事物。价值在于通过模拟物理世界的运转流程，从中预判趋势和风险，为决策提供依据。

数字孪生被 Gartner 评为 2019 年十大战略科技发展趋势之一，到 2020 年，Gartner 估计将有超过 200 亿个连接的传感器和端点，数字孪生将连接数十亿的实体设备。

泰瑞数创是一家专注于数字孪生产业的科技公司，2004 年成立，在智慧城市、智能工业、自动驾驶等领域，提供数字孪生的数据采集、数据建模、数据应用的全链条服务，目前客户超过 1000 家，合作开发商超过 200 家，营收保持每年 50% 速度增长。

近日，36 氪采访了泰瑞数创 CEO 刘俊伟，详细聊了聊在泰瑞数创的实践中，数字孪生能在哪些

场景落地？实现哪些价值？如何实现？发展数字孪生的关键点是什么？

从服务链条来看，数字孪生可以拆解为数据采集、数据建模、数据应用等三块。

数字孪生的数据采集，是综合利用卫星遥感、航空倾斜摄影测量、激光雷达测量等技术手段，囊括对地表、室内、地下、水下等全物理空间场景的三维数据采集。

在采集硬件方面，主要由传感器和载荷构成。其中传感器负责采集物理世界的各类真实数据，包括高精度倾斜摄影光学传感器、高光谱传感器、激光传感器等。载荷是传感器的“交通工具”，包括无人机、固定翼飞机等。

数据采集环节的技术难点、关键点在于采集传感器，主要体现在 2 个指标：能在高空作业时具备高精度、单位时间的拍摄采集效率。这两个指标综合决定了数据采集的质量、效率、成本。

智慧供应链云平台

促成供应链生态圈的形成与发展：智慧供应链云平台整合了供应链上下游企业，形成整体价值链的网络体系，未来将具备全流程数字化、基于大数据和预测算法的透明化、 AI 智能决策化等特征。

生产与物流不断融合

德国正在研究未来的汽车制造，探索怎样让物流更好地与生产实现全自动对接。

人机协同的智能物流系统

如机器人可以在仓库自主导航和避障、自主搬运货品和返回空托盘，还可以把工人带到需要人工拣选的位置，与工人一起完成物流作业。

基于人工智能技术的物流系统

近年来，物流行业发展基础和整体环境发生显著变化，新兴技术广泛应用、包裹数量爆发增长、用户体验持续升级等因素对物流企业的运作思路、商业模式、作业方式提出新需求、新挑战。

作为物流行业转型升级的新动能，人工智能进入物流领域的时间尽管相对较短，但发展环境非常有利。政策层面，国务院、发改委等政府相关部门纷纷出台物流相关政策及规划，鼓励企业利用人工智能技术及产品降低物流成本、提升物流效率。

经济层面，一方面全国物流业总收入始终处于稳定增长状态；另一方面物流总费用依然居高不下，企业亟须进一步控制物流成本，“人工智能 + 物流”的空间极为广阔；社会层面，“人工智能 + 物流”既能满足城市居民对提升即时物流服务效率的需求，又可拓展快递快运的服务边界以惠及农村居民。

区块链技术

在物流与供应链上应用，能确保交易安全、数据产权和追根溯源。

区块链是一种在对等网络［ 也称点对点网络，是无中心服务器、依靠用户群 (peers) 交换信息的互联网体系，可以减少传统网络的传输节点，降低资料遗失的风险］ 环境下，通过透明和可信规则，构建可追溯的块链式数据结构，实现和管理事务处理的模式，具有分布式对等、链式数据块、防伪造和防篡改、透明可信和高可靠性等 5 个方面的典型特征。

区块链的开放、共识，可以使物流车队、仓库和一线物流服务人员等参与方都可以充当网络中的节点，实现物流过程信息的透明性和真实性；区块链的共识机制可消除对可信中介方的依赖，同时也能避免因网络攻击而造成的系统瘫痪。

物流供应链中企业之间的生产关系较为复杂，涉及因素较多，会受到经济、社会各方面因素的影响。因此通过区块链技术的共识机制构建去除第三方的信任体系就显得尤为重要，可以使上下游的物流企业加强对彼此的信任。

物流上下游企业各有一套信息闭塞的物流系统，通过区块链可以打造一个既透明又充分保护各方隐私的开放网络，提高物流供应链上下游企业的风险控制能力。区块链不可篡改的特性可以确保分类账、数据和资金的安全，提高了企业的财务安全。可追溯的特性帮助物流企业追溯货物来源，共享的分类账本可以让上下游参与者在任何时候查看商品出处。

来源：制造业物流规划与机巧改善、智慧物流。

“十四五”智能物流装备行业市场投资环境评估预测及细分产品市场发展规模前景研究

智能物流装备行业概览：物流是现代商业活动的重要组成部分，包含了存储、运输、装卸搬运、包装与分拣、流通加工、配送、信息采集与处理等功能，能够满足产业链上下游之间的物品或商品流通需求，实现商品或服务从产地到消费端的高效流动，物流业贯穿一二三产业，衔接生产与消费，涉及领域广阔。

《中国智慧物流 2025 应用展望》中将智能物流定义为：通过大数据、云计算、智能硬件等智慧化技术与手段，提高物流系统思维、感知、学习、分析决策和智能执行的能力，提升整个物流系统的智能化、自动化水平，从而推动中国物流的发展，降低社会物流成本，提高效率。

智能物流装备是现代物流的主要技术支撑，推动物流降本增效对于促进产业结构调整和区域协调发展、培育经济发展新动能、提升国民经济整体运行效率具有重要意义。

按照物流运作环节，智能物流装备可划分为仓储装备、搬运装备、传送分拣装备等；按照客户所处的行业特征，分为工业生产型和商业配送型智能物流装备。

中金企信国际咨询公布的《2022-2028 年智能物流装备行业发展战略研究及投资潜力预测评估报告》

智能物流装备行业主要构成：智能物流装备涉及到货物的仓储、搬运、传送、分拣等关键环节，主要由仓储系统、搬运系统、传送分拣系统等构成。

智能仓储系统：智能仓储系统是在传统仓储的基础上引入自动化硬件设备如立体仓库、穿梭车、自动化分拣设备、堆垛机械设备、计量设备、消防设备等，依靠大数据、云计算、AI、深度学习、物联网、机器视觉等的广泛引用，实现对仓库商品的出入库管理、存储、分拣、配送等进行有效管理。下图主要展示了华南新海自主研发、设计、生产的－智能仓配系统 ‖ 的外观及货物出入库模块的操作界面：

智能搬运系统：智能搬运系统是连接智能仓储系统与智能传送分拣系统的重要纽带，其主要设备是 AGV 机器人。AGV 机器人是由计算机系统控制的，装备有磁性或光学引导装置，能够实现定位、导航、移动、避障等功能。根据用途分类，AGV 机器人可分为搬运 AGV、分拣 AGV 以及码垛 AGV。

根据中国移动机器人产业联盟数据，2021 年度中国市场销售工业应用 AGV 机器人 7.2 万台，较 2020 年增长 75.61%，市场销售额达到 126 亿元，同比增长 64%，目前 AGV 广泛应用在制造车间、港口码头、物流仓库以及特种行业等的货物搬运工作中。

智能传送分拣系统：智能传送分拣系统主要由管理系统（WMS）、控制系统（WCS）、传送分拣硬件设备以及视觉识别装置等组成，能够自动完成货品的进出库、装卸、分类、分拣、识别、计量等工作，是生产制造和物流运作过程中组成机械化、连续化、自动化、智能化流水作业线的重要组成部分，处于智能物流装备行业的核心地位。

智能传送分拣工作主要由收货、合流、分拣（分流）、分运等 4 个阶段所组成，其工作原理为：货物被送入分拣系统，经合流后汇集到一条传送机上；物品接受激光扫描器对其条码的扫描，或通过其他自动识别方式，将分拣信息输入计算机中；计算机将物品信息与预先设定的信息进行比较，将不同的货物送至指定的分拣道口，完成分拣工作。

智能传送分拣系统具有以下特征：（1）能够连续、大批量的传送分拣货物。智能传送分拣系统一般可连续运行 100 小时以上，每小时分拣能力可达 5 000～20 000 件，如果用人工则每小时分拣 150 件左右，且分拣人员连续工作不会超过 8 小时。（2）误差率极低。分拣误差率通常取决于信息的输入机制，采用人工键盘或语音识别方式输入，误差率通常在 3% 以上；采用条码、射频标签等扫描方式输入，可以大大降低误差率。（3）基本实现无人化运营。使用智能传送分拣系统的目的之一是最大限度地减少人员的使用，减轻人工的劳动强度，提高人员的使用效率。人员在传送分拣作业中的使用仅限于传送分拣系统的控制与运营维护工作。

根据分拣原理的不同，我国自动化分拣设备常见的类型主要有交叉带分拣、模组带分拣、摆轮分拣和窄带分拣等。上述分拣传送系统的基本情况如下所示：

中国智能物流装备行业市场规模：目前，我国智能物流装备在快递物流、电商、烟草、医药、汽车、工程机械等领域应用广泛。烟草、医药、汽车、工程机械等行业具备产业规模大、信息监管要求高、生产工艺复杂、投资能力强的特征，是我国较早应用智能物流装备的下游行业。近年来随着新经济的发展，快递物流、电商等逐渐成为物流装备需求增速最快的行业。

根据中金企信统计数据，中国智能物流装备市场规模由 2015 年的 143.1 亿元增长至 2019 年的 419.8 亿元，年均复合增长率达到 30.9%；预计 2024 年市场规模将达到 1,067.6 亿元，2019 年至 2024 年的年均复合增长率为 20.5%。2021 年，我国社会物流总费用 16.7 万亿元，社会物流总费用与 GDP 的比率为 14.6%。总体来看，目前我国物流行业仍然处于运行效率不高的状态，与美国低于 8% 的水平相比，供应链效率仍有较大的提升空间。

国际经验表明，随着人工成本上升、经济增速放缓，单纯依靠降低成本或扩大销售难以获得利润时，通过物流智能化降本增效的作用将使物流领域作为－第三利润源 1‖ 的战略地位凸显。

根据《国家物流枢纽布局和建设规划》，预计到 2025 年，全国将布局建设 150 个左右国家物流枢纽，社会物流运行效率大幅提高，基本形成以国家物流枢纽为核心的现代化物流运行体系，推动全社会物流总费用与 GDP 的比率下降至 12% 左右。面对巨大的市场需求，智能物流装备行业迎来难得的发展机遇。

产业未来发展趋势：从技术革新层面来看，随着互联网 +、物联网、云计算、大数据、人工智能、区块链等新技术的发展，现代物流业进入了技术驱动的智慧物流时代。随着中国电子商务与新零售继续保持高速增长的态势，制造业产业升级推动智能制造进入全面发展阶段，减少人工成本、机器换人已成为行业共识，上述因素共同助推了物流机械化、自动化、智能化发展，带动智能物流装备需求的快速增长。

（1）物流装备与智能制造深度融合，技术向智能化、数字物联方向发展：以物联网为基础的智能物流是工业 4.0 的基础，是提升现代物流效率，降低物流费用率的理想解决方案。因此，智能物流装备行业与智能制造系统融合发展将成为未来趋势。

智能单元化物流技术、智能物流装备以及智慧物流信息系统是打造智能物流的核心元素。在工业 4.0 智能工厂的框架内，智能物流是连接供应、生产、客户的重要环节，在系统中起着承上启下的重要作用，也是构建智能工厂的基石。

机器视觉识别与信息技术及深度学习技术的不断发展，可以高效、智能地进行物流数据采集，使高速智能分拣成为可能。物联网技术与 5G 技术的发展，实现了物流设备系统远程监控与维护，提升了智能传送分拣系统的利用率及运维效率。工业物联网网络将很快成为高效仓库管理的重要组成部分，并将提供智能仓库所依赖的连接和数据。

智能化和数字物联化技术能够提高智能传送分拣设备的自动化程度、运行效率和准确率，是未来行业技术发展方向。

（2）“软件定义硬件”趋势，产品向标准化、模块化方向发展：软件定义硬件，是把物流设施、装备、货物等硬件资源虚拟化，按照单元化和标准化的思想，归类成基础的货物单元和物流功能模块，通过软件对虚拟的硬件单元进行管理与调度，实现智慧物流功能。其本质是实现硬件资源虚拟化、管理控制可编程。在智能物流装备领域，AGV 的管理调度系统、智能导航系统等软件成为技术创新亮点；智能云仓的 WCS（控制系统）越来越成为核心竞争力；无人叉车、无人驾驶卡车等先进的运输装备更是需要依赖众多软件系统才能发挥作用。一软件定义硬件 ‖ 的发展趋势十分明显。

智能传送分拣设备集合了光、电、机械、信息技术，包含了存储系统、传送分拣系统、机器视觉识别系统、人机交互系统、信息管理系统等。受制于客户需求、场地限制等因素，设备目前主要以定制化为主。一软件定义硬件 ‖ 趋势更容易实现产品的标准化、模块化，实现智能物流装备的大批量生产，更好地保证产品品质的稳定性。

中金企信国际咨询专业编制《智能物流装备项目可行性研究报告》为企业投融资、项目立项、银行贷款申请、批地申请等提供专业化优质服务。

（3）物流装备的一体化集成应用趋势，系统向无人化方向发展：在自动化控制技术进一步发展的前提下，智能物流领域需要操作人员介入的场景正在不断弱化，智能物流装备跨界融合的趋势越来越明显。智能云仓是一种能实现搬运 + 存储 + 拣选功能的一体化设备。在自动分拣领域，快递企业通常会采用交叉带、模组带、摆轮、窄带等分拣设备组合应用的模式以实现最优的分拣策略。此外，AGV 搬运 + 智能分拣 + 在线称重 + 智能打包 + 自动贴标等技术融合模式也得到了创新应用。

随着智能技术、机器人技术、无线通信技术、大数据云平台、类人仿真技术、传感技术、微型控制技术、5G 技术等新兴技术的不断发展和突破，未来将会有更多的行业出现黑灯工厂、无人仓库。随着自动装卸技术、自动多件分离技术、自动装袋换袋技术、六面高速物品信息自动识别技术、超级电容技术等取得突破，未来的仓配中心、分拨中心将整体向无人化方向发展。

（4）智能物流装备服务的市场化和专业化趋势：智能物流装备服务的市场化和专业化主要体现在以下 3 个方面：一是通过设备的定期维护、故障及时排除、零备件供应、远程网络监控运营服务等，实现对智能物流装备运行的保障性服务；二是通过对设备运行质量分析、物流各环节绩效与运行情况分析等方式，实现对物流运作或管理的支持服务；三是可以定时提供技术改进和信息系统及控制系统的升级服务。

低碳领航：生态圈伙伴共筑绿色物流

作为中国商用车领军企业，一汽解放在国家“碳达峰”“碳中和”目标驱动下，加快企业绿色发展、节能降耗的步伐，以技术创新持续赋能产品，赋能用户，在帮助卡友节油降耗的同时，为国家“双碳”战略注入“解放力量”。早在 2018 年，一汽解放便凭借行业绝对领先的车联网技术和服务，举办“车联网节油大赛”，连续 3 年，共吸引 20 多万名卡友参与，创汽车行业赛事参赛人数世界纪录；成功帮助卡友树立节油意识，提升驾驶技巧，改善运营习惯。

2021 年，一汽解放联合中国石油、山东高速、太平洋保险等行业顶级服务商，与克诺尔、埃克森美孚、中誉集团、康迈中国、中策橡胶、伊思灵华泰、普利司通、玲珑轮胎等生态伙伴，以及赋界、挚图、鱼快等合资公司，共同打造“一汽解放行业首届车联网 TCO 运营挑战赛”，不仅为用户提供最优质的 TCO 资源，并让解放车联网节油竞赛成功迈入 2.0 时代。今年，这部经典的《节油白皮书》问世，让更多“志同道合”的合作伙伴参与进来。11 月 20 日，“一汽解放行业首届车联网 TCO 运营挑战赛颁奖盛典”即将启幕，随着生态圈的发展壮大，“中国绿色物流生态联盟”正式成立！它将聚势行业中坚力量，聚焦车辆全生命周期碳减排，让一汽解放携手行业伙伴、生态伙伴共同践行绿色发展理念，守护祖国绿水青山、构建绿色物流美好生活。

来源：中国物流与采购联合会。

后疫情下，智慧物流进入爆发阶段

“智慧物流在新冠肺炎疫情蔓延下进入爆发阶段。”创新工场董事长兼CEO李开复博士日前在接受媒体采访时表示。

在李开复看来，物流运输不仅牵动着人们的日常生活，更是工业生产不可或缺的纽带。作为托底民生、保障生产要素流动的“基建型”产业，物流运输行业急需通过人工智能、自动化等平台技术，往智慧化运营转型升级。

“下一代智慧物流是中国保障经济内循环的核心竞争力之一。”李开复判断。

市场需求逐步进入井喷期

“物流是生产制造和物资保供的血液，生产制造过程中物流成本占生产成本的比重将近三成。”捷象灵越创始人兼CEO吕峰说。该公司是一家由创新工场人工智能工程院深度孵化的面向制造业的机器人公司。

吕峰告诉记者，受疫情以及人工成本逐年上升等多重因素叠加影响，目前生产制造企业比以往任何时候都更寄希望于采用自动化解决方案辅助人力，缓解用工荒的同时，确保经济要素循环畅通。

“无人叉车机器人市场在过去4年里销量增长了16倍，增长迅速。” 吕峰举例说，即便如此，无人叉车在整个叉车市场占有率还不到1%，未来市场空间巨大。

为什么工厂企业主愿意接受无人叉车机器人产品？吕峰算了一笔账：一辆国产传统人工叉车，价格最低3万～5万元，一个叉车工人的人工成本总体算下来一年10万左右。而无人叉车机器人十几万的价格，可以使得客户回本周期控制在一年左右，如果将无人叉车应用在工厂的双班、多班生产场景，回本周期会更快。

吕峰认为，目前无人叉车机器人的市场需求已经逐步进入井喷期。他透露，他们公司推出的新一代无人叉车自主移动机器人已经在多家大型企业落地应用，覆盖制药、食品、半导体等行业。由于对市场前景看好，除了无人叉车自主移动机器人，这家初创公司还在开发更小型化的托盘搬运机器人和针对冷链的机器人产品。

广泛落地仍需克服难题

不过，智慧物流相关产品和技术的广泛落地，仍需克服不少难题。

“我们几乎看过市面上所有的自主移动机器人公司。”线性资本董事总经理黄松延说。作为一名投资人，他对市场需求有自己的理解。

黄松延发现，医药与食品饮料仓储物流场景对自主移动机器人的需求巨大，但是要求很高。比如，医药工厂中的过道非常窄，转弯半径太大的机器人和叉车无法通过。此外医药行业有严格的药品生产质量管理规范，食品饮料行业也有相应的规范。受这些因素综合影响，医药与食品饮料行业的物流自动化一直没有得到很好的解决。

“想解决这样的问题，自主移动机器人创始团队和创始人需要很好地理解场景的问题和需求，而且对机器人技术有深刻的理解和认知。”黄松延说。

一些更加细分的场景目前也缺乏较好的智慧物流产品。吕峰调研发现，冷链行业的工人工作环境和工作体验较差，人员稳定性低、离职率高，工人替换是行业痛点。但目前来看，冷链行业依然缺乏较好的自主移动机器人产品。

标准化生产是另一个难题。吕峰发现，目前无论是移动搬运机器人还是无人叉车，都面临一个很大的问题，就是现在的定制化非常普遍，项目制、非标定制多，这给产品的量产带来很大困难，也不利于成本的下降。在他看来，这些产品实现规模化量产的主要挑战是产品的标准化。

“一定要做出非常适配于某个行业或者某几个行业的产品，把产品从硬件维度扩充到上万台或者几十万台的规模，整体成本才能降下来。硬件标准化、交付案例越多，整个解决方案的标准化程度越高，客户才更愿意用你的产品。”吕峰告诉记者。

吕峰认为，要深挖客户的痛点、结合自身的技术能力，才能推出非常适配整个行业需求的产品。目前在物流行业，整个移动机器人领域都非常需要有产品创新能力的公司。

来源：《科技日报》。

二、物流标准

综 述

2022 年 7 月 6 日，市场监管总局、中央网信办、国家发展改革委等 16 部门印发《贯彻实施〈国家标准化发展纲要〉行动计划（以下简称《行动计划》）。《行动计划》共 33 条，就贯彻实施《国家标准化发展纲要》（以下简称《纲要》）对有关部门和各地方人民政府提出具体要求。

制定《行动计划》是为贯彻实施《纲要》，明确 2023 年年底前重点工作，有序推进任务落实，更好发挥标准化在推进国家治理体系和治理能力现代化中的基础性、引领性作用。

据了解，市场监管总局（标准委）编制《行动计划》与推进《纲要》发布同步进行，编制过程中坚持深入研究、开门问策、集思广益。征求意见的范围包括 39 个国务院标准化协调推进部际联系会议成员单位和 12 个相关部门。另外，《行动计划》已经经过公平竞争审查、合法性审核和宏观政策取向一致性评估。

据介绍，《行动计划》紧扣《纲要》对“十四五”时期标准化发展的总体部署，以重点工作为牵引，由点及面推动《纲要》贯彻实施向纵深推进。

来源：《中国质量报》。

2022 年 9 月 16 日，上海市政府与国家标准化管理委员会签署部市标准化合作备忘录，并召开质量和标准化创新大会。市场监管总局党组书记、局长罗文，上海市委副书记、市长龚正出席并讲话。市局局长陈学军、党组书记倪俊南、副局长彭文皓、一级巡视员朱明参加签约活动和会议。

会前，上海市政府与国家标准化管理委员会签署《关于共同推进上海打造高标准引领高质量发展促进高水平开放城市合作备忘录》。

签署合作备忘录，旨在深入贯彻习近平总书记在上海浦东开发开放 30 周年大会上提出的“形成一批中国标准”“着力推动规则、规制、管理、标准等制度型开放”要求，以部市合作更好落实《国家标准化发展纲要》，发挥标准化对高质量发展、高水平开放的引领和促进作用，助力上海进一步提升城市软实力、加快建设具有世界影响力的社会主义现代化国际大都市。

围绕“共同推进上海打造高标准引领高质量发展 促进高水平开放城市”主题：

上海将建立健全全面实施标准化战略体制机制。进一步健全标准化工作议事协调机制，完善标准化战略推进引导支持政策，积极推动形成市场驱动、政府引导、企业为主、社会参与、开放融合的标准化工作格局。

构建推动高质量发展标准体系。推动标准化与科技创新、产业发展、城市建设、民生服务、生态文明等领域深度融合，建立全方位、全领域、全覆盖的高质量标准体系，扩大“标准化＋”效应。

打造“上海标准”品牌。健全“上海标准”培育及评价工作制度，充分发挥“上海标准”示范引领作用，推动形成一批先进标准。

推进长三角一体化标准化发展。建立长三角一体化区域地方标准协调机制，发挥国际标准化长三角协作平台、长三角民营经济标准创新联席会议等作用。

提升标准国际化水平。积极参与国际标准化工作，推动更多科技成果向国际标准转化，大力推广和应用国际标准。推动标准制度型开放，鼓励外资企业、国外标准化机构等参与上海标准化工作。

推进标准化创新服务平台建设和人才培养。建设一批标准创新中心和技术标准创新基地。打造一批技术标准创新服务平台和标准化成果展示交流平台。培育一批懂专业、懂标准并具有国际视野的复合型标准化人才。

来源：上海市市场监督管理局。

国际标准《无接触式冷链物流技术规范》 成功立项

2021 年 11 月 4 日，由我院牵头提出的国际标准《无接触式冷链物流技术规范》（Requirements for contactless delivery services in cold chain logistics）提案，在国际标准化组织冷链物流技术委员会（ISO/TC 315）投票通过，成功立项。

我院于 2019 年开始开展冷链物流标准化相关的研究，并于 2020 年向 ISO 提交相关国际标准新项目申请。在 2021 年 6 月 2 日至 4 日 ISO/TC 315 召开的第一次会议上，我院专家介绍了新项目内容，得到了技术委员会的认可。ISO/TC 315 于 8 月至 11 月发起 NP 投票（ISO/NP 9651）。该项目是 ISO/TC 315 自 2020 年成立以来，第一批立项的国际标准之一，将规定冷链物流过程中无接触式寄送服务的技术要求。

近年来电子商务的迅速发展和生鲜电商市场的快速发展，使市场对冷链物流的需求不断上升。尤其面对全球新冠疫情的常态化，人们在关注食品保鲜同时，更加注重安全、卫生的生活方式。无接触式冷链物流服务可以最大程度减少和避免物流人员之间、物流人员与用户和商品之间的直接接触，降低人员聚集和人物接触产生的包含新冠病毒在内的健康风险，也可以保障商品在运送过程中的卫生安全。

该项目的成功立项将有助于推动我国冷链物流标准化的多方位发展。我院将与国内外相关领域专家共同合作，为发展卫生安全的冷链物流贡献中国智慧。

来源：中国标准化研究院。

2022 年实施的物流标准

2022 版《物流标准目录手册》收集了我国已颁布的现行物流国家标准、行业标准目录共计 1201 项。《物流标准目录手册》按其内容分为基础类标准、公共类标准、专业类标准和标准化指导性文件等四大部分。

表 10-1： 基础类标准

（一）术语

序号	标准编号	标准名称	发布日期	实施日期	制定范围
1	GB/T 18354-2021	物流术语	2021-08-20	2021-12-01	本标准界定了物流活动中的物流基础术语、物流技术与设施设备术语、物流信息术语、物流管理术语、国际物流术语及其定义 本文件适用于物流及其与物流相关领域的术语应用
2	WB/T 1042-2021	货架术语	2021-05-31	2021-07-01	本文件界定了货架的基本名词术语，基本类型术语、主要构件术语、辅助构件术语，承载能力及装载质量术语 本文件适用于各类仓储业使用的各种组装式钢结构货架

（二） 图形符号与标志

序号	标准编号	标准名称	发布日期	实施日期	制定范围
1	GB/T 10001.3-2021	公共信息图形符号 第3部分：客运货运符号	2021-03-09	2021-10-01	本部分界定了客运与货运服务方面的公共信息图形符号，给出了图形符号的含义及说明，并规定了图形符号的应用要求

表 10-2：公共类标准

（一） 综合类标准

序号	标准编号	标准名称	发布日期	实施日期	制定范围
1	GB/T 39660-2020	物流设施设备的选用参数要求	2020-12-14	2021-07-01	本标准规定了通用物流设施设备选用参数的总体要求，以及道路，铁路装卸线、堆场、库房、货架、起重机、叉车、运输车辆与装卸站台等参数要求 本标准适用于物流活动中相互衔接的通用物流设施设备的规划、涉及及选用

（二） 物流设施设备标准

序号	标准编号	标准名称	发布日期	实施日期	制定范围
1	GB/T 21072-2021	通用仓库等级	2021-11-26	2022-06-01	本文件规定了通用仓库基本要求和等级划分 本文件适用于通用仓库及其附属设施的等级划分
2	GB/T 24359-2021	第三方物流服务质量及测评	2021-11-26	2022-06-01	本文件规定了第三方物流服务的基本要求，服务要求，风险与应急管理、投诉处理、主要服务质量指标、服务质量测评及持续改进 本文件适用于第三方物流服务的管理与评价
3	GB/T 30331-2021	仓储绩效指标体系	2021-12-31	2022-07-01	本文件给出了仓储作业绩效指标体系和指标计算方法 本文件适用于仓储作业的绩效管理
4	GB/T 39660-2020	物流设施设备的选用参数要求	2020-12-14	2021-07-01	本标准规定了通用物流设施设备选用参数的总体要求，以及道路、铁路装卸线、堆场、库房、货架、起重机、叉车、运输车辆与装卸站台等参数要求 本标准适用于物流活动中相互衔接的通用物流设施设备的规划、设计及选用
5	39660-2020	物流设施设备的选用参数要求	2020-12-14	2021-07-01	本标准规定了大件运输专用车辆的术语和定义、大件运输挂车型号表示方法、要求、实验方法、检验规则、大件运输标志、标牌标识、车辆识别代号、合格证、随行文件和贮存。本标准适用于道路上行驶的大件运输专用车辆
6	RB/T 067-2021	物流服务组织质量管理体系 要求	2021-11-04	2022-01-01	本文件规定了物流服务组织的质量管理体系在组织环境、领导作用、策划、支持、运行、绩效评价和改进方面应满足的要求 本文件适用于物流服务组织质量管理体系的建立、实施、保持和持续改进

续表

序号	标准编号	标准名称	发布日期	实施日期	制定范围
7	GB/T 39681-2020	立体仓库货架系统设计规范	2020-12-14	2021-07-01	本标准规定了立体仓库货架系统术语，材料、荷载及荷载组合、货架设计及测试方法 本标准适用于以冷弯型钢或轧钢型钢构件制成，主要承受静载的立体仓库货架系统
8	GB/T 39830-2021	立体仓库钢结构货架抗震设计规范	2021-03-09	2021-10-01	本标准规定了地震作用下立体仓库钢结构货架的设计规范，其内容包括一般规定、抗震设计流程、地震作用及结构抗震计算、分析方法及构造要求
9	JB/T 14032-2021	钢制货架载荷试验方法	2021-05-17	2021-10-01	本标准规定了物流仓储设备中钢制货架的垂直及水平静荷试验的术语和定义、试验条件、测量用仪器和量具、样品、试验载荷要求、试验步骤、数据处理及试验报告
10	JB/T 14033-2021	流利式货架	2021-05-17	2021-10-01	本标准规定了流利式货架的术语和定义、材料、技术要求、试验方法、检验规则、标志、包装、运输和贮存
11	JB/T 14173-2021	单元托盘储存类穿梭车货架	2021-05-17	2021-10-01	本标准规定了单元托盘储存类穿梭车货架的术语、分类与组成、材料、技术要求、试验方法、检验规则、标志、包装、运输和贮存
12	WB/T 1043-2021	货架分类及代合	2021-05-31	2021-07-01	本文件规定了仓储货架的分类，并根据功能分类规定其代号
13	WB/T 1117-2020	阁楼式货架	2021-05-31	2021-07-01	本文件规定了阁楼式货架的分类与标记，材料、要求、术语方法、检验规则，标志、包装、运输和贮存
14	GB/T 31148-2022	木质平托盘通用技术要求	2022-03-09	2022-10-01	本文件规定了木质平托盘的样式和结构、要求，试验方法，检验规则，以及标志、标志、运输及贮存等内容
15	GB/T 40479-2021	通用半托盘尺寸及性能要求	2021-08-20	2022-03-01	本文件规定了通用半托盘的材料及类型、尺寸及公差、规定载荷、要求，检验与试验
16	GB/T 40481-2021	联运通用滑板托盘尺寸及性能要求	2021-08-20	2022-03-01	本文件规定了联运通用滑板托盘的组成及名称，结构，材质代号，装载重量，材料，尺寸，性能要求及试验
17	JT/T 1406-2022	通用集装箱陆空转运技术规范	2022-01-13	2022-04-13	本文件规定了通用集装箱陆空转运过程中的一般要求，道路运输装载栓固要求，集装箱组装栓固要求和航空运输装载栓固要求
18	JT/T 1407-2022	系列 2 集装箱 堆场技术管理要求	2022-01-13	2022-04-13	本文件规定了系列 2 集装箱堆场技术管理的基本要求，堆场设计、堆场作业及防风要求
19	JB/T 14035-2021	推块式分拣机	2021-05-17	2021-10-01	本标准规定了推块式分拣机的范围、规范性引用文件、术语和定义、组成和基本参数、工作条件、技术要求、试验方法、检验规则、标志、包装、运输和贮存

续表

序号	标准编号	标准名称	发布日期	实施日期	制定范围
20	GB/T 4857.23-2021	包装 运输包装件基本试验 第23部分：垂直随机振动试验方法	2021-10-11	2022-05-01	本文件规定了运输包装件垂直随机振动试验原理、试验设备、试验程序及试验报告等内容
21	GB/T 9774-2020	水泥包装袋	2020-09-29	2022-04-01	本标准规定了水泥包装袋的分类、规格、标记和版面印刷、制袋材料、技术要求、试验方法、检验规则、标志、包装、运输和贮存、验收检验
22	GB/T 40712-2021	多用途货车通用技术条件	2021-10-11	2022-05-01	本文件规定了多用途货车的技术要求和产品使用说明书

（三） 物流技术、作业与管理标准

序号	标准编号	标准名称	发布日期	实施日期	制定范围
1	GB/T 21071-2021	仓储服务质量要求	2021-12-31	2022-07-01	本文件规定了仓储服务的基本要求，服务质量指标及要求、客户满意度调查的要求
2	GB/T 41243-2022	绿色仓储与配送要求与评估	2022-03-09	2022-10-01	本文件规定了绿色仓储与配送的基本要求、仓储要求、配送要求和包装要求，并给出了评估指标
3	JT/T 1388-2021	滚装甩挂运输操作规程	2021-10-29	2022-02-01	本文件规定了滚装甩挂运输操作的基本要求，以及作业准备、作业要求、栓固要求和交接验收要求
4	TB/T 30004-2021	铁路货物装载加固技术要求	2021-12-01	2022-06-01	本文件规定了铁路货物装载加固的货物装载基本要求、避免集重装载要求、超长货物装载要求、货物加固基本要求、加固强度计算方法以及常用加固方法的加固强度计算
5	GB/T 4892-2021	硬质直方体验收包装尺寸系列	2021-03-09	2021-10-01	本标准规定了用纸、木、塑、金属等各种材质包装的硬质直方体验收包装最大的平面尺寸

（四） 物流信息标准

序号	标准编号	标准名称	发布日期	实施日期	制定范围
1	JT/T 1385.5-2022	水路运输单证证照 第5部分：国际船舶运输经营许可证	2022-01-13	2022-04-13	本文件规定了国际船舶运输经营许可证电子证照文件要求、外观样式及信息内容

续表

序号	标准编号	标准名称	发布日期	实施日期	制定范围
2	JT/T 1385.6-2022	水路运输单证证照 第6部分：国际海上运船舶备案证明书	2022-01-13	2022-04-13	本文件规定了国际海上运输船舶备案证明书电子证照文件要求、外观样式及信息内容
3	JT/T 1385.7-2022	水路运输单证证照 第5部分：国际班轮运输经营资格登记证	2022-01-13	2022-04-13	本文件规定了国际班轮运输经营资格登记电子证照文件要求、外观样式及信息内容
4	GB/T 16828-2021	商品条码 参与方位置编码与条码表示	2021-05-21	2021-12-01	本文件规定了参与方位置码的编码、条码表示及应用
5	GB/T 40569-2021	物流周转箱标识与管理要求	2022-05-01	2021-10-11	本文件规定了物流周转箱的编码规则、标识要求以及标识管理要求
6	GB/T 40480-2021	物流追溯信息管理要求	2021-08-20	2022-03-01	本文件规定了追溯活动中信息管理的基本要求、可追溯信息、追溯标识、信息采集、信息应用和追溯实施
7	GB/T 40710-2021	基于NFC的集装箱电子箱封及系统	2021-10-11	2022-05-01	本文件规定了基于近场通信（NFC）的集装箱电子箱封及系统的构成，技术要求及作业要求
8	GB/T 41402-2022	物流机器人 信息系统通用技术规范	2022-04-15	2022-11-01	本文件规定了物流机器人信息系统的一般要求、功能要求、性能要求、通信要求、安全要求、可靠性要求、运维要求，描述了对应的试验方法
9	GB/T 22430-2021	集装箱运输电子数据交换 集装箱进/出门报告报文	2021-10-11	2022-05-01	标准规定了集装箱进/出门报告报文（COEDCO）的原则和报文描述
10	GB/T 22431-2021	集装箱运输电子数据交换 船舶离港报文	2021-10-11	2022-05-01	标准规定了船舶离港报文（VESDEP）的原则和报文描述
11	GB/T 22432-2021	集装箱运输电子数据交换 船舶挂靠信息报文	2021-10-11	2022-05-01	标准规定了挂靠信息报文（CALINF）的原则和报文描述
12	GB/T 40705-2021	集装箱运输电子数据交换 放箱单报文	2021-10-11	2022-05-01	本文件规定了集装箱运输电子数据交换的放箱单报文的基本要求、可扩展标记语言（XML）报文格式和平台文件格式

续表

序号	标准编号	标准名称	发布日期	实施日期	制定范围
13	GB/T 40706-2021	集装箱运输电子数据交换 订舱确认报文	2021-10-11	2022-05-01	本文件规定了集装箱运输电子数据交换的订舱确认报文的基本要求、XML. 报文格式和平台文件格式
14	GB/T 40707-2021	集装箱运输电子数据交换 船舶预报信息报文	2021-10-11	2022-05-01	本文件规定了集装箱运输电子数据交换的船舶预报信息报文的基本要求、XMIL. 报文格式和平台文件格式
15	GB/T 40708-2021	集装箱运输电子数据交换 集装箱装卸（船）报告报文	2021-10-11	2022-05-01	本文件规定了集装箱运输电子数据交换的集装箱装卸（船）报告报文的基本要求、XML. 报文格式和平台文件格式
16	GB/T 40811-2021	集装箱运输电子数据交换 订舱报文	2021-10-11	2022-05-01	本文件规定了用于集装箱运输电子数据交换的订舱报文的基本要求、XML. 报文格式和平台文件格式
17	GB/T 40812-2021	集装箱运输电子数据交换 装箱单报文	2021-10-11	2022-05-01	本文件规定了集装箱运输电子数据交换的装箱单报文的基本要求、可扩展标记语言（XML）报文格式和平台文件格式

表 10-3：专业类标准

（一） 农副产品、食品冷链物流技术、作业与管理标准

序号	标准编号	标准名称	发布日期	实施日期	制定范围
1	GB/T 28577-2021	冷链物流分类与基本要求	2021-11-26	2022-06-01	本文件规定了冷链物流的分类，以及设施设备、信息系统、温度控制、物品保护、质量管理、人员要求、安全管理、环境保护等方面的基本要求
2	GB/T 39907-2021	果蔬类周转箱尺寸系列及技术要求	2021-08-20	2022-03-01	本文件规定了果蔬类产品用周转箱的尺寸系列、技术要求和试验方法
3	GB/T 40065-2021	果蔬类周转箱循环共用管理规范	2021-08-20	2022-03-01	本文件规定了果蔬类产品周转箱循环共用的总体要求，参与方的要求，作业管理要求、信息管理要求，以及评价与改进
4	GB/T 40475-2021	冷藏保温车选型技术要求	2021-08-20	2022-03-01	本标准确立了冷藏保温车的分类、整车要求、车厢要求、专用配置要求、车辆选型与车体标识要求

续表

序号	标准编号	标准名称	发布日期	实施日期	制定范围
5	JT/T 389-2022	厢式挂车技术条件	2022-01-13	2022-04-13	本文件规定了厢式挂车的技术要求，试验项目与方法，检验规则，以及标识、包装、运输和储存等要求
6	GB/T 40956-2021	食品冷链物流交接规范	2021-11-26	2022-06-01	本文件规定了食品冷链物流交接作业的总体要求和入库、出库、配送交接要求

（二） 其他农副产品、食品物流标准

序号	标准编号	标准名称	发布日期	实施日期	制定范围
1	NY/T 1056-2021	绿色食品 贮藏运输准则	2021-05-07	2021-11-01	本文件规定了绿色食品储藏与运输的要求

（三） 汽车物流标准

序号	标准编号	标准名称	发布日期	实施日期	制定范围
1	WB/T 1110-2020	汽车成套零部件出口包装质量检测规范	2021-05-31	2021-07-01	本文件规定了汽车零部件托盘包装打包的基本要求，堆码要求，标识要求，加固及防护要求
2	WB/T 1111-2020	汽车零部件托盘包装的打包要求	2021-05-31	2021-07-01	本文件规定了汽车零部件托盘包装打包的基本要求，堆码要求，标识要求，加固及防护要求
3	WB/T 1112-2020	汽车制造零部件物流标签规范	2021-05-31	2021-07-01	本文件规定了我国汽车制造零部件物流的标签规格与材料，标签打印书写与张贴，标签分类与规格选用及内容信息

（四） 医药物流标准

序号	标准编号	标准名称	发布日期	实施日期	制定范围
1	GB/T 28842-2021	药品冷链物流运作规范	2021-11-26	2022-06-01	本文件规定了药品冷链物流过程中的总体要求，人员与培训，设施设备与验证管理，温度监测与控制，物流专业，应急管理以及内审与改进等方面的要求
2	WB/T 1116-2020	体外诊断试剂温控物流服务规范	2021-05-31	2021-07-01	本文件规定了体外诊断试剂温控物流服务的基本要求，人员与培训，设施设备，物流作业，温度监测和控制，追溯与应用和应急处理
3	YY/T 0086-2020	医用冷藏箱	2020-02-21	2022-01-01	本标准规定了医用冷藏箱的术语和定义，产品分类，要求，试验方法，标志，包装，运输，贮存

（五） 电子商务物流与快递标准

序号	标准编号	标准名称	发布日期	实施日期	制定范围
1	GB/T 40043-2021	快递服务与电子商务信息交换规范	2021-04-30	2021-08-01	本文件规定了快递服务组织与电子商务经营者之间的信息交换内容、信息交换流程、报文规范、数据通信与安全和信息交换时限的要求
2	GB/T 40044-2021	快递服务制造业仓配信息交换规范	2021-04-30	2021-08-01	本文件规定了快递服务组织与制造企业在仓配模式下的信息交换需求、信息交换业务流程、报文规范、通信与安全的要求
3	GB/T 40202-2021	跨境电子商务物流信息交换要求	2021-08-20	2022-03-01	本文件规定了跨境电子商务贸易业务中物流信息交换的一般原则，交换流程，基本内容，通信接口
4	GB/T 41242-2022	电子商务物流可循环包装管理规范	2022-03-09	2022-10-01	本文件规定了电子商务物流可循环包装的分类及要求，仓储管理，运输管理及企业管理
5	JT/T 1387-2021	邮件快件铁路运输交接操作要求	2021-10-29	2022-02-01	本标准规定了邮件快件铁路运输交接操作的总体要求，国内邮件快件交接流程，国际及港澳台邮件交发流程，信息系统，一次情况处理的要求
	YZ/T 0179-2021	农产品寄递服务及环保包装要求	2021-12-31	2022-03-01	本文件规定了农产品寄递的类别，基本要求，服务条件，服务环节，特殊寄递要求，环保包装要求等内容
5	YZ/T 0180-2021	寄递包装射频识别（RFID）以用技术要求	2021-12-31	2022-03-01	本文件规定了寄递包装射频识别（RFID）标签选择，读写器选择，应用于寄递包装循环使用管理的要求和应用于寄递分拣作业的要求
6	YZ/T 0182-2022	寄递无人车技术要求	2021-12-31	2022-03-01	本文件规定了寄递无人车的基本要求，主要部件要求，配置要求，功能要求，性能要求，安全要求，试验方法，检验规则以及包装、标志和运输等内容
7	YZ/T 0183-2022	无人车邮件快件投递服务规范	2021-12-31	2022-03-01	本文件规定了无人车邮件快件投递服务的服务主体、服务条件、服务流程、服务安全、服务赔偿和服务评价的要求
8	YZ/T 0185-2022	邮件快件实名收寄验视操作规范	2022-05-11	2022-08-01	本文件规定了邮件快件实名收寄验视的基本要求和操作流程等内容

（六） 出版物物流

序号	标准编号	标准名称	发布日期	实施日期	制定范围
1	WB/T 1108-2020	出版物物流 退货作业规范	2021-05-31	2021-07-01	本文件规定了出版物物流的退货类型，退货作业基本要求，退货物流作业质量要求和退货信息要求
2	WB/T 1109-2020	出版物物流 接口作业规范	2021-05-31	2021-07-01	本文件给出了出版物物流接口的构成及接口作业的结构化命名，规定了出版物物流接口的作业分类、名称、作业内容以及出版物物流参与方与角色描述格式

（七） 进出口物流标准

序号	标准编号	标准名称	发布日期	实施日期	制定范围
1	JT/T 951-2022	进出境件杂货船舶理货业务规程	2022-01-13	2022-04-13	本文件规定了进出境件杂货船舶理货业务的一般要求，以及准备、实施和后续要求

（八） 化工和危险货物物流标准

序号	标准编号	标准名称	发布日期	实施日期	制定范围
1	GB 16994.1-2021	港口作业安全要求 第1部分：油气化工码头	2021-12-01	2022-12-01	本文件规定了油气化工码头作业过程中的一般要求，作业安全要求，特殊作业要求和应急管理要求
2	GB 16994.2-2021	港口作业安全要求 第2部分：石油化工库区	2021-12-01	2022-12-01	本文件规定了港口石油化工库区作业过程中的一般要求，作业安全要求，特殊作业要求和应急管理要求
3	GB 16994.3-2021	港口作业安全要求 第3部分：危险货物集装箱	2021-12-01	2022-12-01	本文件规定了危险货物集装箱港口作业的总体要求，作业前要求，装卸作业要求、堆存作业要求、拆装箱作业要求、应急要求和作业信息要求
4	JT/T 1386.10-2022	海事电子证照 第10部分：危险化学品水路运输从业资格证书	2022-01-13	2022-04-13	本文件规定了危险化学品水路运输从业资格证书电子证照文件要求，外观样式及信息内容
5	SN/T 0370.1-2021	出口危险货物包装检验规程 第1部分：总则	2021-11-22	2022-06-01	SN/T0370的本部分规定了出口危险货物包装的分类，编码，标记和要求
6	SN/T 0370.2-2021	出口危险货物包装检验规程 第2部分：性能检验	2021-11-22	2022-06-01	本标准适用于盛装容积不超过450L（装载液体），净重不超过400kg的出口危险货物包装（压力贮器、放射性物质和感染性物质的包装除外），规定了包装性能检验的要求、内容和规定
7	SN/T 0370.3-2021	出口危险货物包装检验规程 第3部分：使用鉴定	2021-11-22	2022-06-01	SN/T0370的本部分规定了出口危险货物包装使用鉴定的鉴定要求、抽样、鉴定内容、鉴定准则

（九） 应急物流标准

序号	标准编号	标准名称	发布日期	实施日期	制定范围
1	GB/T 40413-2021	应急物流公共标识代码编制规则	2021-08-20	2022-03-01	本文件规定了应急物资标识代码、应急物流行动标识代码、应急需求代码、应急物流运输批次号共四类应急物流公共标识代码的编码对象、代码结构、代码格式及编码要求

（十） 其他物流标准

序号	标准编号	标准名称	发布日期	实施日期	制定范围
1	GB 40558-2021	固体散装货物海运安全技术要求	2021-08-10	2022-03-01	本标准规定了固体散装货物的分组和危险性分类，海运安全技术基本要求和各种固体散装货物运输的特殊要求
2	MH/T 6126-2022	城市场景物流电动多旋翼无人驾驶航空器（轻小型）系统技术要求	2022-03-07	2022-04-01	本文件规定了在城市场景从事物流作业的电动多旋翼无人驾驶航空器（轻小型）系统的技术要求
3	RB/T 062-2021	实验动物运输管理规范	2021-11-04	2022-01-01	本文件规定了实验动物运输应遵循的相关要求，包括基本原则、职责、运输条件、运输过程、运输档案及记录管理等

2022 年 3 月—2023 年 2 月《物流标准化动态》目录

2022 年 3 月《物流标准化动态》

13　2022 物流业就这么干！总理《政府工作报告》重点来了

15 国务院印发《关于落实〈政府工作报告〉重点工作分工的意见》

16 四部门发布《关于推进共建“一带一路”绿色发展的意见》

17 四部门：到 2035 年中部地区大通道大枢纽基本建成

18 两部门联合印发《多式联运示范工程管理办法（暂行）》

19 两部门联合印发《关于减并港口收费等有关事项的通知》

20 商务部办公厅印发《关于用好服务贸易创新发展引导基金 支持贸易新业态新模式发展的通知》

20 中欧班列运行总体保持稳定

21　2021 年中国物流行业并购交易额创历史新高

22 全国人大代表：建议建立低速四轮电动物流车国家标准

2022 年 4 月《物流标准化动态》

【标准化工作动态】

01 市场监管总局修订《中国标准创新贡献奖管理办法》

02 市场监管总局、工信部联合开展 2022 年度智能制造标准应用试点项目申报工作

03 市场监管总局（标准委）发布一批重要国家标准

04 中国牵头的首个新冠病毒核酸检测国际标准发布

05 国家市场监督管理总局与哥斯达黎加经济工商部签署《标准化和产品质量安全监管领域谅解备忘录》

【物流标准动态】

06 开展中国物流标准大讲堂第二期—两项果蔬类周转箱国家标准宣贯成功举办

07 《药品物流服务规范》国家标准修订启动会顺利召开

08 全国物标委组织“标准化技术委员会组织管理与考核”培训

09 《企业绿色物流评估指标》（征求意见稿）等两项行业标准公开征求意见

10 《疫苗储存与运输服务规范》行业标准启动会顺利召开

11 中物联召开 2022 年第二季度物流团体标准化工作会议

12 中物联下达 2022 年第二季度团标项目计划

13 《医药物流从业人员能力要求》团体标准获批发布

14 《道路运输液体危险货物罐式车辆金属常压罐体检验规则》团体标准通过专家审查会

【相关新闻】

15 《中共中央国务院关于加快建设全国统一大市场的意见》发布

16 国务院办公厅发布《关于进一步释放消费潜力促进消费持续恢复的意见》

17 国务院应对新型冠状病毒感染肺炎疫情联防联控机制《关于切实做好货运物流保通保畅工作的通知》

18 国务院常务会议：统筹疫情防控和物流畅通保供

19 五部门发文加快推进冷链物流运输高质量发展

20 三部门发文支持实施县域商业建设

21 国家发改委：着力扩消费促投资稳定宏观经济大盘

22 交通运输部：强化道路货物运输重点领域安全管理工作

23 交通运输部：切实加强水路运输保通保畅有关工作

24 交通运输部：多措并举做好农资和农产品运输服务保障
25 商务部多措并举促进货运物流畅通保障市场供应
26 商务部市场建设司举办国家级服务业商贸流通标准化专项试点交流指导会
27 中国银保监会发布《关于金融支持货运物流保通保畅工作的通知》

2022 年 5 月《物流标准化动态》

【标准化工作动态】
01 2022 年中国标准创新贡献奖评选工作正式启动
01 标准版权保护工作交流会在京召开
02 田世宏出席 2022 年中国国际标准化青年英才暨 IEC 青年专家选培活动启动会
【物流标准动态】
03 中国物流标准大讲堂第三期—两项托盘国家标准宣贯活动成功举办
03 2022 年推荐性物流标准复审项目公开征求意见
04 《智能仓储管理规范》（征求意见稿）公开征求意见
【相关标准动态】
05 交通运输部发文：更新完善交通运输各专业标准体系
05 《多式联运运载单元标识》等 4 项国家和行业标准公开意见
06 交通运输部下达《集装箱码头生产操作系统技术规范》标准编制计划
06 商务部就拟废止一批行业标准公开征求意见
07 全国首个预制菜团体标准发布
【相关新闻】
08 中共中央办公厅 国务院办公厅印发《乡村建设行动实施方案》
08 国务院办公厅发布《关于推动外贸保稳提质的意见》
09 商务部等 14 部门联合开展内外贸一体化试点
11 国家发展改革委等 4 部门联合部署 2022 年降成本重点工作
12 两部门发文：支持加快农产品供应链体系建设 进一步促进冷链物流发展
13 财政部印发《财政支持做好碳达峰碳中和工作的意见》
14 李小鹏：持续推动落实保障物流畅通重要举措
14 《气象高质量发展纲要（2022—2035 年）》：建立多式联运物流气象服务体系

2022 年 6 月《物流标准化动态》

【标准化工作动态】
01 田世宏参加 ISO 第 118 届理事会及战略政策常委会会议
01 田世宏与国际标准化组织副秘书长举行线上会谈
02 第二十届东北亚标准合作视频会议召开
02 国家标准委组织召开国际标准跟踪转化机制工作会议
03 国家标准委就 15 个 ISO 技术机构国内技术对口单位公告
03 国家标准委召开中国标准外文版需求调研工作会议
04 2022 年中国国际标准化青年英才暨 IEC 青年专家选培活动圆满落幕
【物流标准动态】
04 中国物流标准大讲堂第四期—3 项冷链物流国家标准实施宣贯成功举办
05 国家发展改革委公告发布 12 项推荐性物流行业标准废止 2 项推荐性物流行业标准

06　中物联提出的一项国际标准正式立项

07　中物联印发《质量分级及“领跑者”评价要求 托盘》等 8 项团标项目计划

【相关标准动态】

07　交通运输部印发《交通运输专业标准化技术委员会考核评估办法》

08　国家药监局发布《药品追溯码标识规范》等 2 个标准

09　《碳管理体系要求》团体标准发布

【相关新闻】

10　李克强：进一步畅通交通物流

11　国务院关于印发扎实稳住经济一揽子政策措施的通知

12　国务院印发《计量发展规划（2021—2035 年）》提升交通运输计量保障能力

12　中宣部就新时代加快建设交通强国的进展与成效举行发布会

13　国新办举行物流保通保畅等工作进展新闻发布会

14　四部门出台贯彻落实《中共中央 国务院关于完整准确全面贯彻新发展理念做好碳达峰碳中和工作的意见》的实施意见

15　交通运输部：精准补齐综合交通网短板 促进现代物流体系建设

17　2022 年 1-5 月全国社会物流总额 128.8 万亿元

2022 年 7 月《物流标准化动态》

【标准化工作动态】

01 市场监管总局等 16 部门印发贯彻实施《国家标准化发展纲要》行动计划的通知

01 市场监管总局公告批准一批国家标准

02 国标委下达 2022 年碳达峰碳中和国家标准专项计划及相关标准外文版计划

03 国标委征集加强标准实施应用和监督工作措施意见与建议

04 国标委征集农业农村标准化试点示范项目

04 金砖国家召开专业领域标准化专家研讨会

06 中国代表团参加第二十八届非洲标准化组织大会

06 中哥举行标准和质量双边会议

【物流标准动态】

07 中国物流标准大讲堂开展“集装箱标准体系构建与实践”宣贯

08 中物联获批承担 ISO/TC315 国内技术对口单位

09 崔忠付主持召开 2022 年第三季度物流团体标准化工作会议

09 《生鲜食品无接触配送服务规范》等 3 项团体标准发布

10 中物联下达 2022 年第三季度物流团体标准项目计划

【相关标准动态】

11 交通运输部废止 157 项交通运输行业标准

11 国家铁路局发布现行铁路行业标准目录

12 商务部公开征求《同城物流配送服务规范（征求意见稿）》《生鲜电商物流包装规范（征求意见稿）》 行业标准意见

12 《邮政业标准化管理办法（修订草案征求意见稿）》公开征求意见

13 《航运枢纽总体布置设计规范》（征求意见稿）公开征求意见

【相关新闻】

13 中共中央政治局召开会议 分析研究当前经济形势和经济工作
14 国务院物流保通保畅工作领导小组召开总指挥（全体）调度会议
15 两部门印发关于支持国家综合货运枢纽补链强链的通知
18 农业农村部开展国家现代农业全产业链 标准化示范基地创建
18 交通运输部印发《公路、水路进口冷链食品物流新冠病毒防控和消毒技术指南（第五版）》
18 上半年我国物流运行企稳回升 需求回暖
19 上半年全国建设改造县级物流配送中心 69 个

2022 年 8 月《物流标准化动态》

【标准化工作动态】

01 国家标准委发布开展国家标准化创新发展试点 率先实现“四个转变”的指导意见
01 国家标准委征集国家级服务业标准化示范项目
02 市场监管总局（标准委）批准发布一批重要国家标准
03 田世宏出席 2022 年中德标准化战略合作工作组第二次会议
03 2022 国际标准化（麒麟）大会召开 IEC 中国首个分支机构落户南京
04 我国代表队勇夺第 17 届国际标准奥林匹克竞赛白金奖

【物流标准动态】

05 国家市场监管总局标准技术司调研全国物标委
06 2022 版《物流标准目录手册》发布
06 中国物流标准大讲堂宣贯两项物流设施设备国家标准
07 《绿色产品评价物流周转箱》等 3 项物流国家标准项目计划获批立项
08 《即时配送服务规范》国家标准预审会召开
08 《医药物流质量管理审核规范》国家标准预审会召开
09 《逆向物流服务评价指标》国家标准预审会召开
09 “质量分级及‘领跑者’评价要求”团体标准审查会在京召开

【相关标准动态】

10 交通运输部办公厅印发《绿色交通标准体系（2022 年）》
11 交通运输部科技司就《综合交通运输标准体系（2022 年）》征求意见
12 《自动驾驶汽车运输安全服务指南（试行）》（征求意见稿）公开征求意见

【相关新闻】

12 国务院物流保通保畅工作领导小组召开总指挥（全体）调度会议
13 国家发展改革委等部门印发《关于新时代推进品牌建设的指导意见》
15 三部门：加快建立统一规范碳排放统计核算体系
15 《中欧班列发展报告（2021）》发布
16 国家卫健委印发《食品安全标准与监测评估“十四五”规划》

2022 年 9 月《物流标准化动态》

【标准化工作动态】

01 国家市场监督管理总局发布《国家标准管理办法》
01 中央网信办等四部门印发《数字乡村标准体系建设指南》
02 中国代表团出席第 44 届国际标准化组织（ISO）大会
03 2022 民营经济标准创新大会暨民营经济标准创新周开幕式在京举行

04 国标委开展 2022 年 ISO 和 IEC 国内技术对口单位考核评估
04 国标委公示 2022 年度国家级服务业标准化试点项目
【物流标准动态】
05 关于编报 2023 年物流国家（行业）标准项目计划的通知
06 中国物流标准大讲堂第七期活动宣贯仓储货架标准
07 《药品物流服务规范》（征求意见稿）公开征求意见
07 《口岸物流服务质量规范》（征求意见稿）公开征求意见
07 《企业应急物流服务能力评估规范》（征求意见稿）公开征求意见
08 《即时配送企业安全管理通则》行业标准通过专家审查
08 《网约配送员骑行头盔智能技术应用要求》团体标准通过专家审查
09 8 项质量分级及“领跑者”评价要求团体标准发布
【相关标准动态】
10 商务部修订发布《商务领域标准化管理办法》
10 《综合交通运输标准体系（2022 年）》发布
11 IEEE 国际标准《智能工厂物流作业流程规范》正式发布
【相关新闻】
12 国务院办公厅关于进一步加强商品过度包装治理的通知
13 国常会：确保进出口货物快转快运 保障产业链供应链稳定
14 国务院办公厅关于进一步优化营商环境降低市场主体制度性交易成本的意见
15 相关部门介绍稳经济一揽子政策的接续政策措施
16 国务院物流保通保畅工作领导小组召开总指挥（全体）调度会议
17 6 单位印发《海运 航空 铁路口岸外贸进口货物标准作业程序参考》
18 商务部发布支持外贸稳定发展若干政策措施
19 商务部建立商贸物流企业重点联系制度

2022 年 10 月《物流标准化动态》

【标准化工作动态】
01 2022 年世界标准日主题活动在京举行
01 第 19 次中欧标准化工作组会议召开
02 市场监管总局（标准委）批准发布一批重要国家标准
03 国家标准委征集第九批社会管理和公共服务综合
03 标准化试点项目国家标准技术审评中心国际标准服务站揭牌仪式在京举行
04 《国家标准管理办法》修订内容解析
【物流标准动态】
07 《智慧物流服务指南》国家标准获批发布
08 中国物流标准大讲堂宣贯两项通用仓库国家标准
09 中国物流与采购联合会正式启动 企业标准“领跑者”评估
10 《网约配送员头盔智能技术应用要求》团体标准批准发布
10 《供应链金融服务企业分类与评估指标》团体标准审查会在京召开 11 《国有企业服务采购操作规范》团体标准审查会在京召开
【相关标准动态】

11 《交通运输智慧物流标准体系建设指南》发布

12 国家标准《海上国际集装箱货物交付单证（征求意见稿）》征求意见

12 两项交通运输行业标准发布解读

【相关新闻】

13 国家发展改革委等部门印发《关于以制造业为重点促进外资扩增量稳存量提质量的若干政策措施》

14 8 部门联合印发《关于扩大当前农业农村基础设施建设投资的工作方案》

16 4 部门印发关于加快建设国家综合立体交通网主骨架的意见

16 交通运输部：40 个项目入选第三批农村物流服务品牌 17 《铁路危险货物运输安全监督管理规定》公布

2022 年 11 月《物流标准化动态》

【标准化工作动态】

01 2022 年金砖国家标准化合作部长级会议召开

02 田世宏与国际标准化组织秘书长举行线上会谈

02 第 10 次中德标准化战略合作委员会会议召开

【物流标准动态】

03 中国物流与采购联合会召开 ISO 国际标准化组织国内对口单位工作总结会

04 中国物流标准大讲堂第九期宣贯两项仓储国家标准

05 国家标准《逆向物流服务良好行为规范（征求意见稿）》向社会公开征求意见

05 国家标准《跨境电子商务海外仓运营管理要求（征求意见稿）》向社会公开征求意见

06 全国物标委组织《物流大数据共享系统功能通用要求》行业标准审查会

06 全国物标委组织召开《智能仓储管理规范》行业标准审查会

07 全国物标委组织召开《企业绿色物流评估指标》行业标准审查会

08 全国物标委组织召开《企业应急物流服务能力评估指标》行业标准审查会

08 首批《体外诊断试剂温控物流服务规范》行标达标名单公布

【相关标准动态】

09 工业和信息化部办公厅关于印发石化行业智能制造标准体系建设指南（2022 版）的通知

【相关新闻】

09 国务院物流保通保畅工作领导小组召开总指挥（全体）调度会议

10 全国增设 29 个国家进口贸易促进创新示范区

11 商务部等六单位印发《海运 航空 铁路口岸外贸进口货物标准作业程序参考》

11 国家发展改革委印发长三角国际一流营商环境建设三年行动方案

12 交通运输部印发《公路水路进口冷链食品物流新冠病毒防控和消毒技术指南（第六版）》

13 交通运输部修改《道路运输从业人员管理规定》

14 交通运输部督导各地科学精准防控 保障交通网络、物资运输、末端配送畅通

16 商务部发布《中国电子商务报告（2021）》

17 国务院国资委发布《中央企业高质量发展报告（2022）》

17 1 月—10 月物流运行恢复态势有所放缓 物流保障能力稳健

21 我国成立汽车标准化研究院 聚焦汽车前瞻技术标准化研究

2022 年 12 月《物流标准化动态》

【标准化工作动态】
01 2022 年标准化技术委员会年度工作报告报送工作启动
01 国标委部署 2022 年强制性国家标准实施情况统计分析点申报和创建工作
02 国家标准化管理委员会发布批准 19 个技术委员会换届的公告
【物流标准动态】
02 国家标准《电子商务逆向物流通用服务规范》向社会公开征求意见
03 《新能源汽车废旧动力电池物流信息追溯管理要求》行业标准审查会议在线召开
03 中物联组织中国代表团参加 ISO/TC315“冷链物流”全体工作会议
04 8 项物流团体标准获批发布
05《净菜物流管理规范》团体标准审查会议在线召开
06《食品追溯区块链平台服务能力要求》团体标准审查会议在线召开
07《预制菜委托加工品质管控规范》团体标准审查会议在线召开
07 中物联参与优化企标“领跑者”制度工作座谈会
09 21 个物流企业标准荣获物流领域首批企业标准“领跑者”
【相关标准动态】
10 我国又一项物联网安全关键技术成为国际标准
11 交通运输部印发《交通运输安全应急标准体系（2022 年）》
11 交通运输部下达 2022 年交通运输标准化计划（第二批）
12 交通运输部印发《内河水上服务区服务指南（试行）》
【相关新闻】
12 中共中央、国务院印发《扩大内需战略规划纲要（2022 － 2035 年）》
15 国务院办公厅印发“十四五”现代物流发展规划
16 商务部等十部门出台措施支持国家级经开区创新提升更好发挥示范作用
17 国务院物流保通保畅工作领导小组办公室部署做好医疗物资运输保障工作
17 两部门印发《关于进一步完善市场导向的绿色技术创新体系实施方案 2023—2025 年）》
19 国家发展改革委印发《“十四五”扩大内需战略实施方案》
20 交通运输部印发《道路货运车辆、从业人员及场站新冠肺炎疫情防控工作指南（第七版）》

2023 年 1 月《物流标准化动态》

【标准化工作动态】
01　田世宏出席广东国际标准化高峰论
01　两部门印发国家级服务业标准化试点（商贸流通专项）第一批典型经验做法
【物流标准动态】
02　全国物标委召开 2022 年度工作会议
04 《医学检验生物样本冷链物流运作规范》国家标准获批发布
04 《物流园区数字化通用技术要求》等 3 项国家标准获批立项
05 《低温仓储作业规范》等 2 项国家标准获批立项
06 《物流术语》等 5 项国家标准外文版计划下达
06 国家发改委印发 2022 年推荐性物流行业标准项目计划
08《互联网道路货运平台撮合交易服务要求》团体标准通过审查
08《国有企业采购操作规范》团体标准通过审查

【相关标准动态】

09《动力锂离子电池运输安全技术规范》国家标准计划项目下达

10《数字化供应链体系架构》等 5 项数字化转型国家标准立项

10 行业标准《道路货物运输网络平台服务规范》公开征求意见

11 住房和城乡建设部关于发布国家标准《建筑防火通用规范》的公告

【相关新闻】

12 民航局印发《航空物流保通保畅工作指南》

12 中物联煤炭物流与采购分会与中国标准出版社启动战略合作

13 全国综合交通运输标准化技术委员会 2022 年年会顺利召开

14 全国道路运输标准化技术委员会 2022 年年会顺利召开

2023 年 2 月《物流标准化动态》

【标准化工作动态】

01 国标委印发《2023 年国家标准立项指南》

02 《2023 年国家循环经济标准化试点示范项目申报指南》印发

03 市场监管总局标准技术司发文 加强国家标准制修订周期管理

04 国标委印发《国家技术标准创新基地申报指南（2023—2025 年）》

05 田世宏出席 2023 年中德标准化战略合作工作组第一次会议

【物流标准动态】

05 全国物标委组织召开 2023 拟立项物流标准专家评估会

06 中国物流标准大讲堂第 11 期开展 《智慧物流服务指南》国家标准宣贯

07 《药品物流服务规范》国家标准通过预审会

07 《口岸物流服务质量规范》国家标准通过专家预审

08 《逆向物流服务良好行为规范》国家标准通过专家预审

09 《绿色产品评价 物流周转箱》国家标准公开征求意见

09 《医药产品医院院内物流服务规范》行业标准公开征求意见

09 疫苗储存与运输服务规范》行业标准公开征求意见

10 中物联召开企业标准“领跑者”工作会议

11 中物联组织中国代表团参加 ISO/TC 315“冷链物流”全体工作会议

11 交通运输部集中发布 29 项行业标准

12 《电子商务物流绿色包装技术和管理规范》行业标准公开征求意见

【相关新闻】

13 中共中央 国务院印发《质量强国建设纲要》

14 2023 年中央一号文件部署全面推进乡村振兴重点工作

15 工业和信息化部等八部门发文 组织开展公共领域车辆全面电动化先行区试点工作

17 三部门发文 进一步做好交通物流领域金融支持与服务

18 两部门发文 加强物流统计监测工作

19 农业农村部发布关于落实 2023 年中央一号文件的实施意见

来源：中国物流与采购联合会。

综合信息

12 项物流领域行业标准批准发布

根据推荐性物流行业标准制修订项目计划，《数字化仓库基本要求》等 12 项推荐性物流行业标准已完成研究起草等工作，并经中华人民共和国国家发展和改革委员会审核通过。现予以公布：

表 10-4：12 项推荐性物流行业标准编号、名称及起始实施日期

序号	标准编号	标准名称	被代替标准号	采标情况	实施日期	备注
1	WB/T 1118-2022	数字化仓库基本要求			2022-7-1	
2	WB/T 1119-2022	数字化仓库评估规范			2022-7-1	
3	WB/T 1120-2022	废旧动力蓄电池回收服务规范			2022-7-1	
4	WB/T 1121-2022	仓储管理射频识别技术应用要求			2022-7-1	
5	WB/T 1122-2022	应急物流基础信息分类与代码			2022-7-1	
6	WB/T 1123-2022	应急物流基础数据元			2022-7-1	
7	WB/T 1124-2022	应急物流公共数据模型			2022-7-1	
8	WB/T 1125-2022	模压平托盘 植物纤维类			2022-7-1	国家标准转化为行业标准
9	WB/T 1126-2022	塑料箱式托盘			2022-7-1	国家标准转化为行业标准
10	WB/T 1127-2022	箱式、立柱式托盘			2022-7-1	国家标准转化为行业标准
11	WB/T 1128-2022	组合式塑料托盘			2022-7-1	国家标准转化为行业标准
12	WB/T 1129-2022	煤炭内河水运物流服务通用规范			2022-7-1	

表 10-5：中国物流与采购联合会发布 8 项团体标准

2022 年 12 月 29 日，中国物流与采购联合会批准发布 8 项团体标准，并予以公告。

序号	标准编号	标准名称	发布日期	实施日期
1	T/CFLP 0047-2022	果蔬产品乡村物流信息平台信息管理要求	2022-12-29	2023-01-15
2	T/CFLP 0048-2022	果蔬产品乡村物流信息数据元	2022-12-29	2023-01-15
3	T/CFLP 0049-2022	大中型医疗设备运输与就位服务规范	2022-12-29	2023-01-15
4	T/CFLP 0050-2022	肉桂冷藏车功能技术要求	2022-12-29	2023-01-15
5	T/CFLP 0051-2022	供应链金融服务企业分类与评估指标	2022-12-29	2023-01-15
6	T/CFLP 0052-2022	净菜物流管理规范	2022-12-29	2023-01-15
7	T/CFLP 0053-2022	基于区块链技术的食品追溯平台服务规范	2022-12-29	2023-01-15
8	T/CFLP 0054-2022	国有企业服务采购操作规范	2022-12-29	2023-01-15

果蔬类周转箱国家标准发布

2022 年 3 月 22 日，由全国物流标准化技术委员会、中国物流与采购联合会食材供应链分会（以下简称“中物联食材供应链分会”）主办的两项果蔬类周转箱国家标准实施新闻发布会在线上成功举办。

本次发布的《果蔬类周转箱尺寸系列及技术要求》与《果蔬类周转箱循环共用管理规范》两项国家标准，前者为果蔬类产品包装标准化、物流单元化作业提供技术支撑，为推动果蔬类产品周转箱循环共用管理奠定基础。后者可为果蔬类产品周转箱循环共用提供标准化支撑，对推动绿色物流、循环经济发展具有重要意义。

来源：中国物流与采购联合会。

《智慧物流服务指南》国家标准获批发布

2022 年 10 月 14 日，国家市场监督管理总局、国家标准化管理委员会发布公告（2022 年第 13 号），其中批准发布了由全国物流标准化技术委员会提出并归口的《智慧物流服务指南》（GB/T 41834-2022）国家标准。

来源：中国物流与采购联合会。

上海市 2022 年“世界标准日”主题活动

10 月 28 日，上海市 2022 年“世界标准日”主题活动举行。上海市副市长张为出席并讲话，国家市场监管总局标准创新管理司司长肖寒以视频录播方式发表讲话，国际电工委员会（IEC）主席舒印彪作主旨演讲，上海市市场监管局局长陈学军介绍标准化工作情况，会议由市市场监管局一级巡视员朱明主持。

会上，沪苏浙皖四地人工智能行业学协会（促进会）共同启动国际标准化长三角协作人工智能专业平台。该平台将带动更多企业共同参与国际标准化工作、培养国际标准化人才，通过平台培育和孵化人工智能标准化项目协作，形成国际标准、国家标准、团体标准、企业联合标准等形式载体丰富的标准化成果。

本次获评“上海标准”的十项标准既有助力国际金融中心和国际航运中心建设的“上海指数”标准，也有领跑全球的高端装备标准，更不乏抢占新赛道的“元宇宙”标准。

向本市首批 5 家企业为本单位标准化总监颁发聘书。通过实施企业标准化总监制度，引导和鼓励企业通过聘用标准化总监，进一步提高企业标准化意识和管理水平。

会上还发布了 2022 年标准化白皮书，并为新型标准化技术组织、“上海标准”获评单位及首届上海市标准创新贡献奖获奖单位、个人授牌颁证。

来源：上海市市场监督管理局。

《物流园区数字化通用技术要求》等 3 项国家标准获批立项

2022 年 12 月 30 日，国家标准化管理委员会下达 2022 年第四批推荐性国家标准计划及相关标准外文版计划（国标委发〔2022〕51 号），批准了由全国物流标准化技术委员会提出并归口的 3 项国家标准项目计划。

《物流园区数字化通用技术要求》，计划号：20221853-T-469，由日日顺供应链科技股份有限公司、天津大学等单位起草，项目周期 22 个月。

《食品冷链物流追溯管理要求》，计划号：20221851-T-469，为代替 GB/T 28843-2012 的修订项目，由上海市质量和标准化研究院等单位起草，项目周期 16 个月。

《物流园区服务规范及评估指标》，计划号：20221852-T-469，为代替 GB/T 30334-2013 的修订项目，由上海市质量和标准化研究院等单位起草，项目周期 16 个月。

这 3 项标准的外文版项目计划也同期获批立项。

来源：中国物流与采购联合会。

三、物流技术

综 述

回顾2022年数字物流业，盘点2022数字物流十大事件

随着“新十条”等多项疫情管控优化措施的释放和落地，经济回暖趋势进一步显著。根据国务院物流保通保畅工作领导小组办公室监测汇总数据，12月26日，全国货运物流有序运行，其中，全国高速公路货车通行625.09万辆，环比增长13.4%。

同时，政府对经济的态度也进一步让市场信心回升。近日举行的中央经济会议一再强调，接下来要做好经济，着力扩大国内需求，保持经济平稳运行。

在此趋势下，物流企业如何抓住经济回稳的周期，进一步提高自身的服务能力和竞争力以适应日益加剧的行业整合，成为很多从业者亟待解决的重点问题。

从行业内部需求来看，物流行业的主要服务对象—制造业正经历着工业互联网建设的大潮，为了应对上游客户日益多样化的需求和自身降本增效的客观展望，数字化转型正成为制造业企业势在必行的升级举措。这样的需求传导至物流行业，令数字化水平不够的三方物流企业应对起来有些捉襟见肘。对此，有市场观点认为，提升数字化交付能力可针对性解决以上问题，也是物流企业在现阶段竞争中脱颖而出的关键。

2022年是“十四五”规划全面落实的一年，同样也是中国数字物流抢抓机遇的一年。回顾2022年整个数字物流业，在全球动荡的环境下发生了太多的事情，但在国家政策的激励下，中国不断抢抓机遇，敢于布局。

为此，盘点出了“2022数字物流十大事件”。

国家发展改革委印发《“十四五”现代流通体系建设规划》

1月13日，国家发展改革委印发《“十四五”现代流通体系建设规划》，指出要推广集约智慧绿色物流发展新模式。拓展物流信息平台功能，优化车、船、仓等分散物流资源供需对接，提升物流规模化组织水平。加快发展智慧物流，积极应用现代信息技术和智能装备，提升物流自动化、无人化、智能化水平。加强交通运输智能技术应用。推进运输企业加快数字化、自动化终端设备的普及应用，提升订单、运输、仓储、配送全流程智能化水平，逐步实现产业园区、港口、机场、铁路场站和高速公路出入口等重要节点货物运输全程感知。

全国政协网络议政远程协商会围绕“加快智慧物流发展”协商议政

1月14日，全国政协在京召开网络议政远程协商会，中共中央政治局常委、全国政协主席汪洋主持会议并讲话。他强调，要深入领会习近平总书记关于发展智慧物流的重要论述，深刻认识智慧物流对贯彻新发展理念、构建新发展格局、推动高质量发展的重要意义，坚持市场主导和政府引导相结合、加强顶层设计和鼓励基层探索相统筹、技术创新和制度创新相促进，推动我国物流业提质、增效、降本、节能，加快由物流大国迈向物流强国。

交通运输部、科学技术部印发《“十四五”交通领域科技创新规划》

4月8日，交通运输部、科学技术部印发《“十四五”交通领域科技创新规划》。《规划》指出要推动物流智能化发展，突破智能仓储和输送、智能分拣和装卸、智能安检、智能载运单元、农村交邮智能融合等关键技术，推广应用自动化立体仓库、引导运输车等装备设施。推动多式联运发展，开

展跨运输方式智能协同和快速换装转运、物流枢纽协同优化与集成控制、邮政寄递网络扩容升级等技术研究。研发应用冷链保温箱、智能生鲜自提柜、冷藏车、冷链温控系统等冷链物流技术与装备。发展高铁快运、无人机（车）物流递送等新业态新模式，开展城市地下智慧物流配送系统前期研究。

中国首个海铁联运自动化集装箱码头完成首次靠泊

6 月 27 日上午，随着来自印尼雅加达的“海丰虎山”轮第一根缆绳系在广西北部湾港钦州自动化集装箱码头缆桩上，标志着中国首个海铁联运自动化集装箱码头首次靠泊成功。北部湾港钦州自动化集装箱码头（一期）项目建设 2 个 10 万吨级泊位，岸线总长 518.5 米，水深 15.1 米，年设计通过能力 102 万 TEU，应用全球首创“U”型工艺。码头链接铁路中心站后，即可实现海铁联运。

中物联开展“中物联全国数字化仓库企业试点（第五批）”工作

6 月 18 日，由“中物联全国数字化仓库推广领导小组”组织的“中物联全国数字化仓库企业试点（第五批）评审会在京召开，评审组由来自政府部门、相关协会、科研院所、企业的 13 名专家组成。评审组专家对申报资料文本进行了逐一评审，经审定一致认为以下 67 家单位作为“中物联全国数字化仓库企业试点（第五批）”。

国家发展改革委发布 2022 年国家骨干冷链物流基地建设名单

10 月 11 日，国家发展改革委印发《关于做好 2022 年国家骨干冷链物流基地建设工作的通知》，发布 2022 年国家骨干冷链物流基地建设名单。《通知》要求，相关省级发展改革部门要会同有关省级部门强化工作合力和政策协同，鼓励引导承载城市人民政府优化政策环境，加大对国家骨干冷链物流基地建设支持力度；相关国家骨干冷链物流基地要结合实际加强功能性补短板设施建设，完善集疏运体系，整合资源优化冷链运行网络，提高基地数字化绿色化发展水平，有效发挥在冷链物流体系运行、生鲜农产品生产流通中的基础支撑和组织核心作用。

《智慧物流服务指南》国家标准获批发布

10 月 14 日，国家市场监督管理总局、国家标准化管理委员会发布公告（2022 年第 13 号），其中批准发布了由全国物流标准化技术委员会提出并归口的《智慧物流服务指南》（GB/T 41834-2022）国家标准。《指南》提出，到 2025 年，聚焦基础设施、运载装备、系统平台、电子单证、数据交互与共享、运行服务与管理等领域，完成重点标准制修订 30 项以上，形成结构合理、层次清晰、系统全面、先进适用、国际兼容的交通运输智慧物流标准体系。标准的实施将有利于提升物流服务的运作效率，改进服务管理，提高智慧物流服务水平，对促进我国现代物流业高质量发展具有重要意义。

交通运输部、国家标准化管理委员会印发《交通运输智慧物流标准体系建设指南》

10 月 24 日，交通运输部、国家标准化管理委员会印发了《交通运输智慧物流标准体系建设指南》，要求到 2025 年，完成重点标准制修订 30 项以上，形成结构合理、层次清晰、系统全面、先进适用、国际兼容的交通运输智慧物流标准体系，打造一批标准实施应用典型项目，持续提升智慧物流标准化水平，为加快建设交通强国提供高质量标准供给。内容方面，交通运输智慧物流标准体系包括基础通用标准、设施设备标准、系统平台与数据单证标准、服务与管理标准等 4 个部分，包括标准 72 项，其中现行有效标准 28 项，在研标准 9 项，待制定标准 35 项。

《2022 中国数字物流发展报告》发布

11 月 24 日，由中国物流与采购联合会区块链应用分会、中国物流与采购联合会智慧物流分会、链上数字产业研究院、顺丰科技、美团配送、万科物流等单位牵头编写，中国（深圳）综合开发研究院、北京工商大学、上海交通大学、四川大学、上海大学、广州大学、哈尔滨工程大学、北京中交兴路信息科技有限公司、广州医药股份有限公司等单位参编的《2022 中国数字物流发展报告》在 2022 全球产业链供应链数字经济大会上正式发布。

《2022中国数字物流发展报告》作为业内首部数字物流专题报告，介绍了数字物流发展的背景与内涵，全面梳理了2022年数字物流的发展现状、面临挑战与发展建议，详细分析了2022年数字物流发展的市场现状、政策环境、技术发展等情况。本报告对数字物流应用较为成熟的公路、水运、多式联运、仓储、配送、物流园区、跨境、危化品等领域，从行业概览、年度概况、发展趋势等角度进行了高度概括，并展示了数字物流创新应用案例。

国务院办公厅印发《“十四五”现代物流发展规划》

12月15日，国务院办公厅印发《“十四五”现代物流发展规划》，《规划》指出要推进物流智慧化改造。深度应用第五代移动通信（5G）、北斗、移动互联网、大数据、人工智能等技术，分类推动物流基础设施改造升级，加快物联网相关设施建设，发展智慧物流枢纽、智慧物流园区、智慧仓储物流基地、智慧港口、数字仓库等新型物流基础设施。鼓励智慧物流技术与模式创新，促进创新成果转化，拓展智慧物流商业化应用场景，促进自动化、无人化、智慧化物流技术装备以及自动感知、自动控制、智慧决策等智慧管理技术应用。加快高端标准仓库、智慧立体仓储设施建设，研发推广面向中小微企业的低成本、模块化、易使用、易维护智慧装备。

来源：新物流研究院、《中国物流与采购》

（李佳、吴洁）。

四、物流信息化

综 述

中国数字经济发展报告（2022 年）

2022 年 7 月 7 日—9 日，2022 中国数字经济创新发展大会在广东省汕头市召开。在 7 月 8 日的开幕式及高峰论坛上，中国信通院副院长王志勤发布了《中国数字经济发展报告（2022 年）》。

报告指出，在“十四五”开局之年，我国数字经济顶住了来自国际复杂局势、疫情多点散发、经济恢复发展等多方面的压力，实现了平稳较快发展，整体呈现出以下几方面特征：

数字经济作为国民经济的“稳定器”“加速器”作用更加凸显。2021 年，我国数字经济发展取得新突破，数字经济规模达到 45.5 万亿元，同比名义增长 16.2%，高于同期 GDP 名义增速 3.4 个百分点，占 GDP 比重达到 39.8%，数字经济在国民经济中的地位更加稳固、支撑作用更加明显。

数字产业化基础实力持续巩固。2021 年，我国数字产业化规模达到元，同比名义增长 11.9%，占 GDP 比重为 7.3%，与上年基本持平，其中，ICT 服务部分在数字产业化的主导地位更加巩固，软件产业和互联网行业在其中的占比持续小幅提升。

产业数字化发展进入加速轨道。2021 年，我国产业数字化规模达到 37.2 万亿元，同比名义增长 17.2%，占 GDP 比重为 32.5%. 各行各业已充分认识到发展数字经济的重要性，工业互联网成为制造业数字化转型的核心方法论，服务业数字化转型持续活跃，农业数字化转型初见成效。

数字化治理体系正在构建。我国数字化治理正处在用数字技术治理到对数字技术治理，再到构建数字经济治理体系的深度变革中。数字政府建设加速，新型智慧城市建设稳步推进。数据价值挖掘的探索更加深入。基于数据采集、标注、分析、存储等全生命周期价值管理链的数据资源化进程不断深化。数据资产化探索逐步深化，数据确权在顶层规划中有序推进，数据定价、交易流通等重启探索，迎来新一轮建设热潮。

来源：中国信息通信研究院。

综合信息

以信息化推进应急管理 我国将构建“智慧应急大脑”

国务院日前印发《“十四五”国家应急体系规划》(以下简称《规划》)。《规划》提出，到 2035 年，要建立与基本实现现代化相适应的中国特色大国应急体系，全面实现依法应急、科学应急、智慧应急，形成共建共治共享的应急管理新格局。

如何科学应急、智慧应急？在国家应急体系建设中，科技该承担怎样的支撑作用？“十四五”期间，如何布局我国应急管理信息化建设？在 2 月 14 日举行的国务院政策例行吹风会上，有关部门负责人对《“十四五”国家应急体系规划》进行了详细解读。

“信息化是构建新时代大国应急管理体系的基础工程，也是提升应急保障能力的必由之路。面对信息化基础薄弱的现状，要始终把信息化工作当作一项全局性、系统性、战略性的工作来抓，坚持把信息化与应急管理事业发展一体规划、同步推进。”应急管理部规划财务司司长唐琮沅强调。

“十四五”期间，我国将持续推进信息技术与应急管理业务的有效融合、深度应用，形成规模，以信息化推进应急管理能力现代化。完善灾害事故监测预警网络，实施自然灾害监测预警信息化工程，建设国家风险监测感知与预警平台，完善自然灾害监测站网，完善应急卫星观测星座，开发应急减灾卫星综合应用系统和自主运行管理平台。升级覆盖安全生产重点企业的监测预警网络。加快完善城乡安全风险监测预警公共信息平台，实现城乡安全风险监测预警“一网统管”。

同时，将系统推进智慧应急建设。唐琮沅表示，“十四五”期间，我国将实施智慧应急大数据工程，升级应急管理云计算平台，建立符合大数据发展的应急数据治理体系，强化应急管理应用系统开发和智能化改造，完善监督管理、监测预警、指挥救援、灾情管理、统计分析、信息发布、灾后评估和社会动员等功能；推动应急管理专用网、电子政务外网和外部互联网融合试点，构建“智慧应急大脑”。

此外，还要建设数字化指挥救援体系。推进国家、省、市、县综合指挥调度平台和地方应急指挥平台示范建设，实现各级政府与行业部门、重点救援队伍互联互通、协调联动。加强空天地海一体化应急通信网络建设，建设高通量卫星应急管理专用系统，扩容扩建卫星应急管理专用综合服务系统，提高极端条件下的应急通信保障能力。升级应急资源管理平台，拓展应急物流管理、应急装备管理等功能，提高应急资源保障现代化水平。

做好应急管理工作离不开应急产品和服务的支撑。“我们将引导社会资源加大对先进、适用、可靠的安全应急产品和服务的投入，加快推动安全应急产业向中高端发展。”国家发展改革委经济运行调节局负责人许正斌说，将配合强化数字技术在灾害事故应对中的运用，系统推进“智慧应急”建设，建立符合大数据发展趋势的应急管理数据治理体系。

在各类灾害事故应急救援过程中，航空救援发挥了越来越重要的作用。我国航空救援体系建设仍处于起步阶段，还存在着应急大飞机缺失、场站布局不完善、保障机制不健全、缺少专业技术人才等问题。唐琮沅表示，“十四五”期间，我国将加强航空应急救援队伍建设，完善航空应急场站布局，完善航空应急救援保障机制，加强航空应急救援专业人才培养。

来源：中国物流与采购联合会。

加强信息化建设 提升航空物流服务能力

航空物流作为现代流通体系的重要组成部分，对于畅通国内国际双循环、稳定产业链供应链和保障国家经济安全发挥着重要作用。

全国政协委员、均瑶集团董事长、上海吉祥航空股份有限公司董事长王均金认为，航空物流业集成融合运输、仓储、配送、信息等多种服务功能，是现代产业体系的重要支撑。发展航空物流业，对促进形成强大国内市场，深度参与国际分工与合作，保障国际供应链稳定，服务国家重大战略和实现国家经济高质量发展具有重要意义。

“十四五”期间，我国航空物流发展将面临全球政治经济格局变化、产业链加速调整、新冠肺炎疫情反复、国内市场加快提升、新一轮科技革命等形势变化，新机遇和新挑战对航空物流的发展提出了新要求。国际环境的复杂变化要求我们提高航空物流发展的自主可控能力，国内超大规模市场要求航空物流提质降本增效，人民日益增长的美好生活需要要求提高航空物流的服务品质，科技革命和产业变革要求航空物流加快技术创新业态升级，碳达峰、碳中和的战略目标要求建立健全绿色低碳航空物流体系。

充分考虑以上形势变化，民航局编制了《“十四五”航空物流发展专项规划》（以下简称《规划》）并于今年2月印发。这是中国民航首次编制航空物流发展专项规划，将为构建优质高效、自主可控的航空物流体系提供精准指引。《规划》明确，发展目标为到2025年，初步建成安全、智慧、高效、绿色的航空物流体系，航空物流保障能力显著增强，降本增效成效显著，体系自主可控能力大幅提升，航空物流对高端制造、邮政快递、跨境电商等产业服务能力持续提高。

《规划》体现出了对航空物流认识的“四个转变”，分别是从“重客轻货”到实施“客货并重”的发展策略、货运服务链条从“场到场”到“门到门”的转变、从单一的运输链条拓展到与多种生产链条融合的转型、从行业管理到融合治理的转变，将从宏观上推动我国航空物流朝健康方向发展。

随着《规划》的发布，“十四五”期间，航空物流无疑将迎来一个较大的变革。在不少业内人士看来，货运航空的变化可能比客运的变化更值得关注，其在中国整体经济版图中的地位越来越重要，未来可能有更多的货物依赖空运。有专家认为，全球经济的数字化和一体化发展，对物流时效的要求会越来越高，航空物流在远距离、高时效运输上的比较优势会更加凸现，因此从长远看，航空物流需求会增加。王均金表示对我国航空物流发展充满期待。

建言献策助力打造智慧物流体系

在《规划》提振物流企业长远布局信心的同时，我们也要正视航空物流业存在的问题。在王均金看来，当前，我国航空物流业仍处于总体规模偏小、服务能力不强、专业化不够、全链路服务滞后、数字化水平不高的阶段，主要表现在行业信息化水平参差不齐，航空物流信息系统相对独立，数据接口、格式及信息交换标准不统一，信息孤岛现象严重，与航空物流发展联系密切的各系统之间尚不建立数据共享机制。航空物流参与企业在货运组织能力、服务质量等方面与国际水平相比存在差距，与我国经济社会发展和人民消费需求升级不匹配。

进入新发展阶段，我国正着力构建以国内大循环为主、国内国际双循环相互促进的新发展格局，这不仅需要我国航空物流业打造优质高效的服务体系，同时也要求航空物流业加速数字化、网络化、智能化赋能，打造科技含量高、创新能力强的智慧物流体系。

基于此，在今年的全国两会上，王均金提交了《关于加强航空物流业信息化运用的提案》。他建议：一是建立国家级行业信息系统对接统一标准。改变航空物流业的信息孤岛格局，打通航空公司与机场货站之间的信息联通壁垒，实现信息互通共享。二是鼓励航空物流业平台企业先行先试。即鼓励航空物流业打造全链路航空物流体系，用互联网思维、“数智化”手段去创新航空物流业的服务模式，提供一键下单的“门到门”服务新模式，以适应物流业发展新趋势。三是为发展模式创新的平台企业提供政策帮扶。包括整合航空物流业的资源交易要素上平台进行交易，使需求与资源得到有效对接；助力航空物流业向数字化转型，实现航空物流由传统运输方式向现代物流服务体系的跃升等。

来源：中国物流与采购联合会。

国家互联网信息办公室发布《互联网用户账号信息管理规定》

6 月 27 日，国家互联网信息办公室发布《互联网用户账号信息管理规定》（以下简称《规定》），自 2022 年 8 月 1 日起施行。国家互联网信息办公室有关负责人表示，出台《规定》，旨在加强对互联网用户账号信息的管理，弘扬社会主义核心价值观，维护国家安全和社会公共利益，保护公民、法人和其他组织的合法权益，促进互联网信息服务健康发展。

近年来，各类互联网信息服务迅速发展，互联网用户账号信息体现用户个性特征，方便在线交流，成为亿万网民展示自我的重要载体。但同时，通过注册、使用账号信息，编造传播虚假信息、实施网络暴力等行为时有发生，危害国家安全和社会公共利益，侵犯公民、法人和其他组织的合法权益。制定《规定》是规范互联网用户注册、使用和互联网信息服务提供者管理账号信息行为的需要，是维护意识形态安全、社会公平公正和网民合法权益的需要，也是防范化解国家安全风险、维护网络空间良好生态的需要。

《规定》明确，互联网用户账号信息是指互联网用户在互联网信息服务中注册、使用的名称、头像、封面、简介、签名、认证信息等用于标识用户账号的信息；互联网信息服务提供者，是指向用户提供互联网信息发布和应用平台服务的主体。国家网信部门负责全国互联网用户账号信息的监督管理工作。地方网信部门依据职责负责本行政区域内的互联网用户账号信息的监督管理工作。

《规定》明确了账号信息注册和使用规范，要求互联网信息服务提供者应当制定和公开互联网用户账号信息管理规则、平台公约，明确账号信息注册、使用和管理相关权利义务。互联网个人用户注册、使用账号信息，含有职业信息的，应当与个人真实职业信息相一致；互联网机构用户注册、使用账号信息，应当与机构名称、标识等相一致。互联网信息服务提供者为互联网用户提供信息发布、即时通讯等服务的，应当进行真实身份信息认证；应当对互联网用户在注册时提交的和使用中拟变更的账号信息进行核验；应当在账号信息页面展示合理范围内的互联网用户账号的互联网协议地址归属地信息，便于公众为公共利益实施监督。

《规定》明确了账号信息管理的规范，要求互联网信息服务提供者履行账号信息管理主体责任，配备与服务规模相适应的专业人员和技术能力；建立健全并严格落实真实身份信息认证、账号信息核验、信息内容安全、生态治理、应急处置、个人信息保护等管理制度；完善投诉举报受理、甄别、处置、反馈等机制；建立健全互联网用户账号信用管理体系；对违法违规注册、使用账号信息的情形采取相应的处置措施。

《规定》明确了开展监督检查和追究法律责任的相关要求，规定网信部门会同有关主管部门建立健全工作机制，协同开展互联网用户账号信息监督管理工作。网信部门依法对互联网信息服务提供者管理互联网用户注册、使用账号信息情况实施监督检查，互联网信息服务提供者应当予以配合，并提供必要的支持协助。发现互联网信息服务提供者存在较大网络信息安全风险的，省级以上网信部门可以要求其采取措施，进行整改，消除隐患。

国家互联网信息办公室有关负责人指出，互联网用户账号信息治理需要政府、企业、网民等多方主体共同参与，弘扬社会主义核心价值观，维护国家安全和社会公共利益，营造更加清朗的网络空间。

来源：中国物流与采购联合会。

2022（第十四届）中国物流与供应链信息化大会在长沙召开

12 月 20 日，由中国物流与采购联合会主办，中国物流与采购联合会网络事业部、物流信息服务平台分会、长沙争渡网络科技有限公司共同承办的 2022（第十四届）中国物流与供应链信息化大会在湖南长沙召开。中国物流与采购联合会副会长兼秘书长崔忠付，交通运输部原总工程师徐亚华，长沙市物流口岸办党组成员、副主任彭维强出席大会并致辞；国家发改委综合运输研究所所长汪鸣以视频形式出席会议并做主旨演讲；企业代表长沙争渡网络科技有限公司董事长郭铖、ACG 智能图云高级业务发展专家付士明、合肥维天运通信息科技股份有限公司董事长冯雷、华润数科代表贾宏松分别做了分享。大会由中国物流与采购联合会网络事业部主任、物流信息服务平台分会秘书长晏庆华主持。

崔忠付对 2022 年我国物流与供应链行业数字化发展情况做了回顾，指出物流与供应链行业数字化虽然取得了一定的发展成效，但依然存在部分企业对数字化及数字化转型的意义认识不足、企业数字化转型的目标不明确、相关标准体系不完善、数据安全等相关法律法规还不健全等问题，制约了数字化的整体发展速度。明年我国物流与供应链数字化发展将迎来新的发展机遇，主要呈现出“数字化支撑物流与供应链企业高质量发展”“数字化助力全国统一大市场建设”“数据治理及人才培养成为新需求”“数字化重塑建物流与供应链新生态”四趋势。

徐亚华指出，物流与供应链信息化大会是中物联每年召开的品牌会议，本次会议以数字化重塑产业新业态为主题，极为符合当今物流发展的主基调，对推动我国物流和供应链信息化发展、促进交通物流高质量发展具有非常重要的意义。对于如何引导网络互联网规范健康发展，他建议政府有关部门要加强协作，提高治理能力；广大企业的经营者要守正创新、诚信经营、奋力开拓。

彭维强代表长沙市物流口岸办对与会嘉宾表示欢迎，指出长沙既是历史古城又是发展新城，高度重视物流产业数字化建设，在“十四五”规划中明确要加快推进物流智慧化发展，物流在长沙大有作为，未来可期。

在主旨演讲环节，汪鸣对刚刚对外发布的“十四五”现代物流发展规划进行了深入剖析。他指出，该规划对物流“先导性、基础性、战略性”等3个作用的表述与过去相比发生了变化，更接近高质量发展，更贴近建设现代化经济体系及构建现代服务体系。在解析应如何“深入挖掘现代物流重点领域的潜力”内容时，他提出加快国际物流网络化发展、补齐农村物流发展短板、促进商贸物流提档升级、提升冷链物流服务水平、推进铁路（高铁）快运稳步发展、提高专业物流质量效率及提升应急物流发展水平七举措。

郭铖在演讲中指出，要实现数字赋能物流、平台重塑产业，应该用数字化手段深入社会生产并为行业降本，同时从流程标准化角度改变企业的经营方式。此外，应重视人才职业化培养、明确企业定位，充分共享资源，集中力量办大事。

ACG智能图云高级业务发展专家付士明以“营造数字生态 助推产业发展”为题进行了演讲。他以企业的智能化实践为例，表达了企业以数字化为基础致力于重塑行业四大管理标准及进一步与客户合作共赢的愿景。

冯雷以“内卷通往深渊 聚合方能求生”为主题，批判了行业中常见的几个认识误区，对物流费用的计算方式、“空载率”提出自己的意见，表明了“网络货运不仅仅是车货匹配”“网络货运不等于开票”等观点。他指出企业数字化中实时场景的数字化至关重要；站在网络货运的角度，应该努力提升企业运力供应链能力和数字化交付能力，并以路歌全链路数字货运解决方案为例进行了剖析。

贾宏松远程分享了华润集团的供应链数字化实践探索。华润全管理价值链涵盖八大领域、十八大系统，聚焦在传统的企业数字化、工业互联网等领域。她认为未来数字化转型的应用场景会越发丰富，希望未来价值共享、开放共赢。

大会还以“网络货运平台运营创新和产业互联网模式创新与价值创造”“物流枢纽数字化与多式联运创新发展”“数字化供应链金融创新”等为主题设置多场分论坛，并开办网络货运运营创新及人才培养特训营，以各种方式将数字化赋能行业落到实处，受到与会人士的广泛好评。

来源：中国物流与采购联合会。

网络安全

2022年中国网络与信息安全行业市场规模及发展趋势预测分析

网络与信息安全即网络空间安全，其核心内涵是信息安全，包括涉及互联网、电信网、广电网、物联网、计算机系统、通信系统、工业控制系统等在内的所有系统相关的设备安全、数据安全、行为安全及内容安全。面对不断涌现的新对象、新威胁、新场景、新技术，网络与信息安全事关国家安全、社会稳定、经济发展和公众利益，已经成为国家安全的重要组成部分。

市场规模

随着国家在网络安全政策上的支持加大、用户需求扩大、企业产品的逐步成熟和不断创新，网络安全市场保持快速增长，网络信息安全产品及服务体系也日益完善。政府、企业对网络信息安全的重视程度亦不断提高，我国网络信息安全行业迎来发展的战略机遇期。数据显示，中国网络信息安全市场规模由 2017 年的 409.6 亿元增长至 2020 年的 740.7 亿元，年均复合增长率为 21.9%。中商产业研究院预测，2022 年中国网络信息安全市场规模将达 1137 亿元。

未来发展趋势

1. 我国网络与信息安全关键部件和技术亟需实现自主可控

我国对国外信息技术产品还存在一定依赖，尤其是半导体、信息系统等，现阶段我国网络与信息安全行业亟须实现关键信息技术产品的自主可控，在此基础上，对自主可控的网络产品和服务还需要进一步评估、扶持和推广，构建自主可控的网络空间安全生态。未来着力方向需整合资源，形成核心技术发展合力，通过产业前瞻布局和创新驱动，抢占下一代信息技术发展的至高点，突破产业链关键环节，培育核心技术产业生态。

2. 日趋完善的行业监管，推动网络与信息安全产品快速发展

近年来，网络空间安全相关的法律法规和行业政策日趋完善，行业监管需求将推动网络与信息安全产品市场快速发展。新的行业监管需求主要体现在两个方面：一方面，《网络安全法》的实施进一步明确了关键信息基础设施的范围。另一方面，网络安全等级保护 2.0 相关国家标准正式实施，等级保护对象范围在传统系统的基础上扩大了云计算、移动互联、物联网、大数据等，等级保护的内涵也更加丰富。

3. 网络空间安全防护理念向主动防御转变

一方面，网络威胁持续存在，网络攻击技术日趋向智能化、协同化方向发展；另一方面，随着信息技术的快速发展，物联网、大数据、云计算、移动互联网和产业互联网等新技术带来新的应用场景，政府和企业信息化程度持续提升，数据信息日益多元化、海量化，网络边界也逐渐模糊化。在此背景下，网络空间安全防护观念逐步从传统的静态防御或连动式防御，向“主动防御”转变，主动防御和预测类安全产品应运而生，带动网络空间安全行业新一轮的增长。

来源：中商情报网。

信息安全面临挑战 探索数字安全中国方案

数字安全已成为业界共识。在日前举办的第十届互联网安全大会上，与会专家表示，数字安全是护航数字经济发展的关键，是数字时代构筑新优势、领先新赛道的前提，要筑牢适应数字经济发展的网络和数据安全屏障，将网络安全升级为数字安全。

在数字安全时代如何探索中国方案？对此，专家表示，安全行业不能闭门造车，要放在数字文明的大框架里去探索和讨论，要根据我国实际情况探索出能真正应对数字安全挑战的中国方案。

信息安全面临挑战

“数字经济已成为全球新一轮科技革命和产业变革的重要引擎，将开启人类数字文明新时代，数字安全的基础性作用日益突出。”中国工程院院士、互联网安全大会名誉主席邬贺铨说。

全国工商联党组副书记、副主席樊友山表示，数字经济在突破传统生产要素流动限制、提升市场效率的同时，也带来了不容忽视的信息安全问题，必须筑牢数字安全屏障。要积极推动数字安全技术新发展，发挥市场主体新作用，完善新规则，助力构筑数字经济安全新长城。

海量数据在释放数字价值的同时也带来了巨大数字安全风险，成为悬在国家、企业和个人头顶上的利剑。“近年来，高级网络威胁攻击屡见不鲜，新型网络诈骗事件频繁发生，电信诈骗案件已成为发案数最高、损失最大、群众反映最强烈的犯罪形态。”全国政协社会和法制委员会副主任陈智敏说。

进入数字时代，网络高级可持续威胁攻击更为常见，网络攻击目标、手法、产生的破坏都突破常

规。“在内外部双重安全挑战之下，风险遍布数字化的所有场景，倒逼网络安全升级为数字安全。未来经济运行、社会运转、各个工商企业包括老百姓的吃喝玩乐、衣食住行都架构在软件、数据和网络之上，攻击的后果会比原来在网络时代严重得多。”360 集团创始人、互联网安全大会主席周鸿祎说。

近年来，我国陆续出台了《数据安全法》《个人信息保护法》《国家网络空间安全战略》《关键信息基础设施安全保护条例》，相关部门联合发布了《网络安全审查办法》《云计算服务安全评估办法》《汽车数据安全管理若干规定（试行）》《区块链信息服务管理规定》等，为数字安全的发展指明方向。在政策引导下，安全产业进入快速成长期，有效助力数字经济发展呈现井喷之势。

站在数字化建设的统筹高度看，数字安全面临新的挑战，一个新的安全时代即将到来。邬贺铨强调，数字安全不再是一个单纯的技术问题，而是涉及业务、管理、流程、团队等各方面的系统工程。

我国正进入数字化转型、智能化升级的关键时期，对安全大脑、人工智能安全、后量子加密等数字安全技术的需求与日俱增。樊友山认为，面对新一轮科技革命和产业变革，面对未知大于已知的数字世界，数字安全形势较过往发生了重大变化，防御理念、防御体系、防御技术都亟待变革，迫切需要相关领域科技工作者和企业家们不断钻研探索、守正创新。

要牢牢掌握自主权

2021 年，我国网络安全产业规模突破 2000 亿元，网络安全产业综合实力显著增强。在新形势下，“数字安全需要国际合作，但基础是要建立我国自主可控的数字安全技术、产品和服务的完整体系。”邬贺铨说。

中国国际经济交流中心副理事长王一鸣认为，应发挥我国举国体制优势、超大规模市场优势，提高网络安全技术基础研发能力，加强网络安全技术和产品研发创新，攻克关键核心技术，把网络安全自主权牢牢掌握在自己手中。

要掌握数字安全自主权，就必须强化创新驱动，推动网络安全关键技术突破。对此，工业和信息化部网络安全管理局局长隋静透露，将积极探索差异化、多元化网络安全创新发展路径。健全网络安全技术创新机制，加大技术创新创业服务支持力度，推动网络安全保险服务创新发展，通过布局创新技术在网络安全领域的融合应用，全面增强网络安全风险感知、监测预警、实时阻断、追踪溯源等核心能力。

“在核心技术创新上，我国安全产业长期追随国际流行趋势，自主进行科技创新的能力不足。应通过持续的独立创新和短板技术联合攻关，提高满足新应用要求的网络安全产品、技术和服务自主供给能力。”中国网络安全产业联盟副秘书长许玉娜说。

周鸿祎认为，“看不见”已经成为数字安全时代最大的痛点，“看不见”就要挨打。因此“看见”是安全的分水岭，回避“看见”谈安全都是空话。20 年间，360 集团投入 200 亿元，聚集 2000 名安全专家，积累 2000 拍字节的安全大数据，努力攻克“看不见”的难题，建立了一套以“看见”为核心的安全运营服务体系，形成了一套“感知风险、看见威胁、抵御攻击”的安全能力。

构建协同防护体系

伴随数字化技术更广泛和深入服务社会经济，其安全问题带来的后果更为严峻，需要建立体系化的数字安全机制。邬贺铨指出，过去网络安全主要依靠硬件为主的“老三件”——防火墙、入侵检测和防病毒，但面对不断加剧的网络风险，单兵作战已经无法应对，数字安全需要打破各自为战，实现协同联防。

“要夯实安全底座，增强关键基础设施安全韧性。面向数字产业化和产业数字化过程中多样化应用场景的动态防护安全需求，推动网络安全从外部防护向内外并重演进，从单体防护向动态协同转变，从通用安全向按需安全发展。构建共建、共享、共用、共维的网络安全协同防护体系，强化网络安全产品服务定制化供给能力。”隋静说。

赛迪顾问软件与信息服务业研究中心副总经理刘娟认为，将数字安全中国方案落到实处，还需将安全能力进行提炼，形成能力体系。

“安全行业的未来方向不是堆砌产品，而是基于全网云端数据和大数据分析能力，以服务的形式提供安全能力。”周鸿祎介绍，进入数字文明新时代，360 集团的定位是数字安全服务商，通过探索一套能够应对数字安全挑战的中国方案，为政府、大型企业、城市和中小微企业的数字化转型保驾护航。

在数字安全领域，不少中小微企业往往由于重视不足、投入不足、供给不足等原因，数字安全能力普遍薄弱。对此，周鸿祎表示，软件即服务模式的优势在于交付门槛低、配置要求低、使用成本低，是中小微企业提升自身数字安全的好方法。随着产业互联网的到来，传统产业、政府和城市是数字化的主角，360 集团制定了“上山下海助小微”战略，通过上科技高山，解决国家数字安全“卡脖子”难题，下数字化蓝海，为传统产业数字化赋能，并通过软件即服务模式免费为中小微企业提供数字化服务，助力中国数字化战略发展。

“网络安全龙头企业要发挥自身技术、人才优势和技术创新主体作用，开展数字安全基础理论创新、重大问题研究和核心技术攻关，助力数字安全技术创新发展。产业链上下游企业要加强协同，共同维护国家网络空间主权，兼顾安全和发展。”樊友山说。

来源：《经济日报》。

第十一篇 物流金融与保险

一、供应链金融

供应链金融的发展趋势

目前，这种供应链金融服务模式的繁荣受到瞩目关注，其主要原因在能帮助中小企业解决融资难的问题，又能延伸银行等领域的纵深服务。数商云贸从核心入手研究供应链金融，发现随着社会化生产的不断深入，这种融资模式能够激活整个链条的运转，下面我们来分析风口上的供应链金融管理系统将面临怎么样的趋势，趋势而行，帮助链条上的各个角色赢得更多的商机。

供应链金融管理系统垂直化、细分化趋势

由于每个产业的供应链金融管理系统模式，盈利模式，资金需求的强弱、周期都是不同的，因此供应链金融应用于不同的行业必然催生出不同的行业特征，这将促使供应链金融平台向更垂直细分、更精准、更专业的方向发展。

比如，以服装行业为例，厂商门店多、供应商多、产品更新快，去库存需求强烈。

又以钢贸行业为例，资金需求较大，应收账款额度大，利润低，年化收益率不高；安全性较高。因此，各供应链金融管理系统参与主体需要根据不同行业、不同企业的具体需求来为其量身定做金融服务，提供更加灵活和个性化的供应链融资产品。可以预见，各供应链金融参与主体只有不断深耕各自所经营的一条或几条产业链，在充分了解行业属性和特征的基础上，结合自身的专业分析与研判能力，才能为各垂直细分供应链上的企业提供个性化的供应链金融平台产品服务。

供应链金融系统应用大数据趋势

未来大数据的应用主要在于风控体系的完善。

从理论上来讲，通过对供应链金融管理系统体系内物流、商流、资金流、信息流的有效监控，建立一套完善的大数据风控模型，来对投资人进行风险提示，这一套理论思路可行的，但是关于如何将数据模型与数据客观规范的采集结合起来，现在仍然是各说各话，其最核心的独立、客观、公正、规范还处于完善和发展期。

大数据在供应链金融领域的应用更多的处于理论推演及初步尝试过程中，离市场期待还有一定距离，更别谈改变整个行业业态了。

促进产融结合的趋势

产融结合的程度是一个经济体活跃程度评价的重要指标，资本血液低成本、精准的流向实体产业，才能促进经济的健康发展。中国供应链金融向平台化趋势发展和整合将是必然趋势，由平台模式搭建成一个产融结合的生态系统，促进资本健康的流向实体产业。

互联网化趋势

传统供应链金融平台模式，如上文所述，即是以 1 个优质企业为核心，多个上下游企业参与的“1+N”模式，由银行主导，采用线下模式，银行基于供应链中的核心企业“1”的信用支持为其上下游企业“N”提供融资服务。

随着互联网技术的推进，将此模式移植到线上，运用互联网的开放、透明、信息传播快的特点，将由银行主导的传统金融，变成全民参与的普惠金融。并通过技术手段对接供应链金融平台的上下游及各参与方，其中包括核心企业、上下游中小企业、银行等资金提供方、物流服务商等，将供应链中的商流、物流、资金流、信息流在线化，实时掌握供应链管理中企业经营情况从而控制融资贷款的风险。

作者：云朵匠 、数商云。

二、物流融资租赁

物流行业重焕活力

根据 IT 桔子数据库，整体来看，2015—2021 年，中国物流行业融资金额呈波动递增趋势，融资事件数量呈波动递减趋势。2017 年后，我国物流行业融资事件数量呈现 “断崖式” 下跌，由 2017 年的 174 起一直逐年下跌至 2020 年的 95 起。2021 年我国物流行业重焕活力，行业融资金额达到顶峰；20221 年全年，中国物流行业共发生融资事件共 129 起，同比增长 35.79%；行业融资金额共 1220.8 亿元，同比大增 103.42%。截至 2022 年 5 月 25 日，我国物流行业发生融资事件 26 起，融资金额为 62.6 亿元。

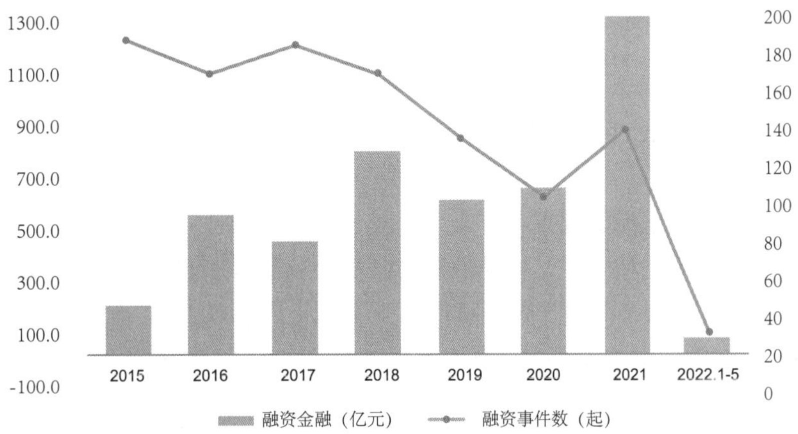

图 11-1：2015—2022 年中国物流行业整体融资情况（单位：亿元）

注：上述统计时间截至 2022 年 5 月 25 日，下同。

物流行业投融资仍处于早期阶段

从单笔融资金额来看，2015—2021 年除 2016 年和 2021 年的单笔融资金额上升至 100 亿元以上外，其他年份的单笔融资金额均未超过 100 亿元，2016 年我国物流行业投融资单笔融资为 177.60 亿元，单笔融资金额达到近年来的峰值。

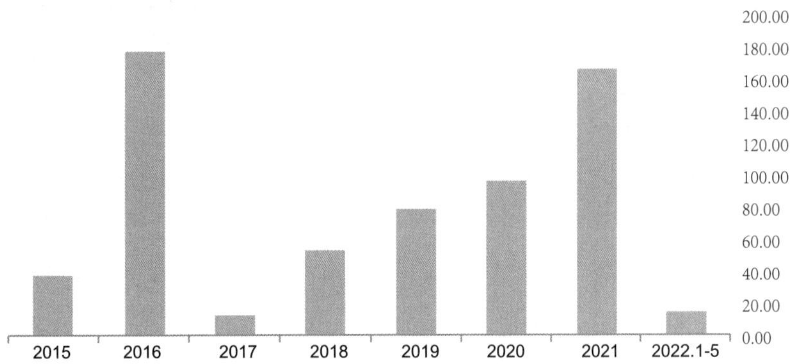

图 11-2：2015—2022 年中国物流行业投融资单笔融资情况（单位：亿元）

从物流的投资轮次分析，目前物流行业的融资轮次仍然处于早期阶段，C 轮后的融资寥寥无几。根据前文的分析，2016 年尽管物流行业的融资事件和融资金额水涨船高，但是结合轮次分析来看，2018 年主要由于当年物流行业处于〞风口〞，普遍存在融资的早期创业公司融资上涨的情况，2021 年也存在同样的情况。

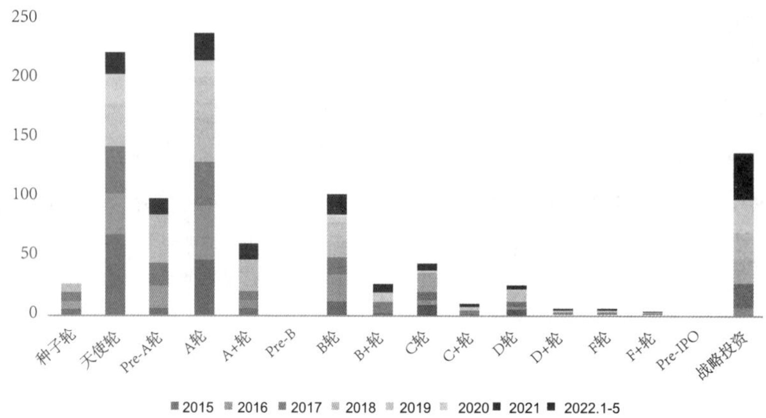

图 11-3：2015—2022 年中国物流行业投融资轮次情况 – 按事件数量（单位：起）

物流行业投融资集中在上海、北京和广东

从物流行业的企业融资区域来看，目前上海的融资企业最多，2015-2022 年累计达到 297 起，其中 2021 年全年上海市物流行业累计融资事件达到 41 起，而 2021 年全年全国物流行业融资事件总计 129 起，由此上海市的物流投融资活跃度可见一斑。

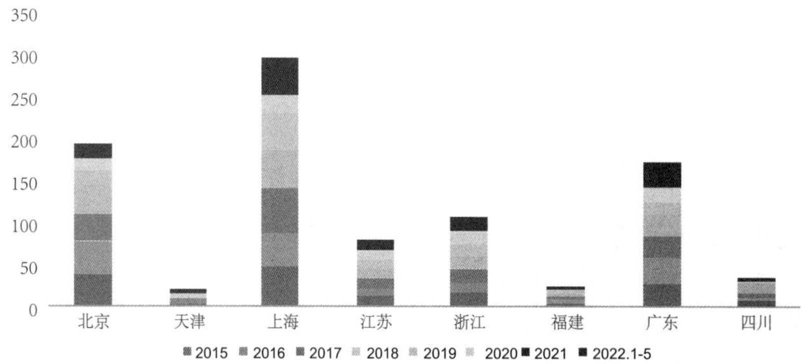

图 11-4：2015—2022 年中国物流行业投融资区域公布 – 按事件数量（单位：起）

物流行业投融资集中于仓储、物流服务和各类物流平台

2021—2022 年 5 月 25 日，我国物流行业的投融资事件汇总如表 11-1 至 11-15 所示。

表 11-1：2021—2022 年 5 月中国物流行业投融资事件汇总（一）

（单位：万人民币、百万人民币、亿人民币）

时间	公司名称	轮次	金额	投资方	主营产品 / 业务
2022-05-20	前海粤十	战略投资	未透露	深圳高新投	人工智能冷链供应链管理平台
2022-05-20	京康物流	天使轮	数百万人民币	未透露	智慧物流系统平台
2022-04-29	永泰运	IPO 上市	7.91 亿人民币	未透露	物流供应链各环节解决方案
2022-04-22	洋浦方与圆	天使轮	500 万人民币	世元通达基金	供应链数字化解决方案和运营服务
2022-04-15	中集运载	战略投资	1.65 亿人民币	远致投资、远致瑞信、信福汇投资	循环载具、发动机周转架、发动机包装箱等物流产品

注：查询时间为 2022 年 5 月 25 日，下同。

表 11-2：2021—2022 年 5 月中国物流行业投融资事件汇总（二）

（单位：百万人民币、千万人民币、亿人民币、千万美元、亿美元）

时间	公司名称	轮次	金额	投资方	主营产品 / 业务
2022-03-31	无忧达	A 轮	数亿人民币	eWTP 基金 - 阿里巴巴	售前售后服务、财务、法律等一站式海外综合服务
2022-03-29	木蚁机酷人	B+ 轮	近亿人民币	蓝驰创投、展韬资本	物流机器人等物流产品
2022-03-24	兴通股份	IPO 上市	10.76 亿人民币	未透露	水上运输服务
2022-03-24	超级骆驼	天使轮	近千万美元	蓝驰创投、初心资本	智能调度系统开发平台
2022-03-14	运来来	天使轮	数百万人民币	桂木琴	互联网 + 大数据 + 云计算的智慧物流运输平台
2022-03-13	鲜生活冷链	B 轮	数亿人民币	贵阳创投、中信建投、远东宏信、东创云	冷链配送解决方案
2022-03-12	中集世联达	战略投资	未透露	隐山资本、中集集团、上港集团	海空铁陆联运集装箱物流服务、冷链、钢铁和能源等专业物流服务
2022-03-10	逗号科技	A+ 轮	数千万人民币	联想创投、深圳担保集团、珠海正菱	“智联物流云（C-Link）”三方物流智慧效字化运营平台
2022-03-02	聚盟	B+ 轮	1 亿美元	IDG 资本、杭州沨华投资	大票零担网络运营服务
2022-03-01	中储智运	战略投资	6.31 亿人民币	国家混改基金、江苏国源新能源装备、粤高资本、河南远海中原物流产业发展基金、天津远致投资	物流运力交易共享平台
2022-02-28	道刻智能	Pre-A 轮	数千万人民币	零一创投	供应链与物流智能化的综合解决方案

表 11-3：2021—2022 年 5 月中国物流行业投融资事件汇总（三）

（单位：万人民币、百万人民币、千万人民币、亿人民币、亿美元）

时间	公司名称	轮次	金额	投资方	主营产品 / 业务
2022-02-24	励微机器人	A+ 轮	数亿人民币	创世伙伴资本、fa（跃为资本）	场内智能物流解决方案
2022-02-23	慧仓科技	战略投资	未透露	顺丰产业基金	仓储自动化解决方案
2022-02-14	G7 汇通天下	战略投资	2 亿美元	宽带资本 CBC、挚信资本、普洛斯 GLP、信达汉石、混沌投资、国投招商、fa（泰合资本）	物联网科技平台
2022-02-10	岭郅中国	A 轮	未透露	AngeloGordon	工业、物流及冷链等配套设施
2022-01-28	卡车易购	战略投资	数千万人民币	广西产研院智能数据所	一站式智能物流云平台
2022-01-24	PacPort	A 轮	未透露	Aiphone	快递箱智能锁及后端云处理技术
2022-01-21	危司机	天使轮	数百万人民币	余杭金控	一站式危险品公路运输信息共享平台
2022-01-14	鲜生活冷链	战略投资	未透露	绝味食品	冷链配送解决方案
2022-01-13	运无界	战略投资	1000 万人民币	和君资本、宝恒峰投	一站式数字化跨境物流聚合平台
2022-01-11	闪电仓	Pre-A 轮	数千万人民币	天安智慧物联	仓配运营服务、代发快递、城配干线运输服务
2021-12-30	喜百年	天使轮	未透露	普路通	供应链物流、仓储物流、智慧物流等服务
2021-12-29	中通快运	B 轮	3 亿美元	未透露	综合性物流服务
2021-12-28	链异科技	天使轮	3000 万人民币	恒基中国	物流 AI 运营解决方案
2021-12-28	上海翔运	战略投资	未透露	圆通速递	国际货运代理服务
2021-12-27	派迅智能	A 轮	近亿人民币	银杏谷资本、AA 投资	智能仓储物流解决方案

表 11-4：2021—2022 年 5 月中国物流行业投融资事件汇总（四）

（单位：万人民币、百万人民币、千万人民币、亿人民币、亿美元）

时间	公司名称	轮次	金额	投资方	主营产品 / 业务
2021-12-27	全球捷运	A 轮	数亿人民币	泰合资本、新创建现代物流投资	数智化物流科技和地面综合物流服务赋能平台
2021-12-24	天津洪荒科技	Pre-A 轮	数百万人民币	极值资本、创业工厂 VenturesLab、啟赋资本、紫金港资本、金证股份、拓华资本、湾兴创投、长禾资本、唐磊	智慧工厂厂内物流系统综合解决方案
2021-12-16	前海粤十	A 轮	3.9 亿人民币	AngeloGordon	人工智能冷链供应链管理平台
2021-12-14	顺丰同城	IPO 上市	20.31 亿港元	未透露	第三方直营即时物流服务
2021-12-13	尚勋物流	战略投资	未透露	达达集团	道路货物运输服务
2021-11-30	顺丰同城	基石轮	8.9 亿港元	阿里巴巴、哈罗出行 Hellobike	第三方直营即时物流服务
2021-11-29	新聚力	战略投资	700 万人民币	赛福天	智能化物流成套系统
2021-11-29	丰茂东投	A+ 轮	1 亿人民币	贵阳创投、丰厚资本	道路运输、普货运输
2021-11-26	壹悟科技	A 轮	近亿人民币	义柏资本、经纬创投、创新工场、真格基金	自动化物流解决方案
2021-11-24	步甲科技	战略投资	数千万人民币	未透露	一站式汽车新零售物流与终端服务平台
2021-11-18	极兔速递	C 轮	25 亿美元	博裕资本、腾讯投资、红杉资本中国、SIG 海纳亚洲、高瓴投资	技术驱动的快递物流服务

表 11-5：2021—2022 年 5 月中国物流行业投融资事件汇总（五）

（单位：万人民币、百万人民币、千万人民币、亿人民币、亿美元）

时间	公司名称	轮次	金额	投资方	主营产品 / 业务
2021-11-17	蓝幸	天使轮	未透露	常春藤资本	全球的端到端供应链优化软件及解决方案
2021-11-15	迅蚁	B 轮	数千万人民币	雷神资本、九合创投	自动化航空货运服务
2021-11-12	鲸仓科技	B+ 轮	5000 万美元	XVC 创投、云锋基金、旷视科技 MEGVII、百度风投、金沙江联合资本	智能仓储自动化整体解决方案
2021-11-11	安能物流	IPO 上市	11.13 亿港元	未透露	零担快运物流服务
2021-11-11	箱盟集运	Pre-A 轮	千万级人民币	中集集团	专注于上海港集装箱卡车的陆上运输信息化平台

续表

时间	公司名称	轮次	金额	投资方	主营产品 / 业务
2021-11-10	全球捷运	Pre-A 轮	数亿人民币	泰合资本、华盖资本	数智化物流科技和地面综合物流服务赋能平台
2021-11-9	云盼智能柜	Pre-A 轮	未透露	菜鸟网络	第三方便民服务平台
2021-11-2	UU 跑腿	B+ 轮	数亿人民币	荒合资本、58 同城、前海母基金、优多资本	跑腿众包服务
2021-11-1	安能物流	基石轮	1250 万美元	嘉实国际资产管理	零担快运物流服务
2021-10-28	驿玛科技 Surpath	Pre-A 轮	1 亿人民币	指数资本、经纬创投	供应链物流信息化完善的解决方案
2021-10-26	中科微至	IPO 上市	29.77 亿人民币	未透露	物流自动化分拣系统
2021-10-18	环世物流	战略投资	17 亿人民币	泰合资本、中远海运、菜鸟网络、创新工场、云启资本	国际综合物流服务

表 11-6：2021—2022 年 5 月中国物流行业投融资事件汇总（六）

（单位：万人民币、百万人民币、千万人民币、亿人民币、亿美元）

时间	公司名称	轮次	金额	投资方	主营产品 / 业务
2021-10-13	金峰物流	D 轮	2 亿人民币	致远资本（以太创服）、道禾资本、前海母基金、毅达资本	高端智能物流装备
2021-10-12	乐橘科技	B 轮	1 亿人民币	万华化学、高瓴创投	供应链物流及仓储平台
2021-10-12	羚牛氢运	天使轮	未透露	水木易德投资	绿色氢能解决方案
2021-10-11	E-PORTS 翼舶港	B+ 轮	未透露	指数资本、住友商事亚洲资本	面向航运业的在线 B2B 平台
2021-10-1	泽世集团	Pre-A 轮	1500 万人民币	未透露	中非供应链分销平台
2021-9-30	Zeek 物流	战略投资	700 万美元	远东发展、爱点击互动亚洲集团有限公司、Pacificland	智慧物流平台
2021-9-29	派迅智能	Pre-A 轮	数千万人民币	顺融资本、AA 投资	智能仓储物流解决方案
2021-9-28	意欧斯	B 轮	近亿人民币	十月资产、红太阳	智能仓储解决方案
2021-9-14	德威 De Well	战略投资	6723 万美元	菜鸟网络	端到端跨境供应链解决方案

续表

时间	公司名称	轮次	金额	投资方	主营产品 / 业务
2021-9-14	普渡科技	C+ 轮	数亿人民币	泰合资本、美团、深投控	送餐机器人、配送机器人和配送迎宾机器人等产品
2021-9-8	中铁特货	IPO 上市	17.28 亿人民币	未透露	铁路特货运输服务
2021-9-6	E-PORTS 翼舶港	B 轮	数千万人民币	指数资本、金沙江联合资本	面向航运业的在线 B2B 平台
2021-9-2	云柚货运	B+ 轮	数千万美元	行云资本、五源资本、蓝驰创投、吴辰资本	智慧物流解决方案
2021-8-31	极兔速递	B 轮	2.5 亿美元	淡马锡、Temasek	技术驱动的快递物流服务

表 11-7：2021—2022 年 5 月中国物流行业投融资事件汇总（七）

（单位：万人民币、百万人民币、千万人民币、亿人民币、亿美元）

时间	公司名称	轮次	金额	投资方	主营产品 / 业务
2021-8-30	普渡科技	C+ 轮	数亿人民币	泰合资本、大湾区共同家园发展基金、深投控	送餐机器人、配送机器人和配送迎宾机器人等产品
2021-8-27	ZOKOO 众库	B 轮	1 亿人民币	隆领投资、金圆集团 / 金圆资本、美图、思明产投	数据驱动的供应链平台
2021-8-26	共享乐购	A 轮	200 万人民币	校园令创投	智慧乡镇卖货送货平台
2021-8-26	励微机器人	A+ 轮	数千万人民币	跃为资本、信天创投、梅花创投、Plug and Play	场内智能物流解决方案
2021-8-24	车拉车杭州	天使轮	1000 万人民币	未透露	轿车托运服务
2021-8-18	新石器	B 轮	数亿人民币	汉能投资、高鹊资本、软银中国、中金资本、云启资本、耀途资本	无人驾驶物流车
2021-8-16	泛鼎国际	A+ 轮	数亿人民币	指数资本、之宝创投、众源资本、招商局资本、MindWorks Ventures 概念资本、鼎晖投资、鸿晟资本	跨境物流服务
2021-8-12	云息通信	天使轮	千万级人民币	创想未来资本	物联网资产追踪解决方案
2021-8-6	派迅智能	Pre-A 轮	数千万人民币	AA 投资	智能仓储物流解决方案
2021-8-4	瑞云冷链	Pre-A 轮	1 亿人民币	光源资本、斯道资本（富达亚洲）、青松基金、馨霖资本、招商局创投	冷链物流服务平台

表 11-8：2021—2022 年 5 月中国物流行业投融资事件汇总（八）

（单位：万人民币、百万人民币、千万人民币、亿人民币、亿美元）

时间	公司名称	轮次	金额	投资方	主营产品 / 业务
2021-8-3	易仓科技	B+ 轮	2500 万美元	浅月资本、中金资本、eWTP 基金 - 阿里巴巴、创世伙伴资本、Paradox	海外仓 WMS 和跨境分销 M2B 等管理系统
2021-7-31	壹米滴答	战略投资	未透露	汇森速运	综合型物流服务
2021-7-30	力普技术	战略投资	未透露	柯力传感	物流技术及产品解决方案
2021-7-29	满天星	天使轮	数百万美元	险峰长青	一站式跨境物流平台
2021-7-22	宝通科技	战略投资	数亿人民币	菜鸟网络（阿里巴巴）	仓储及配送解决方案
2021-7-20	CNE 合久成越	A 轮	数亿人民币	北极光创投、钟鼎资本、坚果资本、鼎麟资本	跨境货运服务
2021-7-19	宜昌交运	IPO 上市后	8.16 亿人民币	UBS 瑞银、华夏基金、财通基金、中信建投资本、三峡资本、同程旅游、兴证全球基金、五矿证券	道路运输服务
2021-8-12	XYZ Robotics 星猿哲	天使轮	千万级人民币	光源资本、今日资本、高榕资本、五源资本、源码资本	自动化分拣机器人
2021-7-19	知行机器人	A+ 轮	数千万人民币	三合创富、盐南 AI 基金	智能机器人抓取系统
2021-7-14	宁波港	IPO 上市后	144.42 亿人民币	招商港口	船货代理、理货等与港口生产相配套的服务
2021-7-13	快狗打车	C 轮	近亿美元	交银国际、数码港	互联网 020 同城货运服务
2021-7-13	集行通	A+ 轮	数千万人民币	海丰国际	一站式 SaaS+TMS 管理服务平台

表 11-9：2021—2022 年 5 月中国物流行业投融资事件汇总（九）

（单位：万人民币、百万人民币、千万人民币、亿人民币、亿美元）

时间	公司名称	轮次	金额	投资方	主营产品 / 业务
2021-6-30	上嘉物流	战略投资	未透露	前海母基金	新零售一站式服务
2021-6-29	运去哪	D+ 轮	5000 万美元	中信资本、襄禾资本、fa（华兴资本）	国际物流综合服务
2021-6-28	新里物流	战略投资	未透露	菜鸟网络（阿里巴巴）	普通货运代理服务
2021-6-24	钢蜂科技	A 轮	千万级美元	金沙江创投、GGV 纪源资本、fa（山景资本）	服务大宗商品物流行业中小物流企业的 SAAS 产品
2021-6-23	运链	战略投资	未透露	准时达	国际物流服务综合解决方案
2021-6-22	满帮集团	IPO 上市	16 亿美元	未透露	智慧物流平台
2021-6-21	智选云仓	A 轮	未透露	银河系创投、招商局创投	一站式仓储物流服务
2021-6-18	中通服供应链	战略投资	9 亿人民币	东证资本、中远海运、智链深国际、双百基金	供应链全程全网解决方案
2021-6-18	智子跃迁	A 轮	数千万人民币	愉悦资本、紫竹小苗基金	智能物流装备
2021-6-18	满帮集团	战略投资	未透露	中国石化资本	智慧物流平台
2021-6-17	速锐信息	C 轮	未透露	隐山资本	智能仓储输送解决方案
2021-6-15	丰茂东投	A 轮	未透露	未透露	道路运输、普货运输
2021-6-11	箱讯科技	Pre-A 轮	未透露	未透露	综合物流信息化服务
2021-6-10	云盼智能柜	天使轮	1000 万人民币	未透露	第三方便民服务平台
2021-6-08	跨境好运	A 轮	数亿人民币	淡马锡 Temasek、兰亭投资 Pavilion Capital、fa（山景资本）	一站式跨境卖家物流服务平台

表 11-10: 2021—2022 年 5 月中国物流行业投融资事件汇总（十）

（单位：万人民币、百万人民币、千万人民币、亿人民币、亿美元）

时间	公司名称	轮次	金额	投资方	主营产品 / 业务
2021-6-8	速达非 Speedaf	A+ 轮	数亿人民币	北极光创投、挚信资本、元璟资本	中非跨境一站式物流服务
2021-6-4	快行天下	战略投资	未透露	菜鸟网络（阿里巴巴）	冷链物流服务
2021-5-31	飞科技	A+ 轮	2 亿人民币	GGV 纪源资本、软银中国资本、双湖资本、字节跳动、渶策资本、高瓴创投、fa（山景资本）	服装柔性供应链服务
2021-5-25	运去哪	D 轮	1 亿美元	源码资本、fa（华兴资本）	国际物流综合服务
2021-5-25	箱信	A+ 轮	1000 万美元	招商局创投、明裕创投、fa（多维资本）	集装箱物流服务平台
2021-5-23	福佑卡车	E 轮	2 亿美元	经纬创投、君联资本、国寿投资、国调基金、大湾区共同家园发展基金、中白产业投资基金、蓝藤资本、fa（腾达资本）	为大型 3PL 提供整车运输服务等
2021-5-19	瑞云冷链	天使轮	1.2 亿人民币	青松基金、斯道资本（富达亚洲）、磐霖资本、招商局创投	冷链物流服务平台

表 11-11: 2021—2022 年 5 月中国物流行业投融资事件汇总（十一）

（单位：万人民币、百万人民币、千万人民币、亿人民币、亿美元）

时间	公司名称	轮次	金额	投资方	主营产品 / 业务
2021-5-17	京东物流	基石轮	15 亿美元	软银中国资本、淡马锡 Temasek、Tiger 老虎基金 - 中国、Oaktree Capital 橡树资本、中国诚通、黑石集团 Blackstone、国调基金、Matthews Funds	中小件、大件、冷链、B2B、跨境和众包（达达）等物流服务
2021-5-17	普渡科技	C 轮	5 亿人民币	红杉资本中国、腾讯投资、美团、fa（泰合资本）	送餐机器人、配送机器人和配送迎宾机器人等产品
2021-5-11	智佳能	A 轮	未透露	三一集团、晨道投资、航投观睿	智慧物流、智能仓储及电芯自动化解决方案
2021-5-7	墨谷	天使轮	数百万人民币	道生资本	跨境冷链供应链服务
2021-5-6	oTMS	战略投资	未透露	趣活	社区型运输系统
2021-4-22	神驼物流	A 轮	数千万人民币	泰亚鼎富、青赢创投、鸿喜投资、宝生银行	集装箱公路运输服务

续表

时间	公司名称	轮次	金额	投资方	主营产品 / 业务
2021-4-22	慧仓科技	A+ 轮	近亿人民币	经纬创投、fa（势能资本）	仓储自动化解决方案
2021-4-21	生生物流	战略投资	未透露	上汽恒旭，南虹资本	医药冷链物流服务
2021-4-14	物泊科技	A 轮	未透露	前海母基金	综合物流服务
2021-4-13	宅急送	B 轮	10 亿人民币	高林资本、远洋资本、宁波瀚润	一站式综合物流服务
2021-4-13	雅澳供应链	B 轮	1 亿人民币	清科国投	综合物流服务
2021-4-08	云柚货运	B 轮	数千万美元	腾讯投资、钟鼎资本	智慧物流解决方案

表 11-12：2021—2022 年 5 月中国物流行业投融资事件汇总（十二）

（单位：万人民币、百万人民币、千万人民币、亿人民币、亿美元）

时间	公司名称	轮次	金额	投资方	主营产品 / 业务
2021-4-17	极免速递	A 轮	18 亿美元	红杉资本中国、高领投资、博裕资本	技术驱动的快递物流服务
2021-3-30	闪送	D+ 轮	1.25 亿美元	顺为资本、SIG 海纳亚洲、天图投资、五岳资本、千山资本、海松资本 Alpha Square Group、Axiom Asia Private Capital 中财荃兴资本、fa（光源资本）	同城 1 小时即时递送服务
2021-3-18	顺丰同城	战略投资	4.09 亿人民币	顺丰速运	第三方直营即时物流服务
2021-3-18	欧米麦克	战略投资	未透露	埃斯顿、江苏东大金山资本管理有限公司	工厂无人化全自动智能物流运输系统解决方案
2021-3-17	鸭嘴兽	B 轮	5000 万美元	顺为资本、淡马锡 Temasek、明势资本、上海复容投资、兰亭投资 Pavilion Capital、独秀资本、上海拙朴投资、fa（光源资本）	工厂提供标准化、专业化的集装箱公路运输服务
2021-3-9	木蚁机器人	B 轮	近亿人民币	蓝驰创投、德邦快递	智能搬运机器人产品
2021-3-5	丰鸟航空	A 轮	数亿人民币	国投招商、重庆两江航投集团	物流无人机产品

表 11-13：2021—2022 年 5 月中国物流行业投融资事件汇总（十三）

（单位：万人民币、百万人民币、千万人民币、亿人民币、亿美元）

时间	公司名称	轮次	金额	投资方	主营产品 / 业务
2021-2-18	飞榴科技	A+ 轮	未透露	GGV 纪源资本、字节跳动	服装柔性供应链服务
2021-2-12	安能物流	战略投资	3 亿美元	CPE 源峰、华盖资本、大湾区共同家园发展基金、新创建集团、六脉资本	零担快运物流服务
2021-2-11	汇管车	战略投资	1500 万人民币	未透露	货运 SaaS 服务系统
2021-2-8	翊极智能	Pre-A 轮	未透露	创业接力、启嘉创投	医院智慧物流整体解决方案
2021-2-8	易仓科技	B 轮	4000 万美元	五岳资本、创世伙伴资本、eWTP 基金 - 阿里巴巴、ParadoxLP、fa	跨境行业全生态链软件服务系统
2021-2-6	驿玛科技 Surpath	天使轮	数千万人民币	招商局创投、少年资本	跨境供应链服务
2021-1-28	劢微机器人	A 轮	数千万人民币	梅花创投、Plug and Play	场内智能物流解决方案
2021-1-27	易代储	战略投资	未透露	隐山资本	互联网仓储综合服务
2021-1-26	滴滴货运	A 轮	15 亿美元	IDG 资本、云锋基金、淡马锡 Temasek、CPE 源峰、隐山资本、中关村龙门基金、碧桂园创投、鼎珮投资 VMS Group、国泰君安国际	同城配送服务
2021-1-25	天地汇	D 轮	7 亿人民币	啟赋资本、联通、中信证券、盈实股权投资	第四方平台型物流服务

表 11-14：2021—2022 年 5 月中国物流行业投融资事件汇总（十四）

（单位：万人民币、百万人民币、千万人民币、亿人民币、亿美元）

时间	公司名称	轮次	金额	投资方	主营产品 / 业务
2021-1-26	顺丰同城	B 轮	数亿人民币	挚信资本、BAI 资本、赛富基金SAIF Partners、高盛（中国）、中信资本、博润资本、新希望集团、TB Bullet Fast Holdings (HK) Limited、Idea Flow Limited、Green Juicell、Limited、Duckling Fund、L.P.、Nation Sky Investments Limited	服装柔性供应链服务

续表

时间	公司名称	轮次	金额	投资方	主营产品 / 业务
2021-1-20	货拉拉	F 轮	15 亿美元	红杉资本中国、Tiger 老虎基金 - 中国、高瓴投资、博裕资本、C Ventures Vitruvian Partners 维思资本、D1 Capital Partners	同城 / 跨城货运、企业版物流服务、搬家、零担、汽车租售及车后市场服务等互联网物流服务
2021-1-19	箱盟集运	战略投资	千万级人民币	中联航运、腾拓资本	专注于上海港集装箱卡车的陆上运输信息化平台

表 11-15：2021—2022 年 5 月中国物流行业投融资事件汇总（十五）

（单位：万人民币、百万人民币、千万人民币、亿人民币、亿美元）

时间	公司名称	轮次	金额	投资方	主营产品 / 业务
2021-1-19	鲜生活冷链	A 轮	6 亿人民币	中金资本、龙湖资本、远东宏信、fa（泰合资本）	冷链配送解决方案
2021-1-15	Geek+	D 轮	数亿美元	CPE 源峰、赛领资本、云晖资本、中国互联网投资基金、中金启辰、伊利股份	物流仓储智能机器人产品
2021-1-13	裕程物流	IPO 上市	1040 万港元	未透露	货物转运物流服务
2021-1-11	得威科技	A+ 轮	4500 万人民币	未透露	城市末端派送智能车服务平台
2021-1-8	送件侠	A 轮	数千万人民币	杭州微尘创业服务合伙企业	本地生活聚合配送数字化平台
2021-1-8	丰巢科技	战略投资	4 亿美元	红杉资本中国、挚信资本、全明星投资 All-Stars Investment、鸿为资本、Asia Forge(Cayman) Ltd. fa（易凯资本）	智能快件柜服务
2021-1-7	易达货栈	战略投资	3500 万人民币	苏宁、京东、拼多多	智能快递柜服务
2021-1-4	普罗格	战略投资	1 亿人民币	深圳国际	供应链与物流服务
2021-1-4	元亨仓储	战略投资	4.97 亿人民币	佛燃能源	华南地区石化仓储基地
2021-1-1	融海网络	天使轮	近千万人民币	阿米巴资本	跨境物流服务
2021-1-1	普拉托科技	A+ 轮	5000 万人民币	力合科创、宏太投资、泰亚资本	半开放式托盘循环共用共享平台

来源：IT 桔子 前瞻产业研究院 @前瞻经济学人 App。

从 2021 年至 2022 年融资企业的主营产品及业务分析，中国物流行业投资热点从 2021 年的仓储及物流服务（占比 45.31%）过度到 2022 年的各类物流服务平台（占比 40.00%）。

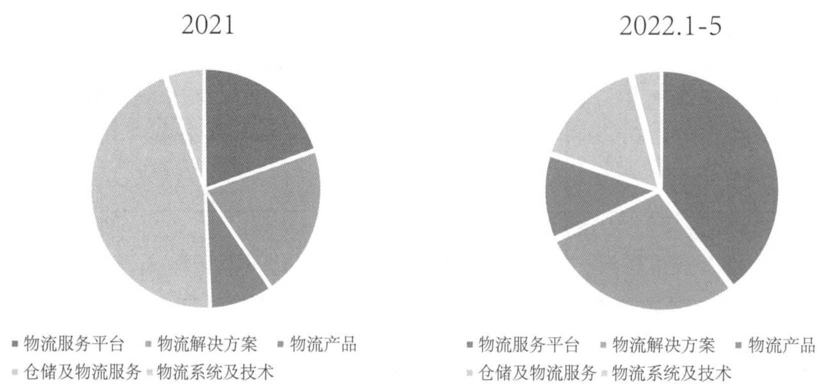

图 11-5：2021—2022 年中国物流行业融资产品变化（单位：%）

物流行业的投资者以投资类企业为主

根据对物流行业投资主体的总结，目前我国物流行业的投资主体主要以投资类为主，占比 55.84%；代表性投资主体有隐山资本、IDG 资本、红杉资本中国、高瓴投等知名投资机构；实业类的投资主体有中集集团、上港集团、圆通速递、菜鸟国际、美团和字节跳动等。

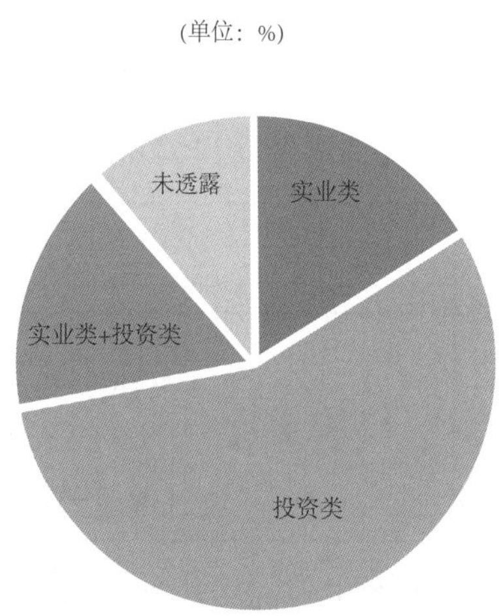

图 11-6：2021—2022 年中国物流行业投资主体分布（单位：%）

物流行业的产业投资基金

目前物流行业的产业投资基金比较少，目前在中国证券投资基金业协会中查询到相关产业基金共 5 家，分别为：中储物流投资管理（宁波）有限公司、河南远海中原物流产业发展基金管理有限公司、重庆现代物流产业股权投资基金管理有限公司、深圳市深国际华章物流产业基金管理有限公司和皖江（芜湖）物流产业投资基金管理企业（有限合伙），其管理规模分别为 0～5 亿元、10～20 亿元、20～50 亿元、0～5 亿元和 0～5 亿元。

表 11-16：截至 2022 年 5 月中国物流产业投资基金汇总（单位：支，亿元）

私募基金管理人名称	办公地	登记时间	在管基金数盘	管理规模
中储物流投资管理（宁波）有限公司	北京市	2018-01-18	2	0 ～ 5 亿元
河南远海中原物流产业发展基金管理有限公司	河南省	2017-01-23	4	10 ～ 20 亿元
重庆现代物流产业股权投资基金管理有限公司	重庆市	2015-11-11	6	20 ～ 50 亿元
深圳市深国际华章物流产业基金管理有限公司	深圳市	2015-10-08	1	0 ～ 5 亿元
院江（芜湖）物流产业投资基金管理企业（有限合伙）	深圳市	2010-12-22	1	0 ～ 5 亿元

注：查询时间为 2022 年 5 月 25 日

来源：: 中国证券投资基金业协会 前瞻产业研究院 @前瞻经济学人 App。

物流企业横向收购扩大规模

目前中国物流行业的兼并重组事件较多，从全球的角度分析，目前兼并重组的类型主要为中游企业横向收购扩大规模。

表 11-17：全球物流行业兼并重组代表性事件分析

时间	事件	兼并重组类型	分 析
2022-5-11	电商巨头 Shopify 以 21 亿美元收购物流初创企业 Deliverr100% 股权	下游企业前向一体化	Shopify 将把 Deliverr 与平台现有的物流系统 Shopify Fulfillment Network (SFN) 相整合，以加强商家的库存管理能力，为数百万商家创建一个“端到端”物流平台
2022-3-6	嘉里物流收购美国的货代公司 Topocean	中游企业横向扩大规模	使嘉里集团及 Topocean 能够整合业务，从而在彼等无船承运人营运之间创造协同效应、尽量降低行政成本及带来规模效益，提供更高的客户服务能力及效率，并使其能够与近期采用前瞻性整合的全球同业竞争
2021-8-18	DHL 以 18 亿美元收购百年海运货代专家 Hillebrand 的 100% 股权	中游企业横向扩大规模	收购 Hillebrand 是可增加 DHL 的高品质海运服务，并未其带来高额现金流和利润
2021-7-23	Uber 宣布以 22.5 亿美元收购物流公司 Transplace	中游企业横向扩大规模	此次并购将帮助 Uber 创建一个领先的物流技术平台，并帮助其卡车运输（物流）部门实现盈利
2020-8-29	跨国食品和杂货配送巨头 Delivery Hero 以 3.6 亿美元收购迪拜百货配送平台 InstaShop	中游企业横向扩大规模	Delivery Hero 将允许 Intashop 作为独立品牌运营。InstaShop 在迪拜的快速商务战略的将成为 Delivery Hero 重要的补充

续表

时间	事件	兼并重组类型	分 析
2019-9-29	亚马逊收购云计算创企 INLT	下游企业前向一体化	INLT 的软件可以帮助线上市场的商家更加轻松地进口美国海外的商品，并帮助商家管理跨境贸易的成本
2019-3-6	顺丰 400 万美元战略投资缅甸物流公司（KOSPA），获得了 KOSPA 25% 的股份并进入其董事会	中游企业横向扩大规模	顺丰战略入股 KOSPA 后，将有效推动整个东南亚物流市场的发展，将为中纸跨境贸易活动提供更为优质的物流服务，为推动中缅贸易融合和改革助力
2018-11-29	印度日常用品配送平台 BigBasket 收购日常用品配送平台 Morning Car	中游企业横向扩大规模	BigBasket 通过收购订购食品线上服务平台 Rain Can 和日常用品配送平台 Morning Cart，正式进军散单杂货配送领域

来源：前瞻产业研究院 @前瞻经济学人 App。

物流行业投融资及兼并重组总结

表 11-18：物流行业投融资及兼并重组总结

投融资	产业基金	兼并重组
• 投融资仍处于早期，大部分为 C 轮以前的投资 • 上海投资最为频繁，其次为北京和广东 • 物流服务和各类物流平台是首要的两大投资热点 • 物流行业以投资机构的投资为主，实业类企业较少	• 目前在中国证券投资基金业协会备案的基金共 5 家，基金投资规模主要为 0-5 亿元	• 同为物流行业的企业兼并重组较多，行业龙头企业为扩大业务规模或战略转型而并购其他中小型物流企业

来源：前瞻产业研究院 @前瞻经济学人 App。

以上数据参考前瞻产业研究院《中国物流行业市场前瞻与投资战略规划分析报告》，同时前瞻产业研究院还提供产业大数据、产业研究、产业链咨询、产业图谱、产业规划、园区规划、产业招商引资、IPO 募投可研、IPO 业务与技术撰写、IPO 工作底稿咨询等解决方案。

来源：2022 年 6 月 2 日 前瞻网 。

三、物流业直接融资

银保监会：保险业要全力支持货运物流保通保畅

4 月 15 日，在国新办一季度银行业保险业运行发展情况发布会上，银保监会政策研究局负责人叶燕斐表示，近期国家有些地方疫情出现了反复，造成国内货运物流不畅，导致一些生产环节在个别时段暂停，可能会带来物价上涨。

下一阶段，银保监会将坚持稳字当头、稳中求进，会同有关部门积极应对和缓解输入性通胀压力，努力疏通国内的供应链、生产链，努力推动国内物价涨幅保持在合理区间。

一是继续实施灵活稳健的货币政策，努力保持货币供应量和社会融资规模增速同名义经济增长保持基本匹配，保持流动性合理充裕，增强信贷总量增长稳定性。信贷总量保持合理增长的同时，疏导货币政策的传导机制，让有限的总量发挥最大的效率。

二是督促银行保险机构积极支持生产生活物资的稳产保供，特别是加大对农业生产，现在是春耕时节，加大对农业生产、重要农产品（000061）加工、仓储保鲜冷链物流设施建设的金融支持，继续提升农业保险保障能力和服务质效。引导银行业金融机构增加对实体经济，特别是农业、制造业的中长期贷款。

三是督促银行业保险业全力支持货运物流的保通保畅，加大资金支持力度，帮扶重点群体，特别是货运司机，提升他们的服务效率，帮助他们解决实际困难，刚才提到贷款的延期，延期还款是可以的。创新担保方式，全力以赴帮助货运物流行业纾困解难。

四是推动银行机构继续落实好向实体经济合理让利，开展银行保险机构涉企乱收费专项整治行动，降低企业的综合融资成本。

五是继续强化国际物价的监测应对，及时应对国际环境变化可能造成的冲击，特别是要引导金融机构帮助企业加强外汇风险和汇率预期管理，因为预期非常重要，合理对冲汇率波动可能带来的输入型通胀压力的影响。

来源：2022 年 4 月 15 日 和讯保险。

融资融物 畅通货运物流

多亏江苏租赁疫情期间给我及时提供了纾困方案，让我还款压力一下子释放了。”一个来自江苏徐州“00 后”货运司机童季成的电话，表达对江苏金融租赁股份有限公司（以下简称“江苏租赁”）信贷纾困满满的幸福感。童季成经营一家物流小微企业，受疫情冲击业务处于“静默”状态，还款与生活的压力压得他喘不过气。而江苏租赁积极主动提供的金融支持，助他成功渡过了难关。

这是江苏租赁帮扶货运物流行业内重点群体（小微企业）的一个生动缩影。

今年以来，银保监会、交通运输部联合印发《关于银行业保险业支持公路交通高质量发展的意见》，江苏银行业保险业迅速行动，为货运物流行业纾困注入一剂“强心针”。

在江苏银保监局的指导下，江苏租赁主动作为，充分发挥金融租赁优势，围绕货运物流不同的环节、不同主体在疫情之下的临时性、特殊性需求，以定制化金融服务，疏通物流企业资金“渴”的痛点堵点，支持产业链供应链稳定循环。

及时纾困，给小微企业注入“强心针”

江苏省连云港是传统钢铁产能大市，也是“一带一路”重要出海口，钢铁生产、深加工、物流与贸易已成为该市的主导产业。今年39岁的朱辉是连云港市本地人，此前从事钢材销售业务近10年，积累了钢材行业货源、分包、运输等上下游客户资源，生意做得红红火火。于2015年成立了连云港东赐物流有限公司（以下简称“东赐物流”），主要承运当地镔鑫钢企等大型钢材厂生产的货运物流，长期以来，江苏租赁一直把东赐物流作为重点信贷支持的物流企业。

2020年初，江苏租赁为进一步帮助东赐物流扩大运力，开拓新市场，陆续为东赐物流融资购买了60台牵引车、半挂车等货运车辆，投放金额超1000万元。正当朱辉准备大干一场之时，今年3月中旬连云港市疫情暴发，同时新冠疫情在江苏苏州等区域多地散发，防控措施升级。江苏突如其来的疫情，对物流运输行业的小微企业带来了很大冲击。“我们的主要业务是将钢材运至东部沿海港口，然而，2022年初长三角地区暴发大规模疫情，交通严重受阻，我们的业务几乎‘停摆’。”朱辉表示。与此同时，受钢铁原材料、油价上涨等其他因素影响，运输成本水涨船高，一时间，企业现金流岌岌可危。

而60多辆车的还贷、近100名员工的工资和管理运营等成本压力搞得朱辉焦头烂额。2022年3月初，抱着试试看的心态，朱辉拨打了江苏租赁客户经理张显芳的电话，询问是否可以延期还款。张显芳得知这一消息后，当即表示将全力以赴帮助企业克服疫情难关。他详细了解朱辉现阶段诉求，当天就为其制定了“一企一策”纾困方案，解了朱辉燃眉之急，也大大提振了企业发展的信心。

朱辉对江苏租赁的办事效率和个性化的服务能力溢于言表。“江苏租赁高效、专业的方案为我解决了融资难。有这样‘贴心’的金融合作伙伴，我们也更有‘底气’面对疫情下的发展挑战。”

创新模式，助绿色钢铁再踏“减排新路”

2021年7月16日，全国碳市场线上交易正式启动。“双碳”目标是把“双刃剑”，碳排放量大户如果不加快降低排放强度，未来支付的费用将越来越多。 刚刚成立不到一年的河北省唐山展辰物流有限公司（以下简称“唐山展辰”），就遇到了发展之路上的第一道坎。

唐山展辰主要为港陆钢铁进行货物运输。随着碳交易的逐步施行，港陆钢铁碳减排成本大幅增加，碳减排压力和钢铁厂产能提升、成本持续增长的矛盾越发突出。为了将有限的碳排量用于生产，公司迫切需要在公路运输及装载机、叉车等非道路机械实施电动化，这样才能解决评级、限产、停运等问题。

2022年1月，经多方比价，唐山展辰计划采购60台华菱之星牌电动重卡，单台车辆（包含无动力车身及电池）的价格66.5万元，每台车每年可减少二氧化碳排放超7万千克。但受疫情、成本增长等不利因素影响，摆在公司眼前的，是购置重卡急需的一大笔资金难题。

早在2017年起，江苏租赁便开始不断探索新能源汽车融资租赁创新模式，并成为多家新能源车厂的深度合作伙伴，其中就包括了华菱品牌。在得知了唐山展辰的资金困境后，汽车金融部客户经理达伟第一时间向其提供了多套金融纾困解决方案，并通过多年的服务经验，积极帮助唐山展辰分析不同解决方案的适配程度。

最终，唐山展辰选择以车电分离模式采购服务，即以无动力车身向江苏租赁融资，剩余的电池部分由上海某电池资产管理公司进行全额回购，每月将电池租给唐山展辰使用并收取一定租金。在车电分离运营模式下，不仅可以大幅降低物流企业的采购资金压力，也可以更好地统筹电池包的安全和流通状况，高效调配电池资源。

2022年3月初，随着60辆电动重卡车辆的投放到位，为企业进一步提升环保标准、降低污染排放带来了全新活力。货场内整齐堆放一排排波纹钢管，叉车往来穿梭，工人师傅们加紧核对客户订单信息，绿色钢铁“再踏新路”。

高效服务，为航运企业开辟“蔚蓝通道”

石狮鼎盛船务有限公司（以下简称“鼎盛船务”）成立于2016年，位于福建省泉州市，主营国内沿海散装货物运输和货物代理。该公司目前拥有散货船6艘，委托在建散货船4艘，是沿海地区冬季煤炭的运输供应“主力军”之一。

2022年初，受疫情影响，鼎盛船务的业务量直线下滑，现金流岌岌可危。但新建散货船造船建船所需支付的尾款，是一笔非常庞大的资金。眼看付款日期不断逼近，公司负责人邱功霖跑遍了大大小小的金融机构，却屡屡被拒之门外。“船舶行业本身就是重资产行业，客观存在融资难的问题，何况我们还是民营企业，更是难上加难啊！”无法及时支付尾款，就会直接拖慢新船工程进度及交付使用，进而影响区域冬季的煤炭供应，此时的他寝食难安，体重一下子掉了11斤。

江苏租赁航运事业部客户经理金琦童获悉鼎盛船务的困境后，主动上门拜访，商讨可行的融资方案，纾困企业资金“渴”。

凭借多年来在船舶领域的深耕，江苏租赁船舶团队迅速提供了一份详尽的解决方案—以石狮鼎盛一艘在建的7.5万载重吨散货船为租赁物融资1.5亿元，为其补充流动资金，用于支付新建散货船造船尾款。

考虑到石狮鼎盛的资金需求十分迫切，为了保障企业在疫情下的正常发展，金琦童与团队“加足马力”推进后续审批工作。从项目评审通过到最终项目落地投放，江苏租赁仅用了1个月时间。“在行业内，船舶融资审批通常需要2个月左右，我们压缩了近一半时间。”金琦童自信地说。

江苏租赁高效的响应速度与金融支持，为冬季煤炭供应通畅开辟了“蔚蓝通道”。

江苏租赁充分发挥金融租赁“融资＋融物”特色功能，主动承担社会责任，疫情期间通过优化金融产品，开辟绿色通道，帮助货运物流客户纾困解难，畅通生产生活的“补给线”。2022年一季度，江苏租赁在商用车领域新增投放359笔，支持物流公司、货运司机采购重型卡车1504辆，投放金额近4亿元；在内贸航运领域开展6笔船舶租赁业务，投放金额约4亿元。

“货运物流行业是畅通国内大循环，连接生产和消费中的关键一环，打好金融护航物流保卫战，确保交通运输‘血脉通畅’，畅通产业链供应链稳定，具有重要性和紧迫性。”江苏租赁董事长熊先根表示，金融租赁行业历经20余年的高速发展取得了令人瞩目的成绩，成为继银行、保险、证券、信托以后金融市场上又一重要支柱。“我们江苏租赁将一以贯之持续跟踪服务关注物流运输企业的金融需求，加大对小微企业和个体工商户的金融支持和服务，帮他们走出困境、恢复生机，这是保居民就业、保基本民生、保产业链供应链稳定的基础和前提，确保疫情期间金融服务‘不停摆’，用金融‘血液’疏活货运‘动脉’。”

来源：2022年6月7日《中国银行保险报》。

四、物流保险

（一）物流保险

物流保险，从宏观上来讲，是一切与物流活动相关联的保险。把这一概念与物流概念相结合，解剖可得出物流保险的真实概念是：物品从供应地向接受地的实体流动过程中对财产、货物运输、机器损坏、车辆及其它运输工具安全、人身安全保证、雇员忠诚保证等等一系列与物流活动发生关联的保险内容，其中还包括可预见的和不可预见的自然灾害。

退货运费险

退货（售中）运费险是一种运费保险，分为退货运费险（买家）和退货运费险（卖家）两个类别，交易成功后运费险将自动失效，运费险一般在 10 元至 25 元之间，根据距离，商品重量

机动车辆保险

机动车辆保险即汽车保险（简称车险），是指对机动车辆由于自然灾害或意外事故所造成的人身伤亡或财产损失负赔偿责任的一种商业保险。机动车辆保险即“车险”，是以机动车辆本身及其第三者责任等为保险标的一种运输工具保险。其保险客户，主要是拥有各种机动交通工具的法人团体和个人；其保险标的，主要是各种类型的汽车，但也包括电车、电瓶车等专用车辆及摩托车

商业保险

商业保险（commercial insurance）是指通过订立保险合同运营，以营利为目的的保险形式，由专门的保险企业经营。商业保险关系是由当事人自愿缔结的合同关系，投保人根据合同约定，向保险公司支付保险费，保险公司根据合同约定的可能发生的事故因其发生所造成的财产损失承担赔偿保险金责任，或者当被保险人死亡、伤残、疾病或达到约定的年龄、期限时承担给付保险金责任。所谓社会保险，是指收取保险费，形成社会保险基金，用来对其中因年老、疾病、生育、伤残、死亡和失业而导致丧失劳动能力或失去工作机会的成员提供基本生活保障的一种社会保障制度。

相互保险

相互保险，指具有同质风险保障需求的单位或个人，通过订立合同成为会员，并缴纳保费形成互助基金，由该基金对合同约定的事故发生所造成的损失承担赔偿责任，或者当被保险人死亡、伤残、疾病或者达到合同约定的年龄、期限等条件时承担给付保险金责任的保险活动。

保险简介

其实早在 1998 年，一些保险界的有识之士就聚在一起商讨物流保险实施的可行性，并形成了舆论。之后，社会各界呼唤物流保险的声音不断增加。2002 年 3 月，第一份专门的物流保险在人保手中诞生，时隔一年便告夭折。2004 年 7 月，中国人民财产保险股份有限公司推出一款曾被人们认为“具有划时代意思的物流保险”—物流责任险，其结果也是乏人问津。综上所述，都不能还原物流保险以本来面目。

究竟何为物流保险呢？那就让我们先来了解什么是物流。物流是指物品从供应地向接受地的实体流动过程，根据实际需要，将运输、储存、装卸、包装、流通加工、配送、信息处理等基本功能实施有机结合。

目前宁波市物流业广泛应用的保险险种主要是财产保险和货物运输保险。据了解，这两种险种只能对物流的部分环节进行承保，无法适应当前整个物流市场的需求。比如在与货主的合同中，大都规

定了很多承运人的赔偿责任，但在出现有关情况造成货物丢失、毁损时，保险公司一般只是就货物本身进行赔付，物流公司时常会受到较大数额的所谓经济损失的追讨。另一方面，物流公司还肩负着保证按时送达的责任，而实际上，因为意外因素延误运输时间的现象并不少见，这种情况并不在货物运输保险赔付条款之内，也只能由物流公司自己负责赔偿等。随着我国社会主义生产力的提高，物流保险中也将充实进去越来越多的内容，只有站在全局的角度考虑问题，才有可能照顾到物流活动中的方方面面，最大限度的减少在货物流通过程中的损失。

保险种类

在物流作业过程中，只要涉及货物作业、监管的运作环节都有可能涉及货物保险问题。一般保险最受重视的环节有仓储作业、空运、海运、陆路运输作业阶段。很多情况下港口作业过程的保险是作为运输保险的一部分投保的。海运过程中的险种分基本险和附加险，基本险又分平安险、水渍险和一切险等 3 种。陆路运输过程中的险种主要有陆运险和陆运一切险等 2 种。航空运输过程中的保险分为航空运输险和航空运输一切险两种。

标的及责任产品简介

近年来，国内物流业的发展掀起高潮。物流货运保险综合传统货运保险和财产保险的责任，承保物流货物在运输、储存、加工包装、配送过程中由于自然灾害或意外事故造成的损失和相关费用。物流货物保险可以为客户提供全面、无缝式的保险保障，同时还能最大程度地简化客户的投保手续，方便客户。下面简单介绍物流货运保险之保险标的及保险责任。

保险标的

除本条款第五条列明的货物外，凡以物流方式流动的货物均可作为本保险合同的保险标的。

下列物流货物在事先申报并经保险人认可并明确保险价值后，可以作为特约保险标的：

（一）金银、珠宝、钻石、玉器、贵重金属；

（二）古玩、古币、古书、古画；

（三）艺术作品、邮票。

下列物流货物不在保险标的范围之内：

（一）枪支弹药、爆炸物品；

（二）现钞、有价证券、票据、文件、档案、帐册、图纸。

保险责任

在保险期间内，若保险标的在物流运输、装卸、搬运过程中由于下列原因造成损失，保险人依照本保险合同的约定负保险责任：

（一）火灾、爆炸；

（二）自然灾害；

本保险合同所称自然灾害是指雷击、暴风、暴雨、洪水、暴雪、冰雹、沙尘暴、冰凌、泥石流、崖崩、突发性滑坡、火山爆发、地面突然塌陷、地震、海啸及其他人力不可抗拒的破坏力强大的自然现象。

（三）运输工具发生碰撞、出轨、倾覆、坠落、搁浅、触礁、沉没，或隧道、桥梁、码头坍塌；

（四）碰撞、挤压导致包装破裂或容器损坏；

（五）符合安全运输规定而遭受雨淋；

（六）装卸人员违反操作规程进行装卸、搬运；

（七）共同海损的牺牲、分摊和救助。

在保险期间内，若保险标的在物流储存、流通加工、包装过程中由于自然灾害或意外事故造成损失的，保险人依照本合同的约定负责赔偿。

本保险合同所称意外事故是指外来的不可预料的以及被保险人无法控制并造成物质损失的突发性事件。

下列损失和费用，保险人也依照本合同的约定负保险责任：

（一）保险事故发生时，为抢救保险标的或防止灾害蔓延，采取必要的、合理的措施而造成保险标的的损失；

（二）保险事故发生后，被保险人为防止或减少保险标的的损失所支付的必要的、合理的施救费用；

（三）经保险人书面同意的，被保险人为查明和确定保险事故的性质、原因和保险标的的损失程度所支付的必要的、合理的费用。保险公司在货损或货物灭失时行使的代位求偿权　在物流保险法律关系中，物流合同的一方与保险人订立保险合同。在非保险合同双方当事人的原因造成货损或货物灭失的情况下，保险人先向货物利益方进行赔偿，而后取得货物利益方的地位，有权向责任人追偿。此时应注意以下几个问题。首先，在事前确定货物利益方没有私自放弃任何有关损坏货物的任何权利，这是为确保保险人理赔后权利能够得到充分弥补。其次，保险人理赔后，应当取得与代位求偿及诉讼的一切相关证据，并应取得货物利益方的配合。再次，注意财产保全与证据保全。物流保险合同往往标的较大，必要时需要行使财产保全以确保保险人的利益。最后，物流法律关系错综复杂，专业性很强，所以在事前与事后法律咨询上要选择物流、海事方面的专业律师。

主要内容

与托运人之间可能产生的风险

1. 货物灭损带来的赔偿风险—对物流安全性的挑战

包括货物的灭失和损害。可能发生的环节主要有运输、仓储、装卸搬运和配送环节。发生的原因可能有客观因素，也可能有主观因素。客观因素主要有不可抗力、火灾、运输工具出险等，主观因素主要有野蛮装卸、偷盗等。

2. 延时配送带来的责任风险—对物流及时性的挑战

在 JIT 原则的要求下，物流企业延时配送往往导致客户索赔。从实践中看，客户索赔的依据大多是物流服务协议。也就是说，此时第三方物流企业承担的是违约赔偿责任。

3. 错发错运带来的责任风险—对物流准确性的挑战

有些时候，物流企业因种种原因导致分拨路径发生错误，致使货物错发错运，由此给客户带来损失。一般而言，错发错运往往是由于手工制单字迹模糊、信息系统程序出错、操作人员马虎等原因造成的。由此给客户带来的损失属于法律上的侵权责任。但同时，物流服务协议中往往还约定有“准确配送条款”，因此客户也可以依据该条款的约定提出索赔。此时便存在侵权责任和违约责任的竞合，我国合同法规定当事人得享有提起侵权责任之诉或违约责任之诉的选择权。

与分包商之间可能产生的风险

1. 传递性风险

传递性风险是指第三方物流企业能否通过分包协议把全部风险有效传递给分包商的风险。例如，第三方物流企业与客户签订的协议规定赔偿责任限额为每件 500 元，但第三方物流企业与分包商签订的协议却规定赔偿责任限额为每件 100 元，差额部分则由第三方物流企业买单。在这里，第三方物流企业对分包环节造成的货损并没有过错，但依据合同不得不承担差额部分的赔偿责任。由于目前铁路、民航、邮政普遍服务等公用企业对赔偿责任限额普遍规定较低，因此第三方物流企业选择由公用企业部门分包时将面临着不能有效传递的风险。

2. 诈骗风险

资质差的分包商，尤其是一些缺乏诚实信用的个体户运输业者配载货物后，有时会发生因诈骗而致货物失踪的风险。

与社会公众之间可能产生的责任风险

1. 环境污染风险

第三方物流活动中的环境污染主要表现为交通拥堵、机动车排放尾气、噪声等。根据环境保护法，污染者需要对不特定的社会公众承担相应的法律责任。

2. 交通肇事风险

运输司机在运输货物的过程中发生交通肇事，属于履行职务的行为，其民事责任应该由其所属的物流企业承担。

3. 危险品泄漏风险

危险品物流有泄漏的风险，随时会给社会公众的生命财产安全带来威胁，这一点值得从事危险品物流的企业警惕。

索赔程序

在发生货损或货物灭失，办理保险索赔时，需要经过以下程序：首先，由索赔人向保险公司提供以下单据：保险单或保险凭证正本、运输契约、发票、装箱单、向承运人等第三者责任方请求补偿的函电或其它单证、被保险人已经履行应办的追偿手续等文件、由国外保险代理人或由国外第三者公证机构出具的检验报告、海事报告。海事造成的货物损失，一般均由保险公司赔付，船方不承担责任、货损货差证明、索赔清单等。被保险人在办妥有关手续，交付单据后，等待保险公司审定责任，决定是否予以赔付，如何赔付。如保险公司决定赔偿，则最后由保险公司向被保险人支付款项。

两大误区

随着物流活动的发展，第三方的物流企业在办理自身责任保险的同时，往往也越来越多地为相应的货物所有权人代办具体的货物保险。这两种形态由于分属不同的保险类型，因而往往会给人们带来误区。

误区 1: 用代收委托人的保险费投保物流责任险

第三方物流企业向委托人收取的保险费属于代收性质，其必须按照合同的约定履行代为投保物流货物保险的义务。然而，很多第三方物流企业认为，投保与否以及投保哪个险种完全是自己的事情。为节省保费，他们往往只投保物流责任保险一个类型。这些企业忽视了一个重要的问题：在责任保险情况下，对于不可抗力等原因导致的货物损失，保险公司是不负赔偿责任的。此时，货物所有权人面临的货损风险加大。

误区 2: 第三方物流企业应承担全部货损责任

按照法理，当发生除第三方物流企业责任以外的自然灾害、意外事故、外来风险等不可抗力事件导致货物损失，被保险人应该向保险公司索赔。只有发生了因第三方物流企业的责任导致的货物损失时，被保险人才可以选择向第三方物流企业索赔。但实践中发生货损时，很多第三方物流企业往往抱着息事宁人的心态，对损失的原因不加区分，直接向委托方理赔，白白造成了损失。

来源：百度百科。

（二）物流责任保险

物流责任保险是指被保险人在经营物流业务过程中，对由于列明原因造成的物流货物损失，依法应由被保险人承担赔偿责任的，由保险人根据保险合同的约定负责赔偿。

责任范围

它将运输中承运人的责任以及仓储、流通加工过程中保管人及加工人的责任融合在一起，因此物流责任保险的风险大于其他单独的责任保险的风险。

现状与物流业的快速发展相比，我国的物流保险尤其是物流责任保险要滞后得多。由于缺乏统一的保险险种，物流企业和客户只能在各个物流环节里面分别投保责任险，致使有的环节重复投保，而有的环节则得不到保险的保障。这一境况在2004年得到了明显的改善。

2004年，中国人民保险公司正式推出了“物流责任保险”条款。“物流责任保险”是指被保险人在经营物流业务过程中，对由于列明原因造成的物流货物损失，依法应由被保险人承担赔偿责任的，由保险人根据保险合同的约定负责赔偿。除物流责任基本险外，还有“附加盗窃责任保险”、“附加提货不着责任保险”“附加冷藏货物责任保险”“附加错发错运费用损失保险”“附加流通加工、包装责任保险”以及“附加危险货物第三者责任保险”等附加险供物流企业选择投保。

上述物流责任基本险及附加险的出现，为广大物流企业通过保险方式分散、转嫁责任风险创造了条件。上述条款具有以下积极意义：首先，它填补了我国物流企业综合责任保险的空白；其次，它覆盖了物流服务的各个环节，初步满足了我国物流企业的基本责任保险需求；再次，它简化了物流企业投保责任保险的手续，节约了保险费用，减少了索赔理赔的环节和成本；最后，它丰富了保险产品品种，有利于我国物流保险市场的开拓和发展。

存在问题

虽然物流责任保险条款的推出为我国物流责任保险的发展迈出了坚实的一步，但是物流责任保险市场并没有因此突飞猛进。造成这一问题的原因是多方面的，例如整个市场环境的影响，物流企业认识不足等，但是“物流责任保险”条款存在着许多显而易见的缺陷却是其中最重要的原因。

首先，相对于物流企业的责任风险而言，物流责任保险条款的范围显得过小，不能充分满足市场需求。根据该保险条款，物流责任保险只承保物流企业提供运输、储存、装卸、搬运、配送服务过程中造成物流货物损失的5种情形，提供包装、流通加工、信息处理服务过程中造成的货物损失只有在投保相应附加险种的情况下才予以承保；除了可以附加投保“危险货物第三者责任险”外，物流服务过程中给第三者造成的人身伤亡或其他财产损失也不属于保险的范围。此外，该条款还对发生在我国境外的财产或费用损失不负责赔偿，这更无法满足物流企业开拓国际市场的需要。

其次，保费的计算不够科学合理。物流责任保险条款并没有依照责任保险的传统做法，按照保险风险的类型与范围、保险人的累计赔偿限额和单次事故赔偿限额等来确定保险费用，而是按照被保险人的营业收入来计收保费。一方面，这种方法不符合责任保险的通常做法，因为物流企业的收入与其责任风险之间并没有必然的联系；另一方面，这种方式也会阻碍物流企业的投保，因为越是大的、经营得好的物流企业，其保费就越高，而不管其风险控制的好坏。这种不合理的收费方式使得保险费用过于高昂，增加了物流企业的成本，在一定程度上影响了该险种的推广。

建议

1. 物流企业方面

物流企业必须端正思想、认清形势，认识到物流责任保险的重要性。物流责任保险不仅能够转移、分散物流企业的责任风险，减少亏损、增加盈利，还能够通过保险公司的介入，增强企业风险分散、控制的理念和能力，从而从源头上减少自己的责任风险和支出，从而形成良好的经营和运行模式。

此外，各级物流主管部门、物流企业自治组织等也要加强对物流企业的指导协调工作，通过传授知识、交流经验、业务培训等手段，指导物流企业根据自己的实际情况投保适合的保险险种，在遭受保险事故时，指导物流企业正确索赔，以减少损失，同时获得应有的赔偿。

2. 保险公司方面

首先，保险公司应当加大对物流责任保险的推广宣传工作。许多物流企业对物流责任保险知之甚少，甚至许多人根本不知道有物流责任保险这一回事。因此，扩大对物流企业的宣传与交流是物流责任保险市场发展的重要前提条件。

其次，保险公司应适当扩大物流责任保险的承保范围，以满足市场需求。物流责任保险覆盖面较小，难以满足物流企业风险防范的需求。所以保险公司应审时度势，认真研究现代物流业务的流程，适当扩大物流责任保险的承保范围。

最后，保险公司应合理确定物流责任保险的费率。物流责任保险费率的制订，应根据保险业务的风险大小及损失率的高低来确定。这应当包括：①发生意外损害赔偿责任可能性的大小，这是制订物流责任保险费率的基础；②现行法律制度对损害赔偿范围及数额的规定，法律规定的范围越宽、数额越高，表明风险愈大，费率也应愈高，反之亦然；③保险公司赔偿责任限额的高低，赔偿责任限额与免赔额的高低对物流责任保险的费率有客观影响；④第三方物流企业的信用和风险等级，针对物流企业的不同信用等级，其发生风险和赔付的几率等可以设定不同的保险费率。

3. 法制完善方面

物流责任保险的发展离不开法律的支持，当前我国调整物流责任保险方面的立法主要有：

(1)《保险法》：物流责任保险合同作为保险合同的一种，首先应该受到《保险法》的调整和规范，《保险法》第 50—51 条对责任保险作了专门规定，这正是物流责任保险以及其他责任保险得以承认和发展的坚实基础。

(2)《海商法》及其他运输法规：《海商法》是调整海上保险关系的重要法律文件，海上运输责任保险应该首先适用《海商法》的规定，《海商法》没有规定的则适用《保险法》的规定。除《海商法》外，《铁路法》、《民用航空法》等也是开展物流责任保险的重要依据。此外，《海事诉讼特别程序法》也是海事法院审理海上运输责任保险案件的重要程序法。

(3)《民法通则》与《合同法》：《民法通则》是调整平等主体间民事关系的重要法律，物流责任保险关系作为民事关系的一种，应该受到该法的规范；此外，物流企业与客户之间是一种物流服务合同关系，物流企业与保险公司之间是一种保险合同关系，《合同法》的规定同样适用于物流服务合同和物流责任保险合同。

综上可见，我国已初步形成了物流责任保险的法制环境，但我国还没有一部专门的、统一的物流法或物流保险法。而且现行物流责任保险立法还存在许多问题，例如现行法律的规定过于笼统，不能满足物流保险活动的需要；物流保险法律法规的发展参差不齐，阻碍了物流保险活动的开展等。所以，物流责任保险法律制度已不能适应现代物流发展的需要，需要进一步完善。

关于我国物流责任保险的立法完善，在理论上有以下几种可能性：首先，制定一部单独的物流责任保险法规；其次，制定一部单独的物流保险法规，在其中规定物流责任保险的内容；最后，制定一部单独的物流法，并在物流法中明确规定物流保险以及物流责任保险的有关问题。笔者赞同最后一种观点，其理由如下：首先，我国已有一部《保险法》，物流保险及物流责任保险虽然有其特殊性，但在基本原则和具体制度规则方面与其他保险没有实质区别，所以没有必要制定单独的物流保险法规；其次，物流责任保险是以物流为基础的，在物流法中规定物流保险以及物流责任保险的相关法律问题，更有利于两者的协调。所以我国应在制定物流法的同时，解决物流责任保险法的完善问题。

意义

1. 填补了我国物流企业综合责任保险的空白

物流责任保险是广大物流企业迫切需要的一种综合责任保险，由于世界范围内对于“物流”缺乏统一定义，物流服务内容有所不同，缺乏承保物流企业责任保险的经验，所以国内外保险公司对于物流企业综合责任保险都仍处于探索阶段。中国人保公司适应我国现代物流发展需求，吸收发达国家经验，结合我国实际，率先推出物流责任保险条款，填补了我国物流企业综合责任保险的空白，走在了世界前列。

2. 初步满足了我国物流企业的基本责任保险需求

该条款沿用了国家标准《物流术语》关于“物流”的定义，涉及运输、储存、装卸、搬运、包装、流通加工、配送、信息处理等各个物流服务环节，与现阶段我国物流服务企业提供的主要物流服务内容相一致，覆盖了我国物流企业实现服务基本功能过程中因过失而依法应当承担的绝大部分货物损失赔偿责任，初步满足了现阶段我国物流服务企业的基本责任保险需求。

3. 简化了物流企业投保责任保险的手续，节约了保险费用

过去，我国物流企业要想通过保险方式分散、转嫁责任风险，必须根据其所从事的业务活动内容，分别投保承运人责任险、仓储保管人（受托人）责任险、货运代理责任险、公众责任险等责任险种，并按各险种分别确定保险责任限额，交纳保险费用。不仅各险种衔接困难，难以覆盖主要业务责任风险，而且按各险种计算的保险责任限额较低，累计保险费用高昂，手续复杂。该条款的出台基本解决了这些问题。

4. 丰富了保险产品品种，拓展了物流保险市场

中国人保公司在推出物流货物保险条款的同时，推出了物流责任保险条款，分别满足了物流货物所有人和物流服务企业的保险需求，丰富了自身的保险产品品种，拓展了物流保险市场，不仅扩大该公司的责任保险市场份额，而且会增加其保险费用收入，增强其市场竞争能力。

保险条款

1. 物流保险责任范围较小，不能充分满足市场需求

根据该保险条款，保险人仅承保被保险人在物流业务过程中，由于火灾、爆炸、运输工具发生碰撞、出轨、倾覆、坠落、搁浅、触礁、沉没、碰撞、挤压导致的包装破裂或容器损坏、装卸人员违规装卸、搬运等 5 种原因造成的物流货物损失，不包括被保险人因上述原因而给第三者造成的人身伤亡或其他财产损失。从引起被保险人赔偿责任的环节来看，基本限于被保险人在运输、储存、装卸、搬运、配送货物过程中造成的物流货物损失，而不包括被保险人在提供包装、流通加工、信息处理服务过程中造成的物流货物损失。

该条款，只在附加投保错发、错运费用损失险、流通加工、包装责任险情况下，才承保信息系统故障导致信息处理错误造成物流货物错发目的地的费用损失和对物流货物进行流通加工、包装造成的第三者财产损失。只在被保险人附加投保流通加工、包装责任保险情况下，才承保被保险人在承保地域范围内对物流货物进行流通加工、包装，造成使用、消费或操作该物流货物的第三者人身伤害、疾病、伤亡或财产损失的赔偿责任风险。相反，明确规定了 20 多项保险人不负责赔偿的损失、费用和责任，特别规定对于发生在中华人民共和国境外的财产或费用损失不负责赔偿。这就不能充分满足物流企业，特别是国际物流企业的责任保险需求。

2. 列举的物流货物损失原因有些笼统且数量有限

根据现行国家标准，物流至少包括运输、储存、装卸、搬运、包装、流通加工、配送、信息处理等基本服务功能。物流企业在实现这些功能过程中，都存在若干因过失造成物流货物本身或费用损失，依法需要承担赔偿责任的风险。

该条款仅列举了物流服务企业在提供运输、储存、装卸、搬运、配送服务过程中造成物流货物损失的五种原因，没有列举物流服务企业在提供包装、流通加工、信息处理服务过程中因过失造成物流

货物本身和费用损失的情形，没有全面体现物流服务企业在提供运输、储存、装卸、搬运、配送服务过程中因过失造成物流货物本身和费用损失的情形以及我国物流企业面临的民事赔偿责任风险。名称和内容存在一定差距。

3. 部分条款内容表述容易产生争议

该条款在第四条概括规定“被保险人在经营物流业务过程中，由于下列原因造成物流货物的损失，依法应由被保险人承担赔偿责任的，由保险人根据本保险合同的约定负责赔偿”的同时，在第六、第七、第八、第九、第十条分别规定了保险人不负责赔偿的损失、费用和责任。没有给出“故意”“重大过失”“过失”的定义，除了第六条规定“被保险人的故意或重大过失行为”造成的损失、费用和责任、保险人不负责赔偿以外，其他几条并未限定被保险人造成损失、费用和责任行为的过错程度。其中，第四、第七、第九条列举的损失、费用和责任的原因，就被保险人的过错程度而言，多数存在故意、重大过失和过失三种可能，是否第四条项下因被保险人故意或重大过失行为造成的损失，保险人绝对不负责赔偿；是否第七条、第九条项下因被保险人过失行为造成的损失，保险人也不负责赔偿；是否因被保险人租用的运输、装卸工具不适合运输、装载物流货物，被保险人租用仓储设施不具备存储条件造成的物流货物损失，保险人负责赔偿，从有关条文内容中难以得出明确答案。

就附加险条款而言，由于附加盗窃责任险条款并未区分物流企业内部职工盗窃和其他人员盗窃；错发、错运费用损失险条款也未区分人为原因造成的信息系统故障和自然灾害、意外事故造成的信息系统故障；附加流通加工、包装责任险条款亦未区分被保险人造成第三者人身伤害、疾病、伤亡或财产损失行为的过错程度，对于上述附加险项下的保险人赔偿责任范围较为模糊，实践中容易发生争议。

4. 计收保费依据可以更科学、合理一些

该条款没有充分考虑不同类型物流货物损坏及灭失发生概率的差异、不同物流服务企业运输、储存、配送物流货物种类的差异、物流货物自身价值与物流服务费用无必然比例关系、保险费用与保险人的赔偿责任限额密切相关等实际情况，一改责任保险的传统做法，没有按照保险人在保险合同期限内的累计赔偿责任限额和单次保险事故赔偿责任限额两个重要指标来确定向被保险人收取的保费，而是按照被保险人的营业收入来计收保费，这不太符合我国物流企业实际情况。高昂的物流责任保险费用，增加了物流企业的成本，难以达到开发物流责任保险险种的本来目的，并会在一定程度上影响该保险险种的推广。

主要区别

由于部分物流运输企业对物流责任保险的认识不足，导致了一些物流运输企业用货物运输保险的方式来转嫁企业经营风险，但是货物运输保险承保的是运输过程中的货物，旨在保障货主的财产权，而不是承保物流运输企业的经济赔偿责任。货物运输保险与物流责任保险的区别在于：

1. 被保险人不同：

货物运输保险的被保险人为货主。这种情况下，对于物流运输企业存在的如下问题：

(1) 赔款赔付给货主而不是物流运输企业

(2) 保险公司向货主赔款后可以向物流运输企业进行追偿

而物流责任保险的被保险人就是物流运输企业，赔款赔付给物流运输企业。

2. 货运险不能解决物流企业的赔偿责任：

当货主与物流运输企业同时投保货物运输保险的时候，双方的保险公司各自承担一半的赔偿责任，即货主的保险公司赔付给货主货损的50%，物流运输企业需要将其得到的赔款（货损的50%）赔付给货主。之后，货主的保险公司可以就自己赔付的50%的货损对物流运输企业进行追偿，即物流运输企业还有 50% 的风险需要自行承担。而物流责任保险承保的就是物流运输企业依法承担的经济赔偿责任，在遇有追偿的情况下，正好可以使用物流责任保险进行赔付。

3. 物流运输企业投保货运险存在拒赔风险

货物运输保险即使是年度预约保单，仍然需要被保险人如实申报每一票货物的金额。而物流责任保险则是一年一份保单，不需要在进行任何申报。

市场上存在一些货运险保单，告知被保险人可以按照月份申报运输货物的金额，但是按照保险合同要求，被保险人必须做到全部如实申报。如果被保险人没有如实申报当月运输货物金额，则保险人可以按照被保险人违反合同约定为由拒赔。企业选择保险就是为了规避风险，但是如果选择了一份不适当的保险，损失保费成本是小事，没有得到应有的保证就得不偿失了。

浅谈物流企业如何投保货运险详情

在交通事故中，物流运输事故发生的比例是很大的。除了自然灾害，一些意外事故导致的损失也比较频繁，致使货主和运输公司都受到很大的损失。此时，物流运输保险的作用就显得越发重要了。比如，一辆深圳到沈阳的货车在高速公司上发生火灾事故，导致该货车上价值 16 万的五金配件几乎全部损毁。幸好货主在运输之前投保了物流保险。事故发生后，货主第一时间联系了承保的保险公司的工作人员。通过与承保公司的沟通，现场查勘与残值核定都做了尽快的处理，由于事故发生原因清晰、资料齐全，该保险公司很快就完成了所有理赔手续，客户 5 天内就收到了该保险公司转账过来的 15.6 万元赔款。

货运物流行业的发展，使货物运输过程中充满了各种各样的风险。从国外的经验来看，当企业无法自我承担某些经营风险时，他们就会购买相应的物流保险，将这类风险转嫁给保险公司。例如许多企业担心暴风或暴雨会导致运输货物受损，他们会选择购买物流运输保险，通过物流保险理赔减少经济损失；一些出口企业害怕货物走出国门后，海上运输风险加大，他们就会购买一份海洋货物运输保险，确保自身销售收入与利润的“安全性”。

据报道，某财险四川分公司向汶川地震中受灾严重的某汽轮机公司预付货物运输保险的地震赔款 1000 万元。该出险货物系于 5 月 10 日从德阳起运，运往甘肃白银。5 月 12 日途经映秀镇时恰逢地震发生，致承运的 5 台风电机舱出险，造成重大损失。该保险公司四川分公司接到报案后，在初步确定保险货物的最大损失可能超过 1000 万元后，保险公司及时作出预付 1000 万元赔款的决定。

我国是世界上公认的地震、洪水、台风等各种自然灾害比较频繁的国家。据民政部统计，自然灾害每年给我国造成的经济损失都在 1000 亿元以上。但曾有数据显示，在遭受自然灾害时，我国的保险赔偿一般都不会超过 5%，远低于全球 36% 的平均水平，因为绝大多数受灾企业和个人基本上都没有保险保障。因此，一旦有意外事故发生都将导致众多企业财产受到不同程度的损失。

从我国货运险实际开展业务的情况来看，国内大型企业以及外资企业风险管理意识相对较强，在选择保险作为风险保障的时候考虑较为全面，购买物流保险也是非常的积极主动，但是中小企业、私有企业由于各种原因，大部分没有通过购买物流保险来进行风险转移。

购买保险是现代化企业进行风险转移的最基本手段之一，国外的企业几乎没有不买保险的，而国内则恰恰相反。许多企业和个人都缺乏最基本的保险常识。上述火灾事故和因地震造成货物损失的事故就为广大运输企业和货主敲响了警钟：购买保险非常必要。如物流运输保险是任何运输过程中都应该首先考虑的一项基本险种。该险种保障的是运输中的货物因遭受自然灾害或意外事故而引导致的损失，是保障财产安全的必备“护身符”。

保险专家称，货物运输保险不仅能减轻企业的经济损失，而且能提高投保企业的经营水准。因为保险公司与保险经纪公司要规避风险，就会督促这些企业规范经营模式。

在交通事故中，物流运输事故发生的比例是很大的。除了自然灾害，一些意外事故导致的损失也比较频繁，致使货主和运输公司都受到很大的损失。此时，物流运输保险的作用就显得越发重要了。

货运物流行业的发展，使货物运输过程中充满了各种各样的风险。从国外的经验来看，当企业无法自我承担某些经营风险时，他们就会购买相应的物流保险，将这类风险转嫁给保险公司。例如许多企业担心暴风或暴雨会导致运输货物受损，他们会选择购买物流运输保险，通过物流保险理赔减少经济损失；一些出口企业害怕货物走出国门后，海上运输风险加大，他们就会购买一份海洋货物运输保险，确保自身销售收入与利润的“安全性”。

据报道，某财险四川分公司向汶川地震中受灾严重的某汽轮机公司预付货物运输保险的地震赔款1000万元。该出险货物系于5月10日从德阳起运，运往甘肃白银。5月12日途经映秀镇时恰逢地震发生，致承运的5台风电机舱出险，造成重大损失。该保险公司四川分公司接到报案后，在初步确定保险货物的最大损失可能超过1000万元后，保险公司及时作出预付1000万元赔款的决定。

来源：2022年7月31日　金刚保。

第十二篇 附录

一、2022年上海物流业大事记

1月

浦东国际机场四期扩建工程开工
为上海建设国际航空枢纽提供新动能

2022年1月4日，浦东国际机场四期扩建工程正式开工，主要包括航站区、飞行区、旅客捷运等六大项目，建成后预计可满足2030年浦东机场年旅客吞吐量1.3亿人次的需求；11月21日，浦东机场四期扩建工程智能货站项目也正式启动，预计2024年10月底竣工，将为上海口岸提供每年超过100万吨的出入境货物保障能力。

浦东机场四期扩建工程是贯彻落实上海国际航运中心建设“十四五”规划，积极响应国家长三角一体化发展战略，加快长三角区域互通互联，服务公众高质量出行需求，满足基地航空公司中长期发展和枢纽运营需求的重大项目。

浦东机场四期扩建工程主要包括航站区、飞行区、旅客捷运、市政配套、新东货运区、附属配套等六大项目。其航站区采用航站楼与交通中心一体化设计，实现旅客零换乘的服务目标。

在浦东机场四期扩建工程中，上海机场集团正在构建一套超大工程全流程、工序级、分层式的数字建设体系，对超大、超难工程的高质量建设具有重要引领和借鉴意义。

道路货物《运输“十四五”专项规划》即将公布

1月18日，《道路货物运输十四五专项规划》经市道路运输管理局长办公会讨论通过，不日即将公布。规划共分六章二十二节，对道路货运系统“十三五”发展进行了评估，对“十四五”发展趋势进行了研判，从规划、建设、运行、管理等方面提出了目标和重大发展任务。

“十四五”期间，货运行业将从以下几方面推动行业发展：一是服务国家物流枢纽建设，提升道路货物运输效率；二是激活行业主体发展动能，推进行业专业化建设；三是升级改造货运装备，推动货运车辆绿色化发展；四是提升从业人员素质，改善行业人员从业环境；五是强化行业安全管理，落实安全生产标准化；六是加强道路货运信息化建设，提升道路货运创新服务能力。

上海市物流协会获市政府主管部门嘉奖表彰

2022年1月28日，上海市物流协会收到市商务委市场体系建设处专函，对协会在过去一年里为上海物流业和商贸流通业发展所做的工作和贡献予以嘉奖表彰。2021年，上海市物流协会配合政府主管部门开展行业调研，积极建言献策，落实重点项目，完成指定任务，作出了应有努力。新的一年中，上海市物流协会将在政府主管部门的指导下，发挥桥梁作用和平台服务功能，做出新的成绩。

上海市物流协会发布
《关于做好 2022 年春节期间物流企业安全生产和疫情防控工作的通知》

为深入贯彻落实中央、市委市政府有关安全生产和疫情防控工作部署，切实加强 2022 年春节期间新冠肺炎疫情防控，1 月 8 日，上海市物流协会现就物流行业常态化安全生产和疫情防控工作，提出有关要求并通知。

通知要求：

1. 提高政治站位，强化安全和防控意识。各会员企业要提高政治站位，在思想上、行动上始终绷紧安全生产和疫情防控这根弦。要充分认识物流行业的安全高效优质顺畅运行对经济发展和社会民生保障的重要性，进一步加强对企业安全生产和疫情防控工作的组织领导，增强全员安全意识、防控意识，切实做好物流行业和物流企业的安全生产、疫情防控，以一方平安确保全局稳定。

2. 层层落实责任，完善安全和防控措施。各会员企业要层层落实安全生产和疫情防控的企业主体责任，完善安全生产和防疫防控相关管理制度、工作措施，加强对作业现场和车辆设备等的巡检、督查，使企业安全生产和疫情防控得到可靠落实。

3. 抓好疫苗接种，夯实防控基础。各会员企业要积极响应政府关于强化疫情防控的号召，着力推进企业从业人员疫苗接种工作，对凡满足接种加强针条件的人员，要做好宣传动员工作，尽早主动完成接种，增强免疫效果，筑牢防疫屏障。

4. 排查风险隐患，堵绝事故发生。要结合物流行业特点，对重点区域、重点环节、重点部位有针对性地开展风险隐患排查工作。尤其是作业场所、车辆设备、标识标牌、电器和燃气器具、人员配置和持证上岗等相关方面情况是否符合安全生产相关法律法规及规范和标准要求，加强检查频次和力度，做好自查整改，及时消除风险隐患，杜绝事故发生。

5. 做好突发事件应急预案，加强演练和防范。各会员企业要加大安全和防疫的宣传教育力度，完善突发事件应急预案并加强演练，增强全体从业人员安全意识、疫情防控意识和自我保护意识，提高对突发性事件的应变能力和有效控制能力，提高企业风险管理和风险防控水平。

2 月

上海邮政管理局与市经信委召开本市快递业与制造业深度融合发展工作推进会

为深入贯彻落实上海市邮政管理局与上海市经济和信息化委员会联合发布的《关于促进本市快递业与制造业深度融合发展的实施意见》，推动本市制造业提质增效和快递业转型升级，打造快递业与制造业融合发展的 3.0 版，新年伊始，上海市邮政管理局和市经信委联合召开快递业与制造业深度融合发展工作推进会，进行工作思路交流研讨，助力行业高质量发展。

会上，上海市邮政管理局和市经信委聚焦电子信息、生命健康、汽车、高端装备、先进材料、时尚消费品六大上海重点产业，在鼓励制造企业与快递企业开展合作，培育一体化供应链服务能力，打破行业壁垒，创新发展理念等方面进行了深入交流。双方共同表示将做好两业企业的需求对接和资源共享，扎实推进“快递进厂”工作。

上海物流行业协会组织合作联盟举行 2022 年第一次秘书长联席会议

2022 年 2 月 18 日，上海物流行业协会组织合作联盟 2022 年第一次秘书长联席会议在中国银行上海分行会议室召开。参加会议的有联盟成员单位秘书长及所邀方面的代表共 30 余人，上海组合港管委会办公室航发处处长杨立新出席会议。会议由国际航运中心发展关联协会（学会）联席会议秘书长、上海国际航运中心发展促进会常务副理事长兼秘书长郑在主持。

会上，首先由中国银行上海分行营业部周玲玲总经理团队重点介绍了中央对普惠金融的政策与要求；中国银行上海分行针对交通运输、物流仓储、货运代理（网络货运）、港口航运等小微企业推荐普惠金融具体项目和中行保险的产品推介。

上海国际航运中心发展促进会金融与保险工作委员会副主任委员沈颐辰、邱忆洋分别讲解了普惠金融的政策红利和对内循环经济的利好，以及如何通过专业的科技平台对所惠及的小微企业进行事前、事中、事后的全流程管控，确保普惠金融落地前的可靠，落地后的安全。

会上，各参会的协会秘书长重点围绕“十四五期间”如何更好推进上海物流业健康平稳发展，进行了讨论，积极建言献策。上海市物流协会常务副秘书长陈震通报了参加市有关物流业发展的会议的情况，并就上海物流行业和企业的现状及困惑首先作了交流发言。供应链促进会、港口协会、口岸联合会、地市商会联合会、航空协会、交通运输协会、国际航运促进会、经贸大学、电商协会、道运协会、长三角港航联盟、服务业联合会专委、航保协会、仓配协会、国际货代协会等秘书长（会长）分别就营商环境、园区规划、创新发展、物流标准、物流智能化、中小微企业融资等，充分发表意见，提出了许多很好的建议。会上，参会秘书长还就协会工作进行了交流沟通。

杨立新处长对会议成功举行表示感谢和祝贺，对会议取得的成果表示赞赏，并就长三角交通运输物流和港航联动发展提出了建设性意见。

3月

长三角投资686亿元，铁路助力长三角经济发展

央视新闻3月5日消息，从上海铁路局获悉，今年，长三角铁路建设下达投资计划686亿元，将继续发挥有效投资关键作用，支撑国家重大战略实施，扩大国内有效需求，发挥铁路行业在“六稳”“六保”中的基础性作用。

去年中央经济工作会议指出，我国经济稳中向好，长期向好的基本面没有变，但也面临需求收缩、供给冲击、预期转弱三重压力，加上2022年全球疫情多次反弹，俄乌局势恶化，对全球经济产生不可估量的影响，因此，中央经济工作会议提出“稳中求进、稳字当头”是2022年我国的经济发展的首要目标。

铁路作为国民经济大动脉、国家重要基础设施、大众化交通工具和民生工程，在经济社会发展中的地位和作用至关重要，肩负着神圣使命。中国铁路立足经济社会发展大局，加快铁路建设发展步伐，发挥铁路的促进和带动作用，为经济社会持续健康发展提供可靠保障。

2022年，长三角铁路计划开通17个项目工程建设；确保沪渝蓉高铁上海至南京至合肥段、沪渝蓉高铁合肥至武汉段、通苏嘉甬、合肥至宿迁铁路、宁芜扩能改造等5个项目年内开工建设；扎实做好合肥至宿迁高铁宿迁至泗县段、浦东铁路扩能改造、北仑支线扩能3个项目的前期工作。

近年来，长三角铁路建设每年约在上海、江苏、浙江、安徽提供超过10万个就业岗位，同时还拉动了建筑材料、施工机械和基本能源等需求，提高了上下游产业的就业水平。

长三角经济圈是我国目前经济发展速度最快、经济总量规模最大、最具有发展潜力的经济板块，其经济总量相当于全国GDP的20%。稳定和促进长三角经济发展对我国经济社会发展有着重要的支撑和引领作用。中国铁路建设发挥自身优势，助力长三角经济发展，助推区域发展战略的全面实施，带动和促进相关产业发展，拉动沿线经济增长，保障国民经济平稳运行，更好地服务于经济社会发展。

（李俊）

上海市物流协会发布关于加强物流企业疫情防控工作的指导意见

3 月 22 日，上海市物流协会发布《关于加强物流企业疫情防控工作的指导意见》，内容如下 ：

为贯彻市委市政府关于加强疫情防控工作的重要精神，落实主管部门有关疫情防控的要求，打赢疫情防控阻击战，就当前加强物流企业的疫情防控，提出以下指导意见。

思想高度重视，行动坚决落实。要把疫情防控放在当前工作的首位，一切工作的重中之重。要克服松懈、麻痹、厌倦等思想情绪，做到思想上高度重视，行动上坚决落实，把市疾控办的要求贯彻到企业，落实到一线，守住企业防疫的安全底线，以企业平安确保地区平安，以一方平安确保社会平安。

加强活动管理，做到安全可控。要坚决贯彻市疾控办关于集体类活动疫情防控管理的要求，做到“非必要不举办”。确需举办的也应做到能线上举办的就线上举办，规模能缩小的就尽量缩小，并对计划中的活动进行梳理，能缓办的尽量缓办。对确需举办的活动，规模要严格控制，同时做好防控预案和应急预案，严格落实工作人员疫苗接种全履盖、相关人员核酸检测全履盖、参加人员实名登记全履盖、现场环境和用品消杀全履盖。落实全程佩戴口罩、全员测量体温、全程绿码通行的防疫要求。

推进疫苗接种，构筑防疫基础。疫苗接种是当前防控新冠肺炎疫情最直接、最有效的手段。各企业要加大宣传力度，对符合接种疫苗和加强针条件的员工，做好宣传动员，加强思想工作，积极推进疫情接种，做到应接尽接，能接尽接，构筑起企业防疫的坚实基础。

落实防疫责任，做好企业防控。要根据当前有关疫情防控新形势、新变化和新的要求，对企业的疫情防控制度进行再完善，疫情防控责任进行再落实。加强对人员、车辆、设备设施、作业场所、公共区域等的防疫措施。教育引导员工不聚集，少外出，做到“三件套”、“五还要”，不信谣不传谣。

4 月

上海海关出台抗疫情保民生助企业促发展 10 项措施

据上海海关官网消息，为坚决贯彻海关总署决策部署，全面落实上海市疫情防控工作要求，上海海关将依托跨境贸易大数据平台，继续坚持统筹疫情防控和经济社会发展，全力支持上海打赢疫情防控大仗硬仗，全力助企业促发展，提出以下具体措施：

一、全力保障上海口岸安全畅通

启动人力资源应急保障机制，各业务现场正常受理进出口货物报关、检查等业务，确保上海口岸进出口安全畅通。

二、确保企业问题第一时间响应解决

整合优化 12360 海关热线、“中国海关信用管理”微信平台、报关单疑难处置专窗、现场业务咨询专线和企业协调员等关企沟通渠道，及时发布各项政策措施，滚动搜集企业问题诉求，推动相关问题“动态清零”。

三、准许企业延期办理部分海关手续

因此次突发疫情原因，导致企业无法按期完成批次进出集中申报、外发加工、保税展示交易、检测维修、手（账）册核销等加工贸易及保税监管业务的，准予延期办理。纳税义务人已申请获批的税款担保临界到期的，可发起线上延期申请。

四、推行海关业务全程网办，最大限度方便企业办事支持企业通过“单一窗口”或“互联网 + 海关”在线办理通关申报、报关单位备案等各类业务。确需提供纸质材料的，允许先传输电子版，事后补交纸质正本。推行无陪同查验，试点以远程视频方式实施核查作业。

五、畅通民生物资“绿色通道”，保障国内市场供应

对进口粮食、肉类、水产品、乳品、果蔬、油脂等民生物资实施优先审批、优先查验、优先检测、优先出证；24 小时内办结跨境电商零售进口商品海关手续（海关总署另有规定的除外），保障国内市场充足供应。

六、确保防疫物资快速通关，助力防疫产品研发

专人专窗受理新冠肺炎疫苗、治疗药物及其他防疫物资进口通关业务，加快办理卫生检疫审批等手续，确保通关零延时。协同地方加快推进生物医药研发用物品进口“白名单”制度、进出境特殊物品联合监管两项试点，助力防疫产品自主创新研发。

七、支持产业链供应链稳链补链，保障生产资料正常进口

对进口成套设备实施项目制管理、集中受理监管模式，加快设备投产时效。对进口原油、铁矿等重要大宗物资实施先放后检、依申请检验。扩大优化真空包装等高新技术货物的布控查验协同试点。

八、加大出口企业扶持力度，帮助企业拓展国际市场

“一企一策”灵活制订属地查检方案，在企业生产过程中“嵌入式”同步实施现场检查及抽样送检。加大农产品生产加工优质企业的对外注册推荐力度。积极向企业宣传出口目的国（地区）法规政策，提供技术性贸易措施咨询服务。

九、不断优化跨境贸易营商环境，持续释放改革红利

深化两步申报、两段准入、提前申报和预约申报改革，推广进口货物“船边直提”和出口货物“抵港直装”，持续提升上海口岸能级。做好“联动接卸”模式复制推广，进一步增加长三角区域“联动接卸”对接港口，推动长三角区域物流高效运转。

十、继续坚持“人物同防”，确保“外防输入”不松懈

加强联防联控，从严从紧做好口岸卫生检疫，强化终末消毒监督工作，加强进口冷链食品和高风险非冷链集装箱货物采样监测及预防性消毒监督工作，全力打造立体防控网。同步加强“多病共防”，严防埃博拉、鼠疫、黄热病、拉沙热等重大烈性传染病传入造成疫情叠加。

畅通物流，做好货源组织；集采集配，打通末端配送环节

4 月 6 日上午，上海举行第 145 场新冠肺炎疫情防控新闻发布会，市商务委副主任刘敏出席并回答记者提问。

上海电视台：上海目前仍在继续封控管理中，很多电商平台都抢不到菜了。请问如何保障市民最急需的物资供得上、送得到？

刘敏：当前，本市仍在开展核酸筛查和区域管控，买菜吃饭既是市民群众最关心的事情，也是我们必须要全力以赴保障好的最重要的事情。生活物资保供确实面临着一些困难，比如跨省物流受到疫情影响不够通畅，终端运力不足导致配送不及时。我们正在各方的支持下，努力打通堵点，解决难点，想方设法保障好疫情期间市民群众的基本生活需要。

一方面，畅通物流、做好货源组织。在国家部委的协调下，在兄弟省市的支持下，我们集中力量打通跨省物流堵点，保障生活保供物资能够顺利送达上海。目前，国家发展改革委、交通运输部等出台了保障上海生活物资保供车辆通行的具体措施，商务部也要求相关省区加强对上海生活必需品联保联供的支持，我们在市内外加快建立蔬菜应急保供中转站，开通超市卖场、电商平台沪昆物流专用通

道，并与市外主副食品生产基地紧密对接，保障后续本市生活物资供应能够持续供得上。

另一方面，集采集配、打通末端配送环节。当前，生活物资保供面临的最大困难是如何送到每家每户。我们正会同各区，组织各街镇和超市卖场、电商平台等对接，不断完善保供套餐，增加日用生活用品、防疫用品和常用药品的供给。依托第三方城市配送物流企业，积极支持各区建立集采集配、街道领运分拨、居委社区直送到点的三级联动保供体系。同时，我们针对各街镇独居老人等特殊人群，以及封控区域较长的一些小区，充分发挥百联集团、光明集团等兜底保障的作用，全力以赴做好市民的生活物资供应保障，努力打通生活物资配送“最后 100 米”。

对外卖骑手等一线工作人员每天开展 1 次核酸检测和一次抗原检测，结果阴性才能上岗

劳动报：网传快递外卖都要停了，是真的吗？对快递外卖小哥是否有相关的防疫举措？

疫情期间，不少市民因封控或筛查居家。能否介绍一下，有哪些事项，市民和企业可以足不出户办理？大数据对疫情防控起到了哪些作用？

刘敏：快递、外卖要停的消息是不实的，外卖平台骑手是本次全市生活物资保供的重要力量，在保障市民生活需求方面发挥了重要作用。目前，本市主要外卖等电商平台每日骑手上岗人数约 1.1 万人。

我们按照市防控办的有关要求，指导督促外卖等电商平台落实企业主体责任，做好各项疫情防控工作。加强对骑手的规范管理，做好岗前防护准备，加强配送环节的个人防护，工作过程中戴好手套、面屏、口罩，做好骑手防护工作。

从今天开始对外卖骑手等一线工作人员每天开展 1 次核酸检测和一次抗原检测，结果阴性才能上岗。做好“人”“物”“场”同防控。要求外卖电商平台做好各类场所、工具的消杀，组织外卖站点通过随申办 APP 等申领“场所码”，做好人员健康管理等防控核查工作。同时，做好企业应急处置预案，一旦出现检测异常人员，及时组织相关人员转运和场所消杀，争取尽快恢复运营。

下一步，为进一步提升外卖电商平台运营能力，我们还将组织骑手定点居住、定点服务，释放外卖运力。

上海市关于启用全国统一式样《重点物资运输车辆通行证》

4 月 18 日，由“上海市新型冠状病毒肺炎疫情防控工作领导小组办公室”颁发的（沪肺炎防控办〔2022〕404 号）文件—“关于本市启用全国统一式样《重点物资运输车辆通行证》相关工作的通知”。此《通知》的颁布，终于拉开了上海企业有序复工复产的序幕。上海本地企业如何进行物资调配，跨省物流运输等，企业复工复产过程中所想了解的物流车辆通行权的问题，《通知》里面有了具体的描述和操作指引。

长三角省际“通行证”实现互认互通 保障跨省物资运输

为做好医疗物资、重点生产生活物资等重点物资运输保障工作，浙江与上海、江苏、安徽等地已实现省际间“通行证”互认互通。

道路运输是疫情防控中承担物资保障的主要运输方式。为确保往返中高风险地区的民生、医疗和生产等重点物资运输畅通，浙江省建立起通行保障制度。该省实行“通行证”制度，统一疫情防控重点物资运输车辆的通行证样式，由属地进行审核发放。截至 4 月 5 日，该省已发放通行证 2374 张。

浙江省交通运输厅副厅长胡嘉临介绍，与此同时，该省建立起协同联动工作机制：横向建立省级部门沟通协调机制，交通部门会同发改、经信、公安、商务等单位，协调解决不同行业、不同领域重点物资的运输问题；纵向建立省市县三级联动工作机制，强化政策落实和信息畅通，确保物资、车辆

等各项保障任务高效落实。

对外方面，浙江建立起省际协调沟通机制，其中重点是长三角区域工作协同，浙江与上海、江苏、安徽建立会商机制，实现省际间“通行证”互认互通，并及时解决跨省货物运输中存在的问题和突发情况。

“为应对浙江疫情防控中局部管控造成的区域性企业运力紧张等问题，我们统筹全省运输车辆资源，储备了 900 余辆应急运力。一旦有突发情况或紧急运输任务，可进行全省调配。”胡嘉临说。

此外，近一个多月浙江省发生的本土聚集性疫情中，超过九成是由浙江省外输入引起，其中跨省流动的大货车司机等人员成为疫情传播的重要因素。

为落细落实运输闭环管控，该省对货车司机实行闭环管理和服务，从事运输业务需要满足“两码一证”（健康码、行程码和有效核酸检测阴性证明）要求。

浙江明确，原则上对来自中高风险地区的车辆落实“点对点”运输，途中减少停靠，尽量避免与外界接触。在高速公路出入口、普通国省道等主要物流通道进行查验，视情开展抗原或核酸采样，符合要求的快速放行，确保通行效率。

同时，浙江对该省 110 余个道路货运场站进行全面排摸，加强场内作业管理，在货物堆存、装卸等环节加强防护措施，严格做好场站环境消毒；对有进口货物的严格落实静置期和分区管理制度。

上海铁路局推出海铁联运班列

从中国铁路上海局集团公司获悉，4 月 1 日—16 日，铁路到达上海的防疫物资和生活保障物资已达 2054 车、64384 吨。其中生活保障物资 1951 车、63263 吨，防疫物资 103 车、1121 吨。

今年 3 月新冠疫情以来，中国铁路上海局集团公司主动对接地方主管部门和企业运输需求，对医疗、生活等防疫物资运输做到特事特办、急事急办，优化运力配置，开辟“绿色通道”，加强运输组织。

铁路部门推出特快班列、多式联运班列等多种货运产品，高铁快运、普通快运等快运服务产品，以及“点到点”直达列车等个性化运输产品，实行“优先受理、优先配空、优先装车、优先放行、优先卸车”的“五优先”服务措施，让相关抗疫物资尽快运达目的地。

铁海联运最大程度发挥了铁路和海运的运输优势，提高了运输效率，降低了运输成本，有力的保障了货物贸易通道的畅通，保证了民生物资以及抗疫物资的供给，对有效应对疫情、稳定进出口贸易、有序恢复社会生产生活秩序发挥了重要作用。中国企业“走出去”不仅仅只是愿望而是成为现实，在国家“一带一路”倡议下的“21 世纪海上丝绸之路”中，外向型出口加工经济作为主导，“海铁联运”运输方将会成为绿色交通体系的重要组成部分。

“长三角重要物资应急保供中转站”完成首次货运交接

从上海市经济和信息化委员会获悉，4 月 18 日，经浙江省、江苏省、上海市全力协同，长三角重要物资应急保供中转站（浙江—上海）正式投运。这批中转站将推动省际重要生产物资进站流通，打通长三角区域货运“血管”，实现产业链供应链物资跨区域互联。

18 日中午，首辆货运车从上海嘉定安亭中转站驶出，经高速道口核验身份信息、通行证与核酸情况，在交警引导下，下午两点顺利抵达杭州中转站，进入站内消杀、装货并进行抗原核酸双检，下午五点，货车返回安亭中转站进行无接触卸货，在满足疫情防控要求的前提下，顺利完成首次货运交接任务。

根据要求，长三角重要物资应急保供中转站全程落实闭环管理与“无接触”交货，每个站点占地约5000平方米，每天可以保障30台20吨以上车辆的中转需求，通过货物中转接驳的方式消除疫情传播风险，保障物资运输畅通，有效助力区域产业链供应链稳定运行。中转站按照疫情防控有关规定，坚决做到“四定五即”，采取“定人、定车、定路线、定企业”的运输管理方案与“即停、即卸、即检、即装、即走”的中转管理方案，确保“人、货、车、库”安全有序。

由上海市经信委牵头，上海市发改委等多个委办局与属地政府协同对接，上汽集团安吉物流有限公司承担建设与运营的中转站，首批共6个，目前已建成4个，其中上海2个，分别位于嘉定区、闵行区；浙江2个，分别位于杭州市、宁波市；江苏2个在建中。

上海市商务委发布关于办理上海市商贸物资和生活物资企业《重点物资运输车辆通行证》的通知

各有关单位：

为做好本市货运物流疫情防控和保通保畅，贯彻落实《国务院联防联控机制综合组交通管控与运输保障专班关于全力做好货运物流保通保畅工作的通知》（交运明电〔2022〕81号）和《关于本市启用全国统一式样＜重点物资运输车辆通行证＞相关工作的通知》（沪肺炎防控办〔2022〕404号），现将办理上海市商贸物资和生活物资企业《重点物资运输车辆通行证》（以下简称《通行证》）有关事项通知如下。

一、办理范围

商贸物资和生活物资企业可以为自有车辆和驾驶员或其承运商车辆和驾驶员申请《通行证》。

二、办理程序

（一）商贸物资和生活物资企业将申请材料、企业承诺书报送至市商务委或区商务主管部门，经审核后纳入白名单信息库，白名单动态调整。

（二）车辆和人员信息纳入白名单后，驾驶员申请人实名登陆并通过“随申办”APP或“随申办”微信和支付宝小程序针对每一次运输任务进行申请，打开“办事”频道，进入“上海市重点物资运输车辆通行证”服务入口。进入申请页面前，驾驶员必须阅读并确认“通信行程卡绿色带*号的驾驶人员，需在车辆到达目的地24小时以前，向目的地收发货单位主动报备车牌号、计划抵达时间以及司乘人员姓名、身份证号、手机号码等信息（对于持有《通行证》的货运车辆还需同时报备《通行证》）。”

如遇外省市核酸检测信息延迟，驾驶员可自行上传由核酸检测机构出具的阴性检测报告和检测时间进行承诺，如后续检测信息与上传信息不符，人员列入黑名单。

（三）申请符合条件的，生成本市电子《通行证》，同时生成全国统一式样《通行证》PDF版本，企业可打印使用，电子证和纸质证具有同等效力。

三、申报材料

申请纳入白名单的商贸物资和生活物资企业须提交以下材料：

（一）重点物资运输车辆通行证企业承诺书（附件1）；

（二）重点物资运输车辆通行证信息表（附件2）；

（三）司乘人员48小时内核酸检测阴性证明；

（四）司乘人员健康绿码；

（五）司乘人员无异常通信行程卡。

申请材料通过电子邮件发送至各区商务主管部门、市商务委相关部门电子邮箱（附件3）。

四、证件管理和时效

（一）《通行证》可用于本市内和跨省通行。市内通行证制度维持现状，但不可用于跨省通行。外省市车辆持有全国统一式样的《通行证》也可在本市市内通行。《上港集团防疫通行证》制度根据《关于切实做好上海港集疏运保障工作的紧急通知》（联防联控机制综发〔2022〕41 号）贯彻执行，维持不变。各政府部门发放的通行证在有效期内可继续使用。

（二）《通行证》必须人车证相符，一证只可用于一条运输线路，如从事线路不变的重复业务，证件可在有效期内反复使用，如线路发生变化，驾驶员必须注销当前电子证照后方可为新的运输任务申请新证。

（三）当司乘人员健康码码色异常或 48 小时内核酸检测结果超过 48 小时有效期时，《通行证》立即失效，需重新申请。

五、防疫管理要求

（一）货车行驶至目的地高速公路出入口等防疫检测点时，司乘人员要配合接受检查，体温检测正常且 48 小时内核酸检测阴性证明、健康码、通信行程卡符合要求的（对于持有《通行证》的货运车辆还需查验《通行证》），方可通行；还要接受当地防疫管理，如防疫检测点至目的地实行闭环管理、点对点运输，或由收发货单位或所在社区（乡镇）派人批量引导货车至目的地，装卸货后立即返回，并严格落实健康监测和核酸检测等疫情防控措施。如短时间内不离开的，应严格执行当地疫情防控要求。

（二）《通行证》以谁申请谁负责、谁发放谁管理为原则，对司乘人员违反当地防疫要求的，我委接本市卫生防疫部门通报后，将车辆和驾驶人员信息列入黑名单（黑名单库全市后台共享）不再予以生成《通行证》。

附件：

1、重点物资运输车辆通行证企业承诺书

2、重点物资运输车辆通行证信息表

3、市商务委联系人

4、各区商务部门联系人

上海市商务委员会

2022 年 4 月 22 日

5 月

上海市物流协会学会等联合举行线上复工复产及后疫情时代上海物流企业发展论坛

2022 年 5 月 23 日下午，上海市物流协会和上海市物流学会、宁波银行上海分行、中因律师事务所共同以线上形式举办“复工复产及后疫情时代上海物流企业发展论坛”，交流探讨在当前全力推进复工复产复市复商形势下的物流发展之策，努力为行业作示范引领，为企业献计献策，这是 4 家单位首次借助于互联网以线上形式与企业和智库就物流行业企业如何加快复工复产进行的专题研讨。参加线上论坛的有上海市物流协会常务副秘书长兼学会秘书长陈震、协会副秘书长张悦来、固晨曦，上海市物流学会副秘书长张三敏，宁波银行上海分行零售公司部总经理陈琼娟，中因律师事务所主任律师解冰。论坛吸引了来自本市物流企业、互联网企业、金融机构和高校教授专家共 300 多人参加。

论坛由中国物流学会副会长、上海市物流学会副会长、上海第二工业大学博导教授郝晧主持。

论坛上，东方国际物流集团执行董事陈云亮介绍了企业在疫情下坚守运营的经验；云峰国际物流（上海）公司市场部总经理邵炜峰报告了企业同心战“疫”一起守“沪”的事迹；中因律师事务所主任律师、协会法务部部长解冰就复工复产法律护航提出了建议；宁波银行上海分行零售公司部总经理陈琼娟以复工复产金融助力为题发布了金融服务和产品推介；上海百税税务师事务所总经理李英对复工复产形势下的税务政策和税收优惠进行了详尽解说；海康威视上海业务中心总监高可以“复工复产无人哨兵”为题作了演讲；中国联通上海市分公司交通物流事业部技术总监沈文涛就“助推物流行业复工复产常态化疫情防控”专题作了交流；论坛最后由复旦大学上海物流研究院博士后、副教授刘建林以“提高韧性应对不确定性，疫后物流企业发展思考与展望”为主题，从理论与实践的结合进行了深入浅出的阐述。

论坛 8 位嘉宾的精彩演讲主题鲜明，对接当前大力推进复工复产的形势任务；内容丰富，切合行业和企业复工复产疫情防控的实际需求；虚实结合，学习借鉴和可操作性较强。引起了线上线下热烈共鸣，互动不断，得到了参会代表积极评价和充分肯定。

上海重振行动“50 条”，助物流企业复工

“社保缓缴、减税降费、租金减免等措施是对物流中小微企业渡过难关直接的保障，可以减少货运企业和快递加盟网点的压力。而免征增值税则对上市物流公司的利润指标有利好影响。”有物流专家如此表示。

5 月 29 日，上海市政府公布《上海市加快经济恢复和重振行动方案》（以下简称称《行动方案》），《行动方案》共包括 8 个方面、50 条政策措施。

在物流方面的扶持上，《行动方案》指出，将加快落实国家出台的货运扶持政策，2022 年 5 月 1 日至年底，对符合条件的快递收派服务收入免征增值税，用好再贷款资金支持交通运输、物流仓储业融资。

为各类市场主体纾困解难方面，《行动方案》指出，对民航、公路水路铁路运输等特困行业，从 4 月起阶段性缓缴社会保险费单位缴纳部分。在发放援企稳岗补贴方面，对交通运输等受疫情影响严重的困难行业，不裁员少裁员的，按照企业申请时上月按规定缴纳城镇职工社会保险费人数计算，给予每人 600 元一次性稳岗补贴，每户企业补贴上限 300 万元，鼓励企业稳岗留岗。

此外，在全面有序推进复工复产复市，《行动方案》提到扩大企业防疫和消杀补贴范围，在对机场港口、冷链等相关企业落实已有补贴政策的基础上，2022 年对物业服务、邮政快递等行业防疫和消杀支出，给予分档定额补贴。鼓励各区对复工复产复市企业疫情防控支出，按照实际运营规模给予分档定额补贴。

“上海市本次推出的一系列扶持政策，在快递企业防疫、消杀等方面明确将给予指导、补贴，无疑会有力促进快递企业特别是中小网点提升复工意愿、降本防疫成本、抬高合规水位，让快递烟火气更快回归。”申通快递相关负责人说，快递业公共性强、业务量大，快递小哥冒疫奔忙、走街串巷，每天为大量市民提供服务。随着 6·18 大促第一波快递高峰将于 5 月 31 日晚 8 点启动，加快织密快递人员防疫网具有重要的社会意义。

更大程度减缓物流企业资金压力

“一系列行动方案里，防疫消杀补贴这个是实实在在地给企业节省成本。尤其对于一些加盟商而言，防疫补贴范围的扩大也让能他们的复工意愿更强。”申通快递相关负责人表示，现在业务量整体还是比较低的，而防疫的要求比较严格，加盟商复工就是亏，所以没有特别大的意愿。而对于总部和转运中心而言，各项补贴能够实现降本，帮助后续的经营实现减负。

“这些政策的出台主要还是从减缓企业资金压力层面，帮助企业渡过资金难关。”安能物流相关负责人说，留抵退税和增值税免征，可以显著减缓和降低物流企业的资金压力。稳岗补贴则可以降低

企业用人留人成本，创造和稳住就业。而防疫消杀补贴，能够帮助企业降低配合疫情防控产生的而外成本。

在政策方面，专家表示，希望未来政策端在对末端网点和快递员的保障补贴上能有更大力度。

圆通相关负责人表示，退税减税、防疫定档补贴等政策，将助力快递企业提升网络稳定性、推进复工复产。而对于网点和基层员工的保障，是加快物流企业全面恢复的重点。

加速打通产业链物流保供

《行动方案》提到，将逐步推动交通物流行业复工达产，长三角产业链供应链互保机制，共同保供强链。

在畅通国内国际物流运输通道方面，《行动方案》指出，加快推广使用全国统一互认的通行证，提升跨省运输中转站运行效率，推广无接触物流方式，提高货运通行效率。严格实施港口、机场防疫生产保障措施，优化提货方式和口岸检疫流程，保障产业链供应链和航运物流有序运转。

专家表示，在现有政策下，最关键的还是下一步物流能否完全正常通行，不设置障碍。通行完全运转起来，叠加政策利好以及“6·18”下消费的刺激，整体物流企业的经营业绩会有向好的恢复趋势。

在全力发挥投资关键性作用方面，《行动方案》提到积极扩大有效投资，加快项目前期工作，支持铁路大通道、轨道交通网络、航空枢纽、港口、能源、内河航道、水利、地下综合管廊等基础设施重点项目加快开工建设，在项目审批、要素保障等方面加大支持力度。

据了解，江南造船在 4 月 23 日开始进行复工复产压力测试，也取得了一些生产的进展，实现了几个节点。中国船舶集团旗下江南造船相关负责人介绍，“造船行业是劳动密集型行业，前期为了尽快在符合防疫政策要求下复工复产，我们挖掘厂内资源，成立了厂区临时住宿点管理和保障专班，确保返岗人员基本的生活条件，但是毕竟资源限制，能接回的员工是有限的。”

江南造船相关负责人还表示，“造船业的另一个特点是全球供应和技术合作。疫情导致的供应链技术链的阻断，给我们的生产带来了很大困难，我们之前都是通过线上技术交流和远程调试或者开展自主调试，但只能解决有限的问题。”

“这次上海市出台的各项举措，对我们来说是雪中送炭。”江南造船相关负责人表示，此次举措不仅可以助推企业加快全面复工复产，降低复工复产成本。可以帮助打通产业链和供应链堵点、痛点。此外，还能够帮助解决与改善员工后顾之忧和生活困难，提升员工复工复产的积极性和主动性。

6 月

上海市物流协会上海市物流学会厦门银行上海分行等联合举行线上复工复产金融支持政策及产品解读讲座

2022 年 6 月 7 日下午，上海市物流协会和上海市物流学会、厦门国际银行上海分行共同以线上形式举办“复工复产物流先行、抗疫助企金融行动、助企复工金融支持政策及产品解读讲座”，交流探讨上海全力推进复工复产复市复商形势下的政策支持以及金融纾困政策与产品解读，努力为物流企业复工复产提供政策和金融产品支持。上海市物流协会常务副秘书长陈震、副秘书长张悦来、厦门国际银行上海分行交易银行部助理总经理赵聪、厦门国际银行上海静安支行总经理李博文、助理总经理孙义斌参加了本次线上讲座。论坛吸引了来自本市物流企业、信息技术企业、金融机构和律师事务所的领导、嘉宾共 100 多人参加。

讲座由厦门国际银行上海静安支行助理总经理孙义斌主持，上海东泽国际物流有限公司副总经理史庆新介绍了企业在疫情期间和复工复产期间遇到的困难以及在疫情期间坚守运营的努力；厦门国际银行上海分行交易银行部助理总经理赵聪以“上海复工复产支持政策及金融纾困产品解读”为主题对复工复产期间政府及金融监管部门对物流行业的支持政策进行了详细解读，并就厦门国际银行为协会成员单位定制的专属优惠产品进行了介绍。宣讲设置了与会嘉宾交流互动环节，参会嘉宾就金融纾困产品细节、复工复产支持政策落地方案、企业遇到的难点痛点及解决方案等内容进行了热烈讨论。

活动嘉宾的精彩演讲主题鲜明，对接当前大力推进复工复产的形势任务；内容丰富，切合行业和企业复工复产疫情防控的实际需求；脚踏实地，落实到政策和金融产品的落地细节。引起了线上线下热烈共鸣，互动不断，得到了参会代表积极评价和充分肯定。

全球最大超大型集装箱船 全国首艘江海联运型 LNG 船等高端航运装备在上海交付

2022 年 5 月 26 日，中国船舶集团旗下沪东中华造船（集团）有限公司联合中国船舶工业贸易有限公司建造的 8 万立方米液化天然气（LNG）运输船“传奇太阳”号，在长兴造船基地命名交付。“传奇太阳”号是全球最大浅水航道第四代船型，也是我国首艘江海联运型 LNG 船。

5 月 26 日，中国船舶集团旗下沪东中华造船（集团）有限公司联合中国船舶工业贸易有限公司建造的 8 万立方米液化天然气（LNG）运输船“传奇太阳号”，在长兴造船基地命名交付。“传奇太阳号”是全球最大浅水航道第四代船型，也是我国首艘江海联运型 LNG 船。

“传奇太阳号”长 239 米，宽 36.6 米，入级美国船级社（ABS）。该船是全球同级别舱容 LNG 船中设计吃水最浅的，可通江达海，适航性强，尤其在枯水季节也能进入我国长江、珠江流域，服务区域广。该船具有灵活的转运兼容性，可实现从 3 万立方米小型 LNG 船到 17.4 万立方米大型 LNG 船范围之间的液货转运。

2022 年 6 月 22 日，中国首艘、全球最大 24000teu 超大型集装箱船在沪东中华造船（集团）有限公司签字交付。这是沪东中华自 2020 年 9 月完工交付中国首创全球首艘 23000TEU 双燃料动力超大型集装箱船后，在顶级超大型集装箱船建造领域取得的又一重大突破。

一系列高端航运装备的交付，折射出上海国际航运中心的“硬科技”实力不断提升

中国首艘全球最大 24000TEU（Twenty-foot Equivalent Unit 的缩写，是指等效于一个 20 英尺集装箱的单位，也就是说 1 个 20 英尺的小箱为 1TEU，1 个 40 英尺的集装箱为 2TEU。）超大型集装箱船在中国船舶集团有限公司旗下沪东中华造船（集团）有限公司签字交付。这是沪东中华自 2020 年 9 月完工交付中国首创全球首艘 23000TEU 双燃料动力超大型集装箱船后，在顶级超大型集装箱船建造领域取得的又一重大突破，创造了中国船舶工业新的里程碑。

据悉，这艘船的甲板面积，就能够达到 2.4 万平方米，计算下来，可以安放 2.4 万个标准集装箱，堆起来可以有 22 层楼高。

一系列高端航运装备的交付，折射出上海国际航运中心的“硬科技”实力不断提升。

交通运输部：上海市物流运输加快复工复产

6 月 27 日消息，今年 3 月以来，上海遭受了疫情冲击，物流运输也受到了严重影响。在 6 月 27 日上午的国新办发布会上，交通运输部运输服务司司长蔡团结介绍了目前上海市物流运输的恢复情况。

蔡团结表示，2 个月来，在各部门、上海市及周边省份的共同努力下，上海市物流保通保畅工作取得了重要阶段性成效，物流运输加快复工复产：

从公路交通网络运行情况看，上海市对外公路动脉畅通、城市道路无阻隔。104 个高速公路收费

站、高速公路 24 个服务区全部对外开放。高速公路货车流量已恢复至疫情前正常水平。上海港、浦东机场集疏运畅通。

从水运港口运行情况看，上海港始终保持 24 小时正常作业。6 月份以来，集装箱日均吞吐量达到 12.6 万标准箱，恢复至去年同期的 95% 以上。其中，6 月 18 日单日最高达 14.25 万标准箱，创下本轮疫情以来的新高。

从民航运输运行情况看，浦东机场近一周日均保障货班起降 232 架次，进出港货量 9267 吨，基本恢复至正常水平。其中，6 月 18 日货物吞吐量首次超过万吨，达到 10159 吨。

从铁路运输运行情况看，6 月 1 日起上海地区北郊、杨浦、闵行等 15 个铁路货场已恢复常态化运营。6 月份以来日均发到 1700 车左右，较疫情期间增幅 30%；6 月份共安排 4 列中欧班列开行计划，恢复到疫情前每周一列的常态。

从邮政快递运行情况看，6 月上半月，邮政快递日均揽收、投递共 1815 万件，已恢复至疫情前的九成左右。

沪通铁路吴淞口长江隧道工程建设取得新进展！

近日，由隧道股份上海隧道承建的沪通铁路吴淞口长江隧道工程迎来重要节点。在长江畔的盾构始发井内两台直径 10.69 米国产大直径盾构机“沪驰号、通骋号”胜利始发，并肩踏上驰骋之路。

据了解，沪通铁路项目是国家中长期铁路网规划中沿海铁路通道的重要组成部分。建成通车后将填补上海东部地区干线铁路的空白。其中，由隧道股份上海隧道承建的沪通铁路吴淞口长江隧道工程线路全长 7.2 千米，将创下国内三项“第一”，分别是国内第一条软土地区盾构法客货共线铁路隧道；国内第一条穿越长江和黄浦江的铁路隧道；国内第一条全封闭内衬的盾构法隧道。

在建设过程中，“驰骋兄弟”将并肩攻克四大难关。

7 月

《新华·波罗的海国际航运中心发展指数报告（2022）》发布 上海保持全球第三

2022 年 7 月 11 日，《新华·波罗的海国际航运中心发展指数报告（2022）》在沪发布。上海以 82.79 的总得分排名第三，进一步缩小与新加坡、伦敦的差距。软硬实力互动并进 上海综合竞争力与日俱增。业内专家指出，疫情全球扩散叠加港航业数字化转型浪潮，国际航运市场的波动性进一步加剧，上海国际航运中心肩负着保障生产生活物资运送和产业链供应链畅通的重任。

自 2020 年首次跻身前三名以来，上海国际航运中心的国际地位日趋稳固，航运资源高度集聚、航运服务功能健全、航运市场环境优良、现代物流服务高效，全球航运资源配置能力不断增强。

2014 年，中国经济信息社联合波罗的海交易所推出了“新华·波罗的海国际航运中心发展指数”，逐渐成长为全球港航业的“风向标”和“晴雨表”。在指数持续发布的第 9 个年头，项目组根据行业最新趋势适当调整指标体系，最新一期指数包含 3 个一级指标，16 个二级指标，并首次发布全球 20 大国际航运中心榜单，务求全面反映国际航运中心城市的综合发展水平。

最新结果显示，2022 年国际航运中心城市排名前十依次是新加坡、伦敦、上海、香港、迪拜、鹿特丹、汉堡、纽约－新泽西、雅典－比雷埃夫斯、宁波舟山。与往期相比，整体排名的变化幅度较小。一方面，领先的国际航运中心城市的航运资源集聚与配置能力已逐步沉淀，进入相对稳定的阶段性格局；另一方面，受疫情影响，大批港口码头的建设项目进展较慢。

8 月

上海市发改委和上海市物流协会举办“十四五”现代物流相关规划政策及行业基本走向解读会

2022 年 8 月 23 日下午，市发改委和上海市物流协会以线上视频方式举办“十四五”现代物流相关规划政策及行业基本走向解读会。

出席会议的有中国物流与采购联合会贺登才副会长，市政府主管部门的负责人，上海市物流协会浦静波会长、陈震常务副秘书长，上海现代服务业联合会物流与供应链专委会范鸿喜名誉主任、韩志雄常务副主任兼秘书长，上海航运中心发展促进会郑田卫秘书长助理等领导。参加会议的还有上海物流业各行业协会的代表、重点物流企业代表、高等院校物流研究机构专家教授等，线上参会人数达 300 余人。

会议主会场设在中因律师事务所多功能厅，市发改委产业发展处三级调研员朱思民主持了会议。会议特邀“十四五”国家发展规划专家委员会成员、中国物流与采购联合会副会长、中国物流学会秘书长贺登才做演讲嘉宾，为大家解读国家关于“十四五”期间推动现代物流业发展的各项规划和政策文件精神。贺登才副会长在北京以视频方式、从我国现代物流发展的新阶段、“十四五”现代物流相关规划概要、贯彻“十四五”规划的对策建议、新阶段物流业发展的基本走向等方面，作了长达一个半小时的精彩演讲和精准解读，使大家更加全面准确了解和掌握国家关于“十四五”期间，现代物流业发展的方向、布局、路径和重点，自觉在国家产业规划和政策引导下，补短板，强弱项，推动本市物流业实现更高质量的发展，更好服务经济社会和城乡民生需求。会上进行了互动交流，参会企业和高校分别就物流标准化、物流数字化和物流无人设备的问题提出了咨询，贺登才副会长从宏观和微观的结合进行了解答。贺会长的演讲和解答受到了参会代表的热烈欢迎和高度评价，大家希望类似的政策解读能定期组织开展。

中物联发布 2022 年度中国物流企业 50 强、民营物流企业 50 强的通告 上海数十家物流企业入选

2022 年 8 月 29 日，中物联发布关于发布 2022 年度中国物流企业 50 强、民营物流企业 50 强的通告，上海数十家物流企业入选。

根据国家发展改革委、中国物流与采购联合会《国家发展改革委关于进一步加强社会物流统计工作的通知》的要求，中国物流与采购联合会组织实施了重点物流企业统计调查，根据调查结果提出了 2022 年度中国物流企业 50 强、民营物流企业 50 强排名。

50 强物流企业 2021 年物流业务收入合计 19444 亿元，按可比口径计算，同比增长 47%。50 强物流企业门槛提高到 61.6 亿元，比上年增加 21 亿元。

民营 50 强物流企业物流业务收入合计 7321 亿元，同比增长 33.7%。民营 50 强物流企业门槛 15.2 亿元，比上年增加 4.5 亿元。

上海二工大郝皓教授同时荣获中国物流与采购联合会科技创新人物奖与科技进步奖

2022 年 8 月 24 日，由中国物流与采购联合会与哈尔滨市人民政府共同主办的第十五届全国现代物流科技创新大会暨中国物流与采购联合会科学技术奖颁奖典礼于哈尔滨市举办。上海二工大郝皓教授荣获“中国物流与采购联合会科技创新人物奖”，同时他和林慧丹、许肇然老师带领王信洋、

程艳瑾等研究生完成的科技项目“基于城市安全的新能源汽车废旧动力电池智能逆向物流平台”经层层评审，喜获“中国物流与采购联合会科技进步奖二等奖”。

“中国物流与采购联合会科学技术奖”（国科奖社证字第0059号）始于2002年，是依据国务院《国家科学技术奖励条例》，经国家科学技术奖励办公室批准设立的全国性科学技术奖，旨在奖励全国物流与采购以及生产资料流通领域中的技术发明与科学技术进步成果，由中华人民共和国科技部唯一认定授权并登记备案。

9月

上海临港自贸区推广燃料电池重卡和通勤客车

消息称，近日，上海市交通委员会等十部门联合发布《关于支持中国（上海）自由贸易试验区临港新片区氢能产业高质量发展的若干政策》（简称《政策》）。根据《政策》，上海将支持临港新片区加快打造氢能产业发展高地，加大燃料电池汽车示范项目政策对重卡、通勤客车的支持力度，支持临港新片区加快推广应用燃料电池重卡、通勤客车等。

上海将引导新增或更新的通勤客车选用燃料电池车辆，优先支持临港新片区扩大燃料电池通勤客车的应用；支持建设燃料电池汽车规模化运营平台，鼓励探索融资租赁等商业模式创新；支持洋山港区、东海大桥等区域开展氢能示范应用，加大氢能在港口固定式装卸机械设备、流动式装卸运载设备和水平运输车辆等多个场景的覆盖，推进港区加氢站规划建设，建设领先的绿色、智慧氢能综合性示范港口。

《政策》明确，上海将规划建设氢贸易基地，支持在洋山深水港区、南港、滩涂等未利用地、近海水域等研究建立氢能（富氢载体）船舶输运码头和储运氢基地，探索将临港新片区打造成为国内外重要的氢贸易基地；用好上海氢能产业发展综合协调机制，分别依托新能源汽车、能源、战略性新兴产业等已有的工作机制，协调解决临港新片区氢能产业发展重大问题，积极争取国家支持，在政策突破、项目落地、招商引资、安全监管等方面率先开展先行先试，推动临港新片区氢能产业高质量发展。

上海出台《上海市智慧高速公路建设技术导则》

近日，市交通委、市道路运输局印发了《上海市智慧高速公路建设技术导则》（以下简称《导则》）。

作为本市首个智慧高速建设相关导则，积极响应了《交通强国建设纲要》《数字交通发展规划纲要》《长江三角洲区域一体化发展规划纲要》等国家战略布局，《导则》中明确了上海智慧高速总体发展目标和发展要求，创新提出了L1～L4的智慧高速建设等级，规范了本市智慧高速建设的整体架构。横向比较了浙江、江苏、山东等多个省市智慧高速相关指南和团体标准，广泛征求交通部、市相关部门、行业单位、新兴企业等意见，并总结了本市智慧高速公路在建工程的试点情况、研究成果和实践经验，最终形成了一套适用于本市的智慧高速建设技术体系。

《导则》的发布，将指导和推动“十四五”期间本市智慧高速建设，完善本市智能交通标准体系，形成具有全国引领示范的“上海经验”。下一步，将组织开展行业宣贯，指导和推动“十四五”期间相关工程建设，同时启动编制《上海市智慧高速公路建设技术规范》（暂命名），并积极参与到部、市相关标准的编制工作中。

本市首份《市域铁路初期运营前安全评估标准》完成行业验收

市域铁路作为交通建设工程的新兴业态，全国范围内尚缺乏初期运营阶段的工程标准规范支撑，为填补该领域标准体系的空白，市交通工程建管中心于今年初启动上海市工程建设标准《市域铁路试运营基本条件标准》制定项目，在行业管理部门和参编单位共同努力下，目前该标准已完成行业验收。

自2022年一季度启动该标准编制项目以来，市交通工程建管中心全程强化落实，有序推动项目开题、中期评审、意见征询、质量考核等工作顺利开展，并于8月底组织召开《市域铁路试运营基本条件标准》（拟更名《市域铁路初期运营前安全评估技术标准》）征求意见汇总稿评审会。经来自市交通委、市住建委及市市场管理总站的有关专家评审，一致认为该标准内容完整、结构合理、具有适用性和可操作性，符合标准编写规范，予以通过行业验收。与会专家还以此次评审会为契机，开展现场办公，就该标准的流程设置以及和相关法律法规及标准规范之间的关系进行深入研讨交流，致力于市域铁路建设规范有序地发展。

下一步，市交通工程建管中心将在督促该项标准文本调整完善基础上，前瞻性地筹划市域铁路相关动态验收标准编制工作，为机场联络线在2024年建成通车提供专业技术上的服务保障。

圆通速递有限公司获评“全国和谐劳动关系创建示范企业”

近日，中华全国总工会等部门联合印发《关于命名全国和谐劳动关系创建示范企业与工业园区的决定》，圆通速递有限公司获评“全国和谐劳动关系创建示范企业”。

近年来，上海市贯彻落实习近平总书记关心关爱快递小哥重要指示批示精神，充分发挥党建引领作用，推动《关于做好本市快递员群体合法权益保障工作的实施意见》落地实施，鼓励快递企业建立工会组织，推进民主管理，构建和谐劳动关系，切实保障快递员群体合法权益，促进本市邮政快递业持续健康发展。

圆通表示要珍惜荣誉，再接再厉，立足新发展阶段、贯彻新发展理念、构建新发展格局，踔厉奋发、笃行不怠，着力丰富创建内容，创新工作思路和方法举措，积极总结推广成功经验和模式，团结动员职工同心同向同行，努力构建规范有序、公正合理、互利共赢、和谐稳定的劳动关系，充分发挥先进典型示范引领作用。

10月

第六届“云丰杯”全国绿色供应链与逆向物流设计大赛圆满落幕

2022年10月22日，由上海市物流协会和上海市物流学会参与主办的第六届“云丰杯”全国绿色供应链与逆向物流设计大赛在上海第二工业大学举行决赛。市发改委朱思民调研员代表政府主管部门在会上致词，上海市物流协会常务副秘书长、上海市物流学会秘书长陈震、上海市物流协会副秘书长张悦来，中国物流学会副会长、上海市物流学会副会长、协会逆向物流分会常务副秘书长、二工大教授郝皓参加。上海市物流陈震常务副秘书长在会上宣布了本次大赛有关奖项的获奖名单。大赛吸引了来自全国各地的 311 所大学的1300余名学生参加。经参赛选手的预赛和决赛，并经评委专家老师的评选，评出了大赛一、二、三等奖，上海海事大学获特等奖。

上海市物流协会召开产教融合推进会

2022年10月28日下午，京东物流华东区人力资源负责人董健总一行、上海商学院物流专业主任殷延海和张广存老师，上海市物流协会常务付秘书长陈震和张悦来等相聚上海市物流协会会议室，共商校企合作，产教融合。

京东物流的同志们分别介绍了京东物流教育暨一体化供应链人才培养工作与举措，他们不仅开展了内容丰富、形式多样的企业内员工培训，而且积极参予院校行业的物流教学教育，为院校学生授课、办讲座、参观介绍、岗位实习、组织技能竞赛等，还积极筹建产业学院，编写物流教材案例，编写物流项目，为院校教育、未来物流人才培养教育做了大量工作。

上海商学院介绍了近几年培养输送物流人才情况，尤其介绍了学院对创办产业学院的重视与设想，他们认为，校企合作、产教融合，有利院校教学，有利行业企业发展，对此，学院在场地安排、人员配备都已有考虑。

上海市物流协会近几年创建上海市物流产业高技能人才培养基地，创建物流技能鉴定所，组织物流培训，最近正在筹办上海市物流服务师认证考核等工作，将有力推进物流行业的校企合作，产教融合，上海市物流协会表示，将尽全力支持推进产教融合。

最后，与会人员一致表示，会后，抓紧做好前期准备工作，一旦建立产业学院，或者开展物流教育培训，就一步一个脚印，扎扎实实做好每一个设想和项目，做精，做出色，逐步推进，越做越好。

11月

2022 年上海市促进现代航运服务业创新项目评选结果公示!

2022 年上海市促进现代航运服务业创新项目评选结果

现代航运服务业创新示范项目：

1. 智慧航运数字化生态改造项目（申报单位：上海鸭嘴兽供应链管理有限公司）
2. 航运技术联合创新工作室（申报单位：中国船级社上海分社）
3. 基于多模高精度北斗定位的 DP 系统国产化研究与应用（申报单位：中交通信大数据（上海）科技有限公司）

现代航运服务业创新鼓励项目

1. 港口卫士管理系统（申报单位：哪吒港航智慧科技（上海）有限公司）
2. 基于数字化智能择仓的跨境海外仓管理平台（申报单位：上海环世捷运物流有限公司）
3. MASCOT 智慧经营平台（申报单位：招商局能源运输股份有限公司）

现代航运服务业创新潜力项目

1. 苏州 ICT 服务创新项目（申报单位：上海同盛物流园区投资开发有限公司）
2. 上海出口集装箱结算运价指数的研发和运行（申报单位：上海航运交易所）
3. 国际集装箱班轮运输市场系列研究与发布（申报单位：上海航研运输咨询服务有限公司）
4. 东航物流无人仓配系统项目（申报单位：东方航空物流股份有限公司）
5. 数智化国际物流平台创新服务（申报单位：一飞软件科技（上海）有限公司）
6. 基于航运新基建的多方低碳、智能应用（申报单位：中远海运科技股份有限公司）

上海国际航运中心建设重大研究成果

1. 智慧航运卫星通信与综合服务平台（申报单位：上海船舶运输科学研究所有限公司）
2. 新冠肺炎疫情对上海港航业影响研究（申报单位：上海交通大学

“双十一”长三角物流骤增 服装收货、数码品出货最热

“双十一”大促正在进行。经多方消息，今年“双十一”期间，长三角快递包裹主要在“包邮

区”内部流动，同时往北方地区的发件量上升。苏浙沪成服装、饰品收货重地，同时是数码产品的出货大户。

据江苏省邮政管理局预估，11 月 1 日—16 日，该省快递行业处理的邮（快）件业务量将达 6.5 亿件，同比增长 2.9%；预计同期投递量将达 5.8 亿件，同比增长 4.5%；该省 30 多万名快递员将投入其中。

中国邮政集团有限公司江苏省分公司统计，11 月 1 日—6 日，该公司完成的快递包裹业务量居全国邮政系统第二，业务增速为全国邮政系统第三。

“江苏邮件出口方向以苏浙皖为主，占比达 30%，向黑龙江等北方地区发件量有所提升；受新冠肺炎疫情影响，向广东、河南等地区的发件量下降明显。”中国邮政集团有限公司江苏省分公司有关负责人表示。

“以南京为例，‘双十一’快件流入量比流出量高出一倍多，是个包裹‘净流入’城市，物流方向主要集中在长三角。”江苏顺丰速运有限公司有关负责人表示。

快递包裹的“内容”和动向，从一定程度上反映出各地经济特色和民众消费偏好。

智慧物流平台满帮集团统计，今年“双十一”预售期，全国各地服装、饰品流入长三角，长三角的数码电子产品流向全国。浙江、江苏、广东、山东、河南的快递类发货量在全国榜上有名。上海超越苏州，稳坐发货大城市头把“交椅”。

快递类货物的热门运输线路也发生了变化。满帮大数据显示，预售期间，快递类订单量最热线路不仅集中在长三角半径内，与华南、东北地区的物流联动也在加深。

从快递数量看，今年“双十一”，民众“买买买”的冲动有所克制，下手更为冷静，消费趋于理性。由于预售机制，“双十一”购物周期被拉长，消费者对快递效率的要求也水涨船高。对物流业的收派件、中转、仓储、运输等环节的弹性能力提出了考验。

全球 50 强货运企业排名发布

近日，全球物流业权威刊物 The Transport Topics 杂志公布了 2022 年全球货运企业 50 强榜单。中国有 8 家企业进入前 50 名，包括国家铁路集团有限公司、顺丰速运、中国远洋海运集团有限公司（COSCO）、中国外运（Sinotrans）、嘉里物流（Kerry Logistics）和中国台湾的长荣海运（Evergreen Marine Corp.）、阳明海运（Yang Ming Marine Transport）、万海航运（Wan Hai Lines）。

该机构称，虽然新冠肺炎疫情给全球供应链带来的混乱出现了好转局面，港口拥堵已陆续消除，但面对日益攀升的通胀压力和对未来经济下行的预判负面情绪影响下，全球最大的货运运输服务商仍面临着高度不确定性。但无论未来会怎样，全球托运人仍需要继续依赖货运企业为其提供运输服务。

由 The Transport Topics 和 SJ Consulting Group 联合发布的年度货运企业 50 强榜单，评选出了涵盖卡车和列车及海运和航运企业的佼佼者。前 50 强榜单根据 2021 年企业的货运业务全年营收进行排名，不包括客运服务和其他非货运业务产生的收入。

与往年排名不同的是，2022 年全球货运榜单中不仅包括了基于自有车辆、船只和设备运输货物的自有资产企业，也囊括了为托运人和承运人提供中介服务的第三方物流公司。因此，今年榜单上还首次出现了几家大型货运经纪公司和国际货运代理机构。

排在首位的依然是联合包裹（UPS Inc.），2021 年收入超 972 亿美元，上年也是第一名。紧排其后的是联邦快递（FedEx Corp.）。德国邮政敦豪公司（Deutsche Post DHL）排名第三，比上年前进 3 位。另一个突出的新成员是美国邮政，也首次出现在 50 强榜单中，排名第四。

今年榜单的前 4 席被包裹派送公司占据。中国的国家铁路集团有限公司排在第十一位，顺丰速运排在第十二位。

第二梯队则是全球最大的海运企业。

丹麦的马士基和法国的CMA CGM分别排在第五位和第六位。中国远洋海运集团排名第七，2021年收入超517亿美元。

总部位于瑞士的海运和空运货代公司Kuehne+Nagel International首次入榜，排名第八位，也是榜单中最大的全球第三方物流公司。另一家物流企业丹麦的DSV排名第十三。北美最大的第三方物流货代公司C.H. Robinson排第十七位；总部位于西雅图的货代公司Expeditors International排在第二十二位。中国台湾地区的长荣海运排在第二十一位，阳明海运排在第三十九位，万海航运排在第四十一位。

今年新上榜的还有排在第十九位的中国物流公司中国外运，以及排在第二十五位的法国铁路公司。其他新入榜的还有中国的嘉里物流，排在第三十五位。

北美几家最大的卡车公司成为榜单中货运规模最大的运输公司。如零担物流公司XPO Logistics，排名第二十六位。该公司通过剥离合同物流业务，已转型为纯粹的零担物流服务商。其他北美主要卡车公司还有多式联运运输服务提供商J.B. Hunt运输公司（第二十八位），以及加拿大的卡车和包裹递送服务商TFI International（第四十二位）。北美另一家新上榜的企业是运营独立货运代理机构的Landstar System（第四十五位）。2021年，该公司收入增长58%。

卡车运输巨头Knight-Swift Transportation和Schneider分列第四十七位和第四十九位，零担运输公司Old Dominion Freight Line是排在该榜单最后一位的公司。

总体而言，榜单中的前50名囊括了所有主要货运模式的公司。其中2家商用航空公司，7家卡车运输公司，8家主要提供包裹递送服务，10家铁路货运服务提供商，10家第三方物流公司，以及13家远洋航运公司。日本有6家，法国和德国均有4家企业入围50强。

2022北外滩国际海运论坛”召开

由上海市人民政府、交通运输部主办，中远海运集团、上港集团承办的“2022北外滩国际海运论坛”于11月22日下午在北外滩世界会客厅星空厅举行。本届论坛以“绿色、智慧、韧性供应链中国际海运业发展新格局”为主题，采用线上、线下相结合的形式进行，来自国际航运产业链相关方的近200名代表出席现场活动。

上海市委常委、副市长张为，交通运输部总工程师兼水运局局长李天碧，中国远洋海运集团董事长、党组书记万敏，上海国际港务（集团）股份有限公司党委书记、董事长顾金山出席本届论坛并发表致辞。全国人大外事委员会委员、中远海运集团原董事长、党组书记许立荣应邀出席了论坛。

上海市委常委、副市长张为在致辞中指出，当前，上海国际航运中心建设正处在从“基本建成”向“全面建成”迈进的关键节点，未来将从以下几个方面持续发力：一是进一步提升航运服务能力，着力打造与航运相关的金融、法律、科技等服务产业集群，力争将上海建设成为连接航运上下游产业链的一站式服务平台；二是推动长三角航运一体化发展，着力完善水运网络和码头布局，加速发展水水中转、海铁联运，推动长三角港航领域从要素合作转向更深层次的制度合作；三是积极推进新一代信息技术和绿色减排技术在港航物流领域的应用，打造绿色智慧的升级版航运中心。

交通运输部总工程师兼水运局局长李天碧在致辞中表示，中国海运业将以《交通强国建设纲要》《国家综合立体交通网规划纲要》为统领，聚焦“绿色、智慧、韧性”，推动海运高质量发展和世界一流港口建设。一是提升港口基础设施安全韧性，增强国内国际双循环主枢纽地位。二是提升海运服务保障能力，进一步发挥外贸运输主力军作用。三是推进海运业绿色智慧转型，进一步发挥先行引领作用。

上海国际港务（集团）股份有限公司党委书记、董事长顾金山指出，打造绿色、智慧、韧性供应链，需要港航企业从以下方面强化合作：一是产业上强化合作，打造安全的港航绿色能源链；二是数据上全程融合，打造畅通的港航数据链；三是业务上多措并举，打造韧性的港航物流链。

中远海运集团董事长、党组书记万敏在题为《创新合作范式，应对变革挑战》的致辞中提出，加强供应链韧性、推进智能、绿色转型，仍将是2023年航运业的主旋律。航运业需要围绕客户价值与服务能力，创新产业链合作范式，着眼以下3个方面：一是产业链共同提升合作能级，增强供应链韧性。二是产业链共同开展数字化转型，提升一体化服务能力。三是产业链共同筹划低碳减排，促进绿色发展可持续。

中国矿产资源集团副总经理高晓宇，中国工程院院士、中国工程院管理学部副主任黄维和，交通银行副行长郝成，克拉克森研究公司董事总经理史蒂夫·戈登(Stephen Gordon)，隆基股份创始人、总裁李振国，上海市交通委员会党组书记、主任于福林等，分别就“合作创新，构建矿产资源供应链新格局”“保障能源安全，推进碳中和实施路径探讨”“ 提升金融服务能力，助力航运业高质量可持续发展”“市场现状与重要趋势分析”“绿色能源助力智慧、韧性的全球航运新发展”“打造上海国际航运中心升级版，共促全球航运新发展”等主题发表演讲。

在高端访谈环节，中国远洋海运集团有限公司副总经理黄小文，美的集团董事、副总裁、智能家居事业群总裁王建国，达飞轮船（中国）有限公司首席执行官何律铎（Ludovic Renou），华为技术有限公司公路水运口岸智慧化军团首席技术官岳坤，波士顿咨询（BCG）董事总经理、全球合伙人魏金程，上海市虹口区人民政府副区长陈帅等重量级嘉宾，围绕“共同应对航运变革需要产业合力”主题，从各自的行业和角度，对当下航运供应链的热点、难点、焦点问题各抒已见、畅所欲言，碰撞出智慧的火花，给与会代表带来启发和思考。

在全体嘉宾的见证下，中国远洋海运集团有限公司副总经理陈扬帆代表中远海运集团发布了“智能冷箱一站式前台为行业提供数字化解决方案”。新上线的“MY REEFER”智能冷箱一站式前台，利用搭载第三代IoT技术的专属设备，通过实时感知、实时控制散布在全球4万多个智能冷箱的状态，结合AI算法，为客户提供全程可视可控、冷链自主管理的数字化解决方案，助力更多行业、更多客户打造新一代更可靠、更智能、更透明的全球冷链供应链。

中国港口协会会长顾金山代表行业协会发布了《一流港口建设报告》和“中国智慧港口发展成果”，系统展示了中国港口近年来在综合服务能力，智慧、绿色港口建设，以及开放融合发展等方面取得的成绩，这些中国一流港口建设和智慧港口建设的经验和智慧，将对中国加快实现“安全便捷、智慧绿色、经济高效、支撑有力、世界先进的一流港口”建设目标发挥积极的助推作用。

精准对接 浦东匹配航运产业链拓展需求

深化国际航运中心核心区建设，是浦东打造国内大循环中心节点和国内国际双循环战略链接的重要举措。

近两年全球航运市场行情持续向好，班轮公司业绩大幅增长，马士基、达飞、中远海集运等船公司都在积极谋划新业务析块，投资意向瞄准航空货运、向上下游延伸端到端的供应链、数字化转型、绿色低碳等新业务、新模式，业务拓展亟须资源支持。

为进一步提升高端航运服务能级，精准服务航运企业需求，11月23日，浦东航运办牵头召开航运企业产业对接会，20多家船公司与浦东片区管理局、镇分组进行资源供应与市场化需求的洽谈对接，力争促进一批航运新业务板块、新项目落地浦东发展，营造健康安全、可持续发展的航运产业生态环境。

浦东优势突出

有条件承接航运主体需求

浦东口岸贸易物流发达，海陆空铁水集疏运体系通达，专业服务资源要素集聚，是船公司布局新业务板块的首选承载地。

外高桥港和洋山港与全球500多个港口建立了280多条国际航线，浦东国际机场航线网络直达47个国家和地区297个通航点。上海铁路东站枢纽、沪通铁路浦东段正加速推进。

市场基础

浦东已成为上海经济快速发展的重要增长极，货物贸易进出口额占全市近60%，集装箱吞吐量占全市90%以上，货邮吞吐量连续14年全球第三。

产业集聚

拥有全产业链1万余家航运企业，包括中远海运集团等总部企业、BIMCO等国际航运经济组织、全球排名前十国际船舶管理企业等。

创新优势

依托引领区和自贸区制度型开放优势，推动国际船管外汇便利化等一批首创改革试点，制定全国首个船舶供应物料地方标准及团体标准。

政策体系

出台新区“十四五”航运扶持政策、引领区产业发展基金等系列政策对重点航运企业、创新项目和人才给予支持。

沿江通道浦西段主线高速公路今日通车

上海交通网2022年11月25日发布消息，沿江通道越江隧道（江杨北路－牡丹江路）新建工程主线高速公路（以下简称沿江A段）及沿江通道西延伸（江杨北路—富长路）改建工程主线高速公路（以下简称沿江B段）今日通车。沿江B段部分路段及部分收费站仍在紧张施工过程中，为尽快还路于民，本次通车为临时开放交通。

沿江A、B两段均位于宝山区，为“双向六车道＋硬路肩” 的高架高速公路。其中沿江A段东起牡丹江路，西至江杨北路，全长约3.89千米。

沿江B段东起江杨北路，西至富长路，全长约3.86千米。沿江A、B两段临时通车后可与郊环隧道贯通（越江暂不计入收费里程），提升郊环越江隧道功能。

目前沿江A、B两段已完成牡丹江路至蕰川路主线高速公路，及蕰川路至富长路主线高速公路的南半幅已完成施工，均作为本次通车路段。

上海快递发展指数发布会暨“快递业绿色发展”高峰论坛在沪成功举办

11月30日，“上海快递发展指数发布会暨‘快递业绿色发展’高峰论坛”在沪成功举办。上海市邮政管理局副局长余洪伟出席发布会并致辞。

发布会上，余洪伟副局长、青浦区商务委张隽主任共同启动指数发布，市快递行业协会会长周德刚发布2021年度和2022年第三季度上海快递发展指数，指数编制单位国家邮政局发展研究中心对编制思路进行了解读。数据显示，2021年上海快递发展指数为161.3，同比提高8%，2022年第三季度上海快递发展指数为 215，同比增长 3.3%，较二季度提升 20%。从指数来看，全行业经受住疫情考验，上海快递发展指数呈现整体上扬态势，充分展现了上海邮政快递业的韧性、稳定性与可持续性。

余洪伟指出，发布上海快递发展指数是贯彻落实习近平总书记考察上海重要讲话精神、习近平总书记关于邮政快递业的重要指示批示精神和部市合作协议工作要求的一项重要举措。上海快递发展指数是全国第一个地方性快递发展指数，依托上海得天独厚的开放性区域优势、集聚的总部经济优势、核心功能优势、创新先发优势进行编制，以 2016 年为基期从纵向时间维度展示上海邮政快递业发展现状及未来趋势，是上海邮政快递业高质量发展的评价标准体系与行业发展监测体系之一，致力于打造客观评价上海邮政快递业高质量发展的晴雨表和风向标。

余洪伟强调，上海快递发展指数通过综合评价、预测预警、分析研判的新视角，引入了规模实力、服务质效、价值贡献、开放创新等指标，丰富了上海邮政快递业评价指标体系，为进一步加强邮政快递业运行对本市经济的贡献度研究提供了新维度；通过“季度 + 年度”双周期发布，整合行业大量数据资源，对行业进行多方位科学监测，为行业发展查找短板、优化资源配置提供有力抓手，为政府宏观决策、为市场有序发展、为企业合法经营提供了新指引；通过全方位拓展“数字 +”在邮政快递业创新应用，加快行业转型升级、提质增效，持续打造行业发展的新模式、新业态、新优势，为全国邮政快递业高质量发展提供了上海新探索。

本次发布会由上海市邮政管理局和上海市青浦区人民政府指导，上海市快递行业协会主办，青浦区华新镇人民政府协办，本市相关委办局、协会、高校和企业的多位代表出席参会。

12月

上海市物流协会换届选举工作领导小组举行会议

2022 年 12 月 1 日，在上海市物流协会会议室，上海市物流协会换届选举工作领导小组举行会议，出席会议的有领导小组全体成员，会议由协会会长、领导小组组长浦静波主持。

会上，协会常务副秘书长、换届选举工作小组组长陈震就协会换届的筹备情况、工作进展和有关问题的说明作了详尽报告。会议对上海市物流协会换届的有关事项进行了充分讨论和认真研究，一致认为经过积极筹备和有关主管部门的同意，协会换届的时机和条件已经成熟，同意适时召开上海市物流协会第三届第六次会员代表大会暨理事会议，并在 2022 年完成协会的换届选举。协会秘书处将根据本次会议的决定，推进筹备工作，完成换届选举。

上海落实第四季度收费公路货车通行费减免 10% 等政策

据上海市人民政府网站 7 日消息，上海市人民政府办公厅印发《关于进一步降低制度性交易成本更大激发市场主体活力的若干措施》，明确落实 2022 年第四季度收费公路货车通行费减免 10%、政府定价港口货物港务费收费标准降低 20% 等政策。

此外，文件明确研究完善载货汽车交通管理措施，优化城市物流配送车辆通行管理模式，探索扩大新能源货车通行权限，进一步便利货车在城市道路通行。

首架国产大飞机 C919 交付 迈出市场运营第一步

2022 年 12 月 9 日，国产大飞机 c919 全球首家用户东方航空，正式接收首架 C919 飞机，标志着国产大飞机迈出市场运营的第一步，也标志着中国民航运输市场首次拥有中国自主研发的喷气式干线飞机。

C919 大型客机是我国按照国际通行适航标准研制、具有完全自主知识产权的全球新一代单通道干线客机，2017 年首飞，2022 年 9 月 29 日取得中国民航局型号合格证（TC 证），2022 年 11 月 29 日，取得中国民航局生产许可证（PC 证）。该款机型采用先进气动设计、先进推进系统和先进材料，碳排放更低、燃油效率更高。

这架飞机是交付中国东方航空公司的首架 C919 飞机。东航也是 C919 飞机的全球首家用户。

据悉，东航首架 C919 有望最早于 2023 年春满足民航局规章要求，投入商业载客运营，这也意味着，最快明年春，旅客就能坐上由国产 C919 大飞机执飞的航班。

上海市物流协会召开换届选举准备工作会议

2022 年 12 月 21 日，上海市物流协会秘书处以线上形式举行了秘书处办公会议，秘书处领导，各部门负责人和工作人员参加了会议。

会议由上海市物流协会秘书处副秘书长张悦来主持。会上，大家围绕如何组织落实协会的换届选举工作进行了讨论，考虑到当前新的疫情形势和会员单位实际情况，会议经讨论决定，原定于 2022 年底前举行的协会换届，适当延长，于 2023 年 1 月 10 日举行上海市物流协会第四届第一次会员大会暨理事会会议，换届选举会议形式为线上 + 线下举行。根据这一目标，协会秘书处还制订了工作进度表，各部门和各分支机构将按要求组织实施，确保协会换届选举的完成。

2022 第六届全国服装快递快运融合发展研讨会在上海召开

12 月 21 日，由中国物流与采购联合会主办的 2022 第六届全国服装快递快运融合发展研讨会在上海召开，中国物流与采购联合会副会长蔡进出席并致辞。

本次会议得到了上海丝绸品牌发展有限公司、乔丹体育、森马集团、爱慕股份、珂卡芙鞋业、佰里科技、璟丰时尚等知名鞋服品牌，菜鸟国际、宝湾物流、海柔创新、宇昊供应链、华企快运、小象回家、宇宏物流、远征物流、欧仓智能科技等物流及装备企业的大力支持。与会嘉宾及代表以“融合共生，韧性成长”为主题，共同探讨服装快递快运融合发展的思路与方向，盘点电商大促中服装物流运营情况并总结经验，交流推广行业创新发展、转型升级的先进技术和管理经验，为服装物流行业相关企业和单位提供了交流学习的平台。

2022 全国汽车物流行业年会在上海召开

12 月 27 日，由中国物流与采购联合会主办，中国物流与采购联合会汽车物流分会承办的 2022 全国汽车物流行业年会在上海召开。中国物流与采购联合会副会长蔡进出席会议，并围绕中央经济工作会议提出的 6 个统筹发表讲话。

会上，中国物流与采购联合会汽车物流分会轮值会长、北京长久物流股份有限公司董事长薄世久为大会致辞。来自全国的汽车生产企业、零部件制造商、汽车物流企业、物流装备企业、研究机构、高等院校的代表相聚上海，年会以“踔厉奋发 共创未来”为主题，围绕物流行业政策、汽车市场情况、物流经验以及物流装备技术创新应用等方面进行了精彩的演讲与热烈的交流。

本次会议得到了一汽物流、上汽安吉物流、长久物流、一汽富晟、中都物流、华通物流、中世国际、牛卡福、玲珑轮胎、中原物流、华清科盛、德真瑞供应链、通汇物流、招商滚装、普田物流、能运物流、科尼科、卖好车、京东产发、文诚恒远、上汽红岩、安博中国、百度地图、聘达人的大力支持。感谢以上单位对本次会议顺利召开做出的贡献！

2022 年第二届长三角冷链物流高峰论坛在上海召开

12 月 28 日，2022 年第二届长三角冷链物流高峰论坛在上海市召开。本届论坛主题为“拥抱内外双循环　端牢中国金饭碗”，由中国物流与采购联合会、上海市商业联合会作为指导单位，上海市物流协会、上海市物流协会冷链分会主办。中国物流与采购联合会副会长兼秘书长崔忠付出席并发表致辞。中国物流与采购联合会副秘书长兼评估办主任杨国栋参加并作主题演讲。

在 12 月 18 日上午论坛主题演讲环节，先后由四川省内江国际物流港服务中心主任范长广、中国物流与采购联合会副秘书长兼评估办主任杨国栋、福建雪人股份有限公司市场总监陈炜、上海闽泰环境卫生服务有限公司总经理顾祥、上海盛琍发制冷科技有限公司总经理黄礼明、中通冷链副总裁杨帆先后发表了主题演讲。

当天上午，论坛最后的对话环节由北京快行线冷链物流有限公司总经理刘培军主持，中通冷链副总裁杨帆、优合集团产业发展中心总经理王飞、上海众萃物流有限公司董事长黄宗荣、普冷国际物流（上海）有限公司董事长虞健民、启橙中国总经理潘炜等与会嘉宾围绕“现代农产品流通的挑战与机遇”的主题各抒己见，开展了热烈的交流与探讨。

中国物流与采购联合会副会长崔忠付在上海考察调研

2022 年 12 月 30 日，中国物流与采购联合会副会长兼秘书长崔忠付到上海调研。在上海期间，崔忠付走访了韵达货运有限公司、上海韵达运乾物流科技有限公司，同时还参加了同期开展的 A 级物流企业评估工作，崔忠付在交流中希望各企业要发挥 A 级企业的示范与引领作用，不断加强网络建设提升运营质量，同时要做好品牌宣传，不断丰富产品线，实现高质量发展。中国物流与采购联合会副秘书长兼评估办主任杨国栋陪同调研。

上海港集装箱吞吐量连续 13 年排名全球第一

从上港集团了解到，上海港 2022 年集装箱吞吐量突破 4730 万 TEU（标准箱）大关，连续第 13 年蝉联全球第一。

据介绍，上港集团 2022 年一季度生产实现开门红；7 月份集装箱吞吐量 V 型反弹，以 430.3 万 TEU 创同期新高；9 月 8 日和 11 日昼夜集装箱吞吐量连续突破 16 万和 17 万 TEU 大关，创下 170173TEU 的昼夜集装箱吞吐量新纪录，并接连刷新单工班集装箱吞吐量、单船集装箱作业量、单码头昼夜集装箱吞吐量等多项纪录。

在集装箱箱量屡攀新高的同时，2022 年上海港也在新科技突破、新区域开拓、新业态发展不断发力，打出了升级陆改水、优化海铁联运、水水中转、ICT 前置等稳链助企、保供保畅业务组合拳，开辟重要生产生活物资港口绿色通道。

延续报道。

上海市物流协会召开第四届第一次会员大会暨理事会圆满完成换届工作

2023 年 1 月 10 日，上海市物流协会第四届第一次会员大会暨理事会以线下主会场 + 线上会议形式顺利召开，并圆满完成会议各项议程。

大会由第三届理事会浦静波会长主持。会议应到会员 498 人，实到会员 441 人。会议全程由上海市东方公证处予以公证监督。

会议首先由协会副会长单位东方国际物流（集团）有限公司党委书记、执行董事陈云亮同志就协会换届筹备工作情况向会员企业作了详细介绍。

与会的会员认真审议并以投票表决方式选举产生了本次会议的总监票人、监票人；投票通过了“上海市物流协会第三届理事会的工作报告”“上海市物流协会监事会工作情况的报告”“上海市物流协会第三届理事会财务收支情况报告”“上海市物流协会章程修改说明的报告”等四个议案。

会议在主持人和总监票人的主持下，又先后投票通过了“上海市物流协会第四届理事会理事选举办法”“上海市物流协会监事会监事选举办法”“上海市物流协会会费收取标准和管理办法”。选举产生了上海市物流协会第四届理事会理事和监事会监事。

接着，在召开的上海市物流协会第四届第一次理事会上，新当选的理事 151 人全部参加会议。全体理事在会上听取了“第四届理事会会长、副会长、常务理事、监事会会长推荐情况说明”，投票通过了“上海市物流协会第四届理事会会长、副会长、常务理事选举办法”“上海市物流协会第四届监事会监事长选举办法”。投票选举了会长、副会长、常务理事。同时在线下举行的监事会会议，投票选举产生了监事长。

在继续召开的第四届第一次会员大会上，由新当选的会长提名，选举产生了新任秘书长。至此，上海市物流协会新一届领导集体产生，朱震世当选协会第四届理事会会长、高瑞当选监事长、陆琨当选秘书长。

第四届理事会会长朱震世同志在会上作了就职发言，他首先感谢会员单位的支持、感谢同志们的信任、感谢第三届理事会在浦静波会长的带领下各项工作做出了出色的成绩。表示将继承发扬历届协会的优良传统，进一步发挥好联系政府和会员企业的桥梁作用，在服务上下功夫，在创新上多探索，在效率上有提升。协会将继续做好政府及相关管理部门交办的工作，继续为全体会员企业提供匹配企业需求的各类服务和创新服务，在推进物流业高质量发展中，努力实现协会工作新的进展，不负政府主管部门和会员企业的期望。

中共上海市工业经济联合会党委黄国伟副书记、上海市经信委综合规划处赵广君处长、上海市民政局社团管理处姜琦副处长等亲临主会场见证了换届大会的全过程。上海市商务委刘敏副主任、上海市商务委市场体系建设处王纪升处长、上海市经信委生产性服务业处张莉副处长、上海市发改委产业处朱思民处级调研员等在线上参加了会议。各位领导通过线下和线上对新一届理事会的产生和新当选的会长、监事长、副会长、常务理事、秘书长等表示祝贺。赵广君处长和姜琦副处长在讲话中表示：作为登记管理机关和服务部门，深感今天会议能如期召开实属不易，前期协会克服疫情带来影响，为筹备本次会议做了大量细致且周密工作，确保此次会议在新年伊始得以顺利召开。协会始终以服务企业、规范行业、发展产业为己任，积极反映企业诉求，培育产业人才，填补统计空白，提升企业信用，制定物流标准，热心慈善公益，与喀什、贵州等地合作开展产业帮扶，特别是疫情期间引导会员防疫和生产两不误，并协助解决全市养老福利机构物资配送，为打赢大上海保卫战做出了积极贡献，协会的工作可圈可点。

黄国伟副书记在讲话中首先感谢第三届理事会在浦会长的带领下，在大家的共同努力下，做到 4 个注重：注重推进上海物流企业标准化、规范化建设，与市政府的“十三五”规划相结合；注重建言献策，反映企业诉求，围绕“十四五”规划，配合市发改委和市商务委开展了上海市现代物流“十四五规划”建议的调研，向市发改委、市商务委等委办提交了“关于在十四五期间进一步推进上海物流业平稳健康发展建议的报告”；注重会员单位和企业的培训，开展技能化竞赛，为企业培养人才；注重发挥优势，发动会员企业积极投身抗击疫情，为保证供应链、产业链畅通，提供有效的物流支持，为此，秘书处做了大量的工作。对新一届理事会的工作提出了要求：一是认真学习贯彻党的二十大会议精神，在建设中国特色现代化的过程中找准物流协会的定位和发展方向；二是坚持服务会员企业的根本宗旨，服务企业、规范行业、发展产业，要开展调研，把握问题导向、需求导向、效果导向，了解会员企业需要什么，在探索协会市场化改革的过程中，要保持协会的公正性和公信力；三是加强和改进行业协会党的建设，以党建引领行业协会的发展，党建引领会建，把协会改革发展作为党建工作的出发点和落脚点。

上海市商务委刘敏副主任通过线上视频向大会作了重要讲话，充分肯定了协会的工作，希望协会第四届理事会和会员企业围绕“十四五”战略目标，结合上海物流业实际，做好向前推动，创新发展。并对协会工作提出了五方面要求：一是要进一步建立体系，完善通道 + 枢纽 + 网络内外连通运营体系；二是要进一步优化物流配置；三是要进一步强化服务；四是要进一步注重创新；五是要进一步优化环境。

中国物流与采购联合会何黎明会长、上海现代服务业联合会郑惠强会长、上海市商业联合会、上海市发改委产业处、上海市经信委生产性服务业处等领导和政府部门也发来了贺信表示祝贺。

二、2022 年上海物流业案例选编

（一）中通云仓科技数字化城市配送解决方案综述

面对城市物流配送诸多挑战，中通云仓科技旗下的中通云配根据多年运营经验提出了三级仓、二段配、一站式数字化城市配送解决方案。

三级仓：产地仓、中心仓、前置仓

为解决农特产品上行和消费地市场物资供应，根据农特产品流通特点，在生产地设立产地收储仓库，提供优质的农特产品代采、优选、粗加工、包装、适温存储，为线上、线下各类渠道商提供直达运输、包裹快递服务。

中心仓分布于各大经济区域，提供集中存储、农特品催熟、保鲜等流通加工服务，向各类商家提供快速、批量供货，减少货品损耗、降低小规模分布存储成本。

前置仓在消费地城市周边设立，主要用于快速供货至实体门店、终端消费者，满足高频、快速、新鲜的品质需求。

二段配：以仓为节点，从发货到送达只用两段配送完成

中通云配在三级仓基础上，利用公司自控运力资源，协同运用社会运力，建立点对点短链直达运输和末端配送，时效快、损耗低、品质好，全力将农特产品新鲜送达。

一站式：为客户提供采、仓、销、配一体化一站式的解决方案

利用中通云配 50 个产地仓资源，向客户提供代采、仓储、加工、分拣、包装、配送服务，批发商户、平台商家、物资供应链企业、实体门店等客户在中通云配获取到更优质的农特产品供应。

智能信息管理系统赋能

中通云配 FDMS 鳡鱼系统（Fresh Delivery Management System）三温仓储、生鲜加工车间、冷链运输、同城配送、生鲜限时达等业务模块组成，数据链接供应商、采购商、实体店家、终端消费者，货品状态全程可视、数据可追溯。

中通云配业务质量大屏、运力监控大屏、仓储作业大屏、平台大促业务大屏等监控手段，使得云配服务全链路实时掌控。

物联网技术应用数智化

中通云配重视物联网技术的应用和推广，车载定位设备、冷藏车温湿度仪、油耗监测、低温库实时检测仪、新能源货车充电桩等，各终端配合后台管理系统，在订单配载、车辆调度、路线规划、异常报警、温湿度动态、能耗成本等各环节实现了数字化、智能化管理。

中通云配经过几年发展，业已成为一个数字化城市配送及农特产品流通服务平台，可提供集仓储、加工、分拣、包装、配送予一体的全流程的流通服务。目前，云配全国业务已覆盖 50 城，生鲜联配中心 5 个，农特产品基地 50 个，2023 年业务规模还会持续扩大，依托于 BOM、OMS、WMS 等系统及网络覆盖，横向链接仓储及配送完成三级仓、二段配、一站式农特流通服务解决方案（三级仓为产地仓、中心仓、前置仓，二段配：以仓为节点，从发货到送达只用两段配送完成，一站式：为客户提供采、仓、销、配一体化一站式的解决方案），减少了流通环节，提高了流通效率，降低了物流成本，纵向链接从产地到销地完成从产地到客户，全程质量安全管理。

目前聚焦农特产品、快消品、家居、医药等四大流通服务行业。其中，比如云配净菜所提供的两

个方案。

B 端净菜解决方案

服务用户：连锁餐饮企业、企事业单位学校食堂、快消品牌商、一级网点等，解决了出餐速度慢、菜品成本无法精细化、餐厅坪效低、餐厨垃圾量大等痛点。出餐率可提升 30%，餐厅坪效提升 15%，菜品成本量化 100%，明厨亮灶改造 100%。

预制菜服务方案

服务用户有 10 ～ 20 人小企业单位、二级网点等，解决了市区网点不具备食堂功能，且员工用餐时间不固定、菜品选择性 / 丰富度差、餐饮管理不完善等痛点。7 天发货 91 万单 /230 万件、订单发货履约完成率 100%、产品质量零投诉。未来网点可作为卫星中心，向全区域供货，实现创收。

同时，为社会创造更大价值。

（注：中通云配是中通云仓科技重点打造，致力于成为领先的数字化城市配送及农特产品流通服务平台，拥有一张覆盖全国的云配仓网及运力池，创新布局全国生鲜联配中心，为客户提供强大的仓网、运输、技术支撑，让每一份托付新鲜送达。）

（二）全国供应链创新与应用示范企业申报书正文

企业基本情况介绍

上海大微物流科技有限公司以“让跨境贸易更简单”为使命，自主研发了中国领先的数字化国际物流与供应链服务平台—“蚂蚁必达”。

公司以成为“最受推崇的跨境贸易服务平台”企业为愿景。通过数字化技术打通海关、船公司、港口、卡车、仓配等 10 余个跨境业务环节，为国际贸易买卖双方提供覆盖全球、全链路的在线系统与服务，让国际贸易变得透明、高效、便捷、经济！

“蚂蚁必达”平台业务涵盖海外订舱、海外物流、国际运输、码头通关，集卡运输、仓储等物流服务所需的各个环节，并提供贸易代理、贸易执行、外汇结算等国际贸易服务，同时基于全程物流供应链的控货能力，衍生提供运费融资、贸易融资等供应链金融服务渠道。不仅建立了服务全球的物流网络，还能提供国际贸易所涉及的物流、金融、交易、资讯等一系列交易闭环服务。在木材、有色金属、大宗农产品、矿产品等细分领域具备显著优势，上海港服务量已占据行业龙头地位。

截至目前，集团员工近 400 人，累计服务国内外进出口企业上万家，年服务进口贸易额超 400 亿元，年服务海运集装箱约 20 万 TEU。2020 年集团营收 8.8 亿，2021 年营收达 10.4 亿元，年增长率 18%。随着 SaaS 平台的推广，未来三年，预计实现 1000 家全球国际物流企业同步在线，可实现国内 5 万余家外贸企业的全球在线物流与供应链服务，服务贸易额将达到 3 万亿元。

公司被评为全国货代物流数据排行榜综合榜百强企业，民营榜 50 强企业。上海市物流与供应链建设先进单位、上海市“专精特新”企业、“上海关区优秀报关企业”、上海市文明单位、上海市国际货代协会信用 AAA 类企业、WCA 世界货运联盟认证企业，国际海关 AEO 认证企业、上海供应链创新与应用示范企业。上海现代服务业联合会会员单位、上海市国际货运代理行业协会副会长单位、上海市供应链发展促进会副会长单位、上海市物流协会会员单位。董事长胥铁获得全国物流行业劳动模范称号。

供应链发展基础

（申报企业制定供应链发展战略和规划情况，企业信息化建设、标准体系建设等情况；企业在行业中的地位，重点技术、产品、服务在全国以及国际的影响力，上下游资源整合和协同能力等情况。）

（一）供应链发展战略和规划情况

中国每年进口贸易总额约 14 万亿元，物流服务平均占比 15%。伴随着人民币国际化战略和中国企业供应链全球化布局，这是一个价值数万亿且稳定增长的巨大市场。

现有传统货代 6 万余家，CR5 小于 1%，长期以散落的线下服务为主，而海外则频频出现独角兽企业，国内同样存在着巨大的平台重构机会。

随着数字化基建的不断完善，单一窗口落地，通关一体化完成，码头，船公司陆续实现线上作业，进口贸易服务平台行服务企业实现跨越式发展的最佳发力时间点已然到来。

进口贸易品类管理规则极为复杂，导致进口买家频繁出现的交付时间不可控，交付过程不可视、交付成本螺旋攀升等核心痛点亟待解决。

进口贸易服务直客，话语权强，从传统 CIF 逐步延展至 FOB 自主可控式交易，必须依赖全球化数字平台才能规模化实现端到端综合服务需求。

为解决上述问题，“蚂蚁必达”平台依托大数据、RPA、移动互联网、云计算、OCR 等技术手段，全面打通跨境贸易进口供应链（跨境采购、金融服务、国际物流、港口物流、仓储物流等）业务所产生的“四流”数据。（商流、物流、资金流和信息流”四流）建立了统一的信用体系，构建贸易服务子平台、物流可视子平台、金融支撑服务子平台及大数据服务中台，形成了体系化的供应链综合服务模式。

（二）蚂蚁必达平台三大优势

1. 业务场景的丰富

“蚂蚁必达”是提供贸易代理服务、端到端物流服务、供应链金融服务的跨境贸易综合服务平台，业务覆盖多个品类（包括冻肉、水产品、水果、常温食品、木材、农产品、塑料粒子、有色金属、矿产品等）、涉及多个港口（包括上海、天津、宁波、乍浦、盐田等），累计服务上万家客户，这为“蚂蚁必达”数字化平台建设提供了丰富的业务场景和深刻的客户理解。B 端独有的行业知识和实践壁垒特性，没有丰富的业务场景和深刻的客户理解，难以设计开发出符合实际需求的数字化产品，构建一个连接各方、覆盖业务全流程的供应链协同平台更是无从下手。因此，丰富的业务场景是“蚂蚁必达”的业务广度优势。

2. 业务理解的深度

“蚂蚁必达”不仅拥有丰富的业务场景，同时具有深度的业务理解。这种业务理解的深度源于业务专家对业务流程的持续梳理、优化和改进。大微深耕物流行业多年，拥有庞大的专家资源。公司每年都会从各部门抽调专家、骨干，历时 90 余天从事业务流程优化和跨境贸易服务改进，同时成立了由 VP 领衔的流程管理部门负责后续的常态化流程优化迭代。这是蚂蚁必达的业务深度优势。

3. 常年数字化能力的沉淀

“蚂蚁必达”从 2015 年至今持续推进企业信息化建设，2019 年末开始逐步建设“蚂蚁必达”供应链协同平台。该平台采用先进的管理理念、应用架构和技术框架，打通多个第三方数据系统，与多家 RPA 厂商达成合作，先后开发完成 30 个 RPA 机器人以替代人工作业，同步实现采购执行数据的跟踪与反馈，建立异常预警模型，持续优化风险预警预测算法，多维深入挖掘异构数据，充分彰显数据驱动的行业优势。

（三）信息化建设情况

“蚂蚁必达”平台综合利用大数据、机器学习、数据挖掘等技术手段实现端到端的全链路数字化，帮助各贸易参与方实现物流与供应链的可视化、通过实时精准的信息共享，实现商品高效且低误差的周转，提升供应链整体效率、降低综合成本和参与门槛，减少人力和时间支出。因此，“蚂蚁必达”平台本质上是一个跨境贸易服务的协作平台，使各参与方在减员增效的同时促进业务增长。

1. 贸易服务平台

（1）整合并筛选境外工厂（供应商）采购资源，依托平台展示，帮助国内买家快速寻源；

（2）以历史交易数据、通关数据和物流数据为依据，形成交易价格指数，标准化商品及贸易服务，极大缩短中小微企业采购部门决策流程；

（3）贸易订单管理帮助贸易商实现采购 PI 以及销售订单的全生命周期管理。一次录入多次使用，平台提供各种销售合同、销售协议模板帮助销售专员快速完成订单录入，提升效率。

2. 金融支撑服务

（1）建立以客户为粒度的信用体系，为供应链不同角色引入资金方，协助其在每个需要资金支持的环节提供金融服务，解决客户资金周转需求。

（2）平台向资金方提供预授信数据的标准 API 接口，满足资金方对预授信数据获取需求，缩短授信周期。平台依据客户已有历史交易数据，包括贸易订单数据、资金流水数据、物流运单数据、海关清关数据等，用于判断客户贸易真实性、交易体量，形成风控模型依据；当客户预授信完成后，平台定期向资金方推送客户交易记录，帮助资金方及时更新风控模型。

（3）通过对接仓库管理、物流在途跟踪等实现货物风控预警，达到正向可推、反向可溯的目的。

（4）依托贸易服务子平台的货权确权管理系统，对货权转让过程全程记录、严密监控，实现货权风控预警

3. 物流服务子平台

物流可视化子平台是面向贸易商或资金方设计的跨境物流跟踪系统，旨在帮助用户在线货运跟踪、异常处理、文件管理和移动跟踪，实现一站式、数字化的全程物流在线管控。用户可统一管理所有的订单、运单、库存、异常、任务、消息、日历、文件、报表、指标、资讯等，信息开放共享、网络同步传递，实现组织、流程、信息等 3 个层面的协同效应，让供应链能够发挥最佳绩效。

三、供应链管理与创新。（申报企业在提升供应链管理和内外协同能力的主要实践，在数字供应链、绿色供应链、全球供应链、供应链专业服务等方面的建设成效，在引领行业发展，带动上下游企业融通发展，提高供应链风险防范，以及抗击新冠肺炎疫情和保障和改善民生等方面的示范作用。）

国际贸易涉及进出口国两地的运输，链条冗长，手续繁杂。需要发货人、收货人、运力方（拖车 / 船公司 / 航空公司）、码头、海关，以及为收发货人提供代理服务的货代、报关行等众多角色协同完成。其中，货代是承接收发货人需求、串联各环节的连接方，因此货代是服务的关键环节，也是信息的中枢节点。

跨境贸易供应链管理的最大挑战，不仅仅是实现企业内部的供应链和货运中的协同可视性，还包括上下游合作伙伴中的可视性，这样才能更准确的针对客户需求进行协同决策。

（一）供应链协同创新

1. 供应链组织协同

第一个层次是供应链组织协同。由于跨境贸易涉及的组织众多，供应链组织协同就显得尤为重要。

首先是组织内部协同，2015 年至今，“蚂蚁必达”已完成了企业内部各业务版块，包括贸易、货代、报关、运输、仓储、结算、客户关系、供应商关系以及经营分析的信息化，公司内部员工以及操作人员可在同一个平台上开展协同作业。

其次是组织间的协同，即企业与供应链上其他组织之间的协同。“蚂蚁必达”致力于构建供应链网络共同体，基于客户价值和产业网络开展高效协作，帮助跨境贸易相关方进行数字化协同。

为增强客户和其子客户间的交互与协作，“蚂蚁必达”平台允许客户按需建立自己的关系网络，

并进行交互协作。

方式包括：客户直接的信息查询和业务处理；利用公共API接口，与客户内部信息系统对接；通过RPA的方式与客户内部信息系统对接；客户直接使用蚂蚁必达平台提供的SaaS服务。

2. 供应链流程协同。

（1）在供应链层次打破组织界限，围绕满足终端客户需求，进行流程整合重组。

（2）要满足不同业务、口岸、品类的客户个性化业务流程需求。

平台拥有业务流程中心，通过工作流引擎固化供应链组织协作方式，形成自动的任务分发、异常提醒和消息推送机制，改进参与方的流程协作模式。

系统根据流程梳理定义了110余项管理指标，从时效、差错、服务质量等多个维度监控业务，借助于BI工具实现指标管理可视化，以便于管理人员实时监控。同时提供82个异常提醒点，包括时效类、单证类、突发事件以及成本费用。这使得客服和操作人员能专注于异常事务处理、资源协调以及客户关系维护，减少大量无效或低效的信息转运。以冻品行业为例，一名操作人员月均处理票量比传统模式提升100%。

3. 供应链信息协同

在“蚂蚁必达”平台上，各参与方共享同一个数据源，既消除了信息不对称，又保证了信息传递的实时性，从原来的单向信息传递模式转变为信息网络传播模式。支持更丰富的接入终端：PC Web客户端、移动端小程序、AI企业微信智能客服、短信 / 邮件消息推送等。能够满足不同场景下的客户信息需求。

（1）集成外部数据减少人工查询和录入

平台订阅32家主流船公司的船期数据、集装箱号及箱动态，准确率在95%以上，极大减少船期查询、录入箱号的工作量；对接上海、宁波港区靠泊数据，能更加精准的获得预计和实际靠泊时间；对接海关数据，实现全国单一窗口和上海亿通国际的信天翁对接，自动拉取报关单以及海关回执，自动接收并通告清关节点，电放、查验通知、海关放行等消息；内嵌邮件系统，可以接收客户或国外方的单证资料让审单过程在线可跟踪；集卡运输管理系统与中交兴路对接可获取集卡车辆的GPS定位。

（2）RPA机器人运用

“蚂蚁必达”平台已加入了大量的云PRA机器人，替代操作反复、低效人工操作。如税单自动抓取与推送、自动化生成符合海关要求的货物清单、批量扫描自动上传、提箱密码等场景。目前已经完成17个RPA场景的开发，还有8个场景在研，平均每个RPA能替代人工4到6小时的工作量。

（3）结算自动化

首先，建立成本标准，因跨境贸易流程复杂，费用名目繁多，但大部分费用相对固定，平台经维护了大部分成本标准，船公的滞箱费率等数据。

其次，结构化客户报价，将订单执行过程中发生的额外费用全部事件化，实时记录产生原因及收费标准。在订单生成后，自动计算包干价格和固定成本，预估可能发生的额外成本。实现费用自动生成，避免漏收多收。

结算功能的自动化，有效提高了资金周转率，将常规对账周期缩短7天，极大降低资金成本。

（二）物流可视化协同

通过对接清关、运输、仓储以及第三方信息管理系统，实现了船舶跟踪、清关进度、集卡运输、库存管理的可视化。做到业务信息的及时和透明，让客户更自主、更便捷、更快速的了解物流进度。

文件可视化：提供20余种单证类型，客户、供应商、物流商均可通过平台实现文件共享，避免线下的往复传递，提高沟通效率。

绩效可视化：平台将业务流程标准化，对 52 个业务环节分别定义了时效、质量、管理以及客户服务指标。然后量化图标展示物流执行环节。

风险可视化：平台定义了 82 种异常事件，涵盖时效、单证、费用以及突发事件等维度；建立红黄蓝预警机制，帮助及时发现和规避风险，减小损失；

（三）供应链金融的协同

供应链金融，包括交易链、资金链、物流链、信息链、监管链，是为处于产业链条上的关联企业开展交易融资、结算等相关业务提供的金融服务。

传统融资模式，需对融资企业完成尽调、对融资行业有所了解、对融资对象或业务实施监管。存在周期冗长、风控模型不准确等问题，现有市场也无法满足监控需求。

为此，“蚂蚁必达”平台供应链金融服务，依托用户信用体系及历时交易数据，解决征信数据缺失问题，为资金方降低融资风险的同时，缩短了融资方的授信周期，为中小贸易商融资开辟捷径。

在预授信完成后，平台定期向资金方推送客户交易记录，帮助资金方更新风控模型数据。同时开放物流可视化子平台，并借助于 AIS、GPS、仓储监管等，实现对物流、仓储、货物位置的全流程跟踪与监管；

针对行业产品领域相对陌生的资金方，平台将基于历史交易数据以及海关清关数据完成脱敏计算，形成标砖 SKU 产品的价格波动趋势预测，并匹配贸易服务商对接给资金方，在辅助资金方判断融资风险的同时，帮助其完成贸易交易链管控；

（四）数据资源

公司深耕跨境贸易服务领域，在冻品及木材类市场占据领先地位，沉淀了大量的“商流、物流、资金流和信息流”数据资源，累计服务上万家客户，重视数据采集、数据清洗、数据挖掘、数据共享等全流程的企业数据沉淀、精练工作，建立基于大数据及 AI 技术的数据中台，充分发挥行业数据优势，不断夯实企业数据底座。

（五）行业融通

（1）资金方合作：合作大型资方 10 余家

已与某大型冻品行业资金方签署合作协议，开展基于冻品进口跨境贸易的金融撮合服务，目前已开展金融撮合服务贸易额 1.82 亿元。合作品类主要为进口牛肉，涵盖 5 大原产国的 600 余个 SKU。在技术上双方已通过实现订单流、资金流、物流、单据流的双向对接。

（2）贸易商合作：国内某大型肉类加工基地

平台与国内某大型农业产业化国家重点龙头企业合作，品类主要为冻猪肉。该贸易商对船期等物流信息的实时性要求颇高，依托平台提供的物流全链数字化管理，获取船公司、港区以及海关信息，帮助客户合理安排外汇付款，提高资金使用效率。避免海关及物流过程中的货损，预计未来 2 年，该贸易商将放置至少 2400 柜的进口箱量业务于本项目平台运营。

（3）资金方合作

国内某专业冻品资金方 100% 业务委托给我司运营，平台帮助其实现订单在线跟踪、外汇付汇、云仓等信息化管理，目前业务量依靠人力已无法有效管理。多 sku 业务由原来一票 2 个小时缩短至 5 分钟，差错率由 2% ～ 3%，降至 1‰～ 2‰。出证速度提前 2 天，且支持实时下载。

（六）市场资源

截至目前，公司累计服务客户已超 5000 家，年服务中小企业进口贸易额 400 亿，约占上海市场份额 5%，年操作 2.5 万笔业务订单，其中，冻品 2020 年度箱量增长 100%，上海市场占有量达 10%，公司整合合作商资源，具备调动备案的冷链车辆 130 余台。

四、示范创建工作思路。（面对日趋复杂严峻的国内外形势，围绕产业链供应链现代化、产业链供应链安全稳定、积极扩大内需促进消费等重大战略任务，开展供应链创新与应用示范创建的工作思路，包括主要目标、关键举措和预期实现的经济社会效益。）

（一）项目主要目标与核心亮点

国内首个进口贸易物流供应链数字化平台：突破性的利用数字化系统打通报关行，船公司，集卡运输方等关键节点，SaaS 工具在线协同，实现效率大幅提升。

服务直客，“由内向外的”全场景供应链赋能：公司以数据为驱动，为进口贸易买家直客提供物流 + 贸易 + 供应链金融的综合服务，从境内港到门领域，逐步拓展至国际海运，和境外门到港的全场景领域。

重构作业流程，拥有行业最高人效： 基于蚂蚁必达中台搭建全链路标准化体系，实现高并发交付，作业出错率低于 0.5%，经营人效大幅领先于行业平均水平。

打造高标准，专业化的品类解决方案：以木材为切入点，实现冻品，有色金属等进口贸易大宗品类专业服务的快速增长和渗透，重新定义了进口货品的执行标准。

经验丰富的团队：公司团队深根行业数年，具备全球化视野与多元化背景，是产业中稀缺的全链条专家型团队。

（二）项目社会效益

1. 加快行业数字发展步伐

通过专业跨境供应链服务平台，广泛集成境内外货源、物流及冷链运力等市场供需信息，通过数字化方式强化信息采集、交互服务功能，为跨境业务一体化运作提供平台支撑。同步整合市场供需信息，提供冷链车货匹配、仓货匹配等运力服务，提高物流资源配置效率。积极推动供应链上下游间数据互联共享，打通数据交换渠道，更大范围提高行业信息对接效率。

2. 筑牢疫情境外输入防线

利用平台可视化管理能力，完善进口防控措施，建立多点触发的监测预警机制，切实做到闭环管理。针对冷链进口可能引发的输入性疫情，严格监控入境、仓储、运输、核酸消杀等环节，实时跟踪检验检疫结果、货物来源去向等关键数据，做到批批检测、件件消杀，全程可追溯、全链条监管，做到疫情防控无漏洞。

3. 加强供应链服务业人才培养

依托平台培养供应链行业人才，加强相关专业人才引进，重点培养供应链管理、物流系统规划、物流技术和企业运营等方面的专业人才。与高等院校深入对接行业需求，以应用为导向加强供应链产学研交流。完善公司专业技能培养培训模式，加强与职业院校、行业协会合作，对供应链专业人才进行实践能力及创新创业能力培养。积极参与高等院校、行业协会开设冷链物流培训课程，促进从业人员知识更新与技能提升。

（三）借鉴意义

在大微数字化创新的进程中，不断积累的业务数据，本身就是一座无尽的矿藏，善于利用和发掘数据的潜在价值将能极大的提高业务流转效率，更直接地降低成本开支，更精准的管理环节流程，更从容地应对风险挑战。平台为买方进行供应链赋能，制订标准化产品服务和金融解决方案，从而进一步增加我们的物流粘性。新形势下企业推进供应链创新，要充分利用疫情带来的契机，基于物流的全程数字化，贸易资源，金融解决方案，“蚂蚁必达”将逐步建成中国买家进行全球化供应链的一个关键的通路。 稳步有序地实现以客户为中心、以数据分析为大脑的领先数字化企业。

（四）总结

从“大微”的供应链创新之路可以看出，非数字孪生下的传统企业信息化变革应是面向企业内部业务流程和管理模式的变革，这是企业数字化转型的基础。构建新的商业模式、新的生态环境是数字化转型企业的不竭内驱力。追求但不盲目技术最大化是传统企业转型过程中需要谨慎避免的弯路，努力拥抱这个时代，但不能被时代所左右。“大微”已经走过了企业信息化的历程，也开启了迈向网络化、智能化的新征程。“蚂蚁必达”平台也将乘风而上重塑客户价值主张、增强客户交流协作，与各方共同成长，实现初心和愿景，让跨境贸易更简单。

全国供应链创新与应用示范申报企业评价指标

（商贸服务类—供应链管理服务）

序号	一级指标	二级指标	单位	申报企业情况
1	企业经营水平	主营业务收入增长率	%	18.37%
2		年度利润增长率	%	19%
3	供应链管理水平	及时交付率	%	99.7%
4		客户满意度	%	90%
5		库存周转率	%	33%
6		现金周转期	天	34 天
7		标准规范建设水平	定性评价	2015 年至今“蚂蚁必达”持续推进企业信息化建设进程，2019 年末开始研发“蚂蚁必达”供应链协同平台。该平台采用先进的管理理念、应用架构及技术框架。公司已获得 ISO9001:2015 认证，并持续对业务操作流程进行优化迭代，目前最新版为 V3.0，制定了一些列标准体系：如冻品服务流程标准、物流成本标准、物流指标标准等。依据历史申报及交易数据建立 SPU/SKU 商品标准，商品维度涉及海关 HScode 维度并自动对接更新进口税率相关信息
8	供应链创新能力	研发人员数量	%	30%
9		研发投入水平	%	2%
10		新技术、新模式、新业态创新水平	定性评价	“蚂蚁必达”致力于创建供应链网络共同体，基于客户价值和产业网络的高效协作，使各个成员共享同一个数字化平台，既消除了信息不对称，又保证了信息传递的实时性。高度的信息共享和敏捷的群体协作都使得供应链的效率和整体灵活性相较传统模式大为提高

续表

<table>
<tr><th>序号</th><th>一级指标</th><th>二级指标</th><th>单位</th><th>申报企业情况</th></tr>
<tr><td>11</td><td rowspan="3">数字供应链水平</td><td>“上云用数赋智”水平</td><td>定性评价</td><td>蚂蚁必达企业内部各业务版块系统全部使用阿里云，使公司内部各级管理人员以及操作人员在同一个全流程管理平台上开展协同作业，正逐步通过多渠道消息推送方式数字化赋能客户</td></tr>
<tr><td>12</td><td>供应链服务协同平台情况</td><td>定性评价</td><td>通过“贸易链 + 物流链”相结合的端到端供应链协同管理，帮助跨境贸易相关方在平台上进行供应链协同作业，实现资源共享、价值共创、利润共享的群体性产业互联网新模式</td></tr>
<tr><td>13</td><td>服务线上运营比率</td><td>%</td><td>71%（已实现订单业务在线管理及跟踪支持系统包含：MOS 跨境智能物流系统、通关小二通关服务系统、货图出口跨境电商供应链系统、快马智云运输系统、蚂蚁必达跨境物流在线服务平台等）</td></tr>
<tr><td>14</td><td rowspan="4">供应链专业服务水平</td><td>服务客户数量增速</td><td>%</td><td>41%</td></tr>
<tr><td>15</td><td>供应链组织优化能力</td><td>定性评价</td><td>已实现企业内部各业务板块，包括贸易、货代、报关、运输、仓储、结算、客户关系、供应商关系以及经营分析的信息化，公司内部员工同一平台上协同作业。同时，提供客户与平台之间的交互与协作，允许客户在“蚂蚁必达”平台上按需建立自己的关系网络，并与之开展交互与协作，方式包括：信息查询、业务处理、信息系统对接、SaaS 服务等</td></tr>
<tr><td>16</td><td>专业化服务人才比例</td><td>%</td><td>80%</td></tr>
<tr><td>17</td><td>服务业务丰富度</td><td>定性评价</td><td>“蚂蚁必达”是提供贸易代理服务、端到端物流服务、供应链金融撮合服务的跨境贸易综合服务平台，业务覆盖多个品类，包括冷链产品（冻肉、水产品、水果）食品（乳制品、酒水饮料、调味品、焙烤食品）、木材、农产品（小麦、肉骨粉、葡萄籽、饲料原料等）、塑料粒子、有色金属（铜矿、铬矿、铅、锡、铝等）、矿产品等）、涉及多个港口（包括上海、天津、宁波、乍浦、盐田等），累计服务上万家客户，这也为蚂蚁必达数字化平台的建设提供了丰富的业务场景和深刻的客户理解
“由内向外的”全场景供应链赋能：公司以数据为驱动，为进口贸易买家直客提供物流 + 贸易 + 供应链金融的综合服务，从境内港到门领域，逐步拓展至国际海运，和境外门到港的全场景领域</td></tr>
<tr><td>18</td><td>供应链专业服务水平</td><td>拥有专业服务资质数量</td><td>45 个</td><td>• 报关单位注册登记证
• 出入境检验检疫报检企业
• 道路运输经营许可证
• 国际货运代理企业备案表
• 对外贸易经营备案登记表
• 无船承运业务经营资格登记证
• 国际海关 AEO 认证
• WCA 国际货代联盟成员
• 国家高新技术企业
• 软件著作权 15 项
• 商标注册证 21 项</td></tr>
</table>

续表

序号	一级指标	二级指标	单位	申报企业情况
19	绿色供应链水平	经营绿色商品占比	%	50%（通过 FSC 国际森林管理委员会认证的木材进口、绿色农产品、无污染的塑料原料产品等）
20		绿色供应链专业服务能力	定性评价	综合运用互联网、SaaS、大数据、人工智能、物流网等科技方式重新组合和链接供给侧和需求侧，能够至少可以提高 1 倍的人效，通过数字化办公，总体降低约 50% 的运营费用，有效降低能源及物料损耗
21		企业发展绿色供应链的典型做法	定性评价	利用“蚂蚁必达”链接国际贸易组织中的各方，提供高效协作的基础平台。通过会员中心的建设，串联客户、供应商集成到平台；通过任务、消息的自动发放达到流程系统的目的；再根据用户所需，提供工具组件模式帮助用户自主规划界面，实现信息协同。利用数字技术打通海关、船公司、港口、卡车、仓配等跨境 10 多个环节，为国际贸易买卖双方提供跨境全链路的在线系统与服务，让国际贸易变得透明、高效、便捷、经济！
22	供应链全球化水平	跨境服务规模占比	%	100%
23		与跨国企业合作情况	定性评价	• 订舱平台对接：32 家主流船东，并对接业务数据 • 服务范围覆盖 1000 多条全球航线 • 服务跨国企业涉及南美洲、北美洲、欧洲、亚洲、非洲、大洋洲多国，为其提供贸易、港口通关、物流等多品类服务
24		全球经营布局情况	定性评价	• 截至目前，已累计服务国内外进出口企业上万家。 • 服务覆盖全球 86 个国家、153 个港口 • 100 多家合作海外代理 • 云仓平台合作 96 个仓储供应商，运营 60 万平方米仓储面积 • 下属子公司建立网络车运平台，整合 6000 辆集装箱车辆 • 金融撮合平台合作 10 家资金方
25	供应链风险防范能力	供应链风险预测能力	定性评价	基于蚂蚁必达中台搭建全链路标准化体系，实现高并发交付，作业出错率低于 0.5%，经营人效大幅领先于行业平均水平。依赖长期的数据积累及分析能力，已具备较强的风险识别能力，并通过事先干预的方式规避风险的发生。利用高效、无缝的协作网络能够在流程被中断后快速重启，减小损失。凭借信息共享、数据可视化技术降低人工出错风险，加强自动化风险控制与识别能力
26		重要资源能源掌控力	定性评价	就数字化驱动的绿色智慧供应链而言，数据是企业未来最重要的资源，也是驱动企业发展的根本能源。为此我们专门建设了技术性能指标先进的数据中台，已具备 OCR、离线计算、实时计算、在线分析等能力，真正实现一切业务数据化，一切数据业务化
27	供应链风险防范能力	数据安全性	定性评价	为实现数据安全的目标就必须首先做到了解数据，尤其是平台上流转交换的数据。为此我们定义了数据分类、访问方式、元数据注册等数据治理标准。引入 Grafana 技术实现业务异常的监控，引入 Skywalking 进行系统间相互调用的跟踪与监控，使得非数字原生领域的数据有法可依有章可寻，积极构建以平台数据为基础的安全交易保护框架

续表

序号	一级指标	二级指标	单位	申报企业情况
28	示范创建工作思路	示范可行性	定性评价	全球跨境供应链的数字化基建已基本成型（如海关单一窗口、船公司在线订舱服务、港口无纸化通关），数字化物流建设的窗口期已然到来。为契合行业发展需求，蚂蚁必达平台率先实现了企业内部和货运流程间的数字化升级，强调业务环节的协同可视，同时还能提供上下游合作伙伴间的协作配合，充分调动组织协同、流程协同、信息协同能力，以客户需求为牵引，以数据挖掘为驱动，以共享协作为执行模式，在逐步降低运营成本的同时，不断提高行业生产效率及客户满意度。基于全球疫情防疫形势。平台不断完善进口防控措施，加强全流程可视化能力的纵深广域应用，同步建立多点触发监测预警机制，切实做到闭环管理。针对预防输入性疫情，严密监控入境、仓储、运输、核酸消杀等环节，实时跟踪检验检疫结果，共享货物来源去向等关键数据，做到批批检测、件件消杀、全程可追溯、全链条监管，确保疫情防控无漏洞
29		示范创新性	定性评价	构建面向全球的绿色智慧供应链生态是未来行业的发展趋势。这要求企业有更精准的战略导向、更卓越的数字化能力、更环保的发展理念，集成更多的增值服务。为顺应行业趋势，蚂蚁必达平台广泛集成境内外货源、物流、冷链运力等市场供需信息， 不断夯实数字中台能力，以数据视角审视行业，以信息触角感知趋势，以共享协作指导业务。真正实现一切业务数据化，一起数据业务化。并在此基础上综合运用人工智能、数据挖掘、可视化技术充分发挥数据价值，形成供需信息自动聚合、仓货运力智能匹配等数字化能力，显著提高物流资源配置效率。同时加强供应链上下游间数据互联共享，打通数据交换渠道，更大范围的提高行业信息对接效率，彻底改变行业合作模式。强调数据的反哺和循环，深入加工数据原料，建立用户信用体系，解决供应链金融中征信依据确实问题，在降低融资风险的同时，极大缩短授信时间，彻底颠覆传统融资模式
30		示范带动性	定性评价	蚂蚁必达平台建设伊始就以加强共享协作为目标。基于多年沉淀的数字化能力，不断丰富平台业务场景、加深业务理解，为更好的服务客户、更顺畅的对接产业上下游环节提供了基础支撑。目前，平台不单实现了内部业务的协同，还实现了组织间的协同。积极开放 API 接口，使用 OCR 识别、RPA 机器人自动化，促进系统间的数据融合与交换。围绕行业需求，打破组织界限，对传统业务流程进行整合重构。建立业务流程中心，通过工作流引擎固化供应链组织协作方式，自动化完成任务分发、异常告警、消息推送等任务，极大提升生产效率。平台对接清关、运输、仓储等管理系统数据、实现业务信息的及时和透明。加强供应链金融协同，依托交易数据，降低融资风险，缩短授信周期，不断完善全环节支撑能力，一站式满足客户需求，极大提升供应链服务水平

（三）光明乳业获评“2022 年上海市供应链创新与应用优秀案例”

2022 年 10 月 26 日，2022 第九届上海供应链发展大会暨长三角供应链创新高峰论坛在上海顺利召开。本次大会以“新趋势、新战略、新实践”为主题，旨在通过供应链创新与应用的产业前沿创新和最佳实践挖掘，帮助更多企业掌握供应链创新与应用的新发展趋势。光明乳业凭借全程领“鲜”，持续打造数字化供应链，赋能引领行业高质量发展的各项举措成功获评“2022 年上海市供应链创新与应用优秀案例”。

今年 7 月，为深入贯彻党中央、国务院关于提升产业链供应链现代化水平、维护产业链供应链安全稳定的决策部署，商务部等八单位决定开展第二批全国供应链创新与应用示范城市和示范企业创建工作。作为中国领先的高端乳品引领者，光明乳业积极参与全国供应链创新与应用示范城市和示范企业创建工作的评选，从供应链发展基础、供应链管理与创新、示范创建工作思路等多维度出发，通过案例分享光明乳业以数字化科技创新筑牢供应链发展基础，积极打造乳品数字化供应链，实现全产业链领跑全国的光明故事。9 月 14 日，经商务部公示，光明乳业成为“2022 年全国供应链创新与应用示范创建企业”。在此基础上，光明乳业再接再厉，又成功获评“2022 年上海市供应链创新与应用优秀案例”，这是行业对光明乳业数字化供应链工作的认可和肯定。

光明乳业高度重视数字化工作的开展，为数字化转型设立了“1+2+3+4”的工作目标：即建设一个全产业链大数据平台；贯通消费互联网和工业互联网形成两网融合；打造企业数据、知识和算法等 3 项能力体系；支撑奶源管理、生产制造、物流配送、零售终端四大领域数字化应用。同时，光明乳业也高度注重智能制造数字化体系建设，以“研－产－供－销－服”的全产业链数字化为目标；以“业务在线化、运营数据化、供应链智能化、生产智能化”四化为手段，实现以零售业务板块为切入点，逐步延展到渠道精细化管理、生产与供应链智能化以及牧场数字化的全流程管理。今后，光明乳业还将以继续做好牧场、工厂、物流的全国性战略布局，不断优化供应链系统，打造更具竞争力的供应链体系，进一步提升全产业供应链管控能力。

今年，是光明乳业历史的 111 年，在百年的发展历程中，光明乳业不断突破创新，砥砺前行，坚持品质如一，创新如一，温暖如一。未来，光明乳业将锚定高端化迈进、智能化升级、数字化转型的战略目标，深入实施制造强国战略，不断夯实实体经济根基，为谱写制造强国新篇章奉献光明力量。

（四）从车厘子的旅行看数字化技术如何进行智慧赋能

车厘子是南美国家智利标志性的水果之一，属于非呼吸跃变果实，不宜储存，对物流运输的要求极高，在投入市场前须历经果园采摘、质检包装等环节，运输要采用全程冷链；同时，入关时冷藏集装箱必须在海关接受严格的消毒及查验。

对车厘子来说，如何在“车厘子快航”的基础上，压缩目的港的物流环节时间，也是一个需要攻克的难题。

航运业向绿色低碳转型的一大关键，在于加速数字化技术的运用，用数字智慧来赋能。

针对车厘子的特性，从中远海运集运到港口码头，在各个环节都下足了功夫，码头在接收到车厘子快线的到港计划后，便着手准备最优的靠泊和卸船计划，提前安排好查验场地并开辟绿色通道以供海关查验放行，制订出一套安全、高效的车厘子卸船通关方案，保障车厘子以最新鲜的状态抵达广州江南水果批发市场。

在 2022 北外滩航运高峰论坛上，中远海运用视频介绍了智利车厘子在集装箱货轮上漂洋过海不寻常的历程：即使相隔 10134 海里，货主也能实时了解集装箱船上智利车厘子的状态。在班轮乘风破浪的 23 天航程里，货主还可远程实时调节冷箱，对车厘子进行催熟等系列操作……

中远海运副总经理陈扬帆介绍，将新鲜车厘子从智利圣安东尼奥港一路护送到上海洋山港，是通过应用中远海运集运 IoT（物联网）冷箱数字化专业平台“My Reefer”实现的。利用搭载第三代 IoT 技术的专属设备，可实时感知、实时控制散布在全球 4 万多个智能冷箱的状态，结合人工智能算法，为客户提供全程可视可控、冷链自主管理的数字化解决方案，助力打造更可靠、更智能、更透明的新一代全球冷链供应链。

与2021年相比，2022年智利车厘子预计出口箱量将同比增加40%。2022—2023车厘子产季，中远海运集运精心打造3组11条“车厘子快航”航线，直挂港口覆盖上海、南沙、香港、蛇口等港口。中远海控行业领先的SmartReefer箱队、MyReefer平台解决方案和SynConHub数字化一站式平台率先为“车厘子快航”全新赋能，为产自万里之遥的智利车厘子全程提供智能服务，让生鲜佳果，享受中远海运的智能硕果。

同时，中远海运在全球部署着业内一流的客服和技术支持团队，MyReefer智能冷箱平台与客服系统紧密接合，通过人机协作，大幅提升响应速度，为车厘子运输提供7×24小时无间断服务，让广大进口商足不出户，全程无忧。此外，SynConHub拉美门店全新上线，提供全程数字化一站式服务，为拉美地区的冷箱产品保“价”护航。

据悉，除了运送车厘子，这项服务也帮助过众多医药和医疗器材生产厂商，将对温度控制要求极高的疫苗、抗原检测试剂盒发往海外市场。

（五）中国东航在论坛上发布了打造“超级承运人”愿景

2022年，中国东航在论坛上发布了打造“超级承运人”愿景。其对“超级承运人”的定义，是指具有全球卓越服务能力、创新能力和影响力的一流航空运输企业，是积极构建民航生态圈、全面参与全球化合作的旗舰级运输服务企业，特征包括一流的运营能力、服务能力、经营能力、创新能力和影响力等5个维度。

东航发布的“智慧航空”成果也引人关注，而这是东航打造航空运输超级承运人的实施路径之一。智慧航空让航司实现全场景数字机坪、飞机全流程智慧体检和全时全域空地互联的智慧运行，让旅客可“一步到位”购票选座，在线轻松办理值机，把行李交给自动分拣机器人后，全程无感通关，轻松候机。

据介绍，以东航打造的机坪智能化供应链为例，当航班恢复正常状态时，基于全链条的在线实时算法，预计数字机坪可以在资源利用率上为东航带来15%～20%的效率提升。如果数字机坪得以推广，每年将为全国民航节省运行成本数亿元，增加廊桥服务数千万人次，飞机地面滑行的时间减少数千小时。

作为中国民航客货运量最大的航空枢纽，上海机场也在显著提升航空枢纽运营服务的数字化能级，上海虹桥、浦东两大机场运用数字孪生技术，深入推进“超级大脑、数据总线、时空大数据平台”建设，着力构建具备“态势感知、优化处理、智能交互和实时决策”能力的智慧机场，有效提升了虹桥、浦东两场的运行效率，改善了服务质量，增强了安全保障能力。

上海机场集团在论坛上发布的“上海机场工程数字建设成果”，介绍了其通过浦东机场四期工程建设中开展的数字化创新。据悉，浦东机场四期扩建工程已经于今年1月4日开工，其客运扩建规划，可满足2030年机场旅客吞吐量1.3亿人次的需求；11月21日，浦东机场四期扩建工程智能货站项目也启动开工，预计2024年10月底竣工，建成投运后，将为上海口岸提供每年超过100万吨的出入境货物保障能力。

中国东方航空集团有限公司董事、党组副书记唐兵在论坛的演讲中，强调了数字化转型对于民航业变革的重要性。“如果说新冠疫情是全球民航业变革的催化剂，数字化转型就是全球民航业变革的加速器，未来10年内全球民航业的数字化发展速度将是革命性的，有可能超过任何一次技术变革。”唐兵说。

（六）圆通“双11”多重保障 数字化服务全力护航客户体验

“要把旺季安全和服务质量作为检验能力提升的关键指标！”

2022 年“双 11”，圆通将严格落实国家邮政局快递业务旺季服务保障工作要求，绷紧安全生产特别是疫情防控这根弦，充分发挥数字化转型红利，特别是圆通目前正在全网推行，全面为分公司赋能的“一号工程”（分公司数字化标准化）的效用，努力实现客户体验、服务质量的新突破，为客户提供安全可靠的快递服务，为打造安全旺季、畅通旺季、暖心旺季做出积极贡献。

全链路数字化管控，保障客户体验

2022 年以来，圆通全程时长较去年同期缩短了近 3 小时，菜鸟指数在行业居于领先，客户投诉率同比降幅 5%，服务质量持续向好。

“双 11”期间，圆通还将通过线上的数字化工具及线下过程的专项管控，确保稳定的时效和服务。

在揽收端，圆通商家客户可以直接在“客户管家”一码绑定，获得专属 K 码后就能享受从自助充单、打单、轨迹查询、售后跟踪到财务结算、数据分析等的一站式服务。“客户管家”的“专属客服群”功能，类似客户退件、更址等常见需求可以瞬时回应并解决，且用户信息安全也能受到更好保护。

在配送端，如遇到买家急件加急、或是高价物品催件等“紧急”情况，商家客户通过“客户管家”的“直通总部”功能可以直接联系圆通总部直营客服处理，专人对接、解决、反馈，一单到底、闭环管理；问题处理完成后，还会进行满意度调研，如客户评价不满意将重启问题继续处理。

旺季期间如果碰上疫情多点散发的情况，圆通的商家客户也不用慌。“客户管家”的“打单实时拦截”和“停发地址查询”这两个功能，让商家在打印订单时，就能实时显示停发区域，第一时间拦截相关订单，避免成本损耗。当然，在买家咨询下单时，商家也可以在“客户管家”实时查询“停发地址”，及时告知买家，提升客户体验。

为助力全网分公司及客户做好“双 11”服务，圆通旗下圆通金融还专门为分公司准备了 2 亿元旺季专享保障资金，商家客户则可在“客户管家”的“先充后付”模块申请享受面单先充值后付费服务。

专人过程管理，保障时效，强化客户售后服务

2022 年旺季，圆通对末端派送虚假签收等日常指标将保持不变、严格考核。与此同时，圆通全网从总部、省区、集运中心到分公司各层级都将设置质控专员，进行现场走动式管理，抓现场、严落实、查人员、及时排漏疏堵，对问题件、异常件及时处理，保障快件转运时效和末端体验。

针对售后服务，值得一提的是，在“双 11”前夕，圆通在网点管家端推出“客服中台”，对客服数字化能力进行了全面优化升级，把以前复杂的菜单式界面改为全图形界面，一目了然，从以前的人找事改为事找人，工作清晰明了，走件流程与工单流程合二为一，查询和工单处理合二为一，将使客服工作更加便捷、简单、高效。这是圆通目前正在全网推行，全面为分公司赋能的“一号工程”—分公司数字化标准化在客服系统方面的又一更新，能在旺季期间更好地为客户服务。

2022 年 8 月，圆通还在自有小程序渠道专辟“保价理赔”渠道，让线上理赔申请更便捷高效、并会安排专人处理，加快到账时间。“双 11”期间，该服务也将持续保障、全面优化客户理赔体验。

产品助力、保价便捷、平台合作，为客户创造更多价值

年初在各电商平台及自有渠道上线的圆通战略级服务产品—“圆准达”目前已为包括电子产品、美妆、轻奢及食品、生鲜等多领域商家客户提供良好服务，其主打的“优先中转”“按需派送”“专属客服”等核心功能，也将在“双 11”期间持续助力商家在发货、跟单、派送等各环节的体验。

除了自有产品“升级”之外，近年来，圆通也持续与抖音等在内的电商平台在疫情保障、派件上门、仓配合作、定制化服务等方面展开深度合作，并连续两年获评抖音电商“优秀服务商”。今年“双 11”，圆通就与抖音电商签署保障协议，将在 10 月 31 日至 11 月 15 日期间推出赔付兜底、履约

保障、价格承诺、客服承诺、特色权益等五大专属权益，为商家提供优质的物流服务。

基础设施、智能仓储再升级，为商家客户护航

2022 年以来，圆通全国各地基础设施建设和干线布局再升级。在“双 11”来临前，圆通全网新增干线运输车辆 600 辆、新增 2.1 万家妈妈驿站，近 30 个集运中心均在旺季来临前完成改造和扩建，还有近 200 家分公司完成自动化设备的上新，基础能力及操作效能进一步夯实，为从容应对旺季，保障运营平稳打下基础。

此外，圆通全网各大集运中心的功能定位也向“智创园”转变，从分拣、转运等功能拓展为集分拣中心、物流集散、智慧仓储以及行政办公、运营管理等新功能为一体的综合性智慧物流产业园区。

目前，在圆通网络内，包括上海、广州、南京、杭州，重庆、石家庄等全国各地多处集运中心已具备仓配一体化功能，可以为商家提供场地租赁、物业管理、仓托管数字化系统运营，自动化仓储等服务，“上仓下配”为商家客户实现快件发货及转运的“定制化”、“差异化”，助力其提升市场竞争力。

（七）感知未来　新一代林德新能源平衡重叉车震撼上市！

我们寻求

大地孕育的无穷能量

在探索中焕发新的生机

在创造中持续超越

以科技、融合之力

智造全新新能源解决方案

新一代新能源平衡重叉车 实力登场

2022 年 6 月 22 日，“共启新锂程” 林德新一代新能源平衡重叉车发布会在凯傲济南工厂重磅亮相。重塑客户场景，深耕客户需求。新车围绕“安全、高效、智能” 技术全维度实力输出，用超预期的性能和实力，重新定义新能源叉车市场格局。

在现场，凯傲中国新能源事业部总监王声彦发表讲话：“能源和能源效率是凯傲 2027 战略发展的重要方向。一直以来，凯傲集团始终关注绿色科技，致力于能源的进化与变革。此次我们将德国的经验、标准与中国的技术和产业链相结合，通过创新科技、品质升级全力打造新一代新能源专用叉车，为客户创造前沿的、智能的能源新体验。”

One

感官焕新， 全“新”设计美学

时尚大气的造型，稳重有劲的车体结构，绝对是仓库内最强门面担当。新一代新能源平衡重叉车延续林德 DNA 设计，采用全新升级的锂电识别标志，蓝色线条汇聚成巨大的能量，轻盈的弧度尽显未来科技，充分融合了林德对绿色、低碳、可持续的思考。

车身配置应有尽有。创新小绿灯电量条，即使在远处也能轻松掌控电量状态。电池具备紧急续航功能，在电量用尽的突发情况下也能从容应对。同时汽车风的彩色仪表盘，可实时了解全车信息，驾驶更加安心。

Two

突破极限， 全“新”高效赋能

“BMS 电池管理系统，是锂电池的大脑。新车融合了 BMS 自主研发的核心技术，加上我们享誉行业的林德电控和林德电机，实现了核心三电——电池、电机、电控的全自主研发，并实现三电系统的完美融合，为客户提供更高效、安全的性能体验。”

林德自主研发的 BMS 系统可实现 80 毫秒级的极速传输速度，实时精准对电池进行管理，有效延长电池使用寿命，节能又减耗；同时与林德自主研发的电机、电控完美融合，可最大程度释放电机性能，满载爬坡达 18%，完美适配新能源叉车性能需求。

另外，林德 EMS 锂电池管理平台是基于车联网实现锂电池的远程监控及预警和全周期电池智能管理，优化能源利用效率，保障锂电池更加安全健康。

Three

超凡体验， 全“新”品质保障

新车历经高标准的严苛测试，安全、质量经得起考验。门架 3 米砸落无变形，重要配件百万次循环测试，安全实力保证；整车通过高强度环形跑道，超长待机，皮实耐用；电池安全均通过国标、CE、EN、UL 等国内外高标准测试验证，为客户提供满意的、放心的产品交付。

另外，三电系统提供 5 年的超长质保，服务升级品质加倍，降低售后成本，为客户提供贴心保障。

在“碳达峰”“碳中和”发展格局下，林德拥抱变化，在新生中探索能源与技术的转化，在融合中变革智能与交互体验，用科技诠释新时代、新能源、新科技的力量。

（八）为“高、精、尖”设备的物流推出 360° 解决方案

上海开尔唯国际物流有限公司聚焦中国高科技产业，致力为行业客户提供专业的国际海空运、气垫公路运输、仓储服务、设备搬入与安装、贸易服务及第三方物流等专业物流服务。公司总部在上海，在上海自贸区建有自有的保税仓库和进口气垫车车队（含普通和大件运输）。同时，公司在天津、深圳、重庆等地设有业务机构。公司服务的客户主要有中国电科、中核工业、保利科技、华虹集团、飞利浦、西门子等高科技行业客户。

开尔唯公司秉承“立足中国，面向世界，不断开发和创造革新的物流技术，促进中国高科技产业的快速发展”的战略使命，聚焦发展产业物流，业务覆盖 140 多个国家和地区；同时率先向中国集成电路和医疗设备制造行业推出 360° 解决方案，深耕半导体晶圆制造、医疗健康及艺术品交流等产业物流领域，致力于解决高科技行业的物流难点痛点，不断开发和创造革新的物流技术，促进中国高科技产业的快速发展，立志成为中国最具创新力的专业物流服务商。

开尔唯着重在半导体、医疗器械行业等高科技以及国家重点关注领域的物流配套服务，承担精密设备国际和国内运输，自有全进口气垫减震车，尤其在“专业化水平提升”“维护培育客户群”“企业创新发展”等方面尤为重视。面对 2022 年年疫情的突发，公司在切实加强疫情防控管理的前提下，积极应对，灵活处置，迅速调整经营策略，在稳固“民心”的同时，更加注重企业专、精、细运营，用“给方案、配资源、点对点”秩序井然的服务，博得了客户的信任和好评。张总对协会在疫情封控期间，带给会员企业的帮助表示感谢，并对协会近年来务实、多元化、接地气的综合性服务表示认可，同时也希望能借助协会平台，促进更多行业企业的交流和学习。同时，也提出了需要协会帮助协调的有关事项。

上海开尔唯国际物流有限公司（以下简称“开尔唯”）自 2013 年成立以来，围绕为中国高科技行业提供专业的物流服务的愿景，聚焦泛半导体和医疗器械两大行业，结合客户个性化物流需求，提供一站式、专业化、个性化的物流解决方案。多年来，开尔唯始终秉承“一路呵护您的重托”的使命与初心，紧随产业升级发展，在高科技行业深耕细作，不断优化服务模式，提升承运能力。现可为客户提供国际海空运、气垫运输、仓储服务、设备搬入与安装、贸易服务及第三方物流等综合服务。

凭借务实、踏实、扎实的匠心精神，开尔唯率先在中国推出精密设备一贯式运输模式，服务范围覆盖中、日、韩和中国台湾地区。在引进吸收国际先进经验的基础上，研发并陆续取得了“光刻机专用滚轮挂车板运输国家专利技术”“医用磁体专用的组合搬运装置专利技术”等核心专利技术。结合现代物流优势，为客户提供完善的超精密设备物流解决方案、大型医疗设备物流解决方案与工程项目物流解决方案，成为泛半导体行业、大型医疗设备和高端设备制造等高科技领域口碑良好、服务至上的物流服务商。

开尔唯以上海为中心，立足全国，在北京、天津、深圳、重庆和安徽等地建立了现代化仓储设施，并配备了整套货运专业服务队伍。同时面向世界，积极开拓海外业务市场，在欧美、东南亚等线路具备突出服务能力，在新加坡、日韩等核心港口设立了办事机构，并与全球优质代理伙伴合作建立友好合作关系。专业精湛的业务能力，不断开拓的市场版图，逐渐成熟的商业模式让开尔唯真正在全球范围内具备为高科技行业客户多元服务的能力。

（九）中通助力米其林降本增效 打造轮胎行业物流服务标杆

米其林集团有着近百年轮胎生产制造史，是全球领先的轮胎生产商。伴随着中国区业务规模不断扩大，米其林对物流服务提出更高的要求。2020 年米其林中心仓开始寻找更为专业的综合物流服务团队，在多方对比后与中通快递达成一体化物流供应链服务合作。2021 年度米其林对中通快递的服务评级为“A 优秀”，中通快递以其安全、个性化、全年无休发货等服务得到世界 500 强企业米其林的认可。

中通快递综合物流团队针对米其林中心仓提供定制化产品和解决方案，与米其林相关工作人员共同对全流程不断复盘，重新制定米其林运输项目作业服务标准，使项目操作规范化和合理化。目前中通快递驻米其林中心仓团队已有包含仓库驻场人员、操作人员、专项客服人员在内的全职人员 10 人，全流程参与配合人员超过 100 人。

在基础设施资源方面，中通快递依托旗下中通快运的 76 个分拨中心、超 2000 条班车路线及数千台自有高运力干线车辆，充分保障米其林中心仓的综合物流运输需求。并且依据米其林单次发货订单量的大小，匹配小零担模式、大零担模式和整车模式等合理经济的运输资源完成送货服务。订单货量较小时，采用中通快运网络完成服务；订单货量较大时则安排中通自有高运力货车整车或拼车从中心仓直送目的地客户，并采用中通智运网络平台为车辆资源提供有效保障。

在产品包装方面，采用裸装或小零担发运的轮胎由缠绕膜包裹的方式进行包装，进而保证安全性。并为每一条轮胎上都粘贴了醒目的 VIP 黄色面单，做到每条轮胎都有专人处理售前与售后问题。

在提货环节方面，提货车辆为全封闭厢车（工程胎和农用胎可采用高栏车），车况良好，备有空气垫包、彩条布等铺垫耗材（保障装载轮胎清洁，避免污损），车辆装载 GPS 全程跟踪，空车入场，不携带其他货物。同一订单不同型号规格轮胎或配件分类汇总码放，不同发货订单货物经物理隔离后装载在同一提货车辆中，并分别进行派送。

为保证交付及时率，中通快递综合物流部针对米其林不同订单做好隔离，不足整车返回中心补货，在途监控，到达目的地中心后，卸掉其他货物直送轮胎到达目的地。同时在 TMS、M3P 等管理系统及智能设备的加持下，中通为米其林中心仓实现了提货及时率和送货及时率提升至近 100%。

“中通和米其林的合作，是制造业与标准化运输网络的深度融合，中通专业的运输能力和全国性的网络为米其林的供应链管理提供全程可视的服务，并更加可控，从效率上来看快、准、稳，同时中通在该项目服务中从标准化转向定制化，服务更具柔性。”米其林相关负责人说。

中通综合物流部负责人表示：“未来，中通将借助规模优势、生态优势和基础设施能力优势，以优质的管理经验和服务效能，与米其林相互赋能、优势互补，联合开展更加多元化的合作，共同提高物流效率，实现降本增效。”

三、物流业新名词简介

物流行业在高科技背景下不断发展变化，为提高运作效率，企业借助于数据化系统进行操作，产生了一系列专业名词。

物流系统四大管理系统及流程：

OMS 订单管理系统

系统接收客户订单信息并将处理后的订单指令传导至仓储管理系统（WMS）或车辆调度系统（TMS）。

CRM 客户管理系统

负责管理客户信息，通过订单信息建立客户画像，以制订客户营销推广方案，提升客户服务。

WMS 仓储管理系统

主要负责货区规划、出入库、库存管理，与 EPR、MRP、WCS 等系统对接。由仓库控制系统（WCS）承接 WMS 的指令任务。进行设备任务分配，实施统一调度和监控。

TMS 运输管理系统

主要应用在配载运输过程中，进行配载作业、线路规划、行车管理等多项任务管理。

物流系统运行流程：

客户下单之后，平台内部 OMS 系统接收订单，同时 CRM 系统来管理客户信息，建立客户画像。

OMS 将订单指令传输给 ERP 和 WMS 系统，ERP 系统首先判断是否需要进行采购补货，而 WMS 系统开始进行货物出入库操作，并将配载指令传输至 TMS 系统，同时 WCS 系统进行自动化设备的指令传达，将订单货物运至出货口并装车。

TMS 系统则将配载任务下达至车辆进行装车配载，在运输过程中通过 GPS、GIS 系统监控车辆运营情况，直至订单完成。

FBA 头程物流模式与循环取货模式

（1）FBA 头程物流模式

FBA（ Fulfillment by Amazon）是亚马逊为卖家提供的一种物流服务。而 FBA 头程则是针对从境内商家到境外亚马逊仓库（FBA 仓）这一段的物流。通过国际快递如 DHL、UPS、Fedex 发到境外 FBA 仓，也可以通过海运、空运货代完成。

（2）Milk Run 循环取货模式

Milk Run 指循环取货，区别于传统的点到点直送模式，Milk Run 通过一辆取货车，循环接取相同区域内各个供应商的配件。这种多频次、小批量的物流模式，既可以降低运输成本，还可以减少料箱料架的周转量。

（3）VMI 供应链管理模式

VMI（Vendor Management Inventory）是供应商管理的库存，一种在供应链环境下的库存运作模式。区别于传统（用户下单后进行补货）的被动运作模式，VMI 以市场需求为预测进行库存补货，可以更有效、更快速地反映市场变化和消费需求。

（4）3PL、4PL

3PL 是第三方物流（Third-Party Logistics）的简写，之前是 2PL（ 买方物流 ）和 1PL（ 卖方物

流）。随着国内物流的发展，3PL 的概念变得更为广泛，既包含合同物流，也可以代指德邦、安能、顺丰、中通等大型的快递快运公司。

4PL 区别于 3PL 提供的单纯物流运输服务，4PL 提供从商品开始生产到销售结束一套完整供应链解决方案。

物流公司各种现代化设备

为提高物流效率，在当前的物流运营过程中采用各种先进的物流设备代替人工操作，提高运作效率、保障准确率的同时也降低了成本。最常见的现代化设备有 PDA、AGV、Shuttle、RFID 等。

PDA

PDA 是最常见的手持物流设备，又可以称为掌上电脑，集多种功能于一体，最基础的功能是扫描，可应用于物流运作中的多个环节。如前端开单、入库、分拣、出库、派送签收、支付等都要用到 PDA。

AGV

AGV 是自动化搬运车，近几年内非常热门的自动化物流设备，具有自动化程度高、工作效率快的特点，主要应用于分拨中心、仓储场景，可实现分拣操作的无人化。

Shuttle

Shuttle 是指穿梭车，主要应用于仓储中。通过固定轨道上运行的台车，将托盘中的货物运送到指定地点。主要有出入库系统和仓储系统两种形式。

RFID

RFID 是一种射频识别技术，通过射频标签来自动识别货物的信息，广泛应用于各行各业，可循环使用，具有更高效、更智能、更经济、适用性更强的特点。

实载率指数

实载率是指一定时期汽车实际完成的周转量与总行程吨位千米的最大比值。综合反映车辆的行程利用程度和载质能力的利用程度。在汽车运输企业全部营运车辆额定吨位都相同的条件下，实载率可按下述公式计算：实载率 = 行程利用率 X 吨位利用率。实载率指数实载率指数反映物流运输过程中货运车辆体积实载情况

物流时效指数

物流时效是指消费者从下订单开始计算到收到货物为止这段时间。物流时效指数反映物流消费者从提交订单到收到商品之间的物流时效，体现物流配送的效率水平。

非制造业商务活动指数（即非制造业采购经理指数）

非制造业采购经理指数是通过对非制造业企业采购经理或主管企业运营的负责人的月度调查结果统计汇总、编制而成的一组指数，反映企业商务活动的不同环节情况。目前，国际上开展非制造业采购经理调查时间较短，尚没有世界通行的非制造业采购经理综合指数编制方法，大多数国家用商务活动（Bussiness Activity Index）这一分类指数反映非制造业经济发展的总体变化情况。

RFID

是一种应用射频识别技术的非接触式的自动识别系统，该射频识别系统是一种非接触式的自动识别系统，它通过射频无线信号自动识别目标对象，并获取相关数据，由电子标签、读写器和计算机网络所构成，通过射频标签来自动识别货物的信息，可广泛应用于物流行业，代替目前的电子标签，主机的数据交换与管理系统负责完成电子标签数据信息的存储、管理和控制。

清洁提单

是“不清洁提单”的对称。是指提单上对于货物的表面状况未作出任何不良批注的提单。根据法律规定，承运人应当对于货物的外表状况进行合理的外观检查并于提单上对于货物的外表状况加以记

载。某些承运人所使用的提单已经于提单上以印就条款的形式写明，若无批注则为清洁提单。根据中国《海商法》的规定，若提单上对于货物的外表状况未作出任何批注，则认为收到了外表状况良好的货物。

虚拟物流

是利用日益完善的通讯网络技术及手段，将分布于全球的企业仓库虚拟整合为一个大型物流支持系统，以完成快速、精确、稳定的物资保障任务，满足物流市场的多频度、小批量订货需求。虚拟物流本质上是“即时制”在全球范围内的应用，是小批量、多频度物资配送过程。

增值物流服务

是指在完成物流基本功能基础上，根据客户需求提供的各种延伸业务活动。增值物流服务提供商是提供功能性物流服务的企业根据货主企业的要求在保证单一物流功能低成本运作的基础上，进行货物拆拼箱，重新贴签 / 重新包装，包装 / 分类 / 拼货 / 零部件配套，产品退货管理，组装 / 配件组装，测试和修理等服务。就是把物流作为一个增值过程来管理，反映了为赢得并保持顾客满意而采取的有力行动，并在灵活性上做了额外的投入，特别是适应特殊的或非常规的需求。

配送资源计划

是指在流通领域中配置物资资源的技术，它能够实现流通领域内物流资源按照时间、数量的需求计划和需求到位，但不适用于生产领域。配送资源计划是企业内物品配送计划系统管理模式，在 DRP 的基础上提高各环节的物流能力，以达到系统优化运行的目的。

单元装卸

是指用托盘、容器或包装物将小件或散装物品集成一定质量或体积的组合件，以便利用机械进行作业的装卸方式。单元装卸可以提高装卸效率、减少装卸损失、节约包装费用、提高服务水平。

第四方物流

是指通过对现有物流过程的调研分析，提出具有建设性意义的优化建议、方案策划、流程再造方案等。第四方物流公司是指从第四方的角度为客户寻找其现有物流过程存在的问题，并针对这些问题提供优化、改造以及策划相关的咨询服务，并从中获利的企业。

组配（Assembly）

是指配送前，根据物品的流量、流向及运输工具的载重量和容积，组织安排物品装载的作业。标准定义是物品从供应地向接收地的实体流动过程中，根据实际需要，将运输、储存、采购、装卸搬运、包装、流通加工、配送、信息处理等功能有机结合起来实现用户要求的过程。

中性包装

是指商品的内外均无标明生产国别、地名和厂商的名称，也不标明商标或牌号的包装。主要是为了适应国外市场的特殊要求，如转口销售，有可能你的买家不是最终的买家，只是一个中间商，所以要使用中性包装。或者为了打破某些进口国家的关税和非关税壁垒，并适应交易的特殊需要，它是出口国家厂商加强对外竞销和扩大出口的一种手段。

常用的中性包装有两种：一是无牌中性包装，这种包装既无生产国别。地名、厂名、也无商标牌号。它主要用于一些尚待进一步加工的半制成品，其主要目的是降低成本。二是有牌中性包装，这种包装不注明商品生产国别、地名、厂名。但要注明买方指定商标或牌号，同时也加注国外商号名称或表示其商号的标记。

企业资源计划

即 ERP (Enterprise Resource Planning)。企业资源计划是 MRP II（企业制造资源计划）下一代的制造业系统和资源计划软件。除了 MRP II 已有的生产资源计划、制造、财务、销售、采购等功能外，还有质量管理，实验室管理，业务流程管理，产品数据管理，存货、分销与运输管理，人力资源管理和定期报告系统。在我国 ERP 所代表的含义已经被扩大，用于企业的各类软件，已经统统被纳入 ERP 的范畴。它跳出了传统企业边界，从供应链范围去优化企业的资源，是基于网络经济时代的新一代信息系统。它主要用于改善企业业务流程以提高企业核心竞争力。

有效客户反应

是由生产厂家、批发商和零售商等供应链节点企业相互协调和合作，以更低的成本满足消费者需要为目的的供应链管理系统。1993 年 1 月由美国食品营销协会联合可口可乐公司、宝洁公司等 6 家企业与 1 家流通咨洵企业所组成的研究小组在其改进食品业供应链管理的报告中首次提出，整个过程由有效新产品导入、有效促销、有效商店空间管理、有效商品补充 4 部分组成，能将市场营销、物流管理、信息技术和组织创新技术有机结合起来，以实现低成本流通，消除组织间隔阂、协调合作以满足消费者需要。

大规模物流

物流服务提供者对所有客户都提供同样方式，相同水平的物流服务，简化物流操作，以最小成本获得最大效益。大规模物流的优势在于利用规模经济效益原理，提高物流操作效率，其不足之处是忽视客户需求的多样性和差异性，不考虑企业物流服务目标的多重性，没有或很少让客户参与物流服务的设计和评价。企业对于客户服务标准的建立关注的只是有利于物流服务提供者自身经济效果，而非满足客户的特定需求。

物流服务水平设计

在定制物流服务和大规模定制物流服务模式下，经过物流细分后，针对每个客户群量体裁衣，专门设计其特有的物流服务水平。如果物流服务提供者有能力提供每一个客户群的各种服务需求，则形成物流服务方案。如果客户群的物流需求超出服务商所能提供的物流服务能力，则要增加物流服务能力的总成本和可能取得的收益机会进行比较，做出正确的决策。物流服务水平一般要经过内部和外部的测试、检验，依据检验结果修改服务水平设计。并且，这种设计是双向互动地进行，使特定的客户群愿意为其所享受的个性化服务支付更高的费用，以及每一个特定客户群内部的客户对于服务水平的要求尽可能接近，这样才能够形成大规模定制的物流服务。

物流服务能力重构

物流服务商为了实现定制服务和大规模定制服务，必须重建企业新的物流服务能力。主要考虑 3 个方面的重构：物流操作流程、物流资产和技术、人员组织。

新的物流操作流程不仅要考虑尽量满足客户需求，还要考虑各个客户群之间物流操作流程整合，同时要考虑物流操作流程可能会使客户数量和产品数量发生的变化。

物流服务能力的重构中，要确定重构仓储设施、新增物流设备的数量和类型，以及在管理信息系统方面的变化等等。

工作流程的变化，往往引起物流部门与机构的改变，要重新设置物流部门，对人员进行新的培训。如果物流服务的能力是要转包给其他第三方物流公司，则要重新签署新的合作协议。

物流细分

物流细分就是分析和识别每个客户的需求特征，按照一定的标准划分客户群，确定各个客户群的物流需求以及各种物流需求的优先性，从而根据物流企业自身的实力、竞争状况等因素确定目标市场，选择不同的目标市场战略。物流细分是定制物流和大规模定制物流服务需求设计的基础。

物流细分的方法是因素分析，以客户的物流需求和产品的物流特征为基础，这些因素主要包括购买关系性质、订货和账单送交方式、运送和服务支持、订单内容等。

四、2022 影响物流业十大关键词

临空物流

截至 2020 年底，全国 31 个省份共 240 个民航机场，就已经布局 147 个临空经济区，60% 的机场都配置了临空经济区。临空经济区的建设有助于构建国内国际双循环相互促进的新发展格局，成为拉动经济增长的新动力源和新增长极。

在疫情下，蕴含着巨大发展能量的航空货运，成为临空经济拉杆起飞的强大引擎，也迎来崭新机遇！作为 2022 亚洲物流双年展的同期展会，第十届亚洲航空货运博览会（air cargo China）将首次强强携手中国物流与采购联合会航空物流分会，强势推出“临空物流产业展区”。展区将向临空物流产业上、中、下游拓展延伸，汇聚上游临空经济区、中游航空货运与临空物流服务业、下游航空货运装备等产业链各端标杆企业，打造全新展示交流平台，助力临空物流拉杆起飞！展会同期三大活动：临空物流产业发展论坛、中国航空货运论坛、世界航空货运大奖也将轮番上演。

中欧班列 多式联运

疫情常态下，中欧班列运输需求陡增，今年 1 月—8 月，中欧班列累计开行突破 1 万列，已成为世界运输体系的重要组成部分。同时，多式联运的发展，有效优化物流运输结构，对推动物流业降本增效和交通运输实现“双碳”目标具有积极意义。“双循环”新发展格局也为抓紧构建完善多式联运体系带来了崭新机遇。

新丝路 • 新通道 • 新商机

2022 亚洲物流双年展再次推出“中欧班列及多式联运展区”，汇聚船务航运、海港 / 陆港 / 空港、铁路 / 班列 / 公路、航空货运等多式联运及物流服务商，为行业提供更多高效物流解决方案，促进跨地区、国际间交流合作的专业平台。

历届已吸引了 UTLC、RTSB、俄罗斯展团、拉脱维亚展团、捷克展团、立陶宛展团、中铁集、连云港、合肥陆港、渝新欧、成都铁路、湘欧快线、亚欧好运等国内外相关展商 / 国家展团同台展示。作为展区重磅同期活动，“2022 海陆丝绸之路物流峰会暨丝路港航合作论坛”将同期上演。

公路运输 新能源车

公路运输占中国整个物流市场体量的 70% 以上，市场巨大。基于新零售业的迅猛发展，城市配送业务需求量大增，新能源物流车也进入新时期。有数据显示，2021 年上半年，新能源轻卡实销 5048 辆，同比增长了 173%。

同时，在双碳政策的驱动下，物流作为节能减排、绿色环保的关键性产业，不论是在货运、城配还是快递，节能减排均已形成一系列的共识。新能源汽车将在行业规模持续增加的环境下，有效降低同城货运市场的碳排放量，为实现碳达峰、碳中和目标贡献力量。

发力先行绿色低碳时代

在当下购置需求旺盛，绿色节能必行的背景下，2022 亚洲物流双年展再度开辟“公路运输及新能源车展区”，将展示整车、配件、新能源汽车、后市场服务等行业趋势发展产品，助力提升物流运输行业现代化水平，进一步优化货物运输结构，加快物流业降本增效。

智慧物流

伴随 5G 商用按下“加速键”以及中国“新基建”的紧密部署，新一轮科技革命正在重新定义物流业，成为产业转型升级的重要引擎。新零售、智能制造等领域对物流提出更高要求，也令智慧物流市场规模持续扩大，预计到2025年将超过1万亿元。

赋能传统物流智慧转型升级

仓储智能化、SaaS系统、自动驾驶、物流信息化、自动化分拣、无人叉车等领域成为国内智慧物流技术的热门赛道。为此，2022亚洲物流双年展将再度重磅推出“智慧物流展区”，汇聚各新兴领域物流企业展示交流，加速新兴技术落地及大规模场景应用。

同期登场的“第三届亚洲智慧创新物流大会”将云集行业大咖，多角度分享物流与技术深度融合的新锐思想；上届大会邀请来自百度地图、华为云、三星物流、大兴机场综保区、西门子、极智嘉、几米物联等行业标杆企业分享，吸引总计1000+专业听众。

碳达峰 & 碳中和、跨境电商物流、绿色包装

在双碳政策的驱动下，物流业走低碳发展、绿色物流的道路势在必行。而物流包装行业至少面临着近1亿万吨的减碳空间，即使只实现50%的可循环物流包装替代，也可减排近5000万吨的碳排放。物流包装企业正在积极行动，通过削减过度包装、采纳循环包装、更换包装材料等方式来减少资源消耗、以及在此过程中的温室气体排放。

与此同时，跨境电商的蓬勃发展势头也对提升物流包装的自动化、绿色化和标准化水平提出更高要求。物流包装如何更好地走上“自动化、绿色、减量、可循环”的环保之路？

“双碳”大潮下，全力加码绿色物流

2022亚洲物流双年展将升级打造“物流包装展区”，汇聚来自物流、电商、快递、生鲜行业等标杆企业展现物流包装新技术、新产品和新材料及包装解决方案，满足市场迫切需求。

国际货代

在全球疫情、国际运价飙涨等因素影响之下，国际货物运输代理业，作为中国对外贸易运输环节中至关重要的力量，转型升级的需求尤为迫切。

“一对一”链接中外货代同行

强强携手中国国际货运代理协会（CIFA），2022亚洲物流双年展将为中外货代同行搭建起交流合作的平台—“中国国际货代物流展区”，将世界货代物流业与中国同行链接起来。展区参与企业将有机会与海运、空运、铁路、仓储、中欧班列、民营等800+翘楚企业开展线下“一对一”业务洽谈，与境外多个国家的优秀物流企业洽谈合作，拓展可靠的海外代理网络和业务渠道。同期举办相关多场论坛会议活动，精彩纷呈。

来源：台州市城市绿色货运配送联合会。

编辑说明

《上海物流年鉴 2023》出版了，这已经是第 12 本行业年鉴。

本年鉴选摘稿件信息主要来源于：国家统计局、国家发展改革委、国家邮政局、交通运输部、商务委、中国（上海市）发展改革委、市经信委、市商务委、中物联、工信部、市统计局、市交通委、市城市交通运输管理处、市口岸服务办公室、上海市邮电管理局、上海海关、上海市港口行业协会、上海市物流协会（学会）、上海市快递协会、上海现代服务业联合会等公共网站以及上海物流专业研究单位等公布和提供的大量资料，对上海物流行业的发展现状、发展动向、面临机遇及物流相关政策进行了整理和编辑。本年鉴采用的选摘稿件均注明数据信息来源出处。

根据行业发展实际，内容篇幅编排是在《上海物流年鉴 2022》基础上，在章节的框架及内容上做了不同程度的扩充及调整（本年鉴的信息和稿件收集的时间范畴主要为 2022 年全年）。《上海物流年鉴 2023》共分十一篇：

第一篇为综合报告和政策文件篇，共分四个部分，即物流业综合报告和 2022 年统计数据；2022 年物流业政策文件；2022 年物流业发展快报、论坛或行业会议讲话新闻稿；2022 年上海物流业主要统计指标。

第二篇为 2022 年中国物流业发展景气指数篇，共分五个部分，即 2022 年中国物流业景气指；2022 年电商物流指数；2022 年中国仓储物流指数；2022 年中国快递物流指数；2022 年中国公路物流运价指数。

第三篇为物流基础领域篇，共分四个部分，即交通运输；水路运输；铁路运输；航空运输。

第四篇为口岸、自贸区、进口博览会，航运中心建设篇，共分四个部分，即口岸物流；自贸区物流；进口博览会物流；航运中心建设。

第五篇为长三角物流区域联动合作篇，共分两个部分，即长三角物流业区域联动合作综述；长三角物流业区域联动合作信息。

第六篇为产业供应链物流篇，共分四个部分，即汽车物流；危化品物流；医药物流；绿色物流。

第七篇为逆向物流篇，共分 11 个部分，即逆向物流来源；逆向物流定义；逆向物流核心内容；逆向物流系统流程；逆向物流的分类；逆向物流与正向物流的比较；逆向物流的特点；逆向物流的产生与处理；逆向物流在物流中的作用；逆向物流渠道的影响因素；逆向物流行业活动。

第八篇为冷链物流篇，共分四个部分，即 2022 年中国冷链物流行业市场回顾及 2023 年发展前景预测分析；2022 年中国冷链物流产业链全景图上中下游市场及企业剖析；上海（2021—2022）冷链物流发展报告；长三角冷链物流动态。

第九篇为城市配送与快递物流篇，共分四个部分，即连锁超市、卖场物流；邮政、快递物流；生鲜物流；电商物流。

第十篇为物流装备、标准、技术和信息化篇，共四个部分，即物流设施与设备；物流标准；物流技术；物流信息化。

第十一篇为物流金融与保险篇，共分四个部分，即供应链金融；物流融资租赁；物流业直接融资；物流保险。

最后为附录，共分五个部分，即 2022 年上海物流业大事记；2022 年上海物流业案例选编；2022 年物流业新名词简介；2022 年影响物流业十大关键词等。

由于《上海物流年鉴 2023》编辑人员的调整，物流行业信息统计收集还不够全面、及时等因素，加之编者水平有限，难免存在诸多错漏之处，竭诚读者和业内外人士予以批评指正。

面对物流业的快速发展，《上海物流年鉴》将不遗余力地改革创新，使其越做越精，越做越好。

上海物流年鉴编辑部

2023 年 5 月 6 日